Le parlementarisme canadien

Le parlementarisme canadien

Sous la direction de

Manon Tremblay
Réjean Pelletier
Marcel R. Pelletier

Les Presses de l'Université Laval

Les Presses de l'Université Laval reçoivent chaque année du Conseil des Arts du Canada et de la Société de développement des entreprises culturelles du Québec une aide financière pour l'ensemble de leur programme de publication.

Nous reconnaissons l'aide financière du gouvernement du Canada par l'entremise de son Programme d'aide au développement de l'industrie de l'édition (PADIÉ) pour nos activités d'édition.

Données de catalogage avant publication (Canada)

Vedette principale au titre :
Le parlementarisme canadien
2ᵉ éd.
Publ. antérieurement sous le titre : Le système parlementaire canadien. c1996.
Comprend des réf. bibliogr. et un index.

ISBN 2-7637-7695-7

1. Canada – Politique et gouvernement. 2. Gouvernement représentatif – Canada. 3. Canada. Parlement. 4. Fédéralisme – Canada. 5. Canada – Histoire constitutionnelle. 6. Institutions politiques – Canada. I. Tremblay, Manon, 1964- . II. Pelletier, Réjean, 1943- . III. Pelletier, Marcel R., 1936- . IV. Titre : Le système parlementaire canadien.

JL75S97 2000   320.471   COO-941364-2

Mise en pages : Diane Trottier
Maquette de couverture : Diane Trottier

Dépôt légal 2ᵉ trimestre 2000
ISBN 2-7637-7695-7

Distribution de livres Univers
845, rue Marie-Victorin
Saint-Nicolas (Québec)
Canada G7A 3S8
Tél. (418) 831-7474 ou 1 800 859-7474
Téléc. (418) 831-4021
http://www.ulaval.ca/pul

TABLE DES MATIÈRES

Chapitre 8
LE POUVOIR EXÉCUTIF :
LA MONARCHIE ET LE CONSEIL DES MINISTRES 265

Louis Massicotte

André Blais est professeur titulaire au Département de science politique et chercheur associé au Centre de recherche et de développement en économie à l'Université de Montréal. Ses recherches portent sur le comportement électoral, les modes de scrutin et la participation électorale. Il a été membre des équipes de recherche sur les élections fédérales de 1988, 1993 et 1997 ainsi que sur le référendum de Charlottetown. Il a été titulaire d'une bourse Killam pour une recherche intitulée « Pourquoi voter » ?

Jacques Bourgault, docteur d'État en science politique (Fondation nationale des sciences politiques, Institut d'études politiques de Paris, La Sorbonne), est aussi avocat et a étudié en économie politique. Ex-président de l'Institut d'administration publique du Canada, Jacques Bourgault agit comme consultant auprès des administrations publiques des différents niveaux de gouvernement et auprès d'organismes internationaux et de pays en développement. Ses publications et champs d'expertise touchent la haute fonction publique, les relations entre administration et politique, la gouvernance, la nouvelle gestion publique, l'évaluation du rendement, la gestion du temps, la gestion par résultats et les réformes administratives.

Jean Crête (D. Phil. Oxford) est professeur de science politique et membre du Groupe de recherche sur les interventions gouvernementales à l'Université Laval. Ses recherches portent sur le comportement électoral, les médias et l'analyse des politiques. Il participe activement à plusieurs organisations dévouées à la recherche ; il fut entre autres directeur du Département de science politique de l'Université Laval et président de la Société québécoise de science politique.

Anne-Marie Gingras est professeure agrégée au Département de science politique de l'Université Laval. Elle est détentrice d'un doctorat de l'Institut d'études politiques de Paris et d'une maîtrise de l'Université de Montréal. Ses domaines de recherche comprennent tous les aspects de la communication politique : les rapports entre politiques et médias, l'argumentation, l'opinion publique, les politiques publiques en communication et télécommunications, l'économie politique des médias, le journalisme politique. Anne-Marie Gingras a aussi occupé diverses fonctions à l'extérieur du milieu universitaire : enquêtrice à la Commission canadienne des droits de la personne et conseillère en recherche et développement au ministère des Communautés culturelles et de l'Immigration, entre autres.

James J. Guy, détenteur d'une maîtrise de l'Université Fordham (1969) et d'un doctorat de l'Université St. Louis, Missouri (1975), est professeur de science politique au Collège universitaire du Cap-Breton où il a fondé et dirigé le nouveau département de politique, gouvernement et administration publique en 1994. Il a enseigné auparavant dans plusieurs universités américaines et canadiennes. En plus d'avoir contribué à l'*Encyclopedia of Public Policy and Administration* et à plusieurs revues scientifiques du Canada, des États-Unis, d'Europe et d'Amérique latine, il a publié un certain nombre de volumes qui ont été bien accueillis. Mentionnons entre autres *How We Are Governed, Expanding Our Political Horizons* et *People, Politics and Government* qui en est à sa cinquième édition.

James Ross Hurley, professeur à l'Université d'Ottawa de 1967 à 1975, a été le directeur fondateur du Programme de stage parlementaire auprès de la Chambre des communes en 1969. Il a été président de la Fondation pour l'étude des processus du gouvernement au Canada de 1983 à 1985. Conseiller constitutionnel auprès du gouvernement du Canada depuis 1975, il est l'auteur de *La modification de la Constitution du Canada* (Ottawa : Approvisionnements et Services, 1996).

Guy-Antoine Lafleur détient un baccalauréat en pédagogie de l'Université de Montréal (1968), une maîtrise en sociologie de l'Université d'Ottawa (1972), un diplôme d'études européennes de l'Université de Louvain (1974) de même qu'un doctorat en sciences politiques et sociales de l'Université de Louvain la Neuve en Belgique (1978). Entre janvier 1976 et août 1978, il a travaillé au ministère des Affaires internationales du Québec, plus particulièrement à la Direction des États-Unis. Depuis septembre 1978, il est professeur au Département de science politique de l'Université Laval où il dispense un enseignement portant plus particulièrement sur la politique québécoise, canadienne et américaine. Outre ses publications portant sur les stratégies de communications des partis politiques de même que sur la présidence américaine, il a été conférencier invité par plusieurs universités américaines, dont les principales sont la State University of New York à Plattsburg, l'Université de Northwestern, l'Université de Central Florida de même que l'Université de Pennsylvania. Il a en plus donné des cours portant sur la politique canadienne et québécoise à l'École nationale d'administration publique, de même qu'au Darthmouth College et au School of Advanced International Studies à Washington.

Louis Massicotte est professeur agrégé au Département de science politique de l'Université de Montréal. Il détient une maîtrise de l'Université Laval et un doctorat de l'Université Carleton, d'Ottawa. Il a été attaché de recherche à la Bibliothèque du Parlement, et chef, politiques et planification stratégique, à Élections Canada. Il a travaillé pour la plupart des comités parlementaires fédéraux qui ont traité de questions constitutionnelles, électorales et parlementaires durant les années 1980. Coauteur d'un livre, *Le scrutin au Québec. Un miroir déformant*, il a publié des chapitres dans plusieurs collectifs, et des articles dans *Electoral Studies, Commonwealth and Comparative Politics, European Journal of Political Research*, la *Revue canadienne de science politique, Administration publique du Canada*, la *Revue d'études constitutionnelles*, la *Revue québécoise de science politique, Zeitschrift für Kanada-Studien*, la *Revue des sciences de l'éducation de McGill, Recherches sociographiques*. Il a collaboré à titre d'expert aux processus électoraux et questions constitutionnelles dans le développement démocratique de treize pays des Caraïbes, d'Europe de l'Est et d'Afrique. Il est membre du conseil exécutif du Groupe canadien d'étude des questions parlementaires.

Marcel R. Pelletier, c.r., a étudié la philosophie, la science politique et le droit aux Universités Saint-Paul, Ottawa et McGill, de même qu'à l'Académie de droit international de La Haye, en Hollande. Il a commencé sa carrière dans le service diplomatique, ayant été affecté à la Mission du Canada auprès des Nations-Unies, à Genève, avant d'entrer au Service de recherche de la Bibliothèque du Parlement. De 1969 à 1983, il a été greffier adjoint (affaires juridiques) de la Chambre des communes, puis légiste et conseiller parlementaire, jusqu'en 1991. Il a œuvré au sein de plusieurs associations parlementaires nationales et internationales et a enseigné la science politique et le droit parlementaire à l'Université d'Ottawa, de même qu'à l'Université du Michigan, à titre de conférencier invité. Il a été consultant auprès de l'Assemblée législative de la Saskatchewan et de la Parliamentary Human Rights Foundation de Washington, D.C. Il a dirigé un projet d'appui au Parlement d'Haïti, pour le compte d'Associates in Rural Development de Burlington, Vermont, de 1995 à 1999. Nommé conseiller de la reine en 1980, il a été créé chevalier de l'Ordre de la Pléiade en 1984.

Réjean Pelletier est détenteur d'un doctorat en études politiques de l'Université de Paris I. Il enseigne depuis 1975 au Département de science politique de l'Université Laval où il est professeur titulaire. Spécialiste de la politique canadienne et québécoise, il s'intéresse en particulier au fédéralisme, aux partis politiques, à la présence des femmes en politique, au parlementarisme et à l'État. Auteur de plus de soixante-dix articles parus tant dans des revues scientifiques que dans des ouvrages collectifs, il a aussi publié plusieurs volumes sur ces sujets. Mentionnons entre autres *Partis politiques et société québécoise* (1989), avec Manon Tremblay *Que font-elles en politique ?* (1995) et, en collaboration, *L'engagement intellectuel. Mélanges en l'honneur de Léon Dion* (1991), *Minorités et État* (1986), *L'État du Québec en devenir* (1980).

Hugh G. Thorburn est professeur émérite à l'Université Queen's, où il enseigne depuis 1956. Parmi ses intérêts de recherche et d'enseignement, mentionnons la politique canadienne, l'analyse comparative des gouvernements européens (particulièrement la France et l'Allemagne), les groupes de pression et les partis politiques au Canada. Il a publié de nombreux articles et ouvrages, dont les plus récents sont *Planning and the Economy : Building Federal-Provincial Consensus* (1984) et *Les groupes de pression dans le système fédéral canadien* (1985).

Guy Tremblay est détenteur d'une maîtrise en droit de l'Université de la Colombie-Britannique, ainsi que d'un Ph. D. du London School of Economics and Political Science (Angleterre) ; il est professeur titulaire à la Faculté de droit de l'Université Laval, où il travaille depuis 1974. Son enseignement et ses recherches ont porté surtout sur la Constitution du Canada. Il a notamment publié, en collaboration avec son collègue Henri Brun, un traité intitulé *Droit constitutionnel* qui, en 1997, en était à sa troisième édition. Il a souvent agi comme consultant auprès du directeur général des élections du Québec, auprès des gouvernements du Canada et du Québec et auprès de divers organismes paragouvernementaux.

Manon Tremblay est professeure agrégée en sciences politiques et directrice du Centre de recherches Femmes et politique de l'Université d'Ottawa. Le parlementarisme au Canada et au Québec, la méthodologie de la recherche ainsi que les femmes et la politique occupent ses principaux champs d'enseignement et de recherche. Elle est l'auteure de *Des femmes au Parlement : une stratégie féministe ?* (Remue-ménage, 1999), la coauteure de *Que font-elles en politique ?* (PUL, 1995), *Maires et mairesses. Les femmes et la politique municipale* (Liber, 1997) et *Questionnements féministes et méthodologie de recherche* (L'Harmattan, 2000). Elle a dirigé la publication *Politiques publiques canadiennes* (PUL, 1998) et *Women and Citizenship : Theories and Pratices* (Sage, 2000) et codirigé *Femmes et représentation politique au Québec et au Canada* (Remue-ménage, 1997) et *Women and Political Representation in Canada* (University of Ottawa Press, 1998). Elle a publié plusieurs articles, entre autres dans *International Review of Women and Leadership, Party, Politics,* la *Revue canadienne de sciences politique,* la *Revue internationale d'études canadiennes* et la *Revue internationale de science politique.*

PRÉSENTATION

MANON TREMBLAY, Ph. D.
RÉJEAN PELLETIER, DOCTEUR EN ÉTUDES POLITIQUES
MARCEL R. PELLETIER, C. R.

Au cours de leur longue histoire, les civilisations gréco-romaines ont connu les formes de gouvernement les plus variées, allant de l'aristocratie à la dictature et passant par la démocratie. Bien que les phases démocratiques aient été relativement brèves par rapport aux autres régimes, elles ont toutefois révélé au monde la notion de citoyen libre et égal. Il aura fallu des siècles pour que les Cités-États de l'Antiquité cèdent la place aux démocraties modernes dotées, pour la plupart, de constitutions reflétant l'organisation politique de leur société. Mais l'histoire du monde contemporain nous enseigne que les aspirations populaires à la démocratie n'ont pas été universellement comblées. Même parmi les nations qui ont expérimenté la démocratie à un moment ou à un autre de leur histoire, combien doivent encore lutter contre le totalitarisme, le militarisme ou l'ambition dominatrice ? Une grande partie du progrès accompli par les nations civilisées se trouve réduit à néant par ces phénomènes, encore trop répandus et auxquels on ne saurait rester indifférent.

Si l'on excepte les régimes autocratiques et les dictatures qui subsistent encore, on peut classer les régimes démocratiques en deux grandes catégories : les régimes *parlementaires* issus du modèle britannique et les régimes *présidentiels* dont le prototype est le système américain. À ces deux catégories de base s'en ajoutent deux autres, beaucoup plus rares. L'une se définit par son caractère hybride, à la fois mi-présidentiel et mi-parlementaire, mais relevant davantage du régime parlementaire, comme c'est le cas en France et comme c'était le cas en Finlande jusqu'en 1995. L'autre est de nature directoriale ou collégiale, en ce sens que le gouvernement est constitué d'un collège d'égaux qui n'admet pas de chef (comme l'est le premier ministre en régime parlementaire) dont le seul exemple actuel se retrouve en Suisse.

Les systèmes démocratiques reposent sur une idée toute simple, mais fort importante : il appartient aux citoyens et citoyennes, détenteurs de la souveraineté, de choisir leurs dirigeants et dirigeantes. Et ce choix, ils doivent pouvoir le faire d'une façon périodique. En ce sens, le Canada est une démocratie, comme c'est le cas également d'un grand nombre de pays à travers le monde. Cependant, l'état de santé de la démocratie peut varier considérablement entre les pays. Par exemple, le choix des nouveaux gouvernants n'est pas toujours respecté par les anciens dirigeants, ce qui provoque alors une crise politique qui se solde souvent par un coup d'État.

Parmi les systèmes de gouvernement universellement reconnus comme démocratiques, il faut considérer le système britannique dont l'influence s'est exercée sur plusieurs continents et qui a servi de modèle à la plupart des anciennes colonies formant alors l'Empire britannique. Le Canada, lui-même issu du statut colonial britannique, a mis au point son propre système et a su adapter aux conditions de l'Amérique du Nord le modèle légué par la « mère-patrie », surtout en combinant le parlementarisme et le fédéralisme.

Dans une démocratie, l'organisme qui représente le mieux les citoyens et les citoyennes et qui leur permet de s'exprimer et d'agir comme détenteurs de la souveraineté, c'est le Parlement. Mais il faut se garder d'identifier un régime parlementaire au seul fait de posséder un « Parlement ». Celui-ci s'entend d'une assemblée représentative, c'est-à-dire d'une assemblée composée de représentants et de représentantes habituellement élus par la population (ce qui n'exclut pas des assemblées « représentatives » dont les membres puissent être nommés). Cette assemblée est le dépositaire principal du pouvoir législatif : c'est là sa caractéristique essentielle. On retrouve ainsi des Parlements un peu partout dans le monde, que l'on soit en régime présidentiel ou en régime « parlementaire ». C'est pourquoi on ne peut identifier le régime parlementaire à la seule possession d'un Parlement : le Congrès américain – composé d'une Chambre des représentants et d'un Sénat – est un véritable Parlement doté de pouvoirs législatifs importants. Si le Parlement est identifié à la fonction législative, le chef de l'État ou le gouvernement (ou les deux) sont détenteurs de la fonction exécutive, et les tribunaux, pour leur part, sont chargés de la fonction judiciaire.

La distinction entre régimes parlementaires et régimes présidentiels ne repose pas sur leur caractère démocratique ou non : l'un et l'autre peuvent être de nature autocratique. De même, on ne peut les distinguer par l'institution parlementaire : l'un et l'autre régime ont habituellement un Parlement. Il s'agit plutôt de voir comment sont réparties les tâches entre les gouvernants et comment elles sont coordonnées de façon à assurer l'unité et l'efficacité de l'ensemble. C'est ainsi que l'on parle de séparation rigide des pouvoirs, plus exactement de séparation entre le pouvoir législatif et le pouvoir exécutif, pour caractériser le régime présidentiel, et de collaboration ou même de fusion des pouvoirs (exécutif et législatif) pour définir le système parlementaire. Quant à l'indépendance du judiciaire, on la considère comme la condition première d'un État de droit. Si l'on se réclame d'une telle conception de l'État, elle devrait alors s'imposer d'elle-même.

Pour reprendre la formule de Philippe Lauvaux, « le parlementarisme, c'est le gouvernement parlementaire, quelles que soient ses modalités particulières de fonctionnement et les appréciations d'ordre politique que l'on peut porter à son sujet » (Lauvaux, 1987 : 3). Ce gouvernement parlementaire se caractérise justement par la responsabilité politique de l'exécutif – ou du gouvernement – devant les assemblées, en particulier devant l'assemblée élue par la population et, en contrepartie, par le droit dont dispose habituellement le gouvernement de dissoudre l'assemblée élue, donc de convoquer des élections. C'est là l'essence même du régime parlementaire basé sur le principe de la responsabilité ministérielle, principe que l'on ne retrouve pas dans les régimes présidentiels où l'exécutif (le gouvernement) n'est pas appelé à rendre des comptes devant le Parlement, ni ne peut être renversé par lui.

Bien plus, la combinaison unique du principe de majorité, à la base des régimes représentatifs, et du principe de responsabilité, fondement du régime parlementaire, assure le caractère particulier du parlementarisme. Ce que résume fort bien Philippe Lauvaux lorsqu'il écrit : « En se définissant par la responsabilité du gouvernement devant le Parlement, en exigeant ainsi le maintien permanent de l'accord entre majorité et gouvernement, le régime parlementaire va au bout de la logique du principe majoritaire. C'est en cela qu'il constitue un modèle institutionnel relativement simple » (Lauvaux, 1998 : 210).

En fonction de ce qui précède, définir le système politique canadien par la notion de régime parlementaire nous invite à déborder le cadre du Parlement pour scruter l'ensemble des *institutions* qui nous régissent, c'est-à-dire de voir comment sont réparties les tâches entre les gouvernants. Le restreindre à la seule organisation parlementaire nous entraînerait sur une fausse route. Il faut nécessairement analyser les relations entre le gouvernement et le Parlement. En reprenant la distinction popularisée par Gérard Bergeron (1993), il conviendrait plutôt de distinguer le niveau de l'impération ou du commandement, incarné par le gouvernement et par le Parlement, et le niveau de l'exécution identifié à l'administration et au judiciaire.

Si le régime parlementaire se caractérise avant tout par la responsabilité du gouvernement devant l'assemblée élue (habituellement la Chambre basse), on ne peut tout de même faire l'économie des interactions entre ce niveau de l'impération et celui de l'exécution. En d'autres termes, il importe aussi de mettre en évidence tout le secteur de l'administration dont les relations sont intenses avec le gouvernement et même avec le Parlement, ainsi que le pouvoir judiciaire chargé d'interpréter et de faire respecter les lois adoptées par le Parlement. C'est pourquoi quatre chapitres sont consacrés à ce qui constitue le cœur du régime parlementaire canadien : l'un sur le Parlement lui-même ou le pouvoir législatif, l'autre sur le gouvernement ou le pouvoir exécutif, un troisième sur l'administration et un quatrième sur le pouvoir judiciaire.

En commençant par le niveau de l'impération, le chapitre sur *le pouvoir législatif* fait état de la composition, du rôle, des fonctions et des pouvoirs du Sénat et de la Chambre des communes qui, avec la Couronne, constituent le Parlement canadien. Ce dernier légifère dans les domaines de compétence qui lui sont attribués par la constitution du pays, en plus de surveiller l'administration gouvernementale. Pour adopter les lois qui nous régissent, les parlementaires doivent suivre une procédure assez longue comprenant plusieurs étapes dont, entre autres, le travail en comités parlementaires. Quant au texte sur *le pouvoir exécutif*, il met en lumière le rôle essentiellement symbolique joué par la Couronne ainsi que la concentration du pouvoir exécutif réel entre les mains d'une équipe de ministres appelée le Cabinet ou le Conseil des ministres. Au sein de cette équipe, le premier ministre joue un rôle capital puisqu'il désigne et révoque ses collègues tout en arrêtant les grandes lignes de l'action gouvernementale. Le caractère démocratique de ce système découle essentiellement de la responsabilité du gouvernement envers la Chambre des communes, et de la sélection des députés par l'électorat.

Au niveau de l'exécution, le chapitre portant sur *l'administration publique* traite des rapports entre parlementaires et fonctionnaires. Il analyse l'effet des différents rôles des parlementaires sur la vie de la fonction publique, s'arrêtant surtout au rôle de contrôleurs qui ne touche pas seulement le gouvernement, mais aussi l'administration publique elle-même. Quant au statut d'employé public, il requiert un certain nombre de qualités importantes qui colorent le comportement des fonctionnaires, telles que la neutralité politique, la discrétion, la réserve, le professionnalisme, la loyauté et l'impartialité. *Le pouvoir judiciaire* se présente sous un jour différent. Il a cette particularité de ne pas prendre l'initiative de se pencher sur tel ou tel problème : ce sont les justiciables qui doivent le saisir d'un litige, lequel peut devoir franchir jusqu'à trois échelons dans l'organisation judiciaire avant de connaître une solution finale. Cependant, la procédure de renvoi, souvent utilisée à des fins politiques, ne suit pas cette démarche. Il faut surtout souligner que les tribunaux sont jaloux de leur indépendance qu'ils cherchent à protéger et à extensionner, tout en jouant, dans la société, un rôle que l'on pourrait qualifier de politique.

À ce noyau dur du parlementarisme canadien axé sur les fonctions législative, exécutive, administrative et judiciaire, nous avons ajouté deux chapitres, l'un sur le fédéralisme exécutif, l'autre sur une *comparaison entre les États-Unis*, prototype du régime présidentiel, *et le Canada* qui a adopté le régime parlementaire. Nul besoin de justifier davantage l'existence d'un chapitre portant sur notre voisin du Sud, sinon de signaler que les régimes parlementaires ou les régimes présidentiels se retrouvent, avec certaines variantes, dans à peu près tous les pays du monde. Mais, entre ces deux régimes, les différences sont énormes, même s'ils partagent quelques traits en commun. Ces différences, on les remarque aussi bien dans le rôle des partis politiques et les particularités du système électoral américain que dans la séparation des pouvoirs entre l'exécutif et le législatif et le principe fondamental des poids et contrepoids qui caractérisent le régime présidentiel américain.

Quant au *fédéralisme exécutif*, il convient mieux, selon nous, dans une section portant sur les institutions qui nous gouvernent que dans une section sur le fédéralisme. Comme son titre l'indique, nous voulons mettre l'accent sur le volet exécutif du fédéralisme, montrant par là, à la suite de certains auteurs dont Donald Smiley (1980), que des décisions sont prises, dans le contexte de la fédération canadienne, par des membres des gouvernements ou par les premiers ministres fédéral et provinciaux, décisions qui affectent l'ensemble de la fédération. C'est bel et bien de l'exécutif dont il s'agit avant tout. Ce chapitre nous aide précisément à mieux situer ce fédéralisme exécutif dans le cadre constitutionnel et institutionnel canadien. Identifiant d'abord les moments marquants de l'institutionnalisation du fédéralisme exécutif au Canada, il en décrit ensuite les principaux acteurs pour en évaluer enfin la portée et les limites.

Autour de ce noyau central gravitent une série d'*acteurs* politiques. Tout d'abord les citoyens et citoyennes qui sont appelés à choisir leurs dirigeants et dirigeantes politiques. Ce qui nous conduit à étudier *le système électoral et les comportements électoraux*. Le système électoral réfère aux mécanismes de sélection des autorités politiques, c'est-à-dire non seulement aux règles électorales elles-mêmes, mais aussi au découpage des circonscriptions, à leur répartition par province et au déroulement des campagnes électorales. Quant aux comportements électoraux, ils concernent, il va sans dire, la participation aux élections, mais également les principaux déterminants du vote.

Autres acteurs bien connus de la vie politique : les partis politiques et les groupes d'intérêt. *Les partis fédéraux* sont au centre de la vie politique canadienne en ce sens que l'électorat est appelé avant tout à choisir entre des partis en compétition. Ceux-ci jouent ainsi un rôle important dans la structuration des débats politiques en offrant des positions différenciées sur le plan idéologique, bien que ces différences aient tendance à s'atténuer. Si le courant libéral a profondément marqué la scène politique canadienne, il ne faut pas minimiser pour autant l'influence du courant conservateur, ni celle du courant socialiste, ni celle aujourd'hui de la droite réformiste ou de l'Alliance canadienne. Par contre, les partis fédéraux partagent largement une même forme organisationnelle où tout converge vers le sommet, vers le chef qui exerce un contrôle important sur la vie des partis.

Le chapitre sur *les groupes d'intérêt* a pour objectif de nous faire comprendre l'évolution des rapports entre les groupes et les gouvernements canadiens, rapports caractérisés aujourd'hui par le renforcement de la pratique du *lobbying*. C'est pourquoi on ne peut passer sous silence l'importance des interactions entre les groupes et les gouvernements surtout, mais aussi avec les parlementaires. Si les gouvernements consultent régulièrement les groupes, ceux-ci cherchent aussi à les influencer. Surtout, la notion de « réseau d'influence » est utile pour comprendre la dynamique des relations entre le gouvernement et les milieux d'affaire au Canada.

Enfin, *les médias* ne peuvent être ignorés dans le contexte moderne de la vie politique. Ils jouent un rôle essentiel comme instruments de communication qui affectent les pratiques politiques de multiples façons. Tout d'abord, les médias traditionnels servent de canaux privilégiés entre la population et l'État alors que les nouvelles technologies de l'information et de la communication possèdent un potentiel démocratique, peu exploité jusqu'ici. Ensuite, les médias affectent les pratiques politiques, par exemple en érodant le rôle des partis et en établissant l'agenda politique. Cependant, les effets des médias dans la formation de l'opinion publique ne font pas l'unanimité des analystes : ils varient en fonction des théories utilisées. Malgré tout, l'arrivée d'Internet dans le paysage politique soulève des espoirs associés au projet des « autoroutes de l'information ».

Si, des institutions qui nous régissent, nous sommes remontés à un ensemble d'acteurs qui donnent vie au cadre politique, nous ne pouvons faire l'économie d'une analyse des *fondements* qui caractérisent d'une façon particulière le régime parlementaire canadien. C'est ainsi que sont présentés, selon une perspective plutôt large et englobante, les principaux *fondements de la société politique canadienne* en référence aussi bien à la culture politique et au développement de la nation au Canada qu'à la démocratie parlementaire. La culture politique du Canada, qui comprend des symboles, des traditions, des coutumes, des valeurs, ne peut faire abstraction de la culture politique distincte du Québec, ni du caractère pluraliste de la société canadienne. La démocratie parlementaire, pour sa part, se réclame de certains principes, tels que la primauté du droit, l'égalitarisme fondé sur la Charte, la démocratie de représentation, le gouvernement responsable ou le système fédéral de gouvernement, principes dont se réclament les citoyens et citoyennes et qui façonnent notre vie politique.

Outre ces grands fondements, un autre chapitre est consacré plus spécifiquement à *la Constitution et au fédéralisme*. La combinaison d'un système fédéral et d'un régime parlementaire calqué sur le modèle britannique, mis en place au Canada dès 1867, a ouvert la voie à d'autres pays qui se sont inspirés de cette combinaison. On ne peut donc passer sous silence la formule fédérative qui a des répercussions considérables sur le parlementarisme canadien, quand bien même ce ne serait que par le partage des compétences entre les deux niveaux de gouvernement. Mais la constitution a évolué depuis 1867 aussi bien à la suite de modifications qu'on lui a apportées que de l'interprétation qu'en ont faite les tribunaux. Si les facteurs sociopolitiques ont façonné un fédéralisme parfois plus centralisé, parfois plus décentralisé, on pourrait croire cependant que les forces centralisatrices ont tendance à l'emporter. À cet égard, le rapatriement de 1982 nous a légué un double héritage qui pose avec plus d'acuité encore le choix entre la dualité canadienne et l'égalité, entre la diversité et l'homogénéité.

Telle est donc l'armature globale du présent ouvrage qui s'ouvre sur une analyse des *fondements* de la vie politique canadienne, qui fait intervenir ensuite les principaux *acteurs* de cette vie politique et qui, finalement, scrute plus en détails les *institutions* qui règlent cette vie politique.

Le système parlementaire pratiqué au Canada tire ses origines de l'institution britannique qui a été implantée ici après la Conquête de 1760, plus particulièrement avec l'adoption de l'*Acte constitutionnel de 1791* par le Parlement anglais, qui conférait nos premières assemblées représentatives. Des institutions législatives furent créées à la même époque dans d'autres colonies britanniques de l'Amérique du Nord, dès 1758 en Nouvelle-Écosse et dès 1784 au Nouveau-Brunswick, sur la base de principes déjà bien établis dans la constitution britannique. Au cours des ans et à travers pas moins de trois régimes constitutionnels différents[1], notre système parlementaire a évolué et s'est adapté aux conditions socioculturelles du temps. Bien qu'il ne soit pas parfait, il nous fournit le fondement démocratique qui assure le respect des règles, usages et conventions dont dépendent la liberté des citoyens et des citoyennes et leur protection contre les abus éventuels du pouvoir politique.

Ce fondement démocratique de nos institutions, on le trouve principalement dans les lois constitutionnelles, dans d'autres lois canadiennes, dans certaines règles de procédure et dans certaines pratiques et conventions. De cet ensemble de préceptes, nous pouvons tirer quelques grands principes qui fixent les balises de notre système de gouvernement parlementaire.

L'avènement de nouvelles techniques de communication contribue de jour en jour au rapprochement de la population et de l'appareil gouvernemental. Mais dans quelle mesure le citoyen et la citoyenne ordinaires se sentent-ils partie prenante de cette démocratie représentative coiffée d'une monarchie constitutionnelle? Traditionnellement, depuis Aristote, la politique et ses différents systèmes ont retenu l'attention des pédagogues. Aujourd'hui, plus que jamais, les politologues multiplient les méthodes empiriques

---

1. L'*Acte constitutionnel de 1791*, suivi en 1840 de l'*Acte d'Union* et de la *Loi constitutionnelle de 1867*.

et approfondissent leur observation des phénomènes politiques. Les Canadiens et les Canadiennes vivent présentement une période décisive de leur histoire et le besoin de connaître et de bien comprendre la structure et le fonctionnement de leur système de gouvernement est devenu crucial. Comme la population est appelée à participer de plus en plus au processus politique, il est essentiel à la préservation de nos institutions démocratiques que ses choix et ses décisions reposent sur une philosophie saine et éclairée, et non pas uniquement sur la recherche du pouvoir.

Le parlementarisme canadien est un sujet d'enseignement dans la plupart de nos institutions secondaires et universitaires. Curieusement, on constatait, il y a peu de temps, une insuffisance de littérature didactique en langue française sur le sujet, ce qui pouvait être une source légitime de frustration tant pour le corps professoral que pour la gent étudiante. *Le système parlementaire canadien*, paru en 1996, venait donc combler une lacune importante.

En raison de l'accueil favorable qu'il a reçu dans les milieux d'enseignement et par la critique, il fallut songer rapidement à une deuxième édition qui serait encore meilleure que la première. Le présent ouvrage, intitulé *Le parlementarisme canadien*, constitue donc la deuxième édition, revue et augmentée, du *Système parlementaire canadien*. Fruit d'une profonde transformation, tous les textes ont été mis à jour pour tenir compte des événements politiques survenus depuis 1995 et pour tenir compte aussi de nouveaux acteurs maintenant incontournables de la scène parlementaire (comme Internet). Outre que certains chapitres de la première édition aient été fondus avec d'autres, *Le parlementarisme canadien* compte trois chapitres entièrement nouveaux, un premier sur

les fondements de la société politique canadienne, un second sur le fédéralisme exécutif et un troisième sur le pouvoir judiciaire. On y retrouve toujours un *glossaire* qui regroupe les principales expressions et la terminologie particulière utilisées dans les diverses disciplines des auteurs et auteures. Une *chronologie des événements politiques*, mise à jour jusqu'en 2000, aide à mieux situer les sujets d'étude dans leur contexte historique et à saisir l'interdépendance de certains événements. Les *Lois constitutionnelles de 1867* et *de 1982* sont également annexées pour faciliter la consultation de ces textes qui font l'objet de multiples renvois dans plusieurs chapitres. Nous y avons ajouté, enfin, un index thématique et un index des noms qui rendront encore plus facile la consultation de ce volume.

Bien sûr, les auteurs et auteures du présent ouvrage ne prétendent pas répondre à toutes les questions qui pourraient surgir dans l'esprit des lecteurs et des lectrices. D'ailleurs, toute réponse à une question soulève des questions ultérieures. Ils et elles souhaitent, toutefois, que leur réflexion sur les divers aspects de nos institutions parlementaires contribue à une meilleure compréhension de la société canadienne et de l'organisation de ses pouvoirs publics au niveau central de la fédération. Cet ouvrage s'adresse d'abord aux étudiants et étudiantes du collégial et de l'université, mais nous espérons vivement qu'il profitera aussi aux parlementaires de tous les paliers de juridiction, de même qu'au grand public.

Précisons enfin que les opinions exprimées dans ce manuel sont celles des auteurs et auteures et n'engagent aucunement les institutions ou les organismes auxquels ils sont associés.

BIBLIOGRAPHIE

BERGERON, Gérard (1993), *L'État en fonctionnement*, Québec, Les Presses de l'Université Laval et Paris, éditions L'Harmattan.

LAUVAUX, Philippe (1998), *Les grandes démocraties contemporaines*, 2ᵉ édition, Paris, PUF.

LAUVAUX, Philippe (1987), *Le parlementarisme*, Paris, PUF, coll. Que sais-je ?, nᵒ 2343.

SMILEY, Donald V. (1980), *Canada in Question : Federalism in the Eighties*, 3ᵉ édition, Toronto, McGraw Hill Ryerson.

CHAPITRE 1

Les fondements de la société politique canadienne

JAMES J. GUY
UNIVERSITY COLLEGE OF CAPE BRETON

- PRÉSENTER LES PRINCIPAUX FONDEMENTS DE LA SOCIÉTÉ POLITIQUE CANADIENNE : LA CULTURE ET LES SOUS-CULTURES POLITIQUES AINSI QUE LE PROCESSUS D'ÉDIFICATION DE L'ÉTAT-NATION AU CANADA ;

- DÉCRIRE LES PRINCIPALES CARACTÉRISTIQUES DE LA DÉMOCRATIE PARLEMENTAIRE CANADIENNE ;

- PRÉSENTER LA SCIENCE POLITIQUE CANADIENNE.

L'univers politique dans lequel tous les gouvernements canadiens doivent fonctionner est complexe : il peut se transformer radicalement d'un jour à l'autre, voire d'une minute à l'autre. À l'aube d'un nouveau siècle, nous voyons chacun de nos systèmes gouvernementaux de plus en plus soumis à des pressions par des forces politiques qui semblent échapper à notre contrôle. En outre, la politique a aussi changé l'architecture de nos gouvernements, parce que le Canada existe dans un village politique planétaire qu'aucun de ses gouvernements ne peut plus ignorer (Rosenau, 2000 : 18-23). Le monde lui-même est devenu un vaste système politique interrelié auquel tous les gouvernements canadiens doivent s'adapter et avec lequel ils doivent composer.

Le changement politique s'entend de la transformation de notre culture politique, des institutions et de la doctrine de nos gouvernements ainsi que de notre comportement politique. Il se reflète sur notre façon de faire de la politique, d'organiser et de restructurer nos formes étatiques (Brodie, 1997 : 25-30) de même que sur ce que nous attendons des nouvelles réalités politiques auxquelles nous devons faire face et que nous créons. Il peut être graduel ou rapide, paisible ou violent, constant ou spasmodique, ordonné ou erratique.

Depuis 100 ans, la société canadienne s'est transformée. D'abord essentiellement agricole, elle a connu une phase industrielle avant de devenir une société technologique postindustrielle, ce qui a entraîné de grandes transformations sociales qui ont eu d'inévitables répercussions sur nos systèmes politiques et nos gouvernements. Au Canada comme dans les autres pays, toutes les tensions sociales finissent par devenir des problèmes politiques qui changent le paysage politique et gouvernemental de tout le pays.

La sagesse populaire reconnaît désormais que les influences planétaires ne peuvent plus être arrêtées à la frontière du Canada par des politiques nationalistes culturelles et économiques éphémères censées protéger qui nous pensions être ou, comme le diraient certains, qui nous étions (Elkins, 1995 : 1-22). Les pressions du marché planétaire se font sentir à tous les échelons de la société et influent sur la façon du gouvernement fédéral ainsi que des gouvernements provinciaux et municipaux de gérer leurs affaires dans une collectivité mondiale compétitive. Pour mieux s'adapter à ces pressions politiques, les gouvernements canadiens modifient la nature du contrat social, en renonçant à leurs engagements sociaux traditionnels et en transformant les fondations de la vieille doctrine politique qui a produit le filet de sécurité sociale du Canada.

Si les Canadiens et Canadiennes ont cru un jour à la politique de l'optimisme, parce qu'ils étaient sûrs que nos gouvernements pouvaient gérer, diriger et orienter leur société nationale avec compétence sur la voie désirée, la confiance qu'ils accordent au gouvernement a sombré jusqu'à des niveaux très faibles à mesure que la politique du pessimisme a gagné du terrain (Magnusson, 1994 : 33). Dans les années 1960 et 1970, un vaste consensus politique était favorable à l'existence de puissants gouvernements canadiens actifs aux niveaux fédéral, provincial et municipal. Au début de ce siècle, les Canadiens et Canadiennes savent que les gouvernements doivent vivre selon leurs moyens et qu'ils ne peuvent peut-être plus accroître leurs effectifs, leur taille et leurs services sans tenir compte des limites de l'économie canadienne.

LES ÉLÉMENTS DE LA POLITIQUE CANADIENNE

La politique semble imprégner tout ce qui se fait au Canada. Chaque jour, nos vies sont envahies par les forces politiques, à la maison, au travail, à l'université, dans nos provinces et nos municipalités. Pour pouvoir fonctionner et survivre, les gouvernements canadiens doivent être au fait non seulement de leurs propres activités politiques, mais aussi des forces politiques qui gravitent autour d'eux.

L'activité politique des Canadiens et Canadiennes s'est exprimée traditionnellement par des comportements faisant appel à des habiletés politiques telles que la négociation, la compétition, les solutions de compromis et parfois même la violence, par lesquelles nous tentons d'influencer les autres afin d'atteindre certains buts sociaux désirables. Dans l'ensemble, nous croyons que la politique comme force sociale peut nous aider à atteindre des buts que des personnes isolées ou des groupes privés trouvent difficiles à atteindre par eux-mêmes.

Dans un pays aussi grand que le Canada, la politique a le pouvoir de faire connaître nos besoins à un vaste auditoire. Elle est fondamentalement une activité de persuasion grâce à laquelle les gens se mobilisent pour tenter de persuader les gouvernements de bâtir des universités, de subventionner ou pas l'agriculture, la pêche ou le hockey, de protéger la faune, d'aménager des parcs, d'appuyer les arts, et ainsi de suite.

Comme telle, au Canada, la politique va bien au-delà des gouvernements et du choix de ceux qui vont gouverner notre société. Elle existe parce que les Canadiens et Canadiennes vivent ensemble dans une société à la fois vaste et complexe, en s'efforçant d'agir collectivement dans une structure fédérale composée d'un gouvernement central, de dix gouvernements provinciaux et de trois gouvernements territoriaux. Quand les Canadiens et Canadiennes tentent d'agir collectivement dans cette structure, il faut que leurs actions individuelles soient coordonnées – d'une façon ou d'une autre – pour que les choses se fassent. Par conséquent, à tous les niveaux de la société canadienne, la politique est une façon pour les gens de s'organiser afin de pouvoir faire ensemble ce qu'ils n'auraient pas réussi à faire séparément.

Quand on leur pose la question, les Canadiens et Canadiennes associent habituellement la politique aux institutions et aux processus gouvernementaux, y compris les mécanismes de choix des élites qui nous gouvernent, d'adoption et d'application des lois et de gestion des relations aussi bien entre les citoyens qu'entre les gouvernements. Toutefois, même si une grande partie de ce que nous considérons comme la politique est liée aux activités du gouvernement, le monde de la politique comporte bien d'autres volets.

Aristote a écrit que, par sa nature, l'être humain est un animal politique, autrement dit que l'activité et les comportements politiques procèdent de l'intérieur de nous plutôt que d'exister simplement à l'extérieur de nous. Dans le monde contemporain, la politique ne se limite pas seulement aux gouvernements, aux niveaux international, fédéral, provincial ou local. Le comportement politique est une caractéristique reconnaissable de gens agissant et réagissant les uns avec les autres et s'influençant mutuellement dans un milieu public. En ce sens, il y a de la politique au travail, sur les campus universitaires ou même à l'Église. En l'an 2000, le pouvoir est un facteur qui compte tant au travail qu'à la maison, et c'est pourquoi les hommes et les femmes ont souvent des relations « politiques » conditionnées par les enjeux politiques du sexe, de l'égalité et de l'action positive.

Dans les années 1930, Harold Lasswell a défini la politique comme l'activité qui détermine qui obtient quoi, quand et comment (Lasswell, 1936 : 2). Les universitaires canadiens Jackson et Baxter-Moore ont souscrit à cette thèse en déclarant que la politique embrasse toutes les activités liées à la prise de décisions exécutoires pour déterminer qui obtient quoi, quand et comment (Jackson, Jackson et Baxter-Moore, 1986 : 8).

Nous nous concentrons parfois essentiellement sur le « qui » de la politique, à savoir les premiers ministres, les électeurs, les groupes de pression et les partis politiques, mais le « comment », c'est-à-dire la façon des Canadiens et des Canadiennes de faire de la politique, est aussi très important. Nous faisons de la politique en négociant,

en trouvant des solutions de compromis, en faisant du *lobbying* et en étant en compétition avec les autres. Le « quoi », en politique, s'entend des politiques publiques qui sont souvent à la base des conflits politiques. Il s'entend également du patronage dans le système, autrement dit des emplois, des faveurs, des marchés et autres récompenses qu'on obtient grâce à ses relations politiques. Le patronage est un produit de la rivalité des partis politiques qui se disputent des sièges, puisqu'ils acquittent ainsi leur dette envers ceux qui les ont le plus aidés à les gagner.

Il n'empêche que nos gouvernements jouent un rôle de premier plan dans la politique de nos collectivités, étant donné qu'ils sont identifiés aux institutions dotées de l'autorité et de la capacité bureaucratique nécessaires pour convertir ce qui est objet de politique en politiques publiques et, par conséquent, de déterminer qui obtient quoi, quand et comment. Leur rôle consiste essentiellement à ce que le politologue David Easton appelle « l'allocation impérative des valeurs pour une société », ce qui comprend notamment la répartition de la richesse, l'exercice du pouvoir et la reconnaissance des droits et libertés auxquels les citoyens s'attendent (Easton, 1965 : 50). Selon Easton, les valeurs politiques englobent tout ce qui est considéré comme important pour la survie d'une société, comme la protection des citoyens contre les comportements criminels, le soutien public de l'éducation ou la prestation de soins médicaux complets. L'allocation ou l'attribution des valeurs par la politique se fait d'une façon impérative, et c'est là toute la différence, puisqu'elle les convertit en lois conformément aux directives des gouvernements démocratiquement élus du Canada.

Et pourtant la politique, c'est la façon qu'ont les gens de tout le pays partageant des valeurs différentes de négocier, de collaborer et de rivaliser les uns avec les autres pour amener les gouvernements à décider de faire ou de ne pas faire quelque chose. L'aptitude à gouverner notre société serait bien simple si elle ne supposait que l'application de l'autorité de l'État pour atteindre des buts que les gens désirent et dont ils profiteraient tous également. En réalité, les décisions gouvernementales sont presque toujours prises entre des enjeux rivaux et habituellement conflictuels. Tous les jours, des centaines de groupes d'intérêt politiques variés font des pressions et des représentations pour s'assurer la faveur du système gouvernemental. La plupart des activités politiques sont des tentatives d'atténuer les conflits portant sur la question de savoir qui obtient combien d'une ressource, quand cette ressource n'est pas suffisante pour tout le monde.

Dans ce contexte, l'*État* attire beaucoup l'attention de l'électorat ainsi que des partis politiques, des groupes d'intérêt et des médias. Nous vivons dans un très grand pays, sous un régime fédéraliste où les Canadiens et Canadiennes discutent constamment des rôles de l'État dans leur vie, en se demandant quel devrait être le rôle du gouvernement fédéral, s'il devrait prendre de l'ampleur ou perdre de l'importance, quels sont les niveaux de service que les provinces et les gouvernements municipaux devraient assurer, si la taille des institutions étatiques devrait être ramenée au strict minimum de fonctions essentielles, ou si les Canadiens et Canadiennes devraient continuer à bâtir un État-providence dans lequel l'emprise du gouvernement sur l'économie s'accroîtrait sans cesse. Quelle que soit l'orientation politique que cette discussion prendra, il reste

que l'État a les structures nécessaires à la prise de décision et à l'exécution des décisions politiques ainsi qu'à l'application des lois et des règles du gouvernement. L'État est une organisation juridico-administrative composée d'une autorité gouvernante centrale qui adopte et applique les lois et qui est reconnue comme telle dans le système international. Le concept de nation est bien différent de celui d'État, puisque c'est un phénomène socioculturel dans lequel les membres d'un groupe dominant s'identifient les uns aux autres en raison de leurs affinités ethniques, culturelles et linguistiques. Le Canada est un pays à la fois multinational et multiculturel où les membres des 58 Premières Nations et des millions de Québécois et de Québécoises s'identifient les uns aux autres comme Canadiens ou Canadiennes. C'est ce qui en fait un *État-nation* où les nationalités se regroupent dans un projet politique délibéré : l'État-nation, par exemple, détermine les langues officielles, crée des systèmes de droit, gère une seule et même devise, bâtit une fonction publique nationale et encourage la loyauté à une entité abstraite généralement appelée le « Canada ».

LA CULTURE POLITIQUE

En politique canadienne, la culture se définit par son expression. Notre façon de faire de la politique est un produit de notre culture, de ce que les politologues appellent la culture politique, autrement dit de la façon de nous orienter face à la politique et au gouvernement. Fondamentalement, il s'agit de la ou des façons de notre société de faire de la politique et de gouverner. Savoir de quoi est faite notre culture politique nous permet donc d'aller au-delà des institutions gouvernementales pour discerner des tendances dans les croyances et les comportements politiques des gens. Bref, c'est ce qui nous permet de comprendre pourquoi les gens du Cap-Breton tendent à voter autrement que ceux de la partie continentale de la Nouvelle-Écosse. C'est ce qui nous aide aussi à comprendre pourquoi de nombreux Québécois et Québécoises deviennent des nationalistes et pourquoi la présence de ce nationalisme dans toute la province peut contribuer à la culture politique nationale du Canada, c'est-à-dire à la représentation parlementaire, au fédéralisme et à la politique étrangère du pays. L'interaction dynamique des nationalismes au Canada est d'ailleurs le moteur du caractère multiculturel de la société canadienne.

Le nationalisme s'exprime en effet au Canada non seulement par les puissantes influences nationalistes du Québec, mais aussi par les pressions nationalistes des peuples autochtones, ces Premières Nations qui exerçaient leur souveraineté absolue sur tout le continent nord-américain avant l'arrivée des colons étrangers (Engelstad et Bird, 1992 : 3). Chaque nation autochtone avait son territoire et ses lois, et chacune avait ses propres normes et son propre style de gouvernement. Pourtant, les Premières Nations ont fait valoir et défendu leurs droits à l'autonomie nationale dès leurs premiers contacts avec les colons européens (Tennant, 1984 : 18-34).

Au sens plus large, la culture « sociale » du Canada englobe tout ce que nous pensons et tout ce que nous faisons, de l'agriculture aux relations humaines en passant par les arts, les affaires, l'horticulture, la littérature et la musique, par exemple. Il n'empêche que la culture « politique » est plutôt axée sur le système gouvernemental et

politique d'une société, sur ce qu'il fait et sur sa façon de le faire.

FIGURE 1.1

Les éléments de la culture politique

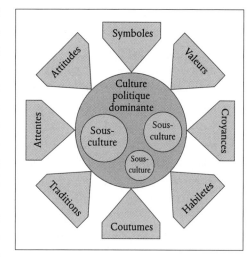

Nous devrions considérer la culture politique comme la totalité de tous les aspects « politiques » de notre société (les attitudes, les coutumes, les attentes, les mythes, les habiletés, les symboles, les traditions et les valeurs). Tous ces facteurs sont le produit du vécu politique d'une société, de ses origines les plus anciennes jusqu'à son passé le plus récent. C'est le cas par exemple des coutumes qui s'établissent (et qui ne sont pas nécessairement définies dans une constitution), comme les occasions où le premier ministre devrait consulter le gouverneur général, car le moment et la raison d'être de ces rencontres sont un aspect unique de la culture politique du Canada. C'est le cas également des « convictions » que nous avons quant à l'approche plus ou moins régulatoire des gouvernements, ou encore de la capacité dont nous investissons nos gouvernements de négocier les uns avec les autres ou avec les gouvernements étrangers, ce qui est d'une importance vitale pour la survie de notre système politique. Notre façon de nous informer de ces coutumes peut avoir un effet déterminant sur l'aptitude du Canada à survivre dans un système concurrentiel international.

Tous les aspects de nos cultures politiques nationales et régionales sont préservés et transmis aux générations à venir par un processus que les politologues appellent la socialisation politique. C'est là un phénomène culturel, qui consiste pour l'individu à se sensibiliser aux politiques et au gouvernement de façon à pouvoir comprendre, sentir et évaluer l'univers politique.

La culture politique permet aux citoyens et citoyennes de faire connaître leurs attentes quant au rôle que le gouvernement devrait jouer dans leur vie. La culture que nous développons pour faire de la politique communique nos espoirs et nos craintes sur la façon dont nous devrions être gouvernés. À quoi les gens tiennent-ils ? Qu'attendent-ils de leur système de gouvernement ? Le système de gouvernement du Canada est-il acceptable pour tous les citoyens et citoyennes du pays ? Quelles valeurs politiques voulons-nous voir représentées et appliquées par nos gouvernements ? Ces valeurs politiques nous disent ce qui est bon, juste, sage ou bénéfique du point de vue social. Ce sont elles qui génèrent les attitudes et les normes de jugement sur ce que nous considérons comme important, désirable et correct pour gouverner notre société.

Les éléments de la culture politique se manifestent à des degrés divers dans des segments de la population ou dans des régions distinctes où les citoyens et citoyennes peuvent avoir des valeurs bien différentes de celles de la culture politique dominante anglo-canadienne. À cet égard, on dit d'une région qu'elle a sa propre sous-culture politique distincte. Le Québec a l'une des sous-cultures politiques les plus évidentes et les plus développées du Canada. Les Français ont été les premiers Européens à immigrer en grand nombre dans ce qui est devenu le Canada ; ils se sont établis à divers endroits dans ce qu'on appelait alors l'Acadie et le long du Saint-Laurent, de la Gaspésie à l'île de Montréal, dès le début du XVIIᵉ siècle. Quand la défaite de la France par l'Angleterre, sanctionnée en 1763 par le traité de Paris, a placé la Nouvelle-France sous le contrôle des Britanniques, les colons français avaient déjà jeté les bases de la sous-culture francophone distincte qui fleurit aujourd'hui au Québec et dans certaines parties du Nouveau-Brunswick.

La preuve de l'existence de sous-cultures politiques bien différentes saute aux yeux d'un océan à l'autre et du nord au sud. On fait de la politique autrement à Terre-Neuve qu'en Saskatchewan et en Colombie-Britannique. S'il en est ainsi, c'est parce que le Canada englobe une multitude de sous-groupes autochtones, ethniques, linguistiques, régionaux et politiques. Compte tenu de la diversité démographique de la société canadienne, avec sa palette de cultures extrêmement variées, il est important de se demander comment le processus gouvernemental continue à fonctionner dans un État-nation apparemment unifié. L'hétérogénéité ethnique croissante de la population canadienne est le fondement du multiculturalisme qui est un élément fondamental du nationalisme canadien.

Les sous-cultures politiques

Le Canada peut sembler n'être une entité politique uniforme qu'aux gens qui habitent à l'étranger, mais les spécialistes qui étudient la politique canadienne savent qu'il y a très peu d'uniformité dans le cadre politique de l'État-nation canadien (Wilson et Hoffman, 1974 ; Simeon et Elkins, 1974 ; Bell et Tepperman, 1979). Dans chacune des régions du Canada, la totalité de la culture politique est perçue différemment, et si le Canada semble avoir une seule et même culture politique nationale, il est aussi une mosaïque de cultures politiques différentes.

Chaque province et chaque territoire a développé un caractère politique, des traditions, un style de leadership et un mode de participation qui lui sont propres. Les attitudes publiques, les enjeux, les styles politiques et même les procédures des législatures diffèrent d'une région du pays à l'autre.

Les victoires du Parti québécois (PQ) à plusieurs élections provinciales reflètent une volonté largement répandue chez les Québécois et Québécoises de développer et de protéger le caractère distinct de la culture politique québécoise comparativement à toutes celles de l'Amérique du Nord. Le contrôle du territoire et des principales institutions éducatives, religieuses, administratives et judiciaires ainsi que des autres institutions gouvernementales de la province par les Québécois et Québécoises a confirmé la vigueur de la sous-culture politique du Québec, qui a tous les éléments nécessaires pour être un État-nation indépendant (Bateman, 2000 : 104-108).

L'équilibre des cultures politiques et le degré selon lequel elles coexistent comptent parmi les influences déterminantes les plus puissantes du système politique canadien et de notre façon de nous gouverner dans ce système. Ce système sera vraisemblablement plus gouvernable, plus stable et plus durable dans la mesure où les cultures politiques qui le sous-tendent pourront composer ensemble, où ses valeurs fondamentales seront acceptables pour tous et où les citoyens et citoyennes comprendront l'importance de préserver les distinctions entre leurs sous-cultures sans détruire la culture politique nationale. D'un autre côté, si les sous-cultures politiques sont incompatibles, qu'elles tentent d'assurer leur souveraineté ou que ces deux facteurs se combinent, l'ensemble du système politique canadien sera instable et désuni, peut-être au point de s'effondrer.

Une société pluraliste

Le Canada se dit ouvertement pluraliste. L'idée que le Canada est une mosaïque date du tout début du XXᵉ siècle, à l'époque où tous les gouvernements canadiens ont commencé à encourager l'expression de différences ethniques et autres comme partie intégrante de notre culture politique nationale.

Les Français et les Anglais ont un statut distinct dans la société canadienne. Le fait qu'on leur accole les appellations controversées de « peuples fondateurs du Canada » et des « deux nations » atteste de la reconnaissance historique du caractère multiculturel du Canada.

L'une des plus importantes expressions politiques du patrimoine multiculturel du Canada remonte à la création de la Commission royale sur le bilinguisme et le biculturalisme, en 1963. Les recommandations de cette commission ont amené les gouvernements qui se sont succédé depuis à s'engager dans une politique de bilinguisme ; le gouvernement Trudeau a toutefois abandonné la notion de biculturalisme au profit du multiculturalisme. Au moment du lancement de sa politique de multiculturalisme, en 1971, le gouvernement Trudeau a déclaré que, bien qu'officiellement bilingue, le Canada n'avait pas de culture « officielle », ce qui revenait à dire qu'aucune des cultures qui le distinguaient n'avait préséance sur les autres. Le multiculturalisme proclame le droit de chacun de s'identifier et de s'affilier à la tradition ethnoculturelle de son choix, à condition que cela n'enfreigne aucune loi canadienne, ne lèse en rien les droits d'autrui ni ne discrédite les institutions politiques et économiques fondamentales.

Le multiculturalisme est une politique de promotion d'une société dans laquelle la diversité est considérée comme un avantage plutôt qu'un handicap. Depuis 1979, le gouvernement fédéral ainsi que les gouvernements provinciaux et municipaux ont offert un généreux soutien financier aux initiatives visant à améliorer les relations entre la police et les groupes minoritaires. En 1984, le Comité spécial de la Chambre des communes sur les minorités visibles a souligné dans son rapport, *L'égalité ça presse !*, la nécessité pour les gouvernements de faire de la politique du multiculturalisme une réalité plutôt que de le promouvoir symboliquement. Toujours en 1984, l'Unité des relations raciales de la Direction générale du multiculturalisme du Secrétariat d'État a rendu publique sa stratégie nationale sur les relations raciales, qui avait pour but d'éliminer la discrimination raciale dans les institutions clés de la société. En 1988, la *Loi sur le multiculturalisme canadien* a posé le principe que tous les Canadiens et Canadiennes sont des partenaires égaux et à part entière dans la société canadienne. C'est dans le même but que le gouvernement a créé en 1991 le ministère du Multiculturalisme et de la Citoyenneté, afin de souligner encore que le multiculturalisme donne aux minorités les moyens de poursuivre leurs objectifs d'égalité et de maintien de leur ethnicité.

Les Canadiens et Canadiennes n'acceptent pas tous le multiculturalisme comme solution pratique ou efficace au problème de la discrimination, car beaucoup disent que faire des Canadiens des « citoyens à trait d'union » (par exemple des « Canadiens-Polonais ») est une approche divisive, affaiblissant la définition que le Canada se donne de lui-même.

La culture politique distincte du Québec

Comme nous l'avons vu, l'envergure des sous-cultures politiques du Canada a subi les répercussions du caractère distinct du Québec, de sa culture politique unique ainsi que de ses traditions juridiques et administratives particulières (Ethier, Beauregard et Parenteau, 1994). La « Révolution tranquille » des années 1960 amorcée par le gouvernement libéral de Jean Lesage a modifié les formes de l'État au Québec, qui est passé d'une volonté de représentation du « Canada français » jusqu'à une forme d'autodétermination d'un État souverainiste québécois (Gow, 1970). Sous le leadership de Lesage, le gouvernement provincial a entrepris une vaste gamme de réformes structurelles et idéologiques qui ont accru le rôle de l'État, transformé l'ordre social et encouragé l'essor du nationalisme québécois.

Dans les décennies qui ont suivi, le Québec s'est donné une culture politico-administrative unique dont les différences avec celles des autres provinces et avec celles du gouvernement fédéral sont importantes. En invoquant les principes de la *survivance* ou de la survie de la culture française au Québec, l'État québécois a accru ses pouvoirs dans tous les secteurs de la culture et de la société ; ces principes sont devenus profondément ancrés dans la fonction publique québécoise. Le gouvernement Lesage a créé un ministère de l'Éducation, mis sur pied la Régie des rentes du Québec et nationalisé Hydro-Québec. Le Québec est rapidement devenu une société laïque où l'autorité politique de l'Église catholique a été grandement réduite, à mesure que l'État québécois a repris en main des fonctions jusque-là laissées aux institutions religieuses.

La culture administrative distincte de l'État québécois a vite grandi pour refléter des aspects de l'idéologie souverainiste naissante de l'ère Lesage. Les institutions de l'État ont déplacé celles de l'Église dans les secteurs de l'éducation, de la santé et du bien-être social. À mesure que l'influence de l'Église déclinait, l'administration gouvernementale imposait sa formidable présence dans les affaires linguistiques et culturelles, les arts, les affaires, les relations internationales et les médias.

Exclus des grandes entreprises appartenant à des intérêts anglo-canadiens et américains ainsi que de la fonction publique fédérale, les francophones instruits ont trouvé un débouché pour leurs talents administratifs et leur idéologie nationaliste dans l'État québécois. Les ambitions souverainistes de la nouvelle classe moyenne ont fini par dépasser les horizons du Parti libéral du

Québec ; en 1967, René Lévesque quittait les rangs des libéraux pour fonder, l'année suivante, le Parti québécois (PQ). L'éventualité de la séparation du Québec est devenue plus plausible quand le PQ a gagné les élections provinciales de 1976. La capacité de gouverner le Canada a été sérieusement remise en question par l'existence d'un gouvernement provincial désireux de se retirer de la fédération canadienne. Pourtant, le PQ voulait conserver une association économique avec le reste du Canada grâce à une devise commune et dans une relation de libre-échange qu'on a appelée la *souveraineté-association*.

La réclamation du Québec de reconnaître le caractère distinct de la société québécoise plutôt que d'en faire « une province comme les autres » a connu son aboutissement dans la proposition de souveraineté-association avec le reste du pays. Ce caractère distinct s'est reflété notamment dans la création du ministère québécois des Affaires fédérales-provinciales, devenu par la suite le ministère des Affaires intergouvernementales. Ce nouveau ministère devait modifier le caractère de l'administration publique entre le Québec, le gouvernement fédéral et les autres provinces canadiennes. Les francophones se sont de plus en plus identifiés collectivement à l'idée d'un État du Québec détenant plus de pouvoirs, et le mot « Québécois » a gagné en popularité parmi ceux et celles qui étaient convaincus que le Québec était capable de diriger et de contrôler son propre avenir.

Le Québec est la seule province du Canada à s'être prévalue, au cours des années 1960, de la possibilité de refuser de participer à certains programmes à frais partagés avec le gouvernement fédéral. Ces décisions du Québec ont d'abord été déterminées par la volonté du gouvernement québécois de faire respecter le partage des pouvoirs établi par la Constitution canadienne puisque ces programmes à frais partagés constituaient des interventions du fédéral dans des champs de compétence provinciale. Elles reflétaient également le fort sentiment nationaliste de la province, particulièrement dans la fonction publique, ainsi que le désir des autorités provinciales de focaliser la loyauté des Québécois sur le Québec plutôt que sur le Canada.

LA POLITIQUE DE DÉVELOPPEMENT DE LA NATION AU CANADA

Depuis la Confédération, la politique a joué un grand rôle dans le processus complexe d'édification d'un État-nation. Les gouvernements fédéraux et provinciaux qui se sont succédé au fil des années ont adopté de nombreuses stratégies en ce sens : politiques d'agrandissement du territoire, de construction d'un chemin de fer national, de création de la Société Radio-Canada (SRC), de promotion du développement économique régional et d'universalité dans les domaines des soins de santé, des régimes de retraite et de l'aide aux familles. La base économique et sociale qui a servi à bâtir le Canada a toujours eu besoin d'une direction politique énergique, de ses débuts en 1867 jusqu'à présent. À tous les niveaux de la société, c'est la politique qui a été la pierre angulaire du développement national du Canada, de l'infrastructure de toutes les collectivités du pays. Du point de vue de la création d'une nation, l'infrastructure canadienne contemporaine est composée des systèmes d'affaires, de transport, de communications, d'éducation, de réseaux d'alimentation d'énergie, d'une base industrielle et technologique et du système politique en tant que tel. Ces institutions sont les éléments structuraux de l'économie politique du Canada.

C'est le système politique canadien qui a organisé, planifié et dirigé les politiques axées sur les réalisations des objectifs de développement national. De nombreuses politiques publiques ont été axées directement sur le développement du pays à tous les niveaux de gouvernement. À cet égard, la politique publique est aussi bien ce qu'un gouvernement *fait* que ce que les dirigeants politiques décident parfois de *ne pas faire*. Les politiques gouvernementales sur les services municipaux, l'éducation, la santé, l'aide sociale, l'agriculture, les affaires, la défense et les relations avec les autres États sont autant d'éléments du processus canadien de création de la nation.

Les municipalités et le développement national

La société canadienne s'est vite transformée, de rurale qu'elle était pour devenir très urbanisée (Davis, 1997 : 346-352). Dans les années 1930, la plupart des Canadiens et Canadiennes vivaient déjà dans des villes ; en 2000, les citadins représentent 87 p. 100 de la population canadienne de 30 millions d'habitants, plus du tiers vivant dans les trois plus grandes villes, Toronto, Montréal et Vancouver.

Au Canada, ce passage historique du pouvoir politique et économique aux centres urbains est là pour rester ; il a fait des villes les principaux centres du développement national et les plus importants milieux décisionnels du pays. Puisqu'un si fort pourcentage de Canadiens et de

Canadiennes habitent désormais dans des localités urbaines, les décisions et les actions politiques des gouvernements municipaux contribuent au développement national. Or, ces gouvernements planifient et réglementent la construction locale et l'utilisation des terres tout en offrant d'importants services, notamment d'utilité publique (comme l'eau) et de transport. Ils offrent aussi aux entreprises les milieux propices aux affaires qui alimentent l'économie canadienne.

C'est en raison du caractère hautement urbanisé de la société canadienne que les politiques et les décisions des gouvernements locaux ont de si grandes répercussions sur le développement du Canada en tant qu'État-nation. Habituellement, au Canada, le coût d'administration des services publics dépasse la capacité financière des villes, de sorte que d'autres niveaux de gouvernement doivent partager les frais de l'administration des services municipaux, voire les financer intégralement. Le gouvernement fédéral et les gouvernements provinciaux ont de plus en plus besoin des villes comme centres de développement économique et social, et c'est pourquoi les problèmes municipaux sont devenus nationaux et pourquoi aussi les succès municipaux sont des succès nationaux.

Plus de 4 000 municipalités et d'innombrables conseils, commissions et autres organismes locaux contribuent à la croissance et au développement de la société canadienne, mais leurs contributions n'ont pas été sans problèmes financiers répétés, au point que ces institutions doivent composer avec l'attitude générale d'un public convaincu que les gouvernements locaux devraient

s'intéresser d'abord à l'administration et à la prestation efficiente de leurs services plutôt qu'au développement politique national (Laxton, 1990 : 401-422). Les Canadiens et Canadiennes n'ont pas encore fait le lien entre l'expansion urbaine et le développement national, et ils hésitent à accorder une plus grande autonomie aux gouvernements locaux. Le fait est, d'ailleurs, que l'article 92 de la *Loi constitutionnelle de 1867* (l'ancien *Acte de l'Amérique du Nord britannique*) donne aux provinces l'entière responsabilité des institutions municipales : c'est ce qui explique que les gouvernementaux locaux soient restés ce que la Fédération canadienne des maires et des municipalités (devenue depuis la Fédération canadienne des municipalités) appelle des « marionnettes aux budgets très limités » (ACM, 1976).

Les gouvernements provinciaux et le développement de la nation

Comme le Canada est le deuxième pays du monde en superficie, pour qu'on puisse y bâtir une nation, il faut que les deux niveaux de gouvernement (et les autres également, comme les municipalités) coopèrent politiquement, même si chacun a sa propre sphère de compétences, ses institutions politiques et son soutien populaire. Au Canada, l'article 92 de la *Loi constitutionnelle de 1867* réserve aux provinces des pouvoirs précis mais, outre les systèmes politiques de ces dix provinces, le Canada doit compter avec *trois* grands territoires totalisant 40 p. 100 de toute la superficie du pays, mais seulement 0,2 p. 100 de sa population (voir encadré 1.1).

ENCADRÉ 1.1
La création du Nunavut

Le 1er avril 1999, le Nunavut (ou si l'on préfère l'Arctique oriental) est officiellement devenu le premier territoire à adhérer à la fédération canadienne depuis que Terre-Neuve s'y est jointe en 1949. Il s'étend sur 2 000 km d'ouest en est et sur 1 800 km du nord au sud ; sa population totalise 25 000 habitants, dont 85 p. 100 d'Inuits. Si la population du nouveau territoire est infime, sa superficie et ses ressources sont énormes, puisqu'il s'étend sur 20 p. 100 du Canada, plus que le Québec, la plus grande province. Le Nunavut a trois langues officielles, l'inuktitut, l'anglais et le français. La plus grande localité du territoire, Iqualuit, a été choisie par les électeurs pour être la capitale ; elle servira aussi de moteur d'une grande partie de l'économie territoriale.

Les Inuits étaient bien décidés non seulement à obtenir le règlement de leur revendication territoriale avec le gouvernement fédéral, mais aussi à créer une nouvelle entité politique pour eux-mêmes. L'entente définitive a été ratifiée par eux, et le Parlement a adopté la *Loi sur le Nunavut* en juin 1993. En février 1999, les premières élections ont eu lieu dans le bâtiment fraîchement construit de l'assemblée législative, qu'on appelle localement « l'orignal bleu » en raison de l'imposante masse de verre bleu qui revêt sa façade.

Ce qui distingue les gouvernements de l'Arctique de ceux du Sud, c'est la notion de « consensus ». Les gouvernements des Territoires du Nord-Ouest ne sont pas formés par des partis politiques, car le gouvernement par consensus signifie que les décisions exécutives sont prises à la simple majorité de la législature, qui suffit pour adopter des lois. Certains partis politiques aimeraient changer ce genre de politique législative. En 1999, le Nouveau Parti démocratique a donc participé aux élections au Nunavut et aux Territoires du Nord-Ouest afin d'introduire la politique de parti dans ce système de gouvernement par consensus. Néanmoins, il n'y a jusqu'à présent pas de représentation par des partis majoritaires ou minoritaires. Le gouvernement est simplement identifié aux membres du Conseil des ministres, tous les autres députés siégeant dans l'opposition. Les membres du Conseil des ministres occupent dix portefeuilles chargés d'administrer des dossiers comme les affaires gouvernementales, la justice, le développement durable, les services sociaux, etc. Dans la fédération canadienne, le Nunavut est représenté au Parlement par deux personnes, un député et un sénateur.

En raison de son assiette fiscale infime et des modestes redevances partagées qu'il touche sur l'exploitation de ses ressources pétrolières, gazières et minérales, le Nunavut est largement tributaire des paiements de transferts fédéraux pour financer ses activités gouvernementales. (À l'heure actuelle, environ 90 p. 100 du budget annuel de son gouvernement est assuré grâce à ces paiements de transfert.)

Le Nunavut entre au XXIe siècle avec une génération d'activistes inuits plus instruits et moins timides que leurs prédécesseurs. Des années de négociations parfois acrimonieuses avec le gouvernement fédéral ont produit une entité politique unique au Canada ; le Nunavut a créé son propre gouvernement, dans lequel tous ses citoyens ont les mêmes droits reconnus par la Constitution canadienne.

La constitution du Canada énumère 15 domaines dans lesquels les provinces ont le pouvoir exclusif de légiférer, ce qui en fait des instruments économiques de développement de la nation. Les provinces sont responsables des gouvernements locaux, de l'éducation, des terres provinciales de l'État, des ressources naturelles et de l'administration provinciale de la justice. Elles ont aussi des pouvoirs exercés concurremment avec ceux du gouvernement fédéral dans les domaines de l'agriculture et de l'immigration. Historiquement, les politiques des gouvernements fédéral et provinciaux ont encouragé l'interpénétration de leurs compétences et de leurs fonctions gouvernementales. Il est arrivé que les activités du gouvernement fédéral empiètent sur celles des provinces, et vice versa. Dans un régime fédéral, les gouvernements peuvent prétendre avoir des activités dans des compétences différentes, mais leurs actions dans un domaine influent immanquablement sur celles des autres, par exemple en ce qui concerne la gestion des ressources, l'environnement et les affaires municipales. Ainsi, le gouvernement fédéral transfère chaque année des milliards de dollars aux provinces dans les secteurs de la santé, du bien-être et de l'enseignement postsecondaire, mais, alors même qu'il permet aux provinces d'administrer ces programmes et d'influer sur leur orientation stratégique, il tente aussi de leur imposer des normes nationales.

Pour évaluer comment les provinces contribuent au développement de la nation, nous devons définir le rôle qu'elles jouent dans l'économie canadienne (tableau 1.1). Chacune des provinces génère un produit provincial brut qui fait partie intégrante du produit intérieur brut du pays, autrement dit de la valeur totale de tous les biens et services produits annuellement à l'intérieur de nos frontières. Les gouvernements provinciaux gèrent leurs économies, leurs déficits et leurs dettes accumulées, ce qui a des répercussions sur l'intégrité économique de l'économie canadienne dans son ensemble. Aucune province ne peut se dissocier de la viabilité économique globale de l'économie canadienne.

TABLEAU 1.1

Produit intérieur brut des provinces

	Milliards de dollars
Colombie-Britannique	102 141
Alberta	99 911
Saskatchewan	25 806
Manitoba	26 841
Ontario	399 886
Québec	205 011
Nouveau-Brunswick	16 332
Nouvelle-Écosse	19 476
Île-du-Prince-Édouard	2 652
Terre-Neuve	10 230
Yukon et Territoires du Nord-Ouest	3 783
Nunavut	n. d.
Canada (total)	912 069

Source : The Conference Board of Canada, *Provincial Outlook*, Winter, 1999.

Le gouvernement fédéral et le développement de la nation

Au Canada, la tâche primordiale de bâtir le pays a toujours été confiée, contrôlée et dirigée par le gouvernement fédéral. La *Loi constitutionnelle de 1867* l'a en effet investi des pouvoirs de bâtir une nation dont il avait besoin pour étendre le rôle de l'État directement et indirectement jusque dans les vies des personnes et des groupes ainsi que dans les compétences des autres niveaux de gouvernement.

La clause sur « la paix, l'ordre et le bon gouvernement » dans la constitution confère en effet tous les *pouvoirs résiduels* au Parlement fédéral, ce qui lui donne le fondement juridique nécessaire pour intervenir dans les domaines de compétence qui n'ont pas été expressément confiés aux provinces par la loi ; bref, tous les pouvoirs qui ne leur ont pas été donnés par l'article 92 de cette loi lui reviennent. Historiquement, la combinaison de cette légitimité constitutionnelle avec le pouvoir de dépenser et de lever des impôts du gouvernement fédéral lui a donné des moyens extrêmement puissants de développer l'appareil étatique national pour bâtir le Canada, s'il décide de le faire. Ces pouvoirs résiduels ont été invoqués en tant que pouvoirs d'urgence au sens de l'article 91 de la Loi de 1867 pour permettre aux autorités fédérales de gouverner le Canada comme un État unitaire pendant les deux guerres mondiales, quand il fallait que le gouvernement soit centralisé (Cairns, 1988 : 63).

L'étendue géographique du Canada est telle que c'est un pays de régions. Le concept de région n'a jamais été défini de façon satisfaisante, mais, depuis les années 1950, des politiques et des programmes fédéraux de développement régional se sont rapidement succédé – en grand nombre – pour élever le niveau de vie des

FIGURE 1.2

Proportion du revenu des provinces venant des transferts fédéraux, 1999

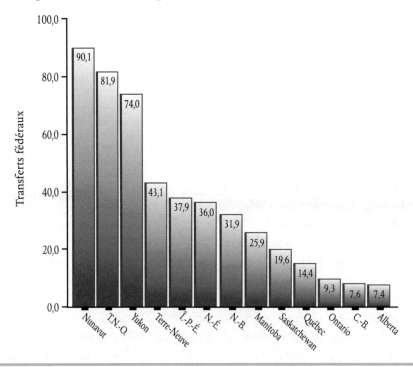

Source : Statistique Canada. National Accounts and Environment Division, 1999.

« régions » jusqu'au niveau des standards nationaux. Le Trésor fédéral a distribué des milliards de dollars en paiements de transfert pour atténuer les disparités économiques régionales du pays. Il verse ces paiements aux gouvernements provinciaux et territoriaux afin d'assurer une meilleure répartition des avantages du développement dans tout le Canada (figure 1.2). Néanmoins, depuis le début des années 1990, tous les gouvernements fédéraux ont réduit leurs paiements de transfert aux provinces (et par conséquent réduit d'autant les recettes dont les provinces se servaient pour payer leurs programmes de sécurité sociale, d'éducation et de soins de santé). De nombreux politiciens provinciaux contestent donc la volonté du gouvernement fédéral d'établir des normes nationales, quand sa contribution dans des secteurs stratégiques comme celui des soins de santé est tombée bien en deçà de celle des provinces.

Lucian Pye a souligné le rôle central de développement de la nation que joue la politique (Pye, 1963 : 1-14). Selon lui, il sera impossible de bâtir la nation sans un système politique et gouvernemental bien développé. Les gouvernements nationaux établissent un ensemble de structures politiques et économiques complexes pour atteindre les objectifs nationaux désirés, comme l'autosuffisance énergétique, l'indépendance économique, l'universalité des services médicaux ou la prospérité. C'est pour cette raison, par exemple, que les gouvernements canadiens ont créé des sociétés d'État pour faciliter le processus de développement de la nation et des provinces dans des secteurs de l'économie où l'entreprise privée ne peut pas ou ne veut pas assumer le coût et les risques du développement. Même si des gouvernements récents ont privatisé certaines sociétés

d'État, ces institutions économiques, comme la Société des ports canadiens, la Banque du Canada et la Monnaie royale canadienne, contribuent largement au développement national dans des domaines comme les banques, les ports, la monnaie, les mines de charbon, la sidérurgie, la production de pétrole et de gaz, la foresterie, les mines de potasse, les services de traversiers et l'industrie manufacturière (voir encadré 1.2).

Le développement d'une nation est un processus complexe dans lequel plusieurs niveaux de gouvernement doivent coopérer en faisant appel à la productivité et à la volonté politique de la population. La façon de chaque gouvernement de fonctionner, de dépenser et de collecter des fonds a une importance vitale pour l'avenir du système politique. La politique est un instrument puissant qu'on utilise souvent pour guider un système social dans la direction qu'on juge la meilleure pour bâtir l'avenir national.

LA DÉMOCRATIE PARLEMENTAIRE DU CANADA

Le constitutionnalisme et la primauté du droit

C'est un axiome de la démocratie parlementaire canadienne que le gouvernement ne peut rendre des comptes à lui-même. Les Canadiens sont convaincus que le rôle qui incombe au gouvernement est défini et limité par la constitution. Ce principe, appelé le *constitutionnalisme*, limite l'organisation, la conduite et les pouvoirs des gouvernements à la fois par les lois constitutionnelles, par une charte écrite et par des coutumes et des traditions non écrites qui, à la longue, sont devenues intégrées dans la constitution. Le principe est extrêmement important, parce qu'il établit la primauté de la constitution sur toutes les institutions gouvernementales, les politiques publiques et la politique elle-même.

Au fil des années, la constitution a établi sa primauté au Canada de trois façons : elle prévaut sur le gouvernement fédéral et sur ceux des provinces et des territoires, sur toutes les lois que le gouvernement fédéral pourrait adopter et, enfin, sur les lois des provinces et des territoires. La constitution est donc la première loi du pays, et c'est à elle que toutes les autres lois doivent se conformer.

Les Canadiens et Canadiennes parlent souvent des politiques en se demandant non seulement si elles sont bonnes ou mauvaises ou encore sages ou maladroites, mais aussi en cherchant à déterminer si elles sont « inconstitutionnelles », ce qui revient parfois à les qualifier d'*ultra vires*, c'est-à-dire excédant les pouvoirs accordés par la constitution. Ces questions-là sont normalement tranchées par les tribunaux. Par exemple, la Cour suprême du Canada est investie du pouvoir de *révision judiciaire*, autrement dit du droit de décider ce que la constitution signifie, de trancher les différends relatifs aux pouvoirs fédéraux entre le gouvernement fédéral et les provinces et de décider si les lois fédérales et provinciales sont conformes à l'esprit et à la lettre de la constitution (Smith, 1983 : 115-134).

Le principe du constitutionnalisme limite non seulement ce que les gouvernements peuvent faire, mais aussi leur façon de le faire. Ces limites ont pour objet de prévenir des décisions gouvernementales irréfléchies qui pourraient servir les ambitions de certaines personnes, mais qui seraient incompatibles avec nos convictions fondamentales sur le gouvernement. La constitution du Canada est le bastion des droits individuels, car elle contient une *Charte des droits et libertés* précisant ce que les gouvernements peuvent faire ou ne pas faire et proclamant la primauté de certaines libertés que la société canadienne considère comme des éléments fondamentaux du droit.

Le constitutionnalisme n'en est pas moins « symbolique » pour le public, puisqu'il considère la constitution comme un tout qui l'emporte sur la somme de ses parties : plus qu'un document qui structure, autorise et établit des limites, la constitution est un texte qu'on respecte. C'est à la fois le premier et le dernier recours de la démocratie canadienne.

L'égalitarisme et la Charte des droits et libertés

L'évolution de la démocratie parlementaire en a fait la championne de l'égalité et des droits. La plupart des observateurs contemporains de la politique canadienne s'accordent pour dire que la *Charte des droits et libertés* a établi le principe de l'égalitarisme dans le droit constitutionnel canadien. Tel qu'il se manifeste dans les politiques publiques canadiennes qui sont basées sur la règle de l'*universalité*, l'égalitarisme implique l'élimination des différences sociales d'importance, ce qui revient à dire que nul ne peut avoir un droit inhérent à quelque avantage supérieur à celui d'un autre. La charte assure les droits qu'elle garantit à chacun et à quiconque (Hogg, 1992 : 829-832). L'idéal d'égalité universelle de la charte signifie que chaque individu a des chances égales de réussir en fonction de ses efforts et de ses capacités, sans égard à ses antécédents sociaux.

ENCADRÉ 1.2

Les excédents budgétaires fédéraux peuvent-ils rétablir le potentiel de développement de la nation canadienne ?

Tout comme le déficit et la dette ont été incontournables dans presque tous les budgets fédéraux depuis les années 1970, la perspective d'une explosion d'excédents budgétaires va définir la politique financière du Canada dans la première décennie du siècle qui commence. Une génération de Canadiens ont grandi sous le spectre des déficits fédéraux et provinciaux et d'une dette nationale s'alourdissant sans cesse. Au début, on n'entendait qu'une rumeur sourde au sujet des déficits, mais, au début des années 1990, tous les gouvernements tonnaient pour le dénoncer, car on conspuait la fonction publique, les dépenses gouvernementales et le gaspillage. Les paiements des intérêts sur la dette fédérale avaient énormément augmenté, passant de 12 p. 100 en 1977 à 36 p. 100 en 1994, de sorte qu'il restait au gouvernement bien moins d'argent pour ses programmes. De nos jours, la plupart des gouvernements du Canada génèrent des excédents budgétaires qui servent à réduire graduellement leur dette, dans le but de ramener à long terme l'exposition de l'économie à ces dettes de son niveau actuel approchant 90 p. 100 du PIB à moins de 20 p. 100 d'ici 2025.

La plus grande différence entre cette nouvelle réalité financière et l'ancienne, c'est la liberté pour les gouvernements de choisir la direction que le développement de la nation prendra au Canada. Leurs options ne seront plus limitées par les opinions des changeurs de devises et des acheteurs d'obligations – les richards en bretelles rouges –, qui peuvent faire chuter la valeur du dollar canadien et faire grimper les taux d'intérêt au moindre soupçon d'inorthodoxie financière. Cela dit, que devrions-nous faire de tout cet argent ? Réduire les impôts, payer la dette ou accroître les dépenses consacrées aux programmes de développement de la nation ?

Nous savons que la politique ne permet pas aux gouvernements d'accumuler très longtemps de gros excédents. Les gens veulent garder leur argent pour accroître leur liberté personnelle. Les entreprises savent qu'une économie lourdement imposée n'est pas compétitive. Ils savent que, même si les gouvernements se contentaient d'équilibrer leurs budgets et de geler la dette fédérale actuelle à 630 milliards de dollars bien après le tournant du siècle, le ratio primordial de la dette au PIB tomberait à près de zéro quelques années avant 2050. Autrement dit, il faudra consacrer rapidement des dépenses aux infrastructures provinciales et municipales à mesure que les excédents se multiplieront. Le gouvernement fédéral a déjà accru ses paiements de transfert pour y arriver et pour rétablir la confiance dans les régimes de soins de santé et le système d'enseignement secondaire. Il devra toutefois augmenter aussi ses dépenses pour d'autres infrastructures nationales, particulièrement dans les secteurs des transports et des communications, afin de contribuer à bâtir une société de la technologie et des communications moderne. Il devra en outre réduire les impôts, pour que l'économie canadienne puisse rivaliser avec ses plus importants partenaires dans l'économie nord-américaine internationale.

La lumière au bout du tunnel laisse augurer de bonnes nouvelles pour le développement de la nation dans les années 2000. Alors que les plans du passé éprouvaient durement les Canadiens, ceux de demain laissent entrevoir des améliorations substantielles pour eux, avec plus de choix et moins d'impôts.

Comme la charte le précise, ces droits égaux universels peuvent être politiques, juridiques et économiques. Les «droits démocratiques», par exemple, signifient que chaque citoyen et citoyenne a le droit de voter et d'exprimer librement ses opinions politiques, ce qui reflète la conviction canadienne contemporaine que chacun devrait avoir des chances égales d'influer sur la politique gouvernementale. La charte proclame qu'il ne devrait y avoir aucune discrimination fondée sur la race, l'origine nationale ou ethnique, la religion, le sexe, l'âge ou l'incapacité mentale ou physique. Sa longue liste de « droits juridiques » comprend notamment le droit à un procès public équitable dans des délais raisonnablement courts.

Dans la constitution, le Canada s'est engagé à donner les mêmes droits politiques et juridiques à tous. Mais suffit-il d'assurer l'égalité des chances, ou faut-il en outre imposer l'égalité des résultats, de façon à aider les groupes défavorisés à surmonter les séquelles de la discrimination sociale du passé? À cet égard, la charte prévoit des programmes d'action « positive » à l'endroit des groupes comme les femmes, les autochtones et les minorités, qui sont défavorisés pour des raisons sociales et économiques. L'idée qui sous-tend cette disposition de la charte, c'est qu'il n'est pas assez équitable de donner des droits aux gens ; il faut aussi leur donner des avantages. Bien sûr, l'égalité des chances et des résultats pour tout le monde est impossible à assurer intégralement, même si elle est inscrite dans la constitution. Il reste que l'objectif de l'égalité des chances et des résultats est désormais un élément du patrimoine constitutionnel canadien avec lequel il faut compter.

La démocratie de représentation

La démocratie parlementaire est représentative, puisque les opinions et les intérêts de la population sont « re-présentés » par les personnes qu'elle élit à une législature. Il n'existait pas d'institutions représentatives à l'arrivée des premiers colons européens : le territoire était gouverné par les peuples autochtones et par des conseils dont les membres nommés étaient dirigés par un gouverneur rendant compte de son administration aux gouvernements de l'Angleterre et de la France.

Au XVIIe et au XVIIIe siècle, des penseurs politiques britanniques ont défendu la philosophie de la représentation politique et du gouvernement populaire. Ces notions ont séduit l'imagination des colons nord-américains, et c'est ainsi que la première assemblée législative du Canada a été élue en Nouvelle-Écosse, en 1758, suivie en 1773 de celle de l'Île-du-Prince-Édouard, en 1784 de celle du Nouveau-Brunswick et en 1791 de celles du Haut-Canada et du Bas-Canada (l'Ontario et le Québec d'aujourd'hui).

John Stuart Mill (1806-1873) a influé sur le caractère représentatif des institutions parlementaires canadiennes. Il reconnaissait la nécessité de la « démocratie indirecte » dans laquelle les citoyens (hommes et femmes) participent également à leur gouvernement en élisant des représentants qui prennent les décisions gouvernementales en leur nom. Selon lui, cette version du gouvernement représentatif était la meilleure forme possible de gouvernement (Mill, 1958), et les Canadiens et Canadiennes l'ont acceptée sans réserve.

De nos jours, nous considérons le gouvernement représentatif comme une solution de compromis entre le principe de la démocratie « parfaite » ou « directe », autrement dit la participation directe du peuple à l'élaboration des lois qui le gouvernent, d'une part, et les réalités d'un pays complexe aussi vaste que le Canada, d'autre part. Dès le début de la deuxième moitié du XIXᵉ siècle, il n'y avait aucun moyen pour tous les Canadiens et Canadiennes de se réunir pour débattre et trancher leurs problèmes nationaux et provinciaux. Le désir d'établir un mécanisme qui permettrait aux gouvernements de rendre des comptes a mené les Canadiens et Canadiennes à instaurer un gouvernement représentatif où un groupe d'élus se réunissent dans une législature pour débattre et trancher les enjeux auxquels ils doivent faire face, ces représentants étant toujours conscients des souhaits et des préférences de ceux et celles qui les ont élus.

Le système parlementaire canadien établit un équilibre entre deux conceptions de la représentation : l'une concerne la représentation par les *élites*, l'autre a trait à la participation directe du peuple au gouvernement. Les représentants élus agissent comme des élites en s'efforçant de décider ce qui sert le mieux les intérêts des Canadiens et Canadiennes, mais, dans bien des cas, les gens veulent que leurs représentants reflètent vraiment les intérêts et les opinions de leurs commettants, particulièrement sur des questions chargées d'émotivité telles que la peine capitale et l'avortement. Les législateurs doivent conserver assez de latitude dans leur jugement pour être en mesure de se comporter de façon responsable vis-à-vis de leurs propres partis tout en agissant de manière à continuer de mériter la confiance de leurs commettants.

Le gouvernement responsable

La notion de « gouvernement responsable » signifie que le gouvernement (autrement dit le Conseil des ministres) doit conserver le soutien et la confiance de la législature ou démissionner et briguer de nouveau les suffrages ; c'est une autre caractéristique originale de la démocratie parlementaire canadienne. Dans les années 1830, la plupart des colonies britanniques d'Amérique du Nord avaient une forme de gouvernement représentatif ; mieux, depuis plusieurs décennies, elles avaient des assemblées législatives élues par les colons qui pouvaient adopter des lois, prélever des taxes ainsi que des impôts et soutenir le gouverneur (Hogg, 1985 : 189-213).

Néanmoins, les pouvoirs exécutifs du gouvernement étaient concentrés dans les mains d'un gouverneur nommé par le Colonial Office de Londres – qui lui donnait ses instructions – et dont la conduite était par conséquent guidée et supervisée par le gouvernement du Royaume-Uni. Les réformateurs coloniaux voulaient que leurs assemblées législatives soient investies des mêmes pouvoirs que la Chambre des communes de Grande-Bretagne, et ce sont les rébellions de 1837-1838 qui ont forcé le gouvernement britannique à envisager sérieusement les revendications des colons. Des gouvernements responsables ont donc été instaurés en Nouvelle-Écosse, au Nouveau-Brunswick ainsi que dans le Haut-Canada et le Bas-Canada en 1848, puis en 1851 à l'Île-du-Prince-Édouard et à Terre-Neuve, en 1871 en Colombie-Britannique et au Manitoba, et enfin en 1897 dans les Territoires du Nord-Ouest et, par conséquent, en Alberta et en Saskatchewan.

Le modèle britannique du gouvernement parlementaire a été adopté au Canada : le gouverneur général allait être l'équivalent du monarque, le Conseil législatif celui de la Chambre des lords, le Conseil exécutif celui du Conseil des ministres et l'assemblée législative, celui de la Chambre des communes. Comme le professeur Milne l'a résumé, le gouvernement responsable signifie que le gouverneur général devait nommer et prendre conseil des membres de l'exécutif qui siégeaient à l'assemblée élue et jouissaient de la confiance de cette assemblée (Milne, 1990 : 315).

En fait, le volet exécutif du gouvernement a fusionné au Canada avec la branche législative dans une relation de responsabilité qui a conduit à une véritable *fusion des pouvoirs* : les membres du Conseil des ministres doivent avoir été élus au Parlement et lui rendre des comptes, en ce sens que les projets de loi qu'ils présentent, les politiques qu'ils mettent en œuvre et les actions qu'ils prennent doivent jouir du soutien et de la confiance de la majorité des membres de la législature, faute de quoi le Conseil des ministres doit soit démissionner, soit demander au gouverneur général de dissoudre la Chambre en vue d'élections générales (figure 1.3).

De nos jours, le principe du gouvernement responsable est l'un des plus importants éléments de notre façon d'être gouvernés. C'est ce principe qui détermine la relation entre le gouverneur général et le premier ministre ainsi que son conseil des ministres, au niveau fédéral, et entre les lieutenants-gouverneurs et les conseils des ministres provinciaux, au niveau provincial. C'est aussi ce principe qui régit la relation entre le

FIGURE 1.3

Le Parlement canadien : fusion des pouvoirs

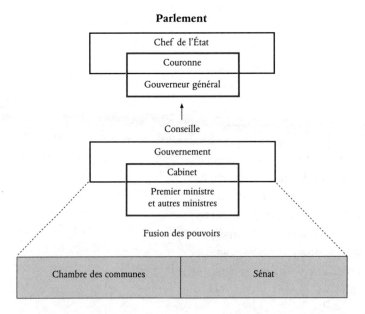

premier ministre et le Conseil des ministres, ainsi qu'entre le Conseil des ministres et le Parlement. C'est enfin ce principe qui est à la base de la confiance que la législature accorde au gouvernement, de la démission ou du renvoi des politiciens et des administrateurs, de la dissolution du Parlement et de l'imputabilité de nos dirigeants et élus vis-à-vis de l'électorat. Le fait que les représentants élus dans des élections libres doivent rendre des comptes non seulement aux institutions où ils travaillent, mais aussi à leurs électeurs, est un élément crucial de notre système de gouvernement.

Le système de gouvernement parlementaire

L'*Acte de l'Amérique du Nord britannique* (désormais appelée *Loi constitutionnelle de 1867*), qui est une loi du Parlement britannique, a non seulement fait une réalité de la Confédération, mais aussi imposé au Canada des procédures, des coutumes et des institutions parlementaires calquées sur le modèle britannique. Cette loi a donc créé un système de gouvernement dans lequel ces institutions parlementaires ont pu fonctionner chez nous au niveau tant national que provincial. Dans la pratique, chaque province et chaque territoire a une assemblée législative équivalant à un Parlement. Ce « modèle de Westminster » a été le prototype du système politique canadien, mais il a évolué pour se conformer aux traditions et aux coutumes canadiennes ainsi qu'aux modifications constitutionnelles. Le Canada est devenu le premier État du monde où des institutions parlementaires fonctionnent dans un système fédéral (Scott, 1977 : 35).

Légalement, le Parlement est l'instance suprême du processus législatif. Il est investi du droit souverain de gouverner et seuls ses membres ont le pouvoir constitutionnel de représenter les intérêts et les opinions du Canada. Comme Redekop l'a écrit (Redekop, 1983 : 149), aucune loi ne peut être promulguée ni modifiée, aucune taxe et aucun impôt ne peuvent être légalement imposés et aucun crédit ne peut être légalement affecté à moins qu'ils aient été officiellement approuvés par le Parlement. Institution structurée et légitimée par la constitution, le Parlement se présente comme un système de gouvernement composé de la reine et de son représentant ou de sa représentante au Canada, le ou la gouverneur général, d'un Sénat nommé et d'une Chambre des communes dont les membres sont élus.

Pour faciliter l'élection des députés à la Chambre des communes, le Canada est réparti en 301 territoires géopolitiques appelés circonscriptions ou comtés. Dans chaque circonscription, les partis politiques choisissent une personne pour les représenter aux élections (une personne non affiliée à un parti peut aussi décider de briguer les suffrages). Le jour des élections, le candidat ou la candidate qui obtient le plus grand nombre de votes est déclaré élu, ce qui lui donne droit à un siège à la Chambre des communes, où il représente habituellement la plateforme d'un parti politique de même que les nombreux intérêts de ses commettants. Le parti politique dont les membres remportent le plus grand nombre de sièges forme normalement le gouvernement ; le chef de ce parti devient alors le premier ministre.

Si la reine et son représentant, le gouverneur général, sont le *chef de l'État*, le premier ministre est le *chef du gouvernement*. C'est lui qui choisit les membres du Conseil des ministres, composé de lui-même ainsi que de tous ceux et celles qu'il nomme ministres, qui forme le gouvernement. Le Conseil des ministres s'est démarqué du Parlement en se plaçant dans la position dominante pour contrôler le processus législatif, déterminer les travaux de la législature et planifier globalement les affaires et le programme politique que le pays va chercher à réaliser. Les projets de loi que le gouvernement présente sont rarement rejetés au Parlement, parce que le parti au pouvoir mobilise presque toujours une majorité de ses partisans à la législature pour voter leur adoption.

En raison de la primauté constitutionnelle du Parlement comme institution législative, bien des gens pensent, à tort, qu'il peut contrôler le programme du gouvernement, alors qu'il fonctionne essentiellement en approuvant, modifiant et rejetant les propositions législatives de l'exécutif. Le Parlement ratifie essentiellement les décisions prises par le gouvernement, étant donné qu'elles sont présentées par le ou la ministre intéressé et appuyées par une majorité de députés.

Globalement, le Parlement s'efforce de s'acquitter de deux importantes fonctions. La première consiste à légitimer les actions du gouvernement, mais il le fait seulement après de rigoureuses délibérations. Il se réunit essentiellement pour examiner, discuter et trouver des solutions de compromis de façon à adopter des lois acceptables pour tous, des lois qui, idéalement, sont dans l'intérêt du public. La plupart des Canadiens et Canadiennes acceptent les décisions du gouvernement et s'y conforment parce qu'ils sont convaincus que les lois sont adoptées comme il se doit au Parlement. C'est le Parlement qui reste le lieu de rencontre officiel où le gouvernement de l'heure doit expliquer, défendre et justifier ses politiques.

La seconde fonction du Parlement consiste à servir de tribune de représentation des citoyens et citoyennes ordinaires. C'est à cet égard qu'il ne répond peut-être pas aux attentes du public en matière de gouvernement, parce que, à l'instar du Conseil des ministres, qui est dominé par des hommes d'ascendance anglo-saxonne ayant habituellement des liens avec le monde des affaires et les professions libérales, le Parlement n'est guère représentatif des gens dont il est le porte-parole. La composition du Parlement canadien tend traditionnellement à suivre un modèle élitiste dans lequel les députés ne sont pas vraiment représentatifs de l'ensemble de la population. Habituellement, avant d'être élus, environ 90 p. 100 des députés avaient des occupations prestigieuses, comparativement à quelque 20 p. 100 seulement pour l'ensemble des Canadiens et Canadiennes (Guppy *et al.*, 1987 : 417-430).

En outre, les femmes sont minoritaires à la Chambre des communes et au Sénat et celles qui y sont élues ou nommées sont presque invariablement issues des groupes les plus instruits et les mieux nantis. Le caractère du Parlement en tant que cercle d'hommes de professions libérales et d'hommes d'affaires de race blanche, d'ascendance anglo-saxonne et des milieux aisés influe nettement sur la façon dont nous sommes gouvernés au Canada. Pourtant, cette réalité est basée sur l'idéal que le Parlement devrait et va un jour refléter la composition sociologique de la population.

Les autochtones et les Canadiens et Canadiennes d'autres origines ethniques et raciales peuvent-ils vraiment être représentés comme il se doit par des hommes de race blanche d'âge moyen ?

Essayons d'imaginer de quoi aurait l'air un Parlement plus parfaitement représentatif : les femmes représenteraient 52 p. 100 de l'effectif, beaucoup plus de membres du Parlement auraient une origine ethnique raciale différente, et ils auraient en moyenne 39 plutôt que 52 ans. Les avocats ne représenteraient qu'environ 1 p. 100 de l'effectif, plutôt que près de la moitié ; à leur place, nous verrions des plombiers, des travailleurs de l'acier, des enseignants du primaire et du secondaire, des professeurs d'université, des mères célibataires et des personnes admissibles à l'aide sociale. Les représentants et représentantes, les débats et les règles qui seraient adoptées au Parlement auraient un caractère bien différent qui refléterait beaucoup mieux les besoins de l'ensemble de la population.

Le système fédéral de gouvernement

Le fédéralisme canadien est devenu avec le temps un système gouvernemental dans lequel deux niveaux, le central et le provincial, ont compétence pour gouverner le même territoire et les gens qui y vivent et y travaillent (figure 1.4). Le gouvernement fédéral a conservé la gamme extrêmement étendue des pouvoirs que ces gens voulaient lui confier, mais, au fil des années, l'évolution politique du fédéralisme canadien a produit un des systèmes fédéraux les plus décentralisés de la communauté internationale.

L'un des paradoxes de notre système politique, c'est que la grande expansion des pouvoirs gouvernementaux, surtout avec l'État-providence, a conféré d'importantes compétences aux gouvernements provinciaux, comme en santé et en éducation. En fait, tous les niveaux de gouvernement ont donné plus d'expansion et d'ampleur

aux programmes et aux services qu'ils administrent que les architectes originaux du fédéralisme canadien ne l'auraient jamais pensé au XIXe siècle.

À la longue, les Canadiens et Canadiennes sont devenus fermement convaincus que le gouvernement provincial est le berceau du contrôle local et du gouvernement par la base. De bien des façons, le système fédéral canadien est le résultat logique des pulsions contradictoires des Canadiens et Canadiennes qui veulent trouver des solutions nationales pour bâtir un grand État-nation, tout en tenant farouchement à garder aux échelons local et régional le contrôle de leur quotidien (Brownsey et Howlett, 1992).

La combinaison des institutions parlementaires et du fédéralisme fait contrepoids à la position dominante du gouvernement fédéral vis-à-vis des provinces. Pour certains, les conséquences de cet état de fait sont positives, puisque les tensions du fédéralisme limitent la centralisation du pouvoir à Ottawa et rendent possible une grande souplesse dans l'élaboration et la mise en œuvre des politiques au niveau de la base de chaque province ; par contre, d'aucuns soulignent qu'une décentralisation trop poussée pourrait faire du Canada une mosaïque où les inégalités des chances proliféreraient, avec des services gouvernementaux inégaux pour les Canadiens d'une partie du pays à l'autre.

Si les Canadiens et les Canadiennes ont adopté le fédéralisme, c'est parce qu'ils sont convaincus qu'il rend possibles des organisations gouvernementales, des cultures politiques et des politiques publiques très variées dans un seul et même État-nation. Le problème pratique pour les pères du système fédéral canadien consistait à concilier la nécessité d'un gouvernement central fort avec la volonté des quatre provinces fondatrices de

FIGURE 1.4
L'État fédéral canadien

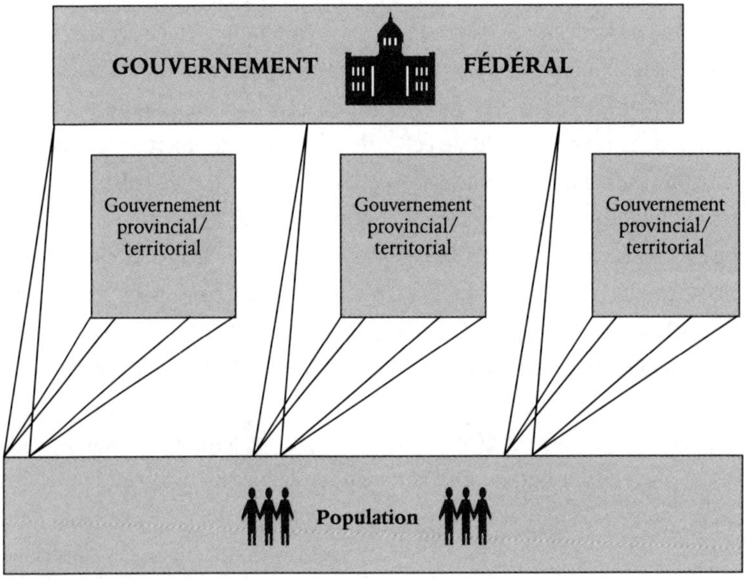

Source : Adapté de James J. Guy, *People, Politics and Government : A Canadian Perspective*, 5ᵉ édition, Scarborough, Prentice-Hall, 2000.

conserver leur autonomie décisionnelle sur les questions régionales et locales. En réalité, ceux qui ont conçu la constitution de 1867 envisageaient une fédération dans laquelle Ottawa pourrait à la longue contrôler tout ce que les provinces feraient. C'est pourquoi de grands pouvoirs de centralisation ont été délégués expressément ou réservés au gouvernement fédéral, tandis que d'autres compétences ou d'autres pouvoirs ont été confiés aux provinces et quelques-uns ont été laissés aux deux niveaux pour qu'ils se les partagent.

Le caractère du fédéralisme canadien a évolué énormément depuis 1867. Avec les années, les règles du fédéralisme établies dans l'*Acte de l'Amérique du Nord britannique* de 1867 quant à la

gouvernabilité des provinces en relation avec le gouvernement central sont restées essentiellement inchangées, mais le « contenu » du fédéralisme canadien a bien changé.

Aujourd'hui, les gouvernements des provinces canadiennes conservent une remarquable vitalité. Pendant toute l'histoire fédérale du Canada, les provinces sont devenues des unités sous-nationales de plus en plus puissantes, capables de contester avec succès la compétence du fédéral devant les tribunaux et fort habiles pour se liguer contre Ottawa afin de maximiser leurs pouvoirs de négociation. La plupart des provinces sont d'ailleurs convaincues qu'elles sont capables de gouverner plus efficacement et de façon plus efficiente que le gouvernement fédéral dans bien des domaines. Elles protègent et favorisent la santé, la sécurité, le bien-être et l'économie de leurs citoyens et citoyennes.

La répartition constitutionnelle des pouvoirs entre le gouvernement fédéral et les provinces a influé sur leur capacité de gouverner. Globalement, le fédéralisme a été une source de contraintes pour le gouvernement fédéral, et il continue à imposer des limites au gouvernement du Canada. Même aujourd'hui, dans la première décennie du XXIe siècle, on discute encore pour déterminer lequel des deux niveaux de gouvernement est le plus en mesure de gouverner. Même si le système fédéral canadien semble très centralisé, le fait est que le gouvernement fédéral ne peut pas gouverner le Canada tout seul. Il a besoin de la coopération et du partage des responsabilités financières avec les provinces et avec leurs gouvernements municipaux.

L'expression « relations intergouvernementales » est de plus en plus utilisée au Canada pour désigner le réseau complexe des interrelations entre gouvernements, à savoir le gouvernement fédéral, les dix gouvernements provinciaux, les trois gouvernements territoriaux et les milliers de gouvernements locaux. Tous ces niveaux de gouvernement ont désormais des interactions beaucoup plus fréquentes que jamais auparavant. Dans le contexte des projets d'Ottawa de réduire les dépenses gouvernementales, les paiements de transfert et les programmes fédéraux à frais partagés ou cofinancés ont subi des compressions. Les dirigeants provinciaux et municipaux ont par conséquent dû s'en remettre davantage à leurs propres ressources, ou encore en trouver de nouvelles dans leurs champs de compétence.

L'ÉTUDE DE LA POLITIQUE ET DU GOUVERNEMENT

Avant l'émergence et la prolifération des études politiques dans les universités, les médias canadiens jouaient un rôle important d'observateurs politiques. La plus grande partie de ce que les Canadiens et Canadiennes savaient sur la politique et sur le gouvernement leur venait directement ou indirectement des médias. L'analyse fréquente des personnalités et des événements politiques dans les médias donnait à la politique un air de respectabilité populaire, en tant que réalité professionnelle, et créait un milieu favorable à une étude sérieuse de la politique.

L'étude de la politique comme discipline universitaire au Canada

L'étude rigoureuse de la politique par des observateurs indépendants, en tant que discipline, a commencé en Amérique du Nord vers la fin du XIXe siècle. L'émergence de la science politique canadienne à titre de domaine respectable du savoir est liée étroitement à la croissance des universités au Canada. Les études politiques ont en effet commencé dès 1877 à l'Université Queen's, puis en 1888 à l'Université de Toronto, où une chaire d'économie politique et d'histoire constitutionnelle a été créée. Au départ, au Canada, on partait du principe que la science politique était un volet naturel de l'économique, de l'histoire et de la philosophie.

À Montréal, l'Université McGill a fondé son département d'économique et de science politique en 1901 ; peu après, Stephen Leacock, un universitaire et écrivain de réputation mondiale, en est devenu le directeur. L'Université de la Saskatchewan a créé son département de science politique en 1910, mais, à l'époque, la plupart des universités canadiennes – comme McGill – n'offraient des cours d'études politiques qu'en guise de complément à ceux d'autres départements dans les domaines des humanités et des sciences sociales.

L'Association canadienne de science politique (ACSP) a été fondée en 1913. Son premier président, Adam Shortt, dirigeait une association vouée à l'étude de la science politique, certes, mais aussi de l'économique, de la sociologie et de l'anthropologie. L'association était un groupe restreint mais diversifié de spécialistes ; elle a su attirer des membres de bien d'autres disciplines des sciences sociales, du monde du journalisme, du droit, de la politique et de l'administration publique. En outre, contrairement à son homologue américain (l'APSA), elle s'était constituée pour promouvoir l'étude de la politique tout simplement par « l'étude des problèmes politiques », sans se donner la mission de faire de cette étude une démarche scientifique. Dès sa fondation, elle a reconnu que la science politique est une discipline pluraliste, puisqu'elle n'a ni impliqué ni voulu imposer une méthode plutôt qu'une autre. La fondation de l'ACSP a donc été un très grand pas en avant ; elle a été décisive pour la détermination de l'excellente qualité de l'analyse politique au Canada pendant les décennies qui ont suivi.

Après la Première Guerre mondiale, la science politique canadienne s'est peu à peu établie dans les milieux universitaires comme une discipline autonome axée sur la réalité canadienne. D'abord, elle a été simplement introduite comme domaine d'études parmi tant d'autres au niveau universitaire. Toutefois, avec le temps, l'étude en bonne et due forme de la science politique allait se répandre dans tout le pays ; elle n'a guère tardé à être enseignée comme discipline indépendante dans des départements distincts, d'abord à l'Université de la Colombie-Britannique en 1920, puis à l'Université Acadia en 1927, à l'Université d'Ottawa en 1936 et à l'Université Laval en 1954.

En 1935, la *Revue canadienne d'économique et de science politique* (RCESP) est devenue la principale publication de l'ACSP. À l'époque, les politologues partageaient leur revue avec les économistes, de sorte qu'elle publiait de nombreux articles dans les deux disciplines. Pendant des années, elle a réussi à accepter des articles critiques des deux, mais, à la longue, elle s'est révélée incapable de répondre aux besoins de nombreuses spécialités en devenir dans l'étude des affaires politiques. En 1968, les éditeurs de la RCESP recevaient suffisamment de manuscrits pour justifier la création d'une publication distincte, la *Revue canadienne de science politique*.

La fonction des départements de science politique proprement dits a rapidement progressé dans la période qui a immédiatement suivi l'après-guerre. Néanmoins, même en 1958, le Canada n'avait produit qu'un noyau de 33 politologues universitaires (Thorburn, 1975 : 79). C'est ce petit groupe déterminé de politologues professionnels qui a donné à la discipline son caractère à la fois sérieux et distinct.

De 1958 à 1969, plus de 30 établissements autorisés à décerner des diplômes universitaires ont soit séparé leur département de science politique d'un autre, soit fondé un tel département. Le nombre des politologues enseignant dans les universités canadiennes est passé de 33 en 1958 à plus de 500 en 1970 (Hull, 1973 : 89-120). Toutefois, entre 1960 et 1970, quand l'effectif des professeurs de science politique a augmenté de 475, il ne s'est décerné au Canada que 27 doctorats en science politique, ce qui a mené au recrutement de nombreux politologues qualifiés étrangers dont beaucoup provenaient des États-Unis. Ces nouveaux arrivants apportaient avec eux des postulats et des méthodes reflétant essentiellement la science politique pratiquée au-delà du 49ᵉ parallèle. En 1970, près de la moitié de l'effectif de plus de 500 professeurs ou professeures de science politique au Canada étaient d'origine étrangère et, même si certains s'étaient fait naturaliser, seulement 63 p. 100 de l'ensemble avaient la citoyenneté canadienne (Stein et Trent, 1982, chap. 10).

Certains professeurs, administrateurs et étudiants de nos universités estimaient que le grand nombre de ces politologues nés et formés à l'étranger constituait une menace pour le caractère national distinct de la science politique canadienne. Beaucoup disaient craindre que, à mesure que les emplois se raréfieraient, les politologues canadiens seraient incapables de trouver des postes. Néanmoins, comme la majorité des décisions importantes au niveau des départements continuaient à relever de politologues canadiens soit agrégés, soit titulaires, ces craintes se sont révélées sans fondement (peut-être n'avaient-elles d'ailleurs jamais été justifiées). Néanmoins, la « canadianisation » de la science politique dans notre pays s'est faite au cours des années 1980 et 1990. La situation a fini par se corriger toute seule, à telle enseigne que, en 2000, près de 90 p. 100 des politologues nouvellement nommés dans nos universités étaient des citoyens canadiens.

La profession canadienne de la science politique est désormais bien plus diversifiée qu'elle ne l'était dans les années 1950, alors qu'elle était essentiellement l'apanage d'hommes de race blanche et d'ascendance anglo-saxonne. De plus en plus de femmes sont inscrites à des cours de science politique du premier cycle, puisqu'elles représentaient 45 p. 100 des diplômés au milieu des années 1990 (Pal, 1995 : 11-13). La proportion des femmes titulaires d'une maîtrise a aussi progressé (elles représentent plus de 30 p. 100 de l'ensemble), et elles constituent environ 10 p. 100 des titulaires de doctorat. Tous les groupes raciaux et de nombreux groupes ethniques sont représentés chez les professeurs et professeures de science politique des universités canadiennes. On trouve des politologues d'ascendance africaine, asiatique et européenne dans la plupart des départements de science politique, et de nombreuses universités offrent désormais des programmes d'études autochtones dont les cours de science politique constituent une part importante. Ces programmes attirent et forment des professeurs autochtones, ce qui va mener à une diversification plus complète encore de la science politique.

Une science politique canadienne distincte

La présence de la plus importante association de science politique du monde juste au sud de la frontière canado-américaine a joué un rôle prépondérant dans l'histoire de la science politique canadienne. L'American Political Science Association (APSA) est en effet déterminée à appliquer les approches scientifiques les plus modernes à l'étude de la politique et du gouvernement,

ainsi qu'à découvrir les théories les plus susceptibles de décrire, d'expliquer et de prédire le
monde politique. Par ailleurs, elle s'efforce depuis toujours « d'américaniser » la science politique dans le monde entier, en lui imposant ses
biais sur les analyses empiriques et sur la recherche politique libre de toutes valeurs (Easton *et
al.*, 1991).

Les politologues canadiens ne partagent pas
avec autant d'enthousiasme cette obsession des
Américains pour l'application des méthodes scientifiques à l'étude de la politique. Chez nous, les
influences britannique, française et allemande
s'expriment dans de nombreux programmes de
science politique un peu partout au pays. Ces
influences reflètent le sentiment très réel qu'une
compréhension du monde politique peut être
possible sans qu'on doive toujours appliquer les
méthodes rigoureuses de la science. Dans leurs
propres universités, les Canadiens et Canadiennes combinent les influences généralistes de l'Europe avec les puissantes influences behavioristes
et post-behavioristes des États-Unis.

En somme, depuis ses débuts il y a 100 ans,
la science politique canadienne a établi sa propre
identité et a gagné le respect de la communauté
internationale dans son domaine. Son image positive se reflète dans sa concentration actuelle sur
les études des institutions et des comportements
canadiens. En effet, près de 50 p. 100 des politologues professionnels du Canada (il y en a plus
de 1 400) font régulièrement des recherches sur
les problèmes canadiens. Depuis les années 1980,
près de 40 p. 100 des praticiens travaillent à des
recherches sur la politique étrangère et comparée, tandis que le domaine global des relations
internationales attire environ 10 p. 100 d'entre
eux (Stein, Trent et Donneur, 1982 : 37). Cela

témoigne donc d'une vigoureuse dispersion des
intérêts professionnels de nos politologues, qui
s'occupent aussi bien de nos affaires intérieures
que d'affaires externes. Enfin, de nombreux praticiens ont été les conseillers de gouvernements
successifs de tous les niveaux gouvernementaux
du Canada.

La science politique canadienne doit par
ailleurs beaucoup aux universitaires francophones. En effet, la science politique québécoise a
accru la qualité de la recherche en science politique au Canada grâce à ses sources canadiennes
et européennes variées. L'approche éclectique de
la discipline désormais bien ancrée dans les universités québécoises ainsi qu'à l'Université de
Moncton, au Nouveau-Brunswick, contribue à
enrichir la culture de l'analyse politique canadienne. Les politologues francophones, largement
influencés par leurs homologues européens, tendent à se concentrer sur des aspects plus abstraits
ou plus théoriques de leur démarche que leurs
collègues anglophones, qui tendent à accorder
plus d'importance aux techniques et aux méthodes de recherche.

La Société québécoise de science politique
(SQSP), fondée en 1978, a succédé à la Société
canadienne de science politique (SCSP), qui re-
montait à 1964. Elle est le fruit d'une tentative
couronnée de succès des politologues québécois
pour fonctionner indépendamment de l'ACSP.
Avec sa propre revue, *Politique*, fondée en 1982
et maintenant devenue *Politique et Sociétés*, et un
effectif d'environ 350 membres, la SQSP injecte
un caractère interdisciplinaire dans la recherche
sur la politique. Il ne fait aucun doute que la
science politique québécoise a réussi à se faire
reconnaître comme discipline universitaire.
D'ailleurs, les nombreuses universités du Québec

ne sont pas les seules à dispenser des cours de science politique, puisqu'il y en a aussi dans les collèges d'enseignement général et professionnel (cégeps).

Pour des raisons pratiques de structure des programmes et d'organisation, la science politique est répartie au Canada en sous-disciplines dans lesquelles les politologues se spécialisent. Les principales sont les suivantes :

1. **Politique et gouvernement canadiens :** axée sur le comportement politique au Canada, étude des organismes et des forces d'intervention (groupes d'intérêt, partis politiques et opinion publique), du processus électoral ainsi que des activités des institutions étatiques (le Parlement, l'exécutif, le judiciaire et la Cour suprême).

2. **Gouvernement et politique comparés :** étude comparative de divers systèmes politiques, comme ceux des principaux pays démocratiques et communistes, ou de pays faisant partie d'un bloc, comme dans l'étude comparative des sociétés démocratiques (par exemple, le Canada et les États-Unis), des derniers États communistes ou des pays en développement.

3. **Politique et relations internationales :** étude de la politique entre les États et à l'intérieur d'eux ; elle est composée de deux grands volets interreliés, la politique internationale (c'est-à-dire l'étude des relations entre les États) ainsi que les organisations internationales et régionales, y compris le droit international.

4. **Philosophie politique :** fondement de toutes les études en science politique, portant sur les concepts, les idéologies et les valeurs importantes. Depuis toujours, les grands penseurs politiques se posent la question de savoir ce qui constitue un bon gouvernement, et comment on peut l'établir. La philosophie politique est une spéculation sur « ce qui devrait être » plutôt que sur ce qui est.

5. **Administration publique :** étude de l'administration et de l'application des politiques publiques à tous les niveaux de gouvernement, largement axée sur le droit administratif et sur la fonction publique, son organisation et son personnel.

6. **Droit public :** étude de l'approche juridique et des raisons pour lesquelles les tribunaux rendent leurs décisions, axée sur le processus judiciaire et plus particulièrement sur l'élaboration et l'application des lois dans le domaine public.

7. **Politique publique :** analyse des produits de l'activité politique et des politiques avancées par le gouvernement englobant toutes les lois, toutes les règles et tous les règlements adoptés par les organismes étatiques (le législatif, l'exécutif et le judiciaire) d'une entité politique, qui constituent la somme des décisions impératives d'un système politique.

8. **Politique et gouvernements municipaux :** étude des activités politiques et des organismes les plus près de nous, aux niveaux local et régional.

CONCLUSIONS ET OBSERVATIONS

Bien que les Canadiens et Canadiennes puissent définir l'activité politique comme un comportement humain naturel constatable dans le monde des affaires, les institutions privées et même dans les familles, les politologues l'étudient dans le contexte du gouvernement fédéral et des gouvernements provinciaux, en appliquant généralement leur analyse au monde politique du secteur public. La politique existe parce que les gens vivent ensemble et cherchent à agir collectivement. Puisque les Canadiens et Canadiennes forment un système social vaste et complexe, les conflits politiques sont inévitables en raison des exigences qu'une légion d'intérêts souvent différents posent au gouvernement. La politique a deux volets : d'une part, c'est le moyen ultime d'atténuer ou de résoudre les conflits et, d'autre part, c'est un moyen d'amener de nombreuses personnes à s'organiser pour faire ensemble ce qu'elles ne pourraient pas faire séparément.

L'histoire du Canada est politiquement fascinante. C'est celle de la lutte d'une société multiculturelle et bilingue afin de rester unie et de trouver des façons mutuellement bénéfiques pour ses membres de vivre ensemble dans le système de gouvernement d'un des pays les plus vastes du monde. Il faut aussi la considérer comme celle d'une lutte de cultures, et de cultures politiques divergentes, chacune désireuse de se faire reconnaître comme distincte plutôt que de contribuer à l'unité de la vie politique au Canada. Les changements actuels de la vie politique canadienne laissent entrevoir de nombreuses transformations des structures, des enjeux et des procédés constitutifs du gouvernement canadien au XXIᵉ siècle.

Il n'y a jamais eu de période de sérénité dans l'histoire politique du Canada. Durant la période de plus d'un siècle qui s'est écoulée depuis la Confédération de 1867, les Canadiens et Canadiennes se sont efforcés de préserver l'intégrité de leur système politique en proie à bien des forces de division. La Confédération elle-même n'a jamais été une union très populaire ; elle a créé des problèmes de gouvernabilité que ses fondateurs n'avaient pas prévus.

La constitution est la source déterminante de notre mode de gouvernement parce que c'est elle qui a investi le gouvernement de son droit d'autorité sur nous. Elle nous permet d'adopter nos propres lois, de rendre des décisions judiciaires exécutoires sur nos façons de nous comporter et, en définitive, de faire tout ce qu'il faut pour assurer notre survie comme peuple.

De la façon dont elle a évolué au Canada, la constitution n'est pas un document neutre : elle a des biais sur l'attribution des pouvoirs du gouvernement, sur les niveaux de gouvernement qui peuvent exercer ces pouvoirs et, au bout du compte, sur l'importance de ces pouvoirs. Elle a donc de profondes répercussions sur notre façon de gouverner un pays aussi vaste, sur nos institutions gouvernementales, sur leurs politiques publiques et sur les façons dont elles sont élaborées. Bref, au Canada, la politique et les gouvernements seront marqués à jamais par l'élaboration de la constitution, si incomplète ou si imparfaite qu'elle puisse être. D'ailleurs, comment des documents rédigés il y a plus de cent ans pourraient-ils répondre aux besoins du Canada à l'aube du XXIᵉ siècle ?

La génération des fondateurs du système gouvernemental actuel du Canada le croyait démocratique, constitutionnel, représentatif, responsable, parlementaire et fédéral. Ces caractéristiques traditionnelles de notre façon de nous gouverner étaient basées sur la composition linguistique du Canada ainsi que sur son régionalisme, sur la division des pouvoirs entre le gouvernement fédéral et les provinces ainsi que sur la dynamique de ses relations intergouvernementales.

Dans une large mesure, les difficultés du gouvernement du Canada ont toujours été liées aux institutions politiques que nous avons adoptées et au cadre dans lequel nos gouvernements doivent fonctionner. Le Canada a emprunté largement au système parlementaire britannique et à son gouvernement de cabinet, et il a créé une multiplicité d'autres gouvernements aux niveaux provincial, territorial et municipal, pour unifier le pays dans un cadre fédéral. Même si le Canada demeure uni sous la gouverne de ces institutions, bien des citoyens et citoyennes du Québec et d'autres régions du pays sont convaincus de la nécessité de réformer les institutions politiques canadiennes.

Le système fédéral du Canada peut souvent être une source de conflits ; il faut que les unités de gouvernement coopèrent pour que nous puissions atteindre à l'unité par la diversité et pour que tous les niveaux de gouvernement exercent leur autorité sur les mêmes citoyens et citoyennes et sur le même territoire. De nombreux Canadiens et Canadiennes estiment que le système fédéral qui s'est établi avec les années convient bien à ce vaste pays, parce qu'ils sont convaincus qu'il a contribué à la coordination des services gouvernementaux ainsi qu'à l'intégration politique du Canada. D'autres estiment par contre que nous devons restructurer de fond en comble le système fédéral afin qu'il puisse englober davantage tout ce qui constitue le Canada, tandis que d'aucuns sont partisans de son démantèlement pour pouvoir créer des régions qui seraient des États indépendants.

La *Charte canadienne des droits et libertés* de 1982 a ajouté une autre dimension au fédéralisme et au gouvernement parlementaire canadien, à savoir la reconnaissance de droits individuels, communautaires et linguistiques. Ces droits ont modifié la gouvernabilité du pays en donnant un plus grand poids constitutionnel aux Canadiens et aux Canadiennes en fonction de leur sexe, de leur caractère autochtone, de leur identité, de leur ethnicité, de leur langue et de leur région. Par exemple, le mouvement des femmes, qui préconise des droits pour une identité individuelle et collective fondée sur le sexe, a politisé une élite puissante désireuse de représenter plus de la moitié de la population du Canada, tandis que les revendications autochtones politisent les identités des peuples autochtones et que la composition ethnique changeante du Canada redéfinit les hypothèses traditionnelles sur ce que les gouvernements canadiens devraient faire et comment ils devraient le faire.

Les idées dominantes de la politique canadienne de l'après-guerre étaient liées à l'indépendance, à l'autonomie, au bien-être social et à la souveraineté nationale du Canada, mais elles ont été remises en question par les nouvelles idéologies de la mondialisation, du capitalisme de marché et de l'interdépendance. La mondialisation s'entend de tous les procédés qui relient des activités nationales et indépendantes naguère isolées à un cadre de référence mondial, transformant par le fait même leur nature fondamentale. Le capitalisme de marché, lui, privilégie la culture des grandes entreprises sur le marché.

Les facteurs propices à la mondialisation sont notamment l'interdépendance économique des enjeux environnementaux, le développement des affaires et de la technologie, les médias, les télécommunications, le commerce international, l'aide extérieure, l'investissement et les institutions gouvernementales nationales. Ces grandes influences dans le milieu mondial ont contraint tous les gouvernements du Canada à réformer leur Parlement et à restructurer leurs institutions administratives ainsi que leur cadre politique, de même que les systèmes administratifs servant à assurer la prestation de leurs services. La restructuration se traduit donc par des changements de nos formes étatiques qui ont commencé dès que la société canadienne a dû s'adapter à des influences internationales persistantes. La mondialisation fait porter sur les gouvernements canadiens de nouvelles pressions qui les amèneront à modifier leurs lois sur les normes nationales, sur la réglementation et sur les permis, de même qu'à transformer leurs pratiques administratives de mise en œuvre des politiques publiques.

Au Canada, la science politique est la discipline qui a globalement pour objet l'analyse de l'activité politique et surtout de celle de l'État. On continue à discuter sur la question de savoir jusqu'à quel point la science politique devrait être « scientifique ». Certains praticiens sont d'avis que la politique est si complexe et fait appel à tant de valeurs personnelles fondamentales que nous ne devrions pas tenter de la limiter à une définition aussi étroite qu'exacte, mais que nous devrions plutôt interpréter chaque activité et chaque idée politique plus ou moins en elles-mêmes, de façon subjective. Ces politologues-là se considèrent plutôt comme des historiens qui interprètent une séquence particulière d'événements en dégageant des tendances générales. Par contre, d'autres politologues estiment que leur discipline devrait être plus scientifique et s'efforcer de déterminer des régularités fondamentales dans un ensemble d'événements, de façon à faire des prédictions et des prévisions précises.

Le plus grand défi pour la recherche en science politique canadienne au XXIᵉ siècle consistera à prouver qu'elle est capable d'établir une méthode reconnue ou un ensemble d'approches communes pour l'étude de la politique (Almond, 1990). Au Canada, la sociologie, l'économique et la psychologie englobent toutes trois de nombreuses écoles de pensée, mais leurs praticiens s'entendent toutefois bien plus que les politologues sur la valeur et sur l'emploi approprié d'outils méthodologiques de base. Bien sûr, de nombreux politologues ont essayé d'arriver à un consensus comme celui-là, mais ils n'y sont encore jamais parvenus; le fait est que, s'il y a une approche généralement acceptée pour l'étude de la politique canadienne de nos jours, elle pourrait, au mieux, être qualifiée d'éclectique, puisque nos politologues ont recours à des méthodes et des outils variés pour aboutir à des constatations basées sur diverses approches et disciplines connexes.

Il est certain que la science politique est désormais une discipline permanente et reconnue au Canada. Ses praticiens ont réussi à jeter des bases organisationnelles solides pour la recherche en science politique. Aujourd'hui, le Canada peut donc compter sur un effectif impressionnant et diversifié de ses propres spécialistes pour faire de la recherche politique indépendante sur les affaires nationales et internationales.

SITES WEB

Assemblée des premières nations	http ://www.afn.ca
Association canadienne de science politique	http ://www.uottawa.ca/associations/cpsa-acsp
Bureau d'information du Canada	http ://www.infocan.gc.ca
Canadiens (Les) et leur système de gouvernement	
	http ://www.parl.gc.ca/36/refmat/library/forsey/how-f.htm
Commissariat aux langues officielles	http ://www.ocol-clo.gc.ca
Gouvernement du Canada	http ://canada.gc.ca
Gouvernement du Québec	http ://www.gouv.qc.ca
Intellectuels pour la souveraineté	http ://www.cam.org/~parsouv/ipso/index.html
Mouvement national des Québécoises et Québécois (MNQ)	http ://www.mnq.qc.ca/
Nunavut	http ://www.nunavut.com/
Partenaires pour la souveraineté :	http ://www.cam.org/~parsouv/
Patrimoine Canada (Le multiculturalisme)	http ://www.pch.gc.ca/multi/html/francais.html
Political Resources on the Net	http ://www.agora.stm.it/politic
Société québécoise de science politique	http ://www.unites.uqam.ca/sqsp
Société Saint-Jean-Baptiste	http ://www.cam.org/~ssjb/index.html
Statistique Canada	http ://www.statcan.ca/

LECTURES SUGGÉRÉES

Joseph CARENS (dir.) (1995), *Is Quebec Nationalism Just ?*, Montréal, McGill-Queen's University Press.

James J. GUY (2000), *People, Politics and Government*, Scarborough, Prentice-Hall Allyn and Bacon.

Kenneth McROBERTS (1999), *Un pays à refaire. L'échec des politiques constitutionnelles canadiennes*, Montréal, Boréal.

Donald SAVOIE (1999), *Governing from the Centre : The Concentration of Political Power in Canadian Politics*, Toronto, University of Toronto Press.

David SCHNEIDERMAN (1999), *The Quebec Question : Perspectives in the Supreme Court Ruling on Secession*, Toronto, Lorimer.

William WATSON (1998), *Globalization and the Meaning of Canadian Life*, Toronto, University of Toronto.

Robert YOUNG (1995), *La sécession du Québec et l'avenir du Canada*, Sainte-Foy, Les Presses de l'Université Laval.

BIBLIOGRAPHIE

ALMOND, Gabriel (1990), *A Discipline Divided : Schools and Sects in Political Science*, Newbury Park, Sage.

ASSOCIATION CANADIENNE DES MUNICIPA-LITÉS (ACM) (1976), « Puppets on a Shoestring : The Effects on Municipal Governments of Canada's System of Public Finance », Ottawa, 28 avril.

BATEMAN, Thomas *et al.* (2000), *Braving the New World : Readings in Contemporary Politics*, Scarborough, Nelson Thomson Learning.

BELL, David et Lorne TEPPERMAN (1979), *The Roots of Disunity : A Look at Canadian Political Culture*, Toronto, McClelland and Stewart.

BRODIE, Janine (1997), « The Challenge of Governing : Women and Changing State Forms », dans Guy, James J., *Expanding Our Political Horizons : Reading in Canadian Politics and Government*, Toronto, Harcourt Brace & Company.

BROWNSEY, K. et Michael HOWLETT (1992), *The Provincial State : Politics in Canada's Provinces and Territories*, Mississauga, Copp Clark Pitman.

CAIRNS, Alan C. (1988), *Constitution, Government, and Society in Canada*, Toronto, McClelland and Stewart.

DAVIS, Beryl (1997), « Rethinking Local Government », dans Guy, James J., *Expanding Our Political Horizons : Readings in Canadian Politics and Government*, Toronto, Harcourt Brace & Company.

EASTON, David (1965), *A Framework for Political Analysis*, Englewood Cliffs, Prentice-Hall.

EASTON, David *et al.*, (1991), *The Development of Political Science : A Comparative Survey*, New York, Routledge.

ELKINS, David (1995), *Beyond Sovereignty : Territory and Political Economy in the Twenty-First Century*, Toronto, University of Toronto Press.

ENGELSTAD, Diane et John BIRD (1992), *Nation to Nation : Aboriginal Sovereignty and the Future of Canada*, Concord, Ont., House of Anansi Press.

ETHIER, G., C. BEAUREGARD et R. PARENTEAU (1994), *L'administration publique. Diversité de ses problèmes complexité de sa gestion*, Sainte-Foy, Les Presses de l'Université du Québec.

GUPPY, Neil *et al.* (1987), « Representing Canadians : Changes in the Economic Backgrounds of Federal Politicians, 1965-1984 », *The Canadian Review of Sociology and Anthropology*, vol. 24, n° 3.

GOW, Ian (dir.) (1970), *Administration publique québécoise*, Montréal, Beauchemin.

HOGG, P.W. (1985), *Responsible Government : Constitutional Law of Canada*, 2ᵉ édition, Toronto, Carswell.

HOGG, P.W. (1992), *Canada Act 1982 Annotated*, Toronto, Carswell.

HULL, N.H. (1973), « The 1971 Survey of the Profession », *Canadian Journal of Political Science*, VI, n° 1.

JACKSON, Robert, D. JACKSON et N. BAXTER-MOORE (1986), *Politics in Canada*, Scarborough, Prentice-Hall.

LASSWELL, Harold (1936), *Politics : Who Gets What, When, and How*, New York, McGraw-Hill.

LAXTON, Jack (1990), « City Politics in Canada », dans Whittington, Michael et Glen Williams (dir.), *Canadian Politics in the 1990s*, 3ᵉ édition, Scarborough, Nelson Canada.

MAGNUSSON, Warren (1994), « De-Centring the State », dans Bickerton, James et Alain Gagnon (dir.), *Canadian Politics*, 2ᵉ édition, Peterborough, Broadview Press.

MILL, John Stewart (1958), *Considerations on Representative Government*, Indianapolis, Bobbs-Merrill.

MILNE, David A. (1990), « Canada's Constitutional Odyssey », dans Whittington, Michael et Glen Williams (dir.), *Canadian Politics in the 1990's*, 3ᵉ édition, Scarborough, Nelson Canada.

PAL, Leslie (1995), « Careers for Political Scientists », Ottawa, Canadian Political Science Association, juin.

PYE, Lucian (1963), *Personality and Nation-Building*, New Haven, Yale University Press.

REDEKOP, John (1983), « Canadian Political Institutions », dans Redekop, John (dir.), *Approaches to Canadian Politics*, Scarborough, Prentice-Hall Canada.

ROSENAU, James (2000), dans Bateman, Thomas *et al.*, *Braving the New World : Readings in Contemporary Politics*, Scarborough, Nelson Thomson Learning.

SCOTT, Frank R. (1977), *Essays on the Constitution : Aspects of Canadian Law and Politics*, Toronto, University of Toronto Press.

SIMEON, David et David ELKINS (1974), « Regional Political Cultures in Canada », *Canadian Journal of Political Science*, VII, n° 3.

SMITH, Jennifer (1983), « The Origins of Judicial Review in Canada », *Canadian Journal of Political Science*, XVI, n° 1.

STEIN, Michael et John TRENT (1982), « Canada », dans Andrews, William (dir.), *International Handbook of Political Science*, Westport, Conn., Greenwood Press.

STEIN, Michael, John TRENT et André DONNEUR (1982), « Political Science in Canada in the 1980s : Achievement and Challenge » (communication présentée au Congrès de l'Association internationale de science politique, Rio de Janeiro), 9-14 août.

TENNANT, P. (1984), « Indian Self-Government : Progress or Statlemate ? », *Canadian Public Policy*, vol. 10, n° 2.

THORBURN, G. H. (1975), *Political Science in Canada : Graduate Studies and Research*, Ottawa, Étude pour la commission Healy.

WILSON, John et D. HOFFMANN (1974), « The Canadian Political Cultures : towards a Redefinition of the Nature of the Canadian Political System », *Canadian Journal of Political Science*, VII, n° 3.

CHAPITRE 2

Constitution
et fédéralisme

RÉJEAN PELLETIER
DÉPARTEMENT DE SCIENCE POLITIQUE
UNIVERSITÉ LAVAL

CHARTE
CANADIENNE DES DROITS
ET LIBERTÉS

- Décrire et analyser différents aspects de la Constitution canadienne : ses composantes, le partage des compétences, la Charte des droits, la formule d'amendement ainsi que l'interprétation de cette constitution par les tribunaux ;

- Analyser l'évolution du fédéralisme canadien ;

- Soulever quelques réflexions quant au devenir du fédéralisme canadien.

L La constitution d'un pays définit la structure de l'État, établit les règles de fonctionnement des institutions politiques et régit les relations entre les autorités politiques et les citoyens et les groupes qui composent la société. En spécifiant l'étendue du pouvoir politique, la constitution vient en fixer les limites. Elle établit les règles que doivent respecter les autorités politiques, en plus de déterminer l'organisation du gouvernement ou, plus précisément, l'organisation des pouvoirs législatif, exécutif et judiciaire. C'est pourquoi la constitution est considérée comme la loi suprême d'un pays : les autres lois doivent s'y conformer, respecter ce cadre juridique supérieur à tout autre.

Pour utiliser une formule lapidaire, on peut dire que la constitution définit la nature du régime politique et les règles du jeu politique. Au Canada, le régime politique repose sur deux piliers fondamentaux : le *parlementarisme* et le *fédéralisme*. La Constitution de 1867, résultat de négociations entre des membres de l'élite politique canadienne et octroyée par le Parlement britannique, reconnaît ce double aspect. D'une part, elle établit la nature du pouvoir législatif du nouveau pays que l'on vient de créer, et celle de son « gouvernement exécutif » : ce sont les éléments de base du régime parlementaire canadien qui seront traités dans d'autres chapitres. D'autre part, elle fixe les constitutions des quatre premières provinces (Ontario, Québec, Nouveau-Brunswick et Nouvelle-Écosse) et, surtout, répartit les compétences législatives entre le Parlement fédéral

et les législatures provinciales : ce sont les éléments de base du régime fédéral canadien qui feront l'objet de ce chapitre.

Celui-ci se divise en six grandes parties qui permettent d'aborder différentes facettes de la Constitution canadienne (ses composantes, le partage des compétences, la Charte des droits, la formule d'amendement) et d'analyser l'évolution du fédéralisme canadien à la suite d'amendements à la constitution et de l'interprétation judiciaire ou sous la pression d'événements sociaux, économiques et politiques.

LA CONSTITUTION CANADIENNE : SES COMPOSANTES

La constitution d'un pays n'est pas nécessairement codifiée en entier dans des lois. En plus d'une partie *écrite*, la constitution peut comporter une partie *non écrite*. C'est le cas au Canada où la Cour suprême a rappelé en septembre 1981, dans son *Renvoi sur la Résolution pour modifier la Constitution* (rapatriement), que les « conventions constitutionnelles plus [le] droit constitutionnel égalent la constitution complète du pays ».

Cette partie non écrite de la constitution ne s'arrête pas aux seules *conventions* ; elle comprend également des *principes* constitutionnels. La *Loi constitutionnelle de 1867* (autrefois appelé Acte de l'Amérique du Nord britannique ou AANB), dans son préambule, établit clairement que la

Constitution canadienne repose sur les mêmes principes que celle du Royaume-Uni. Ces principes, selon la tradition britannique, ne sont généralement pas inscrits dans des lois.

La Constitution canadienne est donc composée de trois éléments essentiels : des principes, des conventions et des lois (voir le tableau 2.1).

Les principes

Quels sont les principes les plus importants, hérités de la tradition britannique, qui font partie du droit constitutionnel canadien ? Appelé en anglais *rule of law*, le premier grand principe concerne la *primauté du droit* ou le *principe de légalité*. Selon ce principe, personne ne peut se soustraire à la loi, mais, en même temps, chacun est protégé par la loi. Élaboré afin de protéger les citoyens contre les actions arbitraires des monarques et des gouvernements, ce principe établit que le simple citoyen, aussi bien que les autorités politiques doivent répondre de la légalité de leurs actes. « Le règne du droit, écrivait Lorraine Pilette, c'est l'antithèse du pouvoir arbitraire » (Pilette, 1993 : 20). En somme, tout acteur public, comme tout acteur privé, doit se conformer aux lois en vigueur ; nul n'est au-dessus de la loi.

Ce principe fondamental doit se lire en regard d'un autre grand principe issu de la tradition britannique, celui de la *souveraineté du Parlement*. Il appartient au Parlement, dont une partie au moins est composée de députées et députés élus par le peuple – seul véritable détenteur de la souveraineté –, d'adopter les lois qui vont s'appliquer à la population vivant sur un territoire donné et de les modifier au besoin. Et le Parlement est souverain en ce sens que, selon le vieil adage britannique, « il peut tout faire, sauf

changer un homme en femme ». En réalité, cet adage correspond plutôt à la situation britannique ; dans le cas canadien, la souveraineté parlementaire n'est pas absolue. Elle est limitée, en effet, par le cadre fédéral selon lequel le Parlement central et celui de chacune des provinces ne peuvent légiférer que dans les matières qui relèvent de leurs compétences respectives en vertu de la *Loi constitutionnelle de 1867* et des amendements qui y ont été apportés. En outre, depuis le rapatriement de 1981-1982, la *Loi constitutionnelle de 1982* comprend une Charte des droits et libertés qui place les droits individuels et collectifs définis dans cette charte au-dessus des lois ordinaires adoptées par les Parlements.

Le principe de la primauté du droit doit également se lire en concomitance avec un autre grand principe, celui de *l'indépendance du judiciaire*. Si l'on veut que la loi s'applique à tous et que les citoyennes et citoyens soient protégés de l'arbitraire politique, il faut confier à une structure indépendante du pouvoir politique – en l'occurrence les tribunaux – le soin de contrôler le respect de ce principe. Idéalement, les tribunaux devraient donc être totalement indépendants du pouvoir politique.

Les conventions

Les conventions constitutionnelles sont des règles clairement établies et respectées par les acteurs politiques, résultant de comportements répétés, mais qui n'ont pas force de loi. La violation d'une telle règle n'est dès lors pas illégale, mais inconstitutionnelle au sens conventionnel. C'est ce que rappelait la Cour suprême dans le Renvoi cité précédemment sur le projet fédéral de rapatrier unilatéralement la Constitution canadienne, c'est-à-dire sans l'appui des provinces concernées par ce projet. La Cour affirme qu'il existe une convention voulant que le projet fédéral exige un appui appréciable des provinces. Pour reconnaître cette convention, la Cour reprend le test de Jennings selon lequel une convention doit respecter trois conditions : des précédents, des acteurs qui se considèrent liés par ces précédents, une raison d'être à cette règle.

Basées sur des pratiques qui se sont figées en règles de conduite respectées par les acteurs politiques, un certain nombre de ces conventions constitutionnelles sont bien connues et sont devenues fort importantes dans notre système parlementaire. Ainsi, la *Loi constitutionnelle de 1867* ne prévoit pas l'existence d'un premier ministre : c'est le monarque, représenté par le gouverneur général, qui est investi du pouvoir exécutif. De nos jours, l'essentiel des pouvoirs du monarque a été transféré entre les mains du premier ministre : ce rôle est joué par le chef du parti politique qui a remporté le plus de sièges aux élections générales (sauf dans des cas exceptionnels d'alliance ou de coalition). De même, le gouverneur général ou les lieutenants-gouverneurs dans les provinces vont sanctionner les lois adoptées par les Chambres sans poser de conditions et sans s'y objecter. On estime aussi que les pouvoirs de réserve et de désaveu sont tombés en désuétude même s'ils sont toujours inscrits dans la *Loi constitutionnelle de 1867*. On considère également que le représentant du monarque agit selon les avis reçus de son principal conseiller, le premier ministre.

La *responsabilité ministérielle* ou le gouvernement responsable est probablement la plus connue et la plus importante de ces conventions puisqu'elle est à la base de notre système parlementaire. Reconnue depuis 1848 au Parlement du Canada-Uni (et à la même époque dans les législatures des autres colonies comme la Nouvelle-Écosse), cette règle de conduite des gouvernements a été respectée depuis lors. Cette notion sera développée au chapitre sur le pouvoir exécutif.

Comme on le voit, un bon nombre de ces conventions constitutionnelles concernent l'exécutif, en particulier le rôle du gouverneur général, celui de son conseil ou du cabinet, celui du premier ministre, de même que les relations entre l'exécutif et le législatif sous l'angle surtout du gouvernement responsable (Heard, 1991). Comme les conventions résultent de pratiques répétées qui se sont figées en règles de conduite, elles peuvent être modifiées avec le temps et de nouvelles peuvent voir le jour.

Les lois

Les lois constitutionnelles représentent sans aucun doute la partie la plus connue et la plus visible de la Constitution canadienne. Adopté par le Parlement du Royaume-Uni en mars 1867 et entrant en vigueur le 1er juillet de la même année, le *British North America Act* (ou Acte de l'Amérique du Nord britannique) a donné naissance au Canada actuel fondé sur l'union de trois colonies britanniques, la province du Canada (formé du Haut et du Bas-Canada depuis 1840), le Nouveau-Brunswick et la Nouvelle-Écosse. Cette loi, maintenant connue sous le nom de *Loi constitutionnelle de 1867*, a créé un Canada fédéral composé d'un gouvernement central siégeant à Ottawa et, à cette époque, de quatre provinces, le Canada-Uni retrouvant ses anciennes frontières d'avant 1840 et formant les deux provinces de l'Ontario et de Québec.

Cette loi fondamentale établit les pouvoirs exécutif et législatif du fédéral et des provinces, fixe la répartition des pouvoirs législatifs entre le Parlement central et les législatures provinciales, contient certaines dispositions économiques comme le partage de l'actif et des dettes et quelques articles ayant trait au pouvoir judiciaire.

Entre 1867 et 1982, cette loi fut amendée à diverses reprises. Comme c'était une loi du Parlement britannique, il fallait recourir à ce même Parlement pour la modifier, à l'exception de quelques cas au XIXᵉ siècle où l'on a eu recours à des ordonnances royales. Cette pratique fut suivie jusqu'en 1982, soit jusqu'au moment où cette loi fut « rapatriée » au Canada. À la suite du « rapatriement », elle est devenue une loi canadienne qui peut être modifiée au Canada même, sans recourir au Parlement britannique, en suivant les dispositions prévues dans la formule d'amendement que l'on retrouve dans la *Loi constitutionnelle de 1982*.

LA CONFÉDÉRATION CANADIENNE ET LA *LOI CONSTITUTIONNELLE DE 1867*

Précédée de la Conférence de Charlottetown un mois auparavant, la Conférence de Québec, tenue en octobre 1864, réunit des délégués des Maritimes et du Canada-Uni (ou de la Province du Canada). Après dix-sept jours de discussions, la Conférence publie le texte des 72 résolutions qu'elle a adoptées et qui forment la base du compromis fédératif canadien. Ce texte est peu modifié à la Conférence de Londres de 1865-1866 et donne naissance à l'Acte de l'Amérique du Nord britannique de 1867 (AANB).

Les conditions de son adoption

La création de la fédération canadienne a suscité des espoirs sur le plan *économique* en mettant l'accent sur les avantages qui peuvent résulter de l'intégration des colonies britanniques dans une entité plus vaste. Pour y arriver, on sent le besoin de développer le secteur des communications, en particulier le système ferroviaire qui permettra de relier Halifax à Québec et Montréal. Par la suite, on pourra songer à l'étendre davantage vers l'Ouest.

Si le projet ferroviaire a été d'une importance capitale, il ne faudrait cependant pas minimiser les difficultés économiques qui assaillent les colonies : on peut parler, en effet, de crise structurelle (et non pas seulement conjoncturelle) pour caractériser la situation économique de l'époque, surtout au Canada-Uni qui est durement frappé par la dislocation du système économique impérial et la perte progressive des tarifs préférentiels dont jouissaient les colonies. On peut également dater de cette époque la décadence du régime économique jusque-là équilibré des Maritimes.

À ces causes économiques s'ajoutent des causes *politiques et militaires*. Il faut tout d'abord souligner la présence des États-Unis qui jouent le rôle à la fois d'exemple pour les constituants canadiens et de menace sur le plan militaire. Les politiciens canadiens utilisent largement la crainte de l'annexion aux États-Unis pour faire mousser leur projet politique. Tel est le cas également de certains conseillers législatifs et députés canadiens-français qui attachent beaucoup d'importance à cet argument. Pour George-Étienne Cartier, Hector Langevin, Étienne-Paschal Taché, l'alternative est : « Confédération ou annexion ».

TABLEAU 2.1

Composantes de la Constitution canadienne

Partie écrite	Partie non écrite (exemples)	
Lois	Principes	Conventions
Loi constitutionnelle de 1867	Primauté du droit	Responsabilité ministérielle
Loi constitutionnelle de 1982	Souveraineté du Parlement	Existence du premier ministre
Amendements à la constitution	Indépendance du judiciaire	Sanction des projets de loi sans objection

Du côté de la Grande-Bretagne, on assiste de plus en plus à un renversement de sa politique traditionnelle : elle cherche à mettre fin au régime protecteur qu'elle accordait à ses colonies. Il faut aussi souligner l'instabilité politique du Canada-Uni où, depuis 1858, aucun gouvernement n'a pu s'assurer une majorité stable à l'Assemblée législative.

Tous ces facteurs militent donc en faveur de l'unification des colonies. Mais d'autres causes jouent dans le sens contraire et ont empêché que l'on ait au Canada un État unitaire ou une union législative, en dépit des prétentions de Macdonald.

Le clivage ethnique ou, plus exactement, la présence de deux grandes cultures reposant avant tout sur les communautés anglophone et francophone oppose un frein puissant au rêve de Macdonald : il faut reconnaître cette diversité culturelle en la protégeant plus particulièrement dans le Bas-Canada où sont concentrés les francophones. De même, les données géographiques favorisent un régionalisme intense, particulièrement vif dans les Maritimes qui ne veulent pas renoncer à leur identité régionale et craignent l'absorption par le Canada-Uni dans un État unitaire.

C'est pourquoi on a pu dire que la Confédération canadienne a été un *compromis* entre ceux qui désiraient une forte intégration des colonies et une forte centralisation des pouvoirs et ceux qui insistaient sur la décentralisation afin de préserver la diversité des cultures et des intérêts régionaux. Cependant, compte tenu des pouvoirs économiques et des pouvoirs généraux importants accordés au gouvernement central, la fédération canadienne tendait davantage vers la centralisation que vers la décentralisation. D'ailleurs, dans l'esprit d'Alexander Galt, l'un des artisans de la Confédération, les législatures provinciales devaient être tout simplement « des municipalités plus importantes que les autres ».

Confédération ou fédération ?

Sur le plan sociologique, on peut concevoir le fédéralisme comme un type d'organisation de la société : la réunion de collectivités ethniques, religieuses, économiques sur une base territoriale suffit alors à définir une « société fédérale ». Une telle conception est trop large et se rapproche davantage de l'idée d'une société pluraliste. Il faut cependant noter que la conception sociologique du fédéralisme est importante en ce qu'elle met l'accent sur les questions de diversité et d'homogénéité dans un cadre fédératif. Il est dans l'essence même du fédéralisme d'institutionnaliser la diversité, écrivait déjà Carl Friedrich (1971 : 70).

La conception institutionnelle du fédéralisme s'intéresse aux arrangements qui structurent les rapports entre les régions ou les communautés au sein des institutions centrales ou entre les niveaux de gouvernement (Gagnon, 1993 : 15). Elle peut s'attarder aussi bien aux moyens mis en place pour gérer les conflits qu'à ceux servant à protéger les minorités. Plus précisément, on peut concevoir le fédéralisme, sur un plan politicojuridique, comme une forme d'organisation politique dans laquelle il y a partage des compétences entre le gouvernement central d'un État et les gouvernements représentant les collectivités qui forment cet État. Considéré sous cet angle, le fédéralisme doit respecter un double principe :

–   un principe *d'autonomie* selon lequel chaque État membre de la fédération, y compris l'État central, peut agir librement à l'intérieur de sa sphère de compétence, peut prendre des décisions qui ne seront pas révisées par un autre niveau de gouvernement ;

–   un principe de *participation* selon lequel les collectivités fédérées sont associées à la prise de décision au niveau central par leur présence, par exemple, dans des institutions politiques (Chambres des communes, Sénat, Conseil exécutif) où se prennent des décisions concernant l'ensemble de la fédération.

De ces principes découlent un certain nombre de caractéristiques d'un régime fédéral. On doit d'abord y retrouver deux niveaux de gouvernement, et non pas un seul, qui puissent agir *directement* sur les citoyens, le niveau central qui agit sur l'ensemble des citoyens de la fédération et les niveaux provinciaux qui agissent sur les citoyens vivant dans le cadre territorial de la province. Cela suppose que les lois adoptées au ni-

veau central doivent s'appliquer directement à l'ensemble des citoyens de la fédération sans être l'objet d'une ratification par chacun des membres de la fédération.

Cette caractéristique permet précisément de distinguer une fédération d'une confédération. Cette dernière, en effet, résulte d'un traité ou d'une alliance conclue entre des États souverains, chacun déléguant une part de ses compétences (par exemple, en matière de défense ou de politique étrangère) à une autorité supérieure : les décisions prises par cette autorité supérieure confédérale doivent être ratifiées par les États membres de la confédération pour qu'elles puissent s'appliquer sur leur territoire respectif. En ce sens, un État membre peut toujours dénoncer le traité à la base de la confédération et reprendre les compétences attribuées à cette autorité supérieure. C'est pourquoi la plupart des confédérations ont été instables dans le passé et ont conduit soit au retour des États souverains, soit à la création d'une fédération. Tel fut le cas, par exemple, des États-Unis où la confédération issue de l'indépendance se transforma en fédération dès 1787 (constitution entrée en vigueur en 1789).

Seconde caractéristique d'un régime fédéral : la suprématie doit revenir à la *constitution* et non au Parlement et ce texte constitutionnel doit être plus ou moins facile à modifier. C'est pourquoi, en régime fédéral, la souveraineté parlementaire est limitée, non absolue, en fonction précisément du contenu d'une constitution écrite. Une troisième caractéristique découle de la précédente : la garde de cette constitution appartient aux *tribunaux* et non pas aux législatures elles-mêmes. En d'autres termes, il est nécessaire d'avoir un *arbitre* indépendant et une procédure d'amendement à la constitution afin qu'aucun gouvernement ne puisse modifier unilatéralement la constitution. Au Canada, la Cour suprême joue ce rôle d'arbitre, bien que son indépendance ait été souvent remise en question du fait que ses juges sont nommés par le seul gouvernement central. En outre, ce n'est que depuis 1982 que le Canada dispose d'une formule d'amendement inscrite dans la constitution.

Si l'on s'arrête à la définition précédente du fédéralisme et à ses caractéristiques, on doit conclure que *le Canada est une fédération* et non pas une confédération, même si on lui a attribué ce nom en 1867. Mais c'est une fédération qui ne répondait pas parfaitement en 1867 aux caractéristiques du fédéralisme. L'étude du partage des compétences nous permet d'éclairer cette assertion.

Le partage des compétences

Une des principales caractéristiques d'un régime fédératif, c'est le partage des pouvoirs entre le gouvernement central et les gouvernements des États membres. On reconnaît, dans le cas canadien, que les « Pères de la Confédération » ont agi d'une façon plutôt pragmatique, de façon à solutionner les principaux problèmes qui se posaient à eux. On peut tout de même dégager certains principes généraux qui ont pu présider à la répartition des compétences entre les deux ordres de gouvernement.

Les constituants ont voulu confier au Parlement central toutes les affaires d'importance nationale ou d'intérêt général, telles que les questions militaires et les matières économiques de façon à assurer le développement économique du Canada : c'est ainsi que la réglementation des échanges et du commerce, de même que les trans-

ports et les communications entre les provinces et avec l'étranger ont été attribués au fédéral. Aux législatures provinciales, on a confié toutes les affaires d'intérêt purement local, comme le niveau municipal, les questions d'ordre culturel et linguistique, de même que le domaine social et le droit civil, afin d'éviter des tensions et des conflits politiques.

Ces principes ont été concrétisés dans les articles 91 à 95 de la *Loi constitutionnelle de 1867* : ceux-ci établissent les compétences attribuées à chaque niveau de gouvernement (voir le tableau 2.2). Dans certains cas, le texte était trop vague ou trop ambigu pour rallier sans problème tous les intervenants, obligeant ainsi les tribunaux à intervenir pour préciser les intentions des législateurs.

L'article 91 énumère 29 secteurs de compétence fédérale. On y retrouve également un préambule accordant au Parlement fédéral un pouvoir général de faire des lois pour « la paix, l'ordre et le bon gouvernement du Canada ». En vertu de ce préambule, les pouvoirs résiduaires, c'est-à-dire tous ceux qui ne peuvent être rangés dans une catégorie de sujets déjà énumérés soit par oubli des constituants, soit parce qu'il s'agit de sujets nouveaux (par exemple, l'aéronautique ou l'énergie nucléaire), ont été confiés au fédéral. Par contre, c'est à la suite de la pratique et de l'interprétation constitutionnelles en général que les tribunaux ont reconnu au gouvernement canadien un pouvoir de *dépenser*, c'est-à-dire le pouvoir de faire des versements à des particuliers, à des groupes ou à des gouvernements dans des domaines pour lesquels il n'a pas nécessairement la compétence législative (par exemple, dans le secteur de la santé ou de l'éducation postsecondaire).

TABLEAU 2.2

Partage des compétences entre le fédéral et les provinces

	Compétence provinciale	Compétence fédérale
Éducation	X	
Culture	X	
Droit civil	X	
Responsabilité civile	X	
Célébration des mariages	X	
Propriété privée	X	
Contrats locaux	X	
Relations de travail (en général)	X	
Fonction publique provinciale	X	
Successions	X	
Justice (administration)	X	
Prisons provinciales	X	
Santé	X	
Bien-être social	X	
Hôpitaux (établissement et entretien)	X	
Institutions de charité	X	
Institutions municipales	X	
Terres publiques provinciales	X	
Forêts (exploitation)	X	
Mines (exploitation)	X	
Matières premières (transformation)	X	
Commerce intraprovincial ou local	X	
Transport intraprovincial ou local	X	
Communications intraprovinciales	X	
Téléphone intraprovincial (de moins en moins)	X	
Entreprises locales (incorporation)	X	
Industries	X	
Valeurs mobilières	X	
Assurances	X	
Modification de sa constitution interne (sauf lieutenant-gouverneur)	X	
Licences et permis (droits)	X	
Taxation directe	X	X
Taxation indirecte sur l'exploitation des ressources naturelles	X	X
Commerce interprovincial des produits des ressources naturelles	X	X
Agriculture	X	X
Immigration	X	X
Pensions de vieillesse et prestations additionnelles	X	X
Défense nationale		X
Service militaire		X
Milice		X
Postes	X	

	Compétence provinciale	Compétence fédérale
Monnaie		X
Banques		X
Intérêt de l'argent		X
Faillite		X
Assurance emploi (autrefois assurance chômage)		X
Relations de travail (entreprises fédérales)		X
Échanges et commerce (en général, interprovincial et international)		X
Contrats avec l'extérieur de la province		X
Transport interprovincial et international		X
Terres publiques fédérales		X
Navigation		X
Sécurité des eaux		X
Énergie nucléaire		X
Aéronautique		X
Communications interprovinciales et internationales		X
Radio		X
Télévision		X
Propriété intellectuelle (brevets, droits d'auteur)		X
Recensement		X
Statistiques		X
Droit criminel		X
Procédure en matière criminelle		X
Pénitenciers		X
Citoyenneté (naturalisation et aubains)		X
Réfugiés		X
Indiens		X
Réserves indiennes		X
Mariage (sauf célébration)		X
Divorce		X
Fonction publique fédérale		X
Taxation indirecte		X
Pouvoir déclaratoire (travaux ou entreprises fédérales)		X
Pouvoir résiduaire		X
Pouvoir de dépenser	x	X

Autres sujets sur lesquels la province ou le fédéral n'ont compétence que sur une partie du champ

	Compétence provinciale	Compétence fédérale
Langue	x	x
Télévision éducative	x	x
Environnement	x	x
Compagnies (incorporation)	x	x
Institutions financières	x	x
Droit pénal	x	x
Pêcheries	x	x

L'article 92 énumère 16 domaines confiés aux législatures provinciales. Cependant, certains alinéas de l'article 92 définissent des compétences fédérales, comme le pouvoir *déclaratoire* (en vertu de l'article 92.10c) voulant que des travaux, bien qu'ils soient situés dans une province, peuvent être déclarés par le Parlement canadien être à l'avantage de tout le Canada ou de deux ou plusieurs provinces et tomber ainsi sous la compétence fédérale (ce fut le cas, par exemple, de l'exploitation de l'uranium ou d'un certain nombre d'élévateurs à grains). En outre, l'article 93 accorde aux provinces le secteur de l'éducation avec protection des minorités catholiques et protestantes. Le Québec a cependant obtenu un amendement à cet article en 1997, l'autorisant à remplacer les commissions scolaires confessionnelles par des commissions scolaires linguistiques.

En vertu de l'article 95, l'agriculture et l'immigration sont des pouvoirs *concurrents*, c'est-à-dire que ces sujets relèvent des deux législateurs (fédéral et provinciaux), mais avec prépondérance de la législation fédérale : une loi provinciale sur ces sujets ne doit pas être incompatible avec une loi fédérale. Il en est de même de l'article 92A qui établit une compétence concurrente avec prédominance du fédéral sur les exportations à l'extérieur d'une province des ressources naturelles non renouvelables, des ressources forestières et de l'énergie électrique, et sur la taxation indirecte de ces ressources. Par contre, l'article 94A accorde au Parlement du Canada la capacité de légiférer sur les pensions de vieillesse et les prestations additionnelles, mais avec prédominance de la législation provinciale. Dans ces deux derniers cas (articles 92A et 94A), il s'agit d'amendements qui ont été apportés à la *Loi constitutionnelle de 1867*.

Au total, on constate donc que des pouvoirs économiques importants ont été accordés au fédéral, mais que les provinces n'en sont pas totalement dépourvues ; que les compétences en matière d'éducation et de culture et dans le domaine social ont été accordées aux provinces, mais que le fédéral a toujours la faculté d'y intervenir en vertu de son pouvoir de dépenser.

Si, à la suite de K.C. Wheare (1963), certains analystes ont pu parler d'un *quasi-fédéralisme* canadien, ce n'est pas tant parce que le Parlement central dispose de pouvoirs économiques considérables que parce qu'il jouit de compétences importantes de *nature générale* : préambule de l'article 91, pouvoir déclaratoire, pouvoirs résiduaires, pouvoir de dépenser, pouvoirs généraux de taxation.

À ces pouvoirs importants de nature générale, les constituants ont également accordé au niveau central des instruments de *contrôle* à l'égard des provinces, traduisant ainsi l'idée d'une certaine subordination des provinces : nomination des lieutenants-gouverneurs dans les provinces, nomination des juges des cours les plus élevées, dont ceux de la Cour suprême, nomination des sénateurs fédéraux, pouvoir de désaveu, pouvoir de réserve, bien que ces deux derniers pouvoirs soient aujourd'hui tombés en désuétude, le pouvoir de désaveu n'ayant pas été utilisé depuis 1943 et le pouvoir de réserve depuis 1961 (dans ce dernier cas, le lieutenant-gouverneur de la Saskatchewan avait réservé la sanction d'un projet de loi sur la potasse au gouverneur général qui s'est empressé de le sanctionner, suivant en cela l'avis reçu du gouvernement fédéral qui désapprouvait et considérait anachronique le geste posé par le lieutenant-gouverneur de la province).

Dès la fin du XIXe siècle, une série de jugements rendus par le Comité judiciaire du Conseil privé à Londres avaient cependant rétabli un certain équilibre en faveur des provinces, rendant le quasi-fédéralisme de 1867 plus conforme à l'idée d'une véritable fédération.

DYNAMIQUE DE LA CONSTITUTION

Une constitution, comme celle de 1867 au Canada, n'est pas arrêtée d'une manière définitive. Elle est appelée à changer avec le temps, à s'adapter à des réalités nouvelles. La loi de 1867 créait un nouveau pays et lui accordait sa pleine autonomie interne, réservant à l'ancienne métropole la conduite de sa politique étrangère (surtout en tant que membre de l'Empire britannique) et au Parlement britannique le soin de modifier au besoin l'AANB qui était en réalité une loi adoptée par ce même Parlement. Une formule d'amendement à la constitution, comme on en retrouve dans d'autres fédérations, n'était pas nécessaire en 1867 : ce n'est qu'en 1982 qu'une telle formule sera intégrée à la Constitution canadienne désormais rapatriée au pays.

Les changements selon l'ancienne procédure

Dans l'intervalle, il a fallu modifier à plusieurs reprises la *Loi constitutionnelle de 1867*. Comment alors a-t-on procédé ? Un document fédéral datant de 1965 (*Modification de la constitution du Canada*) et publié sous la signature du ministre de la Justice de cette époque, Guy Favreau, nous éclaire sur la procédure suivie pour modifier la constitution en l'absence d'une formule officielle d'amendement. Elle se résume en cinq points :

a) Comme l'AANB est une loi du Parlement *britannique*, il faut recourir à ce Parlement pour la modifier : celui-ci adopte alors une loi à cet effet.

b) Une telle loi n'est adoptée qu'à la *demande* du Canada, plus précisément du Parlement canadien. Cette demande prend la forme d'une *adresse* conjointe de la Chambre des communes et du Sénat au souverain britannique qui la transmet à son gouvernement. En deux occasions seulement (en 1871 et 1895), c'est le cabinet seul qui a demandé une modification à l'AANB. En 1871, le gouvernement canadien n'avait aucun précédent sur lequel se guider et, en 1895, seul un changement mineur était réclamé.

c) *Toute* modification que le Parlement canadien a demandée dans le passé a été *adoptée* sans modification (sauf parfois quelques modifications mineures) par le Parlement britannique : la dernière modification est devenue la *Loi constitutionnelle de 1982* qui, entre autres, « rapatriait » la Constitution canadienne et y ajoutait une formule d'amendement.

d) Le Parlement britannique n'a jamais modifié la constitution à la seule demande d'une *province* canadienne : la première tentative en ce sens provenant de la Nouvelle-Écosse a échoué en 1868. D'autres tentatives suivirent en 1869, 1874 et 1887 qui ont également échoué.

e) Les provinces n'ont aucun droit *légal* d'être consultées. Mais le principe – ou, plus précisément, une convention constitutionnelle – a été bien établi dans le passé que le gouvernement fédéral consulte les *provinces* et obtient leur assentiment sur des projets de modification qui les intéressent. Tel fut le cas, en particulier, en 1907, 1931, 1940, 1951, 1960, 1964. En 1981, la Cour suprême a reconnu que le projet de rapatriement affectait les droits des provinces (entre autres, par la Charte des droits) et qu'il exigeait, de ce fait, un appui appréciable des provinces avant d'être soumis au Parlement britannique.

Si l'on excepte l'admission de nouvelles provinces, on peut dire que les principales modifications à la *Loi constitutionnelle de 1867* ont respecté cette procédure qui s'est établie avec le temps. À une trentaine de reprises entre 1870 et 1982, la Constitution canadienne a été amendée (voir le tableau 2.3). Certains changements sont mineurs, comme celui de 1895. D'autres, estimait Ottawa, ne concernaient que le Parlement et le gouvernement du Canada, et non pas les provinces qui n'étaient dès lors pas consultées. Outre l'exemple précédent, on peut mentionner les lois de 1893, de 1927 et de 1950 sur la révision du droit statutaire, l'Acte de 1875, l'AANB de 1916, celui de 1943, de 1946, de 1949 (n° 2), de 1960 ou de 1974. Cependant, quelques-unes de ces modifications, comme celles de 1943 et de 1949, ont soulevé les protestations de certaines provinces, dont le Québec et l'Alberta, qui estimaient qu'elles devaient être consultées puisque, selon elles, ces modifications ne concernaient pas seulement le fédéral, mais aussi les provinces.

Par contre, au cours du XXe siècle, dans tous les cas qui concernaient directement les provinces, et plus spécialement le partage des compétences, le gouvernement fédéral a consulté et obtenu l'appui soit des seules provinces concernées (en 1930), soit de toutes les provinces (en 1907, 1931, 1940, 1951, 1960 et 1964, mais non pas en 1982).

Il convient de ranger dans une catégorie à part l'addition de nouvelles provinces aux quatre premières qui se sont réunies en 1867 pour former le Canada. L'article 146 de l'AANB prévoyait l'ajout d'autres territoires au Canada, y compris par arrêtés en conseil. Ce qui fut fait dès 1870 avec l'admission du Manitoba, de la Terre de Rupert et du Territoire du Nord-Ouest ; Terre-Neuve a été la dernière province admise dans la fédération en 1949.

Il faut enfin mentionner le cas particulier du Statut de Westminster en 1931 qui ne concernait pas que le Canada, mais aussi les autres *dominions* de l'époque. Ce statut était important puisqu'il accordait la souveraineté externe au Canada, en autorisant le Parlement à faire des lois ayant une portée extraterritoriale. De même, on pouvait abroger tout statut du Royaume-Uni qui faisait encore partie des lois du Canada, à l'exception évidemment de l'AANB lui-même. En outre, le Canada pouvait conclure directement des traités. Mais le Canada n'avait pas encore acquis sa pleine souveraineté : le Comité judiciaire du Conseil privé à Londres servait toujours de dernier tribunal d'appel – ce sera le cas jusqu'en 1949 ; et la Constitution canadienne, en l'absence d'une formule d'amendement sur laquelle on n'avait pu s'entendre, était toujours modifiée par le Parlement britannique : cette anomalie sera corrigée avec le rapatriement de 1982.

L'interprétation judiciaire

Dans un système fédéral, comme nous l'avons mentionné précédemment, il est nécessaire d'avoir un organisme judiciaire qui interprète la constitution. On ne peut, en effet, laisser aux seuls acteurs politiques concernés le soin d'interpréter

TABLEAU 2.3

Modifications à la Constitution canadienne

Année	Objet
1870	Admission du Manitoba dans la Confédération
1870	Admission de la Terre de Rupert et du Territoire du Nord-Ouest (arrêté en conseil)
1871	Loi concernant l'établissement de nouvelles provinces et l'administration des territoires
1871	Conditions d'adhésion de la Colombie-Britannique (arrêté en conseil)
1873	Conditions d'adhésion de l'Île-du-Prince-Édouard (arrêté en conseil)
1875	Privilèges, immunités et pouvoirs des Chambres du Parlement
1880	Admission des territoires adjacents (arrêté en conseil)
1886	Représentation des territoires au Parlement
1889	Frontières de l'Ontario
1895	Nomination d'un orateur suppléant (abrogée)
1905	Création et admission de l'Alberta
1905	Création et admission de la Saskatchewan
1907	Nouvelle échelle de subventions statutaires aux provinces (modification de l'art. 118)
1915	Redéfinition des divisions sénatoriales (avec l'arrivée de nouvelles provinces)
1916	Prolongation de la durée du Parlement canadien au-delà de cinq ans
1930	Transfert des ressources naturelles aux provinces de l'Ouest
1931	Statut de Westminster (souveraineté internationale)
1940	Assurance chômage (compétence fédérale, art. 91.2A)
1943	Ajournement du rajustement de la représentation à la Chambre des communes (abrogée)
1946	Rajustement de la représentation à la Chambre des communes (abrogée)
1949	Conditions d'adhésion de Terre-Neuve
1949 (n° 2)	Pouvoir du Parlement canadien de modifier sa constitution, sauf sur certains sujets (abrogée)
1951	Pensions de vieillesse (compétence concurrente, art. 94A)
1952	Rajustement de la représentation à la Chambre des communes (abrogée)
1960	Retraite à 75 ans des juges des cours supérieures provinciales
1964	Pensions de vieillesse et prestations additionnelles (art. 94A)
1965	Retraite à 75 ans des membres du Sénat
1974	Rajustement de la représentation à la Chambre des communes (abrogée)
1975 (n° 1)	Représentation à la Chambre des communes du Yukon et des Territoires du Nord-Ouest
1975 (n° 2)	Représentation au Sénat du Yukon et des Territoires du Nord-Ouest
1982	Loi constitutionnelle de 1982 (incluant formule d'amendement et Charte des droits)
1983	Modifications aux droits des peuples autochtones
1985	Représentation à la Chambre des communes
1987	Loi sur Terre-Neuve (modifications aux écoles confessionnelles)
1993	Communautés linguistiques française et anglaise du Nouveau-Brunswick (institutions d'enseigne-ment et institutions culturelles distinctes) (art. 16.1 de la Charte)
1994	Modification des conditions d'adhésion de l'Île-du-Prince-Édouard (remplacement d'un service de traversier subventionné par un pont)
1997	Nouvelles modifications aux écoles confessionnelles à Terre-Neuve (contrôle gouvernemental)
1997	Modification de l'article 93 au Québec (remplacement des commissions scolaires confessionnelles par des commissions scolaires linguistiques)
1998	Abolition du système scolaire confessionnel à Terre-Neuve
1999	Représentation du Nunavut au Sénat et à la Chambre des communes

les textes constitutionnels : ce rôle est confié à un tribunal qui doit agir en arbitre impartial.

Au Canada, ce rôle a été joué jusqu'en 1949 (les dernières décisions sur le partage des pouvoirs ayant été rendues en réalité en 1954) par le Comité judiciaire du Conseil privé britannique. Celui-ci a été appelé à se prononcer sur quatre aspects principaux de la répartition des pouvoirs entre le fédéral et les provinces, à savoir le pouvoir du Parlement canadien de légiférer pour la paix, l'ordre et le bon gouvernement du Canada (préambule de l'article 91), et de réglementer les échanges et le commerce (article 91.2), le pouvoir des provinces de légiférer sur la propriété et les droits civils (article 92.13), et dans toutes les matières d'une nature purement locale ou privée dans la province (article 92.16).

De l'ensemble des décisions rendues par ce tribunal durant cette période, on peut dégager quelques constantes. Tout d'abord, on admet généralement que ce tribunal a réussi à consolider ou à reconnaître davantage les pouvoirs des *provinces* et à restreindre la portée de ceux du fédéral. Il l'a fait, d'une part, en interprétant d'une façon assez large la clause sur « la propriété et les droits civils » et, d'autre part, en limitant le pouvoir du fédéral de légiférer pour la paix, l'ordre et le bon gouvernement aux sujets énumérés à l'article 91. En d'autres termes, le fédéral ne peut s'appuyer uniquement sur le préambule de l'article 91 pour intervenir dans des champs de compétence provinciale établies à l'article 92.

Durant cette période « provincialiste » qui s'étend de 1883 à 1930, le Comité judiciaire a fait évoluer grandement le fédéralisme canadien. Du quasi-fédéralisme de 1867, on est passé progressivement à un véritable fédéralisme *dualiste* fondé sur deux ordres de gouvernement, chacun

ayant pleine compétence quant aux pouvoirs exclusifs énumérés aux articles 91 et 92, tout en respectant certaines contraintes (par exemple, en situation d'urgence). En soutenant que les législatures provinciales possédaient une autorité « entière » et « suprême » dans les matières de leur compétence, le haut tribunal a établi que les provinces n'étaient pas en état de subordination par rapport au pouvoir central, contrairement aux prétentions du fédéral à cet égard.

Si, de 1867 à 1882, le Comité judiciaire a rendu des décisions à saveur plutôt centralisatrice, ce fut également le cas après 1930 (sauf certaines exceptions) avec la grande crise économique et la Seconde Guerre mondiale. Même durant la période antérieure, toutes les décisions ne furent pas nécessairement favorables aux provinces. Plus particulièrement, le tribunal a établi des règles d'interprétation qui ont favorisé le niveau central. La théorie de l'*urgence nationale* permet au Parlement canadien d'empiéter temporairement sur des domaines de compétence provinciale en vertu du préambule de l'article 91 dans des situations d'urgence nationale (guerre, crise économique). Quant à la théorie de la *prépondérance*, elle reconnaît que, lorsque la prépondérance d'un niveau de gouvernement sur l'autre n'est pas expressément établie (comme à l'article 95), la législation fédérale l'emporte dans la mesure où les législations fédérale et provinciale sont incompatibles : les dispositions d'une loi provinciale qui entre en conflit avec une loi fédérale sont alors inopérantes.

Au total, on peut dire que le Comité judiciaire du Conseil privé a réussi à situer le partage des compétences dans un esprit et une vision plus fédéraliste que ce qu'avaient prévu les Pères de la Confédération (Cairns, 1971).

Quant à la Cour suprême, créée en 1875 et devenue le dernier tribunal d'appel en toutes matières en 1949 seulement, on reconnaît que ses jugements ont été souvent plus favorables au fédéral qu'aux provinces (ce qui n'est pas l'avis cependant de Peter Hogg, 1979). Ceci tient au fait que ce tribunal a généralement favorisé une conception plus large de la clause sur le commerce, accordant au fédéral un pouvoir de réglementation générale du commerce (par opposition à la réglementation d'un commerce ou d'une industrie en particulier), ce qui a été reconnu dans l'affaire *General Motors* en 1989. Cette décision ouvre la porte à des interventions fédérales dans plusieurs secteurs de l'économie, comme en matière de concurrence, de réglementation des aliments et drogues et, éventuellement, des valeurs mobilières.

De même, le haut tribunal a donné une interprétation plutôt généreuse du pouvoir général de légiférer pour « la paix, l'ordre et le bon gouvernement du Canada », accordant au Parlement canadien le pouvoir de légiférer en matière de pollution des eaux douces intérieures, normalement de compétence provinciale, puisque la non-intervention d'une province à cet égard peut avoir un effet sur les eaux marines qui sont de compétence fédérale (affaire *Crown Zellerbach* en 1988). Par contre, il s'est servi de la théorie de l'urgence nationale pour déclarer constitutionnelle la loi fédérale anti-inflation de 1975 (et non pas du préambule de l'article 91).

Certes, tous ses jugements n'ont pas été favorables au fédéral. Dans l'Avis sur le Sénat, comme dans ses décisions sur la langue et les minorités, la Cour suprême a défendu une vision plus nettement fédéraliste. Cependant, il faut reconnaître qu'elle a élargi le champ des pouvoirs fédé-raux en référence au préambule de l'article 91 et dans le domaine de la réglementation des échanges et du commerce, et rétréci les pouvoirs provinciaux quant à la propriété des ressources naturelles (droits miniers sous-marins), dans le domaine de la câblodistribution reconnue de compétence fédérale et, d'une façon générale maintenant, en ce qui a trait à l'ensemble du secteur des télécommunications.

D'autres études viennent nuancer davantage ces assertions. Ainsi, Andrée Lajoie *et al.* (1986) conclut au caractère centralisateur des décisions de la Cour sur l'attribution des compétences durant la période 1945-1960 et au maintien de cette tendance durant la période suivante (1960-1975), alors que pour la troisième période étudiée, soit de 1976 à 1985, les auteures concluent à un renversement au moins quantitatif de la situation. De même, Guy Tremblay (1986 : 207-208) soutient que la Cour suprême a su maintenir depuis 1945 un équilibre des compétences comparable à celui qui a existé auparavant. Il ajoute : « Cet équilibre ne consiste pas dans une égalité parfaite. Il fait partie d'un système qui véhicule un certain penchant en faveur de l'autorité fédérale mais qui comporte des mécanismes compensateurs pour empêcher une centralisation irrémédiable », faisant alors référence au poids de la jurisprudence du Comité judiciaire du Conseil privé qui ne peut être balayée du revers de la main, de même qu'à l'ancrage constitutionnel des entités provinciales qui ne peuvent être dépouillées de tous leurs pouvoirs.

Selon Gil Rémillard (1983 : 258), la disparité entre le Comité judiciaire du Conseil privé et la Cour suprême se situe essentiellement au niveau d'une approche différente d'interprétation : le premier s'est souvent montré beaucoup plus politique que juridique, alors que le tribunal canadien s'en est tenu à une interprétation plus légaliste. En interprétant un texte de nature plutôt centralisatrice, la Cour suprême ne peut que favoriser davantage le fédéral au détriment des provinces. C'est également la conclusion qui se dégage de l'ouvrage de Gilbert L'Écuyer (1978). Mais il faut ajouter que cette tendance comporte des «mécanismes compensateurs», comme le soulignait Guy Tremblay (1986), empêchant une centralisation trop vive et irrémédiable qui serait contraire à l'esprit du fédéralisme.

Cependant, ces études ne prennent pas en compte les décisions de la Cour suprême depuis la fin des années 1980. Jacques Frémont (1998 : 46), pour sa part, souligne «jusqu'à quel point l'interprétation judiciaire portant sur le partage des compétences législatives a évolué de façon parfois radicale depuis quinze années», surtout en ce qui a trait à l'union économique canadienne, mais aussi dans d'autres secteurs (avec l'extension de la règle de la prépondérance fédérale dans l'affaire *Hall* en 1990). Ce qui l'amène à tirer la conclusion suivante : «À vrai dire, ces changements sont si importants que l'on peut probablement dire que l'état du partage des compétences a évolué plus radicalement ces quinze dernières années que depuis le début de la fédération» (1998 : 52). Et cette évolution favorise les autorités fédérales en élargissant leurs pouvoirs d'intervention.

L'ÉVOLUTION DU FÉDÉRALISME

Le fédéralisme canadien a évolué depuis 1867 sous la poussée de différents facteurs qui se sont souvent conjugués. À des modifications à la constitution à la suite d'amendements ou de l'interprétation de la *Loi constitutionnelle de 1867* par les tribunaux, il faut ajouter des facteurs sociaux, économiques et politiques (comme les conférences fédérales-provinciales) qui ont contribué à façonner un fédéralisme plus centralisé à certaines périodes ou plus décentralisé à d'autres.

Vers la reconnaissance des provinces (1867-1896)

Les trente premières années de la Confédération (1867-1896) ont été marquées par la reconnaissance des *provinces* dans le cadre fédéral. Aux lendemains de la Confédération, le gouvernement fédéral veut mettre en œuvre un fédéralisme centralisé conforme aux vues de John A. Macdonald qui parlait de la supériorité du gouvernement central. Ce même gouvernement parachève l'unification du territoire par la construction d'un chemin de fer transcontinental et, surtout, met en œuvre une politique économique protectionniste (la *National Policy* de 1879) qui va contribuer au développement de l'industrie manufacturière au Québec et en Ontario et favoriser le commerce interprovincial. La domination du fédéral se manifeste également par l'utilisation fréquente du pouvoir de désaveu et de réserve : pas moins de 65 lois provinciales sont désavouées et 57 réservées au cours de cette période.

Tous ces faits traduisent la prédominance du gouvernement central et un certain paternalisme du fédéral à l'égard des provinces. Celles-ci vont réagir rapidement à la suite d'Oliver Mowat, premier ministre libéral de l'Ontario de 1872 à 1896 et, plus tard, d'Honoré Mercier, premier ministre du Québec de 1887 à 1891. La lutte des provinces s'étend aussi bien sur le plan économique que sur le plan politique où le combat est porté devant les tribunaux.

Trois grandes décisions rendues par le Comité judiciaire du Conseil privé viennent établir les principes de base du fédéralisme canadien. Une première, dans l'affaire *Russell* v. *The Queen*, est favorable au pouvoir central en ceci qu'elle permet au gouvernement fédéral, en vertu de la théorie des « dimensions nationales », d'intervenir dans des domaines de compétence provinciale. Les deux autres, par contre, favorisent les provinces. En 1892, le Comité judiciaire établit que les provinces sont souveraines dans les domaines qui leur sont assignés et qu'elles ne sont donc pas subordonnées au gouvernement fédéral. Le tribunal vient ainsi consacrer l'autonomie des provinces à l'intérieur de la fédération. En 1896, dans la cause sur la prohibition, le Comité judiciaire limite la portée du préambule de l'article 91 aux sujets qui sont « indiscutablement d'importance nationale et d'intérêt national », n'autorisant pratiquement qu'une législation d'urgence au moment de grandes crises nationales et refusant au fédéral la possibilité d'empiéter, en invoquant le préambule de l'article 91, sur les compétences provinciales définies à l'article 92.

Au terme de cette période cruciale, on peut dire que l'on est passé d'un fédéralisme centralisateur ou du quasi-fédéralisme selon l'expression de K.C. Wheare à un fédéralisme *dualiste* qui reconnaît deux ordres de gouvernement, pleinement souverains dans leurs domaines de compétence et non subordonnés l'un à l'autre. C'était une victoire importante pour les provinces.

À la recherche d'un équilibre (1896-1930)

La période suivante, qui s'étend de 1896 à 1930, se distingue par un certain *équilibre* entre les deux ordres de gouvernement, à l'exception des années 1914 à 1920 marquées par la Première Guerre mondiale (1914-18) et par la prépondérance incontestée du gouvernement fédéral.

L'élection du premier ministre libéral Wilfrid Laurier en 1896 ouvre une nouvelle époque. Durant ses années dans l'opposition, il s'était montré favorable à l'autonomie des provinces. Au pouvoir, il va chercher la collaboration des gouvernements provinciaux plutôt que la confrontation. Il a également la chance de bénéficier d'une situation économique qui s'est améliorée sensiblement. De plus, l'Ouest canadien connaît une croissance sans précédent marquée par une forte immigration et par la création de deux provinces en 1905, l'Alberta et la Saskatchewan. Jusqu'à la guerre, les conflits juridiques sont peu nombreux et le fédéral utilise peu son pouvoir de désaveu des lois provinciales.

Mais, si les provinces ont conquis leur autonomie politique, elles n'ont pas pour autant assuré leur autonomie financière : elles sont tributaires du pouvoir central à bien des égards. C'est pourquoi elles se tournent vers le gouvernement fédéral pour faire augmenter les subventions prévues à l'article 118. En vertu de cet article, celles-ci étaient fixes et devaient libérer « pour toujours le Canada de toutes autres réclamations » de la part des provinces. Cet article fut toutefois modifié en 1907 par un amendement à la constitution.

Défait en 1911 par les conservateurs de Robert Borden, Laurier va malgré tout demeurer à la tête du Parti libéral canadien jusqu'à sa mort en 1919. Dans l'intervalle, les conservateurs adoptent les premières subventions conditionnelles – prélude d'une longue série – accordées d'abord pour l'enseignement agricole (1913) et ensuite technique, puis pour la construction et l'amélioration des routes (1919). Bien d'autres secteurs seront touchés dans l'avenir par cette politique.

La guerre vient interrompre ce début de fédéralisme coopératif. Désormais, le gouvernement fédéral exerce un rôle prépondérant en faisant voter la *Loi des mesures de guerre* en août 1914. Le cabinet seul, par simple décret, peut prendre toutes les mesures nécessaires pour assurer la sécurité et la défense du Canada. Ce qui autorise le gouvernement fédéral à intervenir massivement dans l'activité économique du pays.

Ce rôle prédominant du fédéral se manifeste également par l'utilisation des ressources humaines du pays en vue de gagner la guerre. En juin 1917, le gouvernement conservateur de Robert Borden dépose son projet de loi sur le service militaire obligatoire (conscription). Adoptée en août, cette loi suscite de vives oppositions au Québec, si bien qu'aux élections générales de décembre 1917 la coalition unioniste menée par Borden l'emporte sur les libéraux de Laurier, dont 62 députés sur 82 viennent du Québec. Les partis politiques fédéraux sortent affaiblis de la période de guerre.

L'intervention massive de l'État canadien nécessite des revenus importants. Pour ce faire, le gouvernement fédéral envahit le champ de l'impôt direct, en taxant les profits d'affaires en 1916 et en instaurant un impôt sur le revenu des particuliers en 1917, mesure qui devait être provisoire pour le temps de la guerre...

Après ces quelques années de fédéralisme fortement centralisé, les provinces reprennent l'initiative face à des gouvernements fédéraux affaiblis par les divisions politiques et minoritaires (élections de 1921 et 1925). Si les aspirations provinciales sont davantage reconnues durant les années 1920, ce n'est pas par suite d'une redistribution des pouvoirs entre les deux ordres de gouvernement, mais plutôt par suite d'une conjoncture économique et sociale, liée à l'industrialisation et à l'urbanisation, favorable aux provinces. Cela se traduit par des dépenses importantes des provinces dans le domaine de la voirie et dans l'exploitation des ressources naturelles où le secteur privé intervient également avec vigueur.

Au terme de cette décennie, par un amendement à la constitution en 1930, le fédéral retourne aux provinces des Prairies l'administration des ressources naturelles et rétrocède à la Colombie-Britannique certaines terres expropriées pour la construction du chemin de fer. Cette période se caractérise aussi par la première grande intervention du fédéral dans le domaine de la sécurité sociale, domaine jugé de compétence provinciale. La *Loi sur les pensions de vieillesse* adoptée en 1927 établit des critères d'admissibilité à cette pension et offre de payer la moitié des frais à toute province qui établirait un tel régime de pension. Le Nouveau-Brunswick et le Québec seront les dernières provinces à conclure une entente sur ce sujet avec le fédéral en 1936. Un amendement à la constitution, adopté en 1951, viendra confirmer la présence du fédéral dans ce secteur, mais avec prédominance provinciale (article 94A).

Au total, on peut dire que cette période qui s'étend de 1896 à 1930 se caractérise, à l'exception du temps de guerre, par un fédéralisme de plus grande *coopération* entre le gouvernement central et les provinces, chaque niveau de gouvernement pouvant jouer le rôle que lui assigne la constitution. En outre, les conflits sont peu nombreux entre les deux ; au contraire, le fédéral cherche à collaborer avec les provinces plutôt qu'à les dominer totalement, sauf durant la guerre évidemment. On en arrive ainsi à un meilleur équilibre entre les partenaires de la fédération.

La prédominance du gouvernement fédéral (1930-1957)

La période qui suit (1930-1957) n'est pas de même nature. Elle se traduit par une *prédominance* très nette du gouvernement fédéral ou par ce que le rapport Tremblay (1956) appelait la décadence de l'autonomie provinciale et le progrès de l'« impérialisme » fédéral. La crise économique de 1930-1939, la guerre de 1939-1945, l'après-guerre (1945-1957) sont toutes des périodes qui favorisent l'interventionnisme fédéral.

La crise commencée en octobre 1929 fait sentir ses effets jusqu'au déclenchement de la Seconde Guerre mondiale qui ouvre une ère de prospérité s'étendant jusque dans les années 1950. Cette crise marque la fin du libéralisme économique qui avait fleuri durant la décennie précédente et traduit surtout la faillite du secteur privé. Les provinces et les municipalités, dont relèvent les secours aux chômeurs et aux défavorisés, n'ont pas les revenus suffisants pour faire face à la situation, d'autant plus que la règle de l'équilibre budgétaire prévaut encore largement. Cela se traduit donc par des interventions de plus en plus

importantes du fédéral pour faire face aux problèmes économiques (il accorde des subventions spéciales aux provinces et crée la Banque du Canada en 1934 afin de coordonner la politique financière canadienne), et par des interventions dans le domaine social afin d'aider les chômeurs. En 1935, le gouvernement conservateur de Richard Bennett fait adopter une série de lois sociales (appelée le *New Deal* de Bennett) : sur huit lois, cinq sont déclarées inconstitutionnelles par le Comité judiciaire en 1937 parce qu'elles touchent à des compétences provinciales.

Cette période difficile est marquée surtout par la création, en 1937, de la commission Rowell-Sirois qui remet son rapport en 1940. Les principales recommandations de la commission vont dans le sens d'une forte centralisation et de la concentration entre les mains du fédéral de pouvoirs fiscaux importants (droit exclusif en matière d'impôt direct) et de nouveaux pouvoirs législatifs dans le domaine du travail (pour la mise en œuvre des conventions de l'Organisation internationale du travail) et dans le domaine social (soutien aux chômeurs). Après avoir obtenu l'accord de toutes les provinces, le gouvernement fédéral fait adopter par le Parlement britannique en 1940 un amendement à la constitution qui accorde au niveau central le pouvoir exclusif sur l'assurance chômage (ce qui devient l'article 91.2A).

À nouveau, la période de la guerre se caractérise par une forte centralisation du fédéralisme canadien. Le pouvoir central donne suite à une autre recommandation du rapport Rowell-Sirois en occupant tout le champ de l'impôt sur le revenu des particuliers et celui des entreprises. En retour, il verse une compensation aux provinces, mesure qui sera reproduite dans les accords fiscaux de 1947 et de 1952, malgré l'opposition de certaines provinces, dont le Québec.

Le gouvernement fédéral en profite également pour intervenir dans le domaine social, ce qui est à la base de la construction d'un véritable État-providence. Il s'oriente vers la création d'un système complet de sécurité sociale : amendement sur l'assurance chômage en 1940, Loi sur les allocations familiales (1944), création d'un ministère de la Santé nationale et du Bien-être social (1944), programme national d'hygiène et de santé (1948), amendement sur les pensions de vieillesse (1951), sans oublier les interventions fédérales en matière d'éducation, comme les subventions aux universités (1951).

La période de la guerre marque véritablement l'éclipse des gouvernements provinciaux et municipaux, déjà amorcée durant la crise économique des années 1930. Les revenus du gouvernement central augmentent considérablement de même que les dépenses publiques. Cette période indique surtout un changement important dans les dépenses au profit du fédéral et aux dépens des provinces et des municipalités. C'est ce que révèle le tableau 2.4.

S'il revient au fédéral de mobiliser les ressources économiques, ce dernier n'hésite pas non plus à mobiliser les ressources humaines. Alors qu'Ernest Lapointe, lieutenant de Mackenzie King, avait promis aux Québécois au cours de la campagne électorale de 1940 qu'il n'y aurait pas de conscription, le gouvernement fédéral organise un plébiscite sur ce sujet en avril 1942 afin de permettre au premier ministre King d'imposer la conscription lorsque ce serait nécessaire. Tenu sous le slogan « Pas nécessairement la conscription, mais la conscription si nécessaire », ce plébiscite est facilement remporté par le premier ministre dans l'ensemble du Canada, mais nettement défait au Québec qui se trouve à nouveau isolé. King est ainsi libéré par l'ensemble des Canadiens d'une promesse faite au Québec.

Au cours de la conférence fédérale-provinciale dite « du rétablissement » amorcée en août 1945 et poursuivie l'année suivante, le fédéral présente un ambitieux programme d'action pour les années d'après-guerre. Incapable d'obtenir l'assentiment de toutes les provinces, par suite surtout du refus du Québec et de l'Ontario qui n'acceptent pas les mesures financières prévues, Ottawa revient à la charge en négociant avec chacune des provinces les nouveaux programmes présentés à la pièce. La « nouvelle politique nationale » du gouvernement fédéral s'inspire largement des conceptions économiques du keynésianisme et conduit à la mise sur pied progressivement d'un véritable État-providence.

TABLEAU 2.4

Dépenses des gouvernements (en %)

	Fédéral	Provinciaux et municipaux
1938	33,0	67,0
1942	83,5	16,5
1944	87,0	13,0
1946	72,4	27,6
1952	63,4	36,6
1960	51,2	48,8
1965	46,6	53,4

Source : D. Smiley, *Constitutional Adaptation and Canadian Federalism since 1945*, Ottawa, Information Canada, 1970, p. 33.

Si les premières subventions conditionnelles datent de 1913, c'est vraiment à partir des années 1940 qu'elles vont se développer considérablement. Formation professionnelle, allocations familiales, hygiène et santé, aide aux aveugles, aide aux invalides, assurance hospitalisation, assistance sociale, assurance maladie, tous ces programmes permettront au fédéral, en vertu de son pouvoir de dépenser, d'intervenir dans des secteurs de compétence provinciale. Il appartient au gouvernement central, par des subventions conditionnelles, de mettre sur pied l'État-providence face à des provinces parfois récalcitrantes. Celles-ci dénoncent, en effet, les interventions du fédéral dans des domaines de compétence provinciale et l'élaboration de nouveaux programmes qui permettent au pouvoir central d'imposer pratiquement ses priorités alors qu'il se contente d'en payer la moitié des coûts, l'autre moitié devant être assumée par les provinces.

Bref, la crise des années 1930, la guerre et l'après-guerre favorisent nettement la prédominance du fédéral au détriment des provinces et des municipalités. Il s'agit de mettre en place l'État-providence sous l'égide du gouvernement central, seul capable de mobiliser les ressources nécessaires, comme l'avaient démontré les années de la guerre. Le gouvernement « national » des Canadiens a réussi à s'imposer.

À la recherche d'une identité nationale (1957-1984)

Si, au début du XXe siècle, le Canada était devenu « une véritable entité nationale » (Rémillard, 1985 : 215) caractérisée par l'interdépendance économique et par un esprit de collaboration, il lui restait encore à se donner une véritable *identité* nationale. C'est à cela que vont s'engager les gouvernements canadiens avec l'arrivée au pouvoir des conservateurs dirigés par John Diefenbaker (1957-1963), puis des libé-

raux sous le leadership de Pierre Elliott Trudeau (1968-1984, sauf 1979-1980). Durant la période précédente, Ottawa s'était efforcé de créer un Canada uni politiquement et intégré économiquement sous la direction d'un gouvernement central fort : la mise en place de l'État-providence assurait cet objectif. Durant la période qui suit (1957-1984), le gouvernement fédéral s'emploie à sauvegarder son rôle dans l'ensemble du pays et à préserver l'unité canadienne. Ce thème de l'unité va s'imposer, au début de cette période avec Diefenbaker et à la fin avec Trudeau, dans une vision « uniformisatrice » où s'estompe le rêve de la dualité canadienne.

Dans l'intervalle, les provinces vont réagir. Certaines se donnent des gouvernements provinciaux forts, tels que ceux de Jean Lesage au Québec et de John Robarts en Ontario. La plupart se dotent d'une administration de qualité qui participe à l'élaboration de politiques économiques et sociales à mettre en œuvre dans les provinces. Si bien que la part des dépenses des gouvernements provinciaux et municipaux va dépasser celle du fédéral au cours des années 1960, comme l'indique le tableau 1.4. Ce *province-building* est favorisé par la croissance des dépenses dans des secteurs qui relèvent des provinces, comme l'éducation, la santé, le bien-être social, par la présence de gouvernements minoritaires à Ottawa (1962-1968 et 1972-1974) et par l'élection en 1963 d'un premier ministre libéral plus conciliant, Lester B. Pearson. C'est durant le court mandat de ce dernier que le Québec a pu réaliser ses « gains » les plus significatifs, bien qu'il ait tout simplement réussi à occuper des champs qui lui appartenaient déjà et qu'il n'en ait retiré aucun pouvoir nouveau (Morin, 1972).

La décennie suivante est, quant à elle, marquée par deux événements notables : le vif ressentiment des provinces de l'Ouest, en particulier de l'Alberta, contre les politiques économiques du gouvernement Trudeau et surtout sa politique de l'énergie, et l'arrivée au pouvoir du Parti québécois, en 1976, qui préconise la souveraineté politique du Québec assortie d'une association économique avec le reste du Canada.

Mais le fédéral ne reste pas inactif pour autant. Il s'emploie au contraire à créer un sentiment d'identité et d'appartenance au pays, même si les actions diplomatiques d'un Pearson ont *semblé* atténuer cette vision. Au slogan *One Canada, one nation* de Diefenbaker va correspondre celui de l'unité canadienne de Trudeau. À la Déclaration canadienne des droits de 1960 va correspondre une charte constitutionnelle des droits et libertés en 1982. À la formule d'amendement de David Fulton en 1960 va correspondre le rapatriement de 1982. En somme, il appartiendra au gouvernement Trudeau de reprendre et, surtout, de mener à terme les projets élaborés sous le gouvernement Diefenbaker. En ce sens, on peut parler d'une réelle filiation entre les deux.

De nombreux événements traduisent cette recherche d'une identité nationale à la fin des années 1950 et au début de la décennie suivante : création du Conseil des arts du Canada (1957), établissement d'une nouvelle formule de subvention appelée « péréquation » permettant le transfert de fonds des provinces les plus riches vers les provinces les plus pauvres (1957), mise en place de programmes sociaux nationaux comme l'assurance hospitalisation (1957) et l'assurance maladie (1965), création de la Commission d'enquête sur le bilinguisme et le biculturalisme

(1963), adoption de l'unifolié comme drapeau canadien (1965).

Par la suite, il appartiendra au gouvernement Trudeau de se poser en défenseur d'une identité nationale canadienne qui ne peut être assurée, selon lui, qu'en sauvegardant le rôle du gouvernement fédéral dans l'ensemble du pays et en préservant l'unité canadienne. Dans cette optique, il revient au gouvernement central d'assurer l'égalité des Canadiens francophones et des Canadiens anglophones au pays par une politique de bilinguisme dans les institutions fédérales et de présence des francophones au niveau central, surtout dans la sphère politique et administrative. Cette dualité linguistique canadienne s'oppose de front à la volonté d'imposer l'unilinguisme français au Québec. Elle permet également au gouvernement fédéral de s'ériger en protecteur des francophones au pays contre les velléités des gouvernements québécois de s'affirmer comme le « foyer principal » et le « point d'appui » de l'une des deux nations ou des deux peuples fondateurs du Canada. À cette vision biculturelle et binationale, le fédéral oppose le multiculturalisme (qui vient noyer le biculturalisme) et le thème de l'unité canadienne.

Le premier ministre Trudeau s'est fait également le champion des droits individuels qu'il a voulu inscrire dans divers projets de Charte des droits en 1968, en 1971, en 1978 jusqu'à la *Loi constitutionnelle de 1982* qui renferme une telle charte. Celle-ci, comme on le verra plus loin, est devenue l'élément central de l'identité canadienne et d'une nouvelle culture politique (Cairns, 1991 et 1992). À cet égard, il s'est opposé vivement à la reconnaissance de droits collectifs pour les francophones, tout en reconnaissant ceux des autochtones dans la charte. Il a également vivement combattu, même après avoir quitté la politique, l'idée hérétique d'un Québec comme société distincte et réclamant plus de pouvoirs pour lui, en lui opposant une vision individualiste de citoyens égaux au pays et de provinces égales. C'était mettre fin au vieux rêve de la dualité canadienne (Laforest, 1992). Une telle stratégie, conclut Kenneth McRoberts (1997 : 245) a échoué : plutôt que d'unifier le pays, elle a laissé le Canada plus divisé que jamais.

En somme, tous ces gestes s'insèrent dans la tradition de recherche d'une identité nationale : l'État canadien, comme d'autres dans le monde, a été un instrument puissant dans la construction de cette identité nationale et d'une véritable nation canadienne. En quelques phrases, Resnick (1990 : 211) nous présente un résumé de ces interventions du fédéral depuis la Première Guerre mondiale, interventions qui s'inscrivent dans cette tradition amorcée bien avant le gouvernement Trudeau, mais poussée plus loin par lui.

« Rapatrier » le Québec (1984-1993)

À la suite de l'échec de l'option souverainiste lors du référendum du 20 mai 1980 au Québec, le ministre fédéral de la Justice, Jean Chrétien, entreprend une tournée des capitales provinciales afin de procéder au renouvellement du fédéralisme canadien auquel s'était engagé le premier ministre Trudeau lui-même au moment de la campagne référendaire. La conférence fédérale-provinciale de septembre 1980 se termine par un échec (planifié, semble-t-il) si bien que, dès le mois suivant, le gouvernement fédéral présente son projet de rapatrier unilatéralement la constitution en y adjoignant une formule d'amendement transitoire. S'opposant à ce projet, huit pro-

vinces sur dix, à l'exception de l'Ontario et du Nouveau-Brunswick, signent un accord le 16 avril 1981, demandant au gouvernement Trudeau de renoncer au rapatriement unilatéral, et s'entendent sur une formule d'amendement qui satisfait le gouvernement québécois.

Le 28 septembre 1981, la Cour suprême rend une décision considérant tout à fait légal le projet fédéral de rapatrier unilatéralement la constitution, en ce sens qu'il ne va à l'encontre d'aucune loi, mais le jugeant « inconstitutionnel au sens conventionnel » puisqu'il existe une convention selon laquelle un tel projet exige un appui appréciable des provinces. Toutefois, note la Cour, il appartient aux acteurs politiques « de fixer l'étendue du consentement provincial nécessaire ». Afin de se conformer à cet avis de la Cour suprême, le gouvernement Trudeau convoque une autre conférence fédérale-provinciale en novembre 1981 qui aboutit à une entente entre le fédéral et neuf provinces, à l'exclusion du Québec, sur un projet de modification à la constitution. L'accord comporte une charte des droits, la reconnaissance de la péréquation et une formule d'amendement modifiée par rapport à celle sur laquelle les huit provinces s'étaient entendues antérieurement. Le Québec se trouve donc isolé à la suite de ce que certains ont appelé « la nuit des longs couteaux » (Morin, 1988).

La *Loi constitutionnelle de 1982*, adoptée par le Parlement britannique en mars 1982 et proclamée par la reine en avril, n'a reçu l'assentiment ni du gouvernement québécois ni de l'Assemblée nationale, mais elle s'applique dans toutes les provinces, y compris au Québec. Au cours de la campagne électorale fédérale de 1984, le chef conservateur, Brian Mulroney, s'est engagé à « rapatrier » le Québec dans « l'honneur et l'enthousiasme », c'est-à-dire à satisfaire les conditions du Québec pour qu'il donne son adhésion à la loi de 1982. Élu en septembre, il s'emploie à remplir cette promesse. Mais il appartient au Québec de fixer ses conditions. Après la victoire du Parti libéral de Robert Bourassa en décembre 1985, le nouveau ministre délégué aux Affaires intergouvernementales canadiennes, Gil Rémillard, fait connaître les cinq conditions du Québec lors d'un colloque tenu à Mont-Gabriel en mai 1986 : la reconnaissance du Québec comme société distincte, des pouvoirs accrus en matière d'immigration, la limitation du pouvoir fédéral de dépenser, la reconnaissance d'un droit de veto et la participation du Québec à la nomination des juges à la Cour suprême.

Dans l'Accord du lac Meech, conclu en avril par les onze premiers ministres canadiens et complété en juin 1987, le Québec a obtenu satisfaction par rapport à ces cinq demandes jugées minimales par plusieurs. Certes, la reconnaissance du caractère distinct du Québec a été soigneusement encadrée et la limitation du pouvoir fédéral de dépenser a été constitutionnalisée et assortie d'exigences pour les provinces. Mais, dans l'ensemble, les aspects positifs l'emportent sur les points négatifs, bien que les avis soient partagés à ce sujet (voir le dossier du *Devoir*, 1987 ; A. Tremblay, 1998).

Afin de se conformer à la formule d'amendement en vigueur depuis 1982, le Parlement canadien et les législatures provinciales doivent se prononcer sur cette modification à la constitution. C'est ce que fait l'Assemblée nationale, la première, dès le 23 juin 1987. Dans un délai de trois ans, toutes les autres législatures doivent l'avoir acceptée pour qu'elle entre en vigueur. Dans le cas contraire, la modification ne peut s'ap-

pliquer, ce qui fut le cas de l'Accord du lac Meech, qui requérait l'unanimité des provinces. En effet, le 23 juin 1990, la législature du Manitoba ne s'était pas encore prononcée à la suite d'abord du recul du premier ministre Gary Filmon, minoritaire dans son Assemblée législative, puis de l'obstruction du député autochtone Elijah Harper. Quant à la législature de Terre-Neuve, désormais dominée par les libéraux de Clyde Wells, elle a rescindé sa résolution d'acceptation adoptée antérieurement et, à la date limite, elle n'avait pas donné à nouveau son accord. En l'absence de ces deux législatures provinciales, l'Accord du lac Meech ne pouvait s'appliquer.

Mais l'ex-premier ministre Trudeau fut le premier à dénoncer vivement cet accord et à rallier l'opposition. Dans un article paru en mai 1987, il le présente comme un « gâchis total » en opposition à sa vision du Canada, un pays bilingue, doté d'une charte des droits et partageant des valeurs communes. Devant un comité parlementaire en août, il s'oppose à cet accord qui affaiblit la souveraineté fédérale, faisant alors appel au « patriotisme canadien », à l'« esprit national », au sentiment d'appartenance au pays (Johnston, 1989 ; A. Tremblay, 1998). D'autres ont repris ces mêmes arguments, de Frank McKenna, le nouveau premier ministre libéral du Nouveau-Brunswick, à Clyde Wells de Terre-Neuve, en passant par Sharon Carstairs et même Gary Filmon, tous deux du Manitoba.

L'opposition s'était surtout cristallisée autour de la reconnaissance du Québec comme société distincte (le Québec apparaissant alors comme une province différente des autres) et de la limitation du pouvoir fédéral de dépenser. À la suite de l'échec de cet accord centré sur les conditions du Québec, le fédéral s'est empressé de rouvrir le dossier constitutionnel. Il le fit dès l'automne 1991, sur la base d'une « ronde Canada » dans laquelle chacun pourrait trouver son compte. Il relance le débat avec son document *Bâtir ensemble l'avenir du Canada*, publié le 24 septembre 1991.

L'Entente de Charlottetown, qui résulte des négociations tenues de septembre 1991 au 28 août 1992 (voir Russell, 1993), s'attache d'abord à définir huit grandes caractéristiques fondamentales du pays dans une clause Canada, puis à réformer les institutions politiques centrales, plus particulièrement le Sénat, la Chambre des communes et la Cour suprême. Elle s'attache ensuite à modifier la formule d'amendement, à revoir le partage des pouvoirs, à dénouer la question autochtone en reconnaissant aux « premières nations » le droit inhérent à l'autonomie gouvernementale au sein du Canada.

Par cette offre qui vise un peu tout le monde, chacun ne peut être totalement satisfait. Cette entente a soulevé bien des critiques, surtout dans l'Ouest canadien qui ne pouvait accepter la notion de société distincte pour le Québec ainsi que la représentation accrue du Québec et de l'Ontario à la Chambre des communes, et au Québec où l'on était déçu du chapitre sur le partage des pouvoirs et considérait inacceptable un Sénat *égal* désormais élu, donc légitime. Trop pour le Québec, selon les uns, trop peu pour le Québec selon les autres. Plus fondamentalement, comme le rappelait Kenneth McRoberts, ce désaccord repose sur deux conceptions mutuellement exclusives de la communauté politique canadienne : l'une basée sur le bilinguisme officiel, la Charte des droits, le multiculturalisme, l'égalité absolue entre les provinces et le renforcement des institutions nationales ; l'autre reposant sur le caractère distinct du Québec, le biculturalisme, l'asymétrie des pou-

voirs (McRoberts et Monahan, 1993 : 258-261).

L'Entente de Charlottetown fut soumise à un référendum au Québec et dans le reste du Canada. Les « Canadiens de la Charte », selon les mots d'Alan Cairns (1991, 1992), réclamaient en effet une participation active du peuple souverain dans les changements constitutionnels plutôt que la soumission à un processus d'accommodement entre les seules élites. Six provinces, dont le Québec, ont dit non à cette entente en octobre 1992. Il fallait désormais tourner la page sur le dossier constitutionnel sans avoir satisfait les réclamations du Québec, ni celles de l'Ouest canadien ni celles des autochtones. Ce sont là des dossiers toujours ouverts que les élections fédérales du 25 octobre 1993 ont ravivé à leur manière par l'élection de 54 députés du Bloc québécois formant l'opposition officielle à la Chambre des communes et de 52 députés du Parti réformiste face à un Parti libéral majoritaire dirigé par Jean Chrétien et à un Parti conservateur complètement écrasé.

L'Accord du lac Meech et l'Entente de Charlottetown ont tous deux échoué. Avoir voulu « réintégrer » le Québec dans la Constitution canadienne, c'est-à-dire lui faire accepter la loi de 1982 en la modifiant de façon à répondre aux demandes du Québec, s'est soldé par un échec et le parti politique fédéral qui s'y était employé avec vigueur a été rayé de la carte politique canadienne. Mais rien n'était réglé pour autant.

La reprise en main (1993 -   )

Les élections fédérales du 25 octobre 1993 ont rappelé à leur manière que le dossier des réclamations du Québec, de l'Ouest ou des autochtones demeurait toujours ouvert, que les problèmes constitutionnels n'étaient pas réglés et que les Canadiens étaient toujours aussi divisés sur la nature même de leur propre identité. Les résultats de ces élections ont montré que le pays était plus fragmenté que jamais sur le plan politique : élection de 54 députés du Bloc québécois formant l'opposition officielle à la Chambre des communes, de 52 députés du Parti réformiste présents essentiellement dans l'Ouest canadien face à un Parti conservateur complètement écrasé (2 sièges seulement) et à un Parti libéral majoritaire, dirigé par Jean Chrétien, qui domine dans les provinces de l'Atlantique et en Ontario.

Cette fragmentation du territoire canadien a été réaffirmée et même accentuée par l'élection de mai 1997. Le Parti libéral, de nouveau au pouvoir mais avec une faible majorité, se concentre désormais en Ontario où il remporte 101 des 103 sièges ; le Parti réformiste affirme son emprise sur l'Ouest canadien où il obtient 60 sièges et réussit ainsi à former l'opposition officielle ; le Bloc québécois reste bon premier au Québec où il remporte 44 sièges, bien que son succès soit plus modeste qu'en 1993 ; seules les provinces de l'Atlantique partagent leurs voix entre conservateurs, néo-démocrates et libéraux.

Élus en 1993 avec la promesse de laisser de côté les problèmes constitutionnels sous prétexte d'autres priorités à l'agenda politique, les libéraux sont vite rappelés à la réalité par l'élection du Parti québécois en septembre 1994 et la tenue d'un référendum en octobre 1995 sur l'option de la souveraineté-partenariat. Avec 49,4 % des voix en faveur de cette option, le référendum a clairement montré aux autorités politiques fédérales et des autres provinces que rien n'était réglé. Devant de tels résultats, le fédéral a cher-

ché à reprendre l'initiative. Trois événements, parmi d'autres, en témoignent.

À la suite des résultats du référendum québécois, le gouvernement fédéral a demandé à la Cour suprême, en septembre 1996, de se prononcer sur la légalité d'une déclaration unilatérale d'indépendance du Québec en lui posant trois questions précises, les deux premières appelant normalement une réponse négative. Il a donc prié la Cour de décider si le Québec a le droit, en vertu de la Constitution canadienne, de déclarer unilatéralement l'indépendance du Québec, s'il a le droit de le faire en vertu du droit international et, dans l'éventualité où les réponses à ces deux questions seraient différentes, lequel du droit canadien ou du droit international aurait préséance. En rendant sa décision sur ce renvoi, en août 1998, la Cour a répondu par la négative aux deux premières questions. Mais, contrairement aux attentes d'Ottawa, elle ne s'est pas limitée à répondre aux questions qui lui avaient été soumises. Elle a plutôt apporté une réponse nuancée en faisant intervenir quatre principes fondamentaux de la tradition constitutionnelle canadienne : le fédéralisme, la démocratie, le constitutionnalisme et la primauté du droit, et le respect des minorités.

En reconnaissant l'obligation pour Ottawa et les autres provinces de négocier avec le Québec à la suite d'un vote qui aboutirait à une majorité claire en faveur de la sécession, en réponse à une question claire, l'un et l'autre camp a mis l'accent sur ce qui lui plaisait davantage. Comme le rapportait le journal *Le Devoir* (22-23 août 1998 : A9), du côté du gouvernement québécois, on a fait état de la légitimité de la démarche souverainiste et du fait que la Cour suprême « ébranle ainsi les fondements de la stratégie fédéraliste, sape les arguments de la peur et du refus de négocier ». Du côté du gouvernement fédéral, on a soutenu que le jugement de la Cour mettait fin aux « astuces » référendaires en exigeant une question claire et une réponse claire, soulignant que « les résultats d'un référendum, comme le stipule la Cour, doivent être dénués de toute ambiguïté en ce qui concerne tant la question posée que l'appui reçu ». Chaque partie pouvant y trouver son profit, cet avis de la Cour suprême a eu finalement peu de répercussions tangibles sur l'opinion publique québécoise. Elle a eu, cependant, comme le souligne K. McRoberts (1999 : 326), « un effet profondément salutaire sur le climat politique et intellectuel au Canada ».

Ce renvoi devant la Cour, de même que les menaces de partition du Québec à la suite d'une victoire du Oui faisaient partie, selon certains, d'un plan B visant à contrer tout futur référendum au Québec. En même temps, le gouvernement fédéral va aussi tabler sur « l'union sociale canadienne » pour reprendre l'initiative. En effet, la Déclaration de Calgary de septembre 1997, résultat des propositions faites au Québec par les provinces anglophones, soulève peu d'espoir et peut être classé au rang d'un non-événement tant par son contenu dilué que par le fait qu'elle a attiré très peu l'attention de la population. Les provinces et le fédéral vont donc se tourner vers l'union sociale qui draine davantage l'attention.

Amorcé en août 1995 lors de la conférence annuelle des premiers ministres des provinces avec l'ambitieux mandat de renouveler l'ensemble des programmes sociaux au Canada, le projet d'union sociale fut à nouveau discuté lors des conférences qui suivirent à Jasper en 1996 et à St. Andrews en 1997. Entre-temps, le gouvernement

fédéral n'entendait pas rester inactif et ouvrait la porte, dans son discours du Trône de février 1996, à une participation plus active des provinces dans la création de nouveaux programmes cofinancés dans des domaines évidemment de compétence exclusive des provinces. À la suite de nombreuses tractations et rencontres auxquelles le Québec a parfois refusé de participer, était conclu le 4 février 1999 un accord-cadre sur l'union sociale entre le gouvernement canadien et les gouvernements provinciaux et territoriaux, à l'exclusion de celui du Québec qui a refusé de le signer.

Cette entente administrative, d'une durée de trois ans, touche des sujets aussi divers que la mobilité au Canada, la nécessité de l'imputabilité et de la transparence, celle de travailler en partenariat par la coopération et des consultations réciproques. Surtout, elle met en place un mécanisme de prévention et de règlement des différends et reconnaît officiellement le pouvoir fédéral de dépenser. Ottawa, de son côté, s'engage à travailler en collaboration avec les provinces et à ne pas créer de nouvelles initiatives pancanadiennes sans le consentement de la majorité des provinces (ce qui peut vouloir dire l'accord de six provinces ne représentant que 15 % de la population canadienne).

Le gouvernement québécois, pour sa part, exigeait que cette entente reconnaisse un droit de retrait inconditionnel avec pleine compensation financière à l'égard de toute nouvelle initiative ou de tout nouveau programme fédéral cofinancé ou non (c'est-à-dire financé seulement par Ottawa) dans les secteurs des programmes sociaux qui relèvent de la responsabilité des provinces. Il avait même bâti un front commun des provinces sur cette question, front commun qui s'est effrité au moment crucial, comme ce fut le cas lors du rapatriement de 1981.

Le gouvernement fédéral voulait conserver sa marge de manœuvre dans le secteur social; le Québec et les autres provinces cherchaient à encadrer le pouvoir fédéral de dépenser. Finalement, seul le Québec a refusé de signer cette entente qualifiée de recul par le premier ministre, Lucien Bouchard. Même le chef du Parti libéral québécois, Jean Charest, estimait que l'accord, tout en constituant une nette amélioration par rapport au *statu quo*, devait être modifié et qu'il mettait en péril les intérêts particuliers du Québec (*Le Devoir*, 13-14 février 1999). Pour sa part, un ancien conseiller des gouvernements Trudeau et Mulroney, André Burelle, n'hésitait pas à parler de fédéralisme de tutelle pour qualifier cette entente (*Le Devoir*, 15 février 1999).

Sept spécialistes se sont également penchés, à la demande du gouvernement du Québec, sur les différents points de cette entente et en ont fait ressortir les conséquences pour le Québec. Ils en concluent qu'Ottawa « s'active à instaurer un fédéralisme expansionniste sans égard pour les compétences provinciales » (Gagnon, 2000 : 16).

Un troisième événement mérite d'être souligné. En décembre 1999, le gouvernement canadien présentait le projet de loi C-20 « donnant effet à l'exigence de clarté formulée par la Cour suprême ». Selon cette loi, il appartient à la Chambre des communes de déterminer si la question référendaire sur la sécession est claire et si la majorité exprimée en faveur de cette question est également claire. Dans la négative, le texte de loi interdit au gouvernement du Canada d'entamer des négociations avec la province. Si, à la suite de son examen, la Chambre des communes con-

clut que la question et la majorité obtenue sont claires, le texte précise certaines des matières qui seraient objets de négociations entre le Québec et les gouvernements du Canada et des autres provinces, dont les frontières, les droits des autochtones et ceux des minorités.

De toute évidence, le texte de loi se présente comme une course à obstacles dans laquelle le coureur a toutes les chances de trébucher dès le premier obstacle, soit la question référendaire, puisqu'on exclut toute référence à la souveraineté-partenariat ou même à toute forme d'association économique En d'autres termes, le gouvernement canadien demande clairement au Parti québécois de renoncer à son option première qui, depuis sa fondation en 1968, repose sur l'idée de souveraineté-association. Si ce premier obstacle est franchi, un second se dresse immédiatement, soit la détermination d'une majorité claire. Pour ce faire, la Chambre des communes doit prendre en considération non seulement l'importance de la majorité des voix validement exprimées, mais également le pourcentage des électeurs qui ont voté et « tous autres facteurs ou circonstances qu'elle estime pertinents ». Non seulement cet article est-il vague dans son libellé (facteurs ou circonstances pertinents), mais il ouvre aussi la voie à des interprétations diverses d'une majorité claire, donc à des débats interminables sur la majorité requise. Bref, le gouvernement central pose des exigences de clarté telles qu'il est peu probable qu'il s'engage rapidement dans des négociations avec le Québec à la suite d'un référendum.

En somme, ce qui ressort clairement des trois événements analysés précédemment, c'est que le gouvernement fédéral a tout fait pour reprendre l'initiative depuis le référendum d'octobre 1995. Si le gouvernement québécois, tablant sur les

49,4 % des voix obtenus à ce référendum, pouvait se sentir en rapport de force, tel ne fut pas le cas. Le renvoi devant la Cour suprême, les menaces de partition du Québec, l'accord sur l'union sociale, la loi sur la clarté référendaire, tout témoigne d'une reprise en main du dossier de l'unité nationale par le gouvernement central qui intervient sur plusieurs fronts à la fois. D'un côté, il s'agit d'empêcher par tous les moyens que n'ait lieu un troisième référendum sur la souveraineté du Québec. De l'autre, après avoir jugulé son énorme déficit et dégagé un surplus budgétaire, le fédéral entend utiliser cette nouvelle marge de manœuvre pour intervenir dans le domaine social (y compris l'éducation postsecondaire), définir des objectifs prioritaires pancanadiens, créer ainsi un sentiment d'appartenance au Canada et une véritable identité nationale. Il s'agit, en somme, de revenir à la vision du Canada telle qu'elle a été définie par l'ancien gouvernement Trudeau.

En réalité, le désaccord du Québec sur l'union sociale d'un côté et l'accord d'Ottawa et des provinces à majorité anglophone de l'autre expriment encore une fois que deux visions ou deux conceptions de ce pays continuent de s'affronter et que ces deux conceptions sont de plus en plus irréconciliables.

LA *LOI CONSTITUTIONNELLE* DE 1982

À la suite du Statut de Westminster en 1931, comme je l'ai souligné précédemment, le Canada obtenait sa pleine souveraineté externe, mais il gardait encore quelques liens importants avec la mère-patrie. Il faudra attendre 1949 pour abolir les appels au Comité judiciaire du Conseil privé à Londres, 1952 pour « canadianiser » la monarchie en nommant Élisabeth II reine du Canada, et 1982 pour « rapatrier » la constitution, c'est-à-dire l'AANB de 1867 et les statuts connexes.

La formule d'amendement

Rapatrier signifie tout simplement transférer des autorités législatives britanniques aux autorités législatives canadiennes le pouvoir d'amender la constitution du pays. Mais, pour effectuer ce transfert, il fallait que les Canadiens se donnent une formule d'amendement : c'était là la pierre d'achoppement sur laquelle avaient buté les autorités politiques canadiennes depuis 1927. Le rapatriement de 1981-1982, effectué sans l'accord du Québec, contient une telle disposition (voir le tableau 2.5 ; voir également André Tremblay, 1995 : 75-103). Que prévoit la formule que l'on s'est donnée en 1982 ?

Elle prévoit tout d'abord une *règle générale* pour modifier la constitution, règle à laquelle on se réfère habituellement. Il faut des résolutions adoptées par le Sénat et la Chambre des communes ainsi que par les deux tiers au moins des Assemblées législatives des provinces, représentant au moins cinquante pour cent de la population canadienne au dernier recensement général (c'est la règle dite du 7-50). Cette règle générale s'applique dans les cas de modification à la répartition des pouvoirs, de modification à la Charte des droits et libertés, ainsi que pour les sujets énumérés à l'article 42 (voir la *Loi constitutionnelle de 1982* en annexe ainsi que le tableau 2.5).

TABLEAU 2.5

Formule d'amendement à la Constitution canadienne

Règle générale	Règles particulières	
Parlement canadien et 7 législatures provinciales sur 10 (2/3) au moins 50 % de la population canadienne	**Unanimité**	**Droit de retrait**
Partage des compétences	Charge de Reine, de gouverneur général et de lieutenant-gouverneur	Si l'amendement concerne les compétences législatives, les droits de propriété, les autres droits et privilèges d'une législature ou d'un gouvernement provincial
Charte des droits et libertés (sauf exception)		
Pouvoirs du Sénat	Nombre de députés égal au nombre de sénateurs dans une province	
Mode de sélection des sénateurs		Juste compensation uniquement en matière d'éducation et de culture
Nombre de sénateurs par province	Composition de la Cour suprême	
Représentation proportionnelle des provinces à la Chambre des communes	Usage du français et de l'anglais ailleurs que dans une seule province	
Cour suprême (sauf composition)		
Création de provinces	Formule d'amendement	
Rattachement de territoires aux provinces		

À cette règle générale s'ajoutent quelques règles particulières. La plus connue est certainement celle de *l'unanimité* requise pour certains sujets énumérés à l'article 41. Il est à noter que si, dans un ensemble de modifications à la constitution, l'une d'entre elles requiert l'unanimité, celle-ci devient alors nécessaire pour l'ensemble du projet (un *package deal*). C'est le cas, entre autres, lorsqu'on veut modifier la formule d'amendement en même temps que d'autres projets de modification.

Une autre règle particulière touche au *droit de retrait* (ou *opting out*), c'est-à-dire à la capacité pour une province de se soustraire à un amendement qui diminue ou restreint les compétences législatives, les droits de propriété ou les autres droits et privilèges d'une législature ou d'un gouvernement provincial. Dans ce cas, l'amendement ne s'applique pas dans la province qui a exprimé son désaccord. Par contre, cette province pourra recevoir du fédéral une « juste compensation » pour les responsabilités qu'elle conserve et que n'auraient pas gardées les autres provinces, mais ceci uniquement en matière d'éducation et dans d'autres domaines culturels. Dans les autres secteurs, comme dans le domaine social, la province qui utilise son droit de retrait se trouve pénalisée financièrement.

Une dernière règle particulière a trait aux modifications constitutionnelles qui ne concernent que *certaines provinces* (article 43). Dans ce cas, en plus de l'assentiment du Parlement fédéral, il faut obtenir l'accord de l'Assemblée législative de chaque province concernée. Ainsi, en 1997, le Québec a obtenu une modification à l'article 93 en ce qui a trait aux écoles confessionnelles.

On peut enfin souligner que le Sénat ne dispose que d'un veto suspensif de 180 jours à l'égard de tout projet de modification à la constitution (article 47 de la loi de 1982). Passé ce délai, la Chambre des communes doit adopter une nouvelle résolution dans le même sens et, si cette résolution est adoptée, il n'est plus nécessaire d'obtenir l'accord du Sénat.

La Charte des droits

Outre la formule d'amendement, la loi de 1982 contient d'autres dispositions importantes. Elle a constitutionnalisé la péréquation; elle a également reconnu la compétence provinciale sur l'exportation à l'extérieur d'une province des ressources naturelles non renouvelables (comme le pétrole), des ressources forestières et de l'énergie électrique, mais avec prépondérance des lois fédérales, de même que la possibilité de lever des taxes en ces matières. Et surtout, elle a inscrit dans la constitution une charte des droits et libertés.

Cette charte se compose de plusieurs chapitres. Le premier a trait aux *libertés fondamentales*. La charte garantit les libertés de conscience, de religion, de pensée, de croyance, d'opinion, d'expression, de presse, de réunion pacifique et d'association (article 2), autant de termes dont les tribunaux sont appelés à définir le contenu et la portée. À ces libertés de base s'ajoute, pour tout citoyen canadien, la liberté de *circulation* et d'*établissement* dans toute province, sans pour autant interdire les programmes destinés à améliorer, dans une province, la situation d'individus défavorisés socialement ou économiquement (article 6). La charte protège également les *droits démocratiques*: droit de vote et d'éligibilité pour tout citoyen canadien, mandat maximal de cinq ans pour les Chambres, obligation de tenir une séance parlementaire au moins une fois par année (articles 3 à 5).

La charte accorde aussi des *garanties juridiques*. Chacun, y lit-on, a droit à la vie, à la liberté, à la sécurité de sa personne (motif souvent invoqué par les réfugiés devant les tribunaux canadiens), à la protection contre les fouilles, les perquisitions ou les saisies abusives et à la protection contre la détention ou l'emprisonnement arbitraires; chacun a également le droit de connaître rapidement les motifs de son arrestation, d'être assisté d'un avocat, d'être jugé dans un délai raisonnable, et ce, devant un tribunal indépendant et impartial, d'être présumé innocent, de ne pas subir un châtiment abusif (articles 7 à 14).

En reconnaissant le *droit à l'égalité* (article 15), la charte interdit toute discrimination fondée notamment sur la race, l'origine nationale ou ethnique, la couleur, la religion, le sexe, l'âge ou les déficiences mentales ou physiques. Par contre, elle permet les programmes de promotion sociale destinés à améliorer la situation de personnes ou de groupes défavorisés. L'âge a été souvent invoqué pour contester certaines dispositions devant les tribunaux: exclusion des personnes âgées de 65 ans et plus des prestations d'assurance chômage; dispositions particulières pour les moins de 30 ans dans la *Loi québécoise de l'aide sociale*. Mais, comme la charte ne s'applique qu'aux pouvoirs publics et non au secteur privé, elle n'a qu'une portée limitée puisqu'un bon nombre de cas de discrimination relèvent plutôt du domaine privé. On peut alors invoquer la charte québécoise qui touche aussi bien le secteur privé que le secteur public.

Les droits décrits précédemment sont essentiellement de nature individuelle, c'est-à-dire qu'ils sont accordés aux individus et non aux collectivités. Il en est de même des *droits linguistiques*, aussi bien ceux qui ont trait aux langues officielles du Canada (articles 16 à 22) que ceux qui concernent les droits à l'instruction dans la langue de la minorité (article 23). Il s'agit de droits conférés à chaque citoyen et citoyenne du Canada et non pas à des collectivités.

On reconnaît aujourd'hui que ces droits ont été au cœur des préoccupations du gouvernement Trudeau lorsqu'il a élaboré la charte des droits. Il s'agissait avant tout de contrer les effets de la loi 101 au Québec (appelée Charte de la langue française), en particulier dans le domaine de l'enseignement. En opposant la *clause Canada* à la *clause Québec*, le gouvernement Trudeau souhaitait préserver l'idée d'un Canada bilingue où s'imposent le français et l'anglais comme langues officielles, et ce, même dans le secteur de l'éducation. La Cour suprême, comme il convient, a reconnu la préséance de la *clause Canada* qui est inscrite dans la constitution du pays et déclaré inopérante la *clause Québec*. Ce droit à l'instruction dans la langue de la minorité s'exerce cependant là où le nombre le justifie : ce critère est sujet à interprétation par les tribunaux et il soulève beaucoup plus de problèmes au Canada anglais qu'au Québec même, où les anglophones ont bénéficié traditionnellement d'un réseau complet de services publics, y compris en matière d'enseignement. Tel n'est pas nécessairement le cas pour les francophones hors Québec qui doivent lutter constamment pour obtenir de tels services, à l'exception notable du Nouveau-Brunswick.

Par contre, les droits accordés aux *peuples autochtones* peuvent être considérés de nature collective ; l'article 25 garantit, en effet, que les droits et libertés définis dans la charte ne portent pas atteinte aux droits ou libertés, ancestraux ou issus de traités, des *peuples* autochtones. La partie II de la loi de 1982 confirme également les droits *existants*, ancestraux ou issus de traités, des peuples autochtones. À l'heure actuelle, les revendications territoriales et la reconnaissance d'une autonomie gouvernementale, dont il faudra certainement préciser la portée, constituent les revendications principales des autochtones.

La charte contient enfin deux articles qui permettent au législateur de circonscrire les droits et de « limiter » les libertés. L'article 1 stipule que les droits et libertés énoncés dans la charte « ne peuvent être restreints que par une règle de droit, dans des limites qui soient *raisonnables* et dont la justification puisse se démontrer dans le cadre d'une *société libre et démocratique* ». Il appartient aux tribunaux d'établir si ces conditions sont respectées et, surtout, si le législateur peut les invoquer lorsqu'il restreint des droits fondamentaux. La Cour suprême a défini, dans ce cas, un « test » à deux volets : la règle de droit adoptée doit poursuivre un objectif social suffisamment important pour justifier la suppression d'un droit ou d'une liberté et les moyens pour atteindre cet objectif doivent être raisonnables et proportionnés à l'objectif poursuivi.

La seconde clause a fait couler beaucoup d'encre. La clause de dérogation ou clause *nonobstant* (article 33) permet au législateur de déroger à certains droits protégés par la charte, nommément les libertés fondamentales, les garanties juridiques et les droits à l'égalité. Elle fut utilisée par le gouvernement Bourassa lors de l'adoption de la loi 178 sur l'affichage commercial en décembre 1988. Une telle dérogation ne vaut que pour cinq ans, mais elle peut être renouvelée. En 1993, le gouvernement Bourassa a fait adopter une nouvelle loi permettant l'affichage bilingue, mais avec une nette prédominance du français. La clause de dérogation soustrait aux tribunaux le monopole de l'interprétation de la charte et rétablit un équilibre entre la souveraineté du Parlement où siègent les élus du peuple et la primauté des tribunaux dans l'interprétation de la loi.

L'héritage de 1982

Le rapatriement de 1982 nous a légué un double héritage : une formule d'amendement et une Charte des droits et libertés. Ce double héritage a donné naissance à deux grandes visions du fédéralisme canadien qui se sont affrontées au cours de la décennie suivante et qui ont contribué, en partie, à l'échec des négociations constitutionnelles au cours de cette période (Cairns, 1991, 1992 ; Russell, 1993). La première vision, enracinée dans la formule d'amendement, repose sur la souveraineté du *Parlement* et sur l'idée que les questions constitutionnelles relèvent des gouvernements. La seconde vision, découlant des principes de la charte, repose sur la souveraineté du *peuple* et soutient l'idée que la constitution est l'affaire des citoyens et citoyennes.

Ces deux visions étaient à l'œuvre au moment de l'Accord du lac Meech et de l'Entente de Charlottetown. Dans les deux cas, les projets de modification se sont soldés par un échec auquel la reconnaissance du Québec comme société distincte ne fut pas étrangère (dans le cas de Meech, voir Blais et Crête, 1991).

Il faut tout de même ajouter que la *Loi constitutionnelle de 1982* a suivi le chemin traditionnel d'un changement constitutionnel conclu entre les élites politiques selon le modèle de ce que Smiley a appelé le « fédéralisme exécutif » (Smiley, 1980) (voir également le chapitre 9 sur le fédéralisme exécutif). Ce fut un document octroyé par les pouvoirs publics et non pas issu de la volonté populaire.

En somme, on peut dire que la charte a servi à forger une nouvelle culture politique basée sur un sentiment d'identité nationale, sur l'identification à une communauté pancanadienne dans laquelle les citoyens et citoyennes partagent des valeurs communes et des droits communs. Le nationalisme canadien a enfin trouvé un élément unificateur, du moins pour une grande partie des Canadiens. L'esprit de 1982, rappelait Guy Laforest dans une phrase percutante, c'est « le désir de briser l'épine dorsale de la collectivité québécoise au bénéfice d'une vision de la nation canadienne » (Balthazar *et al.*, 1991 : 160).

CONCLUSION

Si l'on considère le fédéralisme canadien depuis 1867, on doit constater qu'il a changé avec le temps. Il faut d'abord reconnaître que le quasi-fédéralisme des débuts a été profondément altéré par les jugements du Comité judiciaire du

Conseil privé et par l'action de leaders politiques provinciaux déterminés. L'idée première d'une subordination des provinces au pouvoir central a été battue en brèche : celles-ci ont réussi à s'affirmer et à se faire reconnaître comme entités politiques autonomes au sein de la fédération canadienne. En somme, comme le rappelait A. Cairns (1971), le Comité judiciaire du Conseil privé a réussi à situer le partage des compétences dans une vision plus fédéraliste que ce qu'avaient prévu les Pères de la Confédération. Ce qui n'est pas le cas de la Cour suprême, dernier tribunal d'appel depuis 1949, dont les jugements ont souvent été plus favorables au niveau central qu'aux provinces. L'interprétation de la Cour suprême portant sur le partage des compétences législatives a élargi les pouvoirs d'intervention des autorités fédérales non seulement en ce qui a trait à l'union économique canadienne, mais aussi dans d'autres secteurs tels que les télécommunications ou les droits miniers sous-marins.

Des considérations précédentes, peut-on conclure que le pendule fédératif a oscillé constamment entre le pôle central et le pôle provincial, entre la centralisation et la décentralisation ? Depuis plus de 125 ans, il a penché plus souvent qu'autrement du côté fédéral ; depuis une soixantaine d'années, cette tendance est encore plus manifeste. Le fédéral a été et reste encore le maître d'œuvre de la politique canadienne, même si certains analystes croient que le pays est trop décentralisé (Stevenson, 1979) et que d'autres estiment que le pendule a oscillé constamment entre la centralisation et la décentralisation (Cody, 1977 ; Jackson et Jackson, 1998 : 204-207). Il faut ajouter que le Québec, plus que toute autre province, a empêché que le Canada ne se transforme irrémédiablement en une quasi-fédération.

Depuis Honoré Mercier, cette lutte constante a pris différentes formes : autonomie provinciale, statut spécial, société distincte, États associés, indépendance. Par-delà ces soubresauts et ces crises, où en est le fédéralisme canadien aujourd'hui ?

La reconnaissance de la *dualité* canadienne constitue sans aucun doute une réclamation essentielle du Québec. Certes, au cours des ans, elle a pu revêtir des formes et des vocables différents, mais on revient toujours à la même réalité fondamentale.

De l'idée d'un « pacte » présente dans le Rapport Tremblay (1956 : V) à celle de deux nations au Canada ou de deux peuples fondateurs qui justifiait en même temps la revendication d'un statut particulier pour le Québec, comme « foyer principal » et « point d'appui » des francophones du pays, les autorités politiques sont passées à la reconnaissance du Québec comme société distincte. Aussi bien l'Accord du lac Meech que l'Entente de Charlottetown vont admettre le caractère distinct du Québec, mais en l'encadrant soigneusement.

Toutes ces notions sont battues en brèche aujourd'hui par une nouvelle valeur qui s'est imposée au cours des années 1980, celle de *l'égalité*. Cette valeur repose largement sur la charte qui accorde à chacun des droits égaux. Il en est de même de la formule d'amendement qui place toutes les provinces sur le même pied : aucune ne jouit d'un droit de veto. Cette idée de l'égalité des citoyens et citoyennes et de l'égalité des provinces constitue certainement le legs le plus important du gouvernement Trudeau. Mais il faut tenir compte aussi de la résistance du Canada anglais et des peuples autochtones à cette vision dualiste, quelle que soit la forme qu'elle puisse prendre pour le Québec. Dans l'Ouest, en particulier, l'idée d'un Sénat égal, comportant le même nombre de sénateurs par province, s'est imposée avec force, ce que le Québec ne peut accepter (Pelletier, 1992, 1984).

Le Canada, estime Christian Dufour, demeure toujours en situation de dépendance face à la Conquête, ce qui l'empêche de vraiment reconnaître le Québec. Bien plus, « l'histoire du Canada, écrit-il, peut être vue comme un lent mais systématique siphonnage de l'identité québécoise par l'identité canadienne » (Dufour, 1989 : 57). On peut alors se demander si la vision identitaire canadienne, fondée sur l'égalité, peut encore reconnaître et intégrer la dualité canadienne.

En réalité, toutes ces questions se ramènent à une seule : comment concilier l'idée du Québec comme société distincte et la vision « uniformisatrice », homogénéisante qui s'impose depuis 1982, mais qui était déjà à l'œuvre auparavant ?

Cette vision « uniformisatrice » se fonde sur l'acquisition des mêmes droits par tous les citoyens et citoyennes ; cette vision a été et est encore ardemment défendue, contre les gouvernements, par les « Canadiens de la Charte », c'est-à-dire par tous ces groupes qui s'appuient sur la charte pour faire valoir leurs revendications et qui ont combattu la notion de société distincte au nom d'une homogénéité ou d'une uniformité pancanadienne.

Pourtant le fédéralisme se veut la reconnaissance de la diversité. C'est ce qui explique que la Constitution canadienne, de même que certains arrangements administratifs, reconnaissent déjà l'asymétrie au nom précisément de cette diversité. Comme le soulignait Jeremy Webber (1994 : 229-32), il ne faut pas considérer que l'asymétrie constitutionnelle accorde à des citoyens plus de pouvoirs qu'à d'autres ; l'asymétrie fait plutôt

référence au lieu où ils exercent leur pouvoir, à l'endroit où les décisions sont prises (le forum provincial ou fédéral) plutôt qu'à la nature même des décisions qui y sont prises. D'ailleurs, refuser l'asymétrie au nom de l'égalité, c'est ne pas admettre le principe de diversité qui est à la base même de la notion de fédéralisme.

On devrait reconnaître qu'il puisse y avoir un sens différent de l'identité nationale où le Québécois et l'autochtone, par exemple, ont leur place dans cette identité. On devrait reconnaître qu'il puisse y avoir des degrés différents d'allégeance au pays et qu'ainsi cette allégeance soit plus forte ou moins prononcée selon les régions. On devrait reconnaître qu'il puisse y avoir un ordre différent des valeurs, valeurs de liberté ou d'égalité, valeurs sociales ou économiques, valeurs individuelles ou collectives.

Vouloir imposer l'homogénéité et l'uniformité conduit parfois à la situation inverse, c'est-à-dire à la nécessaire reconnaissance de la diversité.

À cette question fondamentale de la reconnaissance de la dualité et de l'asymétrie s'ajoute le rôle de la Cour suprême depuis une vingtaine d'années. Depuis l'adoption de la *Charte des droits* inscrite dans la Constitution canadienne en 1982, la Cour suprême a rendu un grand nombre de jugements qui sont venus préciser la portée de ces droits. Ce faisant, les juges de la Cour suprême ne sont plus seulement appelés à trancher des litiges en matière de compétences entre le fédéral et le provincial, mais à donner un contenu réel à des droits exprimés en termes généraux. Par exemple, jusqu'où peut aller la liberté d'expression ? La notion d'égalité comprend-elle une égalité de résultats ou fait-elle plutôt référence à une égalité de départ ? La liberté de religion implique-t-elle le respect d'anciennes traditions religieuses considérées inacceptables aujourd'hui ?

En se prononçant sur ces droits, la Cour vient établir ce qu'un gouvernement peut faire ou ne pas faire ; parfois même elle lui indique ce qu'il *doit* faire. C'est pourquoi certains (voir, entre autres, Morton et Knopff, 2000) ont dénoncé vigoureusement cet activisme judiciaire qui se traduit par un renforcement de l'influence politique des juges et de leur pouvoir sur des matières qui relèvent habituellement du législatif.

La charte a souvent été présentée comme un moyen de transférer des pouvoirs du gouvernement aux citoyens et citoyennes désormais investis des mêmes droits, droits qui sont protégés contre de possibles abus de la part des autorités gouvernementales. En réalité, elle a plutôt conféré des pouvoirs aux tribunaux responsables de l'interprétation de la charte et chargés de déterminer des frontières que ne peuvent franchir les gouvernements. Plus encore, c'est à la Cour suprême que revient la tâche ultime d'interpréter la charte en établissant des normes uniformes applicables sur l'ensemble du territoire canadien.

C'est pourquoi on peut parler d'une vision à la fois centraliste et uniformisatrice qui se dégage de la charte, vision qui tend parfois à ne pas tenir compte du caractère distinct des collectivités politiques telles que celle du Québec.

Surtout, l'État apparaît de moins en moins comme le canal approprié pour régler certains problèmes sociaux : ce n'est plus le politique, mais le judiciaire qui est appelé à intervenir et qui semble être la voie la plus adéquate pour ce faire. La charte et l'individualisme libéral qui la sous-tend contribuent alors à dévaloriser non seulement les autorités politiques en place, mais aussi l'État lui-même et, finalement, le système démocratique sur lequel il repose.

Comme les juges ne sont pas totalement insensibles à la critique, il est probable qu'ils vont faire preuve d'un peu plus de retenue dans l'avenir, aussi bien en se montrant un peu moins libéraux dans leur interprétation de la charte (ce qui est déjà commencé) qu'en faisant preuve d'un moindre activisme judiciaire qui a fait d'eux de véritables acteurs politiques.

SITES WEB

Acte de l'Amérique du Nord britannique 1867   http://www.nlc-bnc.ca/confed/constitu/fca_1867.htm

Accord du lac Meech 1987 (en anglais)   http://www.ola.bc.ca/online/cf/documents/1987MeechAccord.html

Accord Charlottetown 1992   http://www.solon.org/Constitutions/Canada/English/Proposals/Proposal.french.txt

Affaires intergouvernementales du Canada   http://www.pco-bcp.gc.ca/aia

Charte canadienne des droits et libertés   http://canada.justice.gc.ca/loireg/charte/const_fr.html

Forum des fédérations : un réseau international sur le fédéralisme   http://www.ciff.on.ca

Historique de la Confédération canadienne   http://www.nlc-bnc.ca/confed/f-1867.htm

LECTURES SUGGÉRÉES

André BURELLE (1995), *Le mal canadien. Essai de diagnostic et esquisse d'une thérapie*, Montréal, Fides.

Alan C. CAIRNS (1992), *Charter versus Federalism : The Dilemmas of Constitutional Reform*, Montréal et Kingston, McGill-Queen's University Press.

Guy LAFOREST et Roger GIBBINS (dir.) (1998), *Sortir de l'impasse : les voies de la réconciliation*, Montréal, Institut de recherche en politiques publiques.

Kenneth McROBERTS (1999), *Un pays à refaire. L'échec des politiques constitutionnelles canadiennes*, Montréal, Boréal.

Peter H. RUSSELL (1993), *Constitutional Odyssey : Can Canadians Become a Sovereign People ?*, 2ᵉ édition, Toronto, University of Toronto Press.

Ronald L. WATTS (1998), *Comparaison des régimes fédéraux des années 1990*, Kingston, Institut des relations intergouvernementales.

BIBLIOGRAPHIE

BALTHAZAR, Louis, Guy LAFOREST et Vincent LEMIEUX (dir.) (1991), *Le Québec et la restructuration du Canada, 1980-1992. Enjeux et perspectives*, Sillery, Septentrion.

BLAIS, André et Jean CRÊTE (1991), « Pourquoi l'opinion publique au Canada anglais a-t-elle rejeté l'Accord du lac Meech ? », dans Hudon, Raymond et Réjean Pelletier (dir.), *L'engagement intellectuel. Mélanges en l'honneur de Léon Dion*, Sainte-Foy, Les Presses de l'Université Laval, p. 385-400.

CAIRNS, Alan C. (1992), *Charter versus Federalism : The Dilemmas of Constitutional Reform*, Montréal et Kingston, McGill-Queen's University Press.

CAIRNS, Alan C. (edited by Douglas E. WILLIAMS) (1991), *Disruptions. Constitutional Struggles, from the Charter to Meech Lake*, Toronto, McClelland & Stewart.

CAIRNS, Alan C. (1971), « The Judicial Committee and its Critics », *Revue canadienne de science politique*, vol. 4, nᵒ 3, p. 301-345.

CODY, Howard (1977), « The Evolution of Federal-Provincial Relations in Canada », *American Review of Canadian Studies*, vol. 7, nᵒ 1, p. 55-83.

COMMISSION ROYALE D'ENQUÊTE SUR LES PROBLÈMES CONSTITUTIONNELS (Commission Tremblay) (1956), *Rapport*, Province de Québec, 4 vol.

COMMISSION ROYALE DES RELATIONS ENTRE LE DOMINION ET LES PROVINCES (Commission Rowell-Sirois) (1940), *Rapport*, Ottawa, Imprimeur du Roi, 3 vol.

DOSSIER DU *DEVOIR* (1987), *Le Québec et le lac Meech*, Montréal, Guérin littérature.

DUFOUR, Christian, (1989), *Le défi québécois*, Montréal, L'Hexagone.

FRÉMONT, Jacques (1998), « La face cachée de l'évolution contemporaine du fédéralisme canadien », dans Beaudoin, Gérald-A. *et al.*, *Le fédéralisme de demain : réformes essentielles / Federalism for the Future : Essential Reforms*, Montréal, Wilson & Lafleur, p. 45-58.

FRIEDRICH, Carl J. (1971), *Tendances du fédéralisme en théorie et en pratique*, Bruxelles, Institut belge de science politique.

GAGNON, Alain-G. (dir.) (2000), *L'union sociale canadienne sans le Québec*, Montréal, Éditions Saint-Martin.

GAGNON, Alain-G. (1993), « The Political Uses of Federalism », dans Burgess, Michael et Alain-G. Gagnon (dir.), *Comparative Federalism and Federation. Competing Traditions and Future Directions*, Toronto, University of Toronto Press.

HEARD, Andrew (1991), *Canadian Constitutional Conventions. The Marriage of Law and Politics*, Toronto, Oxford University Press.

HOGG, Peter W. (1979), « Is the Supreme Court of Canada Biased in Constitutional Cases ? », *The Canadian Bar Review*, n° 57, p. 721-739.

JACKSON, Robert J. et Doreen JACKSON (1998), *Politics in Canada*, 4ᵉ édition, Scarborough, Prentice Hall Allyn and Bacon Canada.

JOHNSTON, Donald (textes réunis et présentés par) (1989), *Lac Meech. Trudeau parle...*, Montréal, Hurtubise HMH.

LAFOREST, Guy (1992), *Trudeau et la fin d'un rêve canadien*, Sillery, Septentrion.

LAJOIE, Andrée, Pierrette MULAZZI et Michèle GAMACHE (1986), « Les idées politiques au Québec et le droit constitutionnel canadien », dans Lajoie, Andrée et Ivan Bernier (dir.), *La Cour suprême du Canada comme agent de changement politique*, Ottawa, Approvisionnements et Services Canada, p. 1-110.

L'ÉCUYER, Gilbert (1978), *La Cour suprême du Canada et le partage des compétences 1949-1978*, Québec, Éditeur officiel du Québec.

McROBERTS, Kenneth (1999), *Un pays à refaire. L'échec des politiques constitutionnelles canadiennes*, Montréal, Boréal.

McROBERTS, Kenneth (1997), *Misconceiving Canada. The Struggle for National Unity*, Toronto, Oxford University Press.

McROBERTS, Kenneth et Patrick MONAHAN (dir.) (1993), *The Charlottetown Accord, the Referendum, and the Future of Canada*, Toronto, University of Toronto Press.

MORIN, Claude (1988), *Lendemains piégés. Du référendum à la nuit des longs couteaux*, Montréal, Boréal.

MORIN, Claude (1972), *Le pouvoir québécois... en négociation*, Montréal, Boréal Express.

MORTON, F.L. et Rainer KNOPFF (dir.) (2000), *The Charter Revolution and the Court Party*, Peterborough, Broadview Press.

PELLETIER, Réjean (1992), « Du Sénat à la Chambre des communes : le Québec y gagne-t-il ? », dans *Référendum, 26 octobre 1992 : les objections de 20 spécialistes aux offres fédérales*, Montréal, Éditions Saint-Martin, p. 99-111.

PELLETIER, Réjean (1984), « La réforme du Sénat canadien à la lumière d'expériences étrangères », *Les Cahiers de droit*, vol. 25, n° 1, p. 209-226.

PILETTE, Lorraine (1993), *La Constitution canadienne*, Montréal, Boréal.

RÉMILLARD, Gil (1983), *Le fédéralisme canadien. La loi constitutionnelle de 1867. Éléments constitutionnels de formation et d'évolution*, Montréal, Québec/Amérique.

RÉMILLARD, Gil (1985), *Le fédéralisme canadien. Le rapatriement de la constitution. Éléments constitutionnels de réalisation*, Montréal, Québec/Amérique.

RESNICK, Philip (1990), *The Masks of Proteus : Canadian Reflections on the State*, Montréal et Kingston, McGill-Queen's University Press.

RUSSELL, Peter H. (1993), *Constitutional Odyssey. Can Canadians Become a Sovereign People ?*, 2ᵉ édition, Toronto, University of Toronto Press.

SMILEY, Donald V. (1980), *Canada in Question : Federalism in the Eighties*, 3ᵉ édition, Toronto, McGraw-Hill Ryerson.

SMILEY, Donald V. (1970), *Constitutional Adaptation and Canadian Federalism since 1945*, Ottawa, Information Canada.

STEVENSON, Garth (1979), *Unfulfilled Union*, Toronto, Macmillan.

TREMBLAY, André (1995), *La réforme de la constitution au Canada*, Montréal, Éditions Thémis.

TREMBLAY, Arthur (1998), *Meech revisité. Chronique politique*, Sainte-Foy, Presses de l'Université du Québec.

TREMBLAY, Guy (1986), « La Cour suprême du Canada, dernier arbitre des conflits d'ordre politique », dans Lajoie, Andrée et Ivan Bernier (dir.), *La Cour suprême du Canada comme agent de changement politique*, Ottawa, Approvisionnements et Services Canada, p. 193-224.

WEBBER, Jeremy (1994), *Reimagining Canada. Language, Culture, Community, and the Canadian Constitution*, Kingston et Montréal, McGill-Queen's University Press.

WHEARE, K.C. (1963), *Federal Government*, 4ᵉ édition, Londres, Oxford University Press.

CHAPITRE 3

Le système électoral et les comportements électoraux

JEAN CRÊTE
UNIVERSITÉ LAVAL

ET ANDRÉ BLAIS
UNIVERSITÉ DE MONTRÉAL

Le Vote est la sixième d'une série de sculptures ornant le mur est de la Chambre des communes. Le centre de ce haut-relief montre une croix évoquant la marque traditionnelle-ment inscrite par les électeurs sur leur bulletin de vote. Les rayons de la roue représentent les rivières du Canada et, par analogie, les grandes distances franchies anciennement par les éleveurs pour exercer leur droit de vote. Les visages représen-tent les diverses races et les deux sexes qui forment la population, et qui ont tous aujourd'hui le droit de vote. Les quatre têtes aux longs cheveux qui forment la base de la sculpture entonnent les premières syllabes de l'hymne national : « O-Ca-na-da ».

- MIEUX COMPRENDRE LE PROCESSUS DE SÉLECTION DES ÉLITES LÉGISLATIVES AU CANADA ;

- DÉCRIRE LES RÈGLES ÉLECTORALES CANADIENNES ;

- ANALYSER LES COMPORTEMENTS DE L'ÉLECTORAT CANADIEN.

*L*e Canada est une démocratie libérale, c'est-à-dire un système de gouvernement qui repose sur la liberté du choix. Dans une société libérale, les individus peuvent choisir leur profession, leur conjoint ou conjointe, leur religion et ainsi de suite. Un des choix fondamentaux que les citoyens exercent est la sélection de leurs gouvernants et gouvernantes. Cette sélection des gouvernants politiques s'exerce dans un cadre institutionnel explicitement prévu dans des textes, par exemple dans la constitution ou la loi électorale, ou par des conventions (notion déjà abordée au chapitre 2 de cet ouvrage). Les conventions sont des règles admises mais non écrites ; elles durent aussi longtemps que les principaux intéressés les respectent.

Dans les grandes démocraties libérales, la démocratie s'exerce de façon indirecte ; le peuple choisit des dirigeants qui, eux, ont la responsabilité de décider, de faire les choix de politiques au nom des citoyens et citoyennes. Dans une démocratie directe, le peuple voterait les lois plutôt que de déléguer ce pouvoir à une élite dirigeante. Au Canada, la constitution ne prévoit pas que le peuple puisse légiférer directement.

Dans ce chapitre, nous verrons succinctement comment les dirigeants sont choisis par le peuple. Dans un premier temps, nous décrirons les règles électorales qui gouvernent ce choix et, dans un deuxième temps, nous examinerons les comportements des Canadiens et Canadiennes lors des élections fédérales.

LES RÈGLES ÉLECTORALES

Dans une démocratie, une des premières règles à établir est bien sûr de déterminer qui a droit de choisir les dirigeants, c'est-à-dire qui a le droit de voter, puis qui a le droit d'être dirigeant, c'est-à-dire représentant du peuple. Il faut également préciser par quels mécanismes on procédera à la sélection des dirigeants. Ce sont ces mécanismes que l'on décrit sous l'expression « système électoral ». Tenant compte du fait que le Canada est une fédération de provinces et territoires (ce qui a déjà été abordé dans les deux premiers chapitres de cet ouvrage), des règles de répartition des élus entre provinces et territoires sont prévues par la Constitution canadienne. Finalement, lorsque vient le temps de choisir les représentants et représentantes du peuple, il y a une foule de règles, prévues dans les lois, les conventions ou qui sont simplement le fruit de la pratique, qui viennent encadrer le déroulement des campagnes électorales. Tous les dirigeants ne sont pas élus. Par exemple, les membres du Sénat, les juges, le directeur de la banque centrale sont des dirigeants très importants dans le système politique canadien qui ne sont pas élus, mais plutôt nommés par les élus.

L'électorat

De nos jours, on conçoit que le droit de vote soit un attribut de la citoyenneté politique. Cela n'a pas toujours été le cas. Au cours du XXᵉ siècle, plusieurs catégories de personnes ont obtenu ce droit et peu l'ont perdu. Lors de la création de la fédération canadienne en 1867, la loi britannique (*Acte de l'Amérique du Nord britannique*) prévoyait à son article 51 que, « jusqu'à ce que le Parlement du Canada en ordonne autrement, toutes les lois en vigueur dans les diverses provinces [...] s'appliqueront respectivement aux élections des députés envoyés à la Chambre des communes par ces diverses provinces ». Au départ donc, le droit de vote dépendait des provinces. Dans toutes les provinces, le droit de vote était d'abord lié à la propriété du sol, ou d'une façon plus générale, aux personnes qui avaient des biens – le vote censitaire. En cela, les pratiques dans les provinces canadiennes n'étaient pas différentes de ce qui se faisait ailleurs dans le monde de tradition britannique. Après maintes péripéties, le Parlement fédéral, par l'Acte des élections fédérales (*Dominion Elections Act*) de 1920, a repris définitivement le contrôle de la législation en la matière, mais sans uniformiser les conditions conférant le droit de vote aux élections fédérales.

Le suffrage n'était pas encore universel, bien que des progrès importants fussent accomplis dans ce sens. En 1917, les femmes dans les Forces armées ou qui avaient un lien de parenté avec un ou une militaire ont eu droit de vote. En 1918, la distinction homme-femme disparut mais d'autres catégories de citoyens, notamment les Canadiens et Canadiennes d'origine japonaise, chinoise ou indienne (de l'Inde) vivant en Colombie-Britannique, et ceux d'origine chinoise vivant en Saskatchewan, en étaient privées (Commission royale sur la réforme électorale et le financement des partis, 1991, vol. 1 : 31). Les Canadiens et Canadiennes d'origine autochtone,

de manière souvent compliquée, ont été tantôt inclus tantôt exclus de l'électorat fédéral. Les Inuits, par exemple, ont été explicitement exclus de 1934 à 1950. Les Amérindiens, et leurs conjointes, qui avaient servi dans les Forces armées avaient droit de vote et, plus tard, ceux qui abandonnaient leur exonération fiscale. Finalement, en 1960, le gouvernement de John Dienfenbaker accorda le suffrage à l'ensemble des Amérindiens et Amérindiennes.

La *Loi constitutionnelle de 1982*, à son article 3, confère le droit de vote à tout citoyen canadien aux élections législatives fédérales et provinciales. Désormais, le suffrage est universel et, en ce qui concerne les citoyens tout au moins, le Parlement ne peut procéder que par restriction « dans des limites qui soient raisonnables et dont la justification puisse se démontrer dans le cadre d'une société libre et démocratique » (Charte canadienne des droits et libertés, article 1).

La principale exclusion qui demeure frappe les personnes âgées de moins de 18 ans et les prisonniers servant une peine de deux ans et plus. Par ailleurs, les personnes qui ne sont pas citoyennes ont été exclues. Les « sujets britanniques » qui n'étaient pas citoyens canadiens, mais qui vivaient au Canada, ont eu droit de vote aux élections fédérales jusqu'en 1975. Depuis lors, on peut dire que seuls les citoyens, résidant au Canada, ont droit de vote. Des règles spéciales s'appliquent aux militaires et aux fonctionnaires en poste à l'étranger et, depuis 1993, aux citoyens qui résident temporairement à l'étranger.

Enfin, soulignons que désormais chaque citoyen ou citoyenne n'a droit qu'à un seul vote à un scrutin donné. Lorsque le droit de vote était lié à la propriété, une même personne avait le droit de voter dans chaque circonscription où elle possédait des biens fonciers. Désormais, la situation économique de la personne et le droit de vote sont totalement dissociés. Bref, l'universalité du droit de vote aux élections fédérales canadiennes est étendue aux personnes de citoyenneté canadienne, âgées de 18 ans et plus et résidant au Canada. Lors de l'élection générale de 1997, au moins 19 662 522 personnes répondaient à ces critères et leurs noms figuraient sur les listes électorales. En 1997, il y avait, pour l'ensemble du Canada et pour chaque province et territoire, sauf le Québec, moins d'électrices et d'électeurs inscrits qu'en 1993.

Le mode de scrutin

Le mode de scrutin utilisé pour les élections législatives fédérales est le système uninominal à un tour. Le territoire est divisé en circonscriptions électorales et les électrices et électeurs inscrits dans une circonscription votent pour un candidat ou une candidate qui figure dans la liste des personnes qui s'y présentent. Le candidat ou candidate qui obtient le plus de votes est déclaré élu ou élue. Il n'est donc pas nécessaire d'obtenir une majorité absolue des votes ; une pluralité des suffrages suffit. Pour permettre aux électeurs de mieux s'y retrouver, l'affiliation politique du candidat, si celui-ci est parrainé par un parti politique enregistré, ou la mention indépendant est inscrite sur le bulletin de vote (voir figure 3.1).

La formule électorale en fonction de laquelle on désigne les élus au Canada est la règle de la pluralité : le candidat qui a le plus de votes est déclaré élu. Il existe évidemment d'autres modes de scrutin, fondés sur d'autres formules. Le mode de scrutin peut être majoritaire comme en France : pour être élu, un candidat doit obtenir plus de la

moitié des votes[1]. Il peut être aussi proportionnel : dans ce cas, il y a plusieurs élus (de façon typique, une dizaine) par circonscription et l'on applique une formule qui fait en sorte que chaque parti a un nombre d'élus à peu près proportionnel au pourcentage de votes qu'il a obtenus. Il existe enfin des systèmes mixtes, qui combinent un volet proportionnel et un autre pluralitaire ou majoritaire.

FIGURE 3.1
Spécimen de bulletin de vote canadien

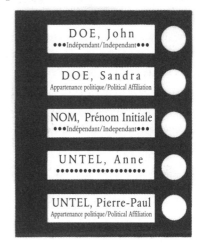

Plusieurs personnes réclament une réforme du mode de scrutin au Canada. On reproche en particulier au mode de scrutin actuel d'être injuste, de systématiquement sur-représenter les grands partis et de sous-représenter les petits. On note également qu'avec un tel mode de scrutin il peut arriver qu'un parti gagne l'élection même s'il a moins de votes qu'un autre, comme ce fut le cas lors de l'élection québécoise de 1998 (le Parti québécois a obtenu une majorité des sièges même

---

1. Si aucun candidat n'obtient la majorité, on procède à un deuxième tour.

s'il a eu moins de votes (42,8 % comparativement à 43,5 %) que le Parti libéral). On souligne enfin les distorsions au niveau de la représentation régionale. Aux élections fédérales de 1997, par exemple, aucun candidat libéral n'a été élu en Nouvelle-Écosse, même si le Parti libéral a obtenu 28 % de voix dans cette province. Il n'a donc aucun représentant de cette province au caucus du parti gouvernemental ainsi qu'au Cabinet. Pour corriger ces lacunes, on propose généralement l'adoption d'un mode de scrutin proportionnel ou encore un système mixte incorporant une certaine dose de proportionnalité.

Les défenseurs du système actuel affirment que, malgré ses défauts, celui-ci permet habituellement la formation d'un gouvernement majoritaire alors que les élections à la proportionnelle conduisent généralement à la constitution d'un gouvernement de coalition et que les gouvernements de coalition sont moins directement responsables aux électeurs puisqu'ils découlent en partie de jeux de coulisse entre les partis.

Il faut en effet convenir qu'aucun mode de scrutin n'est parfait, qu'aucun ne permet de satisfaire toutes les conditions d'une élection démocratique idéale. La question est donc de porter un jugement comparatif sur les défauts du système actuel et sur ceux d'autres systèmes. On peut alors se demander s'il serait possible de modifier le système actuel tout en préservant certains de ses atouts. Cette préoccupation amène certains auteurs à proposer un système mixte dans lequel un certain nombre de députés seraient élus, comme présentement, et d'autres en fonction d'une formule proportionnelle.

Les candidats et les partis

Pour être candidat ou candidate, il faut d'abord avoir qualité d'électeur (être citoyenne ou citoyen canadien, avoir 18 ans ou plus, etc.) et ne pas occuper certaines charges publiques, comme celle de juge ou membre d'une assemblée législative provinciale. Dans certains systèmes politiques, le cumul des mandats est permis. En France, par exemple, la loi prévoit qu'une même personne peut être à la fois maire de sa commune, députée à l'Assemblée nationale et représentante (députée) au Parlement européen. Depuis les débuts de la Confédération, il y a toujours eu l'exigence que la personne qui présente sa candidature dépose une somme d'argent comme preuve de son sérieux. En 1874, le montant du dépôt avait été fixé à 50 $, puis en 1882 à 200 $ (Commission royale sur la réforme électorale et le financement des partis, 1991, vol. 1 : 90) et ce montant est demeuré le même jusqu'avant les élections fédérales de 1993. La Commission royale sur la réforme électorale et le financement des partis (commission Lortie) avait recommandé d'éliminer la règle du dépôt, mais le Parlement préféra plutôt augmenter le montant du dépôt à 1 000 $, ce qui eut pour effet d'éliminer des candidatures dites marginales comme celles du Parti Rhinocéros. Le candidat ou la candidate qui obtient au moins 15 % des suffrages exprimés récupérera 50 % du dépôt et, si elle ou il remet son rapport des dépenses électorales dans les délais prévus, récupérera l'autre moitié du dépôt. En plus du dépôt en argent, la personne candidate doit être soutenue par une pétition d'au moins 100 électeurs de la circonscription.

TABLEAU 3.1

Liste des partis politiques fédéraux inscrits lors des élections de 1993 et 1997

	1993	1997
Parti abolitionniste du Canada	Oui	Non
Bloc québécois	Oui	Oui
Parti de l'Héritage chrétien du Canada	Oui	Oui
Canada Party	Oui	Non
Parti pour la République du Canada	Oui	Non
Le Parti vert du Canada	Oui	Oui
Parti libéral du Canada	Oui	Oui
Parti libertarien du Canada	Oui	Non
Parti marxiste-léniniste du Canada	Oui	Oui
Nouveau Parti démocratique	Oui	Oui
Parti de la loi naturelle du Canada	Oui	Oui
Parti national du Canada	Oui	Non
Parti progressiste-conservateur du Canada	Oui	Oui
Le Parti réformiste du Canada	Oui	Oui
Parti Action canadienne	Non	Oui

Source : Directeur général des élections du Canada.

Le directeur général des élections tient un registre des partis politiques (voir le tableau 3.1). Les conditions à remplir pour présenter une demande d'enregistrement sont simples : il faut avoir la signature de 100 électeurs qui se déclarent membres du parti, le parti doit avoir un nom, un chef et un vérificateur pour les questions financières. Le parti sera dûment enregistré lorsqu'il présentera au moins 50 candidats à une élection. Parce qu'il faut 100 signatures et 1 000 $ par candidat, l'enregistrement d'un parti politique fédéral coûte au minimum 50 000 $ et doit être accompagné d'au moins 5 000 signatures. Évidemment, si les candidats ou candidates obtiennent plus de 15 % des votes dans leur circonscription respective, ils et elles récupéreront leur dépôt. Lors du déclenchement de l'élection générale de 1997, treize partis étaient enregistrés

et trois autres avaient demandé à être enregistrés. Finalement, dix partis rempliront toutes les exigences de la loi pour l'élection de 1997. Comme la figure 2 le fait bien ressortir, le nombre de partis politiques a beaucoup augmenté au Canada depuis le début des années 1970. Cette croissance du nombre de partis politiques indique sans doute l'insatisfaction de nombre de citoyens et citoyennes à l'égard des partis déjà en place. Cette fragmentation des préférences des Canadiens et Canadiennes ne se reflète cependant pas très clairement dans la représentation à la Chambre des communes, notamment en raison de notre système électoral qui a pour effet de sous-représenter les petits partis.

Les circonscriptions électorales

Le système électoral en vigueur au Canada exige que les électeurs et électrices votent dans des circonscriptions électorales. Trois principes fondamentaux guident le découpage du territoire en circonscriptions électorales. Le premier veut que les citoyens canadiens soient égaux. Pour réaliser ce principe, le nombre de personnes devrait être égal d'une circonscription à l'autre de sorte que, quelle que soit la circonscription où une personne est inscrite, son poids électoral soit le même. Un second principe veut que les règles constitutionnelles et conventionnelles soient respectées, notamment en ce qui a trait à la répartition des circonscriptions par province. Un troisième principe est que les circonscriptions coïncident autant que possible avec les communautés de base. Après chaque recensement décennal, la répartition des circonscriptions entre les provinces et le découpage de la carte électorale dans chaque province doivent être examinés.

FIGURE 3.2
Nombre de partis politiques enregistrés au Canada, de 1972 à 1997

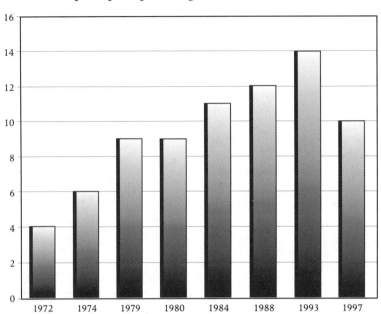

La répartition des circonscriptions par province

La *Loi constitutionnelle de 1867* prévoyait la distribution des sièges entre les quatre provinces originales (voir le tableau 3.2). Cependant, au fur et à mesure que des provinces s'ajoutaient (Manitoba, 1870 ; Colombie-Britannique 1871 ; Île-du-Prince-Édouard, 1873, voir la chronologie à la fin de l'ouvrage), il fallait ajouter des sièges. De plus la croissance des populations à l'ouest diminuait l'importance relative des provinces maritimes et, dès 1882, il fallut constater que la représentation des provinces maritimes devait diminuer.

La constitution de 1867 prévoyait que le nombre de représentants d'une province à la Chambre des communes ne pouvait diminuer à moins que la population totale de la province n'ait diminué de plus de 5 % entre les deux derniers recensements décennaux. Dans le cas des provinces maritimes, cette clause ne suffisait pas à freiner leurs pertes. Après de nombreuses pressions politiques, la Constitution canadienne fut amendée pour garantir à chaque province un nombre de députés et députées au moins égal à son nombre de sénateurs et sénatrices. Puis, après le recensement de 1941, on se rendit compte qu'en appliquant les règles prévues à la constitution toutes les provinces sauf deux, la Colombie-Britannique et le Québec, verraient leur représentation diminuer. Le gouvernement libéral de Mackenzie King demanda au Parlement de Londres de modifier la Constitution du Canada à cet égard (voir le tableau 2.3 du chapitre 2).

TABLEAU 3.2

Les représentants politiques au Canada depuis 1867

	NOMBRE DE SIÈGES											
Année	Canada	Ont.	Qc	N.-É.	N.-B.	Man.	C.-B.	Î.-P.-É.	T.N.-O.		Yukon/ Nunavut/ T.N.-O.	T.-N.
1867	181	82	65	19	15							
1871	185	82	65	19	15	4						
1872	200	88	65	21	16	4	6					
1873	206	88	65	21	16	4	6	6				
1882	211	92	65	21	16	5	6	6				
1887	215	92	65	21	16	5	6	6	4			
1892	213	92	65	20	14	7	6	5	4			
1903	214	86	65	18	13	10	7	4	10	1		
									Sask.	Alb.		
1907	221	86	65	18	13	10	7	4	10	7	1	
1914	234	82	65	16	11	15	13	3	16	12	1	
1915	235	82	65	16	11	15	13	4	16	12	1	
1924	245	82	65	14	11	17	14	4	21	16	1	
1933	245	82	65	12	10	17	16	4	21	17	1	
1947	255	83	73	13	10	16	18	4	20	17	1	
1949	262	83	73	13	10	16	18	4	20	17	1	7
1952	265	85	75	12	10	14	22	4	17	17	2	7
1966	264	88	74	11	10	13	23	4	13	19	2	7
1976	282	95	75	11	10	14	28	4	14	21	3	7
1987	295	99	75	11	10	14	32	4	14	26	3	7
1996*	301	103	75	11	10	14	34	4	14	26	3	7

* Date de la proclamation du dernier décret de représentation électorale.
Source : Directeur général des élections du Canada.

Au recensement suivant, on amenda à nouveau la formule pour éviter que la Saskatchewan ne perde trop de sièges d'un seul coup. Désormais, une province ne pouvait pas perdre plus de 15 % de ses sièges entre deux redistributions. Mais, comme la Saskatchewan obtenait alors plus de sièges que l'Alberta plus populeuse, on adopta une règle pour garantir qu'aucune province n'aurait moins de sièges qu'une autre province moins populeuse (article 51, règle 5 de la *Loi constitutionnelle de 1867*). Puis après le recensement de 1971, pour éviter que le nombre de sièges diminue dans les provinces moins populeuses, on décida d'augmenter le nombre total de députés. Après le recensement de 1981, la formule aurait donné 310 députés. On décida alors d'appliquer une nouvelle formule pour éviter que le nombre total de membres de la Chambre des communes n'augmente trop.

ENCADRÉ 3.1

**La formule pour calculer la représentation
à la Chambre des communes**

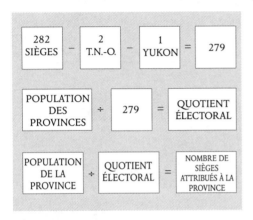

L'application de la *Loi de 1985 sur la représentation électorale* (voir encadré 3.1) a produit selon la Commission royale sur la réforme électorale et le financement des partis (vol. 1 : 134-139), un écart trop élevé entre le quotient électoral canadien et la taille des circonscriptions. Au cours des années 1990, on a ajouté quatre sièges à l'Ontario et deux à la Colombie-Britannique, mais ces deux provinces, tout comme l'Alberta, demeurent sous-représentées à la Chambre des communes. Par exemple, comme le montre le tableau 3.3, à l'élection fédérale de 1997, un citoyen de la Saskatchewan avait un poids électoral relatif plus important qu'un citoyen de la Colombie-Britannique ou de l'Ontario. Un citoyen de l'Île-du-Prince-Édouard avait, en 1997, un poids électoral trois fois supérieur à celui de la Colombie-Britannique. En d'autres termes, le vote d'une personne de l'Île-du-Prince-Édouard valait, en 1997, celui de trois électeurs ou électrices de la Colombie-Britannique. Au total, en

1997, trois provinces sont sous-représentées : la Colombie-Britannique, l'Ontario et l'Alberta ; leurs quotients sont au-dessus de la moyenne pour le Canada, comme l'indiquent les données du tableau 3.3. Le Québec répond d'assez près à la norme alors que les six autres provinces et les territoires sont surreprésentés à la Chambre des communes.

La croissance démographique n'étant pas uniforme à travers le Canada, il est normal que le quotient électoral devienne rapidement inégal d'une province à l'autre. C'est pourquoi on avait prévu refaire la carte électorale après chaque recensement. Les diverses garanties constitutionnelles et conventionnelles qui se sont accumulées depuis 1867 sont autant de contraintes qui pèsent sur le processus de mise à jour de la répartition des sièges entre les provinces.

Le découpage des circonscriptions

Une fois déterminé le nombre de sièges de chacune des provinces et de chaque territoire, il faut délimiter à l'intérieur de chaque province les circonscriptions électorales. Étant donné qu'il peut y avoir des intérêts partisans à délimiter les circonscriptions de façon à favoriser un parti au détriment des autres, ce qu'on appelle le *gerrymandering*, il y eut dès le début de la Confédération des propositions pour que le découpage de la carte soit fait par des personnes indépendantes des partis politiques. En fait, ce n'est qu'en 1964 que le Parlement canadien a mis en place un processus de découpage impartial.

Depuis lors, le processus est le suivant. Après chaque recensement décennal, pour chaque province et au besoin pour les territoires la loi prévoit la création d'une commission formée de trois

TABLEAU 3.3

Répartition des sièges à la Chambre des communes et poids relatif des citoyens

Provinces et territoires	Population 1991[a]	Sièges 1997[a]	Quotient électoral
Terre-Neuve	568 474	7	81 210
Nouvelle-Écosse	899 942	11	81 812
Île-du-Prince-Édouard	129 765	4	32 441
Nouveau-Brunswick	723 900	10	72 390
Québec	6 895 963	75	91 946
Ontario	10 084 885	103	97 911
Manitoba	1 091 942	14	77 995
Saskatchewan	998 928	14	71 352
Alberta	2 545 553	26	97 905
Colombie-Britannique	3 282 061	34	96 531
Territoires du Nord-Ouest/Nunavut	57 649	2	28 824
Yukon	27 797	1	27 797
Total	27 296 859	301	90 687

a : Source : Directeur général des élections.

membres. Chaque commission est présidée par un juge lui-même désigné par le juge en chef de la province. Les deux autres membres, qui ne peuvent pas être des législateurs, sont nommés par le président de la Chambre des communes. Parce que le Yukon n'avait droit qu'à un seul siège, il n'y avait pas de commission pour ce territoire. Avec le détachement du territoire du Nunavut de celui des Territoires du Nord-Ouest, il ne sera plus nécessaire de créer de commissions pour les territoires puisqu'ils n'auront droit qu'à un seul siège chacun pour l'avenir prévisible.

Le directeur général des élections informe chacune des commissions du nombre de circonscriptions qu'elles doivent délimiter et de la population totale de la province ou du territoire. À partir des deux grands principes de représentation des collectivités et de la population, les commissions préparent des cartes provisoires puis tiennent des audiences publiques pour entendre les remarques des citoyens. Les commissions révisent alors leur carte et la remettent au directeur général des élections qui transmet le tout au Parlement. Les députés examinent ces cartes et peuvent faire des commentaires. Les commissions, après avoir entendu les remarques des députés, remettent leur rapport final. Un an plus tard, les nouvelles limites des circonscriptions entrent en vigueur.

Pour découper la carte en circonscriptions, les commissions de délimitation doivent suivre deux grands principes de représentation qui entrent parfois en conflit. Ces deux principes sont, d'une part, l'égalité des citoyens, donc des circonscriptions électorales et, d'autre part, la représentation des intérêts locaux. Ce second principe dérive de l'origine même de la Chambre des *communes*, c'est-à-dire de la Chambre des représentants des collectivités locales. En effet, à l'origine, dans le Parlement britannique, les personnes qui se retrouvaient à la Chambre des communes étaient les représentants des collectivités. Aujourd'hui, en Grande-Bretagne comme au Canada, les municipalités comme entités juridiques ne sont plus représentées mais le découpage de la carte tient encore compte de la représentation des communautés d'intérêts. En fait, les commissions de délimitation ont le devoir de tenir compte de « la communauté d'intérêts ou d'identité culturelle d'une circonscription électorale ou son évolution historique » (loi de 1985 sur la représentation électorale, art. 6). Le premier principe est bien sûr celui de la représentation selon la population. Selon ce principe, le nombre de personnes par circonscription devrait autant que possible être le même. Cependant, pour tenir compte des communautés d'intérêts et aussi des dimensions géographiques des circonscriptions, les commissions peuvent s'accorder une marge de 25 % en plus ou en moins. Par exemple, si le quotient électoral de l'Ontario était de 97 911 (tableau 3.3), la commission de délimitation de l'Ontario pourrait délimiter des circonscriptions dont la taille en population pourrait varier entre 122 388 (quotient de l'Ontario + 25 %) et 73 433 (quotient de l'Ontario – 25 %). De plus, depuis 1986 la loi prévoit que les commissions peuvent déroger aux écarts admissibles de 25 % pour mieux respecter les communautés d'intérêts et la géographie. Si l'on ne tenait compte que du principe de l'égalité des citoyens et citoyennes, toutes les circonscriptions compteraient à peu près le même nombre de personnes. Or, lors des élections de 1997, la circonscription la plus populeuse du Canada, Calgary-Centre, en Alberta, comptait 86 259

électeurs et électrices alors que la circonscription de Cardigan, à l'Île-du-Prince-Édouard, comptait 21 887 électeurs et électrices. La moins populeuse de toutes les circonscriptions, le Nunavut, n'en comptait que 12 114. C'est une des trois circonscriptions où les autochtones formaient la majorité de l'électorat.

Une des questions qui est posée avec de plus en plus d'acuité est justement la représentation des intérêts des communautés autochtones à la Chambre des communes. Des porte-parole des groupes ethniques, Inuits, Indiens et Métis, réclament une représentation de leurs intérêts comme communautés à la Chambre des communes. Seules les deux circonscriptions des Territoires du Nord-Ouest et la circonscription de Churchill, au Manitoba, sont à majorité autochtone (Small, 1991 : 341). Ailleurs, comme les autochtones sont peu concentrés géographiquement, il a été proposé (Commission royale sur la réforme électorale et le financement des partis, 1991, vol. 1 : 175-200) de créer des circonscriptions réservées aux personnes se définissant comme autochtones. Ces personnes s'inscriraient, de façon volontaire, sur une liste et voteraient non pas dans une circonscription locale mais dans une circonscription provinciale. S'il y avait assez de personnes pour créer deux ou plus de deux circonscriptions autochtones dans une province, la province pourrait être subdivisée de façon à regrouper dans une même circonscription les autochtones ayant davantage d'intérêts en commun. Ce projet n'est pas sans inconvénients et, au total, ne donnerait guère plus qu'une demi-douzaine de députés aux autochtones dans les provinces.

Les campagnes électorales

Lorsque le premier ministre déclenche une élection générale ou un référendum – qui a toujours lieu un lundi, sauf si c'est un jour férié –, trois grandes catégories d'organisations sont immédiatement affectées : l'administration électorale, les partis politiques et les médias (sur ce point, voir aussi le chapitre 4 sur les partis politiques et le chapitre 6 sur les médias).

Dès le déclenchement de l'élection ou du référendum, le directeur général des élections met en branle une énorme machine administrative. Le directeur général des élections du Canada est un serviteur de l'État nommé par le gouverneur général sur une adresse de la Chambre des communes et du Sénat. Il cesse d'occuper sa charge lorsqu'il atteint l'âge de 65 ans et est amovible pour cause. Son rôle est de diriger et de surveiller les activités électorales et, de façon générale, il a la responsabilité de s'assurer que la loi électorale est appliquée.

Une des plus importantes tâches du directeur des élections est de confectionner une liste des électeurs et électrices. Cette liste est désormais tirée du Registre national des électeurs qui est en fait une liste permanente, mise à jour grâce aux renseignements fournis par différentes administrations, comme le ministère du Revenu par exemple. Les citoyennes et citoyens peuvent aussi s'adresser directement aux bureaux du directeur général des élections pour s'inscrire ou modifier leur inscription. Pour illustrer les tâches que le directeur général des élections supervise, notons par exemple que, dans le cas du référendum canadien[2] de 1992, il dut faire traduire la question référendaire en 37 langues autochtones, et comme à chaque élection faire imprimer les bulletins de vote et s'assurer de les garder en sécurité, louer des locaux pour le scrutin, s'assurer que l'on pouvait avoir accès à ces locaux de plain-pied et au besoin faire construire une rampe d'accès, fournir des boîtes de scrutin, la documentation pertinente ainsi que des sessions de formation aux dizaines de milliers de personnes qui participent à l'inscription des électeurs et électrices ou encore à la gestion des opérations le jour du vote, et ainsi de suite. Bref, le directeur général des élections doit garantir la qualité de toute l'opération électorale jusque dans ses détails. Si le directeur général est nommé par le gouverneur général, les directeurs et directrices de scrutin dans chaque circonscription sont par ailleurs nommés par le gouverneur en conseil, c'est-à-dire le gouvernement du jour. Toutefois, après leur nomination, ces directeurs et directrices de scrutin doivent s'abstenir de poser des gestes partisans, sous peine d'être révoqués. Si l'élection est avant tout l'occasion d'élire des parlementaires, c'est aussi un geste symbolique de soutien au système démocratique ; si l'organisation de l'élection ne répondait pas aux normes attendues par les électeurs, c'est la confiance dans tout le système qui pourrait être mise en doute.

Au Canada, la durée minimale d'une campagne électorale est de 36 jours (voir tableau 3.4). La volonté du législateur a été de limiter la période (donc les budgets) de publicité des partis et des candidats. Par exemple, la loi en vigueur lors des élections de 1997 prévoyait que la publicité ne puisse débuter avant le vingt-neuvième jour précédant le jour du scrutin et qu'elle s'arrête deux

---

2. En 1992, il y a eu deux référendums tenus le même jour. Un au Québec suivant les lois québécoises et un dans le reste du Canada selon les lois canadiennes.

TABLEAU 3.4

Abrégé du calendrier électoral

Calendrier	Événements statutaires
Jour 36	Émission des brefs d'élection
29	Début de la période de publicité des partis politiques
21	Date limite pour la présentation des candidats
10	Début du vote par anticipation
1	Début de l'interdiction aux partis politiques de toute publicité pendant deux jours
0	Jour du scrutin

Source : Loi électorale du Canada. S.R. (1996), chap. E-2.

FIGURE 3.3

**Nombre de candidats et candidates aux élections fédérales canadiennes,
entre 1972 et 1997**

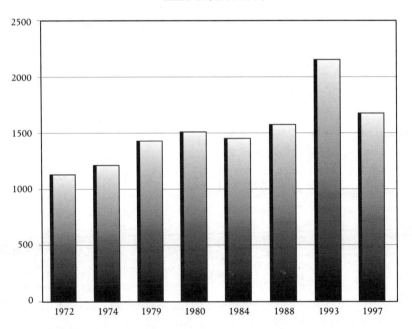

jours avant le scrutin. Bref, la campagne publicitaire ne dure que 27 jours. La loi prévoyait aussi que, trois jours avant le scrutin, les médias s'abstiennent de publier des sondages d'opinion, mais ces dispositions furent déclarées inconstitutionnelles par le pouvoir judiciaire. En 1999, le législateur a proposé de ramener à deux jours, soit le jour du scrutin et le jour précédant le scrutin, l'interdiction de publicité électorale par les partis, les candidats ou les tiers, et la diffusion de sondages. Ces dispositions de la législation électorale de même que toutes les lois qui limitent d'une façon ou d'une autre la liberté d'action des individus ou organisations sont constamment mises en question depuis l'adoption de la charte des droits. À chaque période électorale, on se retrouve donc avec des articles de loi inopérants.

Les partis politiques pour leur part doivent aussi se lancer dans un branle-bas de combat. On peut diviser l'organisation des partis en deux niveaux : l'organisation centrale et autant d'organisations locales que le parti présente de candidats. Comme on peut le constater en consultant la figure 3.3, le nombre d'organisations locales lors des élections fédérales est impressionnant, bien que certaines soient plus ou moins actives après les élections.

Au niveau local, le parti doit d'abord, si ce n'est déjà fait, se choisir un candidat ou une candidate et mettre sur pied son organisation électorale. Puis, si le parti est arrivé premier ou deuxième à l'élection précédente, il a le loisir, mais ce n'est pas toujours une tâche facile, de proposer au directeur du scrutin une liste de personnes devant être engagées comme recenseur et réviseur de la liste électorale. Le directeur de scrutin est tenu de nommer ces personnes. S'il est

arrivé premier, le parti fournira aussi une liste de noms de personnes qui agiront comme scrutateurs et scrutatrices le jour du vote et, s'il est arrivé deuxième, une liste de noms pour les postes de greffiers. Il y a un scrutateur et un greffier par bureau de scrutin. Lors de l'élection de 1993, par exemple, il y avait 57 725 bureaux de scrutin. Plusieurs de ces personnes – représentant environ 10 % des travailleurs d'élection – militeront au cours de la campagne pour faire élire leur candidat ou candidate en distribuant des tracts, en posant des affiches, en sollicitant le soutien de leurs concitoyens par téléphone, et ainsi de suite. Le candidat ou la candidate s'efforcera de rencontrer le plus d'électeurs possible en faisant du porte-à-porte, en rencontrant les gens sur la rue ou dans des centres commerciaux ou sur les lieux de travail. La publicité se fera surtout par voie d'imprimés, d'affiches, d'annonces dans les journaux de quartier. Le candidat ou la candidate aura pris soin de s'assurer qu'un agent officiel, nommé par lui ou son organisation, tiendra un compte des dépenses électorales. La loi prévoit un plafond des dépenses qui varie selon le nombre d'électeurs sur la liste électorale (tableau 3.5) et la superficie dans le cas des circonscriptions peu densément peuplées.

Au niveau central, en plus de s'occuper de la coordination générale des candidats locaux, l'organisation sera responsable de la stratégie de diffusion du message du parti. La tournée du chef et des vedettes du parti, comme les ministres ou d'autres personnalités bien connues du public, et la participation à un éventuel débat des chefs seront des éléments de cette stratégie. Pour faire passer leur message par les médias, les partis disposent de trois grands types de moyens. Ils peuvent acheter de la publicité mais, dans le cas de la télévision, l'accès est réglementé par la loi. Ils peuvent faire participer leur chef ou leurs vedettes à des débats ou faire des mises en scène, comme la visite d'une usine, qui attirent l'attention des médias. Enfin, ils peuvent communiquer leurs messages aux journalistes en espérant que ces derniers transmettront l'information avec le moins de commentaires ou de mise en perspective possible (Crête, 1991).

TABLEAU 3.5

Plafond des dépenses d'élection des candidats et candidates dans les circonscriptions

Nombre d'électeurs	Montant par électeur	
	Base de 1981	Indexé 1997
0 à 15 000	1,00 $	2,019 $
15 à 25 000	0,50 $	1,009 $
25 000 et plus	0,25 $	0,505 $

Note : ces montants, en dollars de 1981, sont indexés au coût de la vie.

Source : Loi électorale du Canada, chap. E-2, art. 210.

TABLEAU 3.6

Budget électoral et pourcentage des dépenses consacrées à la publicité lors de l'élection de 1997

	Bloc québécois	Nouveau Parti démocratique	Parti conservateur	Parti libéral du Canada	Parti réformiste
Limite des dépenses permises (en millions de dollars)	3,0	11,4	11,4	11,4	8,5
Total des dépenses réelles (en millions de dollars)	1,6	6,0	10,3	11,2	4,9
Publicité, radiodiffusion, radio, télévision (en % du total)	24,2	34,2	61,1	60,2	65,1

Source : Élections Canada, 1999.

L'achat de publicité et la diffusion de cette publicité absorbent une bonne part du budget des partis en campagne électorale (tableau 3.6). La publicité électorale n'est pas un phénomène nouveau, mais les techniques modernes de communications ont transformé les stratégies électorales. Malgré des variations d'une campagne électorale à l'autre, on constate que les trois grands partis canadiens des années 1980 dépensaient fréquemment plus de la moitié de leur budget à la préparation et à la diffusion de leur publicité proprement dite (entre 37 % et 71 % selon les partis et les élections).

Une autre préoccupation intense des organisations partisanes est la mise en valeur de leur chef et des candidats vedettes. Comme les médias suivent très attentivement les chefs, les partis s'assureront de créer des événements qui servent de décor à la performance de leur chef. En limitant l'accès des journalistes aux politiciens, le parti s'assure du contrôle du message qui sera diffusé.

Les partis, comme les candidats, ne peuvent dépenser plus qu'un certain montant prévu dans la loi (voir les tableaux 3.5 pour les candidats et candidates et 3.6 pour les partis). Du point de vue des stratèges des partis, tous les moyens de communication, payés ou gratuits, doivent être utilisés de façon rationnelle dans la poursuite de l'objectif qui est d'élire le plus de candidats possible.

La troisième catégorie d'organisations grandement affectées par le déclenchement d'une élection ou d'un référendum regroupe les médias. Que ce soit les diffuseurs de l'information comme les chaînes de télévision, les radios ou les journaux ou encore les grossistes en information que sont les agences de presse, tous s'organisent de façon tout à fait particulière pour couvrir les élections. Les politiciens et politiciennes, le plus souvent par l'entremise de leurs spécialistes en relations publiques, sont en constante négociation avec les journalistes pour que leurs messages soient diffusés. On sait que les journalistes ont besoin d'informations pour alimenter l'entreprise qui les emploie. Les politiciens et politiciennes sont en mesure de fournir cette information, mais ils exigent en retour que les journalistes se comportent d'une façon prévisible. D'où la négociation.

L'importance des médias, et particulièrement de la télévision, dans une campagne électorale ne saurait être exagérée puisque la très grande partie des électeurs et électrices se fient à ces médias pour leur transmettre les informations pertinentes quant aux choix à faire. L'influence de la presse sur les électeurs et électrices demeure toutefois un sujet de controverses. Est-ce que les médias, par l'information ou la publicité, orientent directement le vote des gens ? Est-ce que les médias établissent plutôt la liste des sujets à débattre ? Est-ce qu'ils attirent tout simplement l'attention sur l'un ou l'autre aspect d'un débat en cours ? (voir le chapitre 6 sur les médias).

Les campagnes électorales semblent de plus en plus importantes au fur et à mesure que les électeurs et électrices deviennent moins attachés à leurs partis. Lors des campagnes électorales fédérales de 1984, 1988, 1993 et 1997, on a observé des mouvements très significatifs des choix de l'électorat. Plus de la moitié des électeurs et électrices de 1988 ont changé de parti entre 1988 et 1993. Près d'un tiers des électeurs et électrices de 1993 n'ont pas voté pour le même parti en 1993 et 1997. On dit alors que l'électorat est volatil, que le choix partisan des électeurs et électrices varie selon l'état de l'économie, selon les caractéristiques personnelles des candidats et candidates ou selon leur plateforme électorale.

LE COMPORTEMENT ÉLECTORAL

Avant d'examiner ce qui influence le vote des électeurs et électrices, il convient de se demander combien participent au scrutin et qui sont ces gens qui participent ou ne participent pas.

La participation électorale

Si tous les Canadiens et les Canadiennes ont le droit de voter, tous ne se prévalent pas de ce droit. En moyenne, depuis la Deuxième Guerre mondiale, environ 25 % des Canadiennes et

Canadiens inscrits sur les listes électorales n'ont pas voté. Ce taux d'abstention est élevé lorsqu'on compare le Canada aux autres démocraties occidentales. Même par rapport aux démocraties du tiers-monde, le taux de participation électorale au Canada demeure bas. À côté des pays de l'Europe de l'Ouest, auxquels il se compare assez bien en termes socio-économiques, le Canada obtient, selon la Commission royale sur la réforme électorale et le financement des partis (1991, vol. 1 : 53) de piètres résultats. La Commission attribue ce piètre résultat aux règles institutionnelles qui régissent le système électoral canadien. Trois caractéristiques institutionnelles expliquent en bonne partie pourquoi la participation électorale est moins forte au Canada. Les études montrent en effet que c'est dans les pays où le vote est obligatoire, où le Parlement ne compte qu'une Chambre, l'unicaméralisme, et où le système électoral est proportionnel, que la participation est la plus élevée.

On peut regrouper les abstentionnistes en cinq catégories. D'abord, il y a les personnes absentes ; il s'agit de celles qui devaient être hors de leur circonscription le jour du vote. On retrouve beaucoup d'étudiants dans cette catégorie. Une seconde catégorie regroupe les personnes trop malades pour se déplacer. Dans la troisième catégorie, on retrouve les personnes qui se disent trop occupées pour trouver le temps d'aller voter. Dans la quatrième catégorie se situent les gens peu intéressés et, dans la dernière, les personnes qui, pour une raison quelconque, ne sont pas inscrites sur les listes électorales.

On explique l'abstentionnisme par la situation sociale de la personne et par ses attitudes. Les facteurs sociaux les plus importants pour expliquer l'abstentionnisme aux élections fédérales canadiennes sont l'âge, le revenu familial, l'état matrimonial, l'occupation et la religion. L'âge est le facteur principal : les jeunes sont beaucoup moins susceptibles de voter que les gens plus âgés. Une fois qu'on a atteint la trentaine, la probabilité de participer au scrutin rejoint celle des personnes plus âgées. Les gens aux revenus plus bas, les cols bleus et les célibataires sont moins susceptibles de voter que les autres. Quant à la religion, les gens qui se déclarent sans religion ou qui professent une religion autre que protestante et catholique sont moins susceptibles de voter.

Deux attitudes sont liées particulièrement à la participation au scrutin : l'intérêt pour la politique et le sens de l'efficacité politique. Les personnes peu intéressées par la politique sont bien évidemment moins portées à participer. De même, les personnes qui estiment que leur vote ne changera rien sont elles aussi moins portées à voter.

Le vote

Deux partis se sont jusqu'à maintenant succédé pour former le gouvernement à Ottawa : le Parti libéral du Canada (PLC) et le Parti progressiste-conservateur (PC). Dans les 15 élections fédérales tenues entre 1945 à 1988, le PLC a obtenu en moyenne 40 % du vote et le PC 36 % (tableau 3.7). Le PLC a maintenu cette moyenne en 1993 et 1997 alors que l'appui au PC a été réduit de moitié. Depuis 1945 jusqu'en 1997, le PLC a obtenu plus de votes que le PC dans 11 des 17 élections. Dans l'ensemble, donc, les assises du Parti libéral semblent plus fortes que celles du PC.

Le troisième parti « traditionnel » en importance est le Nouveau Parti démocratique (NPD), qui s'appelait le Cooperative Commonwealth Federation (CCF) jusqu'à l'élection de 1962. De 1945 à 1958, le CCF a obtenu en moyenne 12 % du vote. De 1962 à 1988, le NPD en a recueilli en moyenne 17 % (mais beaucoup moins en 1993 et 1997). Les autres partis ont accumulé en moyenne 8 % du vote lors de ces élections. Le plus important d'entre eux fut le Crédit social, qui remporta 12 % du vote lors des élections de 1962 et de 1963.

Ce qui compte, en dernière analyse, c'est évidemment le nombre de députés que chaque parti réussit à faire élire à la Chambre des communes. Le mode de scrutin canadien fait en sorte que les petits partis ont tendance à être sous-représentés à la Chambre des communes. C'est ainsi que le NPD, qui a obtenu en moyenne 17 % du vote de 1962 à 1988, n'a réussi à faire élire que 10 % de ses candidats, en moyenne. Cette règle n'est cependant pas absolue ; le Crédit social, en particulier, n'était pas aussi désavantagé parce que ses votes étaient davantage concentrés dans des régions distinctes. Ce qui fut le cas du Bloc québécois en 1993 et 1997.

De façon typique, le parti qui remporte le plus de votes à une élection canadienne obtient 44 % des suffrages et 56 % des sièges. Un parti qui obtient 45 % ou plus du vote est à peu près sûr de former un gouvernement majoritaire ; à 43 % ou 44 %, les chances demeurent bonnes, et à 41 % ou 42 %, elles sont minces, bien que le PLC fut majoritaire avec 39 % des voix en 1997. Lorsque le Parti libéral et le Parti conservateur terminent sur un pied d'égalité, comme ce fut le cas en 1962, le PC est susceptible de remporter davantage de sièges, en particulier parce qu'il est da-

vantage implanté en milieu rural. Dix des quinze élections tenues entre 1945 et 1988 ont produit des gouvernements majoritaires et cinq, des gouvernements minoritaires. Parmi ces cinq gouvernements minoritaires, dans deux cas, en 1957 et en 1979, le Parti conservateur a réussi à faire élire davantage de députés que le Parti libéral, même s'il avait recueilli moins de votes.

Les tendances qui viennent d'être évoquées valent pour la période 1945-1988. Les deux élections de la décennie 1990-2000 ont bouleversé le système de partis (voir le tableau 3.7). Le fait que le Parti libéral ait remporté les deux élections est évidemment en continuité avec l'histoire récente. Le résultat le plus spectaculaire a été l'émergence, en 1993, de deux nouveaux partis et la déconfiture du Parti conservateur, qui avec seulement 16 % des votes n'a pu faire élire que deux députés. Il s'agit de la pire dégringolade qu'ait subie un parti dans l'histoire politique canadienne. Le record était détenu jusqu'alors par le Parti conservateur de John Diefenbaker, qui avait reculé de 17 points de pourcentage entre 1958 et 1962.

Cette dégringolade s'est produite au profit de deux nouveaux partis, le Bloc québécois (BQ), avec 14 % des votes et 18 % des sièges, et le Parti réformiste (PR), avec 19 % des votes, 18 % des sièges. C'était la première fois que deux nouveaux partis réussissaient à faire élire des députés à la Chambre des communes à la même élection ; c'est évidemment aussi la première fois que deux nouveaux partis réussissaient à surpasser un des deux partis traditionnels.

Ces résultats dénotent des bouleversements dans le comportement électoral des Canadiens et des Canadiennes. À première vue, l'élection de 1997 semble avoir consolidé le

TABLEAU 3.7

Les résultats des élections fédérales au Canada en pourcentages de votes et de sièges pour les principaux partis, 1945-1988

Partis	1945	1949	1953	1957	1958	1962	1963	1965	1968	1972	1974	1979	1980	1984	1988	Moy. 1945-1988	1993	1997
PLC-VOTES (%)	41	50	49	41	34	37	41	40	46	39	43	40	44	28	32	40,3	41	39
PLC-SIÈGES (%)	51	74	65	40	18	38	49	49	59	41	53	40	52	14	28	44,7	60	52
PC-VOTES (%)	27	30	31	39	54	37	33	32	31	35	35	36	33	50	50	36,4	16	19
PC-SIÈGES (%)	27	16	19	42	78	44	36	37	27	41	36	48	37	75	75	41,3	2	7
*NPD-VOTES (%)	16	13	11	11	10	13	14	18	17	18	15	18	20	18	20	15,5	7	11
*NPD-SIÈGES (%)	11	5	9	9	3	7	6	8	9	12	6	9	11	11	15	8,7	3	7
CS-VOTES (%)	4	4	5	7	3	12	12	8	4	8	5	5	2	1	0	4,7	0	0
CS-SIÈGES (%)	5	4	6	7	0	11	9	2	5	6	4	2	0	0	0	4,0	0	0
BQ-VOTES (%)	–	–	–	–	–	–	–	–	–	–	–	–	–	–	–	–	14	11
BQ-SIÈGES (%)	–	–	–	–	–	–	–	–	–	–	–	–	–	–	–	–	18	15
PR-VOTES (%)	–	–	–	–	–	–	–	–	–	–	–	–	–	–	–	–	19	19
PR-SIÈGES (%)	–	–	–	–	–	–	–	–	–	–	–	–	–	–	–	–	18	20
AUTRES-VOTES (%)	12	4	3	3	0	1	0	2	2	0	2	1	1	3	5	2,6	3	2
AUTRES-SIÈGES (%)	5	2	2	2	0	0	0	4	0	1	0	0	0	0	0	1,1	0	0

* Le CCF de 1945 à 1958 inclusivement.

Source : Frizzell, Pammett et Westell (1989 : table A1), Directeur général des élections. Trente-sixième élection générale 1997 : Résultats officiels du scrutin.

bouleversement de 1993, puisque le Parti réformiste et le Bloc sont toujours les deuxième et troisième partis en importance à la Chambre. La situation est en fait plus ambiguë puisque, au niveau du suffrage universel, le Bloc a perdu du terrain, le Parti réformiste est demeuré stationnaire et le Parti conservateur et le NPD ont fait des gains. C'est ce qui a amené les auteurs d'une étude récente à conclure que le système de partis avait atteint un état instable, marqué par une lutte féroce entre le Parti réformiste et le Parti conservateur pour mobiliser les appuis de l'électorat de droite et, éventuellement, former le gouvernement.

Les déterminants du vote

Les clientèles électorales

Au Canada comme ailleurs, les partis ont des appuis inégaux dans différentes catégories de la population. Les principales caractéristiques socio-économiques qui sont associées au vote sont les suivantes: la région, la religion, la langue, la syndicalisation et le sexe.

C'est traditionnellement au Québec que le Parti libéral obtenait le plus de votes et dans les provinces de l'Ouest que le Parti conservateur et le NPD connaissaient les meilleurs succès[3]. Cette tendance a cependant été renversée complètement par la venue de Brian Mulroney à la tête du Parti conservateur. C'est ainsi qu'en 1988 c'est au Québec que le PC a obtenu son meilleur résultat.

En 1997, c'est évidemment en Ontario que le Parti libéral a connu ses plus grands succès:

avec 50 % du vote, il a réussi à faire élire 101 candidats et candidates sur 103. Pour sa part, c'est en Alberta et en Colombie-Britannique que le Parti réformiste a dominé, avec 55 % et 43 % du vote respectivement. C'est dans les provinces de l'Atlantique que le Parti conservateur a le mieux fait, recevant plus de 30 % du vote dans chacune de ces provinces. Le Bloc a évidemment recueilli tous ses appuis au Québec (38 % du vote). Quant au NPD, il a réussi à dépasser le cap des 30 % en Nouvelle-Écosse et en Saskatchewan.

La religion est également fortement associée aux comportements électoraux au Canada, comme dans un grand nombre de pays. Plus spécifiquement, les catholiques ont davantage tendance à appuyer le Parti libéral, les protestants le Parti conservateur et les personnes sans religion le NPD. Ces tendances se maintiennent même lorsqu'on contrôle l'effet d'autres facteurs comme la région et la langue.

L'importance du clivage linguistique au Canada est bien connue. Ce sont les deux minorités linguistiques, les francophones hors Québec et les anglophones du Québec, qui se démarquent le plus nettement par leur attachement au Parti libéral.

Les personnes syndiquées, quant à elles, ont davantage tendance à appuyer le NPD. La variable syndicale ne joue cependant pas de la même façon sur l'ensemble du territoire canadien. Elle est pratiquement inopérante dans les provinces de l'Atlantique, alors que le clivage entre syndiqués et non-syndiqués est particulièrement prononcé en Colombie-Britannique.

On observe finalement depuis quelques années un écart dans le comportement électoral des hommes et des femmes. En 1997, en particulier, les femmes ont été plus enclines à appuyer le NPD

---

3. Cette section s'inspire de Pammett *et al.*, 1984 ; Blake et Dion, 1990 et Johnston *et al.*, 1992.

et les hommes plus nombreux à voter pour le Parti réformiste. Cette tendance des femmes à être légèrement plus à gauche s'expliquerait en partie par leur plus grand attachement aux programmes sociaux.

Les traditions partisanes

Les Canadiens et Canadiennes ont-ils tendance à s'identifier à un parti qu'ils vont appuyer bon an mal an, sauf circonstance exceptionnelle ? Selon une étude récente, environ une électrice ou électeur sur deux s'identifie à un parti, et parmi ces partisans environ un sur deux s'identifie au Parti libéral. C'est donc dire que, parmi les électeurs loyaux à un parti, le Parti libéral jouit d'une forte avance.

L'intensité de l'attachement partisan varie selon les catégories d'électeurs et d'électrices. On note qu'à mesure qu'ils vieillissent, les électeurs et les électrices ont tendance à s'identifier un peu plus fortement à un parti. Cet effet est cependant relativement modeste ; il est nettement moins important, en particulier, que celui de l'héritage familial.

La déconfiture du Parti conservateur et du NPD en 1993 donne à penser que les traditions partisanes sont moins fortes qu'auparavant, que les citoyens sont davantage enclins à changer de parti d'une élection à l'autre. Y a-t-il là une tendance structurelle vers un électorat moins partisan, plus mobile ?

La réponse semble être oui, même si les données ne sont pas aussi claires qu'on pourrait le souhaiter. L'ambiguïté provient du fait que, de 1965 à 1984, le pourcentage de gens qui disent ne s'identifier à aucun parti demeure relativement stable. Il semble cependant que le vote est plus volatil qu'auparavant. En 1993, deux des principaux partis ont perdu plus de 10 points de pourcentage par rapport à l'élection précédente. En 1984, le Parti conservateur a gagné 17 points et le Parti libéral en a perdu 16 par rapport à l'élection de 1980. Les déplacements du vote à l'élection de 1988 ont été moins spectaculaires, mais il faut dire que les intentions de vote ont fluctué considérablement pendant la campagne, le PC, en particulier, perdant plus de 10 points après le débat télévisé.

Pourquoi cette volatilité ? On n'est guère en mesure d'apporter de réponse sûre à cette question. Une hypothèse intéressante stipule que la médiatisation de la politique et des campagnes électorales en particulier pourrait être un facteur clé. Mendelsohn (1994) a montré qu'en 1988 ceux qui sont davantage exposés aux médias modifient plus rapidement leur intention de vote pendant la campagne et décident comment voter davantage en fonction de leur évaluation des chefs de parti et moins à partir de leur identification partisane. Les médias, en personnalisant la politique, affaibliraient les traditions partisanes.

Les enjeux

Chaque élection a ses enjeux qui lui sont propres. Ce qui nous intéresse ici, c'est de savoir dans quelle mesure l'appui à un parti ou à un autre reflète des attitudes différenciées à l'égard des principaux enjeux de la politique canadienne.

On constate qu'effectivement les électeurs des différents partis se différencient au niveau de leur orientation idéologique. Ceux qui ont voté pour le Parti réformiste en 1997 sont en général plus cyniques, plus traditionnels sur le plan moral, et moins favorables au Québec, aux femmes et aux groupes comme les autochtones et les minorités raciales. Les électeurs du NPD ont les orientations inverses, en plus d'être davantage critiques à l'égard du système capitaliste. De ce point de vue, le traditionnel clivage droite-gauche s'applique tout à fait.

Pour ce qui est des électrices et électeurs du Bloc québécois, l'attitude qui les distingue fondamentalement des autres électeurs est évidemment leur appui à la souveraineté. Les électeurs libéraux et conservateurs sont finalement moins typés au niveau de leurs valeurs. On constate en particulier que les électeurs conservateurs ne sont pas systématiquement plus à droite, sauf pour leur appui plus généralisé au système de libre entreprise ; ils étaient également très favorables au libre-échange avec les États-Unis à l'élection de 1988.

Il ne faudrait pas exagérer la portée de ces différences. Par exemple, ce ne sont pas tous les électeurs réformistes qui sont défavorables au Québec. Tout étant égal par ailleurs, la probabilité de voter pour le Parti réformiste augmente d'environ 20 points lorsqu'un individu est défavorable au Québec, lorsqu'il est par exemple opposé à la société distincte.

Sans prétendre que les enjeux expliquent tout, on peut néanmoins conclure que le vote des électeurs reflète en bonne partie leurs attitudes sur les grands enjeux de la politique canadienne, en particulier la place du Québec et du français et les rôles relatifs que devraient jouer le marché économique et l'État.

La conjoncture économique

Une des hypothèses les plus souvent énoncées pour rendre compte des résultats électoraux renvoie à la conjoncture économique. Selon cette hypothèse, les électeurs et les électrices ont tendance à récompenser les gouvernements, en les

réélisant lorsque l'économie se porte bien, et à les punir, en se débarrassant d'eux lorsque l'économie va mal. Cette hypothèse est-elle confirmée au Canada ?

Il semble que oui, mais avec nuances. Nadeau et Blais, qui ont étudié cette question, ont trouvé que les succès électoraux du gouvernement sortant sont effectivement liés au rendement de l'économie. Ils observent que, parmi les trois indicateurs économiques retenus – le chômage, l'inflation et le revenu personnel –, seul le chômage semble vraiment jouer, et que ce qui semble compter c'est l'écart entre le taux de chômage actuel et celui des années précédentes. Selon leurs données, lorsque le taux de chômage augmente de 1 point de pourcentage, l'appui au gouvernement sortant diminue de 2 points, tout étant égal par ailleurs.

Il semble donc que la popularité des gouvernements est tributaire de la conjoncture économique, et tout particulièrement des fluctuations du taux de chômage. En même temps, il faut bien reconnaître que la conjoncture économique n'est qu'un des facteurs qui affectent le résultat d'une élection. Si l'on prend la dernière élection fédérale par exemple, le Parti libéral a perdu trois points entre 1993 et 1997 malgré le fait que le taux de chômage ait diminué pendant cette période. C'est que, malheureusement pour les libéraux, plusieurs électeurs canadiens n'avaient pas perçu une baisse du taux de chômage et que sur d'autres enjeux, en particulier la TPS, les résultats des libéraux étaient jugés insatisfaisants.

Les chefs de partis

Le Canada a un régime parlementaire en vertu duquel les électeurs et électrices sont appelés à choisir, dans leur circonscription, un député associé à un parti. Ces derniers n'ont donc pas la possibilité de choisir directement celui ou celle qui deviendra le chef du gouvernement, contrairement à ce qui se passe dans un régime présidentiel (type de régime qui sera traité dans le chapitre 12). Il ne fait guère de doute, cependant, que les électeurs et les électrices ont des opinions sur les chefs de partis, sur la personne qui, à leurs yeux, ferait le meilleur premier ministre, et que ces opinions pèsent lourdement sur le comportement électoral.

Lorsqu'on leur demande ce qui est le plus important dans leur décision – le parti, le chef ou le candidat local dans la circonscription –, environ le tiers des Canadiens choisissent le chef[4]. Quoiqu'il ne faille pas prendre à la lettre de telles réponses, il paraît indéniable que les chefs comptent beaucoup dans le choix électoral.

Il serait bien surprenant qu'il en soit autrement. Toute la couverture de la campagne électorale est centrée sur les chefs. Mendelsohn, en particulier, a montré que plus de la moitié des bulletins de nouvelles lors de la campagne électorale de 1988 ont porté sur les activités des chefs. De même, le débat télévisé des chefs s'est imposé comme l'événement marquant d'une campagne électorale, événement dont les répercussions sur le vote peuvent être considérables. En 1984, Brian Mulroney a été perçu comme le grand gagnant du débat télévisé, et cela a grandement aidé la cause du Parti conservateur. En 1988, c'est John Turner qui est sorti gagnant, et cela a permis au Parti libéral de distancer le NPD, qui était à égalité avec les libéraux avant le débat.

Quelles sont les qualités d'un chef de parti qui sont les plus appréciées et les défauts les plus dépréciés ? Le politicien le plus populaire de l'histoire contemporaine a été Pierre Elliott Trudeau[5]. Les sondages ont révélé que ce qu'on aimait le plus chez lui, c'était son intelligence et son honnêteté, et que ce qu'on détestait le plus, c'était son arrogance. Quant à Brian Mulroney, dont l'image fut particulièrement négative, on lui reprochait surtout son manque de sincérité. On peut donc conclure que les chefs sont évalués en fonction de deux grands critères : leur compétence et leur honnêteté. L'importance accordée à ces deux caractéristiques peut varier d'une campagne à l'autre, mais les électeurs souhaitent avoir un premier ministre qui combine plusieurs qualités : intelligence, leadership, intégrité et empathie.

Le vote stratégique

En principe, le vote est supposé indiquer quel parti, chef ou candidat local l'électeur ou l'électrice juge le plus valable. Mais il n'est pas sûr que l'électeur vote toujours pour son premier choix, surtout s'il croit que le parti ou le candidat préféré n'a aucune chance de gagner. On dira d'un électeur qu'il vote de façon stratégique s'il décide d'appuyer son deuxième choix plutôt que son premier, parce que ce deuxième choix est perçu comme plus susceptible de battre un autre candidat ou parti qui est considéré comme le pire choix.

Le vote stratégique suppose donc que l'électeur ou l'électrice prenne en considération la probabilité de gagner des partis et des candidats et

---

4. Cette section s'inspire de Clarke *et al.*, 1991, chapitre 5.

5. Notons cependant que sa cote de popularité, comme celle de tous les leaders, a eu tendance à se détériorer dans le temps.

évite de voter pour un parti ou un candidat qui est perçu comme n'ayant pratiquement aucune chance de gagner. Un tel vote est-il fréquent ?

Blais et Nadeau ont tenté d'évaluer ce qu'il en était lors de l'élection fédérale de 1988. Ils se sont limités aux électeurs et électrices des trois principaux partis, le PLC, le PC et le NPD. Ils ont d'abord inventorié les électeurs et électrices qui se trouvaient dans une situation de vote stratégique potentiel, c'est-à-dire ceux et celles qui percevaient leur deuxième choix comme ayant plus de chances de gagner que leur premier choix. Ils ont estimé que 20 % des électeurs et électrices se trouvaient dans cette situation.

Pour ces électeurs et électrices, le dilemme était donc de voter pour leur premier choix, même s'il avait moins de chances de battre le pire choix, ou d'appuyer le deuxième choix, qui était perçu comme mieux placé pour gagner l'élection. On a estimé que, parmi ces électeurs et électrices, 28 % ont voté stratégiquement pour leur deuxième choix. On a aussi remarqué que la propension à voter de façon stratégique était d'autant plus faible que l'électeur ou l'électrice avait une forte préférence pour son premier choix et d'autant plus élevée s'il s'agissait d'une forte antipathie envers le troisième choix ; la propension était aussi d'autant plus élevée qu'on percevait le deuxième choix comme étant beaucoup plus susceptible de gagner que le premier choix et qu'on percevait la course entre le deuxième et troisième choix comme étant serrée.

Cette étude a donc conclu qu'environ 6 % de l'électorat a voté de façon stratégique en 1988, soit 28 % de ceux et celles qui étaient dans une position de voter stratégiquement. Il s'agit là d'une proportion modeste mais non négligeable, puisque de petits déplacements du vote peuvent entraîner des déplacements considérables de sièges dans notre mode de scrutin. Cette étude n'a pas pris en considération les électrices et électeurs potentiels des autres petits partis. Le pourcentage réel d'électeurs et électrices stratégiques risque donc d'être un peu plus élevé. Ce qui ressort cependant, c'est que la raison la plus importante pour laquelle le vote stratégique n'est pas plus fréquent, c'est que pour la très grande majorité des électeurs et électrices le vote stratégique n'est pas vraiment une option : ils et elles estiment que leur premier choix a de bonnes chances de gagner[6].

CONCLUSION

Dans ce chapitre, nous avons examiné comment les représentants du peuple étaient choisis au Canada, qui participait à ce choix et quels étaient les déterminants du choix des électeurs. Nous avons pour ainsi dire des règles et des comportements et les deux fluctuent dans le temps.

Prenons le cas d'une règle de base et qui est aussi un des principes fondamentaux de la démocratie libérale : le droit de vote. Qui a le droit de voter ? Comme nous l'avons vu, aux élections fédérales au Canada, ce droit est en principe conféré aux personnes qui sont citoyennes du Canada, résidant au Canada et qui sont âgées d'au moins 18 ans. Les personnes qui résident au Canada, qui y paient leurs taxes et y élèvent leur famille tout en n'étant pas citoyennes sont exclues. De même, les citoyens canadiens qui

---

6. Sur les sources des perceptions quant aux chances de gagner des candidats et partis, voir Johnston *et al.*, 1992, chapitre 7.

résident à l'étranger sont exclus. On peut penser que, si la mobilité de la main-d'œuvre devait s'accroître, par exemple en vertu de l'ALENA, de plus en plus de personnes perdraient leur droit de vote. En effet, elles ne pourraient voter ni dans leur pays d'accueil ni dans leur pays d'origine. Ces exclusions sont des choix politiques particuliers. Il n'en est pas nécessairement ainsi dans toutes les démocraties libérales.

D'autres exclusions portent sur des groupes franchement impopulaires (voir l'encadré 3.2 pour l'évolution du droit de vote depuis 1791). Au cours des années 1990, il y a eu un débat sur le droit de vote des prisonniers. Dans sa décision du 21 octobre 1999, la Cour d'appel fédérale a établi que les personnes incarcérées purgeant une peine de deux ans ou plus n'ont plus le droit de voter aux élections fédérales. Par contre, les électeurs qui purgent une peine de moins de deux ans peuvent voter. Cette décision renversait le jugement rendu le 27 décembre 1995 par la Section de première instance de la Cour fédérale. Ce jugement avait accordé le droit de vote à toutes les personnes incarcérées, établissant que l'alinéa 51e) de la Loi électorale du Canada – qui privait du droit de vote les électeurs purgeant une peine de deux ans ou plus dans un établissement correctionnel – contrevenait à l'article 3 de la Charte canadienne des droits et libertés et était donc inconstitutionnel. Comme on peut le constater, pour certains citoyens, le droit de vote est un phénomène quelque peu aléatoire. C'est ainsi que ces prisonniers n'eurent pas le droit de voter en 1993, mais purent voter en 1997 et n'ont plus le droit de vote en 1999.

En conformité avec la lettre et l'esprit de la constitution du Dominion, le Parlement canadien a peu à peu «nationalisé» les institutions liées aux élections. De ce point de vue, le Canada est aujourd'hui beaucoup plus centralisé que ne l'est par exemple le voisin américain où les États fédérés maintiennent un rôle important à divers points du processus électoral. Cette uniformisation accentue la crise de la représentation que vivent les démocraties occidentales au tournant du millénaire. Si le Canada a maintenu son système électoral uninominal à un tour alors que sa population était culturellement très diverse, c'est probablement parce que les intérêts des diverses communautés ont pu être pris en compte par le caractère fédéral des institutions. Dans la mesure où le caractère fédéral de la vie politique est amenuisé au profit du caractère «national», les intérêts non représentés pas les partis politiques dominants voudront faire pression pour modifier le mode de scrutin afin d'avoir au moins une chance d'accéder eux aussi au pouvoir. L'auteur américain Carles Boix nous rappelle, après avoir analysé l'histoire des systèmes électoraux du monde occidental, que ces systèmes ne changent pas tant qu'ils bénéficient aux partis dominants. Aussi, à moins que les appuis du Parti libéral du Canada fondent ou que les partis d'opposition se coalisent, il est peu probable que le mode de scrutin change au Canada.

Du côté des comportements, les fluctuations sont plus nombreuses comme nous l'avons vu dans ce chapitre. Les comportements sont bien sûrs encadrés par les institutions et conditionnés par l'histoire, mais les fluctuations à court ou à plus long terme dépendent beaucoup de la situation économique, de la qualité du leadership politique, des idées défendues par les partis politiques, les groupes de pression et les grands médias. Ces changements dépendent aussi de phénomènes globaux comme la généralisation de

ENCADRÉ 3.2

Évolution du droit de vote

Année	Modification
1791	L'Acte constitutionnel prévoit une assemblée élue au suffrage censitaire par des « personnes » répondant à certains critères de propriété. Certaines femmes ont alors le droit de vote dans le Bas-Canada.
1792	Premières élections à se tenir au Bas-Canada.
1844-1858	Sont tour à tour exclus de l'électorat, entre autres, les juges, les douaniers, les percepteurs de l'impôt, les greffiers et assistants-greffiers, les shérifs.
1849	Retrait du droit de vote aux femmes du Canada-Uni.
1856-1867	Élection des membres du Conseil législatif du Canada-Uni.
1867	L'AANB exclut les femmes de l'électorat ; les conditions régissant le droit de vote fédéral relèvent de chaque province.
1874	Adoption du vote secret à Ottawa.
1875	Adoption du vote secret au Québec.
1918	Toutes les Canadiennes obtiennent le droit de vote aux élections fédérales.
1948	Les Canadiens et Canadiennes d'origine asiatique recouvrent le droit de vote au fédéral.
1950	Les Inuits obtiennent le droit de vote au fédéral.
1955	Certains objecteurs de conscience, notamment les Mennonites qui s'étaient vu retirer le droit de vote au fédéral en 1920, le recouvrent.
1960	Les autochtones obtiennent le droit de vote au fédéral.
1964	La tâche d'établir les limites des circonscriptions électorales au fédéral est pour la première fois confiée à des commissions indépendantes de délimitation des circonscriptions électorales.
1970	Le Parlement légifère pour obliger les partis politiques fédéraux à s'inscrire auprès du directeur général des élections. Abaissement de l'âge minimal pour voter aux élections fédérales, qui est ramené de 21 à 18 ans.
1972	Pour la première fois, l'affiliation partisane figure sur les bulletins de vote aux élections fédérales.
1975	Les sujets britanniques qui ne sont pas Canadiens perdent leur droit de vote aux élections fédérales canadiennes.
1982	La Charte reconnaît le droit de vote comme droit démocratique, permettant ainsi la contestation de plusieurs exclusions.
1993	L'introduction du bulletin de vote spécial permet aux personnes qui ne peuvent voter le jour de l'élection ou à un bureau spécial de scrutin, y compris celles qui vivent ou voyagent à l'étranger, d'exercer leur droit de vote au fédéral.
1995	Établissement d'une liste électorale permanente devant être utilisée pour toutes les élections provinciales, municipales et scolaires.

l'utilisation d'Internet. On doit par exemple s'attendre à ce que les citoyennes et citoyens puissent très bientôt exercer leur droit de vote par voie électronique. Déjà, à l'occasion des premières élections primaires américaines de l'an 2000, certains électeurs et électrices des États-Unis d'Amérique ont pu voter ainsi. Chaque électrice et électeur reçoit un numéro d'identification personnelle (un NIP) et, grâce à la cryptographie, peut voter en toute sécurité par Internet.

Internet devient aussi une source importante d'information pour les citoyens. Au moment où ce manuel est publié, on s'attend à ce que le service en ligne AOL récolte autant de dollars en revenus de publicité que des réseaux de télévision comme ABC et CBS. C'est donc dire que les annonceurs croient que les gens lisent ces annonces. Or les partis politiques diffusent aussi leurs messages par les voies publicitaires. Il serait donc normal que les efforts de publicité des partis migrent aussi vers le Web. L'État pourra-t-il alors maintenir sa réglementation sur les dépenses des partis et des tiers lors des campagnes électorales ? Comment en effet réglementer ces activités lorsqu'elles ne se déroulent pas sur le sol national ?

Les règles du jeu électoral ne sont pas immuables et les comportements des électeurs et électrices encore moins. Les changements à venir dépendront en très bonne partie de la capacité des partis politiques à offrir des programmes intéressants aux citoyens et à mobiliser ces citoyens dans la réalisation de ces programmes. Certains autres changements viendront davantage de grands courants civilisationnels qui traversent nos sociétés.

SITES WEB

Canadians for Proportional Representation	http://www.ualberta.ca/~dbailie/C4PR/
Le directeur général des élections du Québec	http://www.dgeq.qc.ca/
Élections Canada	http://www.elections.ca/
Études électorales canadiennes	http://www.isr.yorku.ca/ISR
Instituts de sondage au Canada	http://recherchepolitique.rescol.ca/community/polling-f.htm
Institute for Democracy and Electoral Assistance (IDEA)	http://www.idea.int/
International Foundation for Election Systems (IFES)	http://www.ifes.org
Loi électorale du Canada	http://canada.justice.gc.ca/STABLE/FR/Lois/Chap/E/E-2.html
Nouvelle loi électorale du Canada	http://www.pco-bcp.gc.ca/lgc/Elections_f.htm
Projet Administration et coût des élections (ACE)	http://www.aceproject.org
Systèmes électoraux du monde	http://www.agora.stm.it/elections/home.htm
Ailleurs dans le monde	http://www.psr.keele.ac.uk/election.htm
	http://www.ifes.org/index.htm
	http://scout18.cs.wisc.edu:80/sosig_mirror/roads/subject-listing/World-cat/election.html

LECTURES SUGGÉRÉES

H.D. CLARKE, J. JENSON, L. LEDUC et J.H. PAMMETT (1996), *Absent Mandate : Canadian Electoral Politics in an Era of Restructuring*, 3ᵉ éd., Toronto, Gage.

A. FRIZZELL et J.H. PAMMETT (dir.) (1997), *The Canadian General Election of 1997*, Toronto, Dundurn Press.

L. LEDUC, R.G. NIEMI et P. NORRIS (dir.) (1996), *Comparing Democracies : Elections and Voting in Global Perspective*, Thousand Oaks, Sage.

N. NEVITTE, A. BLAIS, E. GIDENGIL et R. NADEAU (2000), *Unsteady State : The 1997 Canadian Federal Election*, Toronto, Oxford University Press.

BIBLIOGRAPHIE

BERNIER, R. (1991), *Gérer la victoire ? Organisation, communication, stratégie*, Boucherville, Gaëtan Morin éditeur.

BLACK, J.H. (1991), « La réforme du contexte du vote au Canada. L'expérience d'autres démocraties », dans *La participation électorale au Canada*, sous la direction de H. Bakvis, Montréal, Wilson et Lafleur, p. 73-192.

BLAIS, A. (1999), « Critères d'évaluation des systèmes électoraux », dans *Perspectives électorales*, vol. 1, p. 5-8.

BLAIS, A., D. BLAKE et S. DION (1990), « The Public/Private Sector Cleavage in North America », *Comparative Political Studies*, vol. 23, p. 381-404.

BLAIS, A. et M. BOYER (1996), « Assessing the Impact of Televised Debates. The Case of the 1988 Canadian Election », *British Journal of Political Science*, vol. 26, p. 143-164.

BLAIS, A. et A. DOBRZYNSKA (1998), « Turnout in Electoral Democracies », *European Journal of Political Research*, vol. 33, p. 239-261.

BLAIS, A. et R. NADEAU (1996), « Measuring Strategic Voting : A Two-Step Procedure », *Electoral Studies*, vol. 15, p. 39-52.

BOIX, C. (1999), « Setting the rules of the game : The choice of electoral systems in advanced democracies », *American Political Science Review*, vol. 93, p. 609-624.

CARTY, K.R. et L. ERIKSON (1991), « Candidate Nomination in Canada's National Political Parties », dans Bakvis, H. (dir.), *Canadian Parties : Leaders, Candidates and Organization*, Toronto, Dundurn, p. 97-189.

CHARRON, J. (1994), *La production de l'actualité : une analyse stratégique des relations entre la presse parlementaire et les autorités politiques au Québec*, Montréal, Boréal.

CLARKE, H., J. JENSON, L. LEDUC et J. PAMMETT (1991), *Absent Mandate : Interpreting Change in Canadian Elections*, Toronto, Gage.

COMMISSION ROYALE SUR LA RÉFORME ÉLECTORALE ET LE FINANCEMENT DES PARTIS (1991), *Pour une démocratie électorale renouvelée : rapport final*, vol. 1, Ottawa, ministre des Approvisionnements et Services Canada.

CRÊTE, J. (1991), « La télévision, la publicité et les élections au Canada », dans Fletcher, F.J. (dir.), *Les médias et l'électorat dans les campagnes électorales canadiennes*, Montréal, Wilson & Lafleur, p. 3-47.

FRIZZELL, Alan, Jon H. PAMMETT et Anthony WESTELL (dir.) (1989), *The Canadian General Election of 1988*, Ottawa, Carleton University Press.

GIBBINS, R. (1991), « La réforme électorale et la population autochtone du Canada. Évaluation des circonscriptions autochtones », dans Milen, R.A. (dir.), *Les peuples autochtones et la réforme électorale au Canada*, Montréal, Wilson et Lafleur, p. 179-214.

GIDENGIL, E. (1995), « Economic Man-Social Woman ? The Case of the Gender Gap in Support for the Canada-US Free Trade Agreement », *Comparative Political Studies*, vol. 28, p. 384-408.

GILSDORF, W.O. et R. BERNIER (1991), « Pratiques journalistiques et couvertures des campagnes électorales au Canada », dans Fletcher, F.J. (dir.), *Sous l'œil des journalistes : la couverture des élections au Canada*, Montréal, Wilson et Lafleur, p. 3-89.

JOHNSTON, R. (1989), « Générations politiques et changement électoral au Canada », dans Crête, J. et P. Favre (dir.), *Générations et politique*, collection Politique comparé, Paris, Économica, p. 151-179.

JOHNSTON, R., A. BLAIS, H. E. BRADY et J. CRÊTE (1992), *Letting the People Decide : Dynamics of a Canadian Election*, Montréal, McGill-Queen's University Press.

LANOUE, D.J., (1991), « Debates that Mattered : Voters' Reaction to the 1984 Canadian Leadership Debates », *Canadian Journal of Political Science / Revue canadienne de science politique*, vol. 24, p. 51-65.

MacIVOR, H. (1999), « Proportional and Semiproportional Electoral Systems : Their Potential Effects on Canadian Politics », *Electoral Insight*, vol. 1, p. 12-16.

MACPHERSON, C.B. (1976), *Le véritable monde de la démocratie*, Montréal, Les Presses de l'Université du Québec.

MASSICOTTE, L. et A. BLAIS (1999), « Mixed Electoral System : A Conceptual and Empirical Survey », *Electoral Studies*, vol. 18, p. 341-366.

MENDELSOHN, M. (1994), « The Media's Persuasive Effects : The Priming of Leadership in the 1988 Canadian Election », *Canadian Journal of Political Science / Revue canadienne de science politique*, vol. 27, p. 81-99.

MILNER, H. (dir.) (1999), *Making Every Vote Count : Canada's Electoral System Reassesssed*, Peterborough, Broadview.

NADEAU, R. et A. BLAIS (1993), « Explaining Elections Outcome in Canada : Economy and Politics », *Canadian Journal of Political Science*, vol. 26, p. 775-790.

NADEAU, R. et A. BLAIS (1995), « Economic Conditions, Leader Evaluations and Election Outcomes in Canada », *Canadian Public Policy — Analyse des politiques*, vol. 21, p. 212-218.

NEVITTE, N., A. BLAIS, E. GIDENGIL et R. NADEAU (2000), *Unsteady State : The 1997 Canadian Federal Election*, Toronto, Oxford University Press.

PAMMETT, J.H. (1991), « L'exercice du droit de vote au Canada », dans Bakvis, H. (dir.), *La participation électorale au Canada*, Montréal, Wilson et Lafleur, p. 39-71.

PAMMETT, J.H., J. JENSON, H.D. CLARKE et L. LEDUC (1984), « Soutien politique et comportement électoral lors du référendum Québécois », dans Crête, J. (dir.), *Comportement électoral au Québec*, Chicoutimi, Gaëtan Morin éditeur, p. 387-419.

SMALL, David (1991), « Pour une meilleure représentation des autochtones dans le cadre actuel de délimitation des circonscriptions », dans Small, D., *La délimitation des circonscriptions au Canada : pour un vote égal et efficace*, Montréal, Wilson et Lafleur, p. 341-384.

WEAVER, R.K. (1997), « Improving Representation in the Canadian House of Commons », *Canadian Journal of Political Science / Revue canadienne de science politique*, vol. 30, p. 473-512.

Les partis politiques fédéraux

RÉJEAN PELLETIER
DÉPARTEMENT DE SCIENCE POLITIQUE
UNIVERSITÉ LAVAL

- DÉFINIR CE QU'EST UN PARTI POLITIQUE ;

- MIEUX CONNAÎTRE LES CONDITIONS D'ÉMERGENCE DU SYSTÈME DE PARTIS AU CANADA ;

- ANALYSER LES PARTIS POLITIQUES SELON CERTAINES CARACTÉRISTIQUES : LEURS POSITIONS IDÉOLOGIQUES, LEURS ORGANISATIONS, LEUR PLACE AU PARLEMENT ET LEUR RÔLE DE REPRÉSENTATION.

*L*e parti politique apparaît aujourd'hui comme un élément naturel de la scène politique. Pourtant, l'acception moderne de ce mot ne remonte qu'au XIXᵉ siècle. Auparavant, le mot était plutôt employé au sens de « tendance », ayant le plus souvent la connotation péjorative de « faction ».

À la fin du XVIIIᵉ et au début du XIXᵉ siècle, les partis se manifestaient d'abord au sein des Parlements ; avec l'extension du suffrage populaire, ces groupes parlementaires se donnèrent peu à peu une organisation, des structures permettant d'encadrer et de mobiliser les électeurs en leur faveur : les partis modernes étaient nés. D'autres seront créés qui viendront traduire davantage les clivages, les oppositions ou les divisions qui traversent les sociétés occidentales. Ainsi naîtront des partis socialistes, communistes, agrariens, etc., à côté des conservateurs et des libéraux qui se disputaient déjà le pouvoir. Puis, par un phénomène d'emprunt ou de mimétisme, les partis vont apparaître dans à peu près tous les États, mais avec des fortunes diverses. Comme le rappelle Bertrand Badie, dans le jeu politique importé des nouveaux États, les partis n'ont souvent qu'une faible capacité de mobilisation (Badie, 1992 : 177-190).

La situation canadienne a suivi la trajectoire des partis britanniques dont elle est largement tributaire. Mais avant de parler de l'émergence du système partisan au Canada, de la position idéologique des partis, de leur organisation, de leur place au Parlement et de leur capacité de représentation politique, il faut tout d'abord définir ce qu'est un parti.

DÉFINITIONS

LaPalombara et Weiner (1966 : 6) ont déjà défini quatre grandes caractéristiques permettant de distinguer un parti d'une clique, d'un club politique ou d'un petit groupe de notables faiblement unifiés et ayant des relations intermittentes. Pour eux, un parti doit avoir :
- une organisation durable, c'est-à-dire une organisation dont l'espérance de vie est supérieure à celle de ses dirigeants en place (un parti n'est pas une simple faction qui disparaît avec son chef) ;
- une organisation visible et supposée permanente au niveau local, ayant des communications et des relations avec le niveau central (ce qui permet de distinguer un parti d'un simple groupe parlementaire) ;
- la volonté délibérée des dirigeants et des dirigeantes, au niveau aussi bien national que local, d'exercer le pouvoir seuls ou en coalition avec d'autres, et non pas simplement de l'influencer (comme le font les groupes de pression, sujet d'un autre chapitre) ;
- le souci de rechercher un soutien populaire aussi bien auprès de militants et militantes que de l'électorat (ne pas être un simple laboratoire d'idées, un club politique).

Pour sa part, Sartori (1976 : 63) recoupe ces caractéristiques lorsqu'il définit un parti comme « un groupe politique identifié par un label ou une étiquette officielle qui présente à des élections et qui est capable de placer par le biais de ces élections (libres ou non), des candidats à des postes publics ». Comme on le voit, le critère électoral est ici important : un parti s'inscrit dans le jeu politique en présentant et en cherchant à faire élire des candidats et des candidates au moment des élections.

Les partis se retrouvent, en effet, au cœur du processus électoral non seulement par le recrutement de candidats et candidates, mais aussi par l'organisation des campagnes électorales (discours, débats télévisés, publicités) et par la mobilisation de l'électorat autour de certains thèmes et de certains enjeux, ce qui contribue finalement à la participation des citoyens et citoyennes à la vie politique.

Ils se retrouvent également au cœur de la démocratie représentative puisqu'ils font élire ceux et celles qui vont occuper des sièges au Parlement et former le gouvernement ou l'opposition. Ils structurent ainsi les débats parlementaires et, surtout lorsqu'ils sont au pouvoir, contribuent à la formulation des politiques publiques. Pour y arriver, ils vont chercher à exprimer les divers intérêts de la société, parfois en prenant en charge les intérêts propres à tel groupe ou à telle région, le plus souvent en tentant de les réduire à des alternatives politiques plus facilement gérables.

Selon cette logique, le parti peut être conçu comme une entreprise politique qui dispose pratiquement d'un monopole d'activité sur le marché des biens électifs (Offerlé, 1987). Dans ce marché politique, les partis entrent en concurrence pour la production de biens à offrir à l'élec-

torat (un programme, des politiques), espérant en retour rencontrer des électeurs-consommateurs qui sont réceptifs à ces produits et qui acceptent d'échanger leurs soutiens et leur vote contre ces produits.

Mais, à une époque, le marché politique était beaucoup plus restreint qu'il ne l'est aujourd'hui : comme nous l'avons vu au chapitre sur le système électoral et les comportements électoraux, le droit de vote était réservé à ceux et celles qui possédaient certains biens[1]. Par la suite, ce droit fut élargi à l'ensemble de la population, à l'exception des non-citoyens et des plus jeunes (par exemple, les moins de 18 ans), ce qui est encore le cas à l'heure actuelle au Canada. Ces considérations nous conduisent à examiner le contexte dans lequel ont émergé les partis politiques canadiens.

NAISSANCE DU SYSTÈME DE PARTIS AU CANADA

Deux grandes théories sur l'origine des partis se sont imposées en science politique. La première relie le développement des partis à celui de la démocratie, entendue surtout dans le sens de la démocratie de représentation où le peuple

---

1. L'Acte constitutionnel de 1791 prévoyait l'usage du suffrage censitaire pour l'élection des parlementaires. Les femmes propriétaires ont ainsi pu voter, et ce, jusqu'en 1834 pour celles qui étaient mariées et 1849 pour toutes les autres. Selon le Collectif Clio (1982 : 126), « la surreprésentation des femmes anglophones ou amies du pouvoir chez les électrices explique partiellement la volonté du Parti canadien, Louis-Joseph Papineau en tête, d'enlever le droit de vote aux femmes ».

– que le suffrage soit restreint ou non – élit des représentants et représentantes à une assemblée parlementaire. Maurice Duverger (1969) symbolise bien ce courant théorique. Reliant la démocratie à l'extension du suffrage populaire et des prérogatives parlementaires, il distingue deux types de partis : ceux de création électorale et parlementaire qui sont apparus les premiers, et ceux d'origine extérieure au Parlement qui sont issus de groupes sociaux.

Dans le premier cas, on assiste à la création d'abord de groupes parlementaires, puis de comités électoraux ou d'organisations à la base rendues nécessaires par le besoin d'encadrer les nouveaux électeurs. Le parti apparaît vraiment lorsqu'il y a établissement d'une liaison permanente entre le groupe parlementaire et les comités électoraux, moment où l'on se donne souvent un état-major distinct de la direction du groupe parlementaire. Dans le second cas, le parti est essentiellement créé par une institution préexistante dont l'activité propre se situe en dehors des élections et du Parlement : syndicats, coopératives, associations paysannes, groupe d'intellectuels, Églises, etc. Ces institutions peuvent ainsi contribuer à la création de nouveaux partis qui gardent de leur origine un certain détachement à l'égard des activités électorales et parlementaires, une structure plus centralisée, une plus grande cohérence idéologique et une moindre influence des députés et députées. Ce sont les caractéristiques inverses, selon Duverger, qui se retrouvent dans les partis de création électorale et parlementaire.

Le modèle de Duverger, construit autour de l'institution parlementaire, suppose donc l'existence d'un Parlement où existent déjà des factions et la présence d'une tradition parlementaire.

Cela correspond bien à la situation aux États-Unis, au Canada et dans plusieurs pays européens. Mais cette théorie ne tient pas suffisamment compte de la dynamique sociale ou des forces sociales en présence.

C'est pourquoi d'autres auteurs ont plutôt relié l'origine des partis au processus de développement économique et social. Certains, comme LaPalombara et Weiner (1966), lient la naissance des partis à un processus général de modernisation ; d'autres, comme Lipset et Rokkan (1967), font référence à des clivages ou à des oppositions qui traversent les sociétés. Selon ces derniers, on peut expliquer l'origine des partis par quatre grands types de clivages.

a) Deux clivages reliés à la révolution nationale qui se traduisent par :
   – des conflits entre le centre qui veut construire une nation unifiée, une culture nationale et la périphérie qui oppose des résistances ethniques, linguistiques ou religieuses : l'enjeu est alors l'établissement d'un contrôle sur un territoire national ;
   – des conflits entre l'État centralisé et sécularisé et l'Église comme organisation supranationale avec ses privilèges historiques : l'enjeu est alors le contrôle séculier ou religieux sur les institutions sociales.

b) Deux clivages reliés à la révolution industrielle qui se traduisent par :
   – des conflits entre les intérêts agraires, l'économie agricole (secteur primaire) et la classe montante des entrepreneurs ou la bourgeoisie industrielle (secteur secondaire) : les enjeux sont ici multiples, allant de la protection de l'agriculture au développement de l'entreprise privée ;

– des conflits entre d'un côté les propriétaires, les employeurs et, de l'autre, les travailleurs industriels, les ouvriers : l'enjeu est l'intégration de ces derniers dans un système national ou leur engagement dans un mouvement politique international.

Au Canada, le conflit entre l'Église et l'État n'a pas suscité la création de partis politiques sur la base d'une telle opposition, ce qui est différent de la situation européenne. Non pas qu'il n'y ait pas eu ici de clivages religieux, mais ils ont plutôt été incorporés dans les partis. Ainsi, le Parti conservateur a déjà connu au Québec une aile ultramontaine très forte vers la fin du XIXe siècle. Mais c'est probablement le Parti rouge au Québec qui a le mieux incarné ce conflit, surtout durant les années 1850 : il préconisait alors la séparation de l'Église et de l'État quant au contrôle des institutions sociales et d'éducation. Il a suscité, en retour, une vive opposition de l'Église catholique à son égard.

Le conflit entre les intérêts industriels des centres urbanisés et les intérêts agraires des milieux ruraux s'est traduit par la création de partis, durant les années 1920, représentant ces derniers intérêts surtout dans l'Ouest canadien : ce fut le cas du Parti progressiste au fédéral et des Fermiers unis dans les provinces. On peut également ranger dans cette catégorie le Crédit social qui prendra la succession des Fermiers unis de l'Alberta dans les années 1930. Ces partis s'opposaient à la fois à la domination des intérêts industriels et à celle du centre du pays représentées par les deux grandes formations politiques traditionnelles (libérale et conservatrice). À la suite des élections fédérales de 1921, le Parti progressiste a obtenu 65 sièges à la Chambre des communes, reléguant les conservateurs au troisième rang avec 50 députés, alors que les libéraux formaient un gouvernement minoritaire avec 116 députés sur 235. Quant aux Fermiers unis, ils ont détenu le pouvoir dans certaines provinces à la même époque.

Si l'on peut retracer la présence de partis ouvriers dès la fin du XIXe siècle au Canada, ceux-ci ne réussiront pas à s'imposer sur l'échiquier politique. Il faudra attendre la double rencontre de Calgary en 1932 qui a jeté les bases d'un

FIGURE 4.1

Le modèle de Lipset et Rokkan appliqué à la situation canadienne

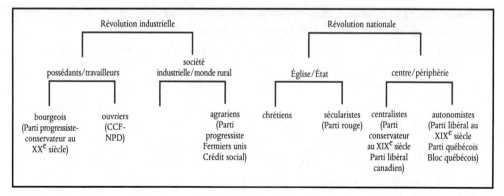

nouveau parti et celle de Regina en 1933 qui lui a donné un programme d'action (le Manifeste de Regina) pour que naisse officiellement la Cooperative Commonwealth Federation communément appelée CCF. Au départ, ce parti regroupe des ouvriers, des intellectuels socialistes ainsi que des fermiers. Avec la disparition du CCF naîtra le Nouveau Parti démocratique (NPD) créé officiellement lors d'un congrès tenu à Ottawa en 1961. À l'opposé, on peut considérer que le Parti progressiste-conservateur (longtemps appelé libéral-conservateur, puis conservateur avant de devenir progressiste-conservateur en 1942 avec l'arrivée de John Bracken comme chef du parti) a représenté surtout les intérêts des milieux d'affaire et des grands financiers canadiens.

Dans le cas canadien, il faut souligner l'importance du conflit entre le centre et la périphérie. C'est ce que faisaient déjà remarquer Engelmann et Schwartz (1975 : 90) en insistant sur le clivage territorial opposant les intérêts centraux aux intérêts locaux. Mais ce clivage territorial recouvre une double dimension : ethnique-nationale et économique-industrielle. Dans le premier cas, c'est avant tout au niveau provincial québécois que l'on assiste à la naissance de partis pour défendre ces intérêts, que ce soit le Parti national d'Honoré Mercier au XIXe siècle ou, plus récemment, le Rassemblement pour l'Indépendance nationale (RIN) et surtout le Parti québécois (PQ). Dans cette lignée, il faut noter la présence, mais cette fois-ci au fédéral, du Bloc québécois (BQ) voué à la défense de la souveraineté du Québec et devenu en 1993 l'opposition officielle à la Chambre des communes avec 54 députés, titre qu'il a perdu à l'élection de 1997 au profit du Reform Party. Par contre, la présence de chefs canadiens-français sur la scène fédérale dès le

XIXe siècle a empêché que ne se constitue un parti qui représenterait ce clivage ethnique à ce niveau. Des chefs comme George-Étienne Cartier chez les conservateurs ou Wilfrid Laurier chez les libéraux ont prêché la nécessité d'une collaboration entre francophones et anglophones à l'intérieur du même parti afin d'éviter des affrontements trop profonds. Le parti devenait ainsi un instrument pour éviter et éventuellement solutionner de telles crises. Un tel parti qui réunit les anglophones et les francophones sous un même toit était alors considéré – et est toujours considéré – comme remplissant la condition essentielle pour devenir un parti vraiment national, c'est-à-dire présent dans toutes les régions du Canada.

Quant à la seconde dimension du clivage territorial, elle s'est traduite avant tout par un régionalisme économique parfois très prononcé. Ce régionalisme s'est développé largement dans l'Ouest canadien où l'aliénation politique s'ajoutait au ressentiment économique : le Parti progressiste, le Crédit social et même le CCF en étaient autrefois les manifestations les plus évidentes ; le Reform Party a repris ce flambeau de nos jours. Aux élections fédérales d'octobre 1993, ce dernier a obtenu un tel succès dans l'Ouest canadien (et, dans une moindre mesure, en Ontario) avec ses 52 députés qu'il a complètement éliminé les conservateurs de cette région et réduit le NPD à quelques sièges. Il a répété ce succès, aux élections fédérales de 1997, en obtenant 60 sièges (uniquement dans l'Ouest canadien), ce qui lui a permis de former l'opposition officielle à Ottawa.

Comme on peut le constater, le paradigme de Lipset et Rokkan, bien qu'il ait été élaboré avant tout dans le contexte européen, s'applique bien à la situation canadienne en effectuant les adaptations nécessaires. Ce qui ne veut pas dire pour autant que le modèle de Duverger soit totalement inadapté. Au contraire, les deux grands partis traditionnels canadiens (conservateur et libéral) sont nés dans un cadre parlementaire, d'abord sous la forme d'une opposition entre réformistes et conservateurs ou *tories*, puis sous la forme d'une opposition entre, d'un côté, les réformistes modérés et les conservateurs qui vont s'allier pour donner naissance au Parti libéral-conservateur (qui s'appellera par la suite Parti conservateur,

puis Parti progressiste-conservateur), et de l'autre les réformistes plus radicaux (*Clear Grits* et Parti rouge) qui vont s'allier pour donner naissance au Parti libéral.

Ce qu'il importe de souligner, c'est que, aussi bien à l'intérieur qu'à l'extérieur de l'enceinte parlementaire, les partis naissent à la suite de conflits qui divisent la société et qui sont repris par des groupes politiques. Ces groupes vont chercher à mobiliser la population, à obtenir son appui. Les appels au peuple au moment des élections apparaissent alors aux dirigeants et dirigean-

FIGURE 4.2

Origine des partis politiques canadiens

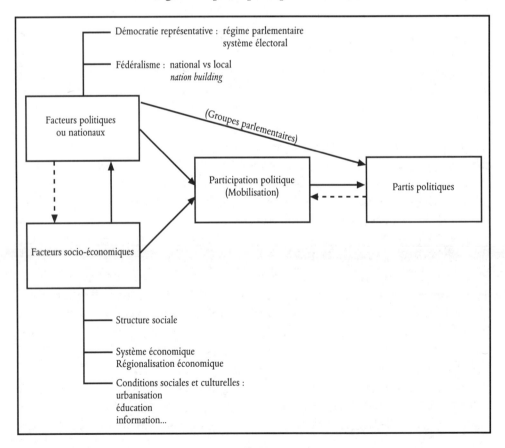

tes des partis comme les meilleurs moyens pour faire prévaloir leurs conceptions politiques et conquérir les fonctions de gouvernement. Comme le rappelait Seiler (1986 : 56-58), l'organisation partisane veut réunir en tentant de mobiliser la plus grande partie de la population autour d'un projet, alors que le projet politique sépare la population, en ce sens que les partisans se rassemblent en faveur d'un projet contre un autre. Ces contradictions sont sources de tensions internes aux partis qu'illustrent bien les conflits qui ont divisé le Parti québécois au cours des années 1970 entre participationnistes, électoralistes et technocrates (Murray, 1976).

Autre élément paradoxal : si la logique du conflit est à la base des partis, en ce sens que les organisations partisanes mobilisent en faveur d'un projet contre un autre, il faut voir qu'elles cherchent en même temps à rassembler le plus grand nombre possible autour de ce projet. En ce sens, les partis se considèrent également comme des instruments de cohésion sociale, du moins dans les démocraties occidentales, jouant ainsi un rôle de conservation et de renforcement du système politique établi.

Au total, on peut combiner les modèles de Lipset et Rokkan et de Duverger dans une figure-synthèse qui nous permet de dégager les facteurs à l'origine des partis politiques canadiens (voir la figure 4.2).

LA POSITION IDÉOLOGIQUE DES PARTIS : LA RECHERCHE D'UN CRÉNEAU

Sur le marché des biens politiques, les partis veulent offrir un produit qui n'est pas le parfait décalque d'un autre. En se mobilisant autour d'un projet, les partis vont normalement s'appuyer sur une doctrine ou des orientations idéologiques et traduire ce projet en programme d'action. Ils tentent ainsi d'occuper un créneau ou une position distinctive sur la scène politique.

Si l'on s'arrête aux grandes formations ayant marqué la vie politique canadienne, on peut retracer trois grands courants qui ont dominé le paysage : libéral, conservateur et socialiste.

Le courant libéral

Le libéralisme repose sur deux grands principes : l'autonomie ou la liberté individuelle qui doit primer sur les libertés collectives, et son corollaire, le droit de l'individu à la propriété, celle-ci étant considérée comme le moteur du progrès. Dans cette optique, l'État n'a pas à intervenir dans les lois du marché, il doit laisser faire la libre concurrence, en simple spectateur du jeu économique. S'il intervient, c'est pour faire respecter les règles du jeu et assurer ainsi l'ordre social.

Cette primauté de l'individu sur la collectivité, cet attachement à la liberté individuelle, à la libre concurrence économique, à la non-intervention de l'État caractérisent effectivement le libéralisme canadien du XIXe siècle. En ce sens, le Parti libéral de cette époque, né de l'union des *Clear Grits* (branche plus radicale du Parti réformiste) et du Parti rouge, porte bien son nom : il est libéral au sens philosophique du terme.

De cet engagement envers la liberté, dans le sens des libertés individuelles plutôt que collectives, et de la croyance en l'initiative individuelle plutôt qu'étatique découlent une série de mesures que les réformistes d'abord, puis les *Clear Grits* et les Rouges, et enfin les libéraux vont défendre au cours du XIXe siècle (Christian et Campbell, 1990) :

- Ils sont favorables à des réformes politiques dans le sens d'une plus grande liberté du Parlement face à la monarchie représentée par le gouverneur et face à un petit groupe aristocratique autour de lui (« Clique du Château » et *Family Compact*) ; c'est pourquoi ils défendent l'idée d'un gouvernement responsable devant la Chambre.
- Ils sont favorables à l'égalité des individus, ce qui va se traduire par l'idée d'une représentation (essentiellement masculine) selon la population (le fameux *Rep by pop* de George Brown).
- Ils se prononcent en faveur de la séparation de l'Église et de l'État parce que l'Église est considérée comme un empêchement à la liberté de conscience ; c'est pourquoi ils s'opposent aux écoles séparées, c'est-à-dire catholiques.
- Ils réclament cette même liberté pour la propriété et l'entreprise ; ils sont donc opposés au protectionnisme imposé par l'État et se montrent favorables au libre-échange avec les États-Unis, selon une vision continentaliste (nord-américaine) de l'économie : les libéraux dirigés par Wilfrid Laurier mèneront deux campagnes électorales sur le thème de la réciprocité avec les États-Unis en 1891 et 1911.
- Ils réclament aussi cette liberté pour les colonies face à la métropole et, plus tard, pour les provinces canadiennes face au pouvoir central, d'autant plus que le gouvernement fédéral est dominé après la Confédération par le Parti conservateur de John A. Macdonald. L'autonomie ou l'indépendance du Canada à l'égard de la Grande-Bretagne et de l'Empire

britannique demeurera un thème dominant de la pensée politique libérale : on peut vraiment parler d'un nationalisme politique à cet égard.

Bref, la protection des libertés individuelles, la défense de l'autonomie ou de l'indépendance du Canada face à la Grande-Bretagne et à l'Empire britannique, une vision continentaliste et libre-échangiste de l'économie, la primauté de l'économique sur le politique, c'est-à-dire du caractère naturel de l'économie et de ses lois sur les interventions artificielles de l'État, telles sont les caractéristiques essentielles du courant libéral canadien au cours du XIXe siècle et au début du XXe siècle.

Mackenzie King, successeur de Laurier en 1919 (voir le tableau 4.1), va s'employer à redéfinir en partie l'idéologie de sa formation politique à la suite de la Première Guerre mondiale. Cette insistance sur les chefs de parti s'explique par le fait que, au sein des organisations partisanes canadiennes comme au niveau provincial, la présence de leaders forts et marquants, à l'instar des Laurier, King ou Trudeau chez les libéraux, contribue à façonner, à accentuer ou à transformer au besoin les grands traits idéologiques qui caractérisent leur parti. Ainsi, sur le plan de l'autonomie canadienne et sur celui de la vision continentale de l'économie, King s'inscrit dans la tradition de Laurier. Du point de vue de l'autonomie, il n'apporte pas un soutien inconditionnel aux politiques de l'Empire britannique et cherche à briser des liens encore présents de subordination à l'égard de la métropole en préparant, par exemple, le Statut de Westminster de 1931. En somme, on peut dire que l'idée d'un nationalisme politique prévaut encore au sein du parti qui se présente d'ailleurs comme le parti de l'unité nationale, le seul capable de regrouper des anglophones et des francophones sous un même toit.

De l'autre côté, le parti met toujours l'accent sur le continentalisme en se montrant prêt à réduire les tarifs protectionnistes sans les abolir complètement et en intégrant davantage l'économie canadienne à l'économie américaine, dans le domaine des richesses naturelles surtout, tout en respectant l'autonomie des provinces dans ce secteur. C'est d'ailleurs après la Première Guerre mondiale que les investissements américains au Canada vont dépasser ceux de la Grande-Bretagne.

C'est plutôt dans le champ des politiques sociales et du travail que King va innover et imprimer une orientation nouvelle à l'idéologie du parti. Il va tempérer la politique de non-intervention et aller dans le sens d'un libéralisme positif (Christian et Campbell, 1990 : 59-63) : la liberté individuelle, selon les libéraux de King, peut être restreinte autant par l'absence de certains biens de base pour les individus, comme la nourriture, le logement, les soins médicaux, que par la présence de restrictions gouvernementales. Il s'agit donc de fournir aux individus et non aux collectivités des chances égales au départ. Un tel changement dans la pensée libérale va servir d'assise aux politiques sociales défendues par les libéraux, comme les pensions de vieillesse en 1927, l'assurance chômage en 1940 et, surtout, tout le programme de l'État-providence mis en place progressivement après la Seconde Guerre mondiale.

Défenseur des libertés individuelles, mais désormais sous l'angle d'un libéralisme positif, ce parti impose l'image d'une formation politique favorable aux plus démunis, aux moins nantis des milieux urbains, ainsi qu'aux groupes minoritaires face à un Parti conservateur relié aux milieux financiers et à la grande entreprise. Ce qui n'a pas empêché le Parti libéral de Louis St-Laurent d'être proche des milieux d'affaires avec des ministres comme C.D. Howe, Robert Winters et Walter Harris, tout en mettant en place de nouveaux programmes sociaux. C'est ce qui assurera le succès électoral du Parti libéral au cours du XXe siècle face au Parti conservateur à sa droite et au CCF-NPD à sa gauche.

Quant à Pierre Elliott Trudeau qui a profondément marqué le Parti libéral, on peut dire qu'il adhère fermement à la pensée libérale et qu'il s'inscrit largement dans la tradition du libéralisme canadien au sens classique du terme. En effet, la défense des libertés individuelles a sans contredit constitué un thème central de la pensée politique de Trudeau. De la libéralisation de la Loi sur le divorce et l'avortement jusqu'à la Charte des droits et libertés enchâssée dans la constitution en 1982 mais déjà projetée en 1968, en passant par la politique sur les langues officielles de 1969, la défense et la promotion des droits individuels s'inscrivent au cœur de ses projets politiques.

La volonté de centralisation politique, autre thème central de sa pensée, renvoie elle aussi à l'idée des libertés individuelles. La défense de l'unité nationale, d'une seule nation canadienne, s'inscrit dans la logique d'une opposition à toute reconnaissance de droits collectifs sous forme, par exemple, de statut particulier pour le Québec ou de la souveraineté-association ou même du caractère distinct de la société québécoise. L'État est là pour promouvoir des fins individuelles, non des groupes sociaux ou des collectivités nationales, ce qui justifie l'opposition de Trudeau à l'idéologie nationaliste comme idéologie collectiviste qui a mené à des excès dans le passé. Ce qui n'a pas empêché Trudeau de tout mettre en œuvre pour construire une véritable nation canadienne, un sentiment identitaire canadien reposant sur trois piliers : la Charte des droits, la dualité linguistique et un certain anti-américanisme (sur le plan économique surtout). Le développement d'un nationalisme canadien devait alors servir de contrepoids au nationalisme québécois, si bien que la sauvegarde de l'unité canadienne pouvait justifier le recours à une certaine forme de nationalisme.

Trudeau s'inscrit en même temps dans la tradition de Mackenzie King, en poursuivant une politique d'intervention de l'État dans le domaine social selon les orientations de l'État-providence. Dans le secteur économique, par contre, tout en étant favorable à un certain interventionnisme étatique, il s'est montré plus ambivalent en oscillant entre le continentalisme nord-américain au début et le nationalisme économique par la suite (Petro-Canada, Agence d'examen des investissements étrangers, etc.).

Quant à Jean Chrétien, au pouvoir depuis 1993, on peut dire qu'il est avant tout un gestionnaire qui a peu ou pas marqué la pensée politique libérale. Ayant fait carrière sous le gouvernement Trudeau, il a adhéré à sa vision du pays. C'est pourquoi il souscrit sans peine aux idées de centralisation politique et de défense de l'unité nationale.

Cependant, en conformité avec l'actuel courant néolibéral et face à la nécessité d'éliminer le déficit et de réduire la dette, il a pu se montrer momentanément moins favorable à des interventions de l'État, surtout dans le domaine social. Mais, après avoir réussi à dégager des surplus budgétaires, il est maintenant prêt à engager l'État

canadien dans de nouveaux programmes sociaux (bourses du millénaire, prestations nationales pour enfant, assurance médicaments, etc.), ce qui pourra aider à maintenir et à développer un sentiment d'appartenance au pays. Le maintien d'un filet de sécurité sociale est d'ailleurs devenu *la* caractéristique centrale qui permet de distinguer le Canada des États-Unis.

Bref, on peut ramener la pensée politique libérale de la seconde moitié du XXᵉ siècle à la trilogie du pancanadianisme : interventionnisme étatique, centralisation politique et unité nationale. C'est une pensée qui a profondément marqué la vie politique canadienne, déjà au XIXᵉ siècle, mais surtout au XXᵉ siècle où les libéraux ont été au pouvoir durant 70 ans.

TABLEAU 4.1
Les chefs du Parti libéral du Canada depuis 1873

1873-1880	Alexander Mackenzie
1880-1887	Edward Blake
1887-1919	Wilfrid Laurier
1919	Daniel D. McKenzie*
1919-1948	William Lyon Mackenzie King
1948-1958	Louis St-Laurent
1958-1968	Lester B. Pearson
1968-1984	Pierre Elliott Trudeau
1984-1990	John Turner
1990-	Jean Chrétien

* Chef intérimaire

Le courant conservateur

On peut dégager, à la suite de Christian et Campbell (1990 : 100-112), quelques traits principaux du conservatisme au Canada de la seconde moitié du XIXᵉ siècle jusqu'au début du XXᵉ siècle. Tout d'abord, les conservateurs canadiens croient à la hiérarchie sociale et aux privilèges qui y sont rattachés. Ils ont ainsi développé une certaine attitude aristocratique, un certain élitisme en opposition à l'idée d'égalité politique entre les individus prônée par les libéraux. De même, ils ont souvent mis l'accent sur le respect de la loi et de l'ordre en opposition à la défense des libertés individuelles préconisée par les libéraux. C'est pourquoi ils ont été plus près des milieux d'affaires que des groupes plus défavorisés.

Les conservateurs canadiens vouent aussi à cette époque une loyauté très forte à la monarchie et à l'Empire britannique. La nostalgie de l'Empire, l'attachement indéfectible à la monarchie et à la Grande-Bretagne vont constituer la « marque de commerce » des conservateurs canadiens non seulement au XIXᵉ siècle, mais même durant la première moitié du XXᵉ siècle. Arthur Meighen ou Richard Bennett (voir le tableau 4.2) sont des nostalgiques de l'Empire et de fidèles alliés de la Grande-Bretagne. Les sentiments probritanniques de John Diefenbaker servent de fondements à son anti-américanisme.

Les conservateurs sont donc tournés davantage vers la Grande-Bretagne que vers les États-Unis, dont ils craignent souvent les visées politiques et l'expansionnisme économique. C'est pourquoi John A. Macdonald n'hésitera pas à mettre en œuvre une « Politique nationale » dès 1878 dont les tarifs protectionnistes serviront à aider et à stimuler l'industrie manufacturière canadienne face à la concurrence étrangère, surtout américaine. En ce sens, on peut dire que, si les libéraux ont défendu un nationalisme politique, les conservateurs ont mis en place un véritable nationalisme économique.

Dès lors, il ne faut pas s'étonner que l'idéologie conservatrice recouvre également un élément de collectivisme dans le sens où il faut défendre une collectivité, construire une nation canadienne : Macdonald s'y emploiera dès 1867. L'idée d'un gouvernement unioniste dirigé par Borden en 1917 et d'un National Government préconisé par Manion en 1940 va dans le même sens. Cet élément collectiviste permet également de justifier des interventions possibles de l'État afin d'assurer les intérêts de l'ensemble de la collectivité dans certaines circonstances. Ceci prendra des formes aussi diverses que le soutien à des grandes entreprises, comme le Canadien Pacifique, la création d'un réseau ferroviaire étatique avec le Canadien National, la mise sur pied de Radio-Canada ou la création de la Banque du Canada (au cours des années 1930 avec Bennett).

Il faut ajouter enfin que le conservatisme canadien a subi aussi l'influence des idées libérales, surtout dans le sens d'un libéralisme d'affaires. C'est pourquoi les conservateurs ont souvent été divisés entre des partisans d'une certaine forme d'intervention de l'État ou de protection assurée par l'État et des partisans de la non-intervention ou d'un véritable libéralisme économique. Ces derniers ont souvent eu tendance à l'emporter au cours du XXᵉ siècle.

Sous la poussée du néoconservatisme américain (avec Ronald Reagan) et britannique (avec Margaret Thatcher) et du néolibéralisme européen, les conservateurs de Brian Mulroney ont défendu un certain libéralisme d'affaires : il s'agit désormais de fournir les conditions favorables au développement du secteur privé plutôt que d'assurer la participation directe de l'État dans l'économie. Défense de la libre entreprise et de la propriété privée, réduction des interventions gouvernementales, croyance en l'initiative individuelle, tels sont les nouveaux slogans de la politique conservatrice. Il faut réduire le déficit, diminuer les dépenses, réduire la taille de la fonction publique fédérale, déréglementer, privatiser (13 sociétés de la Couronne le seront durant le premier mandat de Mulroney (1984-1988) dont Air Canada, De Havilland, Canadair et Téléglobe).

Ce retour vers le secteur privé au niveau interne se prolonge sur le plan externe par une volonté affirmée dès le départ d'alléger les barrières tarifaires, puis de s'engager dans un traité de libre-échange avec les États-Unis – ce sera un thème dominant de la campagne électorale fédérale de 1988 –, et de conclure enfin l'Accord de libre-échange nord-américain (ALÉNA) entre le Canada, les États-Unis et le Mexique. Le nationalisme économique lié à la «Politique nationale» de John A. Macdonald, qui a longtemps caractérisé le conservatisme canadien, est totalement remplacé par une vision continentaliste nord-américaine, qui avait longtemps été un créneau distinctif des libéraux canadiens. Il faut dire que les conservateurs n'avaient pas beaucoup le choix : le nationalisme économique devait céder le pas au continentalisme si l'on voulait s'inscrire dans le courant de mondialisation de l'économie et des échanges commerciaux.

Autre virage effectué par les conservateurs de Mulroney : d'un parti favorable à la centralisation avec Macdonald, Borden et d'autres ou du «One Canada, one nation» avec Diefenbaker, il est devenu le défenseur de la diversité du pays et d'une plus grande décentralisation vers les provinces. Pour ce faire, le gouvernement conservateur a conclu des ententes avec différentes provinces, avec l'Ouest canadien pour mettre fin au programme national de l'énergie mis en place par les libéraux, avec Terre-Neuve pour le programme Hibernia, avec le Québec pour assurer sa participation aux sommets de la francophonie et, surtout, pour faire accepter les conditions de son adhésion à la Constitution canadienne dans l'Accord du lac Meech.

Malgré tout, en particulier au cours du XXe siècle, les conservateurs canadiens n'ont jamais réussi à s'implanter au Québec, sauf sous le leadership de Mulroney. Différents facteurs expliquent cette faiblesse ou cette absence des conservateurs au Québec (Laterreur, 1973) : problèmes reliés au leadership du parti, faiblesse chronique de l'organisation, et un programme ou une idéologie incapables de s'adapter aux désirs profonds du Québec francophone. Si Brian Mulroney a réussi à obtenir l'appui du Québec, c'est à la fois parce qu'il était le premier chef conservateur en provenance du Québec et qu'il a pu bénéficier d'un fort ressentiment anti-Trudeau et antilibéral parmi les Québécois francophones à la suite du rapatriement de 1982 : c'est pourquoi il avait promis de «rapatrier» le Québec dans la Confédération, ce qu'il a tenté de faire avec l'Accord du lac Meech, qui a cependant échoué en 1990. Sans un appui appréciable du Québec, les conservateurs n'ont pu obtenir la victoire bien souvent au cours du XXe siècle (ils ont été au pouvoir durant 30 ans seulement, dont la moitié du temps grâce à un appui majoritaire du Québec). C'est pourquoi ils ont senti le besoin de changer de chef plus souvent que les libéraux, espérant ainsi retrouver le chemin de la victoire.

TABLEAU 4.2

Les chefs du Parti conservateur canadien depuis 1867

1867-1891	John A. Macdonald
1891-1892	John J.C. Abbott
1892-1894	John S. Thompson
1894-1896	Mackenzie Bowell
1896-1901	Charles Tupper
1901-1920	Robert Laird Borden
1920-1926	Arthur Meighen
1926-1927	Hugh Guthrie*
1927-1938	Richard Bedford Bennett
1938-1940	Robert James Manion
1940-1941	Richard B. Hanson*
1941-1942	Arthur Meighen
1942-1948	John Bracken
1948-1956	George Drew
1956-1967	John Diefenbaker
1967-1976	Robert Stanfield
1976-1983	Charles Joseph (Joe) Clark
1983	Erik Nielsen*
1983-1993	Martin Brian Mulroney
1993 (juin-déc.)	Kim Campbell
1993 (déc.)-1995	Jean Charest*
1995-1998	Jean Charest
1998 (avril-nov.)	Elsie Wayne*
1998-	Joe Clark

* Chefs intérimaires

Le courant socialiste

On peut signaler la présence de partis socialistes au Canada dès la fin du XIXᵉ siècle. Il existe, en effet, un Parti des travailleurs en Colombie-Britannique dès 1886 et un Parti ouvrier socialiste en Ontario dès 1894.

Mais c'est avant tout la grande crise économique des années 1930 qui favorise la rencontre de groupes d'ouvriers, de fermiers et de socialistes (dont plusieurs intellectuels) d'abord à Cal-

gary en 1932 où naît officiellement la Cooperative Commonwealth Federation (CCF), ensuite à Regina en 1933 où l'on adopte un véritable programme, le Manifeste de Regina (Brodie et Jenson, 1988 : 167-170). Le point de base qui rallie ces groupes, c'est leur hostilité commune à l'égard des excès du capitalisme. À l'idée d'une compétition entre les individus à la base du système capitaliste, ils vont opposer celle d'une coopération entre les individus dans le contexte, par exemple, de la planification économique. À l'idée d'un contrôle des moyens de production et de distribution par un petit groupe seulement, ils vont opposer celle d'un partage économique par la nationalisation de certains secteurs comme les transports, les communications, l'énergie électrique. À l'idée d'une totale liberté économique, ils vont opposer celle d'une meilleure égalité économique et d'une plus grande justice sociale. Ainsi, l'adoption d'un code du travail uniforme à travers le pays pour améliorer les conditions des travailleurs et des travailleuses de même que l'établissement d'un programme public d'assurance maladie, pour ne citer que ces deux exemples, constituent sans aucun doute des innovations importantes susceptibles d'assurer une plus grande justice sociale. Ce qui frappe un lecteur moderne, note Alan Whitehorn (1992 : 44-45), c'est comment le Manifeste de 1933 a pu examiner d'une façon adéquate, en général, les changements sociaux, économiques et politiques qui allaient survenir durant le demi-siècle suivant.

Mais le CCF ne se présente pas pour autant comme un mouvement révolutionnaire qui préconiserait des changements par la violence. Au contraire, en conformité avec la tradition canadienne de non-violence (sauf certaines exceptions, comme la grève générale de Winnipeg en

1919 ou la grève d'Asbestos en 1949), il croit que les buts poursuivis peuvent être atteints par des moyens constitutionnels, par l'entremise des institutions politiques en place.

Certaines réclamations du Manifeste, comme la liberté de parole et d'assemblée, l'égalité de traitement devant la loi, s'inscrivent véritablement dans la tradition du libéralisme. Mais, pour le CCF, la défense des libertés individuelles doit s'accorder avec la défense de l'égalité économique. Bref, propriété sociale, nationalisation de services publics, opposition aux entreprises financières qui contrôlent le crédit, planification économique, égalité économique par l'extension de droits économiques, défense de libertés individuelles, tels sont les principaux thèmes qui se dégagent du programme unissant ces fermiers, ouvriers et intellectuels socialistes à la base du CCF.

Par la suite, le parti va atténuer certaines positions plus radicales de son programme et chercher même à minimiser ses différences idéologiques avec les libéraux, alors que ceux-ci, surtout sous l'influence de Mackenzie King, vont aussi « emprunter » au programme du CCF. Ces positions plus modérées, comme celles de la Déclaration de Winnipeg en 1956, ne réussissent pas à contrer le déclin constant du parti depuis 1945, déclin en termes de suffrages et non pas nécessairement en termes de sièges (Whitehorn, 1992, chap. 4). L'échec de 1958 à la suite du raz-de-marée conservateur avec John Diefenbaker, deux ans seulement après la Déclaration de 1956, va provoquer une sérieuse remise en question au sein du parti.

Comme dans les années 1930, des ouvriers, des fermiers et des socialistes vont se regrouper pour fonder, à Ottawa en 1961, le Nouveau Parti démocratique (NPD) en remplacement du CCF. Mais ce sont désormais les ouvriers qui forment le groupe le plus nombreux au sein du parti puisque, contrairement aux décennies précédentes, les syndicats appuient officiellement le NPD. La fusion en 1956 des deux grandes centrales syndicales canadiennes en une seule, le Congrès du travail du Canada (CTC), n'est pas étrangère à cette situation, d'autant plus que le CTC appelle en 1958 à un réalignement des forces politiques et propose de créer un « parti du peuple canadien ».

Cette présence importante des syndicats marque le NPD d'une double façon. Tout d'abord, les efforts du nouveau parti sur le plan électoral vont porter surtout sur les provinces où se retrouvent le plus grand nombre de travailleurs syndiqués, en particulier l'Ontario et la Colombie-Britannique. Le Québec, pour des raisons historiques (Lamoureux, 1985), garde encore ses distances à l'égard de la nouvelle formation en dépit d'une volonté de rapprochement entre les deux nettement présente au moment de la fondation du NPD, par exemple, en reconnaissant le caractère binational du Canada ou en abandonnant des positions jugées trop socialistes (Whitehorn, 1992 : 50-51). La Saskatchewan rurale, par contre, va demeurer un important bastion du parti, mais son importance dans l'ensemble canadien diminue constamment.

Ensuite, la présence des syndicats exerce une influence sur l'orientation idéologique du parti où domine une tendance sociale-démocrate plutôt qu'une position nettement socialiste. L'intervention de l'État, des programmes sociaux plus nombreux, un développement économique planifié, la reconnaissance du secteur coopératif se retrouvent encore dans la déclaration de principes de 1961.

Mais ce document ignore des termes comme « capitalisme », « socialisme », « impérialisme », « classe sociale » (Whitehorn, 1992 : 61) dans un souci évident de ne pas s'aliéner la classe moyenne qui est prête à accepter l'État-providence, mais non un État socialiste. C'est pourquoi le NPD adopte une position plutôt modérée où même la présence importante du capital américain au Canada, si elle peut poser certains problèmes, n'est pas nécessairement perçue comme un obstacle à des transformations sociales. Il faut reconnaître cependant que le nationalisme canadien est largement présent dans ce programme, nationalisme qui s'accorde avec l'idée du caractère binational du Canada alliée toutefois à une profonde proclamation de foi dans le fédéralisme.

Cette ouverture sans précédent sur le Québec ne lui rapportera pas les dividendes escomptés puisque le NPD obtiendra ses plus grands « succès électoraux » en Ontario, en Colombie-Britannique et en Saskatchewan, et non pas au Québec. À l'élection de 1988, le NPD obtient le plus grand nombre de sièges (43 sur 295 ou 14,6 %) et de voix (20,4 %) de toute l'histoire du CCF-NPD. Tous les espoirs étaient alors permis... du moins jusqu'à l'élection de 1993 où le parti ne retrouve que 9 sièges. Cette débandade du NPD peut s'expliquer en partie par l'impopularité des gouvernements néodémocrates déjà en place dans les provinces où ce parti a ses plus fortes assises : ce fut le cas tout particulièrement en Ontario où les libéraux vont remporter 98 sièges sur 99. Par contre, à l'élection de 1997, il a réussi à obtenir 21 sièges (avec 11 % des voix) et à faire une percée significative dans les Maritimes où l'électorat s'est montré déçu des politiques des libéraux au pouvoir (surtout en ce qui a trait aux réductions importantes dans l'assurance chômage).

À l'évidence, le NPD n'est pas parvenu à remplacer l'une des deux grandes formations politiques du pays : il est demeuré un tiers parti malgré tous ses efforts, mais un tiers parti qui a influencé grandement la vie politique canadienne, surtout par le fait qu'il a pu s'emparer du pouvoir dans quatre provinces du pays et que, au niveau fédéral, il a joué souvent le rôle d'un groupe de pression auprès du Parti libéral pour qu'il mette en œuvre des politiques progressistes.

TABLEAU 4.3
Les chefs du CCF-NPD depuis 1932

1932-1942	J.S. Woodsworth
1942-1960	M.J. Coldwell
1960-1961	Hazen Argue
1961-1971	Tommy (T.C.) Douglas
1971-1975	David Lewis
1975-1989	Ed Broadbent
1989-1995	Audrey McLaughlin
1995-	Alexa McDonough

Les nouveaux partis : le Reform Party

À la suite de l'élection tenue en octobre 1993, deux nouveaux partis font une entrée remarquée sur la scène fédérale : le Reform Party et le Bloc québécois.

Le Reform Party (ou Parti réformiste) est créé en 1987 lors du congrès de Winnipeg. Depuis sa fondation jusqu'à sa dissolution en mars 2000, il a gardé le même chef, Preston Manning. À l'enseigne de la droite, ce parti cherche à tabler tout d'abord sur la frustration de la population à l'égard de la faillite des institutions politiques, des partis traditionnels en place, des réformes

constitutionnelles avortées, pour proposer un
« nouveau Canada ». Ce « nouveau Canada » ne
s'arrête cependant pas aux seules réformes politiques ; il embrasse aussi le domaine social et s'en-
racine dans une profonde méfiance, sinon dans
une forte opposition, à l'égard des élites en place.

Ces élites sont identifiées à des intérêts particuliers et aux groupes qui les défendent : les groupes féministes, autochtones, syndicaux,
multiculturels, linguistiques, ethniques, les sociétés de la Couronne, les agences gouvernementales
et même les milieux d'affaires qui quémandent des
subventions gouvernementales. En somme, ce sont
tous ces groupes qui requièrent des fonds publics
et obligent ainsi les gouvernements à dévier des
lois du marché pour la distribution des ressources
(Laycock, 1994 : 216-219). À cette élite issue des
groupes s'ajoutent tous les bureaucrates dont l'emploi est relié à l'expansion des programmes qui
accordent des fonds à ces groupes et tous les politiciens et politiciennes qui viennent consacrer cette
situation, sinon l'encourager.

C'est pourquoi le Reform Party a critiqué vivement les « vieux partis » qui sont les complices
et les instruments de ces intérêts particuliers. Dans
cette même optique, il s'est opposé au fédéralisme
asymétrique et à toute forme de statut particulier
pour le Québec, qui doit être considéré comme
une province comme les autres. En revanche, il a
préconisé certaines réformes politiques, comme une
moindre discipline de parti et un usage plus fréquent du référendum afin de renouveler la démocratie de représentation trop dominée par les élites du centre du pays (Ontario et Québec) et par
des intérêts particuliers.

Les changements envisagés doivent toucher
également tout le domaine social par la remise en
cause de l'État-providence, des programmes so-

ciaux, de l'idée de justice sociale, bref de l'intervention de l'État dans la société civile. Défendre
la propriété privée par tous les moyens ou couper
l'aide de l'État aux déviants et aux marginaux de
la société comme les homosexuels et les drogués
illustrent bien la position idéologique du parti, qui
se situe nettement à droite de l'échiquier politique.

À l'élection de 1993, la pierre angulaire de sa
plateforme reposait sur l'élimination du déficit, ce
qu'il proposait de faire en trois ans en abolissant
certains programmes sociaux et en diminuant sa
participation dans les autres. Dans l'Ouest canadien où il a obtenu 51 sièges (et un seul en Ontario), le Reform Party a remplacé le Parti progressiste-conservateur qui avait essayé de concilier
différentes tendances en son sein. Il est ainsi devenu le porte-parole et l'ardent défenseur des intérêts de l'Ouest. Comme le soulignait Lise
Bissonnette, ancienne directrice du *Devoir*, à la suite
du congrès du Reform Party tenu à Ottawa en
1994, ce parti, dans ce qu'il préconise, est « l'illustration de cette assimilation tranquille de l'Ouest
canadien, base du Reform Party, à l'Ouest américain, base de l'Amérique conservatrice » (*Le Devoir*, 18 octobre 1994 : A6).

À la suite de son congrès d'octobre 1996, le
parti a cherché à projeter une image plus modérée,
de façon à convaincre l'électorat de l'Ontario, des
Maritimes et même du Québec. Il a misé moins sur
le mécontentement traditionnel de l'Ouest canadien
et mis l'accent davantage sur des orientations idéologiques susceptibles d'attirer un électorat conservateur : réduction de la taille du gouvernement, retour aux valeurs familiales, diminution des impôts,
renforcement du système judiciaire. Il a cependant
maintenu à peu près les mêmes positions sur des
sujets comme l'homosexualité, l'avortement, la peine

de mort et l'égalité entre toutes les provinces. Le parti a toutefois réussi à faire élire 60 députés à l'élection de 1997, uniquement dans l'Ouest canadien, et ainsi à former l'opposition officielle à la Chambre des communes.

Toujours perçu comme représentant de l'Ouest, le Reform Party cherche désespérément à devenir un « parti national » susceptible de ravir le pouvoir aux libéraux. Tel est le sens du projet, lancé par Preston Manning, d'une « Alternative unie » qui rallierait la droite canadienne. Ce projet, appuyé en mai 1999 par 60,5 % des membres du parti, a suscité certaines dissensions à l'intérieur même du Reform Party et assez peu d'enthousiasme au sein du Parti progressiste-conservateur dirigé par Joe Clark, qui ne souhaite pas la fusion des deux partis, ni même le partage des circonscriptions entre les deux de façon à éviter la division des votes de droite face au Parti libéral ou au NPD. En mars 2000, 92 % des membres du Reform Party appuyaient la création d'un nouveau parti appelé l'Alliance réformatrice-conservatrice canadienne et, de ce fait, la dissolution du Reform Party. La plupart des opposants réformistes se sont alors ralliés au nouveau parti.

Selon une étude récente (Nevitte *et al.*, 2000), il est peu probable qu'une « Alternative unie » de la droite (devenue depuis lors l'Alliance canadienne) réussisse à attirer les votes des conservateurs qui se montrent plus près des libéraux sur une série d'enjeux sociaux et politiques et qui choisissent davantage les libéraux, et même le NPD, que le Reform Party comme second choix. Dans ces circonstances, la fusion des deux partis n'apporterait pas nécessairement les dividendes escomptés. Il semble surtout que le chef du Reform Party, Preston Manning, soit essentiellement perçu comme un chef étroitement associé aux réclama-

tions de l'Ouest, ce qui n'est pas de nature à séduire l'électorat des autres provinces, en particulier de l'Ontario et du Québec.

En juillet 2000, l'Alliance canadienne s'est donné un nouveau chef, Stockwell Day, qui l'a nettement emporté sur Preston Manning (avec plus de 63 % des voix). Tout de suite après son élection, les médias l'ont présenté comme l'incarnation de la jeunesse et du renouveau dans un nouveau parti qui tente de rallier la droite canadienne. Opposé à l'avortement et aux droits des homosexuels, partisan de la peine de mort et de la loi et de l'ordre, favorable à un taux d'imposition unique pour tous, Stockwell Day est reconnu pour son conservatisme social et fiscal qui peut séduire les anciens réformistes. Par ses options constitutionnelles favorables à une plus grande décentralisation des pouvoirs vers les provinces, il peut aussi plaire aux anciens réformistes et à une partie de l'électorat canadien. Cependant, si le programme de l'Alliance canadienne reflète fidèlement les principes de son nouveau chef et se situe trop nettement à droite de l'échiquier politique, il a peu de chance de rallier une bonne partie de l'électorat de l'Ontario, du Québec et des Maritimes, nécessaire pour former un gouvernement.

Les nouveaux partis : le Bloc québécois

Dans l'esprit de son fondateur, Lucien Bouchard, le Bloc québécois est né « un jour de juillet 1990 » (Bouchard, 1993 : 7), soit peu de temps après l'échec de l'Accord du lac Meech en juin de la même année. Ayant quitté le Parti conservateur pour protester contre de vaines tentatives de modifier le contenu de cet accord, Lucien Bouchard sera suivi d'autres députés conservateurs et de deux libéraux. Ce noyau formera le Bloc québécois, premier parti à caractère souverainiste sur la scène fédérale. À ce titre, il s'inscrit en filiation avec le Parti québécois, partageant avec lui une même vision du Québec et de sa place dans la fédération canadienne, en attendant que se réalise la souveraineté-partenariat. À cet égard également, il se distingue des autres partis nationalistes du Québec qui ont agi sur la scène fédérale, tels que la Ligue nationaliste dirigée par Henri Bourassa ou le Bloc populaire canadien d'André Laurendeau.

Ce n'est cependant qu'en juin 1991 que ce parti tiendra son congrès de fondation et se donnera des statuts visant à régir le fonctionnement de la nouvelle formation politique. Comme son nom l'indique, le parti est cantonné au seul Québec : c'est le pendant sur la scène fédérale du Parti québécois sur la scène provinciale. Il en partage donc les grands traits idéologiques, bien qu'il ait tendance depuis quelque temps à prendre ses distances à l'égard du PQ.

Le Bloc québécois, comme l'écrivait son ancien chef, se définit selon deux axes principaux : il a d'abord pour vocation la défense primordiale des intérêts du Québec sur la scène fédérale et il a ensuite pour objectif essentiel la souveraineté politique du Québec (Bouchard, 1993 : 13). Sur la scène fédérale, il doit se préoccuper de toutes les politiques d'Ottawa qui ont des répercussions au Québec, qu'il s'agisse de politiques sociales ou environnementales, de recherche-développement, de défense nationale ou de politique internationale. Mais, en même temps, en conformité avec une certaine vision sociale-démocrate présente au Parti québécois, le Bloc apparaît aussi comme le défenseur des Québécois les plus durement touchés par la récession et par les compressions budgétaires. En d'autres termes, son programme parle

aussi bien de relance économique et de création d'emplois que de préservation des acquis sociaux. Dans l'un et l'autre cas, le gouvernement, estime-t-il, ne peut se soustraire à ses obligations.

Comme défenseur des intérêts du Québec à Ottawa, le parti s'engage à réclamer sa juste part pour le Québec des fonds fédéraux qui favorisent l'emploi, sa juste part des transferts fédéraux au chapitre de la péréquation et du financement des programmes établis, tout en exigeant un rapide transfert au Québec des budgets et des centres de décision concernant les plus importants champs de compétence québécois (Bouchard, 1993 : 107-111).

Au total, comme on peut le constater, tout converge vers cette double idée : une seule fidélité, le Québec ; un seul objectif, la souveraineté du Québec. Dans cette optique, son passage sur la scène fédérale ne peut être que temporaire, soit jusqu'au moment où le Québec aura accédé à la souveraineté.

Depuis l'élection de 1997, le Bloc cherche à prendre davantage ses distances à l'égard du Parti québécois. Tenant à sauvegarder une « image social-démocrate », il ne voulait pas être associé trop étroitement aux compressions importantes imposées par le gouvernement péquiste en éducation et en matière sociale. En outre, il a tenté de donner davantage de contenu, sinon à redéfinir la notion de souveraineté-partenariat défendue à la fois par le PQ et le Bloc. Il s'est également donné un programme plus complet qu'il compte défendre à la prochaine élection.

À l'élection fédérale de 1993, sous le leadership de Lucien Bouchard, le Bloc québécois a obtenu plus de 49 % des voix au Québec et 54 sièges sur 75, ce qui lui a permis de former l'opposition officielle à Ottawa. L'enjeu de cette élection au Québec s'est résumé au choix du parti susceptible de mieux représenter les intérêts du Québec à Ottawa. C'est ainsi que le Bloc a obtenu le soutien de l'électorat qui s'identifiait le plus à la cause nationaliste, ainsi que celui des gens déçus du Parti conservateur, sans oublier ceux et celles qui s'estimaient trahis par les libéraux de Jean Chrétien associés au rapatriement de 1982 et à la défaite de l'Accord du lac Meech en 1990. À cet important contingent se sont ajoutés des électeurs qui avaient l'habitude de ne pas participer aux élections fédérales en l'absence d'un véritable choix (Bickerton *et al.*, 1999 : 181-183).

Quatre ans plus tard, à l'élection de juin 1997, il restait bon premier au Québec, mais ne décrochait que 44 sièges. Ce moindre succès du Bloc québécois s'explique tout aussi bien par un leadership plus faible (Michel Gauthier, puis Gilles Duceppe ont remplacé Lucien Bouchard comme chef du parti) que par la montée du Parti progressiste-conservateur, avec Jean Charest comme leader, qui a réussi à récupérer le vote d'un certain nombre de nationalistes conservateurs, et par les compressions budgétaires importantes en vue d'atteindre l'objectif du « déficit zéro » imposées par le nouveau premier ministre du Québec, Lucien Bouchard, qui a officiellement remplacé Jacques Parizeau en janvier 1996.

En somme, en se présentant comme le seul vrai défenseur des intérêts du Québec à Ottawa, le Bloc a pu obtenir l'appui d'une majorité d'électeurs francophones déçus des deux partis traditionnels. À la suite de ce double succès électoral, le parti qui avait été créé sur une base temporaire a plutôt tendance à affirmer sa pérennité : il a donc l'intention demeurer sur la scène fédérale pour les prochaines élections.

TABLEAU 4.4

Les chefs du Bloc québécois depuis 1991

1991-1996	Lucien Bouchard
1996 (janv.-fév.)	Gilles Duceppe*
1996-1997	Michel Gauthier
1997-	Gilles Duceppe

* Chef intérimaire

L'ORGANISATION DES PARTIS

Si un parti veut mobiliser l'électorat et accéder au pouvoir, il ne lui suffit pas de se positionner sur le marché des biens politiques en offrant un produit distinctif. Il doit aussi se donner une organisation capable de vendre ce produit et d'appuyer des candidats et des candidates au cours des campagnes électorales.

Des structures qui se ressemblent

D'une façon générale, on peut dire que les partis se sont donné des structures qui ont tendance à se ressembler. Aussi bien le Parti libéral du Canada (PLC) que le Parti progressiste-conservateur (PC), le Nouveau Parti démocratique (NPD), le Parti réformiste (PR) ou le Bloc québécois (BQ) considèrent l'assemblée générale des membres ou le congrès national comme l'instance suprême chargée d'établir les politiques générales du parti et d'élire les dirigeants et dirigeantes nationaux. Ce qui les distingue toutefois, c'est leur conception d'un tel congrès. Au NPD, comme au Parti québécois, les membres réunis en congrès participent véritablement à la définition du programme en adoptant différentes résolutions qui en deviennent partie intégrante. En outre, celui-ci constitue un document auquel on se réfère et dont on se réclame lorsqu'il s'agit d'expliquer et de défendre les politiques du parti. Le Parti réformiste et le Bloc québécois ont adopté à peu près la même attitude. Cependant, un tel document n'a pas la même valeur symbolique et effective pour les libéraux et les conservateurs, d'autant plus que le « programme » qu'ils soumettent à l'électorat n'est pas élaboré par les membres réunis en congrès, mais plutôt par un groupe restreint autour du comité national de la plateforme, comme ce fut le cas des libéraux aux élections de 1993. Certes, le parti peut s'en réclamer et y faire régulièrement référence, mais on ne peut dire que le programme, dans un tel cas, est élaboré par les membres réunis en congrès.

Entre les congrès, qui se tiennent habituellement tous les deux ans, une autre instance est chargée de diriger les activités du parti ; elle est appelée exécutif national chez les libéraux, les conservateurs et les réformistes, conseil du parti fédéral pour le NPD ou conseil général pour le Bloc québécois. Les commissions et les comités mis sur pied par un parti pour s'occuper de différents champs d'activité (organisation, communication et publicité, questions juridiques, gestion financière, plate-forme électorale, etc.) doivent habituellement rendre compte de leurs

FIGURE 4.3
Organigramme général des partis politiques

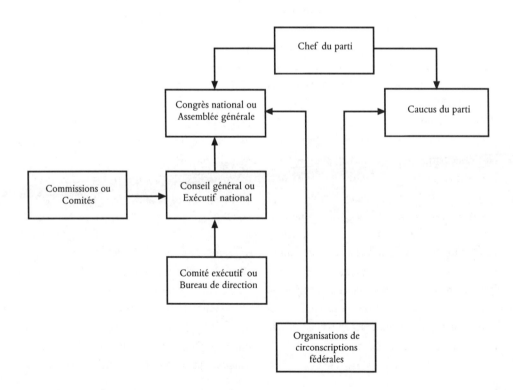

travaux devant un tel organisme qui a la responsabilité générale des affaires du parti entre les congrès.

Comme cet organisme est composé de nombreux membres (entre 100 et 200) et qu'il se réunit peu souvent (aux trois ou quatre mois), c'est plutôt un comité exécutif ou un bureau de direction qui est responsable des affaires du parti entre les réunions de son instance supérieure, s'occupant alors des dossiers courants, de l'administration et des questions budgétaires.

Cette structure à trois niveaux se retrouve dans toutes les grandes formations politiques canadiennes, à l'exception du PC qui a ajouté un quatrième échelon. Une assemblée générale des membres, un comité exécutif restreint, une structure intermédiaire élargie (appelée exécutif national ou conseil général), un certain nombre de commissions ou de comités à objectifs particuliers, tels sont les traits dominants qui s'imposent à toutes les formations politiques (voir la figure 4.3).

La concentration du leadership

Au-delà des organigrammes et des structures officielles, il faut aussi s'intéresser à la distribution du pouvoir au sein des partis. Plus particulièrement, le pouvoir a-t-il tendance à se concentrer au sommet de la pyramide entre les mains d'un petit groupe ou à se disperser au sein du parti entre les instances?

Deux modèles rendent compte de ces phénomènes. C'est d'abord le modèle oligarchique, élaboré par Robert Michels (1971), qui s'est imposé le plus largement. Selon lui, un parti politique, comme toute grande organisation, développe en son sein une oligarchie bureaucratique caractérisée par l'existence, au sommet de

l'organisation, d'un cercle intérieur fermé de dirigeants professionnels, pratiquement inamovibles. En d'autres termes, la direction des grandes machines politiques est progressivement accaparée par une classe professionnelle qui évince les militants et militantes et qui contrôle les promotions dans le parti. Ce pouvoir oligarchique se fonde à la fois sur un monopole de l'information, sur l'habileté politique et l'expérience de dirigeants professionnels face à des militants amateurs, sur la volonté des membres eux-mêmes d'être fermement conduits et sur la vénération des masses pour les leaders. Élaborée à partir de l'expérience des partis socialistes ou sociaux-démocrates du début du siècle en Europe, cette thèse a été abondamment reprise, commentée, appliquée, mais aussi critiquée, depuis cette époque. Ce que l'on a appelé la « loi d'airain » de l'oligarchie s'est largement imposé dans la littérature sur les partis.

En se basant plutôt sur l'expérience des formations politiques américaines, Samuel Eldersveld (1964) a élaboré le modèle stratarchique qui est la contrepartie du précédent. Selon lui, dans les partis américains tout au moins, le pouvoir n'est pas concentré au sommet, mais plutôt partagé entre les divers groupes ou les sous-ensembles qui constituent le parti. On peut ainsi concevoir un parti comme:

– une structure d'accueil ouverte, perméable à la base comme au sommet, accueillant des membres de tous les horizons;

– un ensemble lâche de sous-groupes socio-économiques dont la cohésion, la puissance d'identification et les interactions sont variables à l'intérieur du parti;

– une structure où le pouvoir est distribué et se développe aux divers échelons de décision dans le parti (ce qu'il nomme une stratarchie) en opposition à l'idée d'une concentration du pouvoir au sommet ;

- un agrégat de catégories dirigeantes qui remplissent des fonctions différenciées dans la structure du parti : il ne s'agit pas d'une classe professionnelle de dirigeants qui s'emparent du pouvoir au sein du parti, mais plutôt d'un leadership à la fois pluraliste, ouvert et changeant.

Comme on peut le voir, ce modèle est à l'opposé de celui de Michels. Il n'a pas connu toutefois le succès du premier. Mais qu'en est-il dans le cas des partis canadiens qui ont été marqués à la fois par la tradition européenne, surtout britannique, et par la situation américaine ?

D'une façon générale, on peut dire que les partis politiques canadiens, à l'exception des périodes électorales, se rapprochent davantage du modèle oligarchique que du modèle stratarchique. À l'appui de cette thèse, il faut souligner le double phénomène de nationalisation des structures et de concentration du pouvoir.

Examinons tout d'abord la nationalisation des structures. Si le congrès national, tenu tous les deux ans, conserve une certaine importance dans la vie des partis, ce sont plutôt les autres instances nationales qui jouent un rôle essentiel. Les exécutifs nationaux ou conseils généraux aussi bien que les comités exécutifs ou bureaux de direction occupent une place centrale dans toutes les formations politiques canadiennes : ils administrent le parti, s'occupent des affaires courantes, établissent les allocations budgétaires, nomment les officiers non élus et voient même à la mise en place de la ligne de pensée du parti. En ce sens, les premiers constituent de véritables conseils d'administration qui ne se contentent pas

des seules questions de gestion, mais aussi d'orientation du parti, alors que les seconds servent de comités exécutifs des premiers, sans se confiner cependant aux seuls rôles d'exécutants : les questions politiques y occupent une place importante, au même titre que les problèmes de fonctionnement et les affaires administratives. Ces exécutifs constituent le centre vital du parti, d'autant plus que le chef y siège. Mais ce groupe restreint qui oriente la vie du parti n'est pas inamovible, contrairement au modèle de Michels.

À cette importance sans conteste des instances nationales s'ajoute le phénomène de concentration du pouvoir déjà évoqué dans le cas des exécutifs. Par exemple, les organismes supérieurs ont tendance à exercer un contrôle sur les résolutions soumises à l'assemblée générale des membres. Tel est le cas aussi bien au PLC et au PC qu'au NPD. Cependant, dans les deux premiers partis (PLC et PC), c'est le chef qui exerce l'action la plus importante dans tout ce processus. Comme le soulignait déjà un dirigeant conservateur : « La plupart des initiatives concernant les politiques sont soumises très tôt à l'attention du chef. Je serais surpris qu'il y ait des politiques dans notre parti qui surprennent le chef » (Pelletier, 1991 : 326). Ou encore, cet aveu d'un dirigeant libéral : « S'il y avait une politique qui allait à l'encontre des idées du chef, je serais porté à croire soit que la politique ne serait pas adoptée, soit qu'elle serait négligée » (Pelletier, 1991 : 327).

Au PLC comme au PC, au NPD comme au BQ, le chef est toujours identifié comme étant la personne qui détient le plus de pouvoir dans le parti. Il jouit de pouvoirs importants dans l'élaboration des politiques et la prise de décision, ainsi que pour les nominations à des postes clés au sein du parti et, s'il est à la tête du gouvernement, pour les nominations au conseil des ministres et à différentes positions d'autorité ; comme l'ont mentionné Jean Crête et André Blais, il conduit également les élections en contrôlant les ressources de son organisation et en créant l'image qui s'impose au parti. C'est pourquoi, pour reprendre une expression de Schonfeld (1980), il conviendrait peut-être de caractériser les partis canadiens comme des monocraties plutôt que des groupes oligarchiques, la monocratie étant un mode de domination caractérisé par l'influence prépondérante ou prédominant d'une seule personne sur les décisions du groupe. C'est à cette personne que l'organisation entière tend à s'identifier ; en outre, lorsque cette personne prend le contrôle de l'organisation, elle va coopter des personnes qui semblent acquises à sa cause, ce qui se traduit par la promotion rapide de collaborateurs fidèles. Dans ce genre d'organisation, le remplacement du chef produit toujours un bouleversement assez important puisque le nouveau chef peut s'entourer d'une nouvelle équipe et imprimer de nouvelles orientations au parti. En ce sens, le chef est vraiment au centre de la vie du parti. Autour de lui gravite une équipe restreinte qui contrôle largement toute la formation politique.

LES PARTIS AU PARLEMENT

Ce phénomène de concentration du pouvoir se vérifie également au Parlement, dont les activités quotidiennes sont ponctuées par la division entre le parti qui forme le gouvernement et le ou les partis qui se retrouvent dans l'opposition.

Concentration et personnalisation du pouvoir

Pour exercer le pouvoir, les organisations ont tendance à être centralisées. C'est également le cas des partis qui sont enclins à se refermer après les élections, ce qui se traduit par la domination des parlementaires sur l'ensemble du parti et par la domination des permanents et permanentes sur la vie interne de l'organisation, et ce, en étroite relation avec les dirigeants et dirigeantes parlementaires. Si le parti est au pouvoir, il appartient alors au premier ministre, qui est aussi chef d'un parti, de choisir son conseil des ministres et de diriger le gouvernement, ce qui lui assure une position centrale non seulement dans l'appareil gouvernemental et administratif, mais aussi dans la vie parlementaire par sa participation à la période des questions et à de grands débats politiques, et par son orientation générale des travaux de la Chambre (ces moments de la vie parlementaire seront développés dans un autre chapitre).

En outre, le Bureau du premier ministre contribue à cette concentration du pouvoir en lui fournissant une organisation solide pour assurer son leadership. En liaison constante avec le premier ministre lui-même, ce bureau, si l'on se fie à d'anciens dirigeants et dirigeantes libéraux et conservateurs, intervient autant dans l'administration même du parti (le chef de cabinet du premier ministre est un personnage politique important) que dans l'élaboration des politiques. Cette influence du Bureau du premier ministre ne peut être tempérée que par la consultation régulière avec le *caucus* des députés et sénateurs. Il peut ainsi s'établir une sorte d'équilibre entre le bureau et l'aile parlementaire, à la condition que le *caucus* soit uni sur un certain nombre de questions. À l'inverse, le bureau sera d'autant plus fort que le caucus sera divisé.

Aussi bien lorsque le parti est au pouvoir que lorsqu'il est dans l'opposition, les médias viennent amplifier le phénomène de concentration du pouvoir en mettant l'accent sur la vie parlementaire. En ce sens, on peut dire qu'en politique canadienne tout converge vers la colline parlementaire à Ottawa. C'est là le centre de la vie politique, ce qui favorise nettement les chefs de parti, leur entourage et les *caucus* des députés et sénateurs. Par contre, une telle concentration du leadership n'encourage nullement la participation active des membres à la vie du parti. C'est pourquoi les associations du comté sont si moribondes entre les élections, y compris dans un parti comme le NPD qui favorise pourtant la participation des membres.

Ce phénomène de concentration du pouvoir est relié d'abord au système parlementaire de type britannique qui nous régit. On y a dépouillé le monarque de ses pouvoirs pour les transférer non pas à l'assemblée élue, mais au premier ministre qui est devenu un nouveau monarque investi de pouvoirs considérables. Ce nouveau monarque jouit cependant d'une légitimité plus grande conférée par l'élection.

Ce phénomène est également relié aux nouvelles techniques de marketing qui mettent l'accent davantage sur le style et l'image que sur le message (Sabato, 1981). En privilégiant l'image, ces techniques visent à forger des liens personnels entre le chef et les électeurs et électrices plutôt qu'à mettre en évidence les politiques et les différences de programme. De ce fait, soulignait Grant Amyot (1986), elles ont tendance à consolider la position du chef dans l'organisation et à renforcer l'orientation traditionnelle de la politique canadienne centrée sur le leadership.

Kenneth Carty (1988) en arrive à la même conclusion lorsqu'il analyse les trois grandes périodes qui ont marqué la vie politique canadienne depuis 1867. Depuis 1963 environ, c'est la politique de l'électronique qui domine le paysage politique canadien. En comptant ainsi sur les nouvelles technologies, on personnalise de plus en plus la politique, si bien que les partis sont devenus pratiquement des « extensions du chef ». La toile de fond qui recouvre les trois périodes, selon Carty, c'est l'importance considérable accordée au chef.

Ainsi, au phénomène bien connu de concentration du pouvoir s'ajoute celui de la personnalisation du pouvoir. En d'autres termes, le pouvoir s'incarne en une personne à laquelle s'identifie tout le parti. Et les médias contribuent fortement à ce phénomène, d'une part en mettant l'accent sur le style et l'image plutôt que sur le contenu, et d'autre part en centrant l'attention sur la colline parlementaire à Ottawa.

La révision du leadership

Si le chef domine son parti et que les membres y jouent un rôle plutôt effacé, il ne faut pas conclure pour autant que le leader jouit d'un pouvoir absolu sur le parti. À certains moments, la base s'anime davantage, exerce un certain contrôle sur le chef et remplit mieux ses fonctions dans l'organisation partisane.

Ainsi, les partis se sont donné une politique de révision du leadership qui s'exerce à des moments précis. Dans le cas du NPD, une telle politique existe depuis longtemps. À chaque congrès national, les délégués participent à l'élaboration des politiques et du programme, et se prononcent sur la question du leadership. Le Parti réformiste a également adopté cette même disposition dans ses statuts. Mais c'est habituellement une simple formalité pour le leader qui est réélu par acclamation.

Au PC, de 1974 à 1989, la question du leadership pouvait être posée à chaque assemblée générale des membres. C'est ainsi que l'ancien premier ministre Joe Clark (voir le tableau 4.5), contesté comme chef depuis un certain temps, a préféré remettre sa démission en 1983, même après avoir obtenu les deux tiers des voix en sa faveur. Depuis 1989, cette règle a été modifiée : les membres peuvent se prononcer sur le leadership à la suite d'une élection générale où le parti n'a pas formé le gouvernement.

Chez les libéraux, on pouvait soulever cette question au congrès national qui se tenait à la suite d'une élection générale fédérale : c'est ainsi que l'ancien premier ministre Trudeau a dû se soumettre quatre fois (en 1970, 1973, 1975 et 1980) au processus de révision du leadership. Une seule fois (en 1973), alors que son gouvernement était minoritaire (voir le tableau 4.5), le Bureau du premier ministre a dû travailler fort pour lui assurer une victoire éclatante (Wearing, 1989).

En somme, comme on peut le constater, cette procédure de révision du leadership semble accorder un pouvoir important aux membres du parti. Mais ce n'est habituellement qu'une simple formalité pour le leader.

La sélection des candidats et candidates

Si, pour exercer le pouvoir, l'organisation des partis a tendance à se refermer et à être plus centralisée, on peut dire que, pour conquérir le pouvoir, les partis sont plus ouverts, plus décentralisés et se rapprochent ainsi davantage du modèle stratarchique. Le parti accorde des pouvoirs considérables aux organisateurs provinciaux et locaux ; il laisse habituellement la plus grande autonomie aux associations locales dans le choix des candidats et candidates ; la plate-forme électorale est même souvent adaptée aux situations locales.

La sélection des candidats et candidates constitue certainement l'une des plus importantes fonctions des partis politiques, d'autant plus que, dans notre système parlementaire fondé sur le principe de la responsabilité ministérielle, le gouvernement en place doit s'assurer de l'appui d'une majorité de députés et députées à la Chambre des communes. C'est le moment par excellence où s'anime l'association locale et où se prononce la base du parti.

En effet, les membres d'un parti participent directement à la sélection en votant pour le candidat ou la candidate de leur choix au moment d'une assemblée d'investiture. Il arrive parfois que l'association locale refuse de renommer le député sortant candidat officiel du parti. Ce fut le cas de quatre députés sortants en 1997, deux du Bloc québécois, un libéral et un réformiste. Dans trois cas sur quatre, le nouveau candidat a réussi à se faire élire et est donc devenu député (Sayers, 1999 : 225-226).

TABLEAU 4.5

Partis au pouvoir et premiers ministres du Canada

Élection générale	Parti formant le gouvernement à la suite de l'élection	Premier ministre du Canada
1867	« Conservateur[1] »	John A. Macdonald
1872	Conservateur	John A. Macdonald
		Alexander Mackenzie (lib.) 1873
1874	Libéral	Alexander Mackenzie
1878	Conservateur	John A. Macdonald
1882	Conservateur	John A. Macdonald
1887	Conservateur	John A. Macdonald
1891	Conservateur	John A. Macdonald
		John C. Abbott (1891-1892)
		John S.D. Thompson (1892-1894)
		Mackenzie Bowell (1894-1896)
		Charles Tupper (1896)
1896	Libéral	Wilfrid Laurier
1900	Libéral	Wilfrid Laurier
1904	Libéral	Wilfrid Laurier
1908	Libéral	Wilfrid Laurier
1911	Conservateur	Robert Laird Borden
1917	« Conservateur[2] »	Robert Laird Borden
		Arthur Meighen (1920-1921)
1921	Libéral (minoritaire)	W.L. Mackenzie King
1925	Libéral (minoritaire)	W.L. Mackenzie King
		Arthur Meighen (cons.) 1926 (minor.)
1926	Libéral	W.L. Mackenzie King
1930	Conservateur	Richard B. Bennett
1935	Libéral	W.L. Mackenzie King
1940	Libéral	W.L. Mackenzie King
1945	Libéral	W.L. Mackenzie King
		Louis S. St-Laurent (1948)
1949	Libéral	Louis S. St-Laurent
1953	Libéral	Louis S. St-Laurent
1957	Conservateur (minoritaire)	John G. Diefenbaker
1958	Conservateur	John G. Diefenbaker
1962	Conservateur (minoritaire)	John G. Diefenbaker
1963	Libéral (minoritaire)	Lester B. Pearson
1965	Libéral (minoritaire)	Lester B. Pearson
		Pierre E. Trudeau (1968)
1968	Libéral	Pierre E. Trudeau
1972	Libéral (minoritaire)	Pierre E. Trudeau

Élection générale	Parti formant le gouvernement à la suite de l'élection	Premier ministre du Canada
1974	Libéral	Pierre E. Trudeau
1979	Conservateur (minoritaire)	C. Joseph Clark
1980	Libéral	Pierre E. Trudeau
		John N. Turner (1984)
1984	Conservateur	Brian Mulroney
1988	Conservateur	Brian Mulroney
		Kim Campbell (1993)
1993	Libéral	Jean Chrétien
1997	Libéral	Jean Chrétien

1. La coalition autour de Macdonald, favorable à la Confédération, peut être identifiée au Parti conservateur.
2. Il s'agit plutôt d'un gouvernement « unioniste », formé par une coalition de conservateurs et de libéraux, mais dominé par le Parti conservateur.

Comme les critères d'adhésion à un parti sont assez souples et peu restrictifs, le problème du *membership* peut se poser à ces occasions. Certaines associations locales sont passées rapidement de 200 ou 300 à plus de 2 000 ou 3 000 membres, surtout dans des régions urbaines comme celles de Montréal et de Toronto où le militantisme n'est pas toujours très élevé entre les élections. Ces membres « instantanés » ne sont pas d'ardents militants du parti, d'autant plus que la plupart sont démobilisés immédiatement après l'assemblée d'investiture si leur candidat ou candidate n'a pas été choisi.

Les interventions manifestes de la haute direction d'un parti sont plutôt rares et habituellement mal acceptées par la base. Cependant, le chef libéral, Jean Chrétien, est intervenu une douzaine de fois (sur 295) pendant la campagne électorale d'octobre 1993 afin de bloquer les candidatures provenant de la circonscription et d'imposer son choix, le plus souvent dans le but de faire passer un candidat « vedette » ou une candidature de sexe féminin. Cela a parfois pro-

voqué des divisions internes importantes, comme dans la circonscription de Hull-Aylmer au Québec, ou même une poursuite judiciaire contre le parti, comme ce fut le cas dans la région de Toronto. En 1997, Jean Chrétien est intervenu six fois, ce qui signifiait que le chef opposait alors son veto aux candidats choisis par l'association locale (Sayers, 1999 : 226).

Comme le chef du parti est appelé à signer les bulletins de mise en candidature pour assurer la reconnaissance officielle des nominations déjà faites par les associations locales, il peut toujours refuser de signer et, par conséquent, opposer son veto au choix effectué par la base. Un tel geste est plutôt rare puisque le chef préfère habituellement utiliser son pouvoir de persuasion pour inciter une personne à se présenter ou lui déconseiller de le faire. Lorsqu'il intervient pour rejeter une candidature, c'est souvent parce que son entourage lui a conseillé de procéder ainsi, agissant alors « dans les meilleurs intérêts du parti ».

Dans le cas du NPD, les règles déjà établies au niveau national selon lesquelles on doit accorder la moitié des sièges à des candidatures féminines ne semblent pas avoir provoqué d'énormes remous à l'intérieur du parti, même si l'atteinte de cet objectif pouvait impliquer une intervention des instances centrales dans les affaires locales du parti. À l'élection d'octobre 1993, ce chiffre ne fut pas atteint, mais, de tous les principaux partis présents sur la scène fédérale, le NPD est certainement celui qui a présenté le plus de candidatures féminines, soit 113 sur 294 (38 %). À l'élection de 1997, il a présenté 107 candidates et 194 candidats (36 %). Il importe toutefois de souligner que c'était également le parti (avec le Parti conservateur) dont les chances étaient les plus faibles de faire élire des députés.

On peut enfin signaler, à la suite de Carty (1992 : 443), que près des deux tiers des nominations à l'élection fédérale de 1988 n'ont pas opposé deux adversaires. En d'autres termes, dans la grande majorité des cas, la nomination a été faite par acclamation. Le processus de sélection est alors plutôt fermé, en ce sens que le résultat est le fruit d'une décision de l'exécutif local et non de l'ensemble des membres, même si ceux-ci sont appelés à ratifier l'unique candidature qui leur est présentée. Par contre, une procédure plus ouverte impliquant des adversaires en présence et le recrutement de nouveaux membres peut rendre les candidats et candidates plus puissants dans le processus de nomination et, de là, dans le parti (Ware, 1987 : 137).

En somme, la sélection des candidats et des candidates constitue le geste le plus important pour un grand nombre de militants et de militantes. C'est à ce moment que la base s'anime vraiment, surtout s'il y a une véritable course entre plusieurs candidatures. Par la suite, les membres sont appelés à se mobiliser pour assurer l'élec-

tion de leur candidat ou candidate. Mais, entre les élections, il est difficile de maintenir actives les associations locales. Comme le soulignait déjà un dirigeant libéral : « Entre les élections, on n'a pas les structures d'intégration de tout ce monde-là. Si tout le monde qui travaille à une élection nous arrivait demain matin, à trois ans d'une élection [...], on ne saurait pas quoi faire avec eux » (Pelletier, 1991, 333).

C'est là le véritable dilemme des partis politiques. Ce sont des organisations qui cherchent à faire élire des candidats et candidates à des postes publics et, éventuellement, prendre le pouvoir. En même temps, ces organisations doivent présenter à la population des programmes de gouvernement. Mais comment conserver actives les associations locales qui se sont mobilisées durant les campagnes électorales et qui laissent ensuite à une équipe restreinte le soin de gérer l'organisation partisane entre les élections, d'autant plus que des partis comme le PLC et le PC n'ont pas misé beaucoup sur la fonction programmatique ? À ceci s'ajoute un autre facteur, soit le double phénomène de concentration et de personnalisation du pouvoir, ce qui laisse peu de place pour les militants et militantes à la base, sauf en périodes électorales.

LES PARTIS ET LA REPRÉSENTATION POLITIQUE

Les partis politiques ont connu de profondes transformations dans les sociétés postindustrielles depuis une trentaine d'années. Plusieurs auteurs ont dressé un constat de déclin, alors que d'autres ont pu parler de renouveau. Pour bien mesurer l'un et l'autre phénomène, il importe de se centrer surtout sur la structure organisationnelle des partis et de reprendre, à cet effet, la distinction classique entre trois composantes principales : le parti comme organisation, le parti dans l'électorat, le parti au gouvernement (Beck et Sorauf, 1992).

Lorsqu'on parle de déclin des partis comme phénomène marquant de la politique aussi bien canadienne qu'américaine, on réfère avant tout à cette composante de l'organisation partisane qui est en relation avec l'électorat (Wattenberg, 1990). On constate avant tout une baisse du pouvoir de mobilisation des clientèles électorales qui se traduit par un électorat plus volatil, un affaiblissement des loyautés partisanes et le phénomène du « désalignement ». Le déclin constaté dans l'identification partisane ainsi que dans la force d'attachement aux partis conduit en retour à une importance accrue d'un électorat indépendant, bien informé des enjeux politiques, mais sans attache partisane très forte. Cette « neutralité » croissante envers les partis s'accompagne, aux États-Unis surtout, d'un nouveau style de politique centré sur le candidat ou la candidate (Wattenberg, 1991). Dans le cas canadien par contre, si l'affaiblissement des loyautés partisanes peut se vérifier, la vie politique continue d'être encore largement dominée par les partis : les « raz-de-marée » électoraux en témoignent, où le vote pour un parti l'emporte sur l'identification à un candidat ou une candidate (Ferejohn et Gaines, 1991). D'ailleurs, le système parlementaire de type britannique constitue toujours un rempart efficace contre certaines forces de désintégration affectant les partis, contrairement à la situation américaine plus centrée sur le candidat ou la candidate.

Par contre, comme le soulignait déjà John Meisel (1985), les partis ne jouent plus le rôle central que la théorie démocratique libérale leur assignait : établir l'agenda politique et participer à l'élaboration des politiques publiques. Comme je l'ai souligné dans ce chapitre, on assiste plutôt à un phénomène de concentration du pouvoir entre les mains du premier ministre et des instances qui l'entourent : Conseil des ministres, Bureau du premier ministre, Bureau du conseil privé. Si tout converge vers la colline parlementaire à Ottawa, ce n'est pas tant au profit de l'ensemble des députés et députées que des instances dirigeantes des partis.

À ces facteurs de déclin s'en ajoute un autre : comme il est ressorti au chapitre sur le système électoral et les comportements électoraux, les partis ne jouent plus un rôle aussi essentiel qu'autrefois dans la conduite des campagnes électorales par suite de l'arrivée des consultants et de l'importance accrue des médias et des sondages (Sabato, 1981). Toutefois, étudiant la situation canadienne, Paltiel (1989) fait remarquer que les nouvelles techniques de marketing, plutôt que de contribuer à la fragmentation des partis, ont concouru à renforcer la position des chefs nationaux et même celle des organisations centrales.

Examinant la littérature canadienne sur la capacité des partis à remplir leur fonction de représentation, Gagnon et Tanguay (1989) mentionnent quatre propositions essentielles qui résument bien la situation :

- Les partis ont failli dans la tâche qui consiste à représenter les divers intérêts régionaux et culturels du Canada.
- La montée de l'État-providence et l'intégration socioéconomique qui en a découlé ont

eu pour effet de rendre les partis moins importants dans la représentation des intérêts, et ceci au bénéfice des organisations patronales et syndicales qui prenaient simultanément une place croissante dans le processus de médiation entre la société civile et l'État.

- Les partis traditionnels n'ont pas réussi à s'adapter aux changements de valeurs et d'orientations politiques des générations d'électeurs et d'électrices d'après-guerre.
- L'utilisation des nouvelles technologies en politique a eu pour conséquence de rendre les partis moins importants pour l'issue des élections.

Si le déclin des partis se mesure bien à la faiblesse des loyautés partisanes et de l'attachement à un parti, si les organisations politiques sont concurrencées par les nouveaux mouvements sociaux (mouvements écologistes, mouvements de femmes, etc.) qui semblent exprimer mieux les valeurs postmatérialistes des générations actuelles (Inglehart, 1990), si l'utilisation des nouvelles technologies rend moins importants les partis dans les campagnes électorales, il faut voir cependant que tous ces facteurs ne concourent pas à rendre les partis politiques inutiles et dépassés. Ceux-ci se sont adaptés à ces réalités nouvelles. D'une part, ils ont intégré à leur structure organisationnelle les nouvelles techniques de marketing et de campagnes de financement et le recours aux sondages, ce qui a contribué à renforcer les instances nationales. Ils ont également incorporé à leurs programmes la défense des nouvelles valeurs reliées à la qualité de vie, à la protection de l'environnement, à l'égalité entre les sexes, au respect des droits de la personne. Et les dirigeants des partis, au Québec tout au moins,

adhèrent à ces nouvelles valeurs (Pelletier et Guérin, 1998), ce qui peut sembler toutefois moins évident dans le cas du Parti réformiste sur la scène fédérale. D'autre part, les partis continuent de jouer un rôle central dans le recrutement du personnel politique, candidats et candidates à l'échelon local et leaders nationaux. Ceci leur assure une place importante dans l'organisation de la vie parlementaire et gouvernementale. Par contre, par suite de l'affaiblissement des loyautés partisanes, ils ne réussissent plus à structurer le vote et à mobiliser l'opinion publique comme autrefois.

En somme, même si les partis sont fortement concurrencés dans leur rôle de représentation par la bureaucratie elle-même, par les nouvelles techniques de communication, par l'émergence de nouveaux mouvements sociaux, il faut tout de même conclure que les partis canadiens se sont adaptés à ces situations, ce qui bien souvent a conduit à un renforcement des instances nationales et à une concentration accrue du pouvoir au sommet. Malgré tout, ils continuent à jouer un rôle essentiel dans la vie politique et démocratique canadienne.

CONCLUSION

Deux points essentiels ressortent clairement lorsqu'on tente de dégager les traits les plus marquants du système de partis au Canada à l'époque contemporaine. Tout d'abord, il importe de souligner la nette domination du Parti libéral canadien au cours du XXe siècle : il a détenu le pouvoir durant 70 ans contre 30 seulement pour son principal adversaire, le Parti progressiste-conservateur. En ce sens, il convient de parler non pas d'un système bipartite ou tripartite (avec le CCF-NPD) ou même multipartite aujourd'hui, mais d'un système à parti dominant.

Ce qui a favorisé cette domination du PLC, c'est sa position centriste entre des partis plus à droite, tels que le PC, le Crédit social ou le Reform Party, et des partis plus à gauche comme le CCF, le NPD ou le Bloc québécois. À l'époque de la mise en œuvre de l'État-providence et d'une certaine forme de « contagion de la gauche », le Parti libéral a gouverné plus près du centre-gauche. Avec la montée du néolibéralisme économique, du conservatisme social et d'une certaine « contagion de la droite », le PLC gouverne plus près du centre-droit. En d'autres termes, ce parti cherche toujours à occuper une position centriste qui l'a si bien servi jusqu'ici, mais il se déplace autour de cet axe central au fur et à mesure que l'ensemble de l'échiquier politique est plus orienté vers la gauche ou vers la droite. Il tient avant tout à rassembler le plus large électorat possible, non à défendre des principes fondamentaux ou une idéologie qui le distinguerait nettement des autres partis et qui ferait appel à un segment particulier de l'électorat.

La deuxième conclusion a trait à l'organisation des partis. Celle-ci est largement dominée par le chef. Le phénomène de la personnalisation du pouvoir n'est pas nouveau : le chef incarne le parti et, si ce dernier est au pouvoir, il incarne même l'ensemble du gouvernement. Les élections sont devenues des combats entre les chefs et les médias accentuent ce phénomène.

Par-delà ce phénomène de personnalisation du pouvoir, il importe aussi de reconnaître la grande concentration du pouvoir entre les mains

du chef. Celui-ci détient un pouvoir considérable sur les nominations au niveau central de l'organisation partisane, sur le choix des candidats et candidates du parti au moment des élections (il peut opposer son veto à ce choix), sur la conduite des élections, sur les orientations générales et les politiques du parti, sur son aile parlementaire cimentée par la discipline du parti et, s'il est au pouvoir, sur l'ensemble du Conseil des ministres dont il nomme et démet les membres, pouvant également compter sur une forte solidarité ministérielle.

C'est pourquoi les partis ont de la difficulté à se redéfinir ou, tout au moins, à adopter de nouvelles positions. Pour y arriver, ils doivent habituellement changer de chef, ce qu'ils n'hésitent d'ailleurs pas à faire à la suite d'une défaite électorale. Entre-temps, l'organisation partisane est dominée par le chef, entre autres parce que les militants et militantes ne s'activent vraiment qu'en périodes électorales et très peu entre les élections. Un tel constat nous autorise alors à parler de « monocratie » plutôt que d'oligarchie, si l'on veut traduire plus adéquatement cette influence prépondérante du chef sur les décisions qui se prennent dans le parti.

Quittant le passé pour regarder vers l'avenir, il importe d'abord de souligner que le modèle de Westminster (ou le parlementarisme de type britannique qui nous régit) repose au moins sur un système à deux partis : un parti de gouvernement et un parti de l'opposition officielle. Ce dernier constitue normalement une solution de remplacement au parti de gouvernement, en ce sens qu'il a des chances raisonnables d'accéder au pouvoir, ce qui rend alors possible le principe fort démocratique de l'alternance. Mais, si un parti domine nettement les autres, comme ce fut le cas du Parti libéral au cours du XXe siècle, on pourrait alors croire que notre système parlementaire est vicié et qu'il faudrait dès lors mettre en place des mécanismes de représentation proportionnelle afin de briser cette domination.

En effet, le mode de scrutin uninominal à un tour accorde toujours une prime au parti le plus fort et défavorise les tiers partis, ce qui conduit à des distorsions importantes dans la représentation de la population. Cependant, il importe de souligner que ce mode de scrutin favorise la représentation régionale en accordant une prime au parti le plus fort dans une région donnée au lieu de diluer cette représentation dans l'ensemble du Canada, donc de l'affaiblir, comme le ferait un mode de scrutin basé sur la représentation proportionnelle. Dans le système fédéral canadien, en l'absence d'un Sénat qui n'a jamais joué son rôle premier de chambre représentative des intérêts régionaux ou provinciaux, le mode de scrutin actuel a pu compenser momentanément cette faiblesse de notre système en permettant l'élection de députés du Parti progressiste, du Crédit social, du CCF, du NPD, du Reform Party ou du Bloc québécois.

Depuis l'élection de 1993 où deux nouveaux partis régionaux se sont imposés sur la scène politique, on a soulevé à maintes reprises le problème de la régionalisation de la politique canadienne. Un tel problème pose la question suivante : les partis politiques canadiens à vocation nationale, comme l'ont été le Parti conservateur, surtout au XIXe siècle, et le Parti libéral, surtout au XXe siècle, peuvent-ils concilier adéquatement leur orientation nationale et une sensibilité par-

ticulière aux problèmes régionaux ? En d'autres termes, comme le rappellent certains analystes (Bickerton *et al.*, 1999 : 15-21), la nationalisation de la politique canadienne se ferait-elle au détriment de la reconnaissance de réelles préoccupations régionales ? Les politiques adoptées au niveau central, qui paraissent bénéfiques pour l'ensemble du Canada, peuvent avoir des effets néfastes pour certaines régions. Que l'on songe aux politiques agricoles ou en matière d'énergie du gouvernement Trudeau pour comprendre le profond ressentiment de l'Ouest canadien à l'égard du Parti libéral et son adhésion au Parti progressiste-conservateur dès les années 1970.

Dans un tel contexte, un parti, ancien ou nouveau, peut toujours capitaliser sur ce mécontentement régional et acquérir ainsi une base électorale suffisamment forte pour obtenir un nombre important de sièges, assurant alors une représentation adéquate de cet électorat mécontent, ce qui fut le cas du Reform Party en 1993 et 1997. Un tel phénomène renforce alors la régionalisation de la politique canadienne et, finalement, traduit peut-être mieux l'état réel des forces politiques présentes dans les différentes régions que ne le ferait l'élection de partis « nationaux » qui ne sont pas toujours suffisamment sensibles aux situations régionales. En ce sens, la présence de partis régionaux traduit une certaine vitalité de la politique canadienne. Mais elle contribue également à la domination du Parti libéral, ce qui n'est pas nécessairement sain sur le plan de l'alternance au pouvoir et, finalement, de la démocratie elle-même. Tel est le paradoxe auquel nous devons faire face.

SITES WEB

Bloc québécois	http://blocquebecois.org
Nouveau Parti démocratique du Canada	http://www.npd.ca
Alliance canadienne (ex. Parti réformiste du Canada)	http://www.canadianalliance.ca
Parti progressiste-conservateur du Canada	http://www.pcparty.ca
Parti libéral du Canada	http://www.liberal.ca

LECTURES SUGGÉRÉES

Herman BAKVIS (dir.) (1991), *Les partis politiques au Canada. Chefs, candidats et candidates, et organisation*, Toronto, Dundurn Press.

Herman BAKVIS (dir.) (1991), *Les partis politiques au Canada. Représentativité et intégration*, Toronto, Dundurn Press.

James BICKERTON, Alain G. GAGNON et Patrick J. SMITH (1999), *Ties That Bind : Parties and Voters in Canada*, Don Mills, Oxford University Press.

William CHRISTIAN et Colin CAMPBELL (1995), *Political Parties and Ideologies in Canada*, 4ᵉ édition, Toronto, McGraw-Hill Ryerson.

Daniel-Louis SEILER (1986), *De la comparaison des partis politiques*, Paris, Économica.

Brian A. TANGUAY et Alain G. GAGNON (dir.) (1996), *Canadian Parties in Transition*, 2ᵉ édition, Scarborough, Nelson Canada.

Hugh G. THORBURN (dir.) (1995), *Party Politics in Canada*, 7ᵉ édition, Scarborough, Prentice-Hall Canada.

BIBLIOGRAPHIE

AMYOT, Grant (1986), « The New Politics », *Queen's Quarterly*, vol. 93, nº 4, p. 952-955.

BADIE, Bertrand (1992), *L'État importé. Essai sur l'occidentalisation de l'ordre politique*, Paris, Fayard, coll. L'espace du politique.

BECK, Paul A. et Frank J. SORAUF (1992), *Party Politics in America*, 7ᵉ édition, New York, Harper Collins.

BICKERTON, James, Alain-G. GAGNON et Patrick J. SMITH (1999), *Ties That Bind : Parties and Voters in Canada*, Don Mills, Oxford University Press.

BISSONNETTE, Lise (1994), « Un parti états-unien », éditorial dans *Le Devoir*, 18 octobre, p. A6.

BOUCHARD, Lucien (1993), *Un nouveau parti pour l'étape décisive*, Montréal, Fides.

BRODIE, Janine et Jane JENSON (1988), *Crisis, Challenge and Change : Party and Class in Canada Revisited*, Ottawa, Carleton University Press.

CARTY, R. Kenneth (dir.) (1992), *Canadian Political Party Systems : A Reader*, Toronto, Broadview Press.

CARTY, R. Kenneth (1988), « Three Canadian Party Systems : An Interpretation of the Development of National Politics », dans Perlin, George (dir.), *Party Democracy in Canada : The Politics of National Party Conventions*, Scarborough, Prentice-Hall Canada, p. 15-30.

CHRISTIAN, William et Colin CAMPBELL (1990), *Political Parties and Ideologies in Canada*, 3ᵉ édition, Toronto, McGraw-Hill Ryerson.

COLLECTIF CLIO ((1982), *L'histoire des femmes au Québec depuis quatre siècles*, Montréal, Quinze.

DUVERGER, Maurice (1969), *Les partis politiques*, 7ᵉ édition, Paris, A. Colin.

ELDERSVELD, Samuel J. (1964), *Political Parties : A Behavioral Analysis*, Chicago, Rand McNally.

ENGELMANN, Frederick C. et Mildred A. SCHWARTZ (1975), *Canadian Political Parties : Origin, Character, Impact*, Scarborough, Prentice-Hall Canada.

FEREJOHN, John et Brian GAINES (1991), « Le vote pour l'individu au Canada », dans Bakvis, Herman (dir.), *Les partis politiques au Canada. Représentativité et intégration*, Toronto, Dundurn Press (vol. 14 de la Commission royale sur la réforme électorale et le financement des partis), p. 309-339.

GAGNON, Alain G. et A. Brian TANGUAY (dir.) (1989), *Canadian Parties in Transition, Discourse, Organization, and Representation*, Scarborough, Nelson Canada.

INGLEHART, Ronald (1990), *Culture Shift in Advanced Industrial Societies*, Princeton, Princeton University Press.

LAMOUREUX, André (1985), *Le NPD et le Québec, 1958-1985*, Montréal, Éditions du Parc.

LAPALOMBARA, Joseph et Myron WEINER (dir.) (1966), *Political Parties and Political Development*, Princeton, Princeton University Press.

LATERREUR, Marc (1973), *Les tribulations des conservateurs au Québec*, Sainte-Foy, Les Presses de l'Université Laval.

LAYCOCK, David (1994), « Reforming Canadian Democracy ? Institutions and Ideology in the Reform Party Project », *Canadian Journal of Political Science/Revue canadienne de science politique*, vol. 27, n° 2, p. 213-247.

LIPSET, Seymour M. et Stein ROKKAN (1967), « Cleavage Structures, Party Systems, and Voter Alignments : An Introduction », dans Lipset, Seymour M. et Stein Rokkan (dir.), *Party Systems and Voter Alignments*, New York, The Free Press, p. 1-64.

MEISEL, John (1985), « The Decline of Party in Canada », dans Thorburn, Hugh G. (dir.), *Party Politics in Canada*, 5ᵉ édition, Scarborough, Prentice-Hall Canada, p. 98-114.

MICHELS, Robert (1971), *Les partis politiques. Essai sur les tendances oligarchiques des démocraties*, Paris, Flammarion.

MURRAY, Vera (1976), *Le Parti québécois : de la fondation à la prise du pouvoir*, Montréal, Hurtubise HMH.

NEVITTE, Neil, Elizabeth GIDENGIL, André BLAIS et Richard NADEAU (2000), *Unsteady State : The 1997 Canadian Election*, Don Mills, Oxford University Press.

OFFERLÉ, Michel (1987), *Les partis politiques*, Paris, Presses universitaires de France, coll. Que sais-je ?, n° 2376.

PALTIEL, Khayyam Z. (1989), « Political Marketing, Party Finance, and the Decline of Canadian Parties », dans Gagnon, Alain G. et A. Brian Tanguay (dir.), *Canadian Parties in Transition. Discourse, Organization, and Representation*, Scarborough, Nelson Canada, p. 332-353.

PELLETIER, Réjean (1991), « Les structures et le fonctionnement des partis politiques canadiens », dans Bakvis, Herman (dir.), *Les partis politiques au Canada. Chefs, candidats et candidates, et organisation*, Toronto, Dundurn Press (vol. 13 de la Commission royale sur la réforme électorale et le financement des partis), p. 299-352.

PELLETIER, Réjean et Daniel GUÉRIN (1998), « Les nouveaux mouvements sociaux constituent-ils un défi pour les partis politiques ? Le cas du Québec », *Revue canadienne de science politique*, vol. 31, n° 2, p. 311-338.

SABATO, Larry J. (1981), *The Rise of Political Consultants*, New York, Basic Books.

SARTORI, Giovanni (1976), *Parties and Party Systems. A Framework for Analysis*, London, Cambridge University Press.

SAYERS, Anthony M. (1999), *Parties, Candidates, and Constituency Campaigns in Canadian Elections*, Vancouver, University of British Columbia Press.

SCHONFELD, William R. (1980), « La stabilité des dirigeants des partis politiques : la théorie de l'oligarchie de Robert Michels », *Revue française de science politique*, vol. 30, n° 4, p. 846-866.

SEILER, Daniel-Louis (1986), *De la comparaison des partis politiques*, Paris, Économica, coll. Politique comparée.

WARE, Alan (1987), *Citizens, Parties and the State. A Reappraisal*, Princeton, Princeton University Press.

WATTENBERG, Martin P. (1991), *The Rise of Candidate-Centered Politics. Presidential Elections of the 1980s*, Cambridge (Mass.), Harvard University Press.

WATTENBERG, Martin P. (1990), *The Decline of American Political Parties 1952-1988*, Cambridge (Mass.), Harvard University Press.

WEARING, Joseph (1989), « Can an Old Dog Teach Itself New Tricks ? The Liberal Party Attempts Reform », dans Gagnon, Alain G. et A. Brian Tanguay (dir.), *Canadian Parties in Transition. Discourse, Organization, and Representation*, Scarborough, Nelson Canada, p. 272-286.

WHITEHORN, Alan (1992), *Canadian Socialism. Essays on the CCF-NDP*, Toronto, Oxford University Press.

CHAPITRE 5

Les groupes d'intérêt et le système parlementaire canadien

Hugh G. Thorburn
Queen's University

- ESQUISSER QUELQUES FONDEMENTS THÉORIQUES POUR L'ÉTUDE DE L'ACTIVITÉ DES GROUPES D'INTÉRÊT ;

- COMPRENDRE L'ÉVOLUTION DES RAPPORTS ENTRE LES GROUPES D'INTÉRÊT ET LES GOUVERNEMENTS CANADIENS ;

- ANALYSER LES RELATIONS ENTRE LES MILIEUX D'AFFAIRES ET LES GOUVERNEMENTS CANADIENS À L'AIDE DE LA NOTION DE « RÉSEAU D'INFLUENCE » ;

- ENVISAGER QUELQUES DÉVELOPPEMENTS FUTURS À LA POLITIQUE DES GROUPES D'INTÉRÊT AU CANADA.

Au Canada, comme dans toute démocratie, la politique est l'œuvre du gouvernement qui collabore avec l'assemblée parlementaire et qui, pour l'étude d'une loi, consulte de façon régulière les représentants des intérêts[1] concernés. Le processus qui s'est développé au fil des ans remonte à l'époque coloniale, donc à l'usage britannique. Les citoyens ont acquis au Moyen Âge le droit de présenter une pétition au souverain. Ce droit équivaut aujourd'hui à celui qu'ont les groupes d'intérêt de discuter avec le gouvernement d'une politique, en particulier avant qu'une loi les concernant ne soit adoptée.

FONDEMENTS THÉORIQUES

De nos jours, en science politique, l'étude de l'activité des groupes d'intérêt découle de la théorie des groupes. C'est Arthur Bentley qui a d'abord énoncé cette théorie dans son livre *The Process of Government*, publié pour la première fois en 1908. S'inspirant de la sociologie de Herbert Spencer et de Graham Sumner sur la théorie du conflit, Bentley a fait valoir que le changement politique était le résultat de l'action des groupes et de leurs différends. Par conséquent, les individus n'ont d'importance que lorsqu'ils se joignent à des groupes chargés de défendre leurs intérêts.

––––––––––––––

1. Dans ce texte, les notions de « groupe d'intérêt » et de « groupe de pression » sont utilisées indistinctement.

Pour Bentley, le groupe constitue une masse d'activité intentionnelle et le conflit de groupe est l'essence même de la politique.

L'approche de Bentley n'a pas fait grand bruit au début mais, en 1951, David Truman ranimait sa théorie dans un livre très bien reçu, *The Governmental Process*. Il a raffiné certains concepts de Bentley, insistant sur l'absence d'un conflit inhérent entre l'individu et le groupe : un individu peut appartenir à plusieurs groupes. Qui plus est, Truman considère les institutions importantes parce qu'elles interviennent dans le processus politique. Il pose un ensemble de « règles du jeu » qui déterminent le comportement des groupes les uns envers les autres et à l'égard du gouvernement.

Truman a fait école parmi les politologues et inspiré, surtout aux États-Unis, de nombreuses études sur le comportement de groupe. Ces dernières années, des études de cas sur l'activité des groupes d'intérêt ont aussi paru au Canada. Elles ont ainsi révélé l'importance du rôle que jouent de nos jours les groupes d'intérêt en matière de gouvernement. La science politique moderne accorde donc à cette question une place de choix.

Les théoriciens du pluralisme politique comme Robert Dahl et Theodore Lowi s'en sont emparé. Dahl s'est concentré sur l'élaboration des politiques dans les démocraties pluralistes modernes, sur les groupes intervenant auprès du gouvernement pour qu'il agisse dans leurs domaines d'intérêt. Dans *The End of Liberalism*, Lowi (1969) soutient que le partenariat entre gouvernement et groupes de pression a institutionnalisé une forme de collusion. À son avis, les institutions placées sous contrôle populaire s'en sont trouvées atrophiées, ce qui a réduit la légitimité du gouvernement et sa véritable emprise administrative sur la politique. On assiste donc au triomphe des intérêts privés sur l'intérêt public.

Cette analyse critique a débouché sur une vive controverse dans l'étude de l'activité des groupes d'intérêt, certains politologues voyant dans l'interaction des groupes et du gouvernement une forme moderne de contrôle démocratique de l'État. D'autres y voient simplement la consécration du pouvoir qu'exercent des organisations puissantes en regard des intérêts de la masse des citoyens. Cette distinction représente un net clivage idéologique. Un excellent résumé des concepts d'analyse pour l'étude des groupes est fait par Léon Dion dans *Société et politique : la vie des groupes*.

LES RAPPORTS ENTRE LES GROUPES ET LE GOUVERNEMENT AU CANADA À TRAVERS L'HISTOIRE

Dans cette section, nous chercherons à comprendre l'évolution des rapports entre les groupes d'intérêt et les gouvernements canadiens. Pour cela, nous retenons quatre moments historiques : 1. de la Confédération jusqu'à la fin des années 1960 ; 2. la période Trudeau, 1968-1984 ; 3. la période Mulroney, 1984-1993 ; 4. la période Chrétien, 1993 jusqu'à aujourd'hui (2000).

De la Confédération jusqu'à la fin des années 1960

Dès le début de la confédération canadienne, il existe des rapports étroits entre intérêts privés et gouvernements coloniaux. Ainsi, c'est l'entreprise privée qui parraine la construction des voies ferrées et des canaux, infrastructure de l'économie en développement. Dans les années 1860, ces intérêts privés cherchent à repousser leurs influences jusque dans les Prairies et les provinces maritimes, contribuant ainsi à la naissance de la Confédération. La prise de décisions touchant les communications et le développement est partagée entre les représentants des banques, des chemins de fer, des compagnies de navigation et des sociétés commerciales d'une part, et les gouvernements fédéral et provinciaux d'autre part (sur les compétences respectives du gouvernement fédéral et ceux des provinces, voir le chapitre 2 de cet ouvrage). La base de ce qu'on allait appeler plus tard l'accommodement des élites ou la politique des groupes de pression était jetée. Les gouvernements s'intéressent de près au financement et à la planification des chemins de fer et à d'autres grands projets de développement. Il s'établit des liens entre les porteurs de ces intérêts capitalistes et les dirigeants des partis politiques du Canada (voir le chapitre sur les partis politiques fédéraux) et, par l'entremise de ces derniers, avec leurs gouvernements. Ces liens sont parfois trop étroits, comme le montre le scandale du Pacifique dans les années 1870[2].

---

2. L'entrée de la Colombie-Britannique dans la Confédération, en 1871, lance le projet de construire une voie ferrée transcontinentale. Deux années plus tard, le contrat de construction est accordé à un groupe dirigé par Hugh Allan. La mise au jour des

Au fil du temps, les rapports personnels plutôt flous qu'entretiennent les dirigeants politiques et les hauts fonctionnaires avec les chefs d'entreprise se rigidifient en une relation de nature plutôt bureaucratique. À mesure que les gouvernements accroissent les services rendus, la bureaucratie prend de l'ampleur et les divers secteurs créent des groupes chargés de défendre leurs intérêts auprès du gouvernement. Au tout début de la Confédération, la tarification constitue, bien sûr, un problème de taille pour les industriels; celle-ci donne lieu à des consultations étroites entre les dirigeants politiques et les chefs d'entreprise. En peu de temps, les directeurs des banques, des sociétés d'assurance, des chemins de fer et les négociants en grains établissent des relations intimes avec les gouvernements dans le but d'influencer la politique relative à leurs intérêts. Ils effectuent aussi des démarches auprès des comités parlementaires et des assemblées législatives provinciales, et parfois auprès des députés eux-mêmes. Cela se transforme en des rapports de clientèle entre les ministères et les collectivités qu'ils desservent. Ainsi, la Fédération canadienne de l'agriculture est liée au ministère de l'Agriculture. Des rapports semblables se tissent dans les autres grands secteurs de l'économie. Chacun reconnaît aux groupes le droit d'être entendus avant qu'une politique les concernant ne soit arrêtée, de sorte qu'il se forme des communautés d'intérêt entre la classe politique et les bureaucrates, d'une part, et les porte-parole des divers groupes, d'autre part. Des associations d'intérêt national ou régional collaborent avec

d'autres, si besoin est, ou s'opposent en cas de divergence. Elles suivent de près l'élaboration des lois, des règlements ainsi que l'administration quotidienne et veillent à entretenir des relations favorables avec les dirigeants politiques. Les gouvernements se mettent à compter sur elles pour s'informer, connaître leur point de vue sur la mise au point de leurs politiques, si bien qu'il règne de part et d'autre une intense collaboration. En période électorale, ces associations exercent de l'influence sur les partis politiques. Comme ces derniers ont besoin du soutien financier des entrepreneurs pour leur campagne, leurs rapports avec les groupes d'intérêt acquièrent de l'importance. Il en résulte en quelque sorte un processus parallèle.

Le processus parlementaire public, composé de débats et de travaux des comités, réunit le gouvernement et l'opposition. Pendant que cette dernière tente de démontrer l'inertie et l'incompétence du gouvernement, celui-ci se défend et cherche à faire ressortir l'ignorance et l'irresponsabilité de l'opposition. La question est tranchée lors des élections, à intervalles d'environ quatre ans.

Les rapports entre le gouvernement et les intérêts privés fonctionnent en parallèle, mais sont peu visibles aux yeux des citoyens. Les divers groupes font connaître leur avis et exercent sur le gouvernement des pressions énormes pour l'amener à adopter des mesures avantageuses pour eux. Le gouvernement est donc soumis à des processus d'information et de pression entre lesquels il doit naviguer. Les démarches des parties sont parfois parallèles et cohérentes, mais il arrive qu'elles soient divergentes et le gouvernement doit alors concilier les positions en une sorte de compromis ou faire des choix difficiles. Son travail

tractations ayant entouré l'attribution de ce contrat entraîne la chute du gouvernement conservateur. C'est le « scandale du Pacifique ».

est par conséquent beaucoup plus ardu que ce qui transparaît dans la presse, laquelle rend compte au jour le jour des travaux parlementaires, mais fait rarement état de l'activité d'ordre plutôt privé, relative aux groupes de pression.

Pendant encore une bonne partie du XXe siècle, les pressions touchant la politique économique des gouvernements canadiens sont surtout l'affaire des milieux financiers. Il y a quelques tentatives d'influencer le gouvernement de la part d'autres groupes, comme les orangistes, le mouvement de tempérance, ou même un embryon de mouvement féministe. Toutefois, entre les deux guerres mondiales, le mouvement syndical commence à se manifester et le manque de travailleurs engendré par la guerre oblige les gouvernements à répondre à ses exigences (rappelons que le CCF naît en 1932). C'est néanmoins le milieu des affaires qui demeure, et ce encore aujourd'hui, le groupe de pression prédominant. Depuis la guerre, il y a eu prolifération des organismes chargés de défendre une seule cause, qu'il s'agisse des défavorisés, des groupes ethniques et culturels, des organisations professionnelles ou autres. C'est à cette question que nous nous attacherons maintenant.

Comme nous l'avons constaté au chapitre portant sur les partis politiques fédéraux, jusqu'à la Première Guerre mondiale, le Canada n'avait que deux grandes formations politiques, le Parti libéral et le Parti conservateur. Dans l'ensemble, les groupes d'intérêt transigeaient avec le parti au pouvoir. Ce modèle politique qui consiste à satisfaire les élites s'est dessiné très tôt et persiste encore. Des liens se sont rapidement tissés entre le Parti conservateur, les chemins de fer du Canadien Pacifique et la Banque de Montréal. Au tournant du siècle, l'ascension du Parti libéral a

poussé celui-ci à former des alliances avec les chemins de fer du Grand Trunk et du Canadian Northern, de même qu'avec la Banque de Commerce. Cette allégeance partisane s'est toutefois estompée au fil du temps pour faire place à l'association réunissant de nos jours le parti au pouvoir et les intérêts privés qui font profession de neutralité.

Après la Seconde Guerre mondiale, des tiers partis se sont ajoutés au système canadien, en raison de l'organisation des agriculteurs de l'Ouest et, dans une moindre mesure, de ceux de l'Ontario. Ce mouvement ayant subi des revers dans les années 1920, il s'est fractionné pour devenir la base d'un nouveau parti social-démocrate, la Fédération du commonwealth coopératif (CCF) et le Crédit social. Le CCF s'est attiré le soutien des syndicats qui continuent à l'appuyer dans sa nouvelle incarnation, le Nouveau Parti démocratique. C'est ainsi que ce parti a pu se maintenir au cours des années et qu'en période électorale il peut réunir de nombreux militants et des ressources financières relativement stables. Cela a aussi eu pour effet de «stériliser» l'appui du mouvement syndical à une cause perdue, le CCF-NPD – parti qui n'a jamais accédé au pouvoir et n'a même jamais partagé celui-ci au niveau fédéral. En politique provinciale, il n'a jamais été élu ni à l'est de l'Outaouais ni en Alberta, et n'avait jamais connu la victoire en Ontario avant les années 1990. L'influence des syndicats sur les gouvernements canadiens en a été diminuée pendant que celle des milieux d'affaires augmentait.

En matière de décision politique, le Canada est donc resté prisonnier d'une ouverture à l'accommodement, qui a permis aux milieux d'affaires d'accentuer leur pression auprès du gouvernement. Les associations commerciales ont établi avec certains ministères des rapports de clientèle et ont fait en sorte que les politiques tiennent compte de leurs intérêts, ne laissant aux partis qu'une influence des plus symboliques et rudimentaires. Les programmes des partis tendaient à se ressembler et n'étaient, en général, que de vagues promesses d'améliorer le sort de nombreux groupes et intérêts du pays, combinées à de vagues engagements comme ceux de rester loyaux à la Couronne ou de défendre l'intérêt national du Canada.

Jusque vers la fin des années 1960, l'élaboration de la politique fédérale se caractérisait par les rapports de clientèle. Les ministres et hauts fonctionnaires travaillaient de concert avec les groupes d'intérêt liés à leur ministère en vue de formuler des mesures novatrices et d'en gérer la mise en œuvre. La Fédération canadienne de l'agriculture collaborait avec le ministère de l'Agriculture, la Fédération des manufacturiers canadiens, avec le ministère du Commerce, et ainsi de suite. Peu de coordination se faisant au niveau du Cabinet, les ministères n'étaient donc pas reliés par un véritable pont institutionnel pour l'intégration de leurs politiques. Il faut aussi mentionner, bien sûr, le rôle des membres influents des partis et des personnes bien placées dans la société.

La période Trudeau, 1968-1984

La situation a changé quand Pierre Trudeau est devenu premier ministre. D'abord, en modifiant l'organisation du Parti libéral, il a voulu réduire le pouvoir des bureaucrates et rehausser celui des représentants du peuple (ministres, députés et militants de la base). L'enthousiasme suscité par la « démocratie directe » et l'élaboration

« rationnelle » des politiques a provoqué des modifications fondamentales aux plus hauts échelons de la hiérarchie gouvernementale. Des organismes centraux ont été créés pour servir de soutien institutionnel au nouveau système de comités du Cabinet, lesquels étaient chargés d'implanter et d'intégrer les politiques.

En vertu du nouveau système, les ministres devaient faire approuver leurs initiatives par le comité du cabinet concerné. Au lieu de ne consulter que le ministre en cause, les groupes d'intérêt ont compris qu'ils devaient donc convaincre les ministres et les hauts fonctionnaires d'autres ministères représentés au sein du comité du cabinet concerné. Leur tâche s'en trouvait accrue et ils ont multiplié graduellement leurs activités de lobbying. Il ne s'agissait plus simplement de collaborer avec les responsables de leur domaine, soit en général ceux d'un ministère particulier, mais plutôt d'entreprendre toute une suite de démarches auprès de responsables plus nombreux, pas toujours au fait de leur dossier et qui avaient d'autres priorités. Naturellement, ils ont aussi fait pression pour revenir à l'ancienne formule de prise de décisions, plus simple et plus floue.

Les nouveaux comités du Cabinet ont tenté de répartir en secteurs les principales sphères politiques. Le comité clé, celui des priorités et de la planification, était présidé par le premier ministre et c'est lui qui fixait l'orientation générale de la politique gouvernementale (voir le tableau 5.1). Le secrétariat de ces comités était assuré par le Bureau du Conseil privé (BCP). Chaque comité tenait une séance hebdomadaire et chaque ministre était normalement membre de deux ou trois comités. Les autres grands comités étaient le Comité chargé de la législation et de la

TABLEAU 5.1

Principaux comités du Cabinet et leurs secrétariats sous l'administration Trudeau

Comités	Secrétariats
Culture et Affaires autochtones	Division des opérations, Bureau du Conseil privé
Politique extérieure et Défense	
Politique économique	
Politique sociale	
Législation et Planification parlementaire	Division de la Planification, Bureau du Conseil privé
Priorités et Planification	
Relations fédérales-provinciales	Bureau des relations fédérales-provinciales
Conseil du Trésor	Secrétariat du Conseil du Trésor

planification parlementaire, le Comité chargé des relations fédérales-provinciales et le Conseil du Trésor. Le reste des comités représentaient les préoccupations du gouvernement de manière sectorielle : développement social, développement économique, politique étrangère et de défense. Divers comités spéciaux pouvaient également être formés selon les besoins.

En raison de ce système, des questions politiques rebondissaient d'un comité à l'autre, parce qu'on ne savait pas au juste qui en avait compétence. Le premier ministre et ses collaborateurs étaient en position de force pour influencer la marche du jeu. L'adoption du « système des enveloppes » obligeait à faire du marchandage ; conçu en vue d'assurer le contrôle financier, le système de gestion des secteurs de dépenses groupait les ministères en secteurs qui disposaient chacun d'une certaine somme destinée à remplir les engagements. Les transferts n'étaient pas permis d'une enveloppe à l'autre, mais ils l'étaient entre ministères. Il fallait donc marchander et fixer des priorités.

Ce système avait évidemment besoin d'un appui institutionnel, d'où la création d'organismes centraux comme le Bureau du Conseil privé,

le Conseil du Trésor, le ministère des Finances et le Cabinet du premier ministre. Ces instances ont pris de l'ampleur et sont devenues des centres de planification et de réflexion touchant la politique gouvernementale. Leur mandat s'étendait à l'ensemble du gouvernement, leur personnel se recrutait souvent parmi les planificateurs et les technocrates et ces instances étaient en mesure d'imposer de nouvelles priorités aux mandarins traditionnels des ministères hiérarchiques (Thorburn, 1985 : 57-74). Comme l'a fait remarquer Richard French (1980), ce qui était en jeu, c'était la distribution du pouvoir et de l'influence à l'intérieur des organismes centraux de décision. Les mécanismes sont devenus plus complexes, l'intervention politique s'est raffinée et le gouvernement est devenu plus ambitieux en matière de planification. L'activité de ces nouvelles instances, voire leur simple présence, créait un sentiment de frustration chez les ministres, qui estimaient perdre beaucoup de temps à cause de ce système de planification du Cabinet, jugé marginal. Vu comme un obstacle additionnel à surmonter, ce système est vite devenu le lieu d'astuces administratives.

Ce système, qui accordait une influence énorme à un petit nombre de planificateurs de niveau supérieur au Bureau du Conseil privé, n'a jamais réussi cependant à englober le système de planification du ministère des Finances et du Conseil du Trésor. Par conséquent, trois systèmes se faisaient concurrence et n'ont jamais pu être vraiment conciliés. Comme corollaire à ce changement, les lobbyistes représentant des intérêts divers durent accroître leurs pressions sur les décideurs, qui s'efforçaient de protéger leur pouvoir et leur influence au sein de la structure décisionnelle.

L'ère Trudeau a également donné lieu à la prolifération de groupes d'intérêt qui représentaient des éléments auparavant exclus de l'exercice du pouvoir, notamment les défavorisés, les autochtones, les nouvelles minorités ethniques, les groupes culturels, les minorités de langue officielle, etc. L'adoption de la charte des droits et libertés, en 1982, a été pour eux une bénédiction. La charte garantissait des droits à tous les Canadiens et Canadiennes, mais il fallait évidemment recourir parfois aux tribunaux pour faire protéger ces droits. Les personnes en situation défavorable étaient donc poussées à s'organiser afin de tirer profit de la nouvelle protection. Le gouvernement est intervenu pour subventionner bon nombre de ces groupes sous l'égide du secrétariat d'État. Il convient de mentionner, entre autres, la création de nouveaux groupes qui se portaient à la défense des droits des femmes, des personnes handicapées et des minorités visibles à qui la charte garantissait des droits.

Ces changements ont eu pour effet de transformer en profondeur la politique canadienne. Alors que l'ancien système était exclusif, élitiste, que les démarches s'effectuaient en coulisse ou,

de façon officielle, auprès de tribunes comme les comités parlementaires et les commissions royales d'enquête, la nouvelle politique était transparente, conflictuelle, parfois bruyante et revendicatrice. Une grande partie du soutien offert aux nouveaux groupes qui réclamaient des avantages provenait du secrétariat d'État. Vers le milieu des années 1980, ce dernier subventionnait plus de 3 500 groupes (voir Canada, Secretary of State, Program Evaluation Directorate, 1986).

Ce nouveau climat favorable à la défense des démunis a accru le recours aux tribunaux comme moyen de redressement. En vertu de la charte, les groupes peuvent maintenant se prévaloir du système judiciaire afin de faire reconnaître leurs droits. Les autochtones, les femmes et les minorités ethniques ont pu profiter à cet égard des subventions gouvernementales. Les litiges en matière de droits et d'égalité ont donc augmenté sensiblement.

Ajoutée à l'ancienne influence des élites, la nouvelle politique en faveur des désavantagés place les gouvernements entre deux feux : ils subissent à la fois les pressions des intérêts établis (provenant surtout des milieux d'affaires et des associations professionnelles), qui jouent depuis longtemps de leur pouvoir et de leur influence, et celles des nouvelles associations aux intérêts opposés, qui défendent la cause des membres défavorisés de la société. Obligés de donner suite aux décisions des tribunaux qui favorisent souvent ces derniers groupes, les gouvernements ont par conséquent de la difficulté à combler les exigences des élites plutôt privilégiées. Ce qui, en retour, accroît la pression sur le gouvernement de la part de ses élites privilégiées qui sont surtout près de la direction du parti et qui appuient financièrement le parti.

La période Mulroney, 1984-1993

L'élection des conservateurs sous la direction de Mulroney, en 1984, a marqué le début d'une ère nouvelle en politique canadienne. Favorable à la libre entreprise, aux Américains, à la privatisation et au libre-échange, le programme néoconservateur manifestait aussi de l'inquiétude au sujet du déficit budgétaire de plus en plus élevé (et qui a néanmoins continué à augmenter pendant toute cette période). Le gouvernement a donc mis un terme à l'expansion des programmes sociaux et s'est efforcé de déréglementer les entreprises dans l'espoir d'accroître la prospérité. Il a modifié le régime fiscal, réduit l'impôt sur le revenu et remplacé la taxe sur les ventes des fabricants par une nouvelle formule, la taxe sur les produits et services. Il a mené à bien les négociations touchant l'Accord de libre-échange avec les États-Unis, lequel a constitué la question principale des élections de 1988 qui ont reporté les conservateurs au pouvoir. L'Accord de libre-échange nord-américain, négocié par la suite, élargissait le terrain commercial pour inclure le Mexique. Toutes ces mesures ont eu pour effet de raffermir les liens avec les États-Unis et d'aligner sensiblement la politique canadienne sur les nouvelles relations commerciales.

Ces transformations révèlent une certaine modification du climat qui entoure l'élaboration des politiques à Ottawa. On procéda à de nouvelles nominations de conservateurs à des postes gouvernementaux qui sont comblés par décret. Leur nombre de plus en plus grand symbolisait le changement de la garde au sein du gouvernement du Canada. Compte tenu du nouveau discours favorable à la libre entreprise et des nouveaux détenteurs du pouvoir, le lobbying s'est

renforcé. Les représentants de l'ancien ordre établi ont vite pactisé avec les nouveaux titulaires, et de nouveaux intérêts associés aux personnalités en place ont aussi vu le jour. De nouvelles figures ont pris d'assaut l'industrie du lobbying, dont un grand nombre avaient été liées à des gouvernements conservateurs provinciaux ou entretenaient des rapports personnels avec certains dirigeants du nouveau gouvernement. Le climat favorable à la libre entreprise et aux États-Unis a poussé les lobbyistes et les sociétés de relations publiques à adopter, à Ottawa, le style américain – ce que John Sawatsky (1987) a fort bien décrit dans son livre *The Insiders : Government, Business and the Lobbyists*.

La défaite des libéraux lors du raz-de-marée conservateur de 1984 annonçait un grand revirement. Au fil des ans, les libéraux s'étaient rapprochés intimement de la fonction publique et l'élaboration des politiques était en grande partie devenue l'apanage de l'élite libérale et des mandarins, cela malgré les efforts de Trudeau en vue d'implanter une forme de «démocratie directe» en début de mandat, lorsque les groupes représentant des intérêts auparavant exclus du pouvoir avaient été subventionnés et encouragés. Mulroney a fait campagne contre les bureaucrates et promis, s'il était élu, de leur donner un «avis de congédiement et une paire d'espadrilles».

Les groupes d'affaires d'allégeance conservatrice en ont conclu que le nouveau gouvernement servirait leurs intérêts. Le discours favorable aux Américains et à la libre entreprise ne faisait qu'apporter de l'eau au moulin, et il n'est donc pas étonnant que l'industrie du lobbying ait prospéré.

ENCADRÉ 5.1

Extrait de la Loi sur l'enregistrement des lobbyistes (1988)

Enregistrement des lobbyistes

Première catégorie : lobbyistes professionnels

5. (1) Est tenu, dans les dix jours suivant l'engagement, de fournir au directeur une déclaration en forme réglementaire contenant les renseignements visés au paragraphe (2) tout individu – ci-après appelé « lobbyiste professionnel » – qui, moyennant paiement, s'engage, auprès d'un client, personne physique ou morale ou organisation, soit à ménager pour ce client une entrevue avec un titulaire d'une charge publique, soit à communiquer avec ce dernier afin de tenter d'influencer :

a) l'élaboration de propositions législatives par le gouvernement fédéral ou par un sénateur ou un député ;

b) le dépôt, la modification, l'adoption ou le rejet d'un projet de loi ou d'une résolution dont la Chambre des communes ou le Sénat est saisi ;

c) la prise ou la modification de tout règlement au sens de la *Loi sur les textes réglementaires* ;

d) l'élaboration ou la modification de politiques ou programmes fédéraux ;

e) l'octroi de sommes d'argent, à titre de subventions ou de contributions, ou d'autres avantages financiers semblables, par Sa Majesté du chef du Canada ou en son nom ;

f) l'octroi de contrats par Sa Majesté du chef du Canada ou en son nom.

(2) Dans sa déclaration, le lobbyiste professionnel est tenu de fournir les renseignements suivants :

a) son nom, l'adresse de son établissement ainsi que, le cas échéant, le nom de sa firme ;

b) les nom et adresse de son client ;

c) si son client est une personne morale, le nom et l'adresse de chacune de ses filiales ou, s'il est lui-même une filiale d'une personne morale, les nom et adresse de celle-ci ;

d) l'objet de l'intervention – entrevue ou communication – envisagée auprès du titulaire d'une charge publique ;

e) tout autre renseignement réglementaire utile à son identification et à celle de son client, y compris éventuellement de la filiale ou de la personne morale, selon le cas, visée à l'alinéa c).

[...]

Deuxième catégorie : autres lobbyistes

6. (1) Tout employé d'une personne physique ou morale ou d'une organisation dont une partie importante des fonctions comporte la communication avec des titulaires d'une charge publique, afin de tenter d'influencer l'une des questions visées aux alinéas 5(1) a) à e), est tenu de fournir au directeur, dans les deux mois suivant la date d'entrée en vigueur du présent article ou celle de sa partie de fonctions, si elle est postérieure, et dans les deux mois suivant la fin de chaque année civile par la suite, une déclaration en la forme réglementaire comportant les renseignements suivants :

a) son nom ;

b) les nom et adresse de son employeur.

En 1988, le Parlement a adopté la *Loi sur l'enregistrement des lobbyistes* (voir l'encadré 5.1) afin de calmer les inquiétudes que suscitait l'intense activité de ces derniers et dont les médias faisaient abondamment état. C'était une mesure minimale qui ne faisait qu'obliger les lobbyistes à divulguer le nom de leurs clients et l'objet de leurs démarches. Ces renseignements étaient censés suffire à assurer la transparence du gouvernement. La loi prévoit deux catégories de lobbyistes : ceux qui offrent contre rémunération leurs services à des intérêts qui souhaitent être représentés, et les employés des sociétés qui interviennent dans leur propre intérêt[3]. Bien entendu, la mesure concerne surtout ceux de la première catégorie.

Bien que la loi n'ait pas modifié de façon sensible le comportement des lobbyistes, elle a donné un caractère officiel à leur activité. Alors qu'à l'origine la plupart des lobbyistes dénonçaient l'obligation de s'inscrire, un grand nombre estiment maintenant celle-ci profitable à leurs affaires. Elle leur accorde une certaine légitimité et les tient au courant des activités de leurs concurrents. L'enregistrement devient un instrument de marketing. Les lobbyistes qui ne se conforment pas à l'obligation de s'inscrire commettent, bien entendu, une infraction. Toutefois, celle-ci ne peut faire l'objet d'une poursuite que dans les six mois où elle a été commise. En fait, la loi n'est pas appliquée très rigoureusement et relève d'une petite direction qui fonctionne avec des crédits annuels d'un quart de million de dollars[4]. À la fin de février 2000, le registre comprenait quelque 700 lobbyistes-conseils (représentant près de 2 385 inscriptions), environ 354 lobbyistes salariés et près de 2 300 lobbyistes pour le compte d'une organisation (dont quelque 370 premiers dirigeants). Leurs noms et les renseignements connexes sont du domaine public.

Le lobbying s'est par conséquent modifié quelque peu. Avant l'ère Trudeau, c'était une activité très officieuse confiée principalement à des cabinets d'avocats et des intermédiaires branchés qui jouaient surtout de leur influence personnelle, vu le nombre restreint de décideurs. À partir de 1968, des entreprises de lobbying mises sur pied par des personnes ayant acquis de l'expérience auprès du gouvernement, notamment d'anciens chefs de cabinet, ont commencé à apparaître. Elles avaient tendance à conseiller leurs clients et à leur apprendre à soutenir leur propre cause. Moyennant paiement, le lobbyiste suivait de près les mesures gouvernementales ayant de l'intérêt pour son client. Après l'élection du gouvernement Mulroney en 1984, le nombre d'entreprises de lobbying a augmenté et celles-ci ont davantage défendu elles-mêmes la cause de leur client. Leur plus grand atout était leur accès direct aux nouveaux décideurs conservateurs. La clé de leur réussite résidait dans le grand nombre d'adjoints ministériels dont le poste dépendait de leur allégeance politique et par qui il

---

3. Cette loi a été modifiée le 8 mai 1995, avec l'adoption du projet de loi C-43. Les modifications apportées avaient surtout pour objectif de préciser les catégories de lobbyistes. On distingue maintenant les lobbyistes-conseils, les lobbyistes salariés et les lobbyistes pour le compte d'une organisation (voir la dernière partie de l'encadré 5.2).

4. La première édition de ce texte indiquait des crédits d'un demi-million de dollars. Depuis, le budget a effectivement été réduit, principalement pour des raisons de réorganisation administrative et de sous-traitance. Il n'y a plus maintenant que deux personnes et quart par année qui sont affectées à l'administration de la loi, alors qu'elles étaient six au milieu des années 1990.

fallait passer. La situation devenait nettement partisane et le lobbying, beaucoup plus visible. On a eu recours davantage qu'auparavant à la publicité d'opinion, aux sondages, à la sollicitation postale et à la formation de coalitions entre groupes d'intérêt afin de faciliter les démarches. Toutefois, malgré l'accroissement du lobbying, l'élaboration des politiques relève toujours des hauts fonctionnaires (Advocacy Research Centre, publication annuelle).

La période Chrétien, 1993-

La victoire du Parti libéral en 1993 a engendré d'importants changements inattendus dans la politique budgétaire. Le Canada était tellement endetté que la bourse des valeurs et le marché des obligations en souffraient. Une crise de confiance financière menaçait le pays. Paul Martin, ministre des Finances, effectua alors de fortes compressions dans les dépenses gouvernementales en abolissant certains services, certains transferts aux provinces et certains programmes d'aide à l'entreprise. Bien qu'elles aient rétabli un certain niveau de confiance et aient causé une baisse des taux d'intérêt, tout en allégeant le fardeau du service de la dette, ces compressions ont également réduit le financement alloué aux groupes d'intérêt. Les niveaux de pression et de compétition atteignirent de nouveaux plateaux, ce qui vint frustrer davantage toutes les parties intéressées. Les groupes d'intérêt commerciaux, ainsi que les nouveaux groupes récemment financés qui représentaient les autochtones, les groupes ethniques et culturels, les femmes, les minorités de langue officielle, etc., ont ressenti l'effet des compressions. Ces compressions ont provoqué une ruée vers les ressources en décroissance, ce qui a donné lieu à une situation gagnant-perdant et à des désaccords inévitables.

Les pressions exercées sur le gouvernement ont donc eu tendance à s'équilibrer. Les lobbyistes à la défense des démunis désiraient le maintien de l'aide du gouvernement pour leurs collectivités. Les lobbyistes représentant des entreprises en faisaient autant pour sauvegarder leurs propres intérêts. L'État pouvait alors effectuer sans risque des compressions qui touchaient les deux groupes, au nom de l'équité et de l'intérêt national. Dans un sens, la crise financière a simplifié le dilemme du gouvernement ; les compressions imposées à un groupe justifiaient celles des autres. Cependant, le retour à une stabilité fiscale a déclenché une reprise des réclamations, en particulier celles qui avaient pour objet les subventions dans le domaine des soins de la santé, par l'entremise des provinces au premier plan.

Les libéraux critiquaient la loi du gouvernement Mulroney – loi qui obligeait les groupes d'intérêt à s'enregistrer auprès d'une agence gouvernementale – pour son inefficacité ; une loi, disait la critique, qui n'avait pas de mordant. Par conséquent, une fois au pouvoir, ils ont été contraints de la réviser et de la resserrer. Ils ont mis sur pied le comité Zed, portant le nom de son président, afin d'étudier la question. Des membres du Bloc québécois proposèrent l'élimination des déductions fiscales pour les coûts de lobbyisme et l'imputation de frais seulement lorsque certaines conditions étaient satisfaites. Les libéraux rejetèrent les propositions et réclamèrent plutôt plus de renseignements de la part des lobbyistes tenus de s'enregistrer (voir l'encadré 5.2). Tout lobbyiste, même les coalitions, devait obéir aux mêmes règles. Bref, cela ne faisait qu'institutionnaliser davantage le lobbyisme, et les membres étaient encouragés à former une association professionnelle.

ENCADRÉ 5.2

Extraits du Guide d'enregistrement de la Loi sur l'enregistrement des lobbyistes

« Objet de la Loi sur l'enregistrement des lobbyistes

La *Loi sur l'enregistrement des lobbyistes* a été adoptée en 1988 et modifiée en 1995. Dans la loi modifiée, les exigences relatives à la divulgation sont plus rigoureuses, de sorte que les Canadiens auront plus d'information sur les lobbyistes et leurs activités. En outre, on y prévoit l'élaboration d'un code de déontologie des lobbyistes.

Quatre principes directeurs sont énoncés dans le préambule de la loi :

- La liberté d'accès au gouvernement est une question d'intérêt public ;
- Le lobbyisme auprès des titulaires d'une charge publique est une activité légitime ;
- Il est souhaitable que les titulaires d'une charge publique et le grand public puissent être en mesure de savoir qui tente d'influencer le gouvernement ;
- Le système d'enregistrement des lobbyistes rémunérés ne devrait pas nuire à la liberté d'accès au gouvernement.

Registre public

Tous les renseignements recueillis en vertu de la *Loi sur l'enregistrement des lobbyistes* et du *Règlement sur l'enregistrement des lobbyistes* sont accessibles au public. La tenue d'un registre public permet de garantir que le grand public et les titulaires d'une charge publique puissent savoir qui tente d'influer sur les décisions du gouvernement. Tous les Canadiens peuvent avoir accès à l'information figurant sur les formulaires d'enregistrement [...].

Titulaires d'une charge publique

Faire du lobbying, c'est communiquer, contre rémunération, avec des titulaires d'une charge publique pour tenter d'influer sur les décisions du gouvernement.

Par titulaire d'une charge publique, on entend tout « agent ou employé de sa Majesté du chef du Canada », entre autres :

- les sénateurs, députés et ministres fédéraux, ainsi que leur personnel ;
- les personnes nommées par un ministre fédéral ou le gouverneur en conseil ;
- les administrateurs, dirigeants et employés d'un conseil, d'une commission ou d'un tribunal fédéral ;
- les membres des Forces armées canadiennes ;
- les membres de la Gendarmerie royale du Canada ;
- les fonctionnaires fédéraux.

Qui ne doit pas s'enregistrer ?

Selon la loi, les personnes suivantes ne sont pas tenues de s'enregistrer comme lobbyistes lorsqu'elles exercent leurs fonctions officielles :

- les députés d'une province ou d'un territoire, ou leur personnel ;
- les employés des gouvernements provinciaux et territoriaux ;
- les membres des administrations locales ou municipales, ou leur personnel ;
- les employés des administrations locales ou municipales ;
- les membres du conseil d'une bande au sens du paragraphe 2(1) de la *Loi sur les Indiens* ou ceux d'une bande indienne constituée aux termes d'une loi fédérale, ou leur personnel ;

- les agents diplomatiques, les fonctionnaires consulaires et les représentants officiels au Canada d'un gouvernement étranger ;
- les fonctionnaires d'une agence spécialisée des Nations Unies ou de toute autre organisation internationale jouissant de privilèges et d'immunités accordés par le Parlement fédéral.

Si l'une de ces personnes ou l'une des organisations qu'elles représentent engage des tiers pour faire du lobbying, ces lobbyistes-conseils sont assujettis aux exigences relatives à l'enregistrement.

Qui doit s'enregistrer ?

Voici les trois catégories de lobbyistes :

Lobbyistes-conseils. Il s'agit des personnes qui, contre rémunération, font du lobbying pour des clients. [...] Le lobbyiste-conseil doit divulguer les renseignements suivants pour chaque engagement :

- son nom, le titre de son poste et l'adresse de son établissement ;
- le nom de la firme et l'adresse de son établissement ;
- le nom du client et l'adresse de son établissement ;
- le nom du représentant principal du client ;
- le nom et l'adresse de l'établissement de toute personne morale ou physique ou de toute organisation qui contrôle ou dirige les activités du client ;
- si le client est une personne morale, le nom et l'adresse de la société mère et des filiales directement intéressées au résultat de l'engagement ;
- si le client est une coalition, le nom et l'adresse des personnes morales ou organisations qui la composent et l'adresse de leur établissement ;

- l'objet de l'engagement, notamment la proposition législative, le projet de loi ou la résolution, le règlement, la politique ou le programme, la subvention ou la contribution ou tout autre avantage financier, ou le contrat en cause ;
- le nom de chaque ministère ou institution gouvernementale visé ;
- la source et le montant de tout financement fourni par une administration publique au client ;
- le fait, le cas échéant, que le paiement est constitué d'honoraires conditionnels et donc subordonné au succès de l'engagement ;
- les moyens de communication utilisés, notamment les campagnes de lobbying populaire.

Lobbyistes salariés. Il s'agit d'employés dont une partie importante des fonctions consiste à faire du lobbying au nom d'un employeur qui exerce des activités commerciales dans le but d'en tirer un avantage financier. [...] Le lobbyiste salarié doit divulguer les renseignements suivants :

- son nom et le titre de son poste ;
- le nom de son employeur et l'adresse de son établissement ;
- le nom et l'adresse de la société mère et des filiales qui sont directement intéressées au résultat de ses activités de lobbying ;
- un résumé des activités, commerciales ou autres, de l'employeur ;
- l'objet des activités de lobbying, notamment les propositions législatives, les projets de loi ou les résolutions, les règlements, les politiques ou les programmes, les subventions ou les contributions ou tout autre avantage financier en cause ;

- le nom de chaque ministère ou institution gouvernementale visé ;
- la source et le montant de tout financement fourni par une administration publique à l'employeur ;
- les moyens de communication utilisés, notamment les campagnes de lobbying populaire.

Lobbyistes pour le compte d'une organisation. Il s'agit d'organisations à but non lucratif dont un ou plusieurs employés font du lobbying et au sein desquelles le temps consacré aux activités de lobbying représente l'équivalent d'une partie importante des fonctions d'au moins un employé. Le premier dirigeant d'une telle organisation doit alors remplir et déposer le formulaire d'enregistrement des lobbyistes pour le compte d'une organisation, et ce, lorsque l'organisation commence ses activités de lobbying et ensuite tous les six mois. [...] Le lobbyiste pour le compte d'une organisation doit divulguer les renseignements suivants :

- le nom et le titre du poste du premier dirigeant ;

- le nom de l'organisation et l'adresse de son établissement ;
- le nom des employés qui font du lobbying, y compris du premier dirigeant, le cas échéant ;
- un résumé des activités, commerciales ou autres, de l'organisation ;
- un résumé de la composition de l'organisation ;
- l'objet des activités de lobbying, notamment les propositions législatives, les projets de loi ou les résolutions, les règlements, les politiques ou les programmes, les subventions ou les contributions ou tout autre avantage financier en cause ;
- le nom de chaque ministère ou institution gouvernementale visé ;
- la source et le montant de tout financement fourni par une administration publique à l'organisation ;
- les moyens de communication utilisés, notamment les campagnes de lobbying populaire. »

De plus, un conseiller en éthique, nommé en 1997, élabora un code de déontologie des lobbyistes, reproduit à l'encadré 5.3, qui se veut un « moyen important d'accroître la confiance du public en l'intégrité du processus décisionnel de l'État » (voir le préambule du code). Ce code élabore des principes sur 1) l'intégrité et l'honnêteté ; 2) la franchise ; 3) le professionnalisme, ainsi que huit règles regroupées sous les titres : transparence, confidentialité et conflits d'intérêts.

L'État avait clairement l'intention de miner le scepticisme de la population quant au lobbyisme, sans pour autant changer considérablement les caractéristiques fondamentales de la situation qui régnait à l'époque de Mulroney. Bien que le lobbyisme ait toujours été considéré comme une activité légitime, il incommodait les démocrates. C'est pour cette raison que la loi faisait valoir la transparence et le droit à l'accès aux institutions de l'État.

REMARQUES SUR LA PRATIQUE RÉCENTE DES GROUPES D'INTÉRÊT

La progression du lobbying au cours des dernières années va de pair avec la perte d'importance du simple député. Comme le croit l'un d'eux, Dennis Mills, l'expansion du lobbying à Ottawa est vraisemblablement la conséquence plutôt que la cause de l'impuissance des parlementaires (voir *Lobby Digest and Public Affairs Monthly*, décembre 1992 : 4 et ss). La baisse d'importance des débats parlementaires au profit du lobbying se constate dans les médias. Les deux principaux quotidiens torontois ont des journalistes qui surveillent l'activité des lobbyistes à Ottawa. Les députés, par contre, « parlent dans le vide parce que les médias ne suivent plus les débats de la Chambre des communes », à l'exception de la période des questions (*ibidem*). Les affaires publiques tendent maintenant à se dérouler en privé, par l'intermédiaire des lobbyistes et des groupes de pression et au sein des comités que crée le gouvernement. Le public en entend peu parler, et souvent pas du tout. Par contre, les députés sont l'objet de beaucoup d'attention de la part des lobbyistes qui cherchent de la publicité favorable à leur cause, en les incitant à se prononcer publiquement sur diverses questions.

L'activité des groupes d'intérêt peut par conséquent être répartie en deux volets (voir le tableau 5.2). Le premier est axé sur un thème, une

TABLEAU 5.2

Quelques groupes d'intérêt d'importance au Canada, selon leurs activités

Secteurs d'activité	Groupes d'intérêt
Groupes intéressés par une question particulière	• Pollution Probe • John Howard Society • Greenpeace • Amnistie internationale
Groupes orientés vers un secteur particulier	
Affaires	• Chambre de commerce du Canada • Association canadienne des banquiers • Association canadienne de la construction
Agriculture	• Fédération canadienne de l'agriculture
Travail	• Congrès du travail du Canada
Professions	• Association dentaire canadienne • Association canadienne des chefs de police • Association canadienne des professeurs et professeures d'université
Ethnie	• Fédération des francophones hors Québec • Assemblée des Premières Nations
Religion	• Congrès juif du Canada • Conférence canadienne des évêques catholiques

Encadré 5.3

Code de déontologie des lobbyistes

Préambule

Le *Code de déontologie des lobbyistes* s'appuie sur quatre notions énoncées dans la *Loi sur l'enregistrement des lobbyistes* :

- L'intérêt public présenté par la liberté d'accès aux institutions de l'État ;
- La légitimité du lobbyisme auprès des titulaires d'une charge publique ;
- L'opportunité d'accorder aux titulaires d'une charge publique et au public la possibilité de savoir qui cherche à exercer une influence auprès de ces institutions ;
- L'enregistrement des lobbyistes rémunérés ne doit pas faire obstacle à cette liberté d'accès.

Le *Code de déontologie des lobbyistes* est un moyen important d'accroître la confiance du public en l'intégrité du processus décisionnel de l'État. La confiance que les Canadiennes et les Canadiens accordent aux titulaires d'une charge publique afin qu'ils prennent des décisions favorables à l'intérêt public est indispensable à toute société libre et démocratique.

À cette fin, les titulaires d'une charge publique sont tenus, dans les rapports qu'ils entretiennent avec le public et les lobbyistes, d'observer les normes qui les concernent dans leurs codes de déontologie respectifs. Quant aux lobbyistes qui communiquent avec des titulaires d'une charge publique, ils doivent aussi respecter les normes déontologiques ci-après.

Ces codes remplissent conjointement une fonction importante visant à protéger l'intérêt public, du point de vue de l'intégrité de la prise des décisions au sein du gouvernement.

PRINCIPES

Intégrité et honnêteté

Les lobbyistes devraient faire preuve d'intégrité et d'honnêteté dans toutes leurs relations avec les titulaires d'une charge publique, les clients, les employeurs, le public et les autres lobbyistes.

Franchise

En tout temps, les lobbyistes devraient faire preuve de transparence et de franchise au sujet de leurs activités de lobbyisme, et ce, tout en respectant la confidentialité.

Professionnalisme

Les lobbyistes devraient observer les normes professionnelles et déontologiques les plus strictes. Plus particulièrement, ils sont tenus de se conformer sans réserve tant à la lettre qu'à l'esprit du *Code de déontologie des lobbyistes*, de même qu'à toutes les lois pertinentes, dont la *Loi sur l'enregistrement des lobbyistes* et son règlement d'application.

RÈGLES

Transparence

1. Identité et objet

Lorsqu'ils font des démarches auprès d'un titulaire d'une charge publique, les lobbyistes doivent révéler l'identité de la personne ou de l'organisation pour laquelle ils font ces démarches ainsi que l'objet de ces dernières.

2. Renseignements exacts

Les lobbyistes doivent fournir des renseignements qui sont exacts et concrets aux titulaires d'une charge publique. En outre, ils ne doivent pas induire sciemment en erreur qui que ce soit, et ils doivent veiller à ne pas le faire par inadvertance.

3. Divulgation des obligations

Les lobbyistes doivent informer leur client, employeur ou organisation, des obligations auxquelles ils sont soumis en vertu de la *Loi sur l'enregistrement des lobbyistes*, et du fait qu'il leur faut se conformer au *Code de déontologie des lobbyistes*.

Confidentialité

4. Renseignements confidentiels

Les lobbyistes ne doivent pas divulguer de renseignements confidentiels, à moins d'avoir obtenu le consentement éclairé de leur client, de leur employeur ou de leur organisation, ou que la loi ne l'exige.

5. Renseignements d'initiés

Les lobbyistes ne doivent pas se servir des renseignements confidentiels ou d'initiés obtenus dans le cadre de leurs activités de lobbyisme au désavantage de leur client, de leur employeur ou de leur organisation.

Conflits d'intérêts

6. Intérêts concurrentiels

Les lobbyistes ne doivent pas représenter des intérêts conflictuels ou concurrentiels sans le consentement éclairé des personnes dont les intérêts sont en cause.

7. Divulgation

Les lobbyistes-conseils doivent informer les titulaires d'une charge publique qu'ils ont avisé leurs clients de tout conflit d'intérêts réel, possible ou apparent et ont obtenu le consentement éclairé de chaque client concerné avant d'entreprendre ou de poursuivre l'activité en cause.

8. Influence répréhensible

Les lobbyistes doivent éviter de placer les titulaires d'une charge publique en situation de conflit d'intérêts en proposant ou en prenant toute action qui constituerait une influence répréhensible sur ces titulaires.

Source : Site consulté le 27 janvier 2000.

question particulière. On y retrouve beaucoup de groupes, comme *Pollution Probe*, qui s'intéressent à un seul problème. Ils parlent au nom du public et ont généralement de la difficulté à financer leurs activités. Le second volet est celui des groupes orientés vers un secteur ; ils représentent une partie de la population ayant des caractéristiques communes, comme les industriels, les organisations de consommateurs, les minorités ethniques, les groupements religieux, etc. Ils sont financés par les groupes qu'ils représentent.

La tendance générale veut que les groupes continuent à s'institutionnaliser et à prendre de l'expansion, alors que le rôle des partis dans l'élaboration des politiques décline (voir à ce sujet la publication du Groupe canadien d'étude des questions parlementaires intitulée *Les groupes d'intérêt et le Parlement*, 1989).

Vu leur importance croissante, les groupes deviennent beaucoup plus méthodiques et font des interventions susceptibles de porter fruit. Ils n'évitent plus le Parlement et ont aussi tendance à s'adresser aux tribunaux pour leur faire trancher des questions touchant leurs intérêts. Il en va notamment ainsi depuis l'adoption de la Charte des droits et libertés.

Pour le sénateur Michael Pitfield, ancien greffier du Conseil privé dans le gouvernement Trudeau, il y a deux catégories de lobbyistes : ceux qui défendent leurs propres intérêts et ceux qui sont embauchés par contrat. Évidemment, cela correspond, d'une part, aux lobbyistes salariés et aux lobbyistes pour le compte d'une organisation et, d'autre part, et aux lobbyistes-conseils de la *Loi sur l'enregistrement des lobbyistes* (1995). Le recrutement de lobbyistes professionnels qui sont d'anciennes personnes politiques ou des bureaucrates, grandement facilité par le mode de la retraite anticipée, constitue un énorme changement. Le sénateur estime que cela détériore le cours normal des choses et favorise le recours au secret. L'information vaut son pesant d'or, tout comme l'accès aux décideurs. La situation des fonctionnaires et le respect qui leur est dû en souffrent – d'autant que d'anciens hauts fonctionnaires demandent cher pour jouer avec éclat le rôle de lobbyistes. Seuls de riches intérêts sont à même de profiter de leur compétence (voir Groupe canadien d'étude des questions parlementaires, 1989).

Eric Hehner, de Corporation House, souligne les changements qui se sont produits depuis la Seconde Guerre mondiale. Avant l'ère Trudeau, les groupes s'adressaient à des fonctionnaires afin de faire connaître par leur entremise leur position aux ministres. Toutefois, l'expansion du gouvernement a rendu la prise de décisions de plus en plus complexe et ralenti le processus. Le nombre de groupes cherchant à influencer le gouvernement a augmenté, ce qui a suscité une certaine méfiance à l'égard du gouvernement et une certaine impatience en raison de la lenteur des résultats. Il y a donc eu une plus forte demande pour que les lobbyistes apportent les changements désirés.

Le meilleur moment pour faire pression sur les décideurs, c'est lorsqu'ils s'apprêtent à légiférer, au moment de l'élaboration d'une politique par le Cabinet (voir l'encadré sur les étapes de la filière législative dans le chapitre de Marcel R. Pelletier). On a alors le champ libre pour apporter de l'information et des arguments. Bien sûr, cette occasion ne se décèle que par une surveillance étroite des activités gouvernementales, travail accompli normalement par des lobbyistes-conseils (c'est-à-dire employés ponctuellement par un tiers pour faire pression sur le gouvernement). La réforme du système des comités parlementaires a poussé les députés à se spécialiser, et des rapports suivis se sont créés entre eux et les lobbyistes. Cette réforme s'est traduite en une sorte de privatisation de la formulation de politiques confiée à des députés, des fonctionnaires ainsi que des lobbyistes et les groupes d'intérêt qu'ils représentent. Ce que les sociétés de lobbying ont alors à offrir, c'est leurs voies d'accès et leur influence. Une expérience gouvernementale de haut niveau vaut ainsi son pesant d'or. C'est pourquoi les lobbyistes les plus habiles sont d'anciens ministres, sous-ministres et hauts fonctionnaires. Les vieilles relations ont beaucoup d'importance (voir Groupe canadien d'étude des questions parlementaires, 1989).

Selon Donald Newman, au lieu d'un gouvernement responsable devant la Chambre des communes, les députés du parti ministériel ont plutôt la responsabilité envers le Cabinet et le premier ministre de maintenir leur parti au pouvoir. Ceux qui refusent de jouer le jeu sont expulsés tambour battant (voir Groupe canadien d'étude des questions parlementaires, 1991 : 2-6). Les députés deviennent des ambassadeurs du gouvernement dans leur circonscription et ils sont par conséquent beaucoup moins représentatifs qu'autrefois de leurs électeurs. Il n'est donc pas étonnant que ces derniers se montrent de plus en plus cyniques à l'égard de leurs représentants et que les instruments de la démocratie directe comme les référendums et les assemblées constituantes soient en position de demande.

Cette évolution laisse présager un retour au favoritisme, compte tenu du nombre accru de nominations par décret et de la préférence politique qui se décèle lors des nominations diplomatiques et des affectations aux échelons supérieurs de la fonction publique. On semble délaisser le modèle britannique des fonctionnaires de carrière au profit du modèle américain empreint de favoritisme. Ce processus a encore accentué la tendance au caractère marginal de l'élaboration des politiques et ces conditions ne laissent aucune place à la planification globale.

Les conflits entre les gouvernements fédéral et provinciaux s'alimentent à la lutte que se livrent les intérêts régionaux. De nouveaux groupes se mobilisent pour des causes qui n'exerçaient pas jusqu'ici de véritable pression sur les gouvernements. Les nouveaux porte-parole des autochtones, des minorités ethniques et des éléments les plus défavorisés de la société font maintenant concurrence aux porte-parole des intérêts établis, comme les milieux d'affaires et les associations professionnelles. En outre, les problèmes modernes sont plus difficiles à résoudre que ceux du passé, parce qu'ils constituent souvent des questions de principe. Le débat constitutionnel et celui sur l'autonomie administrative des autochtones sont de bons exemples de questions qui ne se prêtent pas facilement au compromis. Parce que ces dernières mettent en cause des principes, elles sont extrêmement difficiles à trancher.

Ces circonstances ont amené le gouvernement à vouloir se protéger en finançant des groupes qui ne disposent pas des ressources nécessaires pour entreprendre des pressions, mais qui jouissent d'un appui considérable au sein de la communauté. Ainsi subventionnés et rendus en mesure de défendre leurs intérêts, ces groupes exercent une influence qui contrarie souvent les pressions des lobbys d'affaires bien établis. Il arrive que le gouvernement prenne alors une voie mitoyenne, entre les mesures que préconisent les intérêts d'affaires établis et celles des représentants des groupes populaires financés à même les fonds publics. Dans ce cas, il peut estimer avoir pris une décision acceptable de part et d'autre, et avoir écarté le danger de succomber à des mesures impopulaires revendiquées par des groupes bien nantis.

LES RÉSEAUX D'INFLUENCE

Les études récentes touchant les relations entre les milieux d'affaires et le gouvernement font état des « réseaux d'influence ». Ces derniers réunissent d'une part des groupes formés de représentants de l'entreprise privée, d'associations professionnelles, de sociétés de lobbying, etc., et, d'autre part, des fonctionnaires chargés d'élaborer les politiques dans un secteur donné. Dans certains cas, ce réseau peut inclure le gouvernement fédéral. Ces acteurs sont en interaction dans le processus de formulation des politiques, à tel point qu'on peut les considérer comme constituant une communauté. Dans les milieux d'affaires, cette organisation peut se réaliser selon deux formules : dans le contexte de relations de lobbying de nature pluraliste ou dans celui de relations d'entreprises.

La première formule est celle qui existe au Canada : les entreprises ou associations d'affaires font pression sur les décideurs afin qu'ils prennent les mesures les plus susceptibles de satisfaire leurs intérêts. Dans les réseaux corporatistes – comme il s'en trouve en Allemagne, en Suède, en Hollande et en Autriche –, les milieux d'affaires d'un secteur particulier se constituent en association capable de négocier de façon bilatérale avec le gouvernement. Dans ce contexte, les membres aplanissent entre eux leurs divergences afin que leurs représentants puissent donner aux négociateurs gouvernementaux quelque assurance que les engagements qu'ils prendront seront honorés. Cela permet également aux milieux d'affaires et au gouvernement de conclure des ententes sur des engagements de part et d'autre, de sorte que l'élaboration des politiques peut se dérouler dans un climat de partage et de réflexion. Pour qu'un secteur puisse se concerter à ce point, il faut qu'il soit suffisamment d'accord et bien organisé afin de pouvoir former une organisation supérieure qui parlera en son nom et prendra les engagements qu'il est disposé à remplir. De manière générale, les milieux d'affaires canadiens n'ont jamais pu atteindre ce niveau d'entente et d'organisation, si bien que leurs rapports avec le gouvernement en sont encore à l'étape pluraliste ou à celle du lobbying.

Dans les milieux d'affaires, les rapports pluralistes diffèrent d'un secteur à l'autre. La forme la plus répandue peut être qualifiée de pluralisme de pression, où les représentants défendent une certaine position auprès des organismes d'État. Ils préconisent essentiellement des solutions qui font concurrence aux revendications d'un autre lobby. En général, les milieux d'affaires ont un avantage sur les autres intérêts, mais il se produit souvent en cours de route des divergences d'intérêt dans un même secteur. Telle est la situation dans l'industrie manufacturière, l'industrie mi-

nière et l'industrie de la construction. Dans l'ensemble, les liens qui unissent les entreprises et leurs associations sont flous, informels et peuvent être modifiés de temps à autre.

Certains secteurs parviennent à créer des liens plus fermes, ce qui rehausse l'influence des groupes privés auprès du gouvernement. Ces rapports sont souvent caractéristiques de ceux qui existent entre un organisme d'État au mandat restreint, du côté gouvernemental, et une association sectorielle ou professionnelle ou, encore, un monopole important, du côté de l'entreprise. Il en va ainsi dans l'industrie chimique, dans celle de la transformation de la viande et, bien sûr, au sein de la profession médicale. Ce genre d'association peut être qualifié de pluralisme de cooptation où le client, d'habitude une organisation particulière comme il s'en trouve dans le secteur des investissements et des banques, entretient des rapports avec les organismes gouvernementaux de réglementation pertinents. En l'occurrence, il s'agit d'une relation relativement étroite par laquelle le gouvernement exerce sur l'industrie un contrôle réduit.

Étant donné qu'au Canada une structure corporatiste parfaitement intégrée n'a pas été mise en place, les milieux d'affaires canadiens tendent simplement à réclamer des avantages du gouvernement sans s'engager à faire respecter les politiques qui auront été adoptées. Les responsables du gouvernement ne font que recevoir les revendications des intérêts privés – situation qui joue au détriment du Canada lorsqu'il traite avec des pays où il existe des ententes étroites et réciproques entre les milieux d'affaires organisés et le gouvernement. Cependant, il ne faut pas oublier que le Canada est un pays très vaste aux intérêts économiques très régionalisés. Les divisions sont nombreuses en raison des ententes distinctes conclues entre les milieux d'affaires québécois et ceux du Canada anglais. D'un bout à l'autre du pays, les différences régionales empêchent aussi l'établissement d'associations à caractère vraiment national. Comme beaucoup d'entreprises canadiennes appartiennent à des intérêts étrangers ou sont contrôlées de l'extérieur, elles tendent à recevoir leur orientation d'un siège social situé à l'étranger. Il se crée alors, en quelque sorte, une distorsion avec les intérêts canadiens. De plus, en vertu de la proximité et de la suprématie des États-Unis, le Canada tend à se rapprocher du modèle américain pour l'établissement de sa politique économique, c'est-à-dire du pluralisme de pression plutôt que du corporatisme (Coleman, 1988 : 66-77).

En somme, au Canada les lobbys des milieux d'affaires exercent sans doute plus d'influence sur le gouvernement que dans tout autre grand pays développé, à l'exception des États-Unis. Les groupes d'intérêt et le gouvernement y entretiennent, comme aux États-Unis, des rapports de lobbying très profitables aux milieux d'affaires. Toutefois, vu l'existence d'un parti social-démocrate aux côtés des deux autres axés sur la médiation avec l'entreprise privée, les gouvernements canadiens ont été mieux placés pour résister aux revendications impopulaires de la communauté des affaires. En vertu du système parlementaire, le pouvoir est aussi plus concentré au Canada, et il est plus difficile pour les groupes d'intérêt de s'opposer à la volonté du gouvernement ou de faire de l'obstruction. Il est plus facile pour le gouvernement de réaliser ses projets au Canada qu'aux États-Unis, mais il s'agit de savoir comment ces projets ont pris forme. Si les mesures font suite aux pressions des milieux d'affaires, elles risquent de ne pas être plus populaires qu'aux États-Unis.

Quand on compare la situation canadienne avec celle des pays d'Europe occidentale, la différence saute aux yeux. Dans ces pays, l'organisation des groupes d'intérêt est de nature corporatiste. Dans le nord-ouest de l'Europe, milieux d'affaires, travailleurs et agriculteurs sont chapeautés par des associations, et la politique économique s'élabore en vertu d'accords entre le gouvernement et ces intérêts, lesquels se rendent responsables du soutien et de la collaboration de leurs membres envers les mesures adoptées. Bien que ce tableau soit brossé à grands traits, il est évident qu'en Europe la concertation entre les groupes d'intérêt et le gouvernement est beaucoup plus forte qu'en Amérique du Nord. Le mouvement syndical tend aussi à y être beaucoup plus influent, ce qui empêche les milieux d'affaires d'exercer, comme en Amérique du Nord, une domination incontestée.

Le système fédéral particulièrement décentralisé du Canada a aussi son importance. Les gouvernements provinciaux ont beaucoup plus de pouvoir que dans des régimes fédéraux européens comme ceux de l'Allemagne et de l'Autriche. Et, en regard de régimes unitaires comme en Grande-Bretagne et en France, le gouvernement canadien a des pouvoirs beaucoup plus limités. Par conséquent, le gouvernement fédéral est moins puissant au Canada alors que les gouvernements provinciaux possèdent plus de pouvoirs que dans d'autres États fédéraux. Cette fragmentation de l'autorité a notamment pour effet d'offrir aux groupes d'intérêt un grand nombre de cibles – ce qui favorise les plus riches et les mieux institutionnalisés d'entre eux[5]. L'encadré 5.4 offre une illustration de la pratique des groupes d'intérêt au Canada.

---

5. Il s'agit des « brèches multiples » qu'a décrites Morton Grodzin. Pour une discussion de cette situation, voir Thorburn, 1985 : 70-76.

ENCADRÉ 5.4
**Les licences d'exploitation d'un brevet pharmaceutique :
étude de cas des groupes d'intérêt au Canada**

L'affaire entourant la suppression de l'octroi obligatoire d'une licence d'exploitation d'un brevet pharmaceutique est révélatrice du rôle joué par les groupes d'intérêt et les entreprises de lobbying.

Au Canada, le prix des médicaments d'ordonnance a toujours été assez bas parce que les titulaires d'un brevet étaient tenus d'accorder aux fabricants de médicaments brevetés une licence d'exploitation en échange d'un droit. C'est ainsi que l'industrie du médicament générique, spécialisée dans la fabrication de copies de médicaments brevetés, a pu prendre de l'expansion sans faire de recherche pour mettre au point de nouveaux produits.

La situation a poussé les entreprises multinationales de fabrication de médicaments à faire pression sur le gouvernement canadien par l'entremise de leur association professionnelle, l'Association canadienne de l'industrie du médicament (ACIM), pour qu'il mette fin à l'octroi obligatoire de licences et qu'il rétablisse le monopole qu'elles étaient en droit d'exercer en vertu de la *Loi sur les brevets*. Les enjeux étaient considérables pour tous les intéressés, aussi bien pour les entreprises que pour les consommateurs canadiens.

L'octroi obligatoire de licences, en vigueur depuis 1968, avait eu pour résultat que les prix canadiens, en 1980, atteignaient en moyenne 45 % des prix américains. Après l'élection du gouvernement Mulroney, l'industrie a lancé une campagne de lobbying en vue de supprimer l'obligation d'octroyer des licences et elle a constaté que le gouvernement était divisé sur cette question. En effet, le ministère de la Consommation et des Corporations continuait à soutenir l'octroi obligatoire, tandis que le ministère de l'Expansion industrielle régionale capitulait devant la promesse de l'ACIM d'accroître les investissements de l'industrie du médicament au Canada si cette obligation était supprimée. L'ACIM constituait un vaste et important lobby représentant 67 sociétés situées pour la plupart au Québec (et qui dépendaient surtout d'intérêts étrangers). De leur coté, les fabricants de médicaments génériques, surtout d'intérêts canadiens, étaient représentés par l'Association canadienne des fabricants de produits pharmaceutiques (ACFPP), laquelle comptait dix-sept membres établis surtout en Ontario.

L'ACIM avait l'appui de l'administration Reagan des États-Unis, qui avait bien exprimé sa position selon laquelle l'octroi obligatoire de licences était aussi négatif à ses yeux que le Programme énergétique national. Il faut noter que cette attitude touchera par la suite le projet de libre-échange – ce qui montre combien le Canada est vulnérable aux pressions du gouvernement américain.

Le champ de bataille s'est déplacé vers les lobbyistes engagés de part et d'autre. Les fabricants de médicaments génériques étaient représentés par Skip Wallis, qui avait dirigé la campagne de Peter Pocklington à la direction du Parti conservateur. Ce dernier devait affronter Frank Moores, porte-parole de l'ACIM, ancien premier ministre de Terre-Neuve et fondateur de la plus puissante entreprise de lobbying du Canada à l'époque, Government Consultants Inc. Cette société comptait un grand nombre d'anciens hauts fonctionnaires et de membres de la classe politique (comme Garry Ouellet, Gérald Doucet, etc.).

En novembre 1986, Harvie André, ministre de la Consommation et des Corporations, présente le projet de loi C-22 tendant à mettre fin à l'octroi obligatoire de licences et à consentir aux titulaires de brevets pharmaceutiques un monopole de dix ans. Un comité devait surveiller la montée des prix des médicaments et les provinces allaient dépenser collectivement 100 millions de dollars pour éponger cette hausse. En retour, l'industrie s'engageait à investir 1,4 milliard de dollars au Canada (mais cette promesse n'était pas inscrite dans la loi). Les partis d'opposition se sont insurgés devant ce projet de loi, accusant le gouvernement d'avoir trahi les malades et les personnes âgées au profit des multinationales pharmaceutiques et d'avoir cédé aux pressions américaines.

Le ministre André fit valoir les investissements que le Canada obtiendrait pour développer la technologie de pointe, et l'importance de respecter la propriété intellectuelle et de maintenir de bonnes relations étrangères. De son côté, le ministre de la Santé de l'Ontario, craignant la flambée des prix des médicaments, a critiqué le projet de loi, tout comme l'ont fait les représentants des personnes âgées.

Le gouvernement a invoqué le règlement de clôture pour mettre fin au débat à la Chambre, mais, à l'étape de l'étude en comité, promoteurs et adversaires ont poursuivi la lutte. Les membres de la profession médicale, les chercheurs en sciences de la vie et les pharmaciens étaient en faveur du projet de loi. Les consommateurs, les travailleurs sociaux et en soins de santé, les organismes religieux et les syndicats étaient contre. Le Québec, où les membres de l'ACIM étaient concentrés, était d'accord avec cette mesure, alors que les autres provinces la rejetaient avec comme explication qu'elle ferait grimper les prix des médicaments. La Chambre a fini par l'adopter assez facilement, malgré les pétitions signées par 150 000 personnes, présentées par les libéraux.

La bataille s'est poursuivie au Sénat qui était à majorité libérale. L'ACIM a fait savoir que ses membres n'entreprendraient pas de nouvelles recherches au Canada tant que le projet de loi ne serait pas mis en œuvre. Judy Erola, présidente de l'ACIM et ancienne ministre de la Consommation et des Corporations sous le gouvernement libéral, a déclaré que l'industrie ne pouvait pas survivre sans ce projet de loi. Néanmoins, le Sénat proposa de réduire la durée du monopole de dix à quatre ans, après quoi les titulaires d'une licence devraient payer une redevance de 14 %.

Ces amendements ont obligé la Chambre des communes à étudier à nouveau le projet de loi, ce qui a ranimé la controverse et prolongé le débat. Finalement, la mesure a été adoptée et le Canada est revenu au régime d'avant 1968, où les titulaires de brevets avaient le monopole ; les recommandations de la Commission d'enquête Eastman furent rejetées. Les intérêts régionaux du Québec triomphaient là où les entreprises de l'ACIM étaient situées, et les relations canado-américaines étaient préservées (étant donné que les États-Unis avaient pris parti pour les sociétés multinationales de fabrication de médicaments).

L'ACIM s'était monté un puissant lobby grâce aux services de quelques-unes des sociétés de lobbying les plus formidables au Canada. Elle avait bien fait son travail.

Cependant, l'histoire ne s'arrêtait pas là. Moins de cinq ans plus tard, lors des négociations sur l'Accord de libre-échange, les lobbyistes de l'ACIM revenaient à la charge en demandant que la durée du monopole d'un brevet passe de dix à vingt ans. Étant donné que le gouvernement était à la fois favorable à cette cause et vulnérable, le moment était bien choisi : le gouvernement a présenté son projet de loi en juin 1992, mais une disposition en prévoyait l'application rétroactive à décembre 1991 (moment où le GATT avait fait connaître ses propositions). Il était évident que l'ACIM tenait à ce que le régime des brevets canadiens soit conforme à celui des États-Unis et des pays de la communauté européenne – de peur que l'octroi obligatoire de licences ne refasse un jour surface, non seulement au Canada, mais aussi ailleurs dans le monde.

Le gouvernement a acquiescé, comme il l'avait fait en 1987, malgré l'assaut résolu des partis d'opposition au Parlement et des groupes d'intérêt public dans les médias. L'étude de son projet de loi a été effectuée en vitesse, la Chambre ayant imposé la clôture à chaque étape, et le Sénat, alors à majorité conservatrice, ne constituait plus un obstacle. Les événements de 1992 étaient essentiellement une reprise des précédents et ils consolidèrent la victoire de l'ACIM et des lobbyistes qu'elle avait embauchés. Ne prenant cette fois aucun risque, l'Association avait retenu les services de cinq des « sociétés de relations gouvernementales » les mieux placées et les plus influentes, dont la grosse entreprise internationale Hill and Knowlton, ainsi que Government Consultants Inc., avec Frank Moores, Garry Ouellet et Gérald Doucet. Encore une fois, les fabricants canadiens de médicaments génériques étaient vaincus, les négociations touchant le libre-échange ne rendant pas le gouvernement favorable à leur cause. La mesure gouvernementale fut adoptée – l'ACIM remportait sa seconde victoire.

Les choses ont quelque peu changé depuis 1995. En effet, à la fin des années 1990, l'industrie canadienne du médicament générique a remporté une victoire d'importance devant les instances de l'Organisation mondiale du commerce (OMC) : celle-ci a rejeté la contestation faite par l'Union européenne relativement à la fabrication d'un produit générique pendant que le produit d'origine est toujours sous la protection d'un brevet. La loi canadienne offre aux fabricants de médicaments d'origine – basés surtout au Québec – une protection de brevets exclusifs sur leurs produits pour une période de 20 ans. Elle permet toutefois à l'industrie du médicament générique – basée surtout en Ontario – de faire des recherches sur les médicaments d'origine avant que n'expire ladite protection. Dans le litige, l'industrie du médicament d'origine arguait que la recherche pour développer de nouveaux médicaments est extrêmement coûteuse et qu'elle doit pouvoir bénéficier des retombées économiques de ses investissements. Pour sa part, l'industrie du médicament générique soutenait la création d'emploi, l'accès pour les consommateurs aux médicaments et l'économie pour l'État. En effet, cette décision de l'OMC aura des conséquences importantes, non seulement pour le porte-monnaie des personnes ayant besoin de médicaments, mais pour le financement du système de santé au Canada. Règle générale, les médicaments génériques coûtent la moitié du prix des médicaments d'origine. Ceci n'est pas négligeable pour les hôpitaux qui ont besoin de quantités importantes de médicaments. En 1999, les dépenses en médicaments représentaient 15 % des dépenses en soins de santé au Canada. L'Association canadienne des fabricants de produits pharmaceutiques estime ainsi qu'en 1999 le recours aux médicaments génériques a fait épargner plus d'un milliard de dollars au système de santé canadien.

CONCLUSION

Il est donc apparent que les deux récents partis au pouvoir s'entendent sur la légitimité du lobbyisme. Après tout, le gouvernement est aux prises avec des conditions complexes et constamment changeantes du monde moderne. Il doit alors chercher l'information des personnes intéressées et bien informées afin de légiférer avec efficacité. Donc, tant que les lobbyistes font en sorte que leurs activités n'enfreignent pas la loi, il n'y a pas de pratique répréhensible. Une fois qu'on concède la nécessité du lobbyisme dans l'élaboration de lois portant sur des problèmes complexes et modernes, on semble miner l'argument apporté par le Parti québécois, qui consiste à ne plus accepter le lobbyisme comme une dépense d'entreprise légitime aux fins de l'impôt sur les sociétés. Dénier aux entreprises le droit de déduire les coûts encourus de leur revenu imposable semble inadmissible si le lobbyisme sert à améliorer les lois et les politiques gouvernementales (même s'il sert également les intérêts des lobbyistes mêmes). Cela est particulièrement vrai, puisque le lobbyisme pour les femmes et les minorités est subventionné par le gouvernement, et n'est pas, pour la plupart, taxé. Cette situation paraît équitable car les deux côtés, souvent opposés, reçoivent chacun une certaine forme de considération de la part du gouvernement. Le point de vue du PQ n'est cependant pas sans valeur. Les entreprises font pression sur le gouvernement afin de l'influencer à agir dans leurs intérêts. Par conséquent, les coûts pour exercer cette influence ne devraient pas relever de la responsabilité des citoyens contribuables. Pourquoi le gouvernement devrait-il payer pour se faire contraindre à agir dans les intérêts d'une entreprise en particulier?

Pour ou contre, les deux points de vue sont valables. Jusqu'à présent, les gouvernements canadiens ont autorisé les coûts de lobbyisme à titre de dépenses d'entreprise légitimes. Étant donné la politique des trois principaux partis au Canada, cette tendance va vraisemblablement continuer. Également, il serait difficile de faire la distinction entre le lobbyisme et les coûts de gestion d'une entreprise, spécialement dans le cas des lobbyistes salariés.

1. **Les grands moments** dans l'histoire des groupes d'intérêt canadiens doivent certainement être la période Trudeau-Mulroney où l'on a vu l'évolution de la pratique de lobbyisme selon le modèle américain. C'est à ce moment que le processus d'élaboration des politiques est devenu complexe et bureaucratique. L'élaboration des fonctions d'intégration et de révision de politique au Bureau du Conseil privé, au Conseil du Trésor et au ministère des Finances ainsi qu'au sein des comités de cabinet a rendu complexes les relations entre le gouvernement et les groupes d'intérêt. Le lobbyisme est devenu important et compliqué à mesure que les fonctions des gouvernements fédéral et provinciaux se sont accumulées. Les lobbies ont proliféré et sont devenus de plus en plus professionnels et institutionnalisés pendant cette période.

Une autre étape des grands moments de l'histoire était l'établissement de moyens de contrôle, par exemple la *Loi sur l'enregistrement des lobbyistes* et, plus tard, la nomination d'un conseiller en éthique. Voilà deux exemples d'institutionnalisation. Le lobbyisme est maintenant un partenaire légitime de la gouverne politique moderne au Canada.

2. Les **défis à relever dans l'avenir** graviteront en grande partie autour de la perception du public. Serons-nous témoins d'un cynisme grandissant envers l'administration publique? Cynisme qui est grandement influencé par la perception que le gouvernement est «prisonnier» des intérêts des grandes entreprises. Ces entreprises ont maintenant une portée mondiale et sont en position d'imposer leurs vues au gouvernement, puisque la richesse et le pouvoir des multinationales ont déjà façonné un système favorisant la passivité des gouvernements. Les ententes contractuelles internationales forcent une certaine conformité à la clause de la «nation la plus favorisée», et l'emprise inexorable de ce système sur les marchés oblige les gouvernements à jouer le jeu de façon à ce que leur pays ne soit pas laissé de côté et condamné à la stagnation.

Verra-t-on plutôt s'accroître un nouveau respect pour le gouvernement puisque les groupes d'intérêt sont jugés être dans l'intérêt général? Le conseiller en éthique, de concert avec les représentations publiques et les efforts de promotion de la part du gouvernement, contribue aussi à construire un nouveau respect pour le gouvernement. La prospérité et la croissance économique du pays, lequel fait partie du nouveau système international grâce à l'ALÉNA et à des ententes sur la mondialisation de la libéralisation des échanges, vont dans le même sens. Toutefois, on se pose toujours des questions sur le chômage qui persiste, l'accroissement de l'écart entre les riches et les pauvres et l'inquiétude quant à la manipulation d'opinions qui est une composante de la politique des groupes d'intérêt d'aujourd'hui.

SITES WEB

Alliance des manufacturiers et exportateurs du Canada	http://www.the-alliance.org
Congrès du travail du Canada	http://www.clc-ctc.ca
Centre canadien de politiques alternatives (anglais)	http://www.policyalternatives.ca
Fédération canadienne des étudiants et étudiantes	http://www.cfs-fcee.ca
Industrie Canada (enregistrement des lobbyistes)	http://strategis.ic.gc.ca/lobbyiste

LECTURES SUGGÉRÉES

Dominique BOIVIN (1984), *Le lobbying*, Montréal, Méridien.

William COLEMAN et Grace SKOGTAD (1990), *Policy Communities and Public Policy in Canada*, Toronto, Copp, Clark & Pitman.

Léon DION (1971), *Société et politique: la vie des groupe*. Tome premier: *Fondements de la société libérale*, Québec, Presses de l'Université Laval.

A. Paul PROSS (1992), *Group Politics and Public Policy*, (2ᵉ édition), Toronto, Oxford University Press.

Hugh G. THORBURN (1985), *Les groupes de pression dans le système fédéral canadien*, Ottawa, ministre des Approvisionnements et Services Canada, Ottawa (volume 69 des études commandées dans le Programme de recherche de la Commission royale sur l'union économique et les perspectives de développement du Canada).

BIBLIOGRAPHIE

ADVOCACY RESEARCH CENTRE, *The Federal Lobbyists*, Ottawa, Advocacy Research Centre, publication annuelle.

BON, Daniel L. (1981), *Lobbying: A Right? A Necessity? A Danger?*, Ottawa, The Conference Board of Canada.

CAMERON, Stevie (1980), *Ottawa Inside Out*, Toronto, Harper-Collins.

CANADA, SECRETARY OF STATE, PROGRAM EVALUATION DIRECTORATE (1986), *A framework for Cross-Sectoral Evaluation of Core Funding in the Secretary of State*, Ottawa, mars.

COLEMAN, William D. et Grace SKOGTAD (dir.) (1990), *Policy Communities and Public Policy in Canada: A Structural Approach*, Toronto, Copp Clark Pitman.

_____, (dir.) (1990), « Policy communities and policy networks: A structural approach », dans Coleman, William D. et Grace Skogstad (dir.), *Policy Communities and Public Policy in Canada*, Toronto, Copp Clark Pitman, p. 14-33.

COLEMAN, William D. (1988), *Business and Politics: A Study of Collective Action*, Montréal, McGill-Queen's Press.

DION, Léon (1971), *Société et politique: la vie des groupes*, Sainte-Foy, Les Presses de l'Université Laval.

FINKLE, Peter, Kemaghan WEBB, William T. STANBURY et A. Paul PROSS (1991), *Federal Government Relations with Interest Groups: A Reconsideration*, Ottawa, Consumer and Corporate Affairs Canada, Occasional Paper.

FRENCH, Richard (1980), *How Ottawa Decides*, Toronto, Lorimer.

GROUPE CANADIEN D'ÉTUDE DES QUESTIONS PARLEMENTAIRES (1991), *L'opinion publique face au Parlement*, Ottawa, Le Groupe.

GROUPE CANADIEN D'ÉTUDE DES QUESTIONS PARLEMENTAIRES (1989), *Les groupes d'intérêts et le Parlement*, Ottawa, Le Groupe.

LOWI, Theodore J. (1969), *The End of Liberalism: ideology policy, and the crisis of public authority*, New York, Norton.

OUELLET, F. (1981), *Sommaire vers un développement de la concertation et de la consultation au Québec*, Montréal, Les Cahiers de l'ENAP, juin, p. 5-3 1.

PALTIEL, Khayyarn Z. (1982), « The changing environment and role of special interest groups », *Canadian Public Administration*, vol. 25, n° 3, p. 198-210.

PRESTHUS, Robert (1973), *Elite Accommodations in Canadian Politics*, Toronto, Macmillan.

PROSS, A. Paul (dir.) (1975), *Pressure Group Behaviour in Canadian Politics*, Toronto, McGraw-Hill.

PROSS, A. Paul (1992), *Group Politics and Public Policy*, 2ᵉ édition, Toronto, Oxford University Press.

SAWATSKY, John (1987), *The Insiders: Government, Business and the Lobbyists*, Toronto, McClelland and Stewart.

STANBURY, W.T. (1986), *Business-Government Relations in Canada*, Toronto, Methuen.

THOMPSON, Fred (1979), *The Political Economy of Interest Groups in the Legislative Process in Canada*, Montréal, Institute for Research on Public Policy.

THORBURN, Hugh G. (1985), *Interest Groups and the Canadian Federal System*, Toronto, University of Toronto Press (Collected Research Studies; Royal Commission on the Economic Union and Development Prospects for Canada, n° 69).

THORBURN, Hugh G. (1964), « Pressure Groups in Canadian Politics: Recent Revisions of the Anti-Combines Legislation », *Canadian Journal of Economics and Political Science*, vol. 30, n° 2, p. 157-174.

« Lobbying Reform versus Parliamentary Reform » (1992), *The Lobby Digest and Public Affairs Monthly*, vol. 38, décembre, nᵒˢ 4-5, p. 11.

CHAPITRE 6

Les médias, l'opinion publique et le Parlement

ANNE-MARIE GINGRAS
UNIVERSITÉ LAVAL

- Aborder les principaux courants théoriques sur le rôle politique des médias ;

- Mieux comprendre le rôle des médias dans les pratiques politiques ;

- Décrire les effets des médias dans la formation des opinions ;

- Soulever quelques réflexions sur la notion d'opinion publique et ses liens avec les sondages ;

- Expliquer les espoirs reliés aux « autoroutes de l'information » ainsi que le contexte de leur mise en place.

Avec le recours fréquent à la politique-spectacle et l'arrivée d'Internet, le rôle des médias et de l'opinion publique dans la vie parlementaire canadienne se pose avec une acuité toute particulière. Historiquement, les parlementaires ont développé de nouvelles méthodes de travail avec chaque nouveau média : la presse écrite, la radio, la télévision et le satellite qui permet le direct. Aujourd'hui, la mise en place des réseaux électroniques pourrait servir de catalyseur d'une dynamique nouvelle entre la société civile et l'État.

L'intersection entre les médias et le politique peut être étudié de multiples manières, mais historiquement les politologues se sont intéressés surtout à l'influence médiatique lors des campagnes électorales (Fletcher et Everett, 1991 ; Kaid, Gerstlé et Sanders, 1991 ; Gerstlé, 1992 ; Monière et Guay, 1994 ; Charron, 1991) ; dans les années 1940 et 1950, on a cherché à déterminer l'influence des médias dans la formation des opinions individuelles (Lazarsfeld, Berelson et Gaudet, 1948 ; Katz et Lazarsfeld, 1955 ; Klapper, 1960), puis l'essor de la publicité et du marketing politique (Maarek, 1992 ; Bernier, 1988 ; Romanow, Soderlund et Price, 1991 ; Jamieson, 1992 ; Boy, Dupoirier et Meynaud, 1985), et les débats des *leaders* (Friedenberg, 1990 ; Bernier et Monière, 1991 ; Monière, 1992 ; Jamieson et collab., 1988[1]) (encadré 6.1) ont suscité l'intérêt de quelques chercheurs et chercheuses. On peut aussi aborder les rapports entre les médias et la politique de manières différentes : sous les angles de la liberté d'expression (Prujiner et Sauvageau, 1986), du langage et de la rhétorique politique[2] (Edelman, 1977 et 1988 ; Corcoran, 1990) des relations stratégiques entre journalistes et personnalités publiques (Charron, 1994), entre autres.

La première section de ce texte porte sur l'influence des médias dans les pratiques politiques. Dans la deuxième section, nous étudions le rôle des médias dans notre système de démocratie libérale à l'aide des deux principales théories (libérale et critique). Le rôle des médias dans la formation des opinions individuelles est par la suite examiné (troisième section), encore en fonction de ces deux théories. La quatrième section porte sur l'influence des médias sur l'opinion publique ; nous y exposons aussi les différences de perspectives théoriques et idéologiques que le concept d'opinion publique fait apparaître. Enfin, la cinquième section a trait à Internet, les espoirs qu'il suscite et le contexte politique et économique dans lequel se développent les nouvelles technologies de l'information et de la communication.

---

1. Voir aussi le numéro de *Communication* (18 : 2), publié en 1998, qui porte sur les débats télévisés.
2. Voir aussi les numéros 15 et 16 de la revue *Hermès* portant sur l'argumentation et la rhétorique.

Les débats des leaders

Les débats des chefs font aujourd'hui partie de notre rituel électoral. Le tout premier débat télévisé des chefs a eu lieu aux États-Unis et opposait John F. Kennedy à Richard Nixon. Au Canada, le premier débat s'est tenu au Québec en 1962 alors qu'il faudra attendre 1968 pour qu'un tel événement se produise sur la scène fédérale. Depuis 1979, ces débats se tiennent à chaque élection au fédéral, à la fois dans les langues de Shakespeare et de Molière.

L'organisation des débats télévisés fait l'objet de nombreuses tractations entre les partis et les médias. On y discute de la forme du débat (échanges entre leaders ou au contraire monologues des leaders en réponse aux questions des journalistes), thèmes abordés, position des leaders sur le plateau de télévision, partage du temps de parole, journalistes interviewers, présence du public, etc.

Bien que de tels débats aient rarement modifié le cours des campagnes électorales, l'impression subsiste que ces débats constituent un point tournant, voire un événement marquant des campagnes. On peut s'interroger sur la part de « politique-spectacle » de ces débats et sur la part d'informations qui est transmise. Le nom du vainqueur, de même que les phrases-chocs prononcées durant les débats (reprises dans les nouvelles et émissions d'affaires publiques) constituent souvent l'essentiel de ce qu'on retient des débats télévisés.

L'INFLUENCE DES MÉDIAS DANS LES PRATIQUES POLITIQUES

Jusqu'aux années 1980, l'influence des médias sur les pratiques politiques a fait l'objet de peu de travaux politologiques. Soulignons quelques exceptions : l'étude phare de Schwartzenberg *L'État spectacle. Le Star System en politique* (1977), l'ouvrage de Blumler *La télévision fait-elle l'élection ?* (1980) ou encore celui de Cayrol *La Nouvelle Communication politique* (1986). Après trois décennies de changements graduels mais fondamentaux dans les pratiques politiques, le bilan qu'on peut en faire se divise en quatre parties : les modifications au rôle des partis politiques, la participation des médias à l'établissement de l'agenda politique, la « politique spectacle », ainsi que la fragmentation et la normalisation des messages politiques.

Une première constatation concernant les modifications dans les pratiques politiques induites par les communications concerne la diminution du rôle des partis politiques ; plusieurs travaux font état du remplacement des partis politiques par les médias comme canaux de communication privilégiés entre les élites politiques et la population. Trois phénomènes illustrent la diminution du rôle des partis politiques. En premier lieu, les directions des partis politiques ont modifié leurs méthodes et leur source de connaissance de la population. Auparavant, on utilisait les militants et les militantes comme baromètre des comtés ; aujourd'hui, les *leaders* politiques tiennent compte bien davantage de ce qu'ils retrouvent dans les médias de masse et ils recourent aux conseils des spécialistes de la consultation politique, aux sondages et à l'expertise en relations publiques (Taras, 1990 : 238 ; Cayrol, 1986 : 59-88 ; Davis, 1990 : 161). Les leaders ont perdu l'essentiel de leur intérêt pour les militants et les militantes et les voient presque exclusivement comme des travailleurs d'élections. La vie de partis est moins effervescente qu'auparavant, on ne s'anime vraiment qu'en périodes électorales.

En deuxième lieu, la réduction du rôle des partis se manifeste dans l'attitude de l'électorat, de moins en moins stable ou fidèle. Depuis les années 1960 ou 1970, les adhésions et les sympathies aux partis politiques déclinent dans tous les pays occidentaux alors que les formes de participation politique se font plus variées et moins formelles que le travail dans les partis : manifestations, grèves, action communautaire, entre autres (Mayer et Perrineau, 1992). Les médias ne sont pas les seuls éléments à l'origine de l'instabilité partisane ; on croit que l'augmentation du niveau de scolarité, entre autres, a pu rendre l'électorat plus exigeant envers la classe politique. Mais la publicité faite dans les médias des erreurs des parlementaires, de leurs conflits, et parfois de leur impuissance permet un regard plus critique qu'auparavant ; il est ainsi possible de prétendre que la prééminence des communications dans la vie parlementaire a joué un rôle de premier plan dans la remise en cause de la fidélité aux partis (Dalton, 1988 : 239-242).

Le troisième phénomène illustrant le rôle changeant des partis politiques s'appelle *winnowing* ; il s'agit du recrutement plus difficile du personnel politique causé par une couverture médiatique qui effraie les éventuels candidats et candidates. Les médias scruteraient trop leur vie privée et n'accorderaient d'attention qu'à ceux et celles qui possèdent – aux yeux des journalistes – le plus de chances de gagner. Ce sont donc les médias, à la place des partis politiques, qui filtrent les candidatures et permettent à certaines personnes de s'imposer. L'importance de ce phénomène s'avère proportionnelle à la durée du processus électoral ; le cas américain incarne le prototype du phénomène (Davis, 1990 : 162).

Une seconde constatation concernant les modifications dans les pratiques politiques induites par les communications concerne la participation des médias à l'établissement de l'agenda, ou *agenda setting*. Ce concept réfère à la capacité des médias de dicter l'ordre du jour politique imposé tant aux personnages politiques qu'à la population. À l'origine, l'*agenda setting* est le phénomène selon lequel les médias établissent les priorités politiques de la population par le seul fait qu'ils portent attention à certains faits et événements ; on n'indiquerait pas quoi penser comme tel, mais on dicterait les sujets pour lesquels il est important de se faire une opinion. Expression créée en 1972 par Maxwell McCombs et Donald Shaw, elle signifie que les membres d'un auditoire en viennent à accepter personnellement l'importance accordée aux sujets traités par les médias. Par ricochet, puisque ces sujets deviennent importants pour la population, ils seraient considérés prioritaires pour le gouvernement.

Mais, dans la vie parlementaire et partisane, le gouvernement n'est pas influencé seulement par la population ; on pourrait même soutenir que ce n'est pas elle qui influence principalement le gouvernement. Un examen rapide des rapports entre le monde politicien et les médias montre que ces deux milieux s'influencent directement, sans la médiation de la population, que celle-ci suive ou non les débats publics. Par exemple, la députation de l'opposition se sert des nouvelles trouvées dans les journaux pour préparer ses interventions durant la période de questions. Et ce sont les questions les plus spectaculaires qui feront, le lendemain, les manchettes. Ainsi, il n'est pas rare de constater que les échanges entre le monde journalistique et la députation prennent une tournure amplificatrice et peuvent durer plusieurs jours. Les articles et les interventions à la Chambre des communes après les budgets constituent des exemples de ce type d'échange. Mais il faut se garder de voir dans le phénomène d'établissement de l'agenda un processus mécaniste où les médias agiraient sur l'ordre du jour de la députation et vice-versa. Bien que des influences certaines existent entre la couverture journalistique et l'activité parlementaire, la production des nouvelles constitue une construction à laquelle participent les sources et les journalistes, chacun agissant et réagissant à l'autre en fonction de ses intérêts, ses ressources et ses contraintes (Fishman, 1980 ; Tuchman, 1980 ; Charron, 1994). Pour certains chercheurs et chercheuses, la participation des médias à l'établissement de l'agenda fait d'eux de véritables acteurs sociaux autonomes, alors que, pour d'autres, le travail de construction des médias doit être situé à l'intérieur des rapports sociaux, c'est-à-dire qu'il faut garder à l'esprit les interdépendances entre, d'une part, les journalistes et les organisations médiatiques et, d'autre part, les pouvoirs économiques et politiques. Cette dernière perspective permet de concevoir les médias non comme des lieux de discussion indépendants des centres de pouvoir, mais comme des organisations participant à l'établissement des rapports de force en société.

Le troisième phénomène illustrant les modifications dans les pratiques politiques est la poli-

tique-spectacle (Gingras, 1995). Cette expression fait référence au mélange des genres entre la politique et les loisirs de toutes sortes (sport, théâtre, jeux, etc.) ; la représentation prend alors plus d'importance que le travail politique sur le terrain, autrement dit « la forme mange le fond[3] ». Les apparitions de personnalités publiques dans les émissions de variétés ou les émissions de jeux, l'usage de la phrase-choc[4] et les congrès planifiés comme de vastes fêtes illustrent la politique-spectacle. De façon plus particulière, cette manière de faire de la politique s'appuie sur des caractéristiques inhérentes aux pratiques politiques de tout temps, comme la personnalisation et la dramatisation. Pensons à César, Napoléon et au général de Gaulle, et le caractère intemporel de ces caractéristiques apparaîtra aussitôt. La personnalisation et la dramatisation constituent dans une certaine mesure des clés de communication, c'est-à-dire des moyens de susciter l'intérêt de l'électorat. Ces caractéristiques sont cependant exacerbées depuis que les communications de masse ont remplacé le contact direct et personnel avec les membres de l'électorat, insufflant une touche obligatoire de ludique dans les rapports entre la classe politique et les citoyens et les citoyennes. Ce qui est en cause ici, ce sont autant les pratiques politiques que leur médiatisation ; l'impression existe que, pour susciter et maintenir l'attention – voire l'adhésion – des citoyens et des citoyennes, on doive prati-

---

3. Cette expression est tirée de Blumler *et al.*, 1978.
4. Pour s'opposer au Bloc québécois durant la campagne fédérale de 1997, le Parti libéral utilisait le slogan « Bloquer ou agir », tandis que le Parti conservateur affirmait : « À force de tout vouloir bloquer, ils nous coûtent plus cher ».

quer la politique et la rapporter en fonction de caractéristiques appréciées de la population, c'est-à-dire la performance, l'amusement, l'exaltation.

Mais l'usage des phénomènes de personnalisation et de dramatisation s'avère cependant fort limitatif pour la compréhension des enjeux qui sous-tendent les actions politiques; en effet, les luttes entre individus, l'accent mis sur le côté humain, l'importance de l'image, au sens de réputation, la valorisation de l'apparence physique (caractéristiques de la personnalisation), l'utilisation des crises, l'exploitation des émotions et la mise en scène (caractéristiques de la dramatisation) occultent les structures, voilent les intérêts particuliers qui animent les acteurs sociaux et font l'impasse sur l'histoire (des institutions, des idées, des projets politiques). La personnalisation et la dramatisation des pratiques politiques limitent donc considérablement la compréhension des relations de pouvoir à l'œuvre dans la société (Schwartzenberg, 1977 : 196-197 ; Bennett, 1988 : 26-44 ; Cayrol, 1986 : 150-151).

Parmi les autres changements dans les pratiques politiques, notons la fragmentation et la normalisation des messages politiques. Il s'agit là de caractéristiques inhérentes au matériel médiatique (Bennett, 1988 : 44-63) que les personnages politiques utilisent dans le but d'éviter que leurs messages ne soient pas trop modifiés par les journalistes. En effet, à cause des contraintes organisationnelles et dans certains cas de la paresse de certains journalistes, des messages officiels qui s'apparentent à ceux qu'écrivent les journalistes peuvent être imprimés intégralement ou diffusés. Les personnalités publiques se livrent donc à une certaine fragmentation de leurs messages, les morcelant et les réduisant en informations-capsules, puisque le matériel aisément intégré aux informations se doit d'être court, simple et clair.

Quant à la normalisation, elle consiste en la réassurance perpétuelle à laquelle se prêtent les personnalités publiques dans les explications des problèmes politiques, l'angle sécurisant devant obligatoirement en être le cadre privilégié (Edelman, 1977 : 141-155 ; Bennett, 1988 : 51-63). Il s'agit là également d'une caractéristique du matériel médiatique, dont la structure narrative inclut toujours une fin; or, de nombreux problèmes politiques restent irrésolus, les solutions ne peuvent être élaborées et mises en œuvre rapidement et les difficultés économiques de toutes sortes ont pour origine l'organisation du travail, la distribution des richesses collectives et les rapports de pouvoir sociétaux. La complexité des problèmes et de leurs solutions devrait justifier des informations dépeignant des problèmes sans issue immédiate; mais, comme on refuse de présenter un monde chaotique à son public, on élabore des « solutions » permettant d'assurer la cohérence apparente du monde. Les personnages politiques présentent donc, tout comme les médias, des problèmes qui comportent des solutions. Ces dernières semblent ainsi toujours à portée de main, ce qui a indéniablement un effet de tranquillisant social ; inutile d'investir l'espace public, de militer ou de dénoncer si le règlement des problèmes semble imminent.

LES MÉDIAS DANS NOTRE SYSTÈME DE DÉMOCRATIE LIBÉRALE

Les médias exercent un rôle politique dans notre système de démocratie libérale. Plusieurs conceptions existent à ce sujet, et les divergences de vues s'appuient sur des différences théoriques marquées. En effet, les théories libérale et critique présentent des visions différentes du monde, la première offrant l'image des sociétés occidentales comme étant relativement harmonieuses, dans lesquelles le principal mécanisme politique de règlement des différends est l'élection, et la seconde mettant l'accent sur les conflits de classe, de sexe, d'âge et de cultures et sur le travail idéologique nécessaire à l'apparence de la cohésion sociale (Gingras, 1997). Nous précisons dans l'exposé suivant les postulats fondant les théories libérales et critiques, tout en situant les parlementaires dans cet exposé.

Jusque dans les années 1970, le credo libéral pluraliste n'accordait aux médias qu'un simple rôle de courroie dans la vie démocratique et parlementaire, la transmission des informations politiques et des idées constituant un élément clé de la prise de décision éclairée de l'électorat. La théorie de la responsabilité sociale des médias, élaborée par la commission Hutchins (États-Unis, 1947) condense l'essentiel idéal du rôle des médias dans une société libérale. Selon cette théorie, les organisations médiatiques ne sont pas de banales entreprises privées qui mesurent leur succès ou leur échec grâce à leur chiffre d'affaires ou leur marge de profit; elles sont plutôt des organisations nécessaires au bon fonctionnement de la démocratie parce qu'elles présentent d'une façon objective – ou du moins rigoureuse – les divers points de vue sur une question, permet-tant à tous et toutes de se faire une opinion sur les sujets politiquement importants. Grâce à la publication d'informations, les médias constituent des chiens de garde dont le rôle est de prévenir, démasquer et dénoncer les abus des gouvernements et, dans une moindre mesure, du secteur privé. Pour ce faire, ils doivent être indépendants des centres de pouvoir et des autres institutions sociales, économiques ou politiques. La théorie postule que les médias possèdent cinq responsabilités principales: présenter un exposé vrai, complet et intelligible sur les événements quotidiens dans un contexte qui leur donne un sens, être un forum d'échange, projeter une image représentative des groupes constitutifs de la société, présenter et clarifier les buts et les valeurs de la société, et enfin fournir un accès total aux informations du jour (Peterson, 1956: 87-91).

On trouve, dans des lois, des règlements et des codes de déontologie, l'application de la théorie de la responsabilité sociale des médias. La loi canadienne sur la radiodiffusion, la politique de programme et d'information de la Société Radio-Canada, le guide de déontologie de la Fédération professionnelle des journalistes du Québec, le code de déontologie de l'Association des radiodiffuseurs canadiens, le Code canadien des normes de la publicité, entre autres, font tous état de la nécessité pour les médias d'offrir au public un éventail d'opinions divergentes sur des sujets d'intérêt pour la collectivité, une information variée constituant une condition *sine qua non* de la participation politique (encadré 6.2).

En pratique, il convient cependant de s'interroger sur la responsabilité sociale des médias au regard de leurs politiques et pratiques en matière d'information; en effet, les intérêts mercantiles des entreprises médiatiques entrent parfois en conflit avec leur mission d'information et d'édu-

ENCADRÉ 6.2

**La théorie de la responsabilité sociale
des médias dans la pratique**

On trouve, dans des lois, règlements et codes de déontologie, les éléments relatifs à l'application de la théorie sur la responsabilité sociale des médias. Voici quelques exemples qui mettent en valeur la nécessité de la diversité en information et le rôle des médias dans le système de démocratie représentative. La Loi canadienne sur la radiodiffusion (1991) prévoit comme objectifs relatifs à la programmation d'« être variée et aussi large que possible en offrant à l'intention des hommes et des femmes de tous âges, intérêts et goûts, une programmation équilibrée qui renseigne, éclaire et divertit », de « renfermer des émissions éducatives et communautaires » et d'« offrir au public l'occasion de prendre connaissance d'opinions divergentes sur des sujets qui l'intéressent » (article 3). La Loi sur la programmation éducative du Québec stipule que ce type de programmation doit « favoriser l'exercice du droit des citoyens à la liberté d'expression et à l'information, notamment en encourageant une plus large ouverture sur le monde ou en maintenant un juste équilibre entre les sujets traités, les intérêts en cause et les opinions exprimées » (Trudel, 1992 : 177). La politique de programme et d'information de la Société Radio-Canada prévoit que « les ondes appartiennent à tous et chaque citoyen a le droit de connaître les principaux points de vue sur toute question d'importance » et que « la libre circulation des idées et des opinions est une des principales sauvegardes de la liberté des institutions » (Trudel, 1992 : 186).

cation. De façon récurrente, la logique marchande prédomine sur le droit du public à une information variée et diversifiée. Les bulletins radiophoniques d'information sans journalistes, avalisés par le Conseil de la radiodiffusion et des télécommunications canadiennes (CRTC) et le recours aux bulletins intégraux de l'agence Nouvelles télévision radio (NTR) par un grand nombre de stations radiophoniques, la concentration de la propriété de la presse[5] et la circulation inégale de l'information entre le Nord et le Sud[6], entre

5. Bien que la concentration de la presse existe depuis longtemps, on assiste à une exacerbation du phénomène depuis une quinzaine d'années. À preuve, les fermetures simultanées de la *Tribune* de Winnipeg et du *Journal* d'Ottawa, le 27 août 1980, qui ont résulté en monopole du journal concurrent et provoqué la création de la commission Kent, visant à étudier la situation de l'industrie de la presse (Canada, 1981). Depuis quelques années, les transactions se succèdent sans arrêt. Parmi les plus importantes, citons Rogers qui a acheté Maclean Hunter, Hollinger qui contrôle Southam, Vidéotron qui a acquis TVA, Quebecor qui a acheté Télévision TQS et fusionné l'entreprise Sun Media.

6. En 1980, l'UNESCO publiait *Voix multiples, un seul monde*, rapport émanant de l'enquête de la commission McBride, qui soulignait le déséquilibre dans la circulation de l'information entre le Nord et le Sud : « Un courant de nouvelles, données, messages, programmes, produits culturels, qui va presque exclusivement des grands pays vers les petits, de ceux qui détiennent le pouvoir et les moyens techniques vers ceux qui en sont privés, des pays développés aux pays en développement et, au niveau national, du centre du pouvoir vers le bas » (p. 179). Aujourd'hui, les quatre principales agences d'information sont l'Agence France-Presse (88 bureaux à l'étranger en 1989), Reuter Ltd., dont le pays d'origine est le Royaume-Uni (91), et les américaines *The Associated Press* (81) et *The United Press International* (92). Il faut évidemment ajouter la chaîne de télévision CNN, retransmise par 90 chaînes étrangères (Raboy, 1992 : 61-62).

autres, constituent quelques-unes des limites au pluralisme et à la diversité de l'information.

La perspective néolibérale sur les médias, pour laquelle les organisations médiatiques constituent d'abord et avant tout des entreprises comme les autres, ne fait d'ailleurs pas mystère du rôle mercantile que les médias jouent, en soulignant qu'il s'agit là d'une état de fait normal dans une société capitaliste. Cette vision a acquis depuis une quinzaine d'années une légitimité grandissante, à l'image de la valorisation du secteur privé et de la diminution – voulue par les uns, appréhendée par les autres – du rôle de l'État.

Les parlementaires ne sont pour leur part pas prêts à avaliser la perspective selon laquelle les médias ne constituent que des chiens de garde des gouvernements. S'ils considèrent les médias comme un élément clé du processus de communication entre la députation et la population, ils les perçoivent aussi comme des acteurs sociaux non neutres, exerçant un rôle politique tant par les présumés biais dont ils les soupçonnent que par le traitement quotidien de l'information. Ce traitement suppose toute une série de choix, souvent présentés comme des contraintes organisationnelles ou techniques : choix de taire ou de rendre public, choix de manchettes, de langage, de photos, d'angles à privilégier, d'acteurs sociaux, etc. Il n'y a qu'à écouter les récriminations des hommes et des femmes politiques à l'égard de la presse pour saisir jusqu'à quel point ils entretiennent avec elle une relation conflictuelle ; on accuse la presse d'avoir mal cité, d'avoir cité hors contexte, d'avoir maladroitement insisté sur tel aspect d'une politique, etc. Pour les parlementaires, la tribune de la presse constitue le lieu d'un véritable pouvoir ; on la craint et on cherche à la séduire (encadré 6.3).

ENCADRÉ 6.3
La tribune de la presse au Parlement

La tribune de la presse au Parlement a pour mission première « de couvrir, d'interpréter ou de produire les nouvelles du Parlement et du gouvernement fédéral » (Constitution de la Tribune de la presse parlementaire du Canada, article 4). Elle relève de la responsabilité du président de la Chambre des communes du Canada.

Historiquement, quatre phénomènes marquent son évolution. Tout d'abord, il y a le passage de la domination des journalistes de la presse écrite à celui de l'emprise des journalistes de la radio et surtout de la télévision. Deuxièmement, le rôle des journalistes s'est transformé ; auparavant partisans, ils sont maintenant plus critiques et se perçoivent comme un complément de l'opposition officielle. Troisièmement, on note une croissance phénoménale de l'effectif de la tribune ; d'une cinquantaine de membres en 1949, la tribune en comptait 110 en 1964, environ 215 en 1979 et près de 360 au début des années 1990. En dernier lieu, l'avènement de nouveaux moyens de communication (le téléphone cellulaire ou Internet, par exemple) vient affecter considérablement les règles du jeu politique dont doivent tenir compte les courriéristes parlementaires.

Sources : Shprintsen, 1987 et Taras, 1990, p. 54-55.

Dans cette perspective, les parlementaires ne perçoivent pas les médias comme des organisations objectives qui transmettraient de façon neutre les informations utiles au bon fonctionnement du système démocratique, rôle auquel tiennent les journalistes[7] ; ils les considèrent plutôt comme

---

7. Le guide de déontologie de la Fédération professionnelle des journalistes du Québec précise : « Une

des interlocuteurs privilégiés, des acteurs au sens plein du terme, qui possèdent une influence certaine sur la vie parlementaire et partisane. Bref, ils les perçoivent comme le quatrième pouvoir.

Cette perception des médias doit être comparée à celle qui a cours dans la tradition de recherche critique, où le rôle proprement politique des médias est reconnu, à la différence près qu'il s'agit d'un rôle au service des élites politiques et économiques et non d'acteurs sociaux indépendants des centres de pouvoir (Martin, 1991 : 75-106), soit comme des outils au service du capital[8] ou des appareils idéologiques d'État (AIE). Selon cette dernière perspective, les médias contribuent au maintien de l'hégémonie, un terme élaboré par Antonio Gramsci. L'hégémonie constitue le processus par lequel un groupe social dominant économiquement transforme cette domination en leadership culturel, social et politique et en autorité politique dans la société civile et l'État (Hall, 1987a : 35). Cette domination économique est associée à la persuasion et à l'assentiment d'une population, c'est-à-dire à une forme de contrôle idéologique. La domination acquiert ainsi une autorité légitime dans la société civile et l'État (Macciocchi, 1974 : 372-378). Mais l'hégémonie ne constitue pas une domination statique ; au contraire, il s'agit d'un état en perpétuelle mouvance, le théâtre d'une lutte sans cesse renouvelée (Hall, 1987a : 36).

L'hégémonie se constitue de façon subjective, idéologique, d'où l'importance du rôle des médias, définis comme des appareils idéologiques d'État. Althusser a défini le concept d'appareil idéologique d'État qui vise à reproduire le système capitaliste, c'est-à-dire à la fois son fonctionnement économique, appelé infrastructure, et son idéologie ou superstructure. Pour lui, il y a dans les formations sociales capitalistes une reproduction sociale et culturelle qui s'avère tout aussi importante que la reproduction du travail comme telle. Pour ce faire, on « cultive » les travailleurs et les travailleuses dans des endroits comme les médias, les universités, les partis politiques, dans le but de les subordonner à la discipline, à la logique et à la culture du mode de production capitaliste. L'idéologie accomplit donc, à travers les appareils idéologiques d'État, la reproduction des relations sociales de production dans un sens large (Hall, 1985 : 98).

Les appareils idéologiques d'État ne sont généralement pas des institutions étatiques ; les écoles, les églises, les organismes culturels, les syndicats et les médias, tous considérés comme des appareils idéologiques d'État, relèvent du secteur privé, mais leur fonctionnement vise à transmettre l'idéologie d'une classe qui s'incarne dans l'État, d'où le nom « appareil idéologique d'État » (Althusser, 1970 : 3-38).

Dans cette perspective, les médias suscitent l'adhésion aux valeurs de la société libérale et capitaliste, comme la liberté individuelle, les privilèges reliés à la propriété privée, le patriotisme, le gouvernement représentatif, la poursuite compétitive de l'accomplissement personnel, la déférence à l'autorité et un intérêt minimal à défendre les plus démunis (Hackett, 1991 : 53). De plus, les médias présentent les réalités de tout

---

information complète, exacte et pluraliste est une des garanties les plus importantes de la liberté et de la démocratie ».

8. Les économistes politiques défendent une perspective instrumentale des médias, ceux-ci étant perçus comme des outils au service du capital (Schiller, 1989 et 1992 ; Murdoch, 1992 ; Herman et Chomsky, 1988).

ordre comme l'ordre normal des choses, légitimant ainsi le *statu quo*. Pour ce faire, on neutralise les antagonismes de classe en les présentant comme des différences de culture ou d'intelligence ; on rend naturel l'ordre existant, des relations sociales particulières se voyant attribuer le statut de vérités éternelles ou de simple bon sens ; on supprime ou on oublie de révéler certaines relations sociales, comme des liens de propriété ; et enfin on assimile l'intérêt particulier à l'intérêt général (Hackett, 1991 : 57). Ainsi, les médias, à l'instar de tout appareil idéologique d'État, délimitent les balises idéologiques du dicible et du pensable politiques. Par exemple, les élections sont présentées comme l'exercice démocratique par excellence, même si les promesses électorales sont souvent oubliées et que les politiques adoptées par les gouvernements n'ont pas toujours été discutées en temps d'élections.

Comme l'hégémonie ne constitue pas une domination statique, les appareils idéologiques laissent une certaine place à la contestation de l'ordre établi, à la présentation d'alternatives, à la résistance (Kellner, 1990 : 99-101). Cet aspect des appareils idéologiques d'État ne doit pas être confondu avec l'idée voulant que les médias constituent de véritables forums d'échange permettant à chacun de se faire une opinion éclairée sur les questions du jour... car leurs intérêts les situent très clairement du côté du *statu quo* politique et surtout économique.

LE RÔLE DES MÉDIAS DANS LA FORMATION DES OPINIONS INDIVIDUELLES[9]

Si, dans le passé, la recherche libérale a accordé un rôle minime aux médias dans la formation des opinions, aujourd'hui, elle assigne de plus en plus aux médias un rôle qui s'éloigne du simple et traditionnel forum d'échange qu'on retrouve dans la théorie de la responsabilité sociale des médias. En témoignent l'existence de concepts qui résument les effets des sondages sur les opinions individuelles, comme l'effet *underdog*, l'effet *bandwagon* (Cloutier, Nadeau et Guay, 1989), ou encore le concept de spirale du silence (Noelle-Neumann, 1984). Les concepts d'*agenda setting*, d'effet *priming*, et celui d'*agenda building*, entre autres, accordent un rôle relativement actif aux médias. Cependant, de manière pratique, un double discours se fait entendre ; il oscille entre le rôle théorique de fournisseur d'informations essentielles au bon fonctionnement de la démocratie – théorie de la responsabilité sociale des médias – et un rôle plus influent des médias. D'une part, on minimise l'effet et l'influence des médias pour éviter législations et réglementations, car si de réelles influences existent les gouvernements pourraient être tentés de légiférer dans le domaine, comme ils le font avec les sondages en campagne électorale (voir encadré 6.4). D'autre part, on fait grand cas de cette influence, les maisons de publicité vantant l'efficacité de leurs campagnes.

9. Pour un résumé de la recherche, Breton et Proulx (1989), Mattelart et Mattelart (1986), Neveu (1994) et Gingras (1997). Voir aussi l'ouvrage classique de Klapper (1960) sur la recherche libérale et Kellner (1989) sur la recherche critique.

ENCADRÉ 6.4
La législation en matière de publication de sondages préélectoraux

Entre 1993 et 1998, il était interdit d'annoncer, de publier ou de diffuser les résultats d'un sondage sur les intentions de vote de l'électorat entre minuit le vendredi qui précède le jour du scrutin et la fermeture de tous les bureaux de scrutin. Cette disposition de la Loi électorale du Canada a été jugée inconstitutionnelle par la Cour suprême dans l'arrêt Thomson le 29 mai 1998. Dans un jugement partagé, la Cour suprême a conclu que l'interdiction des sondages portait atteinte au droit à la liberté d'expression et que cette atteinte ne se justifiait pas dans une société libre et démocratique. Au moment d'aller sous presse en juin 2000, un projet de loi déposé à la Chambre des communes prévoyait que la période d'interdiction des sondages se limite à la journée même du scrutin. En vertu de ce projet de loi, pendant la période électorale, la première personne à diffuser les résultats d'un sondage devrait fournir une série de renseignements dont le nom du demandeur du sondage, le nom de l'organisation qui a fait le sondage, la période au cours de laquelle le sondage s'est fait, la population de référence, le nombre de personnes contactées, la marge d'erreur. L'accès au compte-rendu des sondages serait également facilité, car le demandeur du sondage aurait l'obligation de fournir à quiconque (moyennant une somme maximale de 0,25 $ par page) les informations pertinentes à la compréhension des résultats. Parmi ces informations, on note le libellé des questions, le facteur de pondération et la méthode utilisée pour rajuster les données afin de tenir compte des personnes indécises.

Le concept d'*agenda setting* a été expliqué plus haut. L'effet *priming* lui est apparenté; il signifie que les sujets à l'ordre du jour médiatique deviennent les critères de référence qui permettent de juger du rendement d'un gouvernement ou d'une personnalité publique. Une couverture fréquente concernant la réduction du déficit, par exemple, peut faire de ce sujet un des critères d'évaluation des résultats gouvernementaux lors des élections. Par extension, l'*agenda setting* et l'effet *priming* sous-tendent que les médias influencent les priorités gouvernementales en déterminant les questions dont le gouvernement doit s'occuper et celles dont il peut raisonnablement ne pas tenir compte, puisqu'il s'agit de celles dont la population se préoccupe et de celles qu'elle ignore (Iyengar et Kinder, 1987 : 120-121). L'*agenda setting* et l'effet *priming* sous-tendent aussi que la couverture des campagnes électorales, parce qu'elle fournit les critères d'évaluation du rendement des gouvernements et des personnes, transforme les médias en véritables acteurs politiques.

Au début des années 1980, Gladys Engel Lang et Kurt Lang élaborent la théorie de l'*agenda building* à l'aide d'une étude de cas : l'affaire Watergate. Ils cherchent les raisons pour lesquelles on a été incapable de percevoir l'importance de cette affaire durant la campagne électorale américaine de 1972. En réaction à la théorie de l'*agenda setting*, les auteurs prétendent qu'il ne suffit pas d'accorder une priorité semblable à certains sujets (en termes d'espace dans les journaux ou de temps d'antenne, par exemple) pour s'assurer que ces sujets vont devenir également importants sur la scène politique. Selon eux, certaines questions requièrent plus que d'autres une couverture imposante pour capter l'attention des gens, pour que ceux-ci les élèvent au rang de priorité politique. De plus, le contexte dans lequel on présente les informations détermine dans une large mesure l'importance ou l'insignifiance d'un sujet (le Watergate avait d'abord été présenté comme une «farce»).

De façon plus précise, pour qu'une question devienne une priorité publique, le niveau d'attention des médias exigé, c'est-à-dire la quantité de nouvelles, varie avec le type de questions, et l'influence des médias dans la formation des opinions varie également en conséquence. Ainsi, plus les gens ont une expérience concrète et personnelle de certaines questions, comme le chômage et les taxes, plus les médias transforment facilement ces questions en priorité, avec peu de couverture; par ailleurs, les médias ont peu de répercussions sur la formation des opinions relatives à ces sujets. De même, moins les gens ont une expérience concrète et personnelle d'un sujet – c'est-à-dire plus il est éloigné des préoccupations quotidiennes des gens –, comme la guerre au Kosovo, plus la couverture de ce sujet doit être importante pour qu'il acquière un statut de priorité politique; dans ces circonstances, le rôle des médias peut s'avérer très puissant, ceux-ci jouissant du contrôle total de l'environnement symbolique (Lang et Lang, 1983: 34-37).

La recherche critique a historiquement accordé plus d'influence aux médias que la recherche libérale. À partir des années 1930, les chercheurs de l'École de Francfort ont accordé aux médias un rôle de premier plan dans la transmission et le maintien des valeurs de la société capitaliste. Adorno, Horkheimer, Benjamin, Lowenthal, Marcuse, dont les noms sont associés à cette école, ont remis en question un des postulats fondamentaux du marxisme orthodoxe: la détermina-

tion de la sphère économique sur la conscience de classe et l'idéologie. Pour eux, la sphère culturelle possédait un rôle tout aussi important dans le maintien des dominations associées à la société capitaliste[10].

Aujourd'hui, deux courants de l'approche critique tentent d'expliquer le rôle des médias dans la formation des opinions individuelles: l'analyse «culturaliste» ou *cultivation analysis* et l'encodage et le décodage. L'analyse culturaliste concerne les effets des médias à long terme; sans se situer nommément dans la tradition critique, George Gerbner et son équipe (1986; 1987) adoptent une perspective totalisante et se préoccupent des différenciations sociales, c'est-à-dire des éléments porteurs de divisions sociales, comme la classe, le sexe, l'ethnie. Cherchant à

---

10. À l'encontre de l'hypothèse marxiste orthodoxe voulant que les contradictions de la société capitaliste allaient nécessairement radicaliser la classe des travailleurs et des travailleuses, faisant ainsi émerger la conscience de classe, Adorno et Horkeimer prétendaient que les industries de la culture et les médias empêchaient le développement de cette conscience en étant de puissants instruments de contrôle social. On mobilise l'appui des gens en faveur des institutions capitalistes, de ses valeurs et de ses pratiques «par en bas», par les films, la radio, les publications de toutes sortes... Aucun besoin de propagande, donc, dans une société où les modèles culturels, politiques et économiques assurent le maintien du système en place; le bonheur est associé à l'acquisition de biens de consommation, les loisirs n'existent que sous forme d'évasion, les œuvres d'art sont purgées de toute signification philosophique ou politique, et toute réflexion sur ses conditions de vie semble exclue. Les médias servent donc de puissants instruments de contrôle social qui amènent les individus à accepter leur sort et à se conformer à la société existante (Kellner, 1989: 130-131).

analyser les effets de la télévision à long terme, ils postulent qu'elle constitue la source des images et des messages partagées par une collectivité, que son action est dynamique, qu'elle présente un ensemble cohérent d'images et de messages semblables issus d'un environnement symbolique commun, et que le contenu de la télévision crée un lien important entre les élites et la majorité de la population. Gerbner compare l'influence culturelle de la télévision à une force de gravitation, tous et toutes étant à un degré ou un autre atteint par son influence; ses recherches démontrent que plus les gens regardent la télévision, plus leur compréhension du monde s'apparente à celle de la télévision[11].

---

11. Une des recherches de l'équipe (Gerbner *et al.*, 1986) a consisté en l'analyse des émissions de télévision américaine de 1969 à 1984; l'étude porte sur 2 105 émissions (*prime time*, soirée et les fins de semaine), 6 055 personnages principaux et 19 116 personnages secondaires. Les résultats démontrent que trois caractéristiques distinctes ressortent de la programmation: la classe moyenne est surreprésentée, le rôle de l'État semble être principalement de juguler la criminalité et la répression, et la criminalité envahit la vie quotidienne, et ce, d'une façon plus dangereuse que ce qu'indiquent les statistiques. Faisant suite à cette analyse de contenu, et dans le but de trouver les effets à long terme de la télévision sur les gens, on a procédé à des entrevues avec trois types de téléspectateurs et téléspectatrices (assidus, moyens et réfractaires) pour tenter de saisir leur compréhension du monde et leur conception de la société. Les conclusions de la recherche démontrent que plus on regarde la télévision, plus on est atteint du syndrome du « monde mesquin », une forme de paranoïa interdisant de faire confiance à qui que ce soit, que la hiérarchie des peurs correspond au degré de victimisation présent à la télévision (femmes, minorités, etc.), et que le degré de sexisme des téléspectateurs et téléspectatrices est proportionnel à leur usage de la télévision.

L'ensemble de concepts le plus récemment élaboré au sujet de la formation des opinions dans la tradition de recherche critique est l'œuvre de Stuart Hall (1973). Selon lui, les processus de communication constituent des structures composées de moments distincts, soit la production, la circulation, la distribution-consommation et la reproduction. Deux moments s'avèrent particulièrement importants: l'encodage et le décodage. L'encodage de l'information constitue la production du message dans les structures institutionnelles de radiodiffusion, qui correspond – la majorité du temps – à la signification de l'ordre culturel dominant. Quant au décodage, il s'agit de la lecture du message effectuée par l'auditoire, autrement dit la réception ou la consommation. Il n'y a pas nécessairement d'équivalence parfaite entre les structures de signification de la production et celles de la lecture, c'est-à-dire que les membres d'un auditoire ne comprennent pas nécessairement les messages de la façon dont on a voulu les leur transmettre. En effet, les mots ne sont pas unidimensionnels, le langage possède de multiples significations et, en conséquence, les lectures que l'auditoire peut faire des messages diffèrent. Les gens peuvent donc « résister » aux messages qui leur sont transmis, refusant d'avaliser la perspective qui leur est présentée.

Trois lectures des messages s'avèrent possibles. D'abord, une lecture dominante hégémonique, correspondant à la structure de légitimation du système en place et qui opère à l'intérieur du code culturel dominant; voilà un cas typique de communication parfaitement transparente. Il y a aussi une lecture négociée des messages qui correspond à un mélange de significations dominantes acceptées et de significations opposées; on accepte certains éléments du message qui correspondent à la lecture dominante, mais on récuse d'autres éléments. Enfin, il y a la lecture d'opposition dans laquelle on peut comprendre un message d'une façon totalement opposée à la lecture dominante, l'inscrire dans un cadre de référence différent. Toute société et toute culture tend cependant à imposer une certaine fermeture à la signification des textes; on veut limiter les sens des messages et imposer une lecture dominante qui correspond à l'ordre social existant, aux intérêts dominants et à la structure de légitimation du système en place.

S'il y a multiplicité des lectures, cela s'explique par l'hétérogénéité de la société, c'est-à-dire l'existence de plusieurs groupes sociaux, chacun en lien différent avec l'idéologie dominante. La polysémie des messages s'avère non pas totale mais limitée et structurée, car elle existe malgré et presque contre l'idéologie dominante, qui travaille à réduire les significations différentes de sens qui peuvent être « lues » dans les textes et les messages. Il existe donc une « tendance lourde » pour que les messages soient compris en fonction du code culturel dominant (Hall, 1973). Par exemple, depuis le milieu de la décennie 1980-1990, la majorité des parlementaires ont associé l'amélioration de la gestion des finances publiques à la nécessité des réductions dans les programmes sociaux, appelée « rationalisation ». Cette perspective, largement partagée par les élites économiques, n'a cependant pas fait l'unanimité parmi la population, et encore auprès des organisations progressistes; les messages sur l'amélioration des finances publiques pouvaient donc être « lus » comme des exercices visant à consolider les relations inégalitaires entre les classes sociales.

L'OPINION PUBLIQUE

La recherche sur les effets des médias sur les opinions individuelles nous conduit à l'étude de l'opinion publique, la conception dominante et le sens commun voulant que cette dernière constitue l'agrégation des opinions individuelles (Yeric et Todd, 1989 : 30; G. Tremblay, 1991 : 160-161). L'examen du concept laisse voir qu'il cristallise une croyance fondamentale de la démocratie libérale (Padioleau, 1981 : 27) : l'idée qu'au-delà des divergences inhérentes à toute société des consensus peuvent émerger et l'intérêt général peut prévaloir; bref, l'opinion publique « repose sur une vision consensuelle de la société » (G. Tremblay, 1991 : 171). Après une brève revue des origines du concept, nous examinerons les liens entre l'opinion publique et les sondages, pour faire ressortir ensuite la perspective critique de la notion qui renvoie à son rôle dans les relations de pouvoir sociétaux.

Les véritables origines du concept « opinion publique » s'avèrent confuses, l'*International Encyclopedia of Communication* (1985, volume III : 387) faisant remonter à 1815 avant Jésus-Christ l'usage de l'expression. Platon, Aristote, Hobbes, Locke, Montaigne, Hume, Hegel, Hamilton, Madison et de Tocqueville en ont tous souligné la pertinence pour la gouverne des affaires publiques, les uns insistant sur l'opinion nécessairement éclairée de la collectivité, les autres sur l'ignorance et l'irrationalité des masses.

À partir de la fin du XIXe siècle, l'opinion publique devient indissociable des communications de masse. Gabriel Tarde associe l'opinion publique à la constitution d'un public créé par la presse, homogénéisant des opinions locales, morcelées, diverses et ignorantes les unes des autres et aux nouvelles formes d'action collective que sont les manifestations (Champagne, 1990 : 65-67). En 1922, Walter Lippmann voit dans les médias de masse la source des images qui forment le « pseudo-environnement » en fonction duquel les gens agissent, étant par eux-mêmes incapables d'obtenir une vision globale et juste des affaires publiques ; il s'agit là de l'opinion publique, dont il parle comme d'une véritable fiction.

L'étude de l'opinion publique prend un nouveau tournant avec la crédibilité nouvellement acquise des techniques de sondages à l'élection présidentielle américaine de 1960, et à partir des années 1970 au Canada et en France. Auparavant, on concevait l'opinion publique en fonction d'une série de caractéristiques : elle était majoritaire ou consensuelle, elle se fondait sur la rationalité ou le jugement, on en parlait en fonction de sujets politiques, on discutait son intensité, etc. En 1965, Childs relève l'existence de plus de cinquante définitions de l'opinion publique ; la multiplicité des définitions laisse évidemment voir l'imprécision du concept. Notion floue et équivoque à souhait, donc, l'opinion publique acquiert avec son association avec les sondages une scientificité bien commode[12]. L'opinion publique, prétend Monsieur Gallup, c'est ce que mesurent les sondages (Padioleau, 1981 : 29).

Évidemment, on ne saurait faire fi des intérêts en jeu dans la définition de l'opinion publique : enjeux politiques, économiques et sociaux.

On « interprète » ou « lit » l'opinion publique selon ses intérêts ; la publication de sondages sert à appuyer une position politique. Même leur fabrication s'inspire souvent d'un point de vue à favoriser, par le choix des expressions, l'ordre des questions, l'usage de mots clés suscitant spontanément l'adhésion. Il y a ainsi des acteurs sociaux en compétition qui cherchent à imposer leur définition, généralement intéressée, de l'opinion publique. Les maisons de sondage défendent des intérêts économiques, les politologues voient leur prestige augmenter en commentant savamment ce que dit le peuple (Bourdieu, 1985), les médias prétendent dire aux gens ce qu'ils pensent sur une question – ou de façon minimale indiquer les sujets sur lesquels il faut se former une opinion – et les parlementaires interprètent aussi l'opinion publique en leur faveur.

Il faut bien voir qu'en régime libéral, la source ultime de légitimité étant le peuple, les sondages, associés à l'opinion publique comprise comme étant ce que pense le peuple, ont acquis une indéniable valeur démocratique ; on se serait doté d'un outil pouvant presque remplacer, de façon ponctuelle et légitime, les élections. Or, coexistant avec la perception de l'opinion publique révélée par les sondages, l'idée qu'il s'agit de quelque chose de malléable et manipulé a survécu à travers les époques... et les données chiffrées. Il en est ainsi parce que trois gros problèmes surgissent lorsqu'on associe sondages et « ce que pense le peuple ». Il y a tout d'abord une kyrielle de problèmes méthodologiques associés aux sondages, qui peuvent en invalider les résultats. De façon pratique, maisons de sondage et journalistes font peu de cas de ces « détails » quand il s'agit d'interpréter les sondages pour produire une manchette ; si l'on fait souvent état

---

12. Au sujet de l'association entre opinion publique et sondages, voir Blondiaux, 1998.

des marges d'erreur, on oublie facilement les intervalles de confiance, le degré de précision, la distribution des personnes indécises, l'ordre des questions et les effets de halo, par exemple. L'électorat est incapable de distinguer, dans les données présentées dans les médias, lesquelles peuvent être contestées, par manque de formation. A-t-on influencé les réponses par l'ordre des questions? Quelles sont les marges d'erreur pour les sous-groupes? Les indécis sont-ils vraiment fédéralistes dans une proportion des deux tiers? Les médias présentent les données d'un sondage comme scientifiques et ce qualificatif est communément associé à la vérité. Or, les résultats d'un sondage dépendent d'une série de choix effectués par la maison de sondage et dictés par les intérêts du commanditaire; derrière l'apparente objectivité existe donc une subjectivité certaine.

Deuxièmement, tous les sondages ne se valent pas. Un sondage portant sur les choix de l'électorat la veille d'une élection a certainement plus de valeur qu'un autre concernant les solutions pour réduire le déficit (Laurentin et Retel, 1985: 2150-2151). Le premier correspond à une situation réelle, où les gens ont dû, théoriquement à tout le moins, s'interroger et en venir à une conclusion sur le meilleur parti politique et la meilleure candidature à privilégier. Le choix proposé dans ce type de sondage correspond également à un éventail réel de réponses; un certain nombre de partis et d'individus s'affrontent, parmi lesquels un choix devra effectivement être fait. Par ailleurs, un sondage portant sur les solutions visant à réformer le système de santé constitue un sondage en situation artificielle; ceux et celles qui sont sommés de répondre n'ont pas nécessairement les moyens ni le temps de se forger une opinion, leur choix est exempt de consé-

quences réelles et l'éventail des solutions présentées par la maison de sondage limite et oriente leurs réponses.

Un type particulier de sondages en situation artificielle doit également être critiqué; il s'agit de celui qui porte sur des questions délicates mettant en cause des préjugés ou des peurs ataviques. Les sondages sur les relations interculturelles, l'immigration, les relations entre les hommes et les femmes et les liens entre autochtones et non-autochtones, par exemple, sont peu susceptibles de produire des réponses véridiques. On admet difficilement, devant des personnes inconnues, sa xénophobie, son racisme ou son machisme. Les sondages constituent des outils fort peu commodes pour faire lever les barrières psychologiques qui empêchent de déclarer ses préjugés ou ses peurs ataviques. Le problème de la franchise des répondants et des répondantes[13] nous rappelle que les sondages recueillent des déclarations qui peuvent fort bien ne pas correspondre aux véritables opinions.

Dans la pratique, l'exactitude des sondages en situation réelle a souvent rejailli sur ceux réalisés en situation artificielle (Champagne, 1990: 92-95), faisant des sondages, tous genres confondus, des outils soi-disant démocratiques puisqu'ils permettraient en tout temps de savoir ce que pense le peuple, source ultime de légitimité en régime libéral.

Troisièmement, tenter de comprendre ce que pensent les gens grâce aux sondages, c'est faire fi des modes particuliers d'appréhension des questions politiques propres à chaque groupe social

---

13. André Tremblay fait état des questions de sondages qui portent sur des comportements indésirables (1991: 129-131).

(Laurentin et Retel, 1985 : 2156, 2159). Les questions d'un sondage correspondent à certaines préoccupations des élites qui imposent leur schème conceptuel, c'est-à-dire leur façon de concevoir la vie politique, à l'ensemble des groupes sociaux qui possèdent des intérêts divergents (Bourdieu, 1973). Le sondage prétend présenter la « perspective universelle » du « citoyen universel » ; or, tant l'importance accordée à certaines questions que la façon de les aborder peuvent différer selon les intérêts en jeu, et faire fi de ces intérêts pour invoquer l'universel revient à s'aligner sur les perspectives des groupes dominants. On construit les questions d'un sondage comme un jeu dans lequel tous et toutes peuvent participer, nonobstant le degré d'intérêt ou de connaissances possédé, ce qui en fait des artefacts sans grande valeur scientifique. En effet, dans un sondage, toutes les réponses se valent ; le hasard pour les uns est confondu avec la défense de principes chers pour les autres[14], et les significations différentes d'une même réponse ne sont pas pris en considération (Laurentin et Retel, 1985 : 2174). Ainsi, on fait fi des inégalités culturelles qui constituent des facteurs structurant des opinions et pourraient faire voir les différences dans les modes d'appréhension d'une question.

L'aspect « construit » de l'opinion publique fait ressortir sa fonction politique : les acteurs sociaux l'évoquent et l'invoquent pour mieux justifier et légitimer leurs positions, leurs politiques ou encore leurs désirs (Gingras, 1999b : 131-162). Patrick Champagne écrit à ce sujet :

> …tout donne à penser que l'« opinion publique » n'est que le produit de la rencontre entre un fantasme politique traditionnel – faire parler « le peuple » dans les régimes où celui-ci est censé être la source de la légitimité du pouvoir – et une technologie sociale moderne – le sondage, le questionnaire fermé et le dépouillement presque instantané par ordinateurs (Champagne, 1990 : 42-43).

Les parlementaires qui se préoccupent de l'opinion publique ne la conçoivent pas uniquement en fonction des sondages, mais de manière large ; les manifestations, les informations dans la presse écrite et audiovisuelle, les lettres reçues à leur bureau de comté ou au parlement et les sondages font partie d'un ensemble de manifestations représentant pour eux et pour elles l'opinion publique. On reconnaît aussi que l'opinion publique a un caractère malléable, manipulateur, mouvant, fugace, flou, intuitif… et qu'il s'agit d'une abstraction éminemment dépendante des communications. Par exemple, durant les six mois précédant l'élection québécoise de 1998, l'appui accordé à Jean Charest, qui était plus grand que celui de Lucien Bouchard, a fortement diminué ; lui que ses partisans voyaient en premier ministre au printemps s'est retrouvé chef de l'Opposition à l'automne.

Bien autre chose que l'agrégat des opinions individuelles, l'opinion publique renvoie donc au produit d'une communication et d'une influence, à un « nouvel espace social dominé par un en-

---

14. Padioleau souligne que l'étude de Converse (1981) démontre « qu'un fort pourcentage de sujets ayant exprimé une opinion n'avait de toute évidence jamais réfléchi à la question, mais s'était contenté de choisir, au hasard, l'une des réponses possibles pour satisfaire l'enquêteur ou pour s'épargner le désagrément d'avouer une ignorance » (Padioleau, 1981 : 44).

semble d'agents» sociaux (sondeurs, conseillers et conseillères en communication et en marketing, journalistes, politologues, etc.) «qui utilisent des technologies modernes [...] et donnent par là une existence politique autonome à une "opinion publique" qu'ils ont eux-mêmes fabriquée», prétendant simplement l'analyser alors qu'ils cherchent à exercer une influence dans le jeu politique (Champagne, 1990 : 30). L'opinion publique, arme symbolique par excellence, est donc un «référent imaginaire, idéal et utopique qui sert essentiellement de principe légitimateur des discours et des actions politiques» (Champagne, 1990 : 140, 142).

INTERNET ET LES RÉSEAUX ÉLECTRONIQUES

L'arrivée d'Internet dans le paysage politique change-t-elle fondamentalement la donne en ce qui concerne les rapports entre les médias et le Parlement ? Quelle est l'utilité politique des réseaux électroniques ? Nous tenterons de répondre à ces questions en expliquant les espoirs associés au projet des « autoroutes de l'information » et en tentant de comprendre s'ils sont réalistes, compte tenu du contexte politique et économique dans lequel les réseaux électroniques se construisent. Mais, auparavant, quelques précisions s'imposent. L'expression «autoroute de l'information » a été inventée par le vice-président américain Al Gore et fait référence à un ensemble d'applications : le courriel, le commerce, les transactions bancaires et financières, les communications médicales, le télétravail, les loisirs, les rencontres personnelles, etc. Tout le potentiel de ces applications ne s'est pas encore concrétisé, alors

que certains projets sont encore en construction (en télémédecine, par exemple), que la majorité des internautes naviguent grâce à des infrastructures à débit limité et que la sécurité des transactions n'est pas encore assurée. Précisons de plus que, si un nombre croissant de ménages canadiens ont accès à Internet, l'usage des réseaux électroniques sera tôt ou tard plafonné puisqu'il est lié à un ensemble de caractéristiques socioéconomiques. En effet, l'usage d'Internet n'est pas répandu également dans l'ensemble de la population, mais est fonction de plusieurs variables comme le revenu, le type de famille, l'âge et le niveau de scolarité du chef de famille[15].

Les espoirs associés aux réseaux doivent être examinés parce que toute innovation technologique fait l'objet d'une « construction sociale », c'est-à-dire d'une présentation mettant en valeur certains de ses aspects et servant à la légitimer. Dès le départ, la publicité du projet des « autoroutes de l'information » avait donné lieu à des déclarations tonitruantes sur le potentiel démocratique des réseaux électroniques. En lançant le National Information Infrastructure (NII) en 1993 et le Global Information Infrastructure (GII) en 1994, Al Gore avait lié la mise en place du réseau mondial à l'*empowerment* des citoyens et des

---

15. Ces chiffres proviennent de la dernière enquête de Statistique Canada sur le sujet, menée à l'automne 1998 : 4 272 000 ménages utilisaient Internet, ce qui représente une progression de 6 % comparativement à 1997. Source : *Utilisation d'Internet par les ménages,* http://www.Statcan.ca. Par ailleurs, un sondage de la firme Pollara pour Southam News rendu public en décembre 1999 semble indiquer que plus de la moitié des Canadiens et des Canadiennes ont accès à Internet, soit de la maison, soit du travail, soit des deux.

citoyennes[16]. À en croire le vice-président américain, les promoteurs des réseaux et même des organisations militantes, la société civile allait pouvoir exercer un rôle accru grâce à l'extraordinaire potentiel technologique des réseaux électroniques : l'accès à l'information allait permettre une meilleure connaissance des politiques et programmes publics, l'interactivité allait encourager la délibération sur les questions d'intérêt public et la transmission à haut débit et la vitesse des communications allaient faciliter l'auto-organisation de la société civile.

Cette hypothèse ne s'est pas avérée exacte, les internautes utilisant autrement la communication électronique. Autrement dit, le plein potentiel politique des réseaux n'a pas été exploité, comme cela se produit fréquemment pour tout type d'innovation technologique. Il faut en tirer la conclusion que toute forme de déterminisme technique doit être évitée et que les changements ne surviennent que grâce à un enchevêtrement de facteurs de nature politique, économique et sociale. En effet, des relations complexes s'établissent entre l'innovation technologique, l'économie et les réactions des usagers et des usagères, et l'interaction entre ces trois éléments, ajoutée à la volonté politique de revitaliser la démocratie ou au contraire au manque de volonté politique, explique que les réseaux électroniques soient plus ou moins utiles politiquement (Gingras, 1999a).

Au Canada, le rapport final du Comité consultatif sur l'autoroute de l'information, qui a fourni au gouvernement son cadre d'action pour les nouvelles technologies de l'information et de la communication (NTIC), décrivait l'avènement des réseaux électroniques comme un « point tournant » dans l'histoire et une « révolution technologique ». Malgré cela, jamais le discours du gouvernement fédéral, de ses agences et de ses comités n'a été aussi enthousiaste qu'aux États-Unis. On y comprend plutôt que la mise en place des autoroutes de l'information constitue d'abord et avant tout une initiative de nature économique qui permettra aux entreprises privées de prospérer, ici et sur les marchés internationaux, et non un moyen de communication favorisant la revitalisation de la démocratie. Le secteur des nouvelles technologies est présenté surtout comme un outil d'impulsion économique pour l'ensemble de la société (les entreprises fournissant des emplois, par exemple), et de manière moins importante de catalyseur de progrès éducatif, social et en santé.

L'usage que fait le gouvernement fédéral de son site Web illustre d'ailleurs son approche non engageante d'un point de vue de la revitalisation de la démocratie. On vise à « améliorer la diffusion de l'information » gouvernementale en « donnant accès aux produits et services d« information en ligne », de même qu'en fournissant des « renseignements sur l'histoire, la géographie et la population ». Ailleurs dans le monde, plusieurs sites gouvernementaux offrent une plus grande interactivité de même qu'une participation politique plus importante (Tsagarousianou, Tambini et Bryan, 1998 ; Van de Donk, Snellen et Tops, 1995).

Le contexte politique et économique dans lequel les réseaux se construisent est marqué par la déréglementation et la globalisation. L'action de l'État dans le domaine des communications électroniques n'est pas inspirée par un projet de société élaboré par un leader ou un parti politique

---

16. Voir le discours de Gore à l'Union internationale des télécommunications, le 21 mars 1994, reproduit dans His, 1996, p. 77-87.

et approuvé par la population mais répond plutôt à des exigences d'ordre économique et de niveau supranational. La déréglementation ne consiste pas en un retrait de l'État mais en l'abandon progressif de l'esprit keynésien pour l'esprit de marché. La règle d'or de la déréglementation veut que l'État fournisse au secteur privé un environnement concurrentiel, d'où l'adaptation de la réglementation aux exigences des marchés : abandon de la notion de service public, assouplissement des règles sur la propriété étrangère et refus de faire face au défi de la régulation des contenus électroniques (on privilégie l'autoréglementation et le laisser-faire). C'est donc une optique industrielle, bien davantage qu'une perspective de sphère publique, qui guide la mise en place des réseaux électroniques. Le phénomène de mondialisation, qui consiste en l'établissement de cadres de référence supranationaux pour les stratégies politiques et économiques, fait ressortir le « déficit démocratique » des projets de construction des « autoroutes de l'information ». En effet, les stratégies d'entreprises façonnent les réseaux et le secteur du multimédia, davantage que les politiques publiques, et les instances de régulation des NTIC (World Wide Web Consortium, Internet Corporation for Assigned Names and Numbers, Organisation mondiale du commerce, Union internationale des communications, etc.) fonctionnent exclusivement ou principalement en vertu de logiques économiques et n'ont cure du principe du service public.

Cela dit, peut-on conclure qu'Internet ne change rien aux rapports entre la société civile et l'État et que les réseaux sont d'une utilité politique marginale ? Deux points méritent d'être soulignés à ce sujet. Tout d'abord, les nouvelles technologies (tout comme d'autres domaines tels la

santé publique ou l'environnement) contribuent à défier l'État-nation dans son rôle traditionnel. La souveraineté des gouvernements est remise en cause quand l'applicabilité des lois pose problème (Trudel *et al.*, 1998)[17]. Par exemple, un site jugé offensant et illégal au Canada (comme certains sur la propagande haineuse) pourra être hébergé chez un serveur aux États-Unis (où la liberté d'expression permet davantage l'expression de la haine) et continuera d'être accessible au Canada. Les NTIC exigent donc une certaine adaptation de la part des États de même qu'une forme de collaboration entre les gouvernements pour l'établissement de normes liées à l'éthique des contenus[18]. Une gouvernance supranationale est nécessaire de même qu'un *input* citoyen dans ces nouveaux processus politiques, si l'on ne veut pas laisser aux entreprises privées la totalité du contrôle des communications électroniques.

Ensuite, si l'usage qu'on fait des réseaux au Canada semble avoir peu modifié les rapports entre la société civile et l'État, cela ne signifie pas que le potentiel politique d'Internet n'existe pas, mais cela dénote une série de problèmes : le manque de volonté politique d'améliorer le système démocratique, l'apolitisme des citoyens et des citoyennes, la prégnance des usages commerciaux et ludiques sur Internet, l'abandon de l'idée du service public dans les médias, les difficultés de mobilisation des groupes militants, etc. Cela dit, il existe des expériences politiques électroni-

---

17. Voir aussi le numéro de *Politique et Sociétés sur La démocratie et les nouvelles technologies de l'information et de la communication*, 18 : 2, 1999.

18. Le refus du CRTC de réglementer les contenus sur Internet en mai 1999 s'inscrit au contraire dans une perspective de laisser-faire et d'autoréglementation.

ques qui permettent d'entrevoir un usage des réseaux électroniques à des fins plus démocratiques, comme l'a démontré la lutte contre le projet sur l'Accord multilatéral sur l'investissement en 1998. Des échanges électroniques ont eu lieu entre le Conseil des Canadiens et Third World Network, et une version préliminaire de l'accord a été mise sur le site du premier organisme, ce qui a permis, d'une part, une mobilisation contre le projet et, d'autre part, la reprise des informations par les médias traditionnels. Dans plusieurs pays, des expériences de démocratie électronique locale ont été lancées : pensons à Santa Monica (É.-U.), Bologne (Italie), Manchester (Grande-Bretagne) et Amsterdam (Hollande). Bien que les succès soient fort relatifs (Tsagarousianou, Tambini et Bryan, 1998 ; Van de Donk, Snellen et Tops, 1995), il est possible de tirer toute une série de leçons de ces expériences pour comprendre les obstacles à franchir quand on veut faire des réseaux électroniques des outils servant à revitaliser la démocratie (Gingras, 1999b : 209-223).

CONCLUSION

L'intersection entre les médias et la politique est complexe et multidimensionnelle ; au cours du XXe siècle, l'arrivée de chaque nouveau média a donné lieu à des changements de plusieurs ordres. La radio, la télévision et le satellite, par exemple, ont transformé le rapport de l'électorat avec l'élite politique et provoqué des modifications dans les pratiques politiques. Les médias se sont mis à exercer un « rôle politique » ; l'appréciation de ce rôle est cependant fonction des perspectives variées qui co-existent dans le monde à la fois politique et universitaire : rôle de respon-

sabilité sociale, de quatrième pouvoir ou d'appareil idéologique. L'importance croissante des médias n'a pas rendu plus clair le concept d'opinion publique, qui fait plus que jamais l'objet de lectures différentes ; pour certains individus, il s'agit de l'agrégation des opinions individuelles et, pour d'autres, du résultat d'un travail idéologique visant la légitimation de positions politiques.

Les plus importants défis auxquels les parlementaires doivent faire face dans le domaine médiatique sont de résister à la politique spectacle, qui obscurcit davantage qu'elle n'éclaire les enjeux de société, et d'utiliser les médias de manière à faire saisir à la population les complexités du travail administratif de l'État et des lois adoptées. L'électorat doit pour sa part tenter de percer le voile des médias pour comprendre que ce qui est donné à voir dans les médias ne constitue qu'une parcelle (souvent peu représentative) du travail de l'État et des tractations politiciennes. L'exercice de la citoyenneté exige que les informations qui forment le socle du bagage politique d'un individu ne proviennent pas exclusivement des médias, mais aussi de la délibération et de la recherche personnelle. Les médias peuvent s'avérer fort utiles pour l'acquisition des connaissances, à la condition expresse que les citoyens et les citoyennes soient dotés de grilles d'explication des réalités politiques. Sans de telles grilles, l'individu se trouve placé au milieu d'un tourbillon de nouvelles dont les subtilités et le sens lui échappent et il est incapable de distinguer l'information spectacle de celle qui aura de graves répercussions sur sa vie.

Quant aux universitaires, leur défi est d'intégrer les médias à leurs systèmes et modèles explicatifs. À l'heure où les communications ont pris une place croissante dans la vie parlementaire, à l'heure où les phénomènes de persuasion comme la propagande pèsent de tout leur poids dans les rapports entre la société civile et l'État, les analyses politologiques doivent impérativement inclure les médias, faute de quoi c'est un grand pan de la réalité des parlementaires et de la société civile qui restera ignoré.

SITES WEB

Chaîne d'affaires publiques par câble (CPAC)	http://www.cpac.ca
Agences de presse	
Canada NewsWire	http://www.newswire.ca
Les nouvelles nationales par la Presse canadienne	http://www.canada.com/news/cp/francais.html
La Presse canadienne	http://www.cp.org/french/hp.htm
Réseaux de télévision	
Canadian Broadcasting Corporation	http://cbc.ca/
Radio Canada	http://radio-canada.ca
TVA	http://www.infinit.com
CTV	http://www.ctv.ca
Journaux	
National Post	http://www.nationalpost.com
Le Devoir	http://www.ledevoir.com
La Presse	http://lapresse.infinit.net
Site des journaux canadiens	http://www.infocan.gc.ca/newspapers_f.html
Southam Inc	http://www.southam.com/Newspapers/dnewspapers.html
The Globe and Mail	http://www.theglobeandmail.com
Top news	http://www.canada.com/home
Tribune parlementaire	http://www.thehilltimes.ca

LECTURES SUGGÉRÉES

Loïc BLONDIAUX (1998), *La fabrique de l'opinion. Une histoire sociale des sondages*, Paris, Éditions du Seuil.

Patrick CHAMPAGNE (1990), *Faire l'opinion. Le nouveau jeu politique*, Paris, Éditions de Minuit.

Anne-Marie GINGRAS (1999), *Médias et démocratie: le grand malentendu*, Sainte-Foy, Presses de l'Université du Québec.

Jean De LEGGE (1998), *Sondages et démocratie*, Paris, Flammarion.

Serge PROULX et André VITALIS (1999), *Vers une citoyenneté simulée. Médias, réseaux et mondialisation*, Rennes, Éditions Apogée.

Stefano RODOTA (1999), *La démocratie électronique. De nouveaux concepts et expériences politiques*, Rennes, Éditions Apogée.

BIBLIOGRAPHIE

ALTHUSSER, Louis (1970), « Idéologie et appareils idéologiques d'État », dans *La Pensée*, 151, p. 3-38.

APPROVISIONNEMENTS ET SERVICES CANADA (1981), *Commission royale sur les quotidiens*, Ottawa.

BALLE, Francis (1990), *Médias et sociétés*, Paris, Montchrestien.

BENNETT, Lance W. (1988), *News. The Politics of Illusion*, New York, Longman.

BERNIER, Robert (1988), *Le marketing gouvernemental au Québec 1929-1985*, Montréal, Gaëtan Morin éditeur.

BERNIER, Robert et Denis MONIÈRE (1991), « L'organisation des débats télévisés des chefs aux États-Unis, en Europe, en Australie et au Canada », dans Fletcher, Frederick J., *Les médias et l'électorat dans les campagnes électorales canadiennes*, volume 18 de la collection d'études de la Commission royale sur la réforme électorale et le financement des partis, Montréal, Wilson et Lafleur, p. 177-237.

BLONDIAUX, Loïc (1998), *La fabrique de l'opinion. Une histoire sociale de la fabrication des sondages*, Paris, Éditions du Seuil.

BLUMLER, Jay G. *et al.* (1980), *La télévision fait-elle l'élection ?*, Paris, Presses de la Fondation des sciences politiques.

BOURDIEU, Pierre (1987b), « Espace social et pouvoir symbolique », *Choses dites*, Paris, Éditions de Minuit, p. 147-166.

BOURDIEU, Pierre (1973), « L'opinion publique n'existe pas », *Les Temps modernes*, 318, p. 1292-1309.

BOURDIEU, Pierre (1987a), « Les usages du peuple », *Choses dites*, Paris, Éditions de Minuit, p. 178-184.

BOURDIEU, Pierre (1985), « Remarques à propos de la valeur scientifique et des effets politiques des enquêtes d'opinion », « Les sondages », *Pouvoirs*, 33, p. 131-139.

BOY, Daniel, Élizabeth DUPOIRIER et Hélène Y. MEYNAUD (1985), « Le marketing politique : de la conviction à la séduction », *Pouvoirs*, n° 33, p. 121-129.

BRETON, Philippe et Serge PROULX (1989), *L'explosion de la communication. La naissance d'une nouvelle idéologie*, Montréal, Boréal.

CAYROL, Roland (1986), *La nouvelle communication politique*, Paris, Larousse.

CHAMPAGNE, Patrick (1990), *Faire l'opinion. Le nouveau jeu politique*, Paris, Éditions de Minuit.

CHARRON, Jean (1991), « Les relations entre les partis politiques et les médias lors des campagnes électorales », dans Fletcher, Frederick J., *Sous l'œil des journalistes*, La couverture des élections au Canada, volume 22 de la collection d'études, Commission sur la réforme électorale et le financement des partis politiques, Montréal, Wilson et Lafleur, p. 91-166.

CHARRON, Jean (1994), *Production de l'actualité, une analyse stratégique des relations entre la presse parlementaire et les autorités politiques,* Boucherville, Éditions du Boréal.

CLOUTIER, Édouard, Richard NADEAU et Jean GUAY (1989), « Bandwagoning and Underdoging on North-American Free Trade : A Quasi-Experimental Panel Study of Opinion Movement », *International Journal of Public Opinion Research*, vol. 1, n° 3, p. 206-220.

COMMISSION ON FREEDOM OF THE PRESS (1947), *A free and responsible Press*, Chicago, University of Chicago Press.

CONVERSE, P.E. (1981), « Nouvelles dimensions de la signification des réponses dans les sondages », dans Padioleau, Jean-G., *L'opinion publique. Examen critique, nouvelles directions*, Paris, Mouton, p. 189-201.

CORCORAN, Paul E. (1990), « Language and Politics », dans Swanson, David L. et Dan Nimmo, *New Directions in Political Communication. A Resource Book*, Newbury Park, CA, Sage Publications, p. 51-85.

CRÊTE, Jean (1991), « La télévision, la publicité et les élections au Canada », dans Fletcher, Frederick, *Les médias et l'électorat dans les campagnes électorales canadiennes*, volume 18 de la collection d'études de la Commission royale d'enquête sur la réforme électorale et le financement des partis politiques, Montréal, Wilson et Lafleur, p. 3-47.

DALTON, Russell J. (1988), *Citizen Politics in Western Democracies*, Chatham, N.J., Chatham House Publishers.

DAVIS, Dennis K. (1990), « News and Politics », dans Swanson, David L. et Dan Nimmo, *New Directions in Political Communication. A Resource Book*, Newbury Park, Sage, p. 147-184.

De LEGGE, Jean (1998), *Sondages et démocratie*, Paris, Flammarion.

EDELMAN, Murray (1988), *Constructing the Political Spectacle*, Chicago, The University of Chicago Press, p. 137.

EDELMAN, Murray (1977), *Political Language. Words That Succeed and Policies That Fail*, New York, Academic Press.

FISHMAN, Mark (1980), *Manufacturing the News*, Austin, University of Texas Press.

FLETCHER, Frederick et Robert EVERETT (1991), « Mass Media et élections au Canada », dans Fletcher, Frederick, *Médias, élections et démocratie*, volume 19 de la Commission royale d'enquête sur la réforme électorale et le financement des partis politiques, Montréal, Wilson et Lafleur, p. 201-252.

FRIEDENBERG, Robert V. (1990), *Rhetorical Studies of National Political Debates. 1960-1988*, Praeger Series in Political Communication, New York, Praeger.

GERBNER, George (1987), *Violence et terreur dans les médias*, Paris, UNESCO.

GERBNER, George, Larry GROSS, Michael MORGAN et Nancy SIGNORIELLI (1986), « Living with Television : The Dynamics of the Cultivation Process », dans Bryant, Jennings et Dolf Zillmann, *Perspectives on Media Effects*, Hillsdale, Lawrence Erlbaum Associates, Publishers, p. 17-40.

GERSTLÉ, Jacques (1992), *La communication politique*, Paris, Presses universitaires de France.

GINGRAS, Anne-Marie (1995), « L'impact des communications sur les pratiques politiques », *Hermès. Cognition, Communication, Politique*, 17-18, *La communication politique*, Paris, Centre national de la recherche scientifique, p. 37-47.

GINGRAS, Anne-Marie (1997), *Les théories en communication politique*, Cahier du Laboratoire d'études politiques, Département de science politique, Université Laval.

GINGRAS, Anne-Marie (1999a), « La démocratie et les nouvelles technologies de l'information et de la communication : illusions de la démocratie directe et exigences de l'action collective », *Politique et sociétés*, vol. 18, n° 2, p. 37-59.

GINGRAS, Anne-Marie (1999b), *Médias et démocratie. Le grand malentendu*, Sainte-Foy, Presses de l'Université du Québec.

GOSSELIN, André (1993), *Violence et effet d'incubation de la télévision : la thèse de la cultivation analysis*, Québec, Études de communication publique, Département d'information et de communication, Université Laval.

HACKETT, Robert A. (1991), *News and Dissent. The Press and the Politics of Peace in Canada*, Norwood, Ablex Publishing Corporation.

HALL, Stuart (1985), « Signification, Representation, Ideology : Althusser and the Post-Structuralist Debates », *Critical Studies in Mass Communication*, vol. 2, n° 2, p. 91-114.

HALL, Stuart (1987a), « Cultural Studies and the Centre : some Problematics and Problems », dans Hall, Stuart, Dorothy Hobson, Andrew Lowe et Paul Willis, *Culture, Media, Language*, London, Hutchison et Centre for Contemporary Cultural Studies, p. 15-47.

HALL, Stuart (1973, 1987b), « Encoding/decoding », dans Hall, Stuart, Dorothy Hobson, Andrew Lowe et Paul Willis, *Culture, Media, Language*, London, Hutchison et Centre for Contemporary Cultural Studies, p. 128-138.

HERMAN, Edward S. et Noam CHOMSKY (1988), *Manufacturing Consent. The Political Economy of the Mass Media*, New York, Pantheon.

Hermès. Cognition, Communication, Politique, 15 et 16 (1995), *Argumentation et rhétorique*, Paris, Centre national de la recherche scientifique.

HIS, Alain (1996), *Multimédia et communication à visage humain. Vers une maîtrise sociale des autoroutes de l'information*, Paris, Transversales science/culture.

International Encyclopedia of Communication (1985), New York, Oxford University Press.

IYENGAR, Shanto et D.R. KINDER (1987), *News That Matters. Television and American Opinion*, Chicago, The University of Chicago Press.

JAMIESON, Kathleen (1992), *Dirty Politics. Deception, Distraction and Democracy*, New York and Oxford, Oxford University Press.

JAMIESON, Kathleen Hall et David S. BIRDSELL (1988), *Presidential Debates. The Challenge of Creating an Informed Electorate*, New York, Oxford University Press.

KAID, Lynda Lee, Jacques GERSTLÉ et Keith R. SANDERS (1991), *Mediated Politics in Two Cultures. Presidential Campaigning in the United States and France*, New York, Praeger.

KATZ, Elihu (1973), « Les deux étages de la communication », dans Balle, Francis et Jean G. Padioleau, *Sociologie de l'information*, Textes fondamentaux, Paris, Larousse, p. 285-304.

KATZ, Elihu et Paul F. LAZARSFELD (1955), *Personal Influence*, Glencoe, The Free Press of Glencoe.

KELLNER, Douglas (1990), *Television and the Crisis of Democracy*, Boulder, Westview Press.

KELLNER, Douglas (1989), *Critical Theory, Marxism and Modernity*, Baltimore, The John Hopkins University Press.

KLAPPER, Joseph T. (1960), *The Effects of Mass Communication*, New York, The Free Press.

LACHAPELLE, Guy (1991), *Les sondages et les médias lors des élections au Canada. Le pouls de l'opinion*, volume 16 de la collection d'études de la Commission royale sur la réforme électorale et le financement des partis, Montréal, Wilson & Lafleur.

LANG, Kurt et Gladys Engel LANG (1983), *The Battle for Public Opinion : the President, the Press and the Polls during Watergate*, New York, Columbia University Press.

LAURENTIN, André et Jacques RETEL (1985), « Que nous apprennent les sondages d'opinion ? », *Les Temps modernes*, 467, juin.

LAZARSFELD, Paul F., Bernard BERELSON et Hazel GAUDET (1948), *The People's Choice. How the Voter Makes up its Mind in a Presidential Campaign*, New York, Columbia University Press.

LIPPMANN, Walter (1922), *Public Opinion*, New York, Harcourt, Brace and Company.

MAAREK, Philippe J. (1992), *Communication et marketing de l'homme politique*, Paris, Litec.

MACCIOCCHI, Maria-Antonietta (1974), *Pour Gramsci*, Paris, Éditions du Seuil.

MARTIN, Michèle (1991), *Communication et médias de masse. Culture, domination et opposition*, Sillery, Presses de l'Université du Québec.

MATTELART, Armand et Michèle MATTELART (1986), *Penser les médias*, Paris, Éditions La Découverte.

MATTELART, Armand et Jean-Marie PIEMME (1980), *Télévision: enjeux sans frontières: industries culturelles et politique de la communication*, Grenoble, Presses universitaires de Grenoble.

MAYER, Nonna et Pascal PERRINEAU (1992), *Les comportements politiques*, Paris, Armand Colin.

MCBRIDE, Sean et UNESCO (1980), *Voix multiples, un seul monde, Vers un nouvel ordre mondial de l'information et de la communication, plus juste et plus efficace. Rapport de la commission internationale d'étude des problèmes de la communication*, Paris, UNESCO.

MCCOMBS Maxwell E. et Donald SHAW (1972), « The Agenda Setting Function of Mass Media », *Public Opinion Quarterly*, vol. 36, n° 2, p. 176-187.

MONIÈRE, Denis et Jean G. GUAY (1994), *La bataille du Québec. Premier épisode: les élections fédérales de 1993*, Montréal, Fides.

MONIÈRE, Denis (1992), *Le combat des chefs. Analyse des débats télévisés au Canada*, Montréal, Éditions Québec/Amérique.

MORIN, Claude (1992), « Les autorités politiques et l'information », *Éthique de la communication publique et de l'information*, Cahiers de recherche Éthiques, 17, p. 113-127.

MURDOCH, Graham (1982, 1992), « Large corporations and the control of the communications industries », dans Gurevitch, Michael *et al.*, *Culture, Society and the Media*, Londres, Routledge.

NEVEU, Érik (1994), *Une société de communication?*, Paris, Montchrestien.

NOELLE-NEUMANN, Elizabeth (1984), *The spirale of Silence. Public Opinion – Our social Skin*, Chicago, The University of Chicago Press.

PADIOLEAU, Jean G. (1981), « De l'opinion publique à la communication politique », dans Padioleau, Jean G., *L'opinion publique. Examen critique, nouvelles directions*, Paris, Mouton éditeur, p. 13-60.

PETERSON, Theodore (1956), « The Social Responsibility Theory of the Press », dans Siebert, Fred S., Theodore Peterson et Wilbur Schramm, *Four Theories of the Press. The Authoritarian, Libertarian Social Responsibility and Soviet Communist Concepts of What the Press Should Be and Do*, Chicago, University of Illinois Press, p. 73-103.

PROULX, Serge et André VITALIS (1999), *Vers une citoyenneté simulée. Médias, réseaux et mondialisation*, Rennes, Éditions Apogée.

PRUJINER, Alain et Florian SAUVAGEAU (1986), *Qu'est-ce que la liberté de la presse?*, Montréal, Boréal.

RABOY, Marc (1992), *Les médias québécois, Presse, radio, télévision, câblodistribution*, Montréal, Gaëtan Morin éditeur.

RODOTA, Stefano (1999), *La démocratie électronique. De nouveaux concepts et expériences politiques*, Rennes, Éditions Apogée.

ROMANOW, Walter I., Walter C. SODERLUND et Richard G. PRICE (1991), « La publicité électorale négative. Une analyse des résultats de recherche à la lumière des pratiques au Canada », dans Hiebert, Janet (dir.), *L'éthique et la politique au Canada*, Montréal, Wilson et Lafleur, p. 187-216.

SCHILLER, Herbert I. (1989), *Culture Inc.: The Corporate Takeover of Public Expression*, New York, Oxford University Press.

SCHILLER, Herbert I. (1969, 1992), *Mass Communications and American Empire*, Boulder, San Francisco, Oxford, Westview Press.

SCHWARTZENBERG, Roger-Gérard (1977), *L'État spectacle. Le Star System en politique*, Paris, Flammarion.

SHPRINTSEN, Alex (1987), « La tribune: histoire et évolution », *Le gouvernement parlementaire*, vol. 7, n°s 1-2, p. 13-15.

TARAS, David (1990), *The Newsmakers. The Media's Influence on Canadian Politics*, Scarborough, Nelson Canada.

TARDE, Gabriel (1989), *L'opinion et la foule*, Paris, Presses universitaires de France.

TREMBLAY, André (1991), *Sondages. Histoire, pratique et analyse*, Boucherville, Gaëtan Morin éditeur.

TREMBLAY, Gaëtan (1991), « L'opinion publique », dans Beauchamp, Michel, *Communication publique et sociétés, Repères pour la réflexion et l'action*, Boucherville, Gaëtan Morin.

TRUDEL, Lina (1992), *La population face aux médias*, Montréal, VLB éditeur et ICEA.

TRUDEL, Pierre *et al.* (1998), *Droit du cyberespace*, Montréal, Thémis.

TSAGAROUSIANOU, Roza, Damian TAMBINI et Cathy BRIAN (1998), *Cyberdemocracy. Technology, Cities and Civic Networks*, Londres, Routledge.

TUCHMAN, Gaye (1978), *Making News. A Study in the Construction of Reality*, New York, Free Press.

VAN DE DONK, Wim B.H.J., Ignace T.M. SNELLEN et Pieter W. TOPS (1995), *Orwell in Athens. A Perspective on Informatization and Democracy*, Amsterdam, IOS Press.

YERIC, Jerry L. et John R. TODD (1989), *Public Opinion. The Visible Politics*, Itasca (Illinois), F.E. Peacock Inc.

WIDDIS BARR, Cathy (1991), « L'importance et le potentiel des débats des chefs », dans Fletcher, Frederick, *Les médias et l'électorat dans les campagnes électorales*, volume 18 de la collection d'études de la Commission royale sur la réforme électorale et le financement des partis, Montréal, Wilson et Lafleur, p. 121-175.

CHAPITRE 7

Le pouvoir législatif: le Sénat et la Chambre des communes

MARCEL R. PELLETIER, C.R.

- Décrire la composition, le rôle, les fonctions et les pouvoirs du Sénat et de la Chambre des communes qui, avec la Couronne, constituent le Parlement du Canada.

- Décrire aussi l'organisation des travaux quotidiens et faire mieux comprendre la procédure législative au Sénat et à la Chambre des communes.

et combien d'autres encore, jusqu'aux débats historiques des années 1980 culminant avec l'adoption par les deux chambres du Parlement de la *Loi constitutionnelle de 1982*, qui effectuait le rapatriement de la constitution de 1867 et donnait aux Canadiens et Canadiennes une charte des droits et libertés. Incontestablement, les institutions parlementaires sont ainsi devenues le forum où peuvent être exprimées et examinées les grandes préoccupations de la nation, sans pour autant en être le centre de décisions.

Dans le contexte du présent chapitre, il importe de souligner les modifications apportées au Règlement intérieur de la Chambre des communes en 1968. Exception faite de certains changements sporadiques, les règles de procédure régissant les travaux de la Chambre et de ses comités étaient restées jusqu'alors sensiblement les mêmes qu'à l'origine, un siècle plus tôt. À cette époque, l'objectif principal du Règlement était de fournir un cadre général pour l'exécution ordonnée des travaux parlementaires et certaines règles applicables aux pétitions des citoyens qui désiraient faire présenter des projets de loi privés. Les sessions étaient alors de courte durée et une seule session annuelle suffisait généralement pour conclure tous les travaux en cours. Mais graduellement, avec l'augmentation du volume et de la complexité de la législation et particulièrement des projets de loi présentés par le gouvernement, sans oublier les mesures financières, augmentèrent aussi la durée des sessions, la controverse et l'insatisfaction des parlementaires. Le temps consacré aux mesures proposées par les députés accusa une diminution de plus en plus grande au profit du gouvernement, décennie après décennie, si bien qu'au cours des années 1950 et 1960 des modifications profondes au Règlement

étaient devenues inéluctables. Après de nombreuses études par des comités spéciaux et quelques tentatives de modifications peu concluantes, la Chambre adopta une série d'amendements à son Règlement, en 1968, qui prirent l'allure d'une véritable réforme (Stewart, 1977 : 197-235 passim). Parmi les principaux, il faut retenir l'abolition des comités des subsides et des voies et moyens, l'établissement d'un calendrier annuel fixe pour l'adoption des subsides et leur étude par les comités permanents, en plus de l'attribution d'un nombre de jours à la considération des subsides par la Chambre elle-même. Les comités permanents, dont le nombre de membres fut réduit, furent investis de nouveaux pouvoirs, y compris l'étude détaillée des projets de loi (Règlement, art. 108). Afin de mieux gérer le temps consacré à l'étude de la législation et de faciliter l'adoption du programme législatif du gouvernement, une nouvelle disposition fut insérée au Règlement pour prévoir l'attribution d'un certain nombre de jours ou d'heures aux délibérations relatives aux projets de loi publics. Faute d'entente préalable entre les partis, une attribution de temps peut être imposée par le gouvernement. Cette proposition d'amendement au Règlement fut longuement et vertement critiquée par les partis d'opposition et ne put être adoptée par la majorité gouvernementale qu'après l'imposition de la clôture. Bien entendu, l'opposition ne démontre pas forcément son efficacité en remportant des votes, mais plutôt en utilisant le temps de la Chambre pour débattre et retarder le programme législatif du gouvernement. C'est pourquoi les partis d'opposition s'objectent aussi farouchement à l'attribution de temps et à la clôture. Quoi qu'il en soit, l'attribution de temps a depuis lors été utilisée régulièrement par les gouvernements successifs, qui y voient un moyen efficace de contrôler leur agenda législatif, même au prix de sévères critiques de la part de l'Opposition.

La création de bureaux de circonscription pour les députés et le financement, à même les fonds publics, de services de recherche pour tous les partis politiques représentés à la Chambre constituent des innovations remarquables des dernières décennies, mais aucune n'a eu un retentissement comparable à l'introduction des caméras de télévision à la Chambre, en 1975. Cette technologie a rapproché l'un de l'autre, le Parlement et la population, grâce à la diffusion par satellite des débats quotidiens de la Chambre des communes, même dans les régions les plus éloignées du pays.

Après ce tour d'horizon d'événements ou de moments qui ont influencé le développement du Parlement fédéral, voyons maintenant ce qu'il en est de ses composantes et de ses activités.

LA COURONNE

La Couronne exerce certains pouvoirs essentiels à l'exécution des fonctions législatives, exécutives et judiciaires.

Une lecture littérale du langage monarchique de la loi de 1867 nous inciterait à conclure que Sa Majesté est omniprésente dans la conduite des affaires du pays. Ainsi, c'est à la reine que sont attribués le gouvernement et « le pouvoir exécutifs du Canada » [30-31 Victoria, ch. 3, art. 9 (R.-U.)].

Mais la réalité est tout autre, puisque la plupart de ses pouvoirs se sont estompés et que son rôle est maintenant largement protocolaire.

Toutefois, le Parlement ne saurait fonctionner, et aucune loi ne pourrait être adoptée, sans l'intervention de la Couronne, qui fait partie intégrante du pouvoir législatif canadien. Les interventions de la Couronne dans le processus parlementaire procèdent quasi exclusivement de l'exercice de la prérogative royale, un pouvoir séculaire, reconnu à l'origine par la *common law*, mais qui a diminué graduellement pour devenir un pouvoir résiduel susceptible d'être modifié par le Parlement, comme l'a statué la Cour suprême du Canada dans le Renvoi sur la Résolution pour modifier la Constitution, ([1981] 1 R.C.S. 753-806). Les choses ont donc bien changé depuis l'établissement en Angleterre des premières institutions publiques sous Henri II Plantagenêt, souverain suprême. Le Conseil du roi a évolué progressivement pour inclure une classe sociale qui ne faisait pas partie de la noblesse et, bien qu'elle a longtemps été fragile, l'institution parlementaire a fini par s'implanter de façon permanente. L'adoption du Bill of Rights (1 William and Mary [Sess. 2] ch. 2 [R.-U.]) par le Parlement, en 1689, établit clairement les droits de cette institution de même qu'une série de règles juridiques auxquelles le souverain est assujetti. Ainsi, l'avènement de la monarchie constitutionnelle a contribué à sanctionner la réduction de l'exercice de la prérogative royale par la personne du souverain.

Les fonctions parlementaires officielles du gouverneur général comprennent essentiellement la convocation, la prorogation et la dissolution du Parlement, la nomination des sénateurs, le consentement de la Couronne, la recommandation de mesures financières à la Chambre des communes et la sanction de la législation adoptée par les deux Chambres du Parlement.

LE SÉNAT

Historique

À l'instar d'une cinquantaine d'autres Parlements dans le monde, le Parlement du Canada est bicaméral, c'est-à-dire qu'il comporte deux chambres législatives : l'une, appelée la Chambre haute, est le Sénat, l'autre, dite Chambre basse, correspond à la Chambre des communes.

Le débat qui perdure sur de nombreux aspects du Sénat canadien, que ce soit sur sa légitimité, son rôle, ses pouvoirs, sa représentativité ou encore sur le mode de nomination ou d'élection de ses membres, semble n'être, en définitive, que la suite de la très longue discussion qui a présidé à sa création. Initialement, le Sénat a été perçu comme une institution typiquement « fédérale », créée pour défendre les intérêts régionaux et minoritaires, fonction traditionnelle de la chambre haute dans un système fédéral. C'est pourquoi, dans un discours à l'Assemblée législative du Canada, le 6 février 1865, Sir John A. Macdonald affirmait : « Afin de protéger les intérêts locaux de chaque province, nous avons jugé nécessaire de donner aux trois grandes divisions de l'Amérique britannique du Nord une représentation égale dans la chambre haute, car chacune de ces divisions aura des intérêts différents » (Débats sur la Confédération, 1865 : 35).

Toutefois, il faut admettre que le Sénat actuel est un bien pâle reflet de l'institution envisagée en 1865. Plusieurs facteurs ont contribué au cours des ans à compromettre la crédibilité de la Chambre haute, de sorte qu'elle n'a jamais joué un rôle efficace dans la représentation des intérêts régio-naux ou provinciaux. À vrai dire, la controverse entourant la « réforme du Sénat » a débuté très tôt après la Confédération et n'a jamais vraiment cessé depuis. Beaucoup d'efforts ont été déployés pour tenter de réformer le Sénat canadien, mais jusqu'à maintenant ils sont restés sans résultats concrets.

Composition du Sénat

Depuis avril 1999, le Sénat se compose de 105 membres, nommés par le gouverneur général au nom de la reine, sur avis du premier ministre. Ces 105 sièges sénatoriaux sont répartis sur une base régionale comportant quatre grandes divisions, auxquelles on a ajouté une représentation pour les nouvelles régions non prévues à l'origine. Initialement, le Sénat comptait 72 sièges, soit 24 pour le Québec, 24 pour l'Ontario et 24 pour la Nouvelle-Écosse et le Nouveau-Brunswick. Avec l'entrée de nouvelles provinces dans la Confédération canadienne, on a donc, à l'occasion, modifié la Loi constitutionnelle pour assurer une représentation sénatoriale à toutes les nouvelles régions du pays. Ainsi, dans le Sénat d'aujourd'hui, on trouve la répartition suivante : Québec, 24 sénateurs ; Ontario, 24 ; provinces maritimes, 24 (10 chacune pour la Nouvelle-Écosse et le Nouveau-Brunswick et 4 pour l'Île-du-Prince-Édouard) ; provinces de l'Ouest, 24 (Manitoba, Saskatchewan, Alberta et Colombie-Britannique, 6 chacune) ; Terre-Neuve, 6 ; le territoire du Yukon et les Territoires du Nord-Ouest, un sénateur chacun (*Loi constitutionnelle de 1867*, art. 22, telle qu'il a été modifié). Le 1er avril 1999, le nouveau Territoire de Nunavut a été créé et, comme un sénateur provenant de cette région (l'honorable Willie Adams) occupait déjà un siège au Sénat, un nouveau sénateur (l'honorable Nick Sibbetson) a été nommé pour représenter les Territoires du Nord-Ouest, ce qui porta le nombre total de sénateurs à 105. Une mesure en ce sens, intitulée Loi constitutionnelle, 1999 (Nunavut), fut adoptée par le Parlement fédéral en février de la même année.

Les sénateurs représentent l'ensemble de la région pour laquelle ils sont nommés, sans être désignés pour une circonscription particulière, contrairement aux membres de la Chambre des communes qui sont élus pour représenter chacun une circonscription électorale déterminée. Toutefois, un régime différent a été prévu pour la province de Québec où chacun de ses 24 sénateurs est nommé pour représenter l'un des 24 collèges électoraux compris dans le territoire qui formait le Bas-Canada, à l'époque de la Confédération.

Bien que le nombre maximal de sièges au Sénat soit établi à 105, il est néanmoins possible d'excéder ce nombre, dans des circonstances extraordinaires dont le premier ministre se fait juge. Il s'agit d'une procédure exceptionnelle qui n'a été utilisée qu'une seule fois dans l'histoire du pays, en 1990, par le premier ministre Brian Mulroney, qui fit nommer huit nouveaux sénateurs pour ainsi accorder une majorité de sièges à son parti dans la Chambre haute, lui permettant de faire adopter un projet de loi fort controversé sur l'imposition d'une nouvelle taxe sur les produits et services. Après avoir fait usage de cette disposition constitutionnelle peu commune, il faut attendre que la représentation de chacune des divisions revienne au nombre normal de 24 sénateurs avant de pouvoir en nommer de nouveaux. Quoi qu'il en soit, à l'heure actuelle le nombre de sénateurs ne peut excéder 113.

En 1965, une modification à la *Loi constitutionnelle de 1867* décréta que, dorénavant, les nouveaux sénateurs ne pourraient plus occuper leur poste après avoir atteint l'âge de 75 ans. Les sénateurs nommés antérieurement à l'entrée en vigueur de cette modification, le 1er juin, n'étaient pas visés par cette disposition et pouvaient continuer d'occuper leur place au Sénat leur vie durant.

Pour être nommée au Sénat, une personne doit remplir certaines exigences énoncées dans la Constitution canadienne. Il faut d'abord être âgé de 30 ans révolus et être citoyen canadien de naissance ou par naturalisation. De plus, on doit posséder, dans la province pour laquelle on est nommé, des biens d'une valeur minimale de quatre mille dollars, en sus de toutes dettes et obligations. Finalement, il faut être domicilié dans la province ou le territoire pour lequel on est nommé.

C'est le 15 février 1930 qu'une femme, Cairine Reay Wilson, a été nommée pour la première fois au Sénat. Il est intéressant de relater ici les événements qui ont conduit à cette décision historique. L'article 24 de la *Loi constitutionnelle de 1867* stipule que le gouverneur général peut mander au Sénat des « personnes » ayant les qualifications voulues pour devenir sénateurs. La question soulevée par un groupe de femmes de l'Alberta, dont Mme Henrietta Muir Edwards, fut de savoir si le mot « personnes », dans ce contexte, comprenait les femmes et par conséquent si une femme pouvait devenir membre du Sénat. Le groupe adressa une pétition au gouverneur général en conseil, lui demandant de renvoyer l'affaire devant la Cour suprême du Canada afin d'obtenir son avis. Le 24 avril 1928, dans une décision unanime, la Cour répondit à la question par la négative. Comme il était encore possible de le faire à l'époque, un appel de la décision de la Cour suprême du Canada fut interjeté devant le Comité judiciaire du Conseil privé britannique qui renversa la décision de la Cour suprême, le 18 octobre 1929 (Edwards c. A.-G for Canada, 1930 A. C. p. 124). Désormais, à la suite de l'« Affaire des personnes », les femmes devenaient éligibles à une nomination au Sénat.

Pouvoirs et fonctions

Tout pays constitutionnellement organisé confère des pouvoirs importants à ses institutions législatives de même qu'aux membres qui les composent. De toute évidence, aucune assemblée législative ne serait en mesure d'exercer ses pouvoirs et de remplir ses fonctions efficacement ou d'assurer son indépendance et sa dignité, sans posséder les immunités et les pouvoirs adéquats à sa protection et à celle de ses membres et de ses employés, dans l'exercice de leurs fonctions. Ces pouvoirs et immunités, aussi appelés privilèges parlementaires, sont des droits fondamentaux nécessaires à la libre action du Parlement dans son champ de compétence et ils lui confèrent également le pouvoir de les faire respecter, au besoin (Bourinot, 1916 : 37). Ces droits et immunités parlementaires, qui reposent principalement sur la tradition et la *common law*, ont été confirmés par des dispositions législatives, notamment par l'article 18 de la constitution. Nous discuterons davantage de cette question dans la partie de ce chapitre traitant des immunités parlementaires.

On reconnaît au Sénat trois fonctions principales, dont la plus importante est sans doute son rôle législatif. En effet, aucun projet de loi, éma-

nant de l'une ou de l'autre chambre, ne peut devenir loi à moins d'avoir été adopté par le Sénat. La Chambre haute a aussi une fonction délibérative considérable, en ce sens qu'elle sert de forum national où peuvent être discutées toutes sortes de questions d'intérêt public et où les préoccupations et les problèmes régionaux du pays peuvent être soulevés, à l'initiative d'un membre du Sénat. Et le Sénat jouit enfin d'un vaste pouvoir d'enquête qui lui permet d'examiner à fond de nombreux sujets de nature sociale, économique, juridique ou autre, par l'entremise de ses comités permanents et spéciaux.

Théoriquement, les pouvoirs du Sénat sont semblables à ceux de la Chambre des communes, avec cette exception notable qu'un projet de loi de nature financière ne peut prendre naissance à la Chambre haute. L'initiative des lois fiscales et de crédits est réservée exclusivement à la Chambre des communes où siègent les élus du peuple. C'est aussi la nature élective de la chambre basse qui lui confère une légitimité à laquelle ne peut prétendre le Sénat et, par conséquent, en cas de conflit ou d'impasse législative entre les deux chambres, la tradition veut que le Sénat cède le pas à la chambre des députés.

À l'exception de la catégorie mentionnée ci-dessus, tout projet de loi peut être présenté au Sénat. Chaque membre de cette chambre possède donc les mêmes pouvoirs législatifs que les députés.

Le Sénat a historiquement joué le rôle d'une chambre de second examen objectif, modifiant les projets de loi qui lui sont transmis par l'autre chambre, afin d'en éliminer les ambiguïtés ou d'en clarifier les aspects techniques. De telles modifications, n'altérant pas l'esprit de la législation proposée, sont généralement entérinées par les

Communes. Cet examen minutieux de la législation est effectué ordinairement par les comités du Sénat, où l'on retrouve une expérience et une expertise remarquables chez certains membres.

La haute gestion du Sénat

La structure interne du Sénat comprend un président, nommé par le gouverneur général (mais, en réalité, désigné par le premier ministre, selon la convention) et un président *pro tempore*. Il appartient au président de maintenir l'ordre et le décorum, de trancher tout rappel au Règlement et de se prononcer sur toute question de privilège. Contrairement à son homologue de la Chambre des communes, le président du Sénat peut intervenir dans tout débat qui ne porte pas sur un rappel au Règlement ou sur une question de privilège et il peut y voter. De même, ses décisions peuvent faire l'objet d'un appel au Sénat, qui se prononce immédiatement sur la question. Traditionnellement, un sénateur qui est également membre du Cabinet remplit les fonctions de leader du gouvernement au Sénat. Il est appuyé dans sa tâche par un leader adjoint qui, lui aussi, est désigné par le premier ministre. Ils ont la responsabilité de coordonner les travaux parlementaires et de voir à l'adoption de la législation gouvernementale de façon ordonnée et conformément au calendrier établi par le Cabinet. Il est exceptionnel de trouver plus d'un ministre au Sénat, comme ce fut le cas des gouvernements Clark, en 1979, et Trudeau, de 1980 à 1984. On retrouve une structure semblable du côté de l'opposition, avec un chef et un chef adjoint. Ces derniers sont choisis normalement par le chef de l'opposition officielle siégeant à la Chambre des communes. Cette tradition n'a toutefois pas

été observée, après l'élection générale de 1993, car l'opposition officielle aux Communes était alors formée par le Bloc québécois, un nouveau parti politique ne comptant aucun siège au Sénat. En l'occurrence, les sénateurs progressistes-conservateurs, formant le parti d'opposition le plus nombreux au Sénat, élirent par vote secret le sénateur John Lynch-Staunton, chef de l'opposition au Sénat. L'élection générale suivante, en 1997, a relégué le Bloc québécois au rang de troisième parti, cédant ainsi le statut d'opposition officielle au Parti réformiste du Canada, de sorte que, présentement encore, deux partis politiques distincts forment l'opposition officielle dans les deux chambres du Parlement.

Le *whip* en chef du gouvernement au Sénat, son adjoint et leurs homologues de l'opposition veillent à l'observance de la discipline de parti aux séances plénières du Sénat, comme dans les comités. Ils doivent s'assurer particulièrement de la présence des membres de leur parti, non seulement lors des délibérations, mais surtout au moment des votes, soit à la Chambre, soit en comité. À ces tâches s'ajoutent certaines responsabilités administratives.

Le personnel du Sénat est dirigé par le greffier, qui est aussi le greffier des Parlements ; à ce titre, il a la garde de tous les originaux des lois du Parlement. Il est nommé à ce poste par le gouverneur en conseil. Il est le conseiller principal du président en matière de procédure parlementaire et il consigne au procès-verbal les décisions et les votes du Sénat. Il a la charge d'une équipe de conseillers auprès des comités du Sénat et d'administrateurs dont l'expertise est requise pour le bon fonctionnement de la Chambre haute. Le greffier adjoint, de même que le légiste et conseiller parlementaire sont nommés à leur poste par résolution du Sénat. Le légiste est chargé de la rédaction des projets de loi présentés à titre individuel par les sénateurs, de même que des amendements présentés par eux, visant à modifier les projets de loi d'initiative gouvernementale. Il conseille également les sénateurs sur l'interprétation des lois et sur toute question relative aux privilèges parlementaires, aux conflits d'intérêts et autres questions de nature juridique intéressant les sénateurs.

L'huissier du Bâton noir, nommé par le gouverneur en conseil, est responsable de la sécurité interne du Sénat et assume certaines fonctions administratives, en plus de remplir un rôle largement protocolaire. C'est l'huissier, par exemple, qui transmet à la Chambre des communes les messages demandant l'assistance des députés auprès du Sénat, lors de l'ouverture ou de la prorogation d'une session du Parlement ou pour la sanction royale des projets de loi.

La réforme du Sénat

Depuis longtemps, la réforme du Sénat fait l'objet de nombreux débats qui se sont amplifiés au cours des dernières années. Conçu à l'origine comme une institution nationale représentant la diversité des régions et faisant contrepoids à l'opinion de la majorité exprimée à la Chambre des communes, le Sénat n'a pas réussi à remplir efficacement son rôle d'assemblée de représentation régionale, ni à concilier les intérêts des différentes parties du pays pour contribuer à forger la volonté nationale. Cette déficience résulte de plusieurs facteurs dont, notamment, le mode de nomination des sénateurs, la quasi-permanence de leur mandat et l'absence de sanction de leurs activités par le public. Les sénateurs, n'étant pas

tenus de rendre compte aux commettants de leur région, ne peuvent se réclamer de la légitimité et de l'autorité requises pour l'exercice des pouvoirs considérables que comportent les diversités régionales grandissant dans le pays tout entier. Il en résulte donc un affaiblissement des rôles traditionnels du Sénat qui, non seulement ne représente pas adéquatement les régions, mais ne peut non plus modifier de façon significative la législation gouvernementale. C'est au Cabinet, où les ministres assument de plus en plus de responsabilités régionales officielles, que sont exprimés les points de vue régionaux. De même, les nombreuses réunions interministérielles et les conférences des premiers ministres constituent une tribune publique où sont discutés les intérêts régionaux, éclipsant davantage le rôle prévu originalement pour le Sénat.

Les institutions politiques nationales canadiennes, le Sénat en tête, requièrent des réformes visant à les renforcer, afin de permettre au pays, comme nation, de faire face aux défis que posent la mondialisation des marchés, le développement économique et le bien-être des citoyens. Le succès dépend largement de la crédibilité des institutions et de leur acceptation par les citoyens.

Sans doute la principale fonction du Sénat, dans un État fédéral, est-elle la représentation des régions, des minorités ou autres entités politiques, visant à faire valoir leurs intérêts distinctifs face à la majorité de la Chambre basse. À ces fins, la répartition des sièges, le mode de sélection des sénateurs, la durée de leur mandat et la nature des pouvoirs envisagés sont des aspects inséparables de toute réforme significative du Sénat. Pour devenir représentatif et crédible, un Sénat réformé devrait être composé de membres élus au suffrage direct, selon le régime de représentation proportionnelle, ce qui améliorerait la représentation des partis politiques nationaux et favoriserait l'expression d'un plus large éventail de points de vue régionaux, renforçant l'autorité du Parlement dans son ensemble.

L'élection des sénateurs pour un mandat fixe, soit de sept ans par exemple, leur permettrait d'acquérir une expérience valable des processus législatif et parlementaire, tout en assurant une certaine continuité de représentation face au renouvellement plus fréquent du mandat des députés dans l'autre chambre.

L'une des fonctions traditionnelles du Sénat consiste à revoir et à examiner de façon minutieuse les mesures législatives adoptées par la Chambre des communes afin d'en améliorer, entre autres, les aspects techniques. Le Sénat du Canada s'est généralement bien acquitté de cette fonction et a rarement refusé d'adopter une mesure passée par les Communes. Son rôle législatif traditionnel devrait être retenu, si le Sénat doit subsister comme chambre du Parlement, d'autant plus que les lois deviennent de plus en plus complexes et que le temps consacré à leur étude à la Chambre des communes subit des restrictions croissantes. L'examen approfondi de la législation déléguée, soit les règlements et les textes de nature réglementaire, constitue aussi un domaine d'activité naturel pour le Sénat. Afin de conserver l'équilibre des forces entre les deux chambres, il conviendrait d'accorder au Sénat un droit de veto suspensif en matière législative, plutôt que le droit de veto absolu dont il jouit actuellement. Ce mécanisme lui permettrait d'exprimer son désaccord relativement à certaines mesures, surtout celles visant une région en particulier, et de sensibiliser la population. Il s'ensuivrait une consultation entre les deux chambres avec la pos-

sibilité de modifications législatives apportées par la Chambre des communes, puis un deuxième vote par cette dernière, dans un délai prescrit, afin d'adopter ladite législation de façon finale. Ce veto suspensif du Sénat pourrait être de six mois pour les projets de loi ordinaires et de trois mois pour les lois de nature financière. Une disposition semblable existe déjà relativement aux propositions de modifications constitutionnelles.

L'étude de nombreuses questions d'intérêt public est une autre tâche dont le Sénat s'acquitte fort bien. Des sujets aussi variés que la pauvreté, le chômage, la vieillesse, la politique scientifique et l'euthanasie ont fait l'objet d'enquêtes approfondies par des comités du Sénat et ont souvent résulté en des rapports qui conservent encore aujourd'hui toute leur pertinence. Malheureusement et en dépit de son taux de réussite, cette fonction de la chambre haute nous semble sous-utilisée. Sans même modifier sa structure administrative, ni son règlement intérieur, une réforme importante du Sénat pourrait être accomplie en lui confiant un plus grand nombre d'enquêtes de ce genre. Force nous est de constater que beaucoup de commissions royales d'enquête créées au cours des dernières décennies ont engouffré une part importante du Trésor public, sans nécessairement donner des résultats très satisfaisants. Le Sénat, avec son système de comités, son personnel permanent et les ressources de recherche à sa disposition, pourrait sans peine constituer une « commission d'enquête » permanente. À n'en pas douter, il en résulterait des économies substantielles en argent et en temps, sans compter une meilleure utilisation des connaissances et de l'expérience des sénateurs, ce qui valoriserait non seulement l'institution, mais aussi chacun de ses membres. Cette initiative n'entraverait aucunement le rôle traditionnel du Sénat en matière législative.

Ce tour d'horizon sur les pouvoirs, les fonctions et la composition du Sénat nous permettra maintenant de tourner notre attention vers la chambre élective du Parlement canadien, avec ses particularités, sa composition, son rôle forcément politique et sa fonction représentative, autant que celle de garant d'une administration gouvernementale saine.

LA CHAMBRE DES COMMUNES

Au Canada, la Chambre des communes constitue le principal corps législatif élu au suffrage universel, comportant actuellement 301 députés qui représentent chacun et chacune une circonscription électorale (figure 7.1).

Bien que les mérites respectifs des systèmes électoraux puissent donner lieu à des controverses, on admet cependant que la Chambre des communes reflète les courants d'opinion dominants de la société canadienne. Ainsi, le parti qui y détient une majorité ou même une pluralité de sièges obtient le mandat de gouverner. Notre système de gouvernement repose sur la liberté des citoyens que garantit la constitution, et particulièrement la Charte des droits et libertés.

C'est d'ailleurs cette constitution qui énonce les principales règles juridiques régissant les fonctions et les pouvoirs des corps législatifs, au niveau tant fédéral que provincial. Ni le fédéral ni les provinces, agissant unilatéralement, ne peuvent modifier ce partage des compétences, les tribunaux ayant le pouvoir de trancher tout conflit en la matière en déclarant inconstitutionnelle une loi qui enfreindrait ledit partage. Depuis l'en-

trée en vigueur de la Charte canadienne des droits et libertés, en 1982, une loi peut également être invalidée par les tribunaux au motif qu'elle contrevient à la charte.

Aux yeux de la majorité des Canadiens et Canadiennes, la Chambre des communes est la véritable institution législative. Ne contribuent-ils pas directement à sa composition, lors de chaque élection générale ? Aussi ne faut-il pas s'étonner que de nombreux citoyens et citoyennes utilisent l'expression « Parlement » pour signifier la Chambre des communes. Beaucoup plus que le Sénat, la Chambre des communes fait couramment l'objet de l'attention des médias, parce que c'est à elle que le gouvernement doit rendre des comptes et qu'elle constitue le centre de l'activité politique du pays (Jackson et Jackson, 1994 : 329).

Fonctions

Examinons brièvement les principales fonctions de la Chambre des communes, dont la plus connue est sans doute l'étude et l'adoption des projets de loi. La Chambre et ses comités consacrent environ le tiers de leur temps aux activités législatives. Nous analyserons plus loin les phases du processus d'adoption des lois. Outre sa fonction législative, la Chambre joue un rôle prédominant dans la vie politique et le pouvoir gouvernemental du pays.

D'une certaine façon, on peut dire que c'est la Chambre des communes qui forme les gouvernements, car le parti qui remporte le plus grand nombre de sièges à une élection générale est habituellement appelé à former le gouvernement. Le chef de ce parti est assermenté comme premier ministre et choisit ses ministres (sauf en de rares exceptions) parmi les autres membres de son parti qui ont été élus députés. Une fois le gouvernement en place, la Chambre assume un autre rôle vital à la sauvegarde de la démocratie et à l'intégrité de notre système, en examinant et en con-trôlant les activités du gouvernement. Les élus sont, en quelque sorte, les dépositaires de la confiance du peuple à l'égard de ceux qui le gouvernent. Pour conserver le pouvoir, le gouvernement doit avoir la confiance de la Chambre des com-

FIGURE 7.1
Croquis de la Chambre des communes

1. Président
2. Pages
3. Membres du gouvernement
4. Membres de l'opposition
5. Premier ministre
6. Chef de l'opposition
7. Chef du tiers parti
8. Masse
9. Greffier et Bureau
10. Sténographes du *Journal des débats*
11. Sergent d'armes
12. Interprètes
13. Tribune des journalistes
14. Tribune du public
15. Tribune officielle
16. Tribune réservée
17. Tribune des députés
18. Tribune spéciale
19. Tribune des députés
20. Tribune du président
21. Tribune du Sénat

Source : Chambre des communes, Service d'information publique.

munes, c'est-à-dire qu'il doit être appuyé par la majorité des députés. C'est en ce sens que l'on parle de « gouvernement responsable », pour signifier que le gouvernement doit rendre compte de son administration et de sa conduite des affaires de l'État à la chambre composée des élus du peuple et non pas au Sénat (voir à ce sujet le chapitre sur le pouvoir exécutif). La Chambre des communes a élaboré, au cours des ans, toute une série de règles de procédure permettant aux députés de déterminer si le gouvernement jouit de la confiance de la chambre. Parmi ces mécanismes, la période des questions orales est de loin le plus connu. Les journalistes et le grand public assistent quotidiennement à cette partie des activités parlementaires qui est abondamment commentée aux actualités, tant à la radio et à la télévision que dans la presse écrite (voir le chapitre d'Anne-Marie Gingras, particulièrement ce qui concerne la tribune de la presse).

De plus, les députés peuvent formuler des questions écrites, publiées régulièrement dans les documents officiels de la Chambre et auxquelles le gouvernement fournit des réponses soit écrites, soit orales. Le Règlement prévoit aussi que les députés peuvent présenter des motions à la Chambre visant à obtenir des copies de documents qui sont en la possession du gouvernement. L'adoption de telles motions devient un ordre de la Chambre obligeant le gouvernement à déposer les documents requis, même au cours d'une session subséquente, s'il ne s'y est pas conformé plus tôt.

L'étude des prévisions budgétaires fournit aux députés une occasion particulière d'examiner et de contrôler l'administration gouvernementale. Chaque année, le président du Conseil du Trésor dépose devant la Chambre un document con-

tenant les prévisions des sommes que le gouvernement entend affecter, au cours du prochain exercice financier, à l'administration de ses ministères et agences de même qu'aux programmes dont ils ont la responsabilité. Les comités permanents de la Chambre, composés uniquement de députés, disposent de trois mois pour étudier ce budget et en faire rapport à la Chambre. Pour faciliter leur étude du budget, les membres des comités invitent les ministres responsables à se présenter devant eux pour répondre à leurs questions portant sur les politiques gouvernementales. Les comités sont aussi habilités à faire comparaître les hauts fonctionnaires des ministères et agences pour les éclairer sur la mise en œuvre des politiques et sur les questions se rapportant à l'administration (voir le chapitre sur l'administration publique). Toute autre personne susceptible de fournir des renseignements qu'ils jugent pertinents peut être convoquée par les comités.

Mais l'étude des crédits, aussi appelés subsides, ne se limite pas à celle qu'en font les comités. Au cours d'une année civile, vingt et un jours sont consacrés à l'étude des subsides par la Chambre elle-même ; les jours sont désignés par le gouvernement, mais ce sont uniquement les députés de l'opposition qui sont habilités à présenter les motions qui feront l'objet du débat. Les sujets traités portent, en principe, sur des questions financières, mais en réalité elles constituent un excellent prétexte pour soulever toute question politique ou administrative susceptible d'embarrasser le gouvernement et de le forcer à justifier ses positions. La majorité de ces motions d'opposition ne sont en somme qu'un véhicule de débat, mais au cours d'une année jusqu'à quatorze motions de ce genre peuvent faire l'objet d'un vote de la Chambre. « La politique budgétaire générale du gouvernement» doit aussi être approuvée par la Chambre. Il s'agit du discours annuel du budget, prononcé par le ministre des Finances, qui est suivi d'un débat d'une durée maximale de quatre jours au cours desquels les partis d'opposition proposent normalement un amendement et un sous-amendement. Ce débat se termine par un vote de la Chambre visant à adopter globalement la politique financière du gouvernement, telle qu'elle est décrite dans l'exposé budgétaire du ministre.

Les députés peuvent aussi, à l'occasion de débats portant sur les projets de loi, contraindre le gouvernement à modifier ses propositions et à accepter certains compromis. S'ils ont l'habileté d'utiliser le Règlement de la Chambre à leur avantage, les partis d'opposition particulièrement y trouveront des moyens de pression efficaces pour faire obstacle à la législation émanant du gouvernement. À cet égard, la technique de prédilection demeure encore l'utilisation des mesures dilatoires visant à retarder, sinon à paralyser, l'adoption des lois, malgré certaines modifications apportées au Règlement depuis 1986. Afin d'éviter une paralysie législative, le gouvernement pourra être disposé à des accommodements et même à accepter certains amendements proposés par les partis d'opposition, sans quoi son programme législatif pourrait être compromis.

Les immunités parlementaires

Le fondement de toute institution législative démocratique est la liberté d'action, qui comporte nécessairement la liberté d'expression de ses membres. Issus de la *common law* anglaise, les immunités et privilèges parlementaires qui protègent le Parlement et ses membres contre les abus possibles ont été incorporés à la Constitution canadienne et ont fait l'objet d'une loi particulière, en 1875 (38-39 Victoria, ch. 38 [R. U.]). Si le fondement juridique du privilège parlementaire suscite peu de doute, sa nature, ses limites et son application donnent parfois lieu à la controverse. Avant d'examiner les principaux privilèges parlementaires, il convient d'en considérer les limites prévues à l'article 4 de la Loi sur le Parlement du Canada (1985, L.R.C., ch. P-1):

«Les privilèges, immunités et pouvoirs du Sénat et de la Chambre des communes, ainsi que de leurs membres, sont les suivants:

a) d'une part, ceux que possédaient, à l'adoption de la *Loi constitutionnelle de 1867*, la Chambre des communes du Parlement du Royaume-Uni ainsi que ses membres, dans la mesure de leur compatibilité avec cette loi;

b) d'autre part, ceux que définissent les lois du Parlement du Canada, sous réserve qu'ils n'excèdent pas ceux que possédaient, à l'adoption de ces lois, la Chambre des communes du Parlement du Royaume-Uni et ses membres.»

En somme, les privilèges et immunités des deux chambres du Parlement du Canada, de même que ceux de leurs membres, sont semblables à ceux de la Chambre des communes à Westminster et des députés de cette dernière. Le Parlement canadien a le pouvoir de légiférer en la matière, mais aucune de ses lois ne peut conférer au Parlement ou aux parlementaires canadiens des pouvoirs, privilèges ou immunités qui iraient au-delà de ceux que détiennent la Chambre des communes et les députés britanniques, au moment de l'adoption de telles lois. Il faut préciser que la loi accorde l'immunité et la protection du privilège parlementaire à toutes les assemblées législatives provinciales et territoriales canadiennes et aux personnes qui participent à leurs délibérations.

La définition classique du privilège parlementaire est celle qu'en donne Sir T. Erskine May, un éminent auteur de droit parlementaire britannique (May, 1997 : 65[1]). Essentiellement, le privilège parlementaire consiste en un ensemble de droits et immunités nécessaires à l'exercice des fonctions de chaque Chambre, en tant qu'institution, et de leurs membres, en tant que représentants du peuple (voir Marleau et Montpetit, 2000 : 50). Trois éléments importants se dégagent de cette définition. Tout d'abord, on établit une distinction entre les privilèges collectifs des chambres et ceux des parlementaires individuels. En second lieu, on remarque un élément de nécessité. Le privilège est absolument essentiel au corps législatif et à ses membres, car, sans sa protection, ces derniers seraient dans l'impossibilité de « s'acquitter de leurs fonctions » et ne pourraient défendre leur autorité ou leur dignité. Enfin, le privilège parlementaire constitue une part importante du droit et de la coutume du Parlement (*lex et consuetudo parliamenti*).

On distingue deux catégories de privilèges ou d'immunités, soit ceux qui appartiennent au premier titre à chaque chambre collectivement et ceux qui se rapportent aux parlementaires à titre individuel. Le tableau 7.1, ci-après, énumère respectivement les immunités et les privilèges collectifs des deux Chambres et ceux des parlementaires individuels.

Contrairement aux droits, immunités et privilèges collectifs des chambres, ceux des parlementaires individuels sont délimités et s'appliquent dans un contexte déterminé, soit lors d'une délibération parlementaire à l'intérieur de l'enceinte du Parlement. La liberté d'expression est sans contredit le plus important des privilèges du parlementaire, puisqu'elle lui permet de prendre la parole en chambre ou dans un comité tout en bénéficiant d'une protection absolue contre toute poursuite civile ou pénale fondée sur les propos tenus en de telles circonstances. Cette immunité fondamentale a été reconnue en 1689 par le Bill of Rights, une loi historique du Parlement anglais.

La protection qui découle de cette immunité vise à protéger les députés et les sénateurs en leur permettant de faire valoir librement leur point de vue et de mieux représenter la population. Mais cette immunité n'est pas une licence à la diffamation. En effet, les propos tenus lors d'une délibération parlementaire ne bénéficient pas de la protection absolue, lorsqu'ils sont répétés en d'autres circonstances, comme en entrevue à la radio ou à la télévision, ou encore dans un journal, dans une lettre ou un télégramme. En exerçant son droit de réglementer ses affaires, la Chambre impose certaines restrictions à la liberté d'expression de ses membres, notamment en matière de bienséance. Le président a le pouvoir d'interrompre un député pour lui demander de retirer des paroles jugées non parlementaires. Dans les débats à la Chambre ou dans les comités, on s'abstient de commenter les litiges en instance devant les tribunaux, respectant ainsi la convention *sub judice* (voir cette expression dans le glossaire en annexe), ce qui ne constitue toutefois pas une règle absolue (voir Marleau et Montpetit, 2000 : 534-537).

---

1. Cité en français dans Maingot, 1997 : 12, n° 5.

TABLEAU 7.1
Les privilèges parlementaires

Privilèges collectifs du Sénat et de la Chambre des communes	Privilèges individuels des sénateurs et des députés
Pouvoir disciplinaire de punir quiconque se rend coupable d'outrage à leur endroit, y compris le pouvoir d'emprisonnement	Liberté de parole
Droit à la présence des sénateurs et des députés aux travaux parlementaires	Immunité d'arrestation en matière civile
Droit de contrôler la publication des débats et des délibérations	Exemption de l'obligation de faire partie d'un jury
Droit de réglementer leurs affaires internes sans ingérence extérieure	Exemption de l'obligation de comparaître comme témoin devant un tribunal
Droit d'assurer sa propre constitution, y compris de déterminer si les sénateurs ou les députés ont qualité pour siéger et voter au Parlement	
Droit d'enquêter et d'exiger la comparution de témoins et la production de documents	
Droit d'assermenter les témoins	
Droit de publier des documents contenant des éléments diffamatoires	

Le privilège protège encore le député ou le sénateur contre toute entrave ou obstruction susceptible de l'empêcher de remplir ses fonctions parlementaires; un tel comportement pourrait constituer un outrage à la Chambre et entraîner l'imposition de mesures punitives allant jusqu'à l'emprisonnement. Fort heureusement, le Parlement du Canada n'a eu recours à cette mesure qu'une seule fois dans son histoire, soit le 20 février 1913, alors qu'un certain R.C. Miller fut déclaré coupable d'outrage pour avoir refusé de répondre à des questions posées par la Chambre des communes et fut donc incarcéré (Maingot, 1997: 250). Plus fréquents cependant ont été les cas d'affronts contre la dignité et l'autorité du Parlement, consistant par exemple en des accusations portées par un député contre un autre ou encore en certaines allégations des médias à l'égard des parlementaires. De telles transgressions peuvent parfois résulter en une réprimande à l'endroit du fautif ou parfois demeurer sans aucune suite.

Composition de la Chambre des communes

Notre système parlementaire repose dans une large mesure sur l'existence de partis politiques représentés dans les chambres législatives. Voyons maintenant la composition politique de la Chambre des communes avec, à l'occasion, une brève mention de sa structure administrative.

Le président de la Chambre

Parmi les députés siégeant à la Chambre des communes, le personnage sans doute le plus en évidence est le président, qui occupe le fauteuil surélevé situé à l'extrémité de l'allée centrale, entre les députés du parti au pouvoir et ceux de l'opposition (tableau 7.2). Le poste de président de la Chambre est prévu à l'article 44 de la constitution, qui fait de l'élection du président la première fonction officielle des Communes après une élection générale. Ce n'est qu'après cette importante formalité que la Chambre des communes est officiellement constituée. Si le président démissionne ou s'il décède pendant la durée d'une législature, la chambre doit immédiatement élire un nouveau président avant de procéder à toute autre activité. Jusqu'en 1986, le président était nommé par le premier ministre, puis élu par ses pairs, qui confirmaient invariablement le choix du chef du gouvernement. Avant d'en faire la proposition formelle à la chambre, le premier ministre consultait d'abord le chef de l'opposition officielle pour s'assurer de son appui. Maintenant, le président est élu par un vote secret des députés, à la suite d'une modification du Règlement de la Chambre. Selon John Fraser, « ce mode de sélection du pré-

sident rehausse son prestige et raffermit son autorité sur la Chambre » (Fraser, 1993 : 49).

En tant qu'arbitre impartial des débats, le président occupe une fonction indépendante et non partisane. C'est ainsi qu'en 1968 le président Lucien Lamoureux, qui occupait ce poste depuis deux ans, décida de se porter candidat indépendant à l'élection générale et les deux plus grands partis politiques ne lui opposèrent aucun candidat. Il fit de même lors de l'élection suivante, mais dut affronter trois candidats. Il fut réélu député et de nouveau président des Communes. La neutralité de la fonction a également été démontrée en 1979, lorsque le président James Jerome, qui avait succédé à Lucien Lamoureux, en 1974, devint le premier président à occuper cette fonction sous deux gouvernements différents. Élu libéral, Jerome fut désigné président par le premier ministre conservateur Joe Clark, pour continuer à remplir le rôle qu'il avait assumé sous l'administration libérale précédente de Pierre Trudeau (Jerome, 1985 : 8). La présidence est une fonction fort exigeante qui requiert, entre autres qualités, un jugement sûr, du tact, de la patience et un solide sens de l'humour. C'est ce qui faisait dire à James Jerome : « Un président doit avoir un nombre exceptionnel de qualités ordinaires » (Clark, G., 1991 : 95).

On reconnaît à la présidence trois fonctions principales : présider les travaux de la Chambre, en assumer la responsabilité administrative et la représenter officiellement, tant au Canada qu'à l'étranger. Précisons en outre que le président est le dépositaire des privilèges de la Chambre.

Son rôle le plus visible consiste à présider aux délibérations des députés en s'assurant qu'elles se déroulent selon les exigences du Règlement, mais aussi conformément aux pratiques, aux précédents et aux conventions parlementaires. En accordant la parole aux députés, la présidence doit observer une série de conventions qui permettent l'expression de toute une variété d'opinions et la représentation de groupes divers de la société, autant que les intérêts divergents des régions du pays. Cela va bien au-delà de l'apprentissage des règles de procédure, qui fait néanmoins partie de la fonction présidentielle. C'est le président qui interprète le Règlement de la Chambre et qui tranche toute question ou litige se rapportant aux travaux de la Chambre ou à l'observance du Règlement. Ses décisions en la matière se fondent sur les dispositions du Règlement, sur les autorités applicables ou sur les précédents qui constituent une jurisprudence parlementaire. Le président maintient l'ordre et le décorum à la Chambre et ses décisions sont finales, ne faisant l'objet d'aucun débat, ni d'aucun appel à la Chambre. La présidence jouit de pouvoirs disciplinaires lui permettant de faire respecter son autorité et de préserver la dignité de l'institution. Les propos abusifs ne sont pas tolérés dans les débats parlementaires et le président veille à leur rétractation, le cas échéant. Il invite alors l'auteur de la déclaration à retirer les paroles non parlementaires et, en cas de refus, le Règlement confère au président le pouvoir de «nommer» le député fautif en le désignant par son nom, ce qui entraîne la suspension du député pour le reste de la séance. Si le fautif refuse toujours d'obtempérer, le président donne instruction au sergent d'armes de l'expulser *manu militari*. Heureusement, de telles situations se sont rarement produites au Canada. Rares aussi ont été les cas de désordre causé par les spectateurs dans les tribunes publiques. Pour y remédier, le président a le pouvoir de faire évacuer les tribunes et de sus-

pendre temporairement les travaux de la Chambre pour rétablir l'ordre. Il incombe encore à la présidence de proposer à la Chambre toutes les questions que celle-ci doit résoudre par un vote. Le président détermine le nombre de voix favorables et le nombre de celles qui sont opposées à l'adoption de la question, pour ensuite en annoncer le résultat à la Chambre. Si le nombre de voix exprimées est égal, la Constitution et le Règlement imposent à la présidence le devoir de trancher la question en émettant un vote prépondérant. En toute autre circonstance, le président n'intervient jamais au débat et ne vote jamais. En outre, dès son accession à cette fonction, le président s'abstient de toute activité politique partisane et cesse d'assister aux réunions hebdomadaires du caucus de son parti.

En plus de présider aux délibérations de la Chambre, le président en assume le fardeau administratif. On peut juger de l'importance de cette tâche, si l'on considère que le budget annuel de l'institution est maintenant de l'ordre de 244,6 millions de dollars et que celle-ci emploie plus de 1 300 personnes. Dans l'exécution de ses fonctions administratives, le président est secondé par un comité appelé le Bureau de régie interne. Créé par une disposition de la *Loi sur le Parlement du Canada* (art. 50), le «Bureau est chargé des questions financières et administratives intéressant la Chambre des communes, ses services et son personnel». C'est cet organisme qui détermine les politiques administratives et financières de la Chambre. Au début de chaque session, le président dépose devant la Chambre un compte rendu des décisions du Bureau prises au cours de la session précédente, en plus de déposer, dans les trente jours de leur adoption, les règlements administratifs que le Bureau est autorisé à prendre

TABLEAU 7.2

Les présidents de la Chambre des communes depuis 1867

	Présidents	Parti*	Durée du mandat
1.	James Cockburn	Conservateur	1867-1874
2.	Timothy Warren Anglin	Libéral	1874-1879
3.	Joseph-Godéric Blanchet	Libéral-conservateur	1879-1883
4.	George Airey Kirkpatrick	Conservateur	1883-1887
5.	Joseph-Aldéric Ouimet	Conservateur	1887-1891
6.	Peter White	Conservateur	1891-1896
7.	James David Edgar	Libéral	1896-1899
8.	Thomas Bain	Libéral	1899-1901
9.	Louis-Philippe Brodeur	Libéral	1901-1904
10.	Napoléon-Antoine Belcourt	Libéral	1904-1905
11.	Robert Franklin Sutherland	Libéral	1905-1909
12.	Charles Marcil	Libéral	1909-1911
13.	Thomas Simpson Sproule	Conservateur	1911-1915
14.	Albert Sévigny	Conservateur	1916-1917
15.	Edgar Nelson Rhodes	Conservateur	1917-1922
16.	Rodolphe Lemieux	Libéral	1922-1930
17.	George Black	Conservateur	1930-1935
18.	James Langstaff Bowman	Conservateur	1935-1936
19.	Pierre-François Casgrain	Libéral	1936-1940
20.	James Glen	Libéral	1940-1945
21.	Gaspard Fauteux	Libéral	1945-1949
22.	Ross Macdonald	Libéral	1949-1953
23.	René Beaudoin	Libéral	1953-1957
24.	Roland Michener	Progressiste-conservateur	1957-1962
25.	Marcel Lambert	Progressiste-conservateur	1962-1963
26.	Alan Macnaughton	Libéral	1963-1966
27.	Lucien Lamoureux	Libéral	1966-1974
28.	James Jerome	Libéral	1974-1979
29.	Jeanne Sauvé	Libéral	1980-1984
30.	Lloyd Francis	Libéral	1984
31.	John Bosley	Progressiste-conservateur	1984-1986
32.	John Fraser	Progressiste-conservateur	1986-1994
33.	Gilbert Parent	Libéral	1994-

* Affiliation politique du président durant son mandat.

Source : Chambre des communes, Service d'information publique.

en vertu de la *Loi sur le Parlement* (art. 52.5). Le président de la Chambre agit aussi comme président du Bureau, qui compte dix autres membres, dont le vice-président de la Chambre, deux membres du Cabinet, le chef de l'opposition officielle et des députés représentant le parti gouvernemental et les partis d'opposition. Bien que les fonctions « législatives » du président et du vice-président de la Chambre se terminent avec la dissolution, il n'en est pas de même de leurs responsabilités administratives, qui continuent de requérir leur attention, même en période électorale. Ces derniers demeurent donc en fonction, à ces fins, jusqu'à la désignation de leurs successeurs.

Finalement, le président est le porte-parole officiel de la Chambre auprès de toutes les autres instances, qu'il s'agisse du gouverneur général, du gouvernement, du Sénat, des assemblées législatives provinciales, des Parlements étrangers, du corps diplomatique ou autres. La fonction de président tire son origine de l'Angleterre, plus précisément du terme *speaker* qui était la personne désignée par ses pairs pour communiquer au roi les résolutions des Communes, de même que leurs griefs (Laundy, 1989 : 49). Comme le Parlement canadien entretient des liens avec les législatures provinciales et de nombreux Parlements étrangers, notamment dans le domaine de la coopération et de l'échange d'information, la fonction de représentation du président revêt une importance considérable. À ce titre, il est le président de fait ou le président d'honneur de nombreuses associations parlementaires nationales et internationales (Fraser, 1993 : 55-57).

Le vice-président

Nous avons déjà fait allusion à la fonction de vice-président de la Chambre des communes qui est prévue dans la *Loi sur le Parlement* et dans le Règlement de la Chambre. Le vice-président (aussi appelé « orateur adjoint ») cumule cette fonction avec celle de président des comités de la Chambre, étant d'office le président de tous les comités pléniers. Le candidat à cette fonction, choisi par le gouvernement, est élu par la Chambre au début d'une nouvelle législature pour la durée de ladite législature. À titre de président de tous les comités pléniers, la Chambre lui désigne deux collaborateurs pour le seconder dans sa tâche : un vice-président et un vice-président adjoint des comités pléniers, qui agissent également à titre de substituts du président de la Chambre, en l'absence de ce dernier.

Le premier ministre

Le personnage le plus connu sur la scène politique du pays est évidemment le premier ministre. À titre de chef du gouvernement, il exerce une influence notable sur les travaux parlementaires, puisque le gouvernement contrôle l'agenda législatif et que le premier ministre choisit les membres de son cabinet, les secrétaires d'État et les secrétaires parlementaires qui les assistent et qui siègent à la Chambre des communes. Les rôles du premier ministre et du gouvernement font l'objet d'un chapitre sur le pouvoir exécutif.

Les leaders parlementaires

Le parti ministériel et les partis d'opposition reconnus désignent l'un de leurs députés pour remplir la délicate fonction de leader parlementaire. Le premier ministre nomme généralement un membre expérimenté de son cabinet à ce poste, qui nécessite une profonde connaissance des règles et des coutumes de la Chambre, en plus de qualités de négociateur et de stratège, puisque son rôle consiste essentiellement à planifier les travaux de la Chambre et à voir à la mise en œuvre du programme législatif du gouvernement. Pour ce faire, il consulte régulièrement les leaders parlementaires des autres partis, s'assurant de leur coopération dans l'organisation des travaux législatifs, l'attribution du temps à consacrer à certains projets de loi, le moment approprié pour la tenue des votes, les travaux des comités, etc.

Les whips

Un proche collaborateur du leader parlementaire est sans contredit le *whip* du parti. Figure politique généralement peu connue à l'extérieur du Parlement, le *whip* n'en demeure pas moins un membre clé de l'équipe, surtout au sein du parti gouvernemental. La responsabilité ministérielle, qui s'exerce devant la Chambre des communes, exige une stricte discipline de parti et c'est précisément le *whip* en chef du gouvernement qui est chargé de la faire observer par ses collègues. Il assume donc des responsabilités administratives importantes pour assurer la liaison entre la direction de son parti et les simples députés, en ce qui concerne l'organisation des débats, la présence des députés aux séances des comités, l'information et, particulièrement, les votes à la Chambre et en comité. Le *whip* doit s'assurer que les députés de son parti votent conformément à la position exprimée par le parti. Ce n'est qu'en de très rares occasions que l'on

assiste à un « vote libre » à la Chambre, soit lorsque le chef du parti n'insiste pas pour que la ligne de parti soit observée, généralement lorsqu'il s'agit de questions de nature morale ou religieuse.

Parmi leurs autres fonctions administratives, les *whips* désignent les membres de leur parti qui interviennent à la période des questions et parfois aussi aux débats, qui composent les nombreux comités de la Chambre et les délégations interparlementaires. Ils attribuent à leurs collègues les bureaux situés dans les édifices parlementaires et ils siègent à certains comités de gestion de la Chambre. Le fait que le *whip* occupe normalement à la Chambre un siège situé à proximité de celui du chef du parti est plus que symbolique. C'est un poste auquel est rattaché un pouvoir considérable et le titulaire a à sa disposition des méthodes efficaces pour assurer son autorité. Or, l'autorité du *whip* s'exerce sur l'ensemble des députés de son parti, ministres et députés d'arrière-ban. Il en va de même au Sénat.

D'ailleurs, tous les sénateurs et les députés d'un même parti se réunissent au moins une fois la semaine en *caucus*, le mercredi avant-midi, lorsque le Parlement siège, afin de se familiariser avec le programme législatif en cours et de discuter de questions intéressant le parti ou de certains problèmes régionaux ou encore de stratégie politique. Les réunions des *caucus* de tous les partis sont confidentielles et ne comptent que les parlementaires. Celui du Nouveau Parti démocratique inclut toutefois, selon la nature des sujets en discussion, des membres du personnel des députés et du parti et un représentant du Congrès du travail du Canada.

TABLEAU 7.3

Les hauts fonctionnaires de la Chambre des communes

Greffier

- conseille le président et les députés sur la procédure parlementaire ;
- prépare l'ordre du jour et dresse les minutes des séances de la Chambre ;
- certifie l'adoption des projets de loi ;
- a la garde des archives de la Chambre ;
- prépare les prévisions budgétaires annuelles de la Chambre ;
- agit comme secrétaire du Bureau de la régie interne ;
- assume la direction et le contrôle du personnel de la Chambre ;
- assermente les députés après leur élection.

Sergent d'armes

- est responsable de la sécurité des édifices parlementaires ;
- est responsable du transport et des services des métiers sur la colline du Parlement ;
- contrôle l'admission des visiteurs dans les édifices parlementaires, y compris les tribunes de la Chambre ;
- est responsable des services postaux, de la distribution et des messagers ;
- exécute certaines mesures disciplinaires selon les ordres du président ou de la Chambre ;
- voit à l'entretien des édifices relevant de l'autorité du président.

Sous-greffier

Il est responsable :
- des services d'échanges parlementaires ;
- du service de recherche pour le Bureau ;
- des journaux ;
- du programme des pages.

Greffier adjoint et conseiller législatif principal

Il est responsable :
- notamment du service des comités et associations parlementaires ;
- de l'informatique ;
- des services législatifs.

Greffier adjoint, ressources corporatives

Il est responsable :
- des services financiers, comptables et de gestion du matériel ;
- des ressources humaines ;
- des services de restauration ;
- des services corporatifs ;
- des publications parlementaires ;
- autres services généraux.

Dirigeant principal de l'information

Il est responsable :
- des services de l'information ;
- des réseaux et opérations ;
- du soutien à la clientèle ;
- du groupe de planification et de communication ;
- des services inet et multi-médias ;
- du service des impressions.

L'opposition

Dans toute démocratie, l'opposition non seulement fait partie intégrante du système parlementaire, mais elle en constitue un élément très important. L'opposition est en effet l'autre possibilité du gouvernement. Si le rôle de la majorité à la Chambre est d'appuyer le gouvernement, celui de l'opposition est de le critiquer, de proposer des solutions à ses politiques et d'influencer l'opinion publique afin de former une majorité contre le gouvernement à la prochaine élection générale. Son rôle n'est pas de gouverner, mais de remplacer le gouvernement. Il s'agit d'un devoir presque aussi important que celui de gouverner, puisqu'il permet de s'assurer que le gouvernement rend compte de ses activités en public et qu'il est prêt à faire face à la critique ouvertement et au moyen d'arguments rationnels. L'alternative risquerait de conduire tout droit à la dictature. Le chef de l'opposition officielle joue donc un rôle primordial dans notre système parlementaire, car une opposition forte et bien dirigée peut parfois réussir à forcer le gouvernement à modifier et même à retirer certaines politiques, sous la pression de l'opinion publique nourrie par une opposition efficace. La trente-cinquième législature du Parlement canadien a vécu une situation inusitée, sinon ambiguë. Le chef de la « loyale opposition de sa Majesté », Lucien Bouchard, dirigeait alors un parti politique régional, le Bloc québécois, dont tous les députés représentaient des circonscriptions situées dans la province de Québec. Or, ce parti préconise la séparation du Québec de la fédération canadienne et, dans cette éventualité, sa raison d'être sur la scène politique fédérale cesserait d'exister. Il serait pour le moins illogique de prétendre que son objectif serait de remplacer le gouvernement canadien en place, une fois accomplie sa mission indépendantiste.

L'opposition, dans notre système parlementaire, est rarement monolithique. Depuis au moins un demi-siècle, on y retrouve plusieurs partis dont les fortunes électorales ont connu des succès inégaux. Ainsi, avec l'élection de 1993, on a vu entrer à la Chambre, comme troisième force, le Parti réformiste du Canada, composé de 52 députés, alors qu'il ne comptait qu'une seule députée avant l'élection. C'est ce même parti qui a ensuite formé l'Opposition officielle après l'élection de 1997. Le chef d'un tiers parti occupe une position d'importance à la Chambre et son statut est reconnu par le Règlement, qui lui confère un droit d'intervention particulier dans certains débats et durant la période de questions orales. De plus, il touche une indemnité spéciale à titre de chef d'un parti comptant au moins douze députés, condition essentielle pour obtenir la reconnaissance de parti officiel à la Chambre des communes.

Les hauts fonctionnaires de la Chambre des communes

Le personnel de la Chambre des communes, comme celui du Sénat, est indépendant de la fonction publique gouvernementale et constitue un service distinct à l'emploi du Parlement. Il est dirigé par le greffier, qui est nommé à titre amovible par décret du gouverneur en conseil et qui a rang de sous-ministre. Il est le principal conseiller du président et de la Chambre en matière de procédure parlementaire et d'administration. Le tableau 7.3 reflète la composition et les principales fonctions du personnel supérieur de la Chambre des communes.

Les services aux députés

Dans l'accomplissement de leurs nombreuses tâches, les députés ont besoin de l'appui et de l'expertise d'un personnel aux fonctions variées et travaillant dans la plus stricte neutralité politique. Le personnel de la Chambre est au service de tous les députés, sans distinction de parti. Sur le plan juridique, c'est le Bureau de régie interne qui est l'employeur officiel de tout le personnel de la Chambre des communes, alors que les députés recrutent eux-mêmes leur personnel de bureau.

Tous les services de la Chambre sont maintenant placés sous la direction du greffier, qui est lui-même assisté de certains hauts fonctionnaires. On y retrouve des services à vocation législative et d'autres de nature administrative. Un système intégré de gestion des ressources, implanté depuis peu, vise à simplifier la procédure administrative et à rationaliser les services offerts aux députés.

Depuis plusieurs années, les parlementaires ont accès à des organismes voués à la recherche et à l'information. Placée sous la responsabilité administrative des présidents des deux Chambres, la Bibliothèque du Parlement, avec sa riche collection d'ouvrages, de périodiques et de journaux, offre, aux sénateurs et aux députés, des services variés, de grande qualité et de nature non partisane.

Par contre, les députés peuvent aussi avoir recours au bureau de recherches de leur groupe parlementaire respectif, pour obtenir une recherche reflétant les politiques de leur parti sur un sujet donné. Une part du budget annuel de la Chambre est attribuée au *caucus de* chaque parti reconnu, à des fins de recherches partisanes, proportionnellement au nombre de leurs députés à la Chambre.

Outre son salaire de base (qui était de 68 200 $ en 1998-1999) et quelques autres indemnités (dont une allocation de dépenses non imposable variant entre 22 500 $ et 29 700 $ selon la circonscription électorale), chaque député reçoit une somme annuelle globale pour l'administration de son bureau à Ottawa et pour le fonctionnement d'un ou de plusieurs bureaux dans sa circonscription, selon la configuration géographique de cette dernière. Pour l'exercice financier 1998-1999, l'allocation de base variait entre 190 000 $ et 196 500 $, cette somme pouvant être augmentée d'un supplément par électeur pouvant atteindre 35 440 $ et d'un supplément géographique pouvant atteindre 17 720 $. Les tableaux 7.4 et 7.5 présentent l'indemnité de session, les allocations et les salaires des députés et sénateurs.

TABLEAU 7.4

Indemnité de session, allocations et salaires des députés, 1998-1999[a]

Députés	$	Vice-président de la Chambre des communes	$
Indemnité de session	68 200	Salaire	27 200
Allocation de dépenses non imposable	22 500 à 29 700[b]	Allocation de logement	1 500
Allocation de dépenses additionnelles	12 000	**Chefs des autres partis**	
Premier ministre		Salaire	31 200
Salaire	74 100	**Leaders en Chambre des autres partis**	
Allocation automobile	2 122	Salaire	10 700
Ministre		**Whips**	
Salaire	49 300	Salaire whip en chef du gouvernement	13 800
Allocation automobile	2 122	Salaire whip en chef de l'opposition	13 800
Secrétaire d'État		Salaire whip adjoint du gouvernement	7 800
Salaire	36 975	Salaire whip adjoint de l'opposition	7 800
Chef de l'Opposition à la Chambre des communes		Salaire whips des autres partis	7 800
Salaire	52 000	**Leader en Chambre de l'Opposition**	
Allocation automobile	2 122	Salaire	25 000
Président de la Chambre des communes		Comités pléniers	
Salaire	52 000	Salaire des vice-présidents	11 100
Allocation automobile	1 061	Salaire des vice-présidents adjoints	11 100
Allocation de logement	3 000	**Secrétaire parlementaire**	
		Salaire	11 100

Source : Bibliothèque du Parlement, Direction de l'information et de la documentation, Section de la dissémination.

a   L'indemnité, les allocations et les salaires ont été augmentés de 2 % au 1er janvier 2000.

b   Variable selon la circonscription.

TABLEAU 7.5

Indemnité de session, allocations et salaires des sénateurs, 1998-1999[a]

Sénateur	$	Leader de l'opposition au Sénat	$
Indemnité de session	68 200	Salaire	25 000
Allocation de dépenses non imposable	10 700		
		Leader adjoint du gouvernement au Sénat	
Président du Sénat		Salaire	15 700
Salaire	38 100		
Allocation automobile	1 061,21	**Leader adjoint de l'opposition au Sénat**	
Allocation de logement	3 000	Salaire	9 700
Président à titre provisoire		**Whip du gouvernement**	
Salaire	10 900	Salaire	7 800
Leader du gouvernement au Sénat		**Whip de l'opposition**	
Salaire	49 300	Salaire	4 800
Allocation automobile	2 122,42		

Source : Bibliothèque du Parlement, Direction de l'information et de la documentation, Section de la dissémination.

a   L'indemnité, les allocations et les salaires ont été augmentés de 2 % au 1er janvier 2000.

b   Variable selon la circonscription.

LES TRAVAUX LÉGISLATIFS

Une caractéristique de toute démocratie libérale est la division des pouvoirs entre diverses entités de l'État, empêchant ainsi une trop grande concentration entre les mains d'une même autorité. On nous opposera peut-être l'argument voulant que, même dans notre système, le gouvernement domine, voire contrôle, le Parlement ; ce qui n'est pas sans fondement. Or, comme nous le verrons plus loin, le Parlement possède lui aussi des moyens de contrôler l'Exécutif.

Mais, qu'en est-il exactement de la fonction législative des deux chambres ? Comme le faisait remarquer l'ancien président de la Chambre des communes, James Jerome, la mystique qui entoure nos institutions parlementaires est énorme (Jerome, 1985 : 9). Nous nous efforcerons donc de lever le voile sur les sinuosités du processus d'adoption des lois.

Si le gouvernement est avant tout l'agent exécutif de l'État, chargé d'appliquer les lois, la fonction législative est l'apanage du Parlement, qui décide en dernier ressort. Il est vrai qu'au cours des ans l'initiative des propositions législatives des parlementaires s'est estompée au profit du gouvernement qui détermine l'ordre du jour des travaux du Parlement et dont les mesures sont étudiées en priorité.

Dans les pages qui vont suivre, nous verrons quelles activités constituent le cycle des travaux parlementaires, la répartition quotidienne des travaux et la procédure législative observée, tant au Sénat qu'à la Chambre des communes.

Le cycle parlementaire

La loi constitutionnelle limite à cinq ans la durée maximale d'une législature et, en règle générale, les premiers ministres canadiens jugent opportun de demander au gouverneur général de dissoudre le Parlement avant l'expiration de leur mandat, habituellement après quatre ans. Traditionnellement, les travaux parlementaires au cours d'une législature sont divisés en sessions d'une durée approximative d'un an. Mais ce modèle classique d'organisation des travaux ne concorde pas toujours avec la réalité politique et ne tient pas compte des situations imprévues. C'est pourquoi, au cours des ans, les premiers ministres ont exercé leur prérogative consistant à proroger une session du Parlement au moment jugé le plus favorable, puisqu'une session n'a pas de durée déterminée. Ainsi, on a vu des sessions dont la durée a varié de quelques années à quelques jours, voire quelques heures, comme en 1940, où l'ouverture et la prorogation eurent lieu le même jour, soit le 25 janvier. La quatrième session de la 12e législature, ouverte le 18 août 1914, s'est terminée le 22 du même mois. Par contre, la première session de la 32e législature a débuté le 14 avril 1980 et n'a été prorogée que le 30 novembre 1983 (*Guide parlementaire canadien*, 1990 : 87). La pièce de résistance alors débattue au Parlement était le projet de rapatriement de la constitution que le premier ministre Trudeau entendait faire adopter avant la dissolution. Quoi qu'il en soit, une disposition constitutionnelle exige

que le Parlement et les législatures provinciales siègent au moins une fois par année.

On peut résumer le cycle des travaux parlementaires par les quatre grandes activités suivantes : l'ouverture de la session par la lecture du discours du Trône, l'adoption de lois et les débats d'intérêt public, l'adoption du budget annuel et la prorogation de la session. Voyons maintenant en quoi consiste chacune de ces activités, auxquelles viennent se greffer toute une série d'options et de modalités.

Nous avons vu précédemment qu'une nouvelle législature est convoquée par le gouverneur général, sur l'avis du premier ministre, au moyen de proclamations. La première session d'une nouvelle législature se caractérise par deux événements que l'on ne retrouve pas lors des sessions subséquentes. Tout d'abord, chaque député doit souscrire un serment d'allégeance et signer un registre officiel devant le greffier ou devant un autre haut fonctionnaire habilité à ce faire. Même les députés sortants, qui sont réélus, doivent de nouveau prêter ce serment au début de chaque législature. C'est là une condition essentielle permettant au député d'occuper son siège à la Chambre.

Le deuxième événement est l'élection du président de la Chambre des communes. Les députés procèdent par voie de scrutin secret pour élire leur président. Le lendemain de son élection, à l'ouverture des travaux, le président prend place à son fauteuil officiel et donne lecture d'une lettre annonçant la venue du gouverneur général au Sénat pour ouvrir la session. Par la suite, devant les députés et les sénateurs réunis au Sénat, le gouverneur général donne lecture du discours du Trône, qui contient essentiellement le programme législatif du gouvernement pour la session et les députés retournent à la Chambre pour entamer leurs travaux. Sauf en ce qui a trait à l'assermentation des députés et à l'élection du président au début de la première session, c'est la lecture du discours du Trône qui marque l'ouverture de toutes les autres sessions du Parlement. La même procédure est suivie dans toutes les assemblées législatives provinciales et territoriales du Canada, qui sont d'ailleurs unicamérales. Il convient cependant d'apporter une nuance relativement à l'Assemblée nationale du Québec, où le discours du Trône a fait place à deux interventions distinctes, soit l'« allocution du lieutenant-gouverneur », qui consiste en une intervention extrêmement brève et essentiellement protocolaire, suivie du « discours d'ouverture », prononcé par le premier ministre et comportant le programme législatif du gouvernement. Au retour du Sénat, le premier jour de session sera encore marqué par une série de procédures destinées à mettre sur pied les travaux parlementaires ; à cette fin, le premier ministre propose plusieurs motions, comme la prise en considération du discours du Trône qui dure six jours de séance (pas forcément consécutifs), la nomination des membres du Bureau de régie interne, la constitution du Comité permanent de la gestion de la Chambre et la nomination du président des comités pléniers et de ses deux adjoints. Enfin, le président du Conseil du Trésor ou le leader du gouvernement à la Chambre propose de désigner un ordre du jour permanent pour l'étude des travaux des subsides.

Les travaux quotidiens

Avant de nous pencher particulièrement sur le processus d'adoption des lois, il serait intéressant d'observer brièvement le déroulement des travaux quotidiens de la Chambre. En 1982, la Chambre s'est dotée d'un calendrier fixe répartissant ses séances de travail au cours de l'année.

La journée parlementaire débute une fois que le président constate la présence du quorum, soit vingt députés, le président y compris. Il ordonne alors l'ouverture des portes pour permettre l'accès des visiteurs (aussi appelés « étrangers ») aux tribunes, et les travaux commencent. Jour après jour, la Chambre aborde certains travaux regroupés sous la rubrique « affaires courantes ordinaires ». C'est le moment de la journée où, entre autres procédures, le gouvernement rend publics certains documents ou annonce de nouvelles politiques ; les délégations parlementaires et les comités présentent leurs rapports à la Chambre ; le gouvernement et les députés peuvent présenter leurs projets de loi ou les motions qu'ils ont déjà inscrites au *Feuilleton* de la Chambre.

Bien que ne faisant pas strictement partie des délibérations parlementaires, deux événements quotidiens retiennent particulièrement l'attention du grand public, plus encore que n'importe quel débat. Il s'agit des déclarations des députés, procédure relativement récente qui leur offre une tribune exceptionnelle pour faire valoir un point de vue ou pour attirer l'attention nationale sur une situation donnée. La période des questions orales demeure pour beaucoup « le meilleur spectacle en ville ». Pendant 45 minutes, les députés, surtout ceux de l'opposition, forcent quotidiennement les ministres et les secrétaires d'État à défendre leurs politiques et à justifier leur administration des affaires publiques en répondant aux questions souvent fort incisives qui leur sont posées. Ce qui fait la particularité de cet événement, à la Chambre des communes canadienne, c'est son allure de spontanéité. Normalement les députés ne donnent pas avis de leurs questions aux ministres. Mais cette spontanéité est plus apparente que réelle, car les députés de l'opposition consacrent une part importante de leur matinée à la préparation de leurs questions orales. Conscients que le grand public est à l'écoute, la télédiffusion des débats aidant, les députés apportent une attention spéciale à la formulation de leurs questions. Le député aura réussi à livrer son message et à susciter l'attention des médias si sa question est mordante et si elle obtient le résultat escompté, soit d'embarrasser le gouvernement et de le forcer à adopter une attitude défensive. En revanche, le gouvernement repousse les attaques de l'opposition en s'efforçant de prévoir les questions d'actualité et les domaines d'intérêt particulier des députés. Cela suppose une stratégie impliquant les ministres, leurs conseillers personnels et de nombreux fonctionnaires dans tous les ministères concernés, qui participent à la collecte de renseignements et à la préparation de séances d'information quotidiennes visant à fournir aux ministres les réponses et les reparties requises.

La majeure partie du temps de la Chambre est cependant réservée à l'étude des propositions faites par le gouvernement. Quand ce dernier en a donné avis, la mesure proposée est inscrite au *Feuilleton* de la Chambre en vue de son étude et de sa disposition à une date ultérieure qui est fixée par le gouvernement. On appelle ces travaux, qui comprennent des motions de fond ou des projets de loi, les « Ordres émanant du gouvernement ».

Le processus législatif

La procédure d'adoption des lois comporte plusieurs étapes qui suivent des règles précises, énoncées dans le Règlement et certaines coutumes parlementaires. Il existe différents types de projets de loi qui, pour leur adoption, suivent un cheminement distinct. Il faut d'abord distinguer les projets de loi d'intérêt privé, qui confèrent des droits, des pouvoirs ou des exemptions à certaines personnes ou groupes de personnes, ou encore à des entreprises commerciales. Ensuite, les projets de loi d'intérêt public, qui constituent la majorité des propositions législatives, visent l'adoption de nouvelles lois ou la modification de lois existantes s'appliquant à la société en général. Les projets de loi d'intérêt public se divisent encore en projets de loi émanant des députés (ou des sénateurs), aussi appelés d'initiative parlementaire, et ceux émanant du gouvernement. Les premiers sont présentés par les députés à titre individuel, mais concernent la population en général. Quant à ceux qui émanent du gouvernement, il va sans dire qu'ils sont présentés par les membres du cabinet et qu'ils reflètent la politique gouvernementale. Une autre distinction s'impose à l'intérieur de cette dernière catégorie : un projet de loi du gouvernement peut être de nature financière ou ordinaire, c'est-à-dire ne pas comporter principalement de disposition d'ordre financier. La figure 7.2 illustre les divers types de projets de loi.

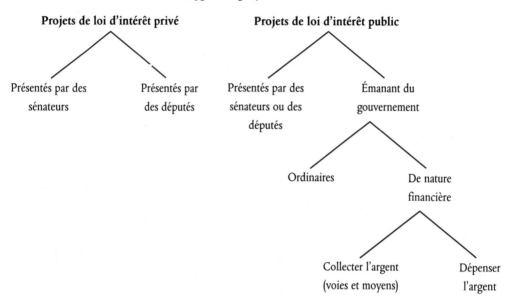

Figure 7.2
Types de projets de loi

Projets de loi d'intérêt privé

Présentés par des sénateurs

Présentés par des députés

Projets de loi d'intérêt public

Présentés par des sénateurs ou des députés

Émanant du gouvernement

Ordinaires

De nature financière

Collecter l'argent (voies et moyens)

Dépenser l'argent

Élaboration des projets de loi : la phase préparatoire

Bien avant qu'un projet de loi ne soit déposé à la Chambre, il doit suivre un cheminement complexe qui suppose la participation de plusieurs intervenants. La préparation et la rédaction d'un projet de loi gouvernemental débutent par une décision du Cabinet relativement à la nécessité de légiférer dans un domaine donné. Cette approbation du Cabinet demande d'abord un mémoire présenté par le ministre responsable, dans lequel il établit l'objectif poursuivi ; un comité du Cabinet est alors chargé d'étudier la proposition et, si elle est approuvée, elle est ensuite transmise au Cabinet ou, alternativement, au Comité spécial du Cabinet (sur le système de comités du Cabinet, voir le chapitre sur le pouvoir exécutif).

Une fois l'approbation du Cabinet acquise, la section de la législation du ministère de la Justice sera autorisée à rédiger le projet de loi en consultation avec le ministère intéressé et en tenant compte de l'ordre de priorité fixé par le Comité spécial du Cabinet (voir *Lois et règlements : l'essentiel*, ministère de la Justice, Canada, 1996 : 87-102). Lorsqu'il a été rédigé dans les deux langues officielles, le projet de loi est transmis au ministre responsable, puis soumis pour approbation au Cabinet, après quoi il sera disponible pour présentation au Parlement. Le leader du gouvernement aux Communes, en consultation avec son collègue responsable du dossier, se charge de déterminer le moment du dépôt en Chambre. Occasionnellement le projet peut être déposé d'abord au Sénat, selon les circonstances et après une consultation avec le leader du gouvernement à la Chambre haute. Jusqu'au moment de son dépôt dans l'une ou l'autre chambre, le projet de loi demeure un document « secret ». La figure 7.3 qui suit illustre les étapes requises pour l'élaboration par le Cabinet et pour l'adoption par le Parlement d'un projet de loi d'initiative gouvernementale.

Cette procédure élaborée qui précède la présentation des projets de loi du gouvernement ne se retrouve pas pour les projets parrainés par les

FIGURE 7.3
Étapes de la filière législative

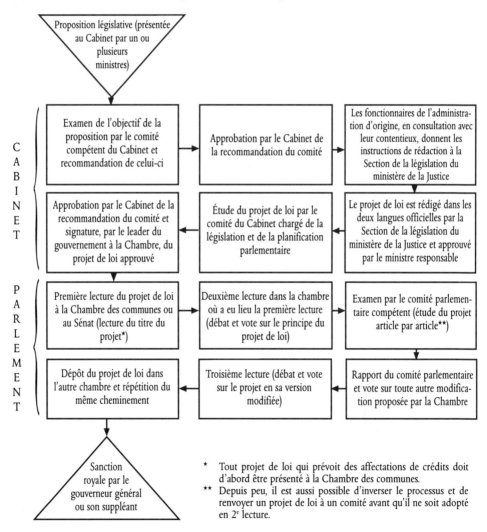

* Tout projet de loi qui prévoit des affectations de crédits doit d'abord être présenté à la Chambre des communes.
** Depuis peu, il est aussi possible d'inverser le processus et de renvoyer un projet de loi à un comité avant qu'il ne soit adopté en 2ᵉ lecture.

Source : GOUVERNEMENT DU CANADA, ministère de la Justice, *La réalisation des lois fédérales*, Ottawa, 1987, p. 19.

sénateurs et les députés d'arrière-ban. N'ayant pas accès aux services de rédaction législative du ministère de la Justice, ni à l'expertise des spécialistes des ministères, ce sont le Sénat et la Chambre qui mettent à la disposition de leurs membres respectifs une équipe restreinte de juristes formés dans l'art de la rédaction des lois.

La procédure législative à la Chambre des communes

Cette phase du processus d'approbation d'un projet de loi débute par un préavis de présentation de 48 heures transmis au greffier et accompagné du texte du projet de loi, signé par le ministre ou le député responsable. Le dépôt d'un projet de loi s'effectue au moyen d'une motion demandant la permission d'en saisir la Chambre. Le projet complet doit accompagner cette motion qui en indique clairement le titre. Alternativement, la motion peut demander plutôt de charger un comité de la Chambre de rédiger le projet et de le déposer. Il est cependant très rare que les députés se prévalent de cette possibilité. La motion relative au dépôt du projet de loi fournit au ministre ou au député qui en est l'auteur l'occasion de donner à la Chambre une brève explication du contenu de son projet. Cette motion sera suivie d'une autre motion portant première lecture du projet de loi, mais ni l'une ni l'autre ne fera l'objet d'un débat, d'un amendement ou d'une mise aux voix. Son adoption est une formalité qui rend public le contenu du projet, puisqu'elle s'accompagne d'un ordre d'impression dans les deux langues officielles avant l'étape de la deuxième lecture.

Si le gouvernement présente un projet de loi contenant des dispositions de nature financière,

il devra y joindre une recommandation signée par le gouverneur général et la déposer avec le projet de loi, afin d'en permettre l'impression dans les documents officiels de la Chambre et son insertion au projet lui-même, avant son adoption. Selon un principe établi depuis fort longtemps, c'est l'Exécutif qui demande les fonds, c'est-à-dire qui prend l'initiative en matière financière, et c'est la Chambre des communes qui les adopte. C'est pourquoi un simple député ne peut obtenir du gouverneur général une recommandation royale lui permettant de faire adopter par la Chambre une mesure comportant des dépenses de fonds publics qu'il aurait lui-même présentée. Bien qu'ayant toujours cours au Parlement canadien, cette pratique a connu un assouplissement, en octobre 1994. La Chambre était alors saisie d'un projet de loi d'initiative parlementaire visant à modifier la *Loi sur l'assurance chômage* et dont l'une des dispositions comportait des dépenses publiques. Le ministre du Développement des ressources humaines, responsable des questions d'assurance chômage, obtint du gouverneur général la recommandation requise à l'adoption du projet de loi du député. Depuis lors, la Chambre a modifié son Règlement pour rendre cette procédure accessible à tous les députés, bien que la demande de recommandation soit toujours la responsabilité du gouvernement.

C'est habituellement au stade de la deuxième lecture que la Chambre débat le principe ou la philosophie de la mesure. Ce débat général qu'alimentent principalement les députés de l'opposition donne souvent lieu à de nombreux discours et à des amendements se rapportant à la procédure d'adoption, plutôt qu'à la substance du projet de loi. En effet, aucun amendement aux dispositions du projet lui-même n'est admis avant l'étude en comité, qui suit normalement l'étape de la deuxième lecture. À ce stade, la Chambre peut recevoir, selon les circonstances, trois types d'amendements, dont la formulation a maintenant été consacrée par l'usage : le renvoi à six mois, l'amendement motivé et le renvoi de l'objet du projet de loi à un comité (voir le glossaire pour une définition sommaire de ces amendements types).

Le débat sur de tels amendements peut parfois susciter de très nombreuses interventions et prendre l'allure d'une obstruction systématique, souvent désignée dans le jargon parlementaire sous son vocable anglais de *filibuster*. Face à une obstruction de cette nature, le gouvernement dispose de certains recours prévus au Règlement. La clôture, annoncée par un ministre au cours d'une séance antérieure, met radicalement fin au débat et permet à la Chambre de trancher la question à l'étude, au moyen d'un vote, y compris tout amendement proposé. Une autre technique servant à limiter la durée des débats consiste à poser la « question préalable ». Une fois proposée, lors du débat sur la motion principale, cette question barre la route à tout amendement subséquent, puisqu'elle est formulée comme suit : « Que cette question [c'est-à-dire la motion principale] soit maintenant mise aux voix ». Un vote affirmatif sur la question préalable signifie que l'on passe immédiatement au vote sur la motion principale. Dans le cas contraire, le débat suit son cours.

Moins brutale que la clôture, l'attribution de temps permet une certaine flexibilité dans l'organisation d'un débat. Ce règlement prévoit un mécanisme de négociation entre les représentants des partis, normalement les leaders parlementaires, pour déterminer le nombre de jours ou d'heu-

res à attribuer à la discussion ultérieure d'un projet de loi. Le leader du gouvernement à la Chambre annonce le résultat des négociations au moyen d'une motion qui expose les modalités de l'attribution de temps convenue. La Chambre se prononce alors immédiatement sur cette motion, sans la débattre, ni la modifier.

Une fois le débat de deuxième lecture terminé, la Chambre est prête à se prononcer sur le principe du projet de loi et, si elle l'adopte, elle ordonne que le projet soit transmis à un comité pour y subir une étude détaillée, article par article, afin d'y apporter toutes les modifications jugées nécessaires. Récemment, la Chambre a modifié son Règlement pour permettre d'inverser le processus, au besoin, et de renvoyer un projet de loi à un comité, avant son adoption au stade de la deuxième lecture. Une motion en ce sens est présentée par un ministre et peut être débattue pendant une période de temps limitée, après quoi le président met la question aux voix. La pratique courante veut que les projets de loi soient étudiés par les comités permanents, qui présentent à la Chambre un rapport de leurs travaux comprenant tout amendement qu'ils ont pu apporter au dit projet.

Pour effectuer son étude, le comité possède des pouvoirs d'enquête considérables lui permettant de convoquer des témoins et d'exiger la production des documents qu'il juge nécessaires. Il est d'usage que le ministre responsable du projet de loi à l'étude se présente devant le comité pour expliquer les politiques sous-jacentes à sa législation. Le comité peut aussi convoquer les fonctionnaires des ministères et toute autre personne susceptible de faciliter son étude.

Une autre phase du processus législatif, appelée l'étape du rapport, offre maintenant aux députés, particulièrement à ceux et celles qui n'étaient pas membres du comité, l'occasion de proposer des amendements au texte du projet de loi. À ce stade, le Règlement de la Chambre impose certaines formalités à suivre pour la présentation et pour la disposition des motions d'amendements. Elles doivent être publiées à l'avance dans le *Feuilleton des avis*, si le président les juge recevables, et être accompagnées d'une recommandation royale, au besoin et, enfin, faire l'objet d'un débat selon des règles de stricte pertinence. Le président a le pouvoir de grouper plusieurs propositions d'amendements aux fins du débat ou du vote, et de reporter le vote à une séance ultérieure. Lorsque la Chambre a disposé de tous les amendements proposés, le parlementaire responsable du projet de loi en demande l'adoption par celle-ci.

Ensuite, on passe à l'étape finale du processus à la Chambre, soit la troisième lecture. C'est encore le député ou le ministre responsable qui propose la motion «Que le projet de loi soit maintenant lu une troisième fois et adopté». Cette motion peut donner lieu à un débat, mais généralement le débat de troisième lecture est plus bref et moins partisan qu'à l'étape de la deuxième lecture. On peut cependant proposer certains amendements types, analogues à ceux qui seraient recevables en deuxième lecture et dont on a discuté plus haut, mais il serait irrégulier de remettre en question le principe du projet de loi ou d'y insérer des dispositions qui lui sont étrangères. Encore qu'il soit rarement proposé, l'amendement visant à renvoyer de nouveau le projet de loi en comité est sans doute le plus légitime à cette étape. Le cas échéant, le comité pourra recevoir de la Chambre des instructions précises lui enjoignant de reconsidérer certains amendements ou certains articles du projet. Une fois le débat en troisième lecture terminé, la Chambre dispose du projet de loi par un vote final.

Il existe essentiellement deux façons de voter à la Chambre: soit verbalement, soit par appel nominal. Dans le premier cas, le président demande aux députés de répondre par oui ou par non à sa question visant à déterminer si une majorité de députés appuie la motion proposée. Il conclut, selon les réponses, si les «oui» ou les «non» l'emportent. La seconde méthode, plus formelle, est amorcée par cinq députés qui se lèvent pour réclamer un vote par appel nominal. Le président demande que l'on convoque les députés en faisant entendre la sonnerie d'appel et, lorsque les députés se sont de nouveau rassemblés pour le vote, un greffier au Bureau fait l'appel du nom de chaque député. On inscrit d'abord les députés qui appuient la motion, puis ceux et celles qui sont contre. Le greffier annonce à haute voix le résultat du vote au président, qui déclare la motion adoptée ou rejetée. Bien qu'il soit loisible aux députés de s'abstenir de voter, leur abstention n'est pas consignée au procès-verbal, contrairement à la pratique du Sénat.

Lorsqu'un projet de loi a franchi toutes les étapes du processus à la Chambre des communes, le greffier le transmet au Sénat avec un message faisant état de son adoption.

La procédure législative au Sénat

La procédure législative observée au Sénat est relativement simple et fait rarement l'objet de controverse ou de querelle, car on n'y retrouve pas l'impétuosité et le militantisme politique qui caractérisent les débats à la Chambre des communes.

Tout sénateur a le pouvoir constitutionnel de présenter des projets de loi d'intérêt public ou privé.

La grande majorité des projets de loi d'initiative gouvernementale sont d'abord présentés à la Chambre des communes, où ils subissent les diverses étapes du processus d'adoption des lois, pour être ensuite soumis au Sénat qui pourra les adopter à son tour en suivant essentiellement les mêmes étapes. Si un projet de loi provient originairement du Sénat, il doit être soumis à la Chambre des communes pour adoption, conformément aux règles de procédure de cette chambre. Mais, s'il s'agit d'un projet de loi émanant des Communes, toute modification apportée par le Sénat doit être transmise à la Chambre basse pour ratification. Trois choix s'offrent alors à la chambre des députés : a) l'adoption pure et simple des amendements du Sénat ; b) la modification desdits amendements sénatoriaux et leur retour à la Chambre haute pour ratification ; et c) le rejet des amendements du Sénat.

Les amendements soumis par une chambre pour ratification par l'autre chambre sont traditionnellement accompagnés d'un message explicatif. Théoriquement, la navette entre les deux chambres du Parlement n'est sujette à aucune limite. Le refus de l'une ou l'autre chambre d'adopter un projet de loi signifierait la fin dudit projet, puisque les deux chambres doivent adopter la même version du projet pour qu'une législation en résulte. Le Sénat et la Chambre des communes jouissent des mêmes pouvoirs constitutionnels en matière législative, sauf dans le cas de lois de finances et du veto suspensif du Sénat pendant une période de 180 jours, relativement à certaines modifications à la Constitution du Canada (*Loi constitutionnelle de 1982*, art. 47).

Dans le cas d'impasse législative entre les deux chambres, leurs règlements respectifs prévoient la tenue d'une « conférence libre », au cours de laquelle des représentants du Sénat et de la Chambre des communes tentent d'arriver à un accord. Il est très rare, cependant, que l'on doive recourir à ce procédé ; la dernière conférence libre au Parlement du Canada a eu lieu le 14 juillet 1947. L'échange de messages s'avère généralement un instrument efficace et le Sénat choisit, en dernier ressort de « ne pas insister » sur ses amendements.

Au cours des deux dernières décennies, on a établi une pratique permettant au Sénat de procéder à une pré-étude de certains projets de loi importants du gouvernement, après leur dépôt à la Chambre des communes. Quoique le Sénat ne soit pas officiellement saisi du projet de loi, sa « teneur » peut déjà faire l'objet d'une étude par un comité de la Chambre haute. Il est parfois avantageux pour le gouvernement de procéder ainsi, puisqu'il peut bénéficier de recommandations susceptibles d'améliorer la loi projetée, avant même son adoption par les Communes.

Après son adoption par les deux chambres dans sa forme définitive, le projet de loi est présenté au gouverneur général ou, la plupart du temps, à son suppléant, pour sa sanction. La cérémonie de sanction royale a lieu dans la salle du Sénat et suit un protocole comparable à celui de l'ouverture d'une session du Parlement. Le projet devient loi et entre en vigueur au moment de sa sanction, à moins d'une disposition contraire.

La législation financière

Un aspect important du cycle parlementaire, qui rend absolument nécessaire la convocation du Parlement en session au moins une fois par année, est la pratique d'accorder des subsides annuels au gouvernement pour subvenir aux besoins financiers et administrer les affaires de l'État. Par l'entremise des ministres du Cabinet, la Couronne exerce le contrôle des finances publiques et fait part des besoins financiers de l'État à la Chambre des communes qui vote les crédits et les impôts requis et le Sénat accorde ensuite son consentement.

Les projets de loi à incidence financière sont soumis à une procédure d'adoption particulière. On distingue deux catégories de lois financières comportant soit la création de recettes au profit de l'État (voies et moyens), soit l'utilisation des fonds pour l'administration des programmes et services publics (subsides). Par la voix de ses ministres, la Couronne exprime ses besoins financiers, expose les dépenses prévues pour son administration et demande au Parlement de lui octroyer les sommes nécessaires. Comme on l'a vu précédemment, la législation requise, tant pour la perception des taxes et impôts que pour leur affectation, doit émaner de la Chambre des communes.

Le gouvernement fait normalement connaître ses intentions en matière financière lors d'un exposé à la Chambre du ministre des Finances. Selon l'usage, un tel exposé budgétaire est prononcé une fois l'an, habituellement avant le dépôt des prévisions budgétaires principales, au plus tard le 1er mars. Le ministre peut profiter de cette occasion pour déposer devant la Chambre un ou plusieurs avis de motions de voies et moyens prévoyant la création ou la modification de taxes ou d'impôts. Ces motions seront proposées à l'adoption de la Chambre à la fin du débat sur le budget. L'exposé du ministre est suivi d'un débat de quatre jours au cours duquel l'opposition officielle présente normalement un amendement à la motion du ministre et le troisième parti un sous-amendement.

La mise en œuvre des propositions budgétaires se fait au moyen de lois fiscales et de lois de crédits ; aucune taxe ne peut être imposée, ni aucune partie du Trésor public dépensée, à moins qu'une loi habilitante n'ait été adoptée par le Parlement. Il arrive parfois que certaines taxes entrent en vigueur le jour même de la présentation du budget, mais une loi ayant un effet rétroactif sera normalement adoptée plus tard pour régulariser la situation. Entre-temps, la perception de ces taxes ou impôts est, à toutes fins utiles, volontaire et inconstitutionnelle. Au Canada, les principales lois fiscales, comme la *Loi de l'impôt sur le revenu* ou la *Loi sur le tarif des douanes*, ont une existence permanente ; il n'est pas nécessaire de légiférer annuellement dans ces domaines, sauf si l'on veut les modifier.

La présentation d'un projet de loi fiscal doit être précédée d'une procédure spéciale, soit l'adoption par la Chambre d'une motion des voies et moyens sur laquelle sera fondé le projet de loi lui-même. Les dispositions du projet devront refléter le contenu des mesures financières exposées à la motion des voies et moyens ; une autre motion de voies et moyens sera nécessaire, si le projet de loi excède les limites imposées par la motion. L'adoption d'une telle motion constitue un ordre de la Chambre en vue du dépôt d'un projet de loi fondé sur ladite motion, ce qui tient lieu de la permission requise, dans les autres cas, pour présenter un projet de loi ordinaire. Ayant franchi cette étape préliminaire, le projet de loi fiscal peut maintenant subir la première lecture, pour suivre ensuite la même procédure que tout autre projet de loi ordinaire.

L'étude et l'adoption des sommes à affecter au fonctionnement de l'État constituent les travaux des subsides. Ici encore, le Parlement doit adopter une loi pour attribuer aux ministères et aux autres organismes gouvernementaux les fonds dont ils auront besoin au cours de l'année. Contrairement aux lois fiscales, les lois de crédits ne visent qu'une période d'un an, puisqu'elles sont fondées sur les budgets des divers organismes de l'État, dont l'exercice financier débute annuellement le 1er avril et se termine le 31 mars.

Chaque année, avant le 1er mars, le gouvernement dépose devant la Chambre le plan général de ses dépenses pour l'année à venir, sous forme d'un document à couverture bleue et ainsi appelé *Livre bleu* ou encore *Budget des dépenses*. Les dépenses prévues par le gouvernement font l'objet de débats généraux à la Chambre au cours de l'année financière, qui est répartie en trois périodes de travaux des subsides, se terminant respectivement le 23 juin, le 10 décembre et le 26 mars. Durant l'année civile, 21 jours de séance sont réservés à l'étude des subsides, au cours desquels l'opposition propose les sujets à débattre par voie de motion. Quatorze de ces motions peuvent faire l'objet d'un vote.

Le budget principal des dépenses est en outre étudié par les comités permanents de la Chambre. Chaque comité est saisi de la partie du budget qui correspond à son champ de compétence (Fraser, 1993 : 125) ; il étudie tous les postes budgétaires de la même façon qu'un projet de loi, article par article. Pour leur étude, les comités jouissent des pouvoirs normalement attribués aux comités par le Règlement. Ils ont le pouvoir d'adopter les crédits budgétaires, de les rejeter ou de les réduire, mais non pas celui de les augmenter, car cela constituerait un empiétement sur

la prérogative financière de la Couronne. Les comités doivent terminer leur étude des prévisions budgétaires et en faire rapport à la Chambre pour le 31 mars de l'année financière en cours, sinon ils seront réputés en avoir fait rapport à cette date.

Lorsque les comités ont déposé leurs rapports, le gouvernement propose l'adoption des prévisions budgétaires et, s'il y a lieu, le rétablissement des crédits réduits ou supprimés en comité, après quoi un projet de loi de crédits devra être adopté, afin d'autoriser effectivement les dépenses prévues au budget. Basé sur les prévisions budgétaires déjà adoptées, le projet de loi de crédits ne devra pas les excéder. Comme dans le cas des voies et moyens, l'adoption de la motion des subsides correspond à la motion demandant la permission de la Chambre en vue du dépôt du projet de loi de crédits. On procède alors à la première lecture, qui sera suivie des étapes habituelles du processus législatif. Il faut toutefois signaler ici une particularité. Après la deuxième lecture, le projet de loi est renvoyé à un comité plénier de la Chambre et, puisqu'il ne fait, en somme, que reprendre ce que la Chambre a déjà adopté sous une autre forme, il franchit toutes les étapes du processus le même jour.

Comme l'exercice financier débute le 1er avril et que le projet de loi de crédits risque de n'être adopté que peu de temps avant le 23 juin, le gouvernement peut se trouver sans les fonds nécessaires durant cette période. Il devra alors demander une avance sur le budget principal des dépenses, au moyen de « crédits provisoires », qui lui seront normalement accordés le dernier jour des subsides de la période se terminant le 26 mars. Après un examen par les comités de la Chambre, les crédits provisoires sont adoptés et un projet de loi fondé sur ces crédits est déposé pour adoption, selon la même procédure que celle qui est décrite pour le budget principal.

Les sommes prévues au budget principal peuvent parfois s'avérer insuffisantes ou ne pas tenir compte de certaines situations imprévues. Pour y remédier, le gouvernement a recours à des budgets de dépenses supplémentaires, qui s'ajoutent au budget principal.

Les comités de la Chambre des communes et du Sénat

La majorité des Parlements démocratiques modernes confient une large part de leurs travaux à des comités formés d'un nombre relativement restreint de leurs membres. Sans en faire une étude exhaustive dans l'espace qui nous est réservé ici, il importe d'évoquer la nature et le rôle des comités. On reconnaît cinq types de comités distincts aux Communes. Le Comité plénier, qu'il ne faut pas confondre avec une séance plénière de la Chambre, est composé de tous les députés et siège dans la salle même des Communes. Le président du Comité plénier (qui est aussi vice-président de la Chambre) occupe alors le fauteuil du greffier et le fauteuil du président de la Chambre reste vacant. La masse est placée sous le Bureau de la Chambre et l'un des greffiers au Bureau agit comme greffier du Comité plénier. On observe en comité essentiellement les mêmes règles de procédure qu'à la Chambre. Le Comité plénier n'est pas un comité d'enquête ; sa fonction est de délibérer. Pour accélérer l'étude en comité de certains projets de loi publics, on a souvent recours à celui-ci. C'est aussi ce comité qui a le mandat d'étudier tout projet de loi de crédits.

La Chambre compte 19 comités permanents (voir la liste à l'article 104 du Règlement de la Chambre des communes), composés de 16 à 18 députés, qui jouissent de vastes pouvoirs d'enquête sur toutes sortes de questions qui leur sont déférées par la Chambre. Créés pour toute la durée d'une législature, ils ont pour tâche particulière d'examiner le mandat, l'administration et le fonctionnement des ministères et organismes d'État, y compris les textes législatifs qui s'y rattachent, les politiques et les programmes, les plans de dépenses et l'efficacité de leur mise en œuvre.

Les comités législatifs ont pour mission d'étudier les projets de loi qui leur sont envoyés par la Chambre, de les modifier, s'il y a lieu, et d'en faire rapport. Ils ont les mêmes pouvoirs d'enquête que les comités permanents, dans la limite de leur mandat, mais ils sont maintenant à peu près inactifs.

Comme leur nom l'indique, les comités spéciaux sont créés, au besoin, par la Chambre afin d'examiner un sujet particulier et ils cessent d'exister après avoir présenté leur rapport final à la Chambre. On les qualifie parfois de « groupes de travail ».

Députés et sénateurs se réunissent, à l'occasion, au sein de comités mixtes, qui sont tantôt permanents, tantôt spéciaux et dont la création relève de l'initiative de l'une ou l'autre chambre, les deux y étant représentées proportionnellement. Outre ces comités mixtes, le Sénat possède ses propres comités, dont un comité plénier et un comité de sélection chargé de choisir le président *pro tempore* du Sénat (effectivement, le vice-président) et les sénateurs qui formeront les autres comités. On y trouve également 15 comités permanents qui ont pour mandat l'étude des projets de loi, des messages, pétitions, interpellations,

TABLEAU 7.6

Liste des comités permanents de la Chambre des communes
(36ᵉ législature, deuxième session)

Comité mixte permanent de la bibliothèque du parlement
Comité mixte permanent sur l'examen de la réglementation
Comité mixte permanent des langues officielles
Comité mixte spécial sur un code de conduite
Comité permanent des affaires autochtones et du développement du grand nord
Comité permanent des affaires étrangères et du commerce international
Comité permanent de l'agriculture et de l'agro-alimentaire
Comité permanent de la citoyenneté et de l'immigration
Comité permanent des comptes publics
Comité permanent de la défense nationale et des affaires des anciens combattants
Comité permanent du développement des ressources humaines
Comité permanent des droits de la personne et de la condition des personnes handicapées
Comité permanent de l'environnement et du développement durable
Comité permanent des finances
Comité permanent de l'industrie
Comité permanent de la justice et des questions juridiques
Comité permanent de liaison
Comité permanent des opérations gouvernementales
Comité permanent du patrimoine canadien
Comité permanent des pêches et des océans
Comité permanent de la procédure et des affaires de la chambre
Comité permanent des ressources naturelles
Comité permanent de la santé
Comité permanent des transports

Liste des comités permanents et mixtes du Sénat
(36ᵉ législature, deuxième session)

Affaires étrangères
Affaires juridiques et constitutionnelles
Affaires sociales, de la science et de la technologie
Agriculture et forêts
Banques et du commerce
Bibliothèque du parlement (mixte)
Énergie, de l'environnement et des ressources naturelles
Examen de la réglementation (mixte)
Finances nationales
Langues officielles (mixte)
Pêches
Peuples autochtones
Privilèges, du règlement et de la procédure
Régie interne, des budgets et de l'administration
Sélection
Transports et communications

documents et autres matières relatives à leurs attributions respectives (voir la nomenclature des comités aux articles 83-86 du Règlement du Sénat). Le tableau 7.6 offre une aperçu des comités de la Chambre des communes et du Sénat, à la deuxième session de la 36ᵉ législature.

Les affaires émanant des députés

Bien qu'elles occupent la majeure partie des travaux parlementaires, les affaires législatives et autres proposées par le gouvernement ne sont toutefois pas les seules. Tous les jours de séance, une heure est réservée aux « affaires émanant des députés ». Il s'agit de projets de loi d'intérêt public ou privé et de motions, proposés par les députés d'arrière-ban et qui seront étudiés par la Chambre, selon un ordre de priorité établi par un tirage au sort. Les noms de 30 députés sont tirés au sort au début d'une session pour établir la liste de priorités et d'autres tirages ont lieu subséquemment à mesure que la Chambre dispose des affaires inscrites. Le Comité permanent de la procédure et des affaires de la Chambre examine la liste de priorité et sélectionne les affaires qui peuvent faire l'objet d'un débat et d'un vote. Quant aux autres affaires, elles sont discutées brièvement, puis rayées du *Feuilleton*.

Les députés d'arrière-ban ont à leur disposition un certain nombre d'autres moyens pour attirer l'attention de la Chambre sur des questions qui les préoccupent. L'article 31 réserve une période quotidienne de 15 minutes, avant les questions orales, au cours de laquelle les députés peuvent faire une brève déclaration sur tout sujet qu'ils considèrent intéressant ou important.

Le débat d'ajournement fournit au député la possibilité de poursuivre une question posée à un ministre durant la période de questions orales, mais dont la réponse a été jugée insatisfaisante par le député. Il lui suffit alors de donner un avis écrit au greffier qu'il entend discuter de la question à l'heure de l'ajournement de la Chambre. On a prévu 30 minutes en fin de séance, du lundi au jeudi, pour que cinq députés puissent poser des questions auxquelles répondront des ministres ou des secrétaires parlementaires.

Un député peut également proposer l'ajournement de la Chambre afin de pouvoir la saisir d'une « affaire déterminée et importante dont l'étude s'impose d'urgence ». Le député intéressé en donne avis écrit au président qui doit décider, en se basant sur certains critères préétablis, de l'opportunité de permettre la discussion demandée. Le débat peut se poursuivre au-delà de l'heure normale de l'ajournement quotidien, mais la Chambre ne se prononce pas officiellement sur le sujet débattu, puisqu'il s'agit uniquement d'une motion d'ajournement, en somme un simple véhicule de débat.

Au cours de la session, chaque chambre du Parlement peut, indépendamment de l'autre, interrompre ses travaux par un ajournement d'une durée plus ou moins longue et sans l'intervention de la Couronne. L'étude des affaires suspendues lors de l'ajournement est reprise à la séance suivante à l'étape où on l'avait laissée. Par contre, c'est la Couronne (le gouverneur général, sur avis du premier ministre) qui fixe la date de la prorogation, comme il a été mentionné plus haut. La prorogation met donc fin au cycle des travaux parlementaires et les Chambres ne sont plus autorisées à siéger, jusqu'à la prochaine convocation du gouverneur général.

CONCLUSION

Nous avons voulu démontrer l'interdépendance des divers pouvoirs de l'État, en décrivant la nature et le rôle de nos institutions. Ayant mentionné le rôle de la Couronne, au sommet de la pyramide étatique, nous nous sommes penchés ensuite sur celui des deux assemblées parlementaires : le Sénat, que de nombreux citoyens voudraient réformer mais qui demeure encore intact, et la Chambre des communes, que la télévision a rendue aussi accessible aux foyers des Canadiens et des Canadiennes que la « soirée du hockey » !

Aussi complexes qu'ils puissent sembler, les mécanismes d'adoption des lois permettent une étude au grand jour et offrent de nombreuses possibilités d'intervention par les membres des deux Chambres et parfois même par les citoyens et citoyennes. Mais le succès des interventions des parlementaires ne se mesure pas uniquement par le nombre des mesures législatives adoptées ou modifiées. Les lois sont, en somme, des instruments d'application des politiques. L'élaboration des politiques et la mise en œuvre des lois qui en découlent sont du ressort du pouvoir exécutif. À l'origine, l'initiative des mesures législatives était entre les mains des parlementaires, mais aujourd'hui c'est le gouvernement qui en est le principal instigateur. Notre régime parlementaire a su s'adapter à ces conditions changeantes et organiser la collaboration entre les fonctions gouvernementale et législative, notamment par les mécanismes que nous avons tenté de décrire ici.

Mais, quelle évolution le XXIᵉ siècle qui s'amorce réserve-t-il à nos institutions parlementaires ? Nul ne saurait le dire avec certitude ! Toutefois, une chose est certaine : si le Parlement doit continuer d'être perçu comme l'institution politique la plus importante du pays, il doit moderniser davantage sa procédure et harmoniser ses rapports avec les citoyens et les autres pouvoirs publics. Des efforts considérables ont déjà été entrepris en ce sens et continueront sans doute à être déployés.

La discipline de parti, qui a toujours été un dogme de la politique et du parlementarisme canadiens, a souvent voilé le rôle des députés d'arrière-ban et fait de l'ombre à certaines de leurs initiatives les plus valables, pour des raisons d'incompatibilité avec certaines politiques gouvernementales, d'insuffisance de fonds pour leur mise en œuvre et autres motifs semblables. Il faut reconnaître que, depuis plusieurs années, les députés sont devenus plus militants dans l'expression de leurs positions vis-à-vis du gouvernement, de même que dans leur réclamation de pouvoirs accrus pour les comités. Sans prétendre à l'autonomie d'action dont jouissent les membres du Congrès américain, qui n'ont pas à appuyer le gouvernement en place ni à défendre ses programmes, les parlementaires canadiens défient occasionnellement la ligne de parti dans leurs déclarations publiques et parfois même dans leurs activités législatives. C'est au prix de certaines concessions que se maintiendra l'équilibre entre la responsabilité gouvernementale de l'Exécutif et la fonction représentative des députés. C'est notamment par ses interventions en comité que le député peut efficacement faire valoir les préoccupations et défendre les intérêts de ses mandants. On peut logiquement conclure que les pressions exercées par les députés pour renforcer les pouvoirs des comités ne cesseront de s'accentuer au cours des années à venir.

Dans la même veine, des assouplissements apportés récemment au Règlement de la Chambre permettent désormais aux députés d'arrière-ban de présenter des projets de loi ou des amendements qui comportent l'engagement de dépenses publiques. Après l'adoption de telles mesures, le gouvernement se charge d'obtenir les fonds requis pour leur mise en œuvre. Il est à souhaiter que cela ouvrira la voie à une plus grande consultation et une collaboration plus ouverte entre le gouvernement et les simples députés, en ce qui a trait notamment à l'organisation des travaux et, pourquoi pas, à l'élaboration du budget annuel de l'État. Les parlementaires réclament depuis fort longtemps un certain engagement dans la préparation du budget qui, traditionnellement, a toujours été entourée du plus grand secret. Les représentants du peuple, qui doivent ultimement voter ledit budget, pourraient être consultés au préalable sur les orientations budgétaires générales du gouvernement.

Le développement constant et accéléré des techniques de communication contribuera à améliorer les relations entre parlementaires et commettants en les mettant en communication directe. Internet et le courrier électronique sont devenus des instruments de travail de plus en plus accessibles à une majorité de citoyens, qui exigeront de leurs représentants au Parlement des réponses plus rapides et plus satisfaisantes à leurs préoccupations. Il s'ensuivra une activité plus intense de la part du gouvernement, des divers services parlementaires et autres organismes, visant à satisfaire les besoins accrus et immédiats

en information. Bien sûr, la recherche s'en trouve facilitée d'autant et produit une information à jour et complète. L'Administration de la Chambre des communes a déjà accompli des progrès notables en la matière et poursuivra ses efforts au cours des années à venir. Ces technologies de pointe sont présentes non seulement dans les bureaux situés sur la colline parlementaire, mais on les retrouve aussi dans les bureaux de circonscription, dans les services d'impression, de traitement du courrier et autres. La mise en commun de ces techniques modernes, qui laisse présager l'implantation d'une véritable « Cité parlementaire », aura aussi pour conséquence la réduction du personnel et une plus grande dépendance de la technologie.

Le développement de l'informatique aura normalement pour effet de diminuer la masse de documents imprimés, l'information qu'ils véhiculent étant désormais disponible la plupart du temps sur Internet. Cela ne constituera pas un arrêt de mort pour le traditionnel « Hansard », qui est encore voué à un tirage régulier, mais sans doute réduit.

Quant au Sénat, son abolition pure et simple ou sa réforme font fréquemment l'objet de débats et de propositions qui ne risquent pas de modifier la nature du système parlementaire canadien dans un avenir prévisible. Généralement, le Sénat remplit bien ses fonctions dans le processus législatif et dans son rôle d'enquêteur, mais malgré certaines améliorations dans sa procédure et ses services il continue d'être une institution peu représentative, largement symbolique et désuète.

SITES WEB

Affaires et publications du Sénat et de la Chambre des communes
(Débats, journaux, comités,...)   http://www.parl.gc.ca/francais/fbus.html

Aperçu utile sur le processus législatif du gouvernement
       http://www.pco-bcp.gc.ca/legislation/directive_f.htm

Assemblée parlementaire de la Francophonie (autrefois l'Assemblée
internationale des parlementaires de langue française)   http://www.francophonie.org/aiplf

Commonwealth Parliamentary Association   http://www.comparlhq.org.uk

Internet parlementaire-Chambre des communes et Sénat   http://www.parl.gc.ca

Union interparlementaire   http://www.ipu.org

Index du hansard de la Chambre des communes
      http://www.parl.gc.ca/36/1/parlbus/chambus/house/debates/indexf/accueil.html

Liste des député(e)s et sénateur(e)s   http://www.parl.gc.ca/36/sm-f.htm

Leader du gouvernement à la Chambre des communes   http://www.pco-bcp.gc.ca/lgc/

Visite virtuelle et historique du Parlement   http://www.cisti.nrc.ca/programs/pio/intro.html

LECTURES SUGGÉRÉES

John A. FRASER (1993), *La Chambre des communes en action*, Montréal et Frédéricton, Les Éditions de la Chenelière inc.

Luc GAGNÉ (1999), *Le processus législatif et réglementaire fédéral*, Cowansville, Les Éditions Yvon Blais inc., 424 pages.

James A. JEROME (1985), *Mr. Speaker*, Toronto, McClelland and Stewart.

Joseph MAINGOT (1987), *Le privilège parlementaire au Canada*, Cowansville, Les Éditions Yvon Blais inc.

Robert J. JACKSON et Doreen JACKSON (1998), *Politics in Canada*, 4e édition, Canada, Scarborough, Prentice-Hall, Allyn and Bacon.

Magnus GUNTHER et Conrad WINN (dir.) (1991), *Réformes de la Chambre des communes*, Programme de stages parlementaires, Ottawa.

BIBLIOGRAPHIE

BARKER, Sir E. (s.d.), *Le système parlementaire anglais*, Londres, Éditions de l'Université d'Oxford.

BOURINOT, Sir John G. (1916), *Parliamentary Procedure and Practice in the Dominion of Canada*, 4e édition, Toronto, Canada Law Book Company.

CLARKE, Graeme (1991), « L'élection du Président de la Chambre des communes », dans Gunther, Magnus et Conrad Winn (dir.), *Réformes de la Chambre des communes*, Programme de stages parlementaires, Ottawa, p. 82-101.

GABOURY, Jean-Pierre et James Ross HURLEY (dir.) (1979), *Regards sur la Chambre des communes*, Ottawa, Les Éditions de l'Université d'Ottawa.

GOUVERNEMENT DU CANADA (1988), Chambre des communes, Bureau du légiste et conseiller parlementaire, *Le privilège parlementaire*, Ottawa.

GOUVERNEMENT DU CANADA (1999), Chambre des communes, *Règlement de la Chambre des communes*, Ottawa.

GOUVERNEMENT DU CANADA (1987), ministère de la Justice, *La réalisation des lois fédérales du Canada*, Centre d'édition du gouvernement du Canada, Ottawa.

GOUVERNEMENT DU CANADA (1996), ministère de la Justice, *Lois et règlements : l'essentiel*, Travaux publics et Services gouvernementaux Canada, Ottawa.

GOUVERNEMENT DU CANADA (1981), *Recueils de la Cour suprême* (Renvoi : Résolution pour modifier la Constitution (1981) 1 R.C.S. 753, 806).

GOUVERNEMENT DU CANADA (1996), Sénat, *Règlement du Sénat*, Ottawa.

JACKSON, Robert J., Doreen JACKSON et Nicolas BAXTER-MOORE (1986), *Politics in Canada : culture, institutions, behaviour, and public policy*, Scarborough, Prentice-Hall.

JACKSON, Robert J. et Doreen JACKSON (1994), *Politics in Canada : culture, institutions, behaviour, and public policy*, 3ᵉ édition, Scarborough, Prentice-Hall.

LAUNDY, Philip (1989), *Les Parlements dans le monde contemporain*, Lausanne, Éditions Payot.

LIMON, Sir Donald et W. R. McKAY (dir.) (1997), *Sir Erskine May Treatise on the Law, Privileges, Proceedings and Usage of Parliament*, 22ᵉ édition, London, Butterworths.

MAINGOT, Joseph (1997), *Le privilège parlementaire au Canada*, 2ᵉ édition, Cowansville, Les Éditions Yvon Blais inc.

MARLEAU, Robert et Camille MONTPETIT (dir.) (2000), *La procédure et les usages de la Chambre des communes*, Montréal-Toronto, Chenelière/Mc Graw-Hill.

STEWART, John B. (1977), *The Canadian House of Commons*, Montréal et Londres, McGill-Queen's University Press.

Le pouvoir exécutif: la monarchie et le Conseil des ministres

LOUIS MASSICOTTE
UNIVERSITÉ DE MONTRÉAL

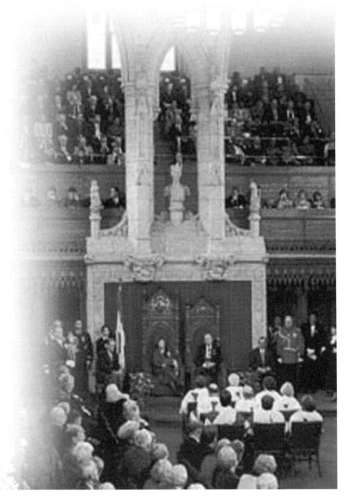

OBJECTIFS

- Cerner le rôle actuel de la Couronne dans le pouvoir exécutif ;

- Distinguer le Cabinet et le Conseil des ministres ;

- Mieux connaître les composantes du Conseil des ministres et leurs rôles respectifs ;

- Mieux connaître le mode de fonctionnement et d'organisation du Cabinet.

Parmi les institutions politiques des États, l'exécutif occupe une place prépondérante. Quelques nations sont dépourvues d'institutions parlementaires et, dans nombre d'États, le judiciaire est plus une fonction qu'un véritable pouvoir. Mais l'exécutif se rencontre universellement, et sa conquête suscite les convoitises les plus ardentes au sein de la classe politique. On brossera ici un tableau général de la position de l'exécutif dans notre système parlementaire et on scrutera plus en détail ses composantes et les relations qu'elles entretiennent entre elles.

Monarque, gouverneur général, premier ministre, Cabinet : les détenteurs du pouvoir exécutif tissent entre eux des relations complexes. Et la compréhension de la nature exacte de ces relations n'est guère facilitée par la coexistence d'au moins deux versions à leur sujet.

Le droit public, inspiré par une lecture littérale de la *Loi constitutionnelle de 1867*, enseignait traditionnellement que le pouvoir exécutif est détenu par la Souveraine, représentée au Canada par le gouverneur général, qui gouverne sur la base des « avis » que lui transmettent respectueusement ses « conseillers constitutionnels », c'est-à-dire ses ministres et le premier ministre, qu'il a désignés et qu'il peut démettre. Si cette version prête à sourire, retenons tout de même qu'elle a correspondu à la réalité dans un passé lointain et qu'encore aujourd'hui la constitution du pays et

les documents officiels, tout comme certaines pratiques exceptionnelles, en portent toujours l'empreinte.

Pour d'autres, le premier ministre est un véritable monarque. Assuré de la ratification de ses décisions par le Cabinet et le Parlement, il décide souverainement de la composition de son équipe ministérielle, du haut mandarinat et de la magistrature, de la durée de la législature, et il fixe les grandes orientations de l'action gouvernementale sur la scène nationale comme dans les relations extérieures. L'attention privilégiée que les médias réservent durant les campagnes électorales aux activités des chefs de parti contribue à cette prééminence (voir à ce sujet le chapitre d'Anne-Marie Gingras). Cette version exagère quelque peu l'ascendant du premier ministre sur ses collègues, comme on le verra, mais elle est bien plus proche de la réalité contemporaine que la précédente.

Plusieurs facteurs rendent difficile l'étude du pouvoir exécutif au Canada. Malgré la *Loi sur l'accès à l'information*, le fonctionnement de l'exécutif baigne toujours dans la confidentialité, voire le secret, contrairement au Parlement dont les délibérations sont publiques. On doit s'en remettre en ce domaine aux témoignages, pas toujours disponibles et parfois subjectifs, des anciens membres du Cabinet et des hauts fonctionnaires. De plus, les règles régissant la conduite des divers acteurs sont, dans notre régime constitutionnel, formulées sous forme de conventions[1], qui très souvent contredisent les quelques stipulations précises contenues dans la loi constitutionnelle du pays. Finalement, notre régime politique a une longue histoire comportant d'innombrables précédents dont la validité contemporaine n'est pas toujours évidente. Certaines conduites parfaitement acceptables au siècle dernier ne sont vraisemblablement plus de mise aujourd'hui, ce qui contraint l'analyste à réfléchir avec soin aux précédents qu'il ou elle cite. Pour ne donner qu'un exemple, il était parfaitement constitutionnel jusqu'à la Première Guerre mondiale, pour un lieutenant-gouverneur provincial, de démettre de ses fonctions un premier ministre soupçonné de corruption, alors que le même geste serait très probablement jugé inacceptable s'il était posé aujourd'hui.

LA COURONNE

Bien que cette réalité soit moins visible et palpable qu'autrefois, le Canada est une monarchie[2], c'est-à-dire un État dont le chef accède à ce poste par voie héréditaire, selon des règles de succession ne faisant pas appel à la sanction populaire, et l'occupe sa vie durant à moins qu'il ou elle ne choisisse d'abdiquer.

Une telle formule est souvent jugée contradictoire avec la mentalité qui prévaut aujourd'hui, au moins dans les pays démocratiques. Celle-ci ne tient pour légitimes que les gouvernants issus du suffrage populaire librement exprimé. Elle ne leur concède qu'un mandat d'une durée limitée, renouvelable à certaines conditions. L'idée qu'un individu puisse prendre à lui seul sa vie durant des décisions engageant la collectivité dans son ensemble, sans émaner d'elle ni devoir lui rendre compte, cadre mal avec la vulgate démocratique contemporaine.

Le principe démocratique est sauf en pratique (mais non sur le plan symbolique) lorsque le monarque est privé de tout pouvoir effectif et se borne à symboliser l'unité de la nation, tout en laissant la gouverne effective du pays entre les mains de ministres émanant d'un Parlement lui-même issu du suffrage universel. Dans un tel cas, qui est celui qui existe dans notre pays, on parle de monarchie « constitutionnelle ». Cette formule institutionnelle doit fort peu à la réflexion théorique : elle est le fruit d'un compromis historique auquel en sont venus, au terme de luttes dont

---

1. Le préambule de la *Loi constitutionnelle de 1867* fait état de la volonté des constituants de se doter d'« une constitution semblable dans son principe à celle du Royaume-Uni », ce qui rend applicables au Canada la plupart des conventions régissant le fonctionnement du Cabinet britannique.
2. Les Pères de la Confédération avaient voulu appeler « Kingdom of Canada » le nouvel État qu'ils se proposaient de créer. Toutefois, lors de la rédaction à Londres du projet de loi sur l'Amérique du Nord britannique, les politiciens britanniques exprimèrent la crainte que cette désignation ne paraisse provo-

catrice aux yeux de nos voisins américains. La tradition veut que Leonard Tilley, du Nouveau-Brunswick, inspiré par un extrait du psaume 72 (« He shall have dominion from sea to sea » – « il régnera d'une mer à l'autre »), ait alors suggéré l'appellation plus inoffensive de « Dominion of Canada », qui fut adoptée (Forsey 1974 : 8). Ironiquement, le mot *Dominion*, ultérieurement chargé de connotations coloniales et difficilement traduisible en français, tomba ultérieurement en défaveur, si bien que la désignation officielle du pays est aujourd'hui simplement « Canada ».

l'âpreté est trop souvent oubliée, les monarques britanniques et les membres du Parlement, et au Canada les gouverneurs nommés par Londres et les parlementaires élus par la population.

La formule trouve peu de défenseurs enthousiastes chez les universitaires (voir cependant Monet, 1979) mais, quoi qu'on pense de ses mérites intrinsèques, sa subsistance au Canada n'a rien de si insolite. Trois des sept grandes puissances industrielles de la planète (le Japon, le Royaume-Uni et le Canada) connaissent actuellement un tel régime, en compagnie de démocraties plutôt bien cotées telles la Suède, la Norvège, le Danemark, la Belgique, les Pays-Bas et le Luxembourg. Et un bilan équitable de la monarchie doit certainement tenir compte du rôle bénéfique joué par le roi Juan Carlos d'Espagne dans le rétablissement et la défense active de la démocratie parlementaire dans son pays[3].

Par rapport aux monarchies citées plus haut, celle du Canada se singularise par un trait, qui la rend beaucoup plus vulnérable à la critique et entraînera probablement sa mise au rancart à long terme. C'est une monarchie « non résidente » ou « non autochtone », c'est-à-dire que le titre de Reine ou de Roi du Canada est porté par une personne qui ne réside pas au pays et n'y séjourne que fort occasionnellement. Ce titre lui échoit en sa qualité de souverain d'un autre pays, le Royaume-Uni. Ici, les Canadiens se retrouvent aux côtés de quatorze autres États souverains, tous anciennes possessions britanniques, qui acceptent eux aussi de voir leur souveraineté nationale ébréchée – ne fût-ce que symboliquement – par la présence à la tête de leur appareil institutionnel de la Reine d'Angleterre[4].

Bien que la Souveraine porte – depuis 1953 – le titre de « Reine du Canada » en vertu de la *Loi sur les titres royaux*[5], elle n'en est pas moins avant tout Reine de Grande-Bretagne et d'Irlande du Nord, et sa présence à la tête de l'État canadien découle de cette fonction. La succession au trône est réglée par une loi britannique de 1700, l'*Act of Settlement*, document dont certaines dispositions qu'on peut trouver sectaires ou sexistes risqueraient d'être jugées contraires à la Charte canadienne des droits et libertés si elles y étaient soumises : n'y établit-on pas par exemple la primauté des mâles dans la transmission de la Couronne[6], alors qu'on écarte du trône les personnes professant le catholicisme romain, confession à laquelle souscrivent officiellement une solide pluralité des sujets canadiens de Sa Majesté ?

---

3. Voir sur ces questions Bendix (1978) et le numéro 78 de la revue *Pouvoirs* (1996) *Les monarchies*. Sur quelque 190 États souverains dans le monde, on compte une quarantaine de monarchies. Dans les pays en développement, les monarques disposent souvent de pouvoirs considérables.

4. Selon le site Internet du Palais de Buckingham (http://www.royal.gov.uk), outre le Royaume-Uni, quinze États souverains (y compris le Canada) avaient en 1999 pour chef d'État la reine Élisabeth II, représentée localement par un gouverneur général. En plus du Canada, de l'Australie, de la Nouvelle-Zélande, de la Papouasie–Nouvelle-Guinée et de la Jamaïque, la liste incluait de petits États insulaires situés dans les Antilles ou le Pacifique, dont la population était inférieure à 400 000 habitants (Antigua et Barbuda, les Bahamas, la Barbade, Belize, la Grenade, Saint-Christopher et Nevis, Sainte-Lucie, Saint-Vincent et les Grenadines, les îles Salomon et Tuvalu). Voir Butler et Low (1991).

5. Lois révisées du Canada 1985, c. R-12.

6. Le gouvernement britannique a annoncé en 1998 son intention d'éliminer la primauté des mâles dans la transmission de la Couronne.

Normalement absente du pays, la Reine y est représentée par un gouverneur général, auquel on réfère à l'occasion, mais de façon incorrecte, comme le chef de l'État canadien[7]. Des lettres patentes de 1947 permettent à ce dignitaire d'exercer les prérogatives royales, et la *Loi sur le gouverneur général*[8] en fait une personne morale dont elle fixe le traitement. Certaines prérogatives sont encore aujourd'hui exercées sur avis du premier ministre par la Reine en personne, comme la nomination du gouverneur général et éventuellement l'approbation de celle de sénateurs surnuméraires pour renverser une majorité hostile au Sénat. Lors de sa visite au Canada en 1977, la Reine ouvrit personnellement la nouvelle session parlementaire et donna lecture du discours du trône.

Le gouverneur général est le descendant institutionnel des hauts fonctionnaires français puis britanniques qui, depuis Champlain, gouvernèrent le Canada (tableau 8.1). Depuis 1952 seulement cette fonction est occupée par un Canadien ou une Canadienne, et non plus par un aristocrate britannique. Une tradition bien ancrée depuis prévoit l'alternance à ce poste d'anglophones et de francophones. Aucun texte n'impose cependant une telle alternance, qui a résulté entièrement du choix personnel du premier ministre du jour, puisque depuis l'accession du Canada à la pleine souveraineté c'est à ce dernier que revient le privilège de recommander à la Reine la nomination du gouverneur général. L'alternance ne s'étend pas pour le moment aux sexes, puisque seulement deux femmes ont jusqu'ici occupé le poste.

Bien que le public ne s'en rende pas toujours compte, la durée du mandat du gouverneur général relève également de la discrétion du pre-

TABLEAU 8.1

Les gouverneurs généraux du Canada depuis 1867, et la durée de leur mandat

Le vicomte Monck	1867-1868
Le baron Lisgar	1868-1872
Le comte de Dufferin	1872-1878
Le marquis de Lorne	1878-1883
Le marquis de Lansdowne	1883-1888
Le baron Stanley de Preston	1888-1893
Le comte d'Aberdeen	1893-1898
Le comte de Minto	1898-1904
Le comte Grey	1904-1911
Le prince Arthur, duc de Connaught	1911-1916
Le duc de Devonshire	1916-1921
Le général baron Byng de Vimy	1921-1926
Le vicomte Willingdon	1926-1931
Le comte de Bessborough	1931-1935
Le baron Tweedsmuir	1935-1940
Le comte d'Athlone	1940-1946
Le maréchal vicomte Alexander de Tunis	1946-1952
Charles Vincent Massey	1952-1959
Le général Georges Philéas Vanier	1959-1967
Daniel Roland Michener	1968-1974
Jules Léger	1974-1979
Edward Richard Schreyer	1979-1984
Jeanne Benoît Sauvé	1984-1990
Ramon John Hnatyshyn	1990-1995
Roméo Adrien LeBlanc	1995-1999
Adrienne Clarkson	1999-

7. Par exemple, c'est bel et bien la Reine qui est investie du pouvoir exécutif et du commandement des Forces armées par les articles 9 et 15 de la *Loi constitutionnelle de 1867*, et le Parlement se compose, en plus des deux chambres, de la souveraine (art. 17). Les parlementaires et les fonctionnaires fédéraux prêtent serment d'allégeance à la Reine.

8. Lois révisées du Canada 1985, c. G-9, telles que modifiées par L.R.C. 1985 (1er suppl.) c. 50, et par L.C. 1990 c. 5.

mier ministre, encore qu'un minimum de cinq ans ait toujours été accordé jusqu'ici. Un premier ministre peut à tout moment recommander à la Reine la révocation du gouverneur général et la désignation de son successeur, et il est hautement improbable que cette recommandation ne soit pas suivie. Ce facteur place le gouverneur général en position de faiblesse par rapport au premier ministre.

Les quatre premiers gouverneurs généraux canadiens furent recrutés dans la diplomatie. Seuls Vincent Massey – ex-président de la Fédération libérale du Canada – et Roland Michener – ancien président de la Chambre des communes – avaient des allégeances partisanes connues, alors que le général Vanier et Jules Léger faisaient figure de hauts fonctionnaires politiquement neutres. Par la suite, le choix du premier ministre s'est porté sur des politiciens actifs : un ex-premier ministre provincial néo-démocrate (Edward Schreyer) et d'anciens ministres fédéraux libéraux (Jeanne Sauvé, Roméo LeBlanc) ou conservateurs (Ray Hnatyshyn). En 1999, cependant, c'est une animatrice de télévision sans affiliation politique, Adrienne Clarkson, qui a été choisie.

Le gouverneur général et le premier ministre ont un entretien environ une fois toutes les deux semaines pour discuter des affaires publiques (Monet, 1996 : 151), le représentant de la Couronne pouvant alors exercer avec toute la discrétion requise, s'il le veut, ses droits d'être informé, d'encourager et de mettre en garde.

Bien que protocolairement la Souveraine prenne le pas sur le gouverneur général et que ce dernier prenne à son tour le pas sur le premier ministre, l'influence politique des deux premiers dignitaires est aujourd'hui extrêmement faible puisque, comme nous l'avons mentionné auparavant, ils agissent sur l'avis du premier ministre et du Cabinet. L'une et l'autre acquièrent une visibilité plus grande lors des visites de la Reine au pays et lors des cérémonies solennelles marquant l'ouverture ou la prorogation, par le gouverneur général, d'une session du Parlement. Leurs prestations publiques, lorsqu'elles traitent d'une grande question d'actualité, se font alors sur la base de textes rédigés ou visés par le bureau du chef du gouvernement[9]. La sanction des lois,

_____

9. Bien que les premiers ministres récents aient fait preuve de déférence en public à l'égard du représentant de la Reine, ils ont parfois eu peine en privé à respecter l'ordre protocolaire. Pour un incident impliquant Pierre Trudeau et le gouverneur Schreyer en 1980, voir Sheppard et Valpy (1982 : 2-4). Trudeau (1993 : 313) vouait toutefois grand respect à la Reine en tant que personne. En 1985, le gouverneur général Sauvé fut tenue à l'écart du sommet historique dit du Trèfle que Brian Mulroney tint à Québec avec le président Reagan tout en utilisant la résidence vice-royale de la Citadelle. Mme Sauvé ne dit mot en public. Un mois plus tard, lors du dîner informel organisé par la presse parlementaire, où la tradition veut que les dignitaires et politiciens présents, protégés en principe par la confidentialité régissant l'événement, parlent beaucoup plus librement qu'en public, Mme Sauvé mit les rieurs de son côté. Après avoir remercié avec ironie le premier ministre de « l'avoir admise à figurer sur la même tribune que lui », elle se lança selon son biographe autorisé (Woods, 1986 : 252-253), et au grand plaisir des journalistes présents, dans la lecture d'une lettre – bien sûr fictive – à Sa Majesté la Reine, rédigée sous forme d'alexandrins approximatifs. À la suite d'une indiscrétion, le petit morceau d'humour vice-royal suivant fait maintenant partie du domaine public :

« Trèfles des deux pays arrivent au rendez-vous.
La Citadelle est leur, et grand est mon courroux.
Reagan et Mulroney font comme chez eux chez moi :
Ils travaillent, disent-ils, et n'ont besoin de moi. »

jamais refusée depuis 1867, relève également du gouverneur général, mais l'habitude s'est prise de déléguer un juge de niveau élevé pour s'acquitter de cette tâche.

Beaucoup concluent de cet état de choses que le gouverneur général ne peut qu'acquiescer aux demandes qui lui sont adressées par le premier ministre. Au rebours de cette vision, qu'il appelait la *rubber stamp theory of the constitution*, Eugene Forsey (1968, 1974) a soutenu avec vigueur et érudition l'existence d'un pouvoir dit « de réserve » qui permettrait au monarque ou à son représentant de ne pas suivre l'avis d'un premier ministre qui chercherait à abuser du pouvoir de dissolution. La réaction négative du public lors du plus récent usage de ce pouvoir en 1926 suggère que son maniement est hautement délicat, mais on peut imaginer des circonstances où son exercice obtiendrait l'assentiment du plus grand nombre. Si, par exemple, un premier ministre clairement défait lors d'élections générales exigeait la tenue immédiate de nouvelles élections sans même laisser au nouveau Parlement le temps de se réunir, le gouverneur général serait certainement justifié de refuser une demande aussi saugrenue. Avec bon sens, Mme Jeanne Sauvé disait de ces pouvoirs latents : « Le fin du fin, pour le gouverneur général, c'est de ne jamais les utiliser » (Woods, 1986 : 226). Tout gouverneur général devrait en effet prier le Ciel de ne jamais avoir à le faire.

Le gouverneur général est de droit chancelier de l'Ordre du Canada, créé en 1967, et investit personnellement les membres, officiers et compagnons de l'Ordre, tout en décernant les décorations pour acte de bravoure et pour service méritoire. Toutefois, le choix effectif des titulaires de ces honneurs est effectué par d'autres personnes. Par exemple, les nominations à l'Ordre du Canada sont faites sur la recommandation d'un conseil présidé par le juge en chef du Canada et composé du greffier du Conseil privé, du sous-ministre du Patrimoine canadien, du président du Conseil des arts du Canada, du président de la Société royale du Canada, du président de l'Association des universités et collèges du Canada, et de deux membres de l'Ordre nommés pour trois ans. Les décorations pour acte de bravoure sont également octroyées sur recommandation d'un comité consultatif indépendant après enquête de la police ou des Forces armées, selon la nature de l'acte de bravoure souligné. Les divers Prix du gouverneur général sont décernés pour la plupart par le Conseil des arts. Des cérémonies à Rideau Hall, à l'occasion de la remise de certaines décorations importantes, permettent au gouverneur général de rencontrer diverses personnalités de marque.

L'institution monarchique a longtemps fait consensus au Canada. Francophones comme anglophones, les Pères de la Confédération professaient une ardente loyauté au trône britannique et voyaient dans la monarchie constitutionnelle la forme de gouvernement la plus apte à réconcilier les aspirations démocratiques et la nécessité présumée d'une gouverne plus élitiste. Cette institution symbolisait aussi la British connection, l'appartenance à l'Empire britannique, elle-même garantie contre une nouvelle invasion américaine tant redoutée au siècle dernier. Avant la Conquête, les francophones n'avaient pas connu d'autre régime politique. Les partisans de Papineau contestaient cette vision des choses, et leur républicanisme ardent les conduisit même un temps à prôner l'annexion du Canada aux États-Unis, mais leur influence pâlit après l'écrasement des rébellions de 1837-1838. L'Église catholique, maîtresse du champ idéologique après 1840, présenta longtemps à ses fidèles, ici comme ailleurs, la royauté comme la forme de gouvernement idéale, et l'attitude tolérante en matière religieuse adoptée par le conquérant britannique (au moins à compter de l'Acte de Québec de 1774) la conforta dans cette opinion. Nombre de Canadiens anglais y voyaient par ailleurs le symbole de leur prépondérance au sein de l'État canadien.

L'attitude des francophones changea graduellement au XXᵉ siècle. L'impérialisme[10] suscita en réaction chez les nationalistes à la Henri Bourassa une remise en question des avantages que le Canada tirait de son appartenance à l'Empire. L'hostilité du Québec francophone à la conscription lors des deux guerres mondiales contribua à éroder le respect voué à la Couronne. Inégalé au siècle dernier, le prestige de l'Empire chuta après la Deuxième Guerre mondiale. Avec la Révolution tranquille, la remise en question des doctrines traditionnelles enseignées par l'Église et la montée d'un nationalisme plus radical paraissent avoir porté le coup de grâce au sentiment monarchique des Québécois francophones, comme le révéla la réception hostile réservée à la reine Élisabeth lors de sa visite à Québec en 1964. S'ouvrit alors une période durant laquelle la monarchie devint un sujet de discorde entre Canadiens, la tiédeur croissante des francophones

contrastant avec le loyalisme continu, quoique moins intense depuis quelques années, des anglophones, particulièrement ceux de souche anglo-protestante. N'eût été de l'attitude pragmatique adoptée par la plupart des politiciens québécois sur cette question, un débat public aurait mis en lumière les carences de la monarchie en tant que symbole d'unité nationale. Les titulaires canadiens des fonctions vice-royales en ont facilité la survie par la dignité de leur comportement personnel et par leur grande prudence dans l'usage des prérogatives de leur charge[11].

Les Canadiens auraient pu assurer un avenir plus solide à long terme à la monarchie en la canadianisant de façon radicale, c'est-à-dire en coupant au moment opportun le cordon ombilical les reliant à la monarchie britannique et en se

---

10. Le mouvement impérialiste, qui fut actif au Royaume-Uni et au Canada entre les années 1890 et la fin de la Première Guerre mondiale, cherchait à raffermir les liens entre les diverses colonies membres de l'Empire britannique. Il amena le Canada à participer militairement à la guerre des Boers (1899) et à la Première Guerre mondiale.

11. La plus récente, et à vrai dire la seule, crise sérieuse entre la Couronne et le Cabinet remonte à 1926 lorsque Lord Byng de Vimy refusa à Mackenzie King de dissoudre le Parlement élu quelque neuf mois plus tôt. Outré, King démissionna. Le chef de l'opposition conservatrice fut alors invité à former un gouvernement que la Chambre renversa quelques jours plus tard. Ce gouvernement obtint la dissolution qui avait été refusée à son prédécesseur. King ayant publiquement dénoncé les décisions du gouverneur, sa victoire aux élections de 1926 fut généralement interprétée comme une rebuffade publique à l'endroit de Byng, ce qui incita les successeurs de celui-ci à la prudence. Beaucoup de spécialistes croient cependant que l'attitude du gouverneur était constitutionnellement justifiée. En janvier 1982, le gouverneur général Schreyer suscita l'ébahissement général en révélant qu'il avait envisagé, quelques mois plus tôt, de dissoudre les chambres de sa propre autorité pour mettre fin à l'impasse provoquée par l'entêtement du premier ministre Trudeau à rapatrier la constitution malgré l'opposition de huit provinces et le jugement de la Cour suprême du Canada (Sheppard et Valpy, 1982 : 315).

dotant d'un Souverain canadien. Un membre de la famille royale britannique serait devenu à titre exclusif Roi ou Reine du Canada et s'y serait établi de façon permanente, inaugurant ainsi une dynastie nouvelle et devenant le symbole de la souveraineté nouvellement acquise du pays. On oublie trop souvent que nombre de maisons royales d'Europe, certaines aujourd'hui bien acclimatées, ont été établies de cette façon[12]. Un tel scénario, peut-être encore concevable durant les années 1920, n'a jamais été sérieusement envisagé, et ne paraît pas plausible aujourd'hui. Il aurait probablement déplu aux monarchistes les plus ardents, pour qui la Couronne valait surtout justement en tant que symbole résiduel de l'appartenance du Canada à l'Empire.

Depuis les années 1990, le fait nouveau est le scepticisme croissant des Canadiens, à l'extérieur du Québec, à l'égard de la Couronne. Dans leurs mémoires, des ministres de haut rang n'ont pas caché leurs convictions républicaines (Balcer, 1988 : 54 ; Pelletier, 1992 : 267-268 ; Sharp, 1994 : 222-224). La dynamique engendrée par la Charte, le nombre accru d'immigrants de souche non européenne au sein de la population canadienne, et surtout semble-t-il les malheurs qui se sont abattus sur la famille royale britannique depuis 1992, semblent avoir entamé la popularité de la monarchie (Massicotte, 1999 : 172 et 174). Le même phénomène se manifeste avec encore plus de vigueur en Australie, et reflète une transformation profonde de l'identité collective de la nation[13].

Pourquoi la monarchie ne fait-elle pas l'objet d'une contestation plus radicale, à une époque où les Canadiens sont davantage portés à remettre en question les bases de leur régime politique ? Depuis la tentative pourtant prudente mais vaine de Pierre Trudeau en 1978 de reformuler le cadre légal de la monarchie[14], aucun politicien d'importance ne semble avoir le goût d'inscrire le sujet à l'agenda politique, même si le Reform Party a fait preuve d'une agressivité inédite à l'égard du gouverneur général[15]. Cette réticence tient elle-même à plusieurs facteurs. On peut craindre les réactions des monarchistes, encore

12. De telles monarchies ont été établies, avec des succès divers, au profit de princes d'origine étrangère en Belgique et en Grèce (1831), en Roumanie (1866), en Bulgarie (1879), en Norvège (1905), et faillirent l'être en Albanie (1914) et en Finlande (1918).

13. Lors du référendum de novembre 1999, 55 % des Australiens ont rejeté un projet de révision constitutionnelle remplaçant la Reine et le gouverneur général par un président élu par les deux chambres du Parlement. Ce rejet a été généralement attribué au fait que le projet républicain proposé ne prévoyait pas l'élection directe du président par le peuple, comme le souhaitait la population, et les républicains ont indiqué leur intention de continuer la lutte.

14. Projet de loi C-60 sur la réforme constitutionnelle, 1978. Ce texte faisait notamment du gouverneur général la première composante du Parlement, en lieu et place de la Reine, et le détenteur, au nom de la Reine, du pouvoir exécutif.

15. Le gouverneur général Hnatyshyn subit les foudres du Reform Party pour ses déplacements à l'étranger et l'exemption de l'impôt fédéral sur le revenu que comporte sa fonction. Le chef du parti critiqua également la nomination du gouverneur général LeBlanc. L'article 18 du règlement de la Chambre des communes interdit aux députés de parler irrévérencieusement de la Souveraine ou d'un autre membre de la famille royale ainsi que du gouverneur général. Le *Règlement annoté de la Chambre des communes* (1988 : 43) fait cependant état de nombreuses entorses à cette règle.

nombreux. Les relations avec la Grande-Bretagne pourraient être inutilement refroidies par l'ouverture d'un tel débat. Ni la Souveraine ni les gouverneurs généraux n'ont suscité par leur comportement de controverse sérieuse au cours de la dernière décennie. L'abolition de la monarchie ne diminuerait pas de façon substantielle les griefs des nationalistes québécois, tout en aigrissant un certain nombre d'anglophones. Et surtout, les chances de succès d'un projet républicain sont aléatoires vu les conditions imposées par la constitution pour son acceptation. Le politologue Reg Whitaker (1999) exprime probablement le sentiment de plusieurs, à savoir que la monarchie disparaîtra d'elle-même avec le temps et que dans l'intervalle la question ne vaut guère la peine que l'on s'en préoccupe.

Pour le moment, l'immobilisme constitutionnel constitue encore le meilleur garant de la pérennité de la Couronne au pays, l'unanimité des corps législatifs élus du pays régissant tout changement fondamental en ce domaine. En l'absence d'un projet républicain crédible et d'un leadership politique déterminé à aborder cette question de front, la Couronne restera probablement le fondement théorique de l'État canadien.

LE CABINET : SA RELATION AVEC LE PARLEMENT

Formellement parlant, le premier ministre et ses collègues sont désignés par le gouverneur général, à qui ils remettront le cas échéant leur démission. Jusque vers le milieu du siècle dernier, les ministres étaient réellement les agents de la Couronne et ne devaient rendre de comptes qu'au gouverneur. La reconnaissance du principe du gouvernement responsable en 1848 en Nouvelle-Écosse, dans la province du Canada-Uni et au Nouveau-Brunswick, a complètement modifié le rapport de forces et engagé le pays dans la voie de la démocratie parlementaire. Les représentants de la collectivité ont lutté pendant des années pour obtenir cette réforme, bien qu'elle fut concédée en fin de compte d'assez bonne grâce par une métropole pour qui les colonies avaient soudainement perdu, avec l'abolition des préférences impériales en 1846, leur importance commerciale prioritaire.

On parle de « gouvernement responsable » pour désigner l'obligation pour le premier ministre et ses collègues de jouir de la confiance d'une majorité des élus du peuple, et de céder leur place si cette confiance leur est retirée. L'harmonie exigée entre la représentation parlementaire et la composition du Cabinet garantit le caractère démocratique du régime, mais aussi l'unité du pouvoir d'État. Si la majorité parlementaire change, le plus souvent à la suite d'élections générales, le Cabinet sera remplacé en conséquence. Notre système diffère donc fondamentalement du système présidentiel américain, où la séparation des pouvoirs et la durée fixe des mandats permettent la coexistence pendant plusieurs années de présidents républicains et de Chambres démocrates. Il diffère aussi des régimes constitutionnels qui existaient au Canada avant l'avènement du gouvernement responsable, régimes sous lesquels les conflits entre le gouverneur et la représentation parlementaire étaient endémiques.

Observons au passage que ce principe, l'une des assises capitales de notre parlementarisme, n'a jamais reçu de consécration constitutionnelle formelle : on en chercherait en vain l'énoncé dans les lois constitutionnelles de 1867 ou de 1982. Aux yeux du juriste, ce principe a le statut d'une « convention ». Pour en saisir les contours exacts, il faut donc se reporter à des précédents parfois anciens, tels que ceux qui ont été répertoriés et analysés par les spécialistes, et à l'attitude des acteurs politiques. À l'heure actuelle, ces précédents et la doctrine suggèrent les cinq principes suivants :

Premièrement, *la responsabilité politique du Cabinet joue devant la Chambre des communes seulement*. L'existence au Sénat d'une majorité opposée, comme ce fut le cas entre 1984 et 1990 et de 1993 à 1996, peut gêner la ratification rapide des mesures législatives du gouvernement à la chambre haute, mais une défaite au Sénat n'affecte en rien son droit de demeurer au pouvoir.

Deuxièmement, dans notre régime, *la confiance des députés est présumée exister et n'est jugée rompue que dans des circonstances bien particulières*. L'entrée en fonction du premier ministre et de ses collègues n'est pas conditionnelle à un vote formel de confiance (une « investiture ») de la Chambre des communes, comme dans certains pays européens. Elle découle uniquement d'un décret du gouverneur général au nom de la Reine. Cette pratique, qui porte la trace de l'ancienne théorie faisant des ministres les conseillers constitutionnels de la Couronne, a permis par exemple, pour s'en tenir à des précédents récents, à John Turner d'être premier ministre du 30 juin au 17 septembre 1984 sans avoir jamais fait face à la Chambre élue en cette qualité[16]. Des décisions importantes peuvent ainsi être prises sans qu'ait été exprimée formellement la confiance de la Chambre à l'endroit des gouvernants. Il va de soi que l'existence de partis disciplinés et le souci de la Couronne de respecter la majorité parlementaire dans ses nominations minimisent fortement les risques de déformation du vœu populaire.

Troisièmement, *pour qu'un gouvernement perde la confiance de la Chambre, il faut que celle-ci le lui déclare par son vote*. Mais la survie du gouvernement n'est pas remise en cause chaque fois qu'il perd un vote en Chambre. Les procès-verbaux des Communes depuis 1867 contiennent une bonne centaine de cas où les ministres présents ont été mis en minorité lors de votes dûment enregistrés (Massicotte, 1998), alors que seulement quatre gouvernements depuis cette date ont subi des défaites suffisamment sérieuses pour justifier la dissolution du Parlement. La règle d'or de notre régime parlementaire, en effet, est que, sous réserve des exceptions précises dont on discutera plus loin, *il revient au gouvernement, et à lui seul, de juger si une défaite qu'il vient de subir équivaut ou non à un retrait de confiance*. Un premier ministre victime de cette infortune a trois options devant lui. Il peut remettre sa démission et recommander au représentant de la Couronne de charger le chef de l'opposition ou une autre personne de former un nouveau gouvernement. Il peut aussi demander le déclenchement d'élections générales qui lui permettront de demeurer temporairement en fonctions et d'en appeler au peuple du revers qu'il vient de subir. Et il lui est loisible, surtout si l'objet de la défaite est jugé peu important, d'encaisser ce revers et de demeurer à son poste.

---

16. Elle a aussi permis à Joe Clark, nommé en juin 1979 à la tête d'un gouvernement minoritaire, de reporter au 9 octobre suivant la convocation du Parlement.

Cette règle explique pourquoi, contrairement à un mythe populaire heureusement de moins en moins répandu, l'existence du gouvernement n'est *pas nécessairement* remise en cause par une défaite portant sur des « questions financières ». Par exemple, M. Trudeau survécut sans difficulté en décembre 1983 au rejet en comité plénier d'une disposition d'un projet de loi fiscal. M. Pearson avait connu une mésaventure plus sérieuse en février 1968 lorsqu'un projet de loi de même nature fut rejeté dans sa totalité par les Communes à la troisième lecture : il demeura néanmoins en fonction après avoir demandé et obtenu un vote explicite de confiance de la Chambre quelques jours plus tard (Beaudoin, 1975 ; Sharp, 1994 : 159-161). Le rejet de projets de lois fiscales n'est pas jugé fatal parce que ceux-ci ne constituent normalement que des modifications à une loi d'application permanente, comme la *Loi de l'impôt sur le revenu*, qui continuera dans un tel cas de s'appliquer comme auparavant, assurant à l'État les ressources nécessaires à son fonctionnement.

Une défaite portant sur les crédits budgétaires est en principe plus sérieuse : en effet, les crédits budgétaires non statutaires sont votés par le Parlement pour une période d'un an expirant le 31 mars et, en leur absence, le gouvernement perd l'autorité législative qui lui permet d'engager des dépenses publiques. Mais le rejet de crédits *supplémentaires* ou d'un crédit budgétaire isolé ne remet pas en cause la survie du ministère. On le vit clairement en mars 1973 lorsque les Communes rejetèrent un crédit supplémentaire de 19 000 $ destiné à Information Canada, sans pour autant que le cabinet Trudeau envisage la démission ou la dissolution[17].

Quatrièmement, *le premier ministre n'est pas juge souverain de toute défaite qu'il pourrait subir*. Si tel était le cas, le gouvernement ne serait responsable que de nom, puisqu'il pourrait déclarer toute défaite sans importance. Aussi la Chambre dispose-t-elle de trois moyens pour lui signifier sa défiance de façon non équivoque. Premièrement, elle peut rejeter en bloc l'ensemble des crédits budgétaires, paralysant ainsi la machine gouvernementale. Deuxièmement, elle peut rejeter toute motion sur laquelle le premier ministre a *préalablement et publiquement* posé la question de confiance[18]. Troisièmement, elle peut adopter une motion de censure explicite à l'endroit du gouvernement. Une telle motion, en substance, « blâme » le Cabinet, « regrette » ou « condamne » ses politiques, ou déclare tout simplement que le Cabinet n'a plus sa confiance. Le débat sur l'Adresse en réponse au discours du Trône et le

---

17. On peut se demander ce qu'il adviendrait si les crédits provisoires étaient rejetés en bloc. Bien que nous ne connaissions aucun précédent à cet égard, le rejet des crédits provisoires devrait à notre avis revêtir la même gravité que celui des crédits annuels, pour deux raisons : les crédits provisoires constituent un échantillon représentatif de l'ensemble de la politique budgétaire du gouvernement, et leur absence ne permet pas au gouvernement de financer les dépenses courantes autrement que par le recours aux mandats spéciaux.

18. Un cas de ce type s'est présenté en avril 1998. Le chef de l'opposition présenta une motion réclamant du gouvernement l'indemnisation complète des victimes de l'hépatite C. La motion ne comportait aucune censure directe à l'égard du Cabinet. Certains députés de son propre parti s'apprêtant pour des raisons de conscience à l'appuyer, le premier ministre posa personnellement la question de confiance sur cette motion six jours avant sa mise aux voix, ce qui en assura le rejet par 155 voix contre 140, aucun député du parti gouvernemental ne l'appuyant.

débat sur le budget constituent deux occasions privilégiées pour la présentation de telles motions, mais ce ne sont pas les seules. *L'adoption de telles motions rompt de façon irrémédiable le lien de confiance jusque-là présumé exister entre le gouvernement et la majorité parlementaire*, et ne laisse plus au gouvernement le choix qu'entre la démission immédiate et l'appel au peuple.

Il n'est pas sans intérêt de relever que les quatre premiers ministres dont les gouvernements ont été explicitement censurés par la Chambre depuis la Confédération (Meighen en 1926, Diefenbaker en 1963, Trudeau en 1974 et Clark en 1979) ont tous préféré le déclenchement d'élections à la démission immédiate[19]. Choix logique : l'appel au peuple laisse au Cabinet défait l'espoir de retourner la situation en sa faveur (d'autant plus qu'il demeure alors en fonction pour la durée de la campagne électorale) alors que la démission immédiate aurait pour effet de transférer à l'adversaire la plénitude du pouvoir et le droit de décider de la date du prochain rendez-vous électoral. Si un gouvernement devenu minoritaire à la suite d'élections générales choisissait néanmoins d'affronter la Chambre et était censuré dès le vote sur l'Adresse en réponse au discours du trône, il est probable qu'il choisirait la démission, au lieu de demander la tenue d'un nouveau scrutin quelques semaines ou quelques mois seulement après des élections générales. S'il choisissait la seconde option, le gouverneur général pourrait bien lui refuser la dissolution demandée.

Cinquièmement, et au rebours d'une idée malheureusement assez répandue, *le parti qui obtient le plus de sièges aux élections n'a pas un droit absolu au pouvoir*. Naturellement, si un parti dispose de la majorité absolue des sièges, il forme automatiquement le gouvernement. Si par con-

tre il ne détient qu'une simple pluralité, il est certes en droit d'y prétendre, mais tout dépend alors de l'attitude des autres partis : si tous annoncent leur intention de se coaliser contre lui en dépit de la pluralité qu'il détient, son maintien ou son accession au pouvoir est hypothétique. Le gouvernement doit jouir de la confiance de la majorité de la Chambre, et cette confiance peut fort bien aller à un parti qui, bien qu'il soit arrivé au second rang pour le nombre de sièges, réussit par d'habiles concessions à s'assurer l'appui du parti qui tient le fléau de la balance. On le vit très clairement à la suite des élections fédérales de 1925 : bien que ne détenant plus que 101 sièges contre 116 aux conservateurs (la majorité absolue était alors de 123), le gouvernement libéral sortant de Mackenzie King demeura au pouvoir pendant plusieurs mois grâce au soutien des députés du Parti progressiste[20].

Les problèmes évoqués plus haut se posent lorsque le parti gouvernemental ne dispose pas de la majorité absolue des sièges aux Communes. Inconnues avant la fin de la Première Guerre mondiale, de telles situations se sont présentées fréquemment depuis, puisque huit des 23 élections tenues depuis 1921 n'ont pas dégagé de majorité absolue, encore qu'on n'en ait rarement

---

19. Seul Trudeau est sorti vainqueur des élections qui ont suivi. Deux autres premiers ministres ont démissionné peu avant de subir des défaites à peu près certaines : Sir John A. Macdonald en 1873, et Mackenzie King en juin 1926.

20. Une situation analogue s'est présentée en Ontario en 1985, lorsque David Peterson forma un gouvernement minoritaire libéral alors que son parti avait fait élire seulement 48 députés, contre 52 au Parti conservateur : le Nouveau Parti démocratique avait conclu un pacte d'alliance avec le Parti libéral.

été très éloigné[21]. La fréquence de telles situations aurait pu conduire la classe politique canadienne à opter pour la formation de gouvernements de coalition réunissant plusieurs partis politiques, de façon à dégager une majorité[22]. Au contraire, on a toujours préféré jusqu'ici la formation d'un gouvernement homogène minoritaire, qui survit au jour le jour dans l'attente d'une conjoncture favorable qui lui permettra de décrocher une majorité à la faveur de nouvelles élections, à moins que les partis d'opposition ne s'allient pour le renverser en Chambre au moment qu'ils jugent opportun[23]. Bien que le bilan des gouvernements minoritaires soit jugé favorablement par certains commentateurs et une partie de l'opinion, les premiers ministres placés dans une telle position l'acceptent de mauvaise grâce et tentent de s'en extraire le plus tôt possible. Plusieurs sondages suggèrent que les Canadiens préfèrent des gouvernements majoritaires[24].

La prépondérance de l'exécutif dans notre régime politique repose sur la conjonction de trois variables. À la règle du *gouvernement responsable* s'ajoutent un *mode de scrutin majoritaire à un tour* qui accroît la probabilité qu'un parti obtienne une majorité absolue de sièges même avec une

---

21. Dans les provinces, on a eu recours le plus souvent dans de tels cas à des gouvernements homogènes minoritaires. Tel fut le cas en Ontario (1943-1945, 1975-1981, 1985-1987), en Colombie-Britannique (1952-1953), au Manitoba (1920-1922, 1958-1959, 1969-1973, 1988-1990), et en Nouvelle-Écosse (1998-1999). Dans un nombre moindre de cas, on a préféré une coalition réunissant plusieurs partis, comme en Ontario (1919-1923), en Colombie-Britannique (1941-1952) au Manitoba (1940-1951) et en Saskatchewan (1929-1934, et après les élections de l'automne 1999). Les législatures sans majorité sont plus rares dans les provinces (une élection sur 12 depuis la fin de la Première Guerre mondiale) qu'au niveau fédéral (un peu moins d'une élection sur trois) (calculs de l'auteur).

22. N'ont dégagé aucune majorité les élections fédérales suivantes : 1921, 1925, 1957, 1962, 1963, 1965, 1972, 1979. Il n'y a eu qu'une seule coalition – arithmétiquement non indispensable – au niveau fédéral au cours du XXᵉ siècle : à la veille des élections de 1917, pour assurer l'adoption de la conscription, Sir Robert Borden transforma son Cabinet conservateur en une coalition englobant la plupart des libéraux anglophones. L'expérience dura trois ans, aliéna les francophones et divisa profondément le pays. En 1921, Mackenzie King proposa au chef progressiste Crerar la formation d'une coalition pour assurer au Parti libéral la majorité qui lui manquait de peu, mais Crerar refusa (Allen, 1961 : 235). Plus près de nous, Pierre Elliott Trudeau fit une offre semblable au Nouveau Parti démocratique en 1980, mais le chef néo-démocrate Ed Broadbent refusa, estimant que son parti ne pourrait jouer un rôle important au sein du Cabinet, les libéraux disposant déjà d'une majorité parlementaire (Steed, 1988 : 239 ; Trudeau, 1993 : 272-273).

23. Depuis 1867, les législatures sans majorité ont duré en moyenne moins de 20 mois, contre plus de 50 pour les législatures dominées par une majorité.

24. Au printemps 1993, selon un sondage, 52 % des Canadiens souhaitaient que le prochain gouvernement soit majoritaire, et 39 % préféraient un gouvernement minoritaire. En novembre de la même année, 64 % des répondants se disaient satisfaits d'avoir un gouvernement majoritaire à l'issue des élections qui venaient de se dérouler, alors que 28 % auraient préféré un gouvernement minoritaire. Voir « Canadians prefer majority government but expect Liberal minority », *The Gallup Report*, 5 avril 1993, et « Les Canadiens modifieraient le système électoral », *La Presse*, 22 novembre 1993. En 1997, 56 % se disaient satisfaits de ce que le gouvernement soit majoritaire, 29 % auraient préféré un gouvernement minoritaire, et 15 % se disaient indécis (Edwards et Hughes, 1997).

simple pluralité du suffrage populaire[25], et la *discipline de parti* qui permet au parti majoritaire de compter sur l'appui de ses députés lors des votes pris en Chambre. La disparition d'une seule de ces variables produirait un parlementarisme plus fluide que celui que nous connaissons, comme la Nouvelle-Zélande en fait l'expérience depuis l'instauration d'un mode de scrutin plus proportionnel.

LE CONSEIL DES MINISTRES : SA COMPOSITION

La discussion à laquelle on vient de procéder met en lumière à quel point notre système politique diffère du système américain. Alors que le président américain dispose à titre personnel de la plénitude du pouvoir exécutif et n'est nullement obligé de tenir compte de l'avis des secrétaires dont il est entouré, notre exécutif est collégial, et le maintien au pouvoir du premier ministre dépend de l'appui constant de ses collègues du Cabinet et des parlementaires de son parti, ainsi que de la confiance de la Chambre.

Ni le premier ministre, ni le Cabinet, ni le Conseil des ministres ne sont mentionnés dans la constitution[26]. L'article 11 de la *Loi constitu-*

tionnelle de 1867* prévoit simplement l'existence d'un organe appelé le *Conseil privé de la Reine pour le Canada*, dont les membres sont nommés et éventuellement destitués par le gouverneur général, et cet organe est « chargé d'assister Sa Majesté dans le gouvernement du Canada et de lui donner des avis à cet égard[27] ». Le Conseil privé se compose des ministres actuels et de leurs prédécesseurs encore vivants, auxquels s'ajoutent quelques personnalités choisies par le premier ministre du jour. En tant que tel, il ne se réunit pratiquement jamais[28]. L'appartenance au Conseil privé comporte deux conséquences de nature plus protocolaire que pratique. En premier lieu, elle confère à vie le titre d'« honorable[29] » ainsi que le droit de faire suivre son nom des lettres « c.p. » (pour : Conseil privé) ou, en anglais, « P.C. » (pour : Privy Council). La seconde conséquence pratique est d'établir entre les membres du Conseil une préséance qui découle de l'ordre chronologique dans lequel ils y ont été

25. Depuis 1921, les seules élections ayant donné à un parti la majorité absolue du suffrage populaire sont celles de 1940, 1958 et 1984. On pourrait ajouter à cette liste les élections de 1949 et de 1953, à la condition – contestable – d'ajouter au suffrage libéral proprement dit (environ 49 %) les voix exprimées en faveur de candidats libéraux indépendants.

26. Le premier ministre du Canada était toutefois mentionné à l'article 37 de la *Loi constitutionnelle de 1982* (abrogé un an après son entrée en vigueur) et l'est toujours à l'article 35.1 de la même loi, édicté par la *Proclamation de 1983 modifiant la Constitution*.

27. La traduction citée ici provient de la version de la *Loi constitutionnelle de 1867* établie par le comité de rédaction constitutionnelle française établi en vertu de l'article 55 de la *Loi constitutionnelle de 1982*.

28. Un rapport de presse de 1986 faisait état de trois réunions plénières du Conseil privé depuis ses origines : en 1867 pour la proclamation de la nouvelle fédération, en 1952 pour l'accession au trône de la nouvelle Souveraine, et en 1982 à l'occasion du rapatriement de la constitution. Voir John Warren, « PC doesn't always mean party's name », *The Citizen* (Ottawa), 17 février 1986, p. A18.

29. Le *Tableau des titres à employer au Canada* confère à vie au premier ministre (tout comme au gouverneur général et au juge en chef de la Cour suprême) le titre de « Très Honorable », qui autrefois lui revenait en sa seule qualité de membre du Conseil privé du Royaume-Uni.

assermentés : c'est cet ordre qui sera suivi dans la liste officielle des membres du Cabinet (sauf pour le premier ministre, toujours en tête de liste), ce qui explique pourquoi, entre 1984 et 1988, le ministre des Affaires des Anciens combattants, un vétéran de l'ère Diefenbaker, précédait sur la liste les poids lourds politiques qu'étaient Joe Clark, John Crosbie et Erik Nielsen.

Le premier ministre

À titre de chef du gouvernement, le premier ministre occupe une position centrale. De toutes les métaphores concoctées pour illustrer cette position, la meilleure demeure encore celle de Sir Ivor Jennings, qui compare le premier ministre à un soleil autour duquel gravitent des planètes (Jennings, 1959 : 200). Comme toutes les fonctions de direction, elle est dans une certaine mesure ce que son titulaire en fait. Chaque premier ministre développe un style de relations avec les autres membres du Cabinet, qui reflète sa personnalité propre et l'ascendant qu'il exerce sur eux et elles.

L'essentiel des prérogatives du premier ministre découle non de textes légaux, mais plutôt de conventions qu'on a parfois tenté de formuler[30]. L'opacité qui entoure les délibérations du Cabinet a engendré beaucoup d'incertitude quant à

l'ascendant réellement exercé par le chef du gouvernement. La vision traditionnelle fait du premier ministre un simple *primus inter pares*, procédant à un tour de table en s'abstenant d'indiquer sa position propre, ne dégageant qu'en toute fin la position prédominante. D'autres voient en lui un patron indélogeable distribuant des consignes à des exécutants (Smith, 1979).

La plupart des sources laissent entendre que la vérité se situe quelque part entre le modèle collégial et le modèle autocratique (Kyba, 1989 : 201-206 ; Sharp, 1994 : 107-109 et 167-169). Diefenbaker pratiqua un style de leadership collégial caractérisé par l'indécision, qui contribua à ruiner sa carrière politique (Smith, 1995). Un ancien ministre ayant servi sous ses deux successeurs résumait ainsi la différence : les ministres de Lester Pearson se disaient que le premier ministre occupait son poste grâce à eux, alors que ceux de Trudeau admettaient qu'ils étaient en fonction grâce à lui (Sharp, 1994 : 168). Le même homme souligne cependant que, sauf dans le domaine constitutionnel, Trudeau effectuait un tour de table et cherchait réellement à dégager un consensus (167).

Énoncée pour la première fois par Smith à la fin des années 1960, contredite par Punnett en 1977, la thèse du « monarque électif » a été réaffirmée récemment avec vigueur par Donald Savoie (1999a,b). Pour cet auteur, le pouvoir échappe maintenant au Cabinet et se concentre entre les mains du premier ministre et d'une poignée de « courtisans » soigneusement choisis par lui : quelques conseillers et ministres de haut niveau (dont celui des Finances), des sondeurs triés sur le volet et quelques hauts fonctionnaires. Seraient à l'origine de cette prédominance l'importance prise par la question de l'unité

---

30. On cite en particulier un extrait du procès-verbal du Cabinet daté de 1896, réaffirmé en 1935, énumérant les prérogatives du premier ministre. Y figurent la convocation des réunions du Cabinet et les recommandations au gouverneur général relatives à la convocation du Parlement, à la nomination des conseillers privés, des lieutenants-gouverneurs, du juge en chef, des sénateurs et autres titulaires de hautes charges. Voir la publication officielle *Le Bureau du Conseil privé*, Ottawa, septembre 1991, p. 3n.

canadienne, la nécessité de faire face efficacement à l'agressivité des médias, et la mondialisation. Les décisions de routine suivraient les filières établies, mais les décisions essentielles seraient prises personnellement par le premier ministre, parfois après la rencontre d'un homologue international ou provincial important, ou de concert avec quelques ministres et conseillers. On cite à cet égard la décision de consulter la Cour suprême quant à la légalité de la sécession unilatérale du Québec en 1996, et le lancement du projet des Bourses du millénaire en 1998. Les ministres voient leur marge de manœuvre encadrée par une « lettre de mandat » du premier ministre qui leur est remise le jour même de leur nomination. De l'avis d'un ministre, le Cabinet serait même devenu un simple *focus group* à l'usage du premier ministre. Savoie reproche à ce mode de gestion gouvernementale sa faible sensibilité aux réalités régionales.

Il existe deux voies d'accès au poste de premier ministre. La première est l'élection. L'aspirant s'impose d'abord comme le chef d'un parti politique (voir le chapitre sur les partis politiques fédéraux pour connaître le processus de sélection et d'élection des chefs de parti). Une fois choisi chef, il lui faut remporter la majorité absolue des sièges aux Communes lors des élections suivantes pour exercer le pouvoir sans partage, sinon tout dépendra des alliances qu'il saura nouer, comme nous l'avons expliqué plus haut. Il lui faut aussi conserver l'appui des militants du parti, de son caucus et de son Cabinet. Le soutien des deux premières composantes n'est pas toujours facile à maintenir lorsque le parti est confiné à l'opposition, comme John Turner en fit l'expérience après sa défaite de 1984 (Weston, 1988). Parvenu au pouvoir, en revanche, le chef

dispose de nombreuses ressources qui, utilisées avec adresse, lui garantiront la loyauté de ses partisans même lors des heures les plus difficiles de sa carrière, comme on l'a vu sous Brian Mulroney. Qu'on ne s'y méprenne pas cependant : son maintien au pouvoir dépend ultimement de sa capacité de conserver la confiance de ses collègues du Cabinet et du caucus[31].

La seconde voie d'accès à la direction du gouvernement est la succession (Massicotte, 1998b) : un individu peut devenir premier ministre en succédant à un premier ministre du même parti après la démission ou le décès de celui-ci entre deux élections. Cette voie est suivie plus fréquemment qu'on ne le croit : depuis 1945, Louis St-Laurent, Pierre Trudeau, John Turner et Kim Campbell sont devenus premiers ministres de cette façon. Dans ce cas de figure, l'aspirant doit être choisi chef du parti dans les mois qui suivent l'annonce de la démission ou le décès du

---

31. Faute d'avoir pu conserver cette confiance, la première ministre britannique Margaret Thatcher a perdu son poste à la fin de 1990. Trois premiers ministres australiens (Menzies en 1941, Gorton en 1971 et Hawke en 1991) ont été dépouillés du pouvoir, tout comme deux de leurs homologues néozélandais depuis 1990. Au Québec, on cite le cas du premier ministre Parent en 1905. En 1963, dans les heures qui suivirent la défaite de son gouvernement en Chambre, le premier ministre Diefenbaker faillit être évincé de la direction du parti et du gouvernement par une conjuration de membres de son Cabinet : ayant eu vent du complot, il réussit à le déjouer en faisant précéder la réunion fatidique du Cabinet par une réunion du caucus lors de laquelle les députés d'arrière-ban lui renouvelèrent leur soutien sans équivoque. Le fait que les chefs de partis au Canada soient désignés non par le caucus comme en Australie et en Nouvelle-Zélande, mais par une convention plus large des militants du parti, contribue à expliquer leur relative immunité.

premier ministre en fonction, et lui succède peu après sa désignation. Le premier ministre sortant ne joue pas alors de rôle formel dans l'opération, par exemple en conseillant le gouverneur général quant au choix de son successeur, et il est notoire qu'en 1984 Pierre Trudeau aurait préféré être remplacé par une autre figure que John Turner. L'autorité du chef du gouvernement n'est pas affectée par les circonstances de son accession au pouvoir, et un premier ministre choisi par voie de succession dispose des mêmes prérogatives que son prédécesseur même s'il n'a pas encore subi le test d'une campagne électorale, et même s'il n'est pas encore député. Rien, hormis la fin très prochaine d'une législature, ne l'oblige à déclencher immédiatement des élections générales pour jouir de la plénitude des pouvoirs rattachés à sa charge.

La longévité des premiers ministres canadiens est exceptionnellement élevée dans le monde démocratique, et même parmi les pays suivant le modèle de Westminster (tableau 8.2). Depuis 1867, le pays a connu 26 gouvernements dirigés par seulement 20 personnes. Un premier ministre canadien est demeuré en fonction pendant en moyenne 64 mois, contre 44 mois en Grande-Bretagne depuis 1868, 41 en Australie depuis 1901 et 37 en Nouvelle-Zélande depuis 1856 (Casstevens, 1989 : 6), pour s'en tenir à des régimes politiques facilement comparables[32].

Aucune règle, légale ou conventionnelle, ne prévoit une quelconque alternance des groupes linguistiques ou des sexes à la tête du gouvernement. Sous le régime de l'Union des deux Canadas (1840-1867), dont les sections pesaient d'un poids égal dans l'État, la direction du gouvernement était plus ou moins bicéphale, l'usage ayant établi que le premier ministre et le leader du gouvernement à l'Assemblée législative devaient provenir de sections différentes : ce fut le cas des ministères Baldwin-La Fontaine et Macdonald-Cartier. La Confédération de 1867 mit fin à ce dualisme (Creighton, 1981 : 405). Depuis, le Canada a compté six premiers ministres issus du Québec, dont quatre francophones[33], mais leur accession au pouvoir découlait de leurs qualités personnelles et du soutien qui leur était accordé, non d'une règle imposant leur désignation du seul fait qu'ils fussent francophones ou québécois. La présence presque continue de Québécois au 24 Sussex Drive (résidence officielle du premier ministre) depuis 1968 tient à des facteurs politiques plutôt que constitutionnels.

Les ministres

Avec le premier ministre, les ministres forment le Cabinet. Les ministres sont les chefs politiques des divers départements ministériels de l'État. Leurs fonctions s'exercent dans un cadre collégial. Ils n'ont pas le pouvoir de prendre à titre individuel les grandes décisions dans leur champ d'activité : celles-ci doivent d'abord être discutées et approuvées au Cabinet. Chaque ministre

---

32. Sir Wilfrid Laurier détient le record du plus long mandat ininterrompu (15 ans), les deux mandats de Pierre Elliott Trudeau totalisent plus de 15 ans, ceux de Sir John A. Macdonald 19 ans, alors que les trois mandats de W.L. Mackenzie King couvrent 21 ans. Contrairement à la situation aux États-Unis, il n'existe aucune limite quant au nombre de mandats qu'un premier ministre canadien puisse remplir.

33. Les quatre francophones sont Laurier, St-Laurent, Trudeau et Chrétien et provenaient tous du Québec. Deux anglophones du Québec, Sir John Abbott et Brian Mulroney, ont également occupé le poste.

est titulaire d'un portefeuille correspondant à un département ministériel distinct, bien que les circonstances entraînent parfois le cumul par un ministre de deux portefeuilles (sans que son traitement en soit affecté). Il fut un temps où le premier ministre détenait également un portefeuille, mais la direction du gouvernement s'est révélée suffisamment lourde pour occuper tout son temps.

Les titres des ministres (ministre des Affaires étrangères, des Finances, de la Justice, etc.) sont le plus souvent explicites par eux-mêmes, mais certains requièrent quelques explications. Ainsi le «Solliciteur général» est-il un ministre responsable de la Gendarmerie royale et de l'administration des pénitenciers. Au «Président du Conseil du trésor» revient la préparation des prévisions de dépenses publiques. La «présidence du Conseil privé» est en soi une sinécure attribuée au cours des ans, par exemple, au ministre chargé de la planification des travaux de la Chambre, ou au responsable des relations intergouvernementales.

À compter des années 1970, on a conféré à l'un des ministres le titre de vice-premier ministre (Sharp, 1994: 158-159). Cette fonction n'est pas mentionnée dans la *Loi sur les traitements*, et son titulaire n'est rémunéré qu'à titre de détenteur d'un portefeuille ministériel ou d'un ministère d'État[34]. Elle n'a rien en commun avec la vice-présidence des États-Unis et ne comporte en particulier aucun droit automatique à la succession du premier ministre, bien qu'elle comporte la suppléance du premier ministre lorsque celui-ci est absent de la capitale ou est dans l'impossibilité d'exercer les fonctions de sa charge. Généralement occupée par des ministres influents, la fonction a acquis de ce fait une visibilité supérieure (Nielsen, 1989: 247).

TABLEAU 8.2

Les premiers ministres du Canada depuis 1867, leur affiliation politique et la durée de leur mandat

Sir John Alexander Macdonald (Cons.)	1867-1873
Alexander Mackenzie (Lib.)	1873-1878
Sir John Alexander Macdonald (Cons.)	1878-1891
Sir John Joseph Caldwell Abbott (Cons.)	1891-1892
Sir John Sparrow David Thompson (Cons.)	1892-1894
Sir Mackenzie Bowell (Cons.)	1894-1896
Sir Charles Tupper (Cons.)	Mai-juillet 1896
Sir Wilfrid Laurier (Lib.)	1896-1911
Sir Robert Laird Borden (Cons.)	1911-1917
Sir Robert Laird Borden (Unioniste)	1917-1920
Arthur Meighen (Unioniste)	1920-1921
William Lyon Mackenzie King (Lib.)	1921-1926
Arthur Meighen (Cons.)	Juin-sept. 1926
William Lyon Mackenzie King (Lib.)	1926-1930
Richard Bedford Bennett* (Cons.)	1930-1935
William Lyon Mackenzie King (Lib.)	1935-1948
Louis Stephen St-Laurent (Lib.)	1948-1957
John George Diefenbaker (P.C.)	1957-1963
Lester Bowles Pearson (Lib.)	1963-1968
Pierre Elliott Trudeau (Lib.)	1968-1979
Charles Joseph Clark (P.C.)	1979-1980
Pierre Elliott Trudeau (Lib.)	1980-1984
John Napier Turner (Lib.)	Juin-sept. 1984
Martin Brian Mulroney (P.C.)	1984-1993
Kim Campbell (P.C.)	Juin-nov. 1993
Jean Chrétien (Lib.)	1993-

* Devenu en 1941 le vicomte Bennett de Calgary, Mickleham et Hopewell.

Lib. = Parti libéral.

Cons. = Parti conservateur (appelé officiellement « libéral-conservateur » jusqu'en 1942).

P.C. = Parti progressiste-conservateur.

Unioniste = Coalition des conservateurs et de libéraux anglophones.

34. La même remarque vaut pour le leader du gouvernement à la Chambre des communes.

Hormis le premier ministre, tous les ministres sont égaux : toutefois, les ministres du Commerce international et de la Coopération internationale sont, aux termes de la loi constitutive du ministère des Affaires étrangères et du Commerce international[35], chargés d'« assister » le ministre des Affaires étrangères dans l'exercice de ses attributions en ces deux domaines. De plus, il existe entre les portefeuilles une hiérarchie informelle. Les Finances, les Affaires étrangères et la Justice sont les plus recherchés. Un ministre ayant occupé les deux premiers les qualifie respectivement de « the most challenging » et « the most attractive » (Sharp, 1994 : 128 et 225). L'Industrie, la Santé, la présidence du Conseil du trésor, les Transports et le Commerce international sont importants. Le Revenu, le Travail et les Anciens combattants suscitent des convoitises moindres. L'importance d'un portefeuille comme la Défense varie selon la conjoncture.

Les secrétaires d'État

Tout au long des années 1980, l'effectif du Cabinet a oscillé autour de 40 membres, soit beaucoup plus que dans les autres grandes puissances industrielles. Une telle inflation résultait de la volonté d'inclure un représentant de chaque province (et de chaque sous-région importante au sein des grandes provinces), de représenter les femmes et les minorités linguistiques et ethniques, d'assurer à certaines clientèles cibles (groupes ethniques, petites entreprises) l'impression d'avoir « leur » ministre. En juin 1993, dans un contexte où le déficit et la dette nationale devenaient un enjeu important du débat

politique, la nouvelle première ministre Kim Campbell réduisit d'un coup de 35 à 25 membres la taille du Cabinet. Elle y parvint non seulement en fusionnant certains ministères, mais en éliminant tous les « ministres d'État » dont la prolifération depuis 1970 avait fortement contribué à alourdir la structure du Cabinet[36]. Cette mesure fut plutôt bien reçue dans l'opinion. Depuis, la nature politique semble avoir fait son œuvre et le nombre de ministres a augmenté constamment. Vainqueur des élections suivantes, Jean Chrétien forma un Cabinet de 23 membres, auxquels s'ajoutèrent cependant 8 « secrétaires d'État[37] ». Après le remaniement d'août 1999, on comptait 28 ministres (incluant le premier ministre) et 9 secrétaires d'État.

À première vue, les secrétaires d'État[38] correspondent aux anciens ministres d'État. Ils sont membres du Conseil privé, tenus par la solida-

---

35. Statuts du Canada 1995, c. 5.

36. La *Loi sur les traitements* prévoit toujours la possibilité de nommer des ministres d'État si besoin est.

37. Dans *La vie politique au Québec et au Canada* (1996 : 432), André Bernard écrit de façon inexacte que plusieurs membres du Conseil des ministres sous Brian Mulroney ont porté le titre de secrétaires d'État. En fait, la fonction fut créée seulement en novembre 1993.

38. Il ne faut pas confondre les secrétaires d'État avec le ministre portant jusqu'en 1993 le titre de « secrétaire d'État du Canada », ni avec les « secrétaires parlementaires ». Ces derniers ne font pas partie de l'exécutif et exercent une fonction de nature parlementaire. Nommés par le gouverneur en conseil en vertu de la *Loi sur le Parlement* (Lois révisées du Canada 1985, c. P-1), ils « aident le ministre auquel ils sont rattachés en se conformant à ses instructions. Sous Lester Pearson, certains ministres traitaient leurs secrétaires parlementaires en futurs ministres à l'entraînement (Sharp, 1994 : 109-111). Tel ne paraît plus être le cas aujourd'hui.

rité ministérielle et subordonnés à un ministre titulaire. Toutefois, la subordination que suggère leur titre est accentuée par l'infériorité de leur salaire (égal à 75 % de celui d'un ministre) et de leurs bénéfices de fonction. En principe, ils ne participent pas aux réunions du Cabinet, bien que trois d'entre eux y soient conviés à tour de rôle. Leurs attributions sont plus restreintes que celles du ministre auquel ils sont rattachés. La distinction entre ministres et secrétaires d'État, qui échappe souvent au grand public, a été amincie par la pratique ultérieure consistant à faire agir certains ministres concurremment à titre de secrétaires d'État auprès d'un autre ministre.

LA DÉSIGNATION DES MEMBRES DU CONSEIL DES MINISTRES

L'une des principales prérogatives d'un nouveau premier ministre consiste à désigner les autres membres du Conseil des ministres et à déterminer leurs attributions. En apparence illimitée, la marge de manœuvre du chef du gouvernement est restreinte par de nombreux facteurs[39].

Au premier rang figure, en application de la règle du gouvernement responsable, la nécessité de choisir les ministres parmi les membres de la Chambre élue. Cependant, un sénateur sera presque invariablement appelé à siéger au Cabinet à titre de leader du gouvernement au Sénat pour piloter les projets de loi d'origine gouvernementale à la Chambre haute, et l'absence de députés

ministériels dans certaines régions du pays peut exiger la nomination de ministres sénateurs en provenance de ces régions[40]. Le premier cas est pratique courante, le second exceptionnel.

La nécessité pour les ministres de siéger aux Communes souffre quelques exceptions qui révèlent la souplesse du système. Aucun texte ne pose formellement cette exigence, qui découle plutôt d'une convention aux contours imprécis que l'on peut formuler ainsi : pour siéger au Cabinet, il faut être député, et sinon le devenir le plus tôt possible. On a eu la prudence de ne spécifier aucun délai. C'est cette souplesse qui a permis à John Turner d'être nommé premier ministre en 1984, de procéder à un remaniement ministériel et de déclencher des élections générales, le tout sans pour autant être député[41]. Des personnes ont été nommées ministres avant d'avoir subi l'épreuve électorale, comme le furent Lucien Bouchard en 1988, Stéphane Dion et Pierre Pettigrew en 1996. Ces exemples témoignent de l'exceptionnel crédit que le premier ministre accorde au récipiendaire de cette faveur,

---

39. La formation du Cabinet Chrétien en 1993 est décrite en détail dans Greenspon et Wilson-Smith (1996 : 33-52).

40. On eut recours à cet expédient sous les ministères Clark et Trudeau. Ce dernier comptait en son sein des sénateurs représentant la Colombie-Britannique, l'Alberta et la Saskatchewan. De l'avis de Jean-Luc Pépin, qui fut ministre à l'époque, cette formule n'eut guère de succès, les sénateurs ministres se permettant des entorses à la solidarité ministérielle dans le but de plaire à leur région d'origine, sans pour autant peser du même poids qu'un ministre dûment élu.

41. Cette souplesse permet aussi à un premier ministre, battu dans sa circonscription alors que son gouvernement est réélu, de conserver ses fonctions, à charge bien sûr de trouver un siège rapidement. Mackenzie King en bénéficia après ses défaites personnelles dans York Nord (1925) et dans Prince Albert (1945).

bien que l'électorat n'ait pas toujours partagé subséquemment cet avis[42].

Les chances d'un député d'accéder au Cabinet sont évidemment fonction, comme dans toute organisation hiérarchique, de la qualité de ses relations avec le premier ministre. Celles-ci dépendent à leur tour de multiples facteurs tels l'attitude prise par le député lors de la course au leadership, la loyauté dont il a fait preuve à l'égard du chef, le respect qu'inspirent ses qualités personnelles, son jugement politique et sa formation académique.

Finalement, la marge de manœuvre du premier ministre est réduite par des considérations d'ordre régional. Le Canada est la seule des grandes fédérations où des impératifs de cette nature pèsent aussi lourdement sur le choix des ministres[43]. Attribuée souvent aux carences représentatives de la Chambre haute, cette règle assure dans toute la mesure du possible au moins un ministre à chaque province et la nomination pour les principales provinces d'un nombre de ministres correspondant sommairement à l'importance relative de leur population. Au sein du cabinet Mulroney, on a compté entre 11 et 13 ministres du Québec, entre 11 et 12 Ontariens, entre 9 et 13 ministres de l'Ouest et entre 3 et 6 ministres

en provenance des provinces de l'Atlantique (tableau 8.3).

La nécessité de respecter les équilibres régionaux relève du casse-tête lorsque le caucus du parti gouvernemental n'inclut que peu ou pas de députés issus de certaines régions. Telle fut précisément la situation entre 1979 et 1984. Le Parti progressiste-conservateur du premier ministre Clark n'avait fait élire que deux députés au Québec sur une possibilité de 75. Le Parti libéral sous Trudeau n'eut guère plus de succès dans l'Ouest aux élections de 1980, avec seulement deux sièges sur les 80 à pourvoir. Dans chaque cas, on eut recours à la nomination de sénateurs issus de telles régions. La solution demeurait boîteuse, dans la mesure où ces ministres étaient placés en position de faiblesse vis-à-vis de leurs collègues députés. Des solutions plus permanentes furent envisagées, comme l'introduction d'un mode de scrutin plus proportionnel pour les élections à la Chambre des communes, ou l'élection des sénateurs au suffrage universel direct selon le système de la représentation proportionnelle. L'une ou l'autre formule aurait permis aux partis de faire élire quelques députés ou sénateurs même dans leurs « terres de mission » respectives, mais chacune se heurta à de fortes objections. L'élection de 1984, en assurant au parti gouvernemental la majorité des sièges dans chacune des provinces et les deux territoires pour la première fois depuis la Confédération, entraîna la mise au rancart de tels projets, souvent populaires dans les milieux intellectuels. En 1997, la nomination d'un sénateur s'avéra nécessaire pour pallier l'absence de député de la Nouvelle-Écosse au sein du caucus libéral.

À l'équilibre des régions s'ajoute depuis toujours celui des groupes linguistiques. Sous Mulroney, par exemple, le Cabinet comptait entre 9 et

---

42. Par exemple, Pierre Juneau, nommé ministre des Communications en 1975, fut défait dans Hochelaga lors de l'élection partielle qui suivit sa nomination. Il abandonna aussitôt ses fonctions ministérielles. Défait dans les mêmes circonstances en février 1945, le général McNaughton, ministre de la Défense, avait attendu une deuxième défaite, en juin de la même année, pour faire de même.

43. La fédération belge impose toutefois la distribution des portefeuilles ministériels sur une base paritaire entre les deux groupes linguistiques, le premier ministre excepté.

TABLEAU 8.3

Représentation des provinces et des territoires, des sexes et des groupes linguistiques au sein du Conseil des ministres, 1980-1999

P. ministre Prov./terr.	Trudeau Mars 1980	Mulroney Sept. 1984	Mulroney Janv. 1993	Chrétien Nov. 1993*	Chrétien Août 1999*
Terre-Neuve	1	1	1	1	1
Î.-P.-É.	1	1	0	0 (1)	1
N.-Écosse	2	2	1	1	1
N.-Brunswick	1	1	1	1 (1)	1
Québec	12	11	12	5 (1)	7 (2)
Ontario	12	11	11	10 (2)	12 (2)
Manitoba	1	4	1	1 (1)	1 (1)
Saskatchewan	1	2	1	1	1
Alberta	1	3	3	2	1 (1)
Colombie-Br.	1	3	4	1 (1)	2 (2)
Territoires	0	1	0	0 (1)	0 (1)
Total	33	40	35	23 (8)	28 (9)
Femmes	2	6	7	4 (3)	7 (2)
Francophones	14	9	11	5 (1)	6 (3)

* Entre parenthèses, les secrétaires d'État.

12 francophones sur une quarantaine de membres. On trouve généralement au moins un anglo-Québécois et au moins un francophone hors Québec. Une tradition ancienne confinait les francophones à la Justice et à des ministères dits de patronage, comme les Postes et les Travaux publics. Depuis les années 1970, des francophones ont fait leur marque au sein de ministères à vocation économique, comme les Finances, le Commerce international, l'Énergie et la présidence du Conseil du trésor.

La représentation équitable des sexes constitue une exigence plus récente, mais désormais impérative. Ellen Fairclough fut la première femme à accéder au Cabinet fédéral, en 1957. Elle y fut suivie par Judy LaMarsh (1963-1968) puis, après un intervalle de quatre ans lors duquel le Cabinet redevint un club d'hommes, Jeanne Sauvé, Monique Bégin et Iona Campagnolo. Depuis, les nominations de femmes sont devenues routinières. Le cabinet Mulroney a compté entre 5 et 7 femmes sur une quarantaine de membres. L'une d'entre elles, Kim Campbell, a été première ministre durant quelques mois en 1993. Il reste encore aux femmes à faire leur marque au sein des grands ministères à vocation économique. En 1999, le Conseil des ministres de Jean Chrétien comptait 9 femmes sur 37 membres (7 ministres et 2 secrétaires d'État).

Finalement, bien que de telles nominations n'aient pas nécessairement procédé d'une volonté de représenter des catégories particulières, on a vu siéger au Cabinet des Juifs[44], des Amérindiens[45], un Noir[46], en plus de nombreux Canadiens d'origine ethnique autre qu'anglaise ou française[47].

Le pouvoir de désigner les ministres emporte celui de les muter et de les révoquer. À tout moment, un premier ministre peut procéder à un remaniement ministériel : quelques ministres quittent le Cabinet[48], des députés y entrent pour la première fois, et certains ministres sont affectés à un autre portefeuille. La démission inopinée d'un ministre suscite un léger remaniement. La réélection d'un gouvernement est toujours suivie d'un important remaniement ministériel.

Ministres et secrétaires d'État demeurent en fonction tant et aussi longtemps qu'ils conservent la confiance du premier ministre. Les carrières ministérielles d'aujourd'hui ont tendance à être plus brèves que par le passé, et les changements d'affectation plus fréquents. Six des 16 membres du ministère formé par Laurier en 1896 en faisaient encore partie, et avec les mêmes portefeuilles, 15 ans plus tard. Sous le long règne

libéral de Mackenzie King et Louis St-Laurent, Jimmy Gardiner et C.D. Howe ont siégé au Cabinet 22 ans d'affilée. Par contraste, seulement 14 des 40 membres du cabinet Mulroney en 1984 étaient toujours en fonction moins de neuf ans plus tard, et un seul occupait son poste d'origine. En août 1999, seulement 12 des 23 membres du cabinet Chrétien et 3 des 8 secrétaires d'État nommés en 1993 faisaient encore partie du Conseil des ministres. Le ministère le plus stable est celui des Finances, alors que les portefeuilles de moindre importance changent plus souvent de titulaire.

LES RÈGLES DE FONCTIONNEMENT DU CABINET

On a explicité plus haut la règle de la responsabilité collective du Cabinet devant le Parlement. S'y ajoute la *responsabilité individuelle des ministres* devant la Chambre : chaque ministre doit répondre en Chambre de la gestion du ministère dont il est le titulaire (cet aspect de la responsabilité individuelle des ministres sera développé plus en profondeur dans le chapitre sur l'appareil administratif). Une interprétation rigoureuse du principe voulait autrefois que le ministre soit responsable de toute faute commise par ses fonctionnaires, même s'il n'en avait démontrablement eu aucune connaissance préalable. On tend aujourd'hui vers une application plus souple de ce dogme.

La *solidarité ministérielle* est un autre principe fondamental de fonctionnement du Cabinet. Elle exige que les ministres et les secrétaires d'État soient individuellement solidaires des décisions du Cabinet, une fois celles-ci prises, même s'ils

---

44. Par exemple, Herb Gray dans les cabinets Trudeau et Chrétien, Gerry Weiner dans le cabinet Mulroney.

45. Len Marchand dans le cabinet Trudeau, et Robert Nault dans le cabinet Chrétien.

46. Lincoln Alexander, dans le cabinet Clark.

47. Par exemple, dans le cabinet Chrétien, Sergio Marchi était né en Argentine de parents italiens, et Herb Dhaliwal était originaire du Punjab en Inde.

48. Une tradition ancienne promettait aux exclus un poste au Sénat, dans la magistrature, la diplomatie ou la haute fonction publique. Il est arrivé ces dernières années que d'anciens ministres soient purement et simplement relégués à l'arrière-ban.

s'y étaient opposés lors de leur discussion. Ceux et celles qui ne peuvent se soumettre à la décision collective, telle qu'elle a été dégagée par le premier ministre à l'issue du débat, seront invités à se démettre ou le feront de leur propre chef, comme Lucien Bouchard le fit en 1990 pour protester contre la stratégie nouvelle du gouvernement visant à assurer la ratification de l'Accord du lac Meech. De tels cas sont rares.

La règle oblige un ministre à défendre avec ardeur une mesure dont il a combattu l'adoption. À ce titre, elle est parfois dénoncée comme source d'hypocrisie ou d'autoritarisme, mais il faut bien comprendre que l'autorité du Cabinet en tant qu'organe de décision politique serait fatalement ébranlée si une de ses décisions était, sitôt prise, dénoncée dans les médias par le tiers de ses membres! Ce principe entraîne la *nécessité du secret* des délibérations du Cabinet. Chaque ministre doit en effet y être en mesure d'exprimer sa position en toute franchise (son serment d'office le lui impose d'ailleurs[49]). Un ministre prudent évitera d'exposer son opinion de façon trop publique avant que le Cabinet ait statué sur la question.

---

49. Ce détail est révélé par l'ex-ministre Gérard Pelletier (1986 : 376). La teneur des discussions du Cabinet, consignée dans un procès-verbal tenu par des fonctionnaires, n'est accessible au public que vingt ans *post facto*. La règle du secret n'est pas immanquablement respectée. La multiplication des « fuites » (en anglais : *leak*) durant les années 1960 inspira au journaliste Peter Newman ce commentaire célèbre : « The Canadian government is the only ship of state whick leaks from the top ».

LES COMITÉS DU CABINET

La prolifération des maroquins et demi-maroquins ministériels a entraîné la mise au point depuis les années 1960 du système des *comités du Cabinet*. Ce développement a été facilité par la souplesse du cadre législatif relatif au Cabinet, dont le mutisme confère au premier ministre toute la latitude désirable dans l'organisation structurelle de son équipe gouvernementale. La pratique traditionnelle de plusieurs réunions hebdomadaires du Cabinet tout entier convenait à un organe de 15 ou 20 membres et elle a existé jusqu'à la fin de l'ère Diefenbaker. Passé ce seuil, le Cabinet devenait trop pléthorique pour pouvoir agir efficacement, d'où la nécessité de créer en son sein des comités restreints chargés de traiter certains dossiers, sous réserve d'un examen ultérieur du dossier par le Cabinet dans son ensemble, si la décision du comité suscitait de sérieuses objections chez les autres ministres. Cette pratique a été systématisée sous le règne de Pierre Trudeau (1993 : 107-113) et conservée par ses successeurs, chacun ou chacune apportant les correctifs jugés nécessaires.

L'utilisation de comités au sein du Cabinet s'est généralisée à une époque où l'on réactivait les comités parlementaires. Elle visait à gagner un temps précieux en confiant à des organes plus restreints et plus spécialisés, susceptibles à l'occasion de siéger simultanément, le soin de traiter les divers dossiers, sous le contrôle général du Cabinet dans son ensemble. On cherchait aussi à garantir une gouverne plus rationnelle par la présentation de dossiers étoffés. À première vue, l'institution des comités du Cabinet pourrait réduire l'emprise du premier ministre sur ses collègues, dans la mesure où il lui est physiquement impossible de prendre part à toutes les réunions des comités du Cabinet. Dans les faits, le premier ministre conserve la haute main sur le processus, car c'est lui qui détermine la structure, les attributions et surtout la composition (y compris la présidence) de chacun des comités, tout en étant tenu au courant de la teneur des délibérations de chacun.

Le nombre des comités du Cabinet a été substantiellement réduit ces dernières années. Tel qu'il fut réorganisé en 1989, le Cabinet comptait pas moins de 15 comités. Onze comités sectoriels traitaient de matières telles les communications, la politique économique, la législation et la planification parlementaire, etc. Leurs travaux étaient coordonnés par un *comité des opérations* de huit membres[50]. Au sommet de la pyramide se trouvaient trois comités essentiels : le *comité des priorités et des politiques*, parfois appelé le Cabinet restreint (*Inner Cabinet*) jouait un rôle névralgique en approuvant tout nouveau programme de dépenses ; l'approbation du *Conseil du trésor* était requise pour toute dépense relevant d'un programme de dépenses *existant* ; finalement, un *comité de révision des dépenses* réfléchissait sur les compressions à apporter en ce domaine.

La volonté, sensible dès le début de l'année 1993, de réduire la taille du Cabinet, trouva son prolongement logique dans la diminution du nombre de comités du Cabinet. Déjà réduit à 11 au début de l'année, le nombre de comités chuta à seulement quatre en novembre avec l'assermentation du cabinet Chrétien. En août

1999, à côté du Conseil du trésor, statutairement établi[51], ne subsistaient plus que les comités de l'union économique (18 membres), de l'union sociale (15 membres), ainsi qu'un comité spécial de 10 membres. La cure d'amaigrissement du Cabinet a entraîné tout naturellement la suppression du comité des priorités et politiques.

Les comités ont pour rôle de disposer des *mémoires* soumis par les ministres. Préparés par le ministre et ses principaux collaborateurs, distribués aux ministres avant la réunion du comité du Cabinet compétent, ces documents confidentiels et fort détaillés proposent une action concrète relativement à un enjeu public. Ils sont rédigés de façon à ce que la décision soit prise en pleine connaissance des implications administratives et politiques qu'elle comporte. L'ancien ministre Gérard Pelletier soutient avoir dû leur consacrer en moyenne 13 heures de lecture par semaine. Selon lui, les documents de ce type qu'il eut plus tard le privilège de consulter en France lui parurent en comparaison fort grêles (Pelletier, 1992 : 56-58). Les décisions des comités sont ensuite sujettes à une possible révision par le Cabinet dans son ensemble. Dans la pratique, cette révision n'est pas nécessaire lorsqu'un débat exhaustif a eu lieu au sein du comité sectoriel. Par conséquent, les séances du Cabinet ont lieu sur une base hebdomadaire, sauf quand le Parlement ne siège pas (il y en eut 34 en 1998), et durent environ deux heures. S'il est membre de plus d'un comité, un ministre peut passer jusqu'à quatre fois plus de temps en comité qu'au Cabinet proprement dit.

---

50. Selon Lucien Bouchard (1992 : 263), le comité des opérations jouait un rôle prépondérant à la fin des années 1980.

51. *Loi sur la gestion des finances publiques*, Lois révisées du Canada 1985, c. F-11.

LES SOUTIENS ADMINISTRATIFS ET POLITIQUES DU CABINET

Le Cabinet et ses comités sont assistés dans leurs travaux par les fonctionnaires du *Bureau du Conseil privé*. Le *greffier du Conseil privé* et secrétaire du Cabinet est le premier grand commis de l'État. Comme tous les autres hauts fonctionnaires, il est nommé et révoqué par le premier ministre.

Le Bureau du Conseil privé assiste le premier ministre en sa qualité de chef du gouvernement et joue un rôle prépondérant dans la coordination des activités de l'État fédéral. Il sert de secrétariat auprès du Cabinet. En plus d'apporter au premier ministre le soutien de la fonction publique pour tout ce qui touche les politiques gouvernementales et les questions d'ordre opérationnel, il assure le soutien requis par le vice-premier ministre, les leaders parlementaires des deux Chambres, le président du Conseil privé. C'est un autre organe, le *Cabinet du premier ministre*, qui assiste le premier ministre en sa qualité de chef de parti. Il est communément reconnu parmi les observateurs de la scène outaouaise que le chef de cabinet du premier ministre et ses collaborateurs, bien qu'ils n'aient pas qualité de fonctionnaires et ne doivent leur poste qu'à la confiance du premier ministre, exercent dans l'ombre une influence bien supérieure à celle de bon nombre de ministres sur la formulation des politiques. Leur influence se fait sentir en particulier au chapitre des nominations.

CONCLUSION

À l'image de notre société et de son système politique, l'exécutif au Canada est une réalité changeante, encore que plusieurs lui reprochent de ne pas changer assez rapidement. Bien que le cadre constitutionnel formel régissant le Cabinet ait finalement très peu évolué durant le XXe siècle, la réalité institutionnelle a subi des transformations importantes.

L'affirmation de la souveraineté canadienne et la progression des idées démocratiques ont affaibli les prérogatives de la Couronne et de son représentant, au point où plusieurs descriptions du régime politique canadien les ignorent totalement. Le resserrement graduel de la discipline parlementaire tout au long du siècle a raffermi l'ascendant du Cabinet sur la Chambre des communes, ébranlé à l'occasion par l'élection de législatures sans majorité. Comme partout ailleurs dans les grands pays industrialisés, l'État est devenu plus interventionniste et le Cabinet a vu sa taille augmenter et sa composition se modifier. Il est trop tôt encore pour dire si le coup d'arrêt donné à la croissance de l'État durant les années 1990 représente un changement durable ou une simple pause. Hormis les grands ministères traditionnels que sont les Finances, la Justice, et les Affaires étrangères, il n'en est guère dont la structure n'ait été fréquemment remodelée pour faire face à de nouveaux défis. Les ministres et le premier ministre disposent maintenant d'une pléiade d'adjoints de toutes sortes, contrairement à leurs prédécesseurs au début du siècle. Les méthodes de travail du Cabinet sont devenues plus formelles et plus rationnelles. L'autorité du premier ministre s'est raffermie et celui-ci dispose d'un pouvoir qui, toutes proportions gardées, ferait l'envie du locataire de la Maison Blanche. Ce pouvoir se heurte depuis l'adoption de la Charte canadienne des droits et libertés à un contrepoids nouveau constitué du pouvoir judiciaire. Finalement, notons l'affaiblissement relatif de l'autorité du gouvernement central au sein de la fédération depuis 1945 et l'émergence dans les provinces de centres décisionnels rivaux dont les ambitions pourraient emporter la fédération elle-même.

Le principal défi du pouvoir exécutif au cours des prochaines décennies sera de maintenir son ascendant sur le Parlement en dépit des importantes transformations des mentalités collectives depuis les quinze dernières années. De ses origines britanniques, notre régime politique a conservé la dévotion pour un pouvoir exécutif fort. Cette préférence découlait en dernière analyse d'une mentalité fort déférente à l'égard des pouvoirs établis. Contrairement à leurs voisins américains, les Canadiens avaient traditionnellement tendance à faire confiance à leurs gouvernants. Tel n'est plus le cas aujourd'hui. Beaucoup réclament un mode de scrutin plus proportionnel, un assouplissement marqué de la discipline de parti, le recours plus fréquent aux référendums, des élections à date fixe, voire la possibilité de révoquer un député en cours de mandat. Toutes des mesures dont la concrétisation devrait se solder par un affaiblissement du pouvoir du premier ministre, fréquemment dénoncé comme quasi monarchique.

Un tel programme n'est guère nouveau. À bien des égards, il rappelle la tradition progressiste des années 1920 dans l'Ouest canadien. Il reflète cependant un sentiment plus largement répandu que le précédent. Plus que jamais dans leur histoire, les Canadiens, particulièrement à l'extérieur du Québec, sont exposés à l'influence de la culture politique américaine, toute empreinte de méfiance à l'égard du pouvoir politique et de ceux et celles qui le détiennent. Inspirés par des médias plus actifs, ils sont beaucoup mieux informés que leurs ancêtres des abus et des injustices qu'une gouverne forte peut commettre avec impunité, ainsi que des failles des princes et princesses qui les gouvernent, sans toujours réaliser qu'une gouverne forte, avec tous ses défauts, a facilité au cours du siècle la réalisation de réformes sociales que nos voisins immédiats, dont le régime gouvernemental est souvent générateur d'immobilisme, pourraient nous envier. Le défi consistera à dégager un équilibre satisfaisant entre l'attachement aveugle à la tradition et une « vente de feu » des institutions existantes qui nous amènerait à adopter sans trop d'examen des formules qui se révéleraient à l'expérience moins magiques que ne le soutiennent leurs promoteurs.

SITES WEB

Biographes, photos et discours pour chacun des premiers ministres du Canada depuis 1867	http://collections.ic.gc.ca/discourspm
Bureau du Conseil privé	http://www.pco-bcp.gc.ca
Gazette du Canada	http://canada.gc.ca/gazette/main.html
Gouverneur général	http://www.gg.ca
La reine Élisabeth II	http://canada.gc.ca/howgoc/queen/quind_f.html
Le Conseil des ministres	http://www.gc.ca/howgoc/cab/ministry_f.html
Les communiqués du gouvernement fédéral	http://www.newswire.ca/government/federal/french
Ministère des Finances	http://www.fin.gc.ca
Secrétariat du Conseil du Trésor	http://www.tbs-sct.gc.ca
Site du premier ministre	http://pm.gc.ca

LECTURES SUGGÉRÉES

Colin CAMPBELL (1983), *Governments under Stress. Political Executives and Key Bureaucrats in Washington, London, and Ottawa*, Toronto, University of Toronto Press.

Eugene A. FORSEY et Graham C. EGLINTON (1985), *The Question of Confidence in Responsible Government*, étude réalisée pour le Comité spécial (McGrath) de la Chambre des communes sur la réforme parlementaire, Ottawa.

Thomas A. HOCKIN, (dir.) (1977), *Apex of Power. The Prime Minister and Political Leadership in Canada*, 2ᵉ édition, Scarborough, Prentice-Hall Canada.

Louis MASSICOTTE et F. Leslie SEIDLE (dir.) (1999), *Le point sur 150 ans de gouvernement responsable au Canada*, Ottawa, Groupe canadien d'étude des questions parlementaires.

William A. MATHESON (1976), *The Prime Minister and the Cabinet*, Toronto, Methuen.

David E. SMITH, (1995), *The Invisible Crown. The First Principle of Canadian Government*, Toronto, University of Toronto Press.

Ian STEWART (1980), « Of Customs and Coalitions, The Formation of Canadian Federal Parliamentary Alliances », *Revue canadienne de science politique*, vol. 13, nº 3, p. 451-479.

BIBLIOGRAPHIE

ALLEN, Ralph (1961), *Ordeal by Fire. Canada, 1910-1945*, Garden City (N.Y.), Doubleday.

AMERNIC, Jerry (1982), « Long to Reign over us ? », *Quest*, décembre, p. 42 sq.

BALCER, Léon (1988), *Léon Balcer raconte*, Sillery, Les Éditions du Septentrion.

BEAUDOIN, Gérald A. (1975), « La crise parlementaire du 19 février 1968 et ses conséquences en droit constitutionnel », *Revue générale de droit*, 6, p. 283-304.

BERNARD, André (1996), *La vie politique au Canada et au Québec*, Sainte-Foy, Presses de l'Université du Québec.

BENDIX, Reinhard (1978), *Kings or People. Power and the Mandate to Rule*, Berkeley, University of California Press.

BOUCHARD, Lucien (1992), *À visage découvert*, Montréal, Boréal.

BUTLER, David et D.A. LOW (dir.) (1991), *Sovereigns and Surrogates. Constitutional Heads of State in the Commonwealth*, Houndmills, Macmillan.

CASSTEVENS, Thomas (1989), « Probability Models of Turnover and Tenure of Commonwealth Prime Ministers », communication présentée au congrès de l'Association canadienne de science politique, Québec.

CREIGHTON, Donald (1981), *Le 1er Premier ministre du Canada. John A. Macdonald*, tome 1, Montréal, Éditions de l'Homme.

EDWARDS, Gary et Jon HUGHES (1997), « Canadians reflect on Election Campaign », *The Gallup Poll*, vol. 57, n° 38 (17 juillet).

FORSEY, Eugene A. (1968), *The Royal Power of Dissolution of Parliament in the British Commonwealth*, Toronto, Oxford University Press.

FORSEY, Eugene A. (1974), *Freedom and Order. Collected Essays*, Toronto, McClelland & Stewart.

GREENSPON, Edward et Anthony WILSON-SMITH (1996), *Double Vision. The Inside Story of the Liberals in Power*, Toronto, Doubleday.

JENNINGS, Sir Ivor (1959), *Cabinet Government*, 3ᵉ édition, Cambridge, Cambridge University Press.

KYBA, Patrick (1989), *Alvin. A Biography of the Honourable Alvin Hamilton, P.C.*, Regina, Canadian Plains Research Center.

MASSICOTTE, Louis (1998a), « The Rise of Party Cohesion in the Canadian House of Commons 1867-1945, A Descriptive and Comparative Overview », Communication présentée au Third Workshop of Parliamentary Scholars and Parliamentarians, Wroxton College, Oxfordshire, Grande-Bretagne, août 1998, 33 p.

MASSICOTTE, Louis (1998b), « Can Successors Succeed ? Assessing the Odds for Prime Ministerial Re-Election in Old Commonwealth Countries since 1945 », *Commonwealth & Comparative Politics*, vol. 36, n° 3, p. 96-109.

MASSICOTTE, Louis (1999), « Parliament in the 1990s », dans Bickerton, James P. et Alain G. Gagnon (dir.), *Canadian Politics*, 3ᵉ édition, Peterborough, Broadview Press, p. 163-181.

MONET, Jacques (1979), *La Monarchie au Canada*, Montréal, Le Cercle du Livre de France.

MONET, Jacques (1996), « La Couronne », dans Tremblay, Manon et Marcel R. Pelletier (dir.), *Le Système parlementaire canadien*, 1ʳᵉ édition, Québec, Les Presses de l'Université Laval, p. 143-154.

NIELSEN, Erik H. (1989), *The House is not a Home*, Toronto, Macmillan of Canada.

PELLETIER, Gérard (1986), *Souvenirs. Tome 2. Le Temps des choix 1960-1968*, Montréal, Stanké.

PELLETIER, Gérard (1992), *Souvenirs. Tome 3. L'Aventure du pouvoir 1968-1975*, Montréal, Stanké.

PUNNETT, R. Malcolm (1977), *The Prime Minister in Canadian Government and Politics*, Toronto, Macmillan of Canada.

SAVOIE, Donald J. (1999a), « The Rise of Court Government in Canada », *Revue canadienne de science politique*, vol. 32, n° 4, p. 635-664.

SAVOIE, Donald J. (1999b), *Governing from the Centre. The Concentration of Political Power in Canada*, Toronto, University of Toronto Press.

SHARP, Mitchell W. (1994), *Which Reminds me... A Memoir*, Toronto, University of Toronto Press.

SHEPPARD, Robert et Michael VALPY (1982), *The National Deal. The Fight for a Canadian Constitution*, Toronto, Fleet Books.

SMITH, Denis (1979), « President and Parliament, The Transformation of Party Government in Canada », dans Schultz, Richard, Orest M. Kruhlak et John C. Terry (dir.), *The Canadian Political Process*, Toronto, Holt, Rinehart & Winston Canada, p. 302-313.

SMITH, Denis (1995), *Rogue Tory. The Life and Legend of John G. Diefenbaker*, Toronto, Macfarlane Walter & Ross.

STEED, Judy (1988), *Ed Broadbent. The Pursuit of Power*, Markham, Viking.

TRUDEAU, Pierre Elliott (1993), *Political Memoirs*, Toronto, McClelland & Stewart.

WESTON, Greg (1988), *Reign of Error. The Inside Story of John Turner's Troubled Leadership*, Toronto, McGraw-Hill Ryerson.

WHITAKER, Reg (1999), « " Quite frankly, my dear...". Canadians' mass indifference to the future of the monarchy is probably a good thing », *The Gazette* (Montréal), 3 juillet 1999, p. B5.

WOODS, Shirley E. (1986), *Une Femme au sommet. Son Excellence Jeanne Sauvé*, Montréal, Les Éditions de l'Homme.

CHAPITRE 9

Le parlementarisme canadien et le fédéralisme exécutif

JAMES ROSS HURLEY

BUREAU DU CONSEIL PRIVÉ

OBJECTIFS

- DÉFINIR CE QU'EST LE FÉDÉRALISME EXÉCUTIF ET LE SITUER SUR LES PLANS CONSTITUTIONNEL ET INSTITUTIONNEL ;

- RETRACER LES PRINCIPAUX MOMENTS DE L'INSTITUTIONNALISATION DU FÉDÉRALISME EXÉCUTIF AU CANADA ET EN DÉCRIRE LES PRINCIPAUX ACTEURS ;

- ÉVALUER CERTAINES PORTÉES ET LIMITES DU FÉDÉRALISME EXÉCUTIF.

*L*e fédéralisme exécutif[1] est l'une des plus importantes caractéristiques du système de gouvernement canadien et qui pose des défis pour le parlementarisme canadien. Pourtant, la constitution en a longtemps passé sous silence l'existence et la nature. En fait, le fédéralisme exécutif déborde du cadre des instruments constitutionnels du Canada. Les acteurs politiques que l'on rencontre au sommet du processus décisionnel fédéral-provincial – le premier ministre du Canada et les premiers ministres provinciaux – n'avaient jamais été mentionnés dans la constitution avant 1982. La *Loi constitutionnelle de 1982* fait par trois fois allusion au premier ministre et à ses homologues des provinces, mais elle ne donne aucune indication sur la façon dont ils sont choisis, le rôle qu'ils jouent dans le processus politique et leurs pouvoirs (*Loi constitutionnelle de 1982*, art. 37, 37.1 et 49).

Le but de ce chapitre est d'examiner le phénomène du fédéralisme exécutif et son rapport avec ce parlementarisme canadien. Après avoir défini ce qu'est le fédéralisme exécutif, nous le placerons dans son contexte constitutionnel et institutionnel. Par la suite, nous retracerons l'évolution du fédéralisme exécutif au Canada, qui n'a pris son plein essor qu'à partir des années

1960. Nous examinerons les tribunes fédérales-provinciales et les mécanismes de soutien intergouvernementaux et intragouvernementaux. Nous réfléchirons au statut juridique des ententes intergouvernementales et soulignerons l'importance des personnalités dans l'interaction entre les exécutifs fédéral et provinciaux. Enfin, nous ferons l'évaluation du fédéralisme exécutif dans le cadre du parlementarisme canadien : s'agit-il d'une dérogation au principe du gouvernement responsable et est-ce un processus fermé qui exclut toute participation du public ?

DÉFINITION

Selon le politicologue canadien Donald Smiley (1980 : 1), qui a été le premier à cerner le concept, le fédéralisme exécutif désigne les relations qui existent entre les officiers, élus aussi bien que nommés, des deux ordres de gouvernement dans le cadre des échanges fédéraux-provinciaux, et entre les membres de l'exécutif des provinces dans le cadre des échanges interprovinciaux.

Au Canada, un trait important du fédéralisme exécutif est la capacité que possède l'exécutif de chaque ordre de gouvernement non seulement de négocier des ententes nécessitant l'adoption de mesures législatives concertées ou réciproques, mais aussi de s'assurer – dans la plupart des cas – que leur législature respective adopte la législation découlant de ces ententes.

---

1. Ce chapitre est une version modifiée du texte du même auteur dans Jacques Bourgault *et al.*, *Administration publique et management public : expériences canadiennes*, Sainte-Foy, Les Publications du Québec, 1997.

Le Canada a été le premier pays à combiner le fédéralisme – à savoir la répartition des pouvoirs législatifs entre le gouvernement fédéral et les provinces – avec un système parlementaire s'inspirant du modèle de Westminster, que l'on désigne généralement sous le nom de « gouvernement responsable ». C'est l'interaction entre le fédéralisme et le parlementarisme qui a donné naissance à la notion de fédéralisme exécutif. L'interdépendance croissante des deux ordres de gouvernement, particulièrement depuis la fin de la Deuxième Guerre mondiale, en explique l'ampleur et l'importance pour les Canadiens et les Canadiennes.

LE CADRE CONSTITUTIONNEL ET LE CADRE INSTITUTIONNEL

La *Loi constitutionnelle de 1867* prévoyait une répartition des pouvoirs entre les législatures fédérale et provinciales. Le préambule précisait, toutefois, que la constitution du Canada reposerait « sur les mêmes principes que celle du Royaume-Uni », appliquant dès lors aux gouvernements fédéral et provinciaux les conventions et les coutumes qui sous-tendent le gouvernement parlementaire selon le modèle de Westminster.

La répartition fédérale des pouvoirs

La répartition fédérale des pouvoirs dans la *Loi constitutionnelle de 1867* prévoit une forme centralisée de fédéralisme (voir le chapitre 2). Il s'agit de se rappeler des pouvoirs du gouvernement fédéral pour la paix, l'ordre et le bon gouvernement, ainsi que du pouvoir de réserver la sanc-

tion royale à un projet de loi provinciale, du pouvoir de désavouer une loi provinciale, du pouvoir de dépenser du Parlement et du pouvoir déclaratoire, pour n'en signaler que quelques-uns.

Vu le rôle limité qu'a joué l'État dans les affaires sociales et économiques avant la Deuxième Guerre mondiale, ainsi que la fréquence à laquelle le gouvernement fédéral s'est prévalu de ses vastes pouvoirs (jusqu'en 1943, par exemple, 112 lois provinciales avaient été désavouées et au moins 70 projets de loi avaient été réservés), les possibilités de négociations intergouvernementales en vue de la conclusion d'ententes sont longtemps demeurées relativement peu nombreuses.

Cela dit, l'interprétation judiciaire par le Comité judiciaire du Conseil privé à Londres (jusqu'en 1949) devait, peu à peu, accorder plus d'importance aux pouvoirs provinciaux relatifs à la propriété et aux droits civils et restreindre la portée des pouvoirs du gouvernement fédéral par rapport à ce qui avait été prévu à l'origine. Les tribunaux devaient, par ailleurs, conclure que certains nouveaux domaines d'activité comportaient des aspects relevant tantôt du gouvernement fédéral, tantôt des provinces – la protection de l'environnement, par exemple.

Au lendemain de la crise économique de 1929, et devant les difficultés socio-économiques qui en avaient découlé, les Canadiens et Canadiennes ont commencé à attendre de leurs gouvernements qu'ils leur fournissent un système de sécurité sociale, des programmes de stimulants économiques et des règlements. L'interdépendance des gouvernements face aux aspirations des citoyens est devenue de plus en plus évidente après 1945, et c'est alors que s'est fait sentir la nécessité de discussions, de négociations, d'ententes et d'échanges intergouvernementaux.

Le gouvernement du Canada s'est servi du pouvoir de dépenser du Parlement pour encourager les provinces à mettre sur pied ou à améliorer des programmes dans des domaines de compétence provinciale. C'est ainsi qu'ont vu le jour, au cours des années 1960, le programme d'assurance santé et le régime d'assistance du Canada (dans le domaine d'assurance sociale) à la suite des négociations fédérales-provinciales. C'est dans le cadre des négociations fédérales-provinciales que les gouvernements cherchaient à harmoniser leurs politiques fiscales respectives et qu'ils se sont entendus sur la création des régimes de pension du Canada et du Québec.

Régime parlementaire

Le **régime parlementaire**, qui suppose une fusion des pouvoirs exécutifs et législatifs du gouvernement, a favorisé l'établissement de relations fédérales-provinciales sur le plan exécutif. Le premier ministre du Canada et les premiers ministres provinciaux, de même que les membres de leur cabinet respectif, doivent avoir un siège au Parlement ou à l'Assemblée législative, selon le cas, ou être en mesure d'obtenir un siège peu après leur nomination au Cabinet. Les facteurs suivants assurent la prédominance de l'exécutif sur le législatif :

- « le gouvernement » (c'est-à-dire le Cabinet du moment) doit conserver la confiance de la Chambre des communes ou de l'Assemblée législative de la province, selon le cas ;
- la nécessité de préserver cette confiance a suscité de fortes pressions en vue de renforcer la discipline de parti, à Ottawa comme dans les provinces, et elle est beaucoup plus stricte en 2000 qu'elle ne l'était en 1867 ;

- le système de scrutin uninominal à un tour qui a cours actuellement partout au Canada déforme les résultats des élections, au point que le parti en tête est généralement assuré de la majorité des sièges à la Chambre ;
- seuls les ministres sont habilités à déposer un projet de loi de finances – concernant l'imposition ou les dépenses publiques – à la Chambre ; la plupart des projets de loi tombent dans cette catégorie.

La fusion de l'exécutif et du législatif, le rôle dominant de l'exécutif dans le processus législatif, la discipline de parti et un système électoral qui avantage les gouvernements « majoritaires » favorisent la constance et la stabilité du régime politique. Dans de pareilles conditions, les gouvernements – celui du Canada aussi bien que ceux des provinces – savent qu'ils peuvent négocier des ententes intergouvernementales et adopter à cet égard les mesures législatives qui s'imposent, pourvu, naturellement, que leur cabinet et leur caucus respectifs soient d'accord.

Ce régime de fédéralisme exécutif peut fonctionner dans tout système où se marient le principe fédératif et le parlementarisme inspiré du modèle de Westminster. Il ne peut pas se produire dans un système où il y a séparation des pouvoirs exécutif et législatif et où la discipline de parti est plutôt relâchée, comme aux États-Unis et en Suisse. Par exemple, même si le président des États-Unis d'Amérique et les gouverneurs des 50 États de la fédération américaine pouvaient s'entendre sur un programme conjoint, ils ne siègent pas dans leur législature respective, ne contrôlent pas le processus législatif et seraient donc dans l'impossibilité de s'y imposer et de faire adopter les lois réciproques nécessaires sans aucune modification ou dérogation.

INSTITUTIONNALISATION DU FÉDÉRALISME EXÉCUTIF

Comme nous venons de le voir, le fédéralisme centralisé mis en place en 1867, ainsi que le rôle limité joué par l'État avant la Deuxième Guerre mondiale n'ont pas favorisé la consultation, la coopération et la négociation d'ententes entre les deux ordres de gouvernement.

Tribunes fédérales-provinciales

La première conférence intergouvernementale ne devait avoir lieu qu'en 1887 ; seuls les cinq premiers ministres provinciaux qui s'opposaient aux politiques de Sir John A. Macdonald étaient présents. Il faudra attendre jusqu'en 1906 pour que soit organisée la première conférence fédérale-provinciale des premiers ministres ; 17 seulement suivront jusqu'en 1960 (Secrétariat des conférences intergouvernementales canadiennes, 1986).

Même si à compter de 1938 les réunions de ministres et de fonctionnaires ont commencé à se multiplier au point, dans certains cas, de devenir des réunions annuelles, ce n'est que durant les années 1960 que devaient prendre forme les dispositions institutionnelles qui sous-tendent le fédéralisme exécutif (voir Veilleux 1967 au chapitre IV).

En 1960, le premier ministre Lesage a organisé la première conférence des premiers ministres provinciaux sur des questions intéressant l'ensemble des provinces. La même année devait également avoir lieu la première conférence fédé-rale-provinciale « annuelle » des premiers ministres (CPM). Cependant, aucune n'a été tenue en 1972 et en 1977, et celle de 1993 n'était pas une CPM plénière. La CPM n'a pas de bases aussi clairement établies que la conférence des premiers ministres provinciaux : le thème varie considérablement d'une rencontre à l'autre, et elle ne se tient pas non plus à date fixe. En février 1985, les premiers ministres ont signé un protocole d'entente prévoyant la tenue d'une CPM sur l'économie durant le dernier trimestre de chaque année (si possible) pendant une période de cinq ans, mais cette entente n'a pas été renouvelée en 1990.

Les rencontres sectorielles de ministres, de sous-ministres (responsables permanents des ministères gouvernementaux), de cadres supérieurs et d'autres fonctionnaires se sont multipliées rapidement au cours des années 1960. Certaines peuvent se limiter à un échange d'information – les rencontres des statisticiens fédéraux et provinciaux, par exemple. D'autres font partie d'un processus d'examen permanent, comme celle des ministres responsables de l'environnement. D'autres encore marquent une étape dans le processus décisionnel : si, par exemple, les premiers ministres doivent négocier de nouveaux arrangements fiscaux, des réunions de fonctionnaires serviront à préparer les réunions de sous-ministres, sur les conclusions desquels les ministres s'appuieront pour rédiger leur propre rapport aux premiers ministres.

S'il fallait faire le compte de toutes les conférences qui se tiennent chaque année à tous les niveaux, on dépasserait facilement 500 ; on ne tient à cet égard, toutefois, aucun registre central.

Mécanismes de soutien intragouvernementaux

Pour commencer, le gouvernement fédéral ne pouvait compter sur aucun organisme central chargé de surveiller le déroulement général des relations fédérales-provinciales (quoique le ministère des Finances s'est occupé de la question, très importante, des relations financières).

C'est en février 1968 qu'a été créé à l'intérieur du Bureau du Conseil privé (qui constitue, en fait, le ministère du premier ministre et du Cabinet) le Secrétariat des relations fédérales-provinciales, dont le mandat, plus général par la suite, a d'abord consisté à seconder le premier ministre dans son examen des questions constitutionnelles. En janvier 1975, le Secrétariat devient le Bureau des relations fédérales-provinciales, dont on confie la direction à un second secrétaire du Cabinet (pour les relations fédérales-provinciales). En 1993, le Bureau des relations fédérales-provinciales cesse d'exister, mais ses fonctions seront prises en charge par une direction générale qui verra le jour au sein du Bureau du Conseil privé en 1994, celle des Affaires intergouvernementales (figure 9.1).

Les Affaires intergouvernementales sont présidées par le sous-ministre (Affaires intergouvernementales) qui a pour mandat de donner des conseils et d'apporter son soutien à l'égard des politiques et des communications touchant les relations fédérales-provinciales et les affaires autochtones, l'évolution de la fédération et l'unité canadienne. Le titulaire du poste dirige le bureau des Affaires intergouvernementales, lequel sert le ministre des Affaires intergouvernementales et, par l'entremise du greffier du Conseil privé et secrétaire du Cabinet, le premier ministre et le Cabinet.

Cette responsabilité comporte quatre grandes tâches :

- donner des conseils et assurer la planification stratégique touchant l'unité canadienne, l'ensemble du programme fédéral-provincial, de même que les questions constitutionnelles et juridiques ;
- assurer la liaison avec les provinces et donner des conseils sur les relations avec celles-ci, et notamment évaluer les priorités provinciales, suivre les dossiers comportant des dimensions intergouvernementales importantes et élaborer des stratégies en vue du renouveau de la fédération ;
- assurer le soutien en matière de communications touchant les questions et initiatives ayant d'importantes dimensions fédérales-provinciales ;
- s'occuper des affaires autochtones.

Chaque gouvernement provincial s'est également doté d'un mécanisme d'appui des relations fédérales-provinciales. Dans quatre provinces – le Manitoba, l'Île-du-Prince-Édouard, la Nouvelle-Écosse et Terre-Neuve – cette fonction est rattachée au cabinet du premier ministre. Dans les autres provinces, c'est un ministre distinct qui s'occupe de ces questions. Dans le cas du Québec et de l'Alberta, ce ministre dispose de pouvoirs de surveillance très étendus auprès des autres ministères de leur gouvernement respectif.

FIGURE 9.1

Organigramme du Bureau du Conseil privé – 2000

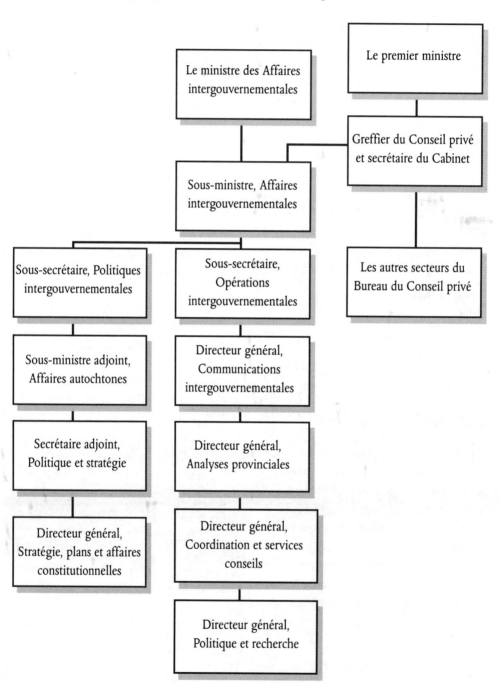

Mécanismes de soutien intergouvernementaux

Deux mécanismes de soutien administratif facilitent la bonne marche du fédéralisme exécutif. Créé en février 1968 sous le nom de Secrétariat de la conférence constitutionnelle, puis transformé et élargi en 1973, le Secrétariat des conférences intergouvernementales canadiennes fournit des services administratifs relativement à la planification et au déroulement des conférences fédérales-provinciales et interprovinciales (tableau 9.1). Les conférences de premiers ministres, de ministres et de sous-ministres bénéficient de ses services de planification et de coordination, de préparation des installations, d'interprétation, de traduction, d'impression, de vérification et de distribution des documents, de soutien administratif pour le président de la conférence et de préparation d'un compte-rendu sommaire, de relations avec les médias et de sécurité, ainsi que d'autres services connexes.

Le Secrétariat est un organisme intergouvernemental neutre. Son budget est administré par les deux ordres de gouvernement, et les membres de son personnel sont recrutés parmi les fonctionnaires fédéraux aussi bien que provinciaux.

Ces conférences peuvent avoir lieu n'importe où au Canada, mais la tâche du Secrétariat était toujours plus facile à Ottawa, où l'ancienne gare ferroviaire, située en plein cœur de la ville, a été transformée en Centre des conférences intergouvernmentales en 1969 ; on y trouvait une grande salle pour les conférences publiques, des salles plus petites pour les réunions privées, ainsi que des locaux utilisés comme secrétariats par les délégations gouvernementales, des salons des

délégués, les services de soutien et les services aux médias. Cependant, depuis la conférence des premiers ministres au début de juin 1990 pour tenter de sauver l'Accord du lac Meech, aucune conférence des premiers ministres n'a eu lieu au Centre des conférences. De plus en plus, les ministres et les sous-ministres préfèrent se rencontrer dans un endroit facile d'accès (par exemple, un hôtel près de l'aéroport de Toronto) ou à l'occasion de la célébration d'un événement (par exemple, en 1997 on célébrait le 500e anniversaire de la découverte de Terre-Neuve). Le gouvernement du Canada a pris la décision en 1999 de se débarrasser du Centre des conférences intergouvernementales.

Deux organismes intergouvernementaux incorporés

Deux organismes intergouvernementaux ont été incorporés par la voie de lettres patentes fédérales. Un organisme intergouvernemental n'a aucun statut juridique propre ; l'incorporation le transforme en personne morale, capable d'engager son propre personnel et, surtout, sa propre équipe de recherche.

Le Conseil canadien des ministres de l'Environnement a été constitué en 1964 à titre de société à responsabilité limitée et à but non lucratif. Les actionnaires en sont le ministre fédéral, les dix ministres provinciaux et les deux ministres territoriaux. Le Conseil a pour mandat de favoriser la discussion et le règlement conjoint de certaines questions environnementales, de veiller à une élaboration et à une mise en œuvre harmonieuses des mesures législatives, des politiques, des procédures et des programmes axés

TABLEAU 9.1

Conférences servies par le Secrétariat des conférences intergouvernementales canadiennes d'après le lieu, le genre et le niveau

Exercice 1997-1998

	FÉDÉRALES-PROVINCIALES-TERRITORIALES			PROVINCIALES-TERRITORIALES			TOTAL		
	Premiers ministres	Ministres	Sous-ministres	Premiers ministres	Ministre	Sous ministres			
Ontario	1	9	10	0	7	6	P.M. min. s.-m.	1 16 16	33
Québec	0	3	2	0	2	0	P.M. min. s.-m.	0 5 2	7
Nouvelle-Écosse	0	1	0	0	1	0	P.M. min. s.-m.	0 2 0	2
Nouveau-Brunswick	0	1	0	2	2	0	P.M. min. s.-m.	2 3 0	5
Manitoba	0	1	0	1	1	0	P.M. min. s.-m.	1 2 0	3
Colombie-Britannique	0	1	2	1	0	0	P.M. min. s.-m.	1 1 2	4
Île-du-Prince-Édouard	0	0	0	0	0	0	P.M. min. s.-m.	0 0 0	0
Saskatchewan	0	2	1	0	2	1	P.M. min. s.-m.	0 4 2	6
Alberta	0	0	3	1	1	0	P.M. min. s.-m.	1 1 3	5
Terre-Neuve et Labrador	0	10	2	0	3	0	P.M. min. s.-m.	0 13 2	15
T.N.-O. /Yukon	0	0	0	0	0	0	P.M. min. s.-m.	0 0 0	0
Hors Canada	0	0	0	1	0	0	P.M. min. s.-m.	1 0 0	1
TOTAL PAR GENRE ET NIVEAU	1	28	20	6	19	7	P.M. min. s.-m.	7 47 27	81
TOTAL PAR GENRE		49			32				

sur l'environnement, ainsi que de fixer des objectifs, d'établir des normes, de constituer des bases de données scientifiques, et d'élaborer des stratégies, des accords et des ententes complémentaires sur lesquels on pourra s'appuyer dans tout le pays. Le gouvernement fédéral assume le tiers de son budget, dont le reste est réparti entre les provinces selon leur population.

En règle générale, le Conseil procède par consensus. Il faut entendre par là l'absence de dissension et la recherche d'un terrain d'entente par l'élimination, entre autres, de certaines options. Si aucun consensus n'est possible, le président peut prescrire que la décision soit laissée à une majorité d'au moins les deux tiers des membres. Chacun de ces derniers n'a qu'une voix.

Le Conseil des ministres de l'Éducation (Canada), ou le CMEC, a reçu ses lettres patentes en 1967. Composé des ministres provinciaux et territoriaux de l'Éducation, le CMEC est un organisme de consultation et d'intervention concernant certaines questions d'intérêt commun. Par ailleurs, il veille à la coopération entre les ministres et les organismes nationaux axés sur l'éducation, assure la liaison avec divers ministères fédéraux, et représente le Canada sur la scène internationale.

Bon nombre d'autres tribunes habituelles de ministres et de fonctionnaires fédéraux et provinciaux ont été « institutionnalisées » par des ententes, mais elles n'ont aucun statut juridique. Certaines tribunes régionales, comme le Conseil des premiers ministres des Maritimes, ont été constituées par une loi provinciale issue de chacune des provinces.

LE STATUT JURIDIQUE DES ENTENTES INTERGOUVERNEMENTALES

La Couronne du chef du Canada ne peut pas lier la Couronne du chef d'une province, et inversement. Autrement dit, lorsque les premiers ministres ou les ministres représentant les deux ordres de gouvernement signent une entente, celle-ci, loin de posséder un caractère exécutoire sur le plan juridique, représente plutôt un engagement politique. C'est pourquoi le non-respect d'une pareille entente entraîne des sanctions politiques plutôt que juridiques. Par exemple, le premier ministre de Terre-Neuve, en signant le communiqué final du 9 juin 1990, s'est engagé à tout mettre en œuvre afin qu'une décision soit prise sur l'Accord du lac Meech avant le 23 juin 1990 mais, en fin de compte, il a décidé le 22 juin – dans les circonstances qui prévalaient – de ne pas exiger un vote à l'Assemblée législative.

Ce sont les lois adoptées par le Parlement et les législatures touchées pour y donner suite qui sont exécutoires. Dans le cas d'une modification constitutionnelle, c'est la proclamation du gouverneur général autorisé par la résolution du Sénat, de la Chambre des communes ou d'une législature provinciale qui a force légale.

Les provinces, en particulier, n'ont pas caché leur inquiétude face au caractère non exécutoire des ententes. C'est d'ailleurs ce qui a amené le Québec à demander, dans le cadre de l'Accord constitutionnel du lac Meech, en 1987, que les ententes conclues en matière d'immigration soient protégées par la constitution, afin que le gouvernement fédéral soit incapable de les modifier ou de les abroger sans le consentement de la province (gouvernement du Canada, 1987 : 16-17, art. 95A-95E). L'Accord du lac Meech, toutefois, ne devait jamais être ratifié par le nombre nécessaire de provinces dans le délai prévu, et les modifications qu'il contenait ne devaient jamais être proclamées.

L'Accord constitutionnel de Charlottetown du 28 août 1992 comportait une disposition plus générale concernant la protection de toutes les ententes conclues entre le gouvernement fédéral et une province ou un territoire, ou entre une administration autochtone et le gouvernement fédéral, une province ou un territoire (voir *Projet de texte juridique*, 1992 : 27-29, art. 126A). Les Canadiens et Canadiennes devaient, toutefois, le rejeter par voie référendaire, le 26 octobre 1992 ; les modifications qu'il renfermait ne devaient jamais non plus être proclamées.

L'IMPORTANCE DES PERSONNALITÉS

L'interaction entre les exécutifs fédéral et provinciaux ne suivent pas une quelconque formule scientifique préétablie. En effet, les gouvernements sont représentés par des êtres humains ; les visées personnelles, l'idéologie ou le pragmatisme, ainsi que la personnalité particulière des divers intervenants influent de façon considérable sur l'établissement de l'ordre du jour des rencontres intergouvernementales, et sur les chances d'arriver à une entente.

La télédiffusion des CPM sur la constitution de 1968 à 1971, en 1978 et 1979 ainsi qu'en 1980 a attiré l'attention particulièrement sur les premiers ministres provinciaux, qui disposaient alors tous d'un laps de temps égal pour leurs allocutions d'ouverture et de clôture. Plusieurs d'entre eux ont d'ailleurs profité de la situation pour critiquer le gouvernement fédéral sur son propre terrain de compétence législative, pour se présenter comme les porte-parole des régions sur des questions d'intérêt national et, à l'occasion, pour s'ériger en défenseur des intérêts de leur province contre de possibles ingérences fédérales (à la veille d'une élection provinciale, notamment).

Il est arrivé que les relations entre le premier ministre du Canada et ses homologues provinciaux se compliquent du fait d'un conflit de personnalités ou, dans certains cas, pour des raisons d'orientation : c'est ainsi que les politiques nationales de M. Trudeau en matière d'énergie lui ont attiré l'hostilité de l'Alberta. L'affiliation politique ne constitue pas nécessairement un facteur de compatibilité. Les relations du premier ministre libéral Trudeau avec le premier ministre libéral Bourassa ont souvent été tendues, mais ses rapports avec les premiers ministres conservateurs Hatfield (Nouveau-Brunswick) et Davis (Ontario) étaient excellents. Par contre, il existait une entente cordiale entre le premier ministre conservateur Mulroney et Robert Bourassa.

Même au niveau des ministres, des sous-ministres et des hauts fonctionnaires, la personnalité des individus a un rôle à jouer au même titre que leurs ambitions politiques ou leur plan de carrière.

LE FÉDÉRALISME EXÉCUTIF EST-IL PROFITABLE OU DANGEREUX ?

Au cours des trente dernières années, le fédéralisme exécutif a été attaqué sur deux plans :

parce qu'il marque une dérogation au principe du gouvernement responsable, et que c'est un processus fermé qui exclut toute participation du public.

Gouvernement responsable

Dans les années 1970, la voie du fédéralisme exécutif semblait toute tracée. Les gouvernements négocieraient des ententes nécessitant une action concertée ou une intervention législative réciproque. Ils présenteraient ensuite à leur législature respective le projet de loi requis auquel ils refuseraient, au terme du processus d'examen et de discussion parlementaire, d'apporter quelque modification risquant de compromettre l'entente intervenue entre les deux ordres de gouvernement.

D'aucuns ont vu là un transfert du processus décisionnel mené jusqu'alors par le Parlement (ou les assemblées législatives provinciales) à une tribune intergouvernementale qui ne dispose d'aucun statut juridique et qui n'a de comptes à rendre à personne.

Pour qui s'y arrête un peu, toutefois, cette description de la situation n'est peut-être pas entièrement juste. Il faut se rappeler, en effet, qu'en raison de cette fusion du législatif et de l'exécutif, de la prédominance de ce dernier, ainsi que de la discipline de parti, le centre vital du processus décisionnel demeure le Cabinet. Ce principe s'appliquait déjà en 1867, soit bien longtemps avant que la notion même de fédéralisme exécutif n'apparaisse. Une fois que le Cabinet a pris sa décision (après avoir consulté, peut-être, le caucus parlementaire du parti au pouvoir), le projet de loi est déposé devant le Parlement. Presque invariablement, les grands principes qui le

sous-tendent finissent par être adoptés sans changement.

Lors de négociations intergouvernementales, aucun gouvernement ne signera une entente à moins d'être convaincu de l'appui de son cabinet et du caucus de son parti. C'est d'ailleurs la raison pour laquelle les discussions tendent souvent à se prolonger indéfiniment. Et c'est pour cela aussi que les gouvernements visent le « consensus » (c'est-à-dire, en règle générale, le consentement unanime des participants). Chaque premier ministre ou ministre doit avoir l'assurance que le gouvernement qu'il ou elle représente sera en mesure d'appuyer l'entente. La règle de l'unanimité donne à chacun un moyen efficace de veiller à ce que l'entente soit formulée en des termes qui soient acceptables par son gouvernement.

La distinction à faire entre le processus décisionnel mené par le Cabinet et celui que l'on observe dans une tribune intergouvernementale serait donc plus apparente que réelle, et le principe du gouvernement responsable ne se trouve peut-être pas en danger.

Un processus fermé

Au fil des ans, le fédéralisme exécutif a donné lieu à un nombre incroyable d'ententes multilatérales et bilatérales. Le Bureau du Conseil privé a publié un répertoire renfermant de l'information de base sur les programmes et les activités qui résultent des efforts combinés des divers gouvernements du Canada, des programmes à frais partagés ou des activités administrées conjointement, entre autres (Bureau du Conseil privé, 1995). Ces ententes ont une portée énorme et les avantages qu'elles comportent sont considérables. Par exemple, les accords d'aide financière en cas de catastrophe, dont l'administration incombe à Protection civile Canada, prévoient une formule qui permet, au lendemain d'un désastre, de calculer rapidement à combien s'élèvera l'aide financière consentie par le gouvernement fédéral.

Certaines ententes ont un caractère plus spécialisé, comme les ententes conclues par le Canada avec la Colombie-Britannique et les provinces des Prairies concernant la prévention des pertes agricoles, ou l'entente de coopération conclue entre le Canada et Terre-Neuve concernant les industries culturelles. D'autres sont d'une importance vitale pour les Canadiens et Canadiennes. Le volet « santé » du transfert canadien en matière de santé et de programmes sociaux est la cheville ouvrière de notre régime d'assurance maladie ; bon nombre de Canadiens et Canadiennes estiment que la prestation de services de soins de santé assurés et financés par l'État est l'un des facteurs par lequel se définit le Canada. Ces programmes, qu'ils soient de nature spécialisée ou d'une grande importance pour tous les Canadiens et toutes les Canadiennes, ont été négociés en vertu du fédéralisme exécutif, généralement derrière des portes closes. Et cela ne semble pas avoir dérangé beaucoup les Canadiens et Canadiennes.

Les négociations ayant trait à la constitution, cependant, ont suscité un vif intérêt ces dernières années, et tout particulièrement depuis la télédiffusion des audiences parlementaires sur la résolution constitutionnelle en 1980-1981, et la proclamation subséquente de la *Loi constitutionnelle de 1982*, qui renferme la Charte canadienne des droits et libertés.

D'aucuns affirmeront que la proclamation de la Charte a donné aux Canadiens et Canadiennes

de nouveaux moyens d'agir et qu'elle les a amenés à s'intéresser davantage aux questions constitutionnelles et à vouloir intervenir directement dans tout processus visant à modifier la constitution d'une façon importante. Voilà pourquoi, lorsque les premiers ministres ont recouru aux mécanismes traditionnels du fédéralisme exécutif pour négocier l'Accord du lac Meech, on a dénoncé le processus : onze hommes réunis derrière des portes closes, dans le plus grand des secrets. Ce processus a donc été jugé inacceptable, mais il s'en est trouvé un bon nombre aussi pour condamner le fond de l'accord, qui se limitait aux cinq conditions posées par le Québec. Certains auraient souhaité un ordre du jour plus général.

Une extraordinaire période de consultations publiques a suivi l'échec de Meech : chaque gouvernement a alors procédé à au moins un exercice de consultation, et les quatre associations autochtones ont tenu des audiences au cours desquelles tous leurs membres ont pu se faire entendre. Mais lorsque ces audiences ont pris fin, en 1992, les gouvernements, une fois de plus, se sont tournés vers le fédéralisme exécutif – ou plutôt, vers une version élargie du fédéralisme exécutif, vu que les représentants des territoires et des autochtones étaient invités à participer à part entière – et se sont de nouveau retrouvés derrière des portes closes (Hurley, 1994 : 6). L'accord, négocié le 28 août 1992 à Charlottetown, devait être soumis à la population par voie référendaire le 26 octobre suivant, mais de nouveau ce fut l'échec.

Le fédéralisme exécutif semble donner d'excellents résultats au chapitre de la négociation des programmes, et les avantages qu'en retirent les Canadiens et Canadiennes sont importants.

Par contre, son efficacité est maintenant mise en doute lorsqu'il s'agit des grandes questions de réforme constitutionnelle. Comment et à quels stades du processus convient-il de faire intervenir les Canadiens et Canadiennes si l'on veut qu'ils comprennent bien les enjeux, qu'ils puissent faire entendre leur point de vue sur le contenu de la modification proposée, et qu'ils en appuient le texte final : telle est la grande question qu'il faut régler. Diverses formules ont été examinées, mais le débat reste ouvert[2].

Une chose est claire, cependant : il est impossible d'exclure totalement le fédéralisme exécutif du processus de révision constitutionnelle. Celui-ci, pour la plupart des modifications importantes qui sont proposées, requiert l'adoption de résolutions en anglais et en français par le Parlement et par toutes les assemblées législatives provinciales, ou par les deux tiers des législatures provinciales représentant ensemble au moins 50 % de la population. Cela suppose, en fait, que les gouvernements doivent bien coordonner leurs efforts et veiller à une adoption en temps opportun des résolutions requises en vue de la proclamation.

CONCLUSION

Le fédéralisme exécutif n'est devenu un élément clef des relations fédérales-provinciales que depuis la Deuxième Guerre mondiale et, surtout, depuis les années 1960, avec l'établissement des tribunes fédérales-provinciales et des mécanismes de soutien intragouvernementaux et intergouvernementaux. Les fruits du fédéralisme exécutif sont multiples, dont quelques-uns des plus importants sont l'assurance santé, les accords fiscaux et les régimes de pension du Canada et du Québec.

Le grand défi pour l'avenir, c'est de trouver le moyen de s'assurer d'un grand appui des Canadiens et Canadiennes dans toutes les régions du pays pour des modifications constitutionnelles avant de procéder à la ratification législative du libellé d'une modification constitutionnelle éventuelle. Pour certains, le fédéralisme exécutif ne saurait constituer le seul moyen de modifier la Constitution canadienne, ou même le moyen qu'il convient de privilégier. Par contre, pour ce qui est des programmes et des activités, il a procuré aux Canadiens et Canadiennes des avantages concrets et son rôle n'a jamais été sérieusement contesté. En fait, le fédéralisme exécutif contribue de façon importante à favoriser la collaboration et l'harmonisation intergouvernementales, devenant ainsi une caractéristique permanente du système de gouvernement fédéral canadien.

2. Pour un exposé plus approfondi de ces formules, voir Hurley, 1996 : 161-177.

SITES WEB

Affaires intergouvernementales du Canada	http ://www.pco-bcp.gc.ca/aia
Bureau du Conseil privé	http ://www.pco-bcp.gc.ca

LECTURES SUGGÉRÉES

Richard SIMEON, coordinateur de la recherche (1986), *Les relations intergouvernementales*, Ottawa, Approvisionnements et Services Canada.

SECRÉTARIAT DES CONFÉRENCES INTERGOUVERNEMENTALES CANADIENNES (1986), *Conférences fédérales-provinciales des premiers ministres, 1906-1985*, Ottawa, Secrétariat des conférences intergouvernementales canadiennes.

Donald V. SMILEY (1980), *Canada in Question : Federalism in the Eighties*, Toronto, McGraw-Hill Ryerson Limited.

Ronald L. WATTS (1989), *Executive Federalism : A Comparative Analysis*, Kingston, Institute of Intergovernmental Relations.

BIBLIOGRAPHIE

BUREAU DU CONSEIL PRIVÉ, gouvernement du Canada (1995), *Répertoire des programmes et activités fédéraux-provinciaux : 1993-1994 et 1994-1995*, Ottawa, ministre des Travaux publics et des Services gouvernementaux.

GOUVERNEMENT DU CANADA (1987), *Guide de l'Accord constitutionnel du lac Meech*, Ottawa, gouvernement du Canada, août.

HURLEY, James Ross (1996), *La modification de la Constitution du Canada : historique, processus, problèmes et perspectives d'avenir*, Ottawa, Approvisionnements et Services.

HURLEY, James Ross (1994), *Le débat constitutionnel canadien : de l'échec de l'Accord du lac Meech de 1987 au référendum de 1992*, Ottawa, ministre des Approvisionnements et Services.

Projet de texte juridique, Ottawa, gouvernement du Canada, le 9 octobre 1992.

SECRÉTARIAT DES CONFÉRENCES INTERGOUVERNEMENTALES CANADIENNES (1986), *Conférences fédérales-provinciales des premiers ministres, 1906-1985*, Ottawa, Secrétariat des conférences intergouvernementales canadiennes.

SMILEY, Donald V. (1980), *Canada in Question : Federalism in the Eighties*, Toronto, McGraw-Hill Ryerson Limited.

VEILLEUX, Gérard (1971), *Les relations intergouvernementales au Canada, 1867-1967*, Montréal, Les Presses de l'Université du Québec.

WATTS, Ronald L. (1989), *Executive Federalism : A Comparative Analysis*, Kingston, Institute of Intergovernmental Relations.

CHAPITRE 10

Les rapports entre parlementaires et fonctionnaires

JACQUES BOURGAULT
DÉPARTEMENT DE SCIENCE POLITIQUE DE L'UQAM
ET PROFESSEUR ASSOCIÉ À L'ENAP

OBJECTIFS

- Présentations des rôles des parlementaires et obligations des fonctionnaires ;

- Zones d'interfaces entre parlementaires et fonctionnaires ;

- Évolution récente ;

- Perspectives.

Dans le modèle parlementaire de Westminster, il est une maxime bien connue qui dit que les fonctionnaires sont des serviteurs de l'État et que la meilleure façon de servir l'État est de se mettre au service du gouvernement du jour dans le respect de la légalité.

Ce « gouvernement du jour » est ce comité de ministres en qui les députés placent leur confiance pour voir à l'initiative de la législation, à sa mise en place et à la reddition de comptes à son endroit.

Le rapport des fonctionnaires aux parlementaires semble souvent restreint à ce passage à travers l'intermédiaire ministériel ; cette relation essentielle et fréquente n'est pourtant pas la seule qui concerne les fonctionnaires et parlementaires. Ceux-ci remplissent plusieurs autres rôles importants qui leur vaudront d'entrer en communication avec les parlementaires.

Les fonctionnaires doivent, dans la préparation et le vécu de ces relations, satisfaire deux familles de devoirs qui entrent quelquefois en contradiction : d'une part, respecter la démocratie et obéir à l'autorité et, d'autre part, respecter ses devoirs et obligations de fonctionnaire ou d'employé public.

Ce chapitre veut explorer ces zones de contacts entre parlementaires et fonctionnaires, leurs règles de jeu et les répercussions qu'elles ont sur la propension des uns et des autres à assumer leur rôle.

L'INFLUENCE DES RÔLES DES PARLEMENTAIRES SUR LA VIE DE LA FONCTION PUBLIQUE

Aux fins du présent chapitre, considérons que les parlementaires canadiens, dans leur application du modèle de Westminster, jouent cinq rôles principaux et distincts : représentants, législateurs, contrôleurs, intercesseurs et fiduciaires de l'intérêt public national. La pratique des rôles serait modulée dans certains cas par la culture du parti de rattachement des députés ; les partis traditionnels et les créditistes valorisent plus la tâche de représentant tandis que des partis aux credos mieux affirmés voient leurs députés consacrer plus d'attention à certains débats reliés aux idées centrales de leur plate-forme. (Bernard, 1997 : 501). Les principales tâches des fonctionnaires sont d'appliquer la loi, de gérer les politiques et programmes, de conseiller le ministre en toute matière utile et de proposer au ministre des avis et des recommandations sur les lois, politiques, règlements et programmes existants et à venir et sur toute situation concernant le ministre ou le ministère. La façon dont les rôles parlementaires se pratiquent influence la tâche des fonctionnaires qui rendent des comptes, appuient les ministres responsables, contribuent à l'élaboration des politiques et répondent aux diverses interventions des députés.

CINQ RÔLES DES PARLEMENTAIRES

REPRÉSENTANTS (députés)
LÉGISLATEURS (députés et sénateurs)
CONTRÔLEURS (députés et sénateurs)
INTERCESSEURS (députés)
FIDUCIAIRES (députés et sénateurs)

Représentants

Les députés, membres de la Chambre des communes du fait de leur élection, agissent comme représentants au Parlement d'une partie du pays, définie par ses frontières de circonscription et caractérisée par la composition de sa population et les propriétés particulières de son activité sociale et économique. Le terme « représentant » comporte deux acceptions simultanées : échantillon d'un groupe et mandataire de celui-ci. Comme mandataires des citoyens de la circonscription, ils défendent ses intérêts particuliers, tandis que, comme échantillon de celle-ci, les députés contribuent au débat public qu'ils enrichissent de leur spécificité. La contribution des fonctionnaires à l'élaboration des politiques tiendra compte des tendances et des rapports de force au Parlement afin de ne pas placer le ministre en difficulté. Le contrôle de l'exécution des lois et des programmes de dépenses donne lieu à des interventions de députés, sous forme de demandes d'informations pour lesquelles les fonctionnaires préparent des dossiers ; ils exercent aussi des pressions officieuses auprès des fonctionnaires. Leur participation à des manifestations populaires, officiellement dirigées contre le gouvernement, sert également à sensibiliser les « concepteurs de solutions sectorielles ou régionales » que sont les fonctionnaires.

Législateurs

À titre de législateurs, les députés et les sénateurs à tour de rôle adoptent les textes spécifiques des lois qui instituent quelquefois des politiques ou des programmes alors qu'en d'autres occasions elles servent d'instrument habilitant des ministres et des fonctionnaires à poser des actes, faire des dépenses, prendre des décisions, adopter des directives et permettent au Conseil des ministres d'édicter des règlements, de décider ou d'adopter des directives. La loi constitue le seul fondement habilitant toute action des fonctionnaires et la source de la légitimité démocratique de l'action des serviteurs publics. Les fonctionnaires, à titre de spécialistes et de détenteurs de bases de données et de mémoire organisationnelle, contribuent de manière très active à la préparation des textes et à l'évaluation de leurs répercussions.

La législation budgétaire revêt une importance toute particulière pour les fonctionnaires en ce qu'elle énonce la politique gouvernementale et en ce qu'elle engage les fonds pour des programmes particuliers de dépenses auxquelles procéderont les fonctionnaires dans l'année qui vient ; de plus, ce discours du budget qui en introduit la législation donne au monde de l'administration publique un certain nombre de signaux quant aux intentions, aux orientations et aux priorités d'action du gouvernement.

Le rôle de contrôleurs et les mirages de l'imputabilité

On entend le plus souvent parler des relations parlementaires-fonctionnaires à travers le rôle de contrôleur qu'exercent les députés et les sénateurs. Les députés doivent conserver leur confiance au gouvernement pour maintenir celui-ci en poste ; cette confiance porte sur sa capacité de voter des lois appropriées, de mettre celles-ci en exécution (notamment gérer les fonds publics), et de prendre, dans le cadre de son rôle et de ses pouvoirs d'exécutif, toutes les décisions utiles pour l'intérêt général et celui du pays.

CINQ TYPES DE CONTRÔLES
LES DIVERS VOTES DE NON-CONFIANCE
LA LÉGISLATION
LES QUESTIONS EN CHAMBRE
LES COMITÉS PARLEMENTAIRES
LES AGENTS DU PARLEMENT

Ce rôle de contrôle importe au point qu'il peut même conduire à la démission du gouvernement (voir chapitre de Louis Massicotte ; Jauvin, 1997 : 49-50) et s'exerce de plusieurs manières complémentaires : il y a tout d'abord *la période quotidienne de questions* à la Chambre des communes pendant la session ; à l'occasion des affaires des députés ou des affaires du jour ou encore par des questions orales ou écrites, les députés obtiennent de brèves périodes de temps pour questionner un ministre ou le premier ministre sur une affaire relevant de sa compétence ou d'intérêt national. Le ministre doit fournir une réponse au député ou s'engager à le faire dans un délai raisonnable après avoir pris l'information auprès de ses fonctionnaires.

Pendant la session parlementaire, la période des questions mobilise lourdement la haute direction de la plupart des ministères afin de bien préparer un ministre souvent angoissé à toutes les questions que l'opposition pourrait soulever. Aux aurores, dès la livraison des journaux, un attaché politique constitue un cahier de presse pour ensuite l'acheminer au ministre, aux autres membres du cabinet et quelquefois au sous-ministre ; au tout début de la journée, une réunion permet de répertorier les sujets susceptibles de questions et les besoins de mise à jour du cahier que détient le ministre ; on décide de ce qui peut être dit et de l'angle tactique que le ministre adoptera pour répondre à la question ; il s'ensuit un ensemble de commandes à la fois aux membres du cabinet ministériel et à des adjoints du sous-ministre au sujet de questions factuelles, techniques, juridiques ou historiques ; ces fonctionnaires répercuteront en toute urgence ces commandes dans l'ensemble du ministère et les réponses seront validées à chacun des niveaux hiérarchiques du retour, commandant ainsi nombre de réunions au cours de l'avant-midi. En fin d'avant-midi, une rencontre entre un adjoint sous-ministériel et un membre du Cabinet permet de transmettre ces informations administratives, auxquelles s'ajoute le travail réalisé du côté du cabinet pour constituer le cahier des questions du ministre. On raconte que certains ministres se privent de déjeuner substantiellement pour « apprendre » leur cahier avant la période des questions, tandis que d'autres affichent une attitude plus désinvolte à moins que l'actualité brûlante ne les mette sur la sellette (encadré 10.1).

ENCADRÉ 10.1
Information pour la période de questions »

Dans une étude sur la qualité des cahiers d'information, Rod Quiney, cadre supérieur du gouvernement du Canada, formulait les recommandations suivantes aux fonctionnaires pour les aider à préparer la période de questions à laquelle est soumis quotidiennement un ministre (Centre canadien de gestion, février 1991, 4 pages).

(extraits)

« Même si les cahiers d'information utilisés pendant la période de questions perturbent le bon déroulement d'un organisme, il s'agit de documents de première importance pour les ministres :

• [...] les ministres répondent à toutes les questions qui leur sont posées d'une façon ou d'une autre.

• Les cahiers d'information doivent être livrés à temps. La période débute chaque jour à l'heure fixée, que le ministre ait été informé ou non [...].

• Les cahiers doivent être clairs et exacts. Il vaut mieux ne donner aucune information que de donner une information incorrecte. Une fois que le ministre a utilisé les informations, il n'est plus possible de changer les archives publiques. Les erreurs peuvent être très embarrassantes pour le ministre et le gouvernement et elles ont même entraîné la démission de ministres et de fonctionnaires.

• Le cahier doit être mis à jour chaque fois qu'il se produit un changement ou tous les quelques jours, tant et aussi longtemps qu'il se trouve inscrit à l'agenda du ministre. Si des personnes d'un autre ministère sont concernées, l'auteur du cahier doit communiquer avec elles [...].

• La partie principale du cahier doit pouvoir se lire en 15 secondes. Lorsqu'une question est posée en Chambre, le ministre n'a que quelques secondes pour choisir le bon onglet parmi une quarantaine et relire le point principal.

• Les cahiers d'information sont composés essentiellement d'infocapsules. Il ne faut pas y placer d'informations détaillées. Les personnes chargées du cahier, habituellement l'adjoint législatif du ministre ou un agent d'information du ministère, doivent comprendre la situation afin de pouvoir répondre aux questions du ministre. L'auteur doit être disponible à l'heure du déjeuner pour répondre à des questions par téléphone.

• Le rôle des fonctionnaires doit être orienté vers l'organisme ; ceux-ci doivent aussi faire preuve de sensibilité sur le plan politique. Ils doivent tenir compte de la perception du public ainsi que des faits, mais ils doivent laisser la politique partisane au personnel politique.

• Les membres du Parlement qui cherchent à obtenir une réponse à une question technique ou détaillée font habituellement leur demande par écrit. Ces demandes doivent recevoir autant d'attention que les questions orales et être préparées dans les délais.

• **Questions qu'il faut se poser**
La réponse proposée tient-elle compte de la perception du public aussi bien que des faits ?
La réponse serait-elle acceptable si elle était lue de vive voix dans la Chambre ?
Quelle est la source citée pour la note ?
Est-ce que toutes les données et surtout tous les chiffres ont été vérifiés et revérifiés ?
Pouvons-nous livrer la note dans les délais prescrits ?
Les autres ministères en cause ont-ils été consultés ?

Pendant la période des questions, des membres du cabinet du ministre entendent, grâce à un système de phonie, les réponses des ministres et les questions supplémentaires de l'opposition ; dès ce moment ou encore lors de la réunion de *débreffage* de fin de journée, ils décident de commander aux fonctionnaires des études ou des suppléments d'information, le plus souvent à travers la structure hiérarchique.

Deuxièmement, il y a contrôle par *l'acceptation ou le refus de la législation* à laquelle a lourdement concouru l'administration, étant donné son parc d'informations, son expertise et le peu de temps et de ressources dont disposent le ministre et son cabinet politique. Dans tous les cas, le ministre a dû signer la proposition de projet de loi et le Cabinet l'approuver préalablement à son dépôt en Chambre, condition *sine qua non* à la solidarité ministérielle. Cet acte de contrôle s'exerce par le travail de la Chambre à la fois en comité plénier et en comité parlementaire. Quelques ministres se targuent d'avoir, « en bras de chemise et après les heures de bureau », passé de longues heures en compagnie des fonctionnaires, pendant plusieurs mois à rédiger et à valider les articles d'un projet de loi ; en général, les fonctionnaires jouent un rôle prédominant pour convaincre le ministre d'une stratégie de législation et pour concevoir des avant-projets à soumettre à l'approbation du ministre. Les fonctionnaires doivent préparer leur ministre aux questions qui pourront être posées sur la justification et les conséquences de chaque expression de chacun des articles du projet de loi ; ils assistent aux délibérations des comités assis derrière le ministre pour aider celui-ci sur toute question technique ou juridique.

L'imputabilité constitue le troisième contrôle des parlementaires ; elle s'effectue notamment en *comités de députés, comités sénatoriaux ou mixtes* (en septembre 1999, on comptait au Sénat 21 comités, 2 comités spéciaux et 5 sous-comités, tandis qu'il y avait à la Chambre des communes 23 comités et 27 sous-comités (voir la liste dans les chapitres qui précèdent) qui étudient les projets de lois, les crédits budgétaires, les rapports des ministères et toute question d'intérêt public qui en relève ou qui lui est confiée par la Chambre des communes ou le Sénat dans le cas des comités sénatoriaux. Ces comités qu'il faut distinguer des comités du cabinet (voir figure 10.1) peuvent requérir la présence des ministres pour répondre à leurs questions ou présenter la politique gouvernementale ; les fonctionnaires doivent alors préparer l'essence de la présentation du ministre et les éléments centraux de la réponse du ministre aux questions anticipées. On peut aussi requérir le témoignage de dirigeants d'organismes, de sous-ministres et de certains hauts fonctionnaires, ce qui engage directement un travail préparatoire de l'administration. Voilà une des principales réformes qu'a recommandées, en 1985, le comité Mc Grath pour revaloriser le rôle des députés et du Parlement. Cette situation nouvelle n'a pas été sans secouer la conscience des ministériels et des fonctionnaires : comment répondre aux questions sans trahir le secret d'office, sans être déloyal à son ministre, sans lui porter ombrage, sans entrer dans l'arène politique, sans manquer au devoir de réserve, sans dévoiler des informations protégées par la Loi d'accès à l'information, ou des informations nominatives, sans briser la règle de l'anonymat, etc.

FIGURE 10.1

Les comités du Cabinet du gouvernement du Canada au 20.08.99

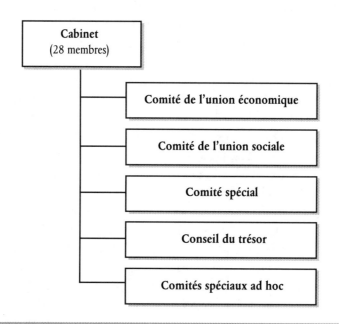

Source : Bureau du Conseil privé, 1999.

La Chambre reçoit des ministères et des organismes des rapports que déposent les ministres. Elle peut choisir d'en débattre mais le plus souvent ils se trouvent référés au comité parlementaire approprié. Jusqu'en 1997, ces rapports décrivaient le mandat, l'organisation et les principales réalisations du ministère durant l'année écoulée. Depuis l'avènement d'une culture plus centrée sur le *management* public, les ministères ont produit pour l'interne des plans pluri-annuels de dépenses et se sont progressivement vus imposer des obligations intragouvernementales de contrôle sur la base des résultats et des rapports intrants-extrants-impacts (Bourgault, 1997 : 113) ; en 1997, inspirés par le modèle britannique (Clark, 1994 : 217 ; Aucoin, 1995 : 219), les Canadiens ont fait obligation aux ministres de déposer à la Chambre deux rapports annuels préparés par le ministère : un premier au printemps, le *Rapport sur les plans et priorités* décrivant les extrants désirés (personnes formées), les résultats anticipés (personnes recyclées) ainsi que les intrants projetés (argent, personnels) ; le second rapport, appelé le *Rapport ministériel sur le rendement*, présente les extrants et les impacts que le ministère se dit en voie de produire (figure 10.2).

Plusieurs se sont montrés déçus du peu d'attention que portèrent les comités les premières années de la présentation de ces rapports. On dit la situation en voie d'amélioration et une série de colloques (réunissant politiciens, fonctionnaires et gens des médias) organisés par l'Institut d'administration publique du Canada en 1998-1999 en a permis une juste évaluation. Le président de ces tables rondes Tony Ianno, secrétaire parlementaire au président du Conseil du trésor, synthétise bien les consensus obtenus lorsqu'il souhaite que le travail des comités soit moins partisan et que ceux-ci aient une approche plus constructive, que les ministres aient un rôle plus d'écoute que de présentateur, que les débats soient centrés plus sur les grands enjeux que sur les détails, que les fonctionnaires fournissent l'information de performance de manière plus claire et concise, et en expliquant aussi les difficultés rencontrées, enfin que les dossiers concernant plusieurs ministères soient aussi présentés (Ianno, 1999 : 3).

GABARIT DES RAPPORTS ANNUELS À LA CHAMBRE

Rapport sur le rendement

Conseil du trésor du Canada, Rapport pour la période se terminant le 31.03.97

Aperçu du ministère

Réalisations : dépenses prévues et réelles avec explications

Résumé des attentes en termes de rendement

Description détaillée par secteur d'activité des résultats atteints

Engagements en vue d'obtenir des résultats

Annexes (organigramme, lois appliquées, tableaux financiers, etc.)

En 1998, le Conseil du trésor a publié un état d'avancement de la présentation de ces rapports « Une gestion axée sur les résultats » pour décrire « la stratégie de mise en œuvre de la gestion axée sur les résultats et faire le point sur les progrès réalisés et pour indiquer où avoir accès aux informations sur le rendement ». On y présente la synthèse de 80 rapports de ministères et organismes, avec des niveaux de précision qui varient très sensiblement. Il s'agit d'une opération qui se développe au fil de l'expérience tant des ministères, des organismes centraux que des parlementaires.

L'imputabilité pose la question du partage des zones de responsabilité entre ministres et fonctionnaires ainsi que celle des implications de cette imputabilité : ce qui peut être révélé, la perspective des témoignages et les sanctions qui découlent de l'exercice.

Des lignes directrices furent émises dans le but de satisfaire à la fois la légitime soif d'informations des parlementaires et la nécessité de respecter les devoirs fondamentaux de la charge publique de « fonctionnaires de l'État au service du gouvernement du jour » (encadré 10.2). Ces lignes varient sensiblement selon les diverses émanations du modèle de Westminster (les cas de la Grande-Bretagne, de l'Australie, de la Nouvelle-Zélande, du Canada et du Québec sont présentés par Bourgault, 1997 : 193-213).

FIGURE 10.2

Les parlementaires et le contrôle des dépenses des ministères
Au gouvernement du Canada : un cycle annuel

Hiver

- Réception des crédits du budget principal

Automne

- Consultations pré-budgétaires
- Documents sur le rendement
  - Gestion axée sur les résultats
  - Rapports ministériels sur le rendement
  - Comptes publics
- Les comités examinent les rapports
- Dépôt du rapport du Vérificateur général

Printemps

- Réception des plans et priorités
- Travail en comités : étude des prévisions et recommandations sur les crédits

Été

- Ajournement

D'après : Conseil du trésor (1999), « Une gestion axée sur les résultats », vol. 1, p. 37.

ENCADRÉ 10.2

NOTES SUR LES RESPONSABILITÉS DES FONCTIONNAIRES À L'ÉGARD DES COMITÉS PARLEMENTAIRES (Bureau du Conseil privé ; décembre 1990 ; réputé à jour le 20 septembre 1999) (extraits)

Sommation des fonctionnaires

La Chambre des communes et le Sénat, ainsi que leurs comités, ont le pouvoir de sommer quiconque à comparaître et ils pourraient convoquer des fonctionnaires, même si le ministre s'y oppose [...] Pour observer le principe de la responsabilité ministérielle, les comités [laissent] au ministre le soin de déterminer quel fonctionnaire parlera en son nom au comité. Il appartient au ministre de décider à quelles questions il souhaite répondre et quelles sont celles qui peuvent être posées à ses fonctionnaires.

Réponses aux questions des comités

On s'attend à ce que les personnes qui témoignent devant un comité parlementaire répondent à toutes les questions du comité [...].

Les fonctionnaires ont [...] l'obligation légale de tenir confidentiels les renseignements dont ils peuvent avoir connaissance dans l'exercice de leurs fonctions [...].

De façon générale, et compte tenu des lois, les fonctionnaires ont l'obligation de se comporter de manière à ce que les ministres puissent toujours avoir pleinement confiance en la loyauté et la fidélité de ceux qui les servent [...]. [Sinon] ils minent le principe fondamental de la responsabilité gouvernementale à savoir que ce sont les ministres et non les fonctionnaires, qui sont comptables envers la Chambre des communes pour les actes du gouvernement.

Les fonctionnaires comparaissent [...] au nom de leur ministre pour fournir des renseignements que le ministre ne pourrait raisonnablement fournir lui-même [...] les fonctionnaires ne sont pas directement comptables au Parlement de leurs actions ni des politiques et programmes du gouvernement.

Les questions de stratégie et de politique qui risquent de soulever une controverse sont essentiellement réservées aux ministres [...].

Assermentation des fonctionnaires

Les fonctionnaires ont l'obligation fondamentale de renseigner fidèlement leur ministre et aussi de transmettre fidèlement, au nom de leur ministre, les renseignements qu'ils sont autorisés à divulguer au Parlement [...].

Il est clair cependant que les comités parlementaires sont habilités à interroger les témoins sous serment... [L]es fonctionnaires ont le devoir de ne pas divulguer, sans autorisation expresse, des renseignements que seul le ministre [ou le gouvernement] a la compétence de divulguer.

Outre cela, le fonctionnaire qui est invité à prêter serment peut se trouver dans une situation qui va à l'encontre de son obligation envers le ministre de garder le secret ou, de façon générale, à l'encontre du serment de discrétion qu'il a prêté [...] dans ce contexte, ils ont [les sous-ministres en particulier] l'obligation fondamentale de renseigner leur ministre avec franchise sur toute question concernant leur ministère et les politiques qui relèvent de leur compétence. Seuls les ministres sont en mesure de décider quand et dans quelle mesure des renseignements confidentiels peuvent ou doivent être divulgués. Obliger un fonctionnaire à témoigner sous serment pourrait le forcer à prendre des décisions qu'il n'est pas habilité à prendre [...].

Directives aux fonctionnaires

Un fonctionnaire est habilité à donner des explications en réponse aux questions relatives à des aspects complexes de stratégie mais il ne doit pas chercher à défendre une stratégie ni participer à un débat sur les options du gouvernement. Pour les autres questions, surtout en ce qui a trait à l'administration du ministère et des programmes, le fonctionnaire répond directement au nom de son ministre. Ici encore le fonctionnaire doit se limiter à des explications [...].

Les fonctionnaires doivent [...] s'abstenir de divulguer des renseignements cotés ou de transmettre des documents confidentiels à toute personne qui n'est pas autorisée à en prendre connaissance. Pour leur part, les comités reconnaissent généralement que la divulgation aux comités de renseignements qui ne sont habituellement accessibles au public doit être une décision qui relève des ministres.

B) Assermentation

1) C'est au nom de son ministre que le fonctionnaire comparaît afin de fournir des renseignements que le ministre ne pourrait fournir lui-même ;

2) [...] si le comité a des inquiétudes [...] peut-être alors préférerait-il poser les questions au ministre lui-même.

Le fonctionnaire [...] devrait également solliciter la compréhension du président et des membres du comité afin qu'ils évitent de lui poser des questions qui pourraient le mettre dans une position contraire à l'obligation qu'il a envers son ministre...

Ces lignes directrices appelleraient maints commentaires ; par exemple, on y note, outre une interprétation très stricte et limitative de la responsabilité ministérielle, une perspective assez favorable à la stabilité du pouvoir exécutif ; en Grande-Bretagne un des dirigeants des services secrets, Clive Ponting, fut innocenté de trahison par le plus haut tribunal qui jugeait qu'il avait agi dans l'intérêt de l'État en divulguant des informations sur l'origine de la guerre des Malvinas après que son ministre eut menti au Parlement (Charlot, 1985 : 1064). Aussi, le témoignage du fonctionnaire est ramené à la seule expression explicative, au nom du ministre et après le consentement de celui-ci, des seuls faits auxquels le public pourrait avoir accès et que le ministre ne pourrait lui-même fournir pour des raisons techniques. Ces limitations très sérieuses ont suivi des dérapages notoires où les députés de l'Opposition ont utilisé des témoignages de sous-ministres (cas de l'immigration) pour tenter d'attaquer la position gouvernementale. Le balancier n'est-il pas allé trop loin et inutilement puisqu'ils n'ont

pu empêcher l'affaire AL Mashat (voir Sutherland) ?

Quatrièmement, des « agents du Parlement » exercent en son nom un contrôle sur l'exécutif et sont ainsi habilités à enquêter sur le terrain de l'administration, à obliger celle-ci à ouvrir ses portes, à laisser consulter ses documents et à répondre aux questions posées. L'expression « agents » laisse songeur tout analyste politique car, bien que leur rapport doive être déposé au Parlement plutôt qu'auprès d'un membre du gouvernement, le processus de nomination donne, dans certains cas trop de pouvoir à l'exécutif pour que, sur la seule foi des textes législatifs, le public ait l'impression qu'il y ait vraiment parfaite indépendance ; pourtant l'histoire des conflits entre ces agents et le gouvernement témoigne de l'indépendance de plusieurs. On n'a qu'à se rappeler le conflit que le tribunal a tranché en faveur du gouvernement lorsque le Vérificateur général du Canada réclamait l'accès à des documents « protégés » du Cabinet pour faire l'examen de la douteuse transaction qui a fait acquérir, pour Petro Canada, l'actif de Petrofina. Le Vérificateur général est nommé par le Conseil des ministres, mais à titre inamovible pour dix ans. Les trois commissaires de la Commission de la fonction publique (CFP), dont le président, sont nommés par le Conseil des ministres à titre inamovible pour dix ans. Le Commissaire aux langues officielles est nommé à titre inamovible pour sept ans, après approbation par résolution du Sénat et de la Chambre des communes. Les Commissaires à l'information et à la protection de la vie privée sont chacun nommés à titre inamovible pour 7 ans et ne peuvent être démis de leur fonction que sur résolution des deux Chambres.

Les rapports de certains organismes sont déposés à la Chambre et peuvent donner lieu à un examen approfondi en comité parlementaire ainsi qu'à des questions en Chambre. Parmi ces « agents du Parlement » se trouve le Vérificateur général du Canada (qui vérifie la correction des comptes, des états financiers et de leurs imputations, le caractère approprié des dépenses du point de vue de l'optimisation de la gestion, et l'effet des décisions en matière d'environnement et de développement durable). La Commission de la fonction publique a pour principal mandat de faire nommer les employés conformément à la loi (incluant divers pouvoirs de révocation d'actes de nominations ou de gestion d'examens et de concours), d'aider à la constitution de programmes de perfectionnement et de faire rapport au Conseil des ministres sur l'application de la loi.

Le Commissaire à la protection de la vie privée, nommé par le Gouverneur en conseil, doit protéger les droits des citoyens conférés par la Loi sur les renseignements personnels ; à ce titre, il observe les pratiques gouvernementales, fait enquête sur plaintes ou de son propre chef, mène des recherches et conseille le Parlement, à qui il fait rapport au moins annuellement. Le Commissaire à l'information remplit des fonctions similaires pour la mise en application de la Loi d'accès à l'information. Le Commissaire aux langues officielles voit à la surveillance de l'application de la Loi sur les langues officielles au Canada ; il fait enquête et mène des recherches et fait rapport au Parlement. D'autres agents du Parlement ont peu ou pas d'influence directe sur la vie des fonctionnaires ; c'est le cas du Directeur général des élections qui voit à la carte électorale, à la

gestion de certains aspects de la vie des parties et à l'organisation du scrutin.

Les médias répercutent avec fracas les trouvailles des rapports (un annuel, trois supplémentaires par an et des rapports spéciaux au besoin) du Vérificateur général (sous le titre habituel de « histoires d'horreur ») et contribuent à accréditer l'idée, même si cela n'est pas l'intention du Vérificateur, que la gestion publique dans son ensemble est mal en point. Quelquefois ces « scandales » influent sur la cote d'un gouvernement dans l'opinion publique ou d'un tel ministre face à ses pairs ou aux députés. Ils provoquent en tout cas de sérieux remous dans l'administration puisque des remises en cause sont effectuées et des dirigeants sont remplacés en toute discrétion. Le processus a pris une telle importance qu'aujourd'hui le Vérificateur envoie aux administrations qui sont l'objet de son rapport des extraits de celui-ci afin qu'elles soient informées des « trouvailles » et des commentaires qui seront faits publiquement et qu'ils aient la possibilité de tenter de faire corriger avant publication toute erreur de fait ou d'appréciation qu'aurait commise le Vérificateur. Le comité des comptes publics porte une attention toute particulière au rapport du Vérificateur ; cependant il s'en trouve plusieurs pour déplorer le manque de moyens de ce comité, la trop grande mobilité de ses membres, la préparation imparfaite des membres qui la privent d'expertise et de mémoire organisationnelle ainsi que l'absence de responsabilité claire dans l'engagement des dépenses particulières, et ce contrairement au modèle britannique d'origine (Franks, 1997 : 630).

Intercesseurs au nom de leurs électeurs

Dans le passé assez récent du système parlementaire, on peut imaginer l'importance du rôle d'intercesseurs que jouaient les députés pour leurs commettants, souvent moins informés des programmes gouvernementaux, moins instruits, moins reconnus socialement, moins capables de communiquer et presque toujours plus éloignés des centres décisionnels de l'administration. André Gélinas (1969 : 200) a produit un ouvrage-charnière sur ce sujet pour démontrer que les députés intervenaient fréquemment auprès de l'administration, à bon droit et dans le respect de la loi.

Pendant la session, le député consacre une journée par semaine à « faire du bureau » dans son comté ; il reçoit ses concitoyens, écoute leurs demandes, étudie leurs projets, répond à certaines de leurs questions et s'engage quelquefois à s'informer auprès de l'administration des possibilités de réalisation d'un projet, de l'état d'avancement d'un dossier, ou encore à contacter un fonctionnaire pour lui présenter un cas qui lui semble injustement ou incorrectement traité. De fait, c'est souvent le secrétaire de comté qui fera ces démarches auprès de la fonction publique au nom du député. Le député reçoit aussi plusieurs demandes par courrier qu'il s'engage à relayer auprès du « bon service ». Ainsi, le député ou son bureau contacte les représentants régionaux des ministères ou encore les directions sectorielles dans la capitale lorsqu'il ne s'adresse pas directement au fonctionnaire spécifiquement à l'origine d'une décision particulière.

Ces interventions affectent surtout l'exécution des politiques et des programmes mais peuvent influencer au sein de l'administration leur éva-luation ou l'émanation de nouvelles politiques. Le fonctionnaire se sent plus à l'aise de répondre à un citoyen qu'à un politique, ne sachant pas toujours quelles suites seront données sur la scène politique régionale ou nationale à sa réponse « administrative ». L'intervention politique au sujet d'un dossier administratif fait d'autant plus malaise quand celui qui l'exerce est membre du gouvernement ; le fonctionnaire se demande alors si le signataire de la demande n'est qu'un député comme tout autre ou si c'est un pair de son patron qui contourne l'autorité de celui-ci ou qui peut tenter d'influencer le cours de sa carrière auprès de son patron dans le cas d'une réponse défavorable. Pis encore, lorsqu'un ministre utilise son papier à en-tête de ministre pour intervenir au lieu de son papier de député ; si l'on a pu pardonner à de jeunes ministres inexpérimentés qui ont présenté des excuses et des explications jugées sincères, le ministre Dupuy fut rabroué tandis que David Collenette dut démissionner, non sans soulagement, ont dit certains cyniques, alors qu'il tentait de gérer le scandale relatif à l'intervention militaire canadienne en Somalie.

Fiduciaires de l'intérêt national

En plus de représenter, légiférer, contrôler et intercéder, les députés remplissent le rôle de fiduciaires de l'intérêt national, rôle qu'ils remplissent de concert avec les sénateurs. Ils participent donc à de grands débats de société, sur l'avenir du pays ou sur des thématiques générales qui dépassent le champ d'action d'un seul comité. Ceci signifie qu'ils peuvent soulever toute question d'intérêt à cet égard, susciter tout débat et adopter des motions et des décisions appropriées.

Ces débats affectent les politiques existantes et en devenir, et les fonctionnaires en tiennent compte dans leur rôle-conseil.

On retrouve les fonctionnaires aux côtés des ministres assez souvent convoqués par les comités sénatoriaux thématiques alors qu'ils viennent présenter des études et des expertises, les commenter ou encore répondre à des questions factuelles. Au nom du ministre, ils viennent en général présenter l'expertise de l'administration dans un domaine particulier. On a aussi vu des fonctionnaires assister aux délibérations de tels comités thématiques afin de mieux saisir et étudier les positions et arguments de groupes de la société civile et d'experts, afin de mieux préparer les politiques ministérielles en développement; voilà une autre situation où le travail parlementaire contribue à celui de l'administration.

PRINCIPES GUIDANT L'INTERVENTION DES FONCTIONNAIRES

Les fonctionnaires contribuent au travail parlementaire parce qu'ils sont soumis à la fois au droit (comme un des privilèges du Parlement) et à l'autorité hiérarchique (aidant et représentant le ministre ou le gouvernement). Certains principes, progressivement développés depuis la fin du Moyen Âge se trouveront repris au tournant du siècle, dans un modèle idéal de domination (le bureaucratique ou le rationnel-légal) de Max Weber, qui l'estime plus légitime que les deux autres modèles de domination, soit la tradition (ex.: monarchie ou religion) et le charisme (qualités personnelles et pouvoir de conviction du leader). Lecomte et Denni, suivis de plusieurs commentateurs, le présenteront en sept préceptes:

PRINCIPES WÉBÉRIENS DE LA DOMINATION RATIONELLE-LÉGALE
(d'après Lecomte et Denni, 1990: 198-202)
1- Il y a une activité continue (sens de permanente et régulière) et liée à des règles;
2- Il existe un champ de compétence distinguant objectivement le commandement et l'exécution et donnant des moyens de coercition;
3- Il y a reconnaissance d'une hiérarchie administrative stricte, accompagnée de droits de recours contre le supérieur;
4- Les fonctions sont réservées à des fonctionnaires dûment reconnus, lesquels sont formés professionnellement, sélectionnés selon la compétence et agissent suivant des normes ou règles techniques;
5- Les fonctions doivent disposer des ressources appropriées, notamment ils sont payés exclusivement par l'autorité et font carrière dans l'administration;
6- Aucun titulaire ne peut s'approprier personnellement le poste qu'il détient (entendre l'autorité et les ressources du poste);
7- Toute activité administrative se déroule en conformité avec des règles, lesquelles sont nécessairement formelles, écrites et publiques.

La contribution des fonctionnaires à la vie parlementaire se trouve à la fois nourrie et limitée par deux séries complémentaires de principes qui guident leur conduite: les principes de gestion publique et les principes de la fonction publique.

Le terme «fonctionnaire», hors de son acception légale à portée très limitée, a un sens populaire fort étendu qui réfère à plus ou moins toute personne payée à même les deniers publics, sauf les membres du Parlement et les contractants du privé. La loi distingue pourtant les employés soumis à la *Loi concernant l'emploi dans la fonction publique* et ceux de différents types d'organismes fédéraux (agences, sociétés d'État, etc.) qui sont soumis à des degrés moindres aux contrôles des organismes centraux, tels la Commission de la fonction publique (CFP), le Conseil du trésor, le Bureau du conseil privé sur qui l'autorité du ministre se trouve remplacée par celle d'une personne (p.-d.g., commissaire, etc.) ou d'un organisme (ex.: Société Radio-Canada) tel un conseil d'administration (Kernaghan et Siegel, 1991: 182).

Ainsi les diverses lois, les nombreux règlements et directives affectant leurs conditions de travail (permanence, avancement, arbitrages, etc.) et les normes selon lesquelles ils doivent se comporter (éthique, conflits d'intérêts, discipline, etc.) s'appliqueront différemment dans chaque catégorie de cas, allant même jusqu'à faire créer par certains organismes assez décentralisés (ex.: Société Radio-Canada, Société canadienne des postes ou Navcan), des régimes particuliers de conditions pour leurs employés (classification, salaires, etc.). Par exemple, la nouvelle «agence» qu'est devenu Revenu Canada peut maintenant arrêter ses propres politiques de gestion des ressources humaines, à l'abri du contrôle de la CFP, mais à certaines conditions, dont celle de respecter les principes fondamentaux de la CFP.

Les lignes qui suivent présentent des principes généraux s'appliquant dans leur esprit à toutes ces catégories d'employés publics mais dont le régime particulier pourra varier selon la façon dont les lois les rattachent à l'autorité centrale.

Ces principes se trouvent codifiés dans le droit positif, telles certaines parties de la constitution (ex.: la charte), les lois (*Loi concernant l'emploi dans la fonction publique*), les règlements (règles d'éthique) et des directives ministérielles (service aux citoyens, comportement en commissions parlementaires). Elles se fondent aussi sur des éléments de droit coutumier et conventionnel qui réfèrent à des pratiques sociales, tenues pour certaines et moralement contraignantes pour créer, dans l'esprit des autorités ou des citoyens, des expectatives de comportements particuliers de la part des fonctionnaires.

Les listes qui suivent n'épuisent pas tous les principes de conduite (voir notamment «la culture du service public», dans Dwivedi et Gow, 1999: 80-81) ou d'organisation des fonctionnaires; par exemple, le mérite et la permanence n'y sont pas directement traités, encore qu'ils jouent un rôle instrumental dans l'indépendance et le professionnalisme. Elles ne présentent que les principes mis en action directement dans l'interface que les fonctionnaires ont avec les parlementaires. Une première liste porte sur la gestion publique tandis que la seconde encadre le statut d'employé public (fonctionnaire).

GESTION PUBLIQUE

La règle de droit (Rule of Law)

L'ordre social se trouve garanti par la primauté du droit et non pas par celle de la force, la puissance de feu, la richesse, le rang social ou le poste détenu. Ce principe signifie que l'autorité des fonctionnaires, du gouvernement et de l'État est soumise aux règles de droit qui furent adoptées ou convenues; en conséquence, aucun employé public ne peut se réclamer de ce statut pour agir en contravention d'une règle de droit ou se situer au dessus de la loi. Au nom de ce principe, les fonctionnaires doivent témoigner lorsqu'ils sont appelés à le faire par le Parlement; mais, toujours à cause de ce principe, ils ne peuvent dévoiler des renseignements cotés confidentiels ou personnels (Dwivedi et Gow, 1999 : 64).

Le respect de l'autorité démocratique

Les seuls pouvoirs que détient l'administration lui ont été conférés par la constitution et la loi. Celles-ci émanent du pouvoir démocratique, c'est-à-dire des représentants du peuple, encore que doivent y concourir le Sénat et la Reine. Les fonctionnaires sont requis de se soumettre à la législation, d'y donner pleine application, de ne pas étendre indûment la portée de celle-ci et de limiter l'exercice de leur autorité aux pouvoirs qui leur furent légalement donnés. Par exemple, en toute matière, le ministre demeure le responsable ultime, et le décideur ultime, même à l'encontre de l'avis des fonctionnaires.

La responsabilité ministérielle

Les lois confèrent ultimement tous les pouvoirs de décision au gouvernement ou aux ministres, lesquels ont le pouvoir de déléguer ou subdéléguer ces autorités à des instances administratives. Cela s'entend d'autant plus facilement que l'on considère l'ampleur du pays, le nombre de cas à traiter, leur complexité technique et le peu de temps dont disposent les ministres.

Cependant le gouvernement (au sens de l'exécutif et du Conseil des ministres) ainsi que chacun des ministres comme « chef de ministère » sont redevables collectivement et individuellement devant la Chambre des députés des actes et des décisions de l'administration qu'ils dirigent ou dont ils sont responsables. Ceci les amène à répondre à des questions, à donner des explications, à donner à la Chambre l'assurance que des correctifs ont été mis en place et à fournir au besoin des excuses pour des actes commis par leur administration. Ils peuvent même, en théorie, devoir démissionner comme ministres (Sutherland, 1995 : 410) lorsqu'ils ont commis personnellement des actes fautifs ou des négligences dans l'application de leur devoir de ministre (ex. : errer en renversant l'opinion de l'administration dans le traitement d'un cas, tolérer des manquements graves portés à sa connaissance) ou s'ils ont manqué à leurs devoirs envers la Chambre (mensonges, information tronquée, etc.).

Bien que la théorie veut que le ministre doit tout savoir, l'enquête sur l'intervention canadienne en Somalie a mis en lumière un des problèmes moraux que vivent les hauts fonctionnaires lorsque des dirigeants ont avoué avoir retenu de l'information dont aurait pu bénéficier le ministre; ils voulaient éviter de placer celui-ci dans l'embarras face à d'éventuelles questions du Parlement. Dans certains cas la question se pose : que doit savoir le ministre ? À quel moment ? Sous quel format ? Les réponses relèvent du bon jugement et du sens éthique des hauts fonctionnaires.

Le ministre demeure « LE décideur officiel » du ministère; ainsi, les fonctionnaires interviennent au nom du ministre lorsqu'ils se présentent devant les comités de la Chambre (en vertu des rôles parlementaires de contrôleur et de législateur), c'est au ministre qu'ils formulent des recommandations (rôles de législateur) et c'est encore au nom du ministre qu'ils décident des cas que portent à leur attention les députés-intercesseurs.

Ainsi, en situation de gouvernement minoritaire, sujet à un possible renversement, un sous-ministre du Revenu écrivait que la vie de la haute fonction publique en devient tout à fait changée : leadership politique hésitant et opportuniste, délais, vacuum décisionnel, incertitude quant au développement des politiques, méfiance quant aux conseils fournis et interventionnisme politique dans les dossiers de gestion ; la survie parlementaire et la prochaine réélection seraient à ce prix (Hodgson, 1976 : 234-237).

L'égalité de tous devant la loi

La loi s'applique à toutes les personnes dans la société, sans distinction autre que celles que la loi prescrit en toute légalité constitutionnelle. Ce principe implique que les fonctionnaires doivent voir à appliquer la loi telle qu'elle s'énonce, de la même manière à tous les citoyens et contribuables. Bien sûr, la loi comporte des distinctions pour atteindre les fins qu'elle vise : ici on favorise les personnes âgées tandis que là on cible les entreprises ou les jeunes, etc., mais toujours ces distinctions doivent s'avérer constitutionnellement acceptables. Les fonctionnaires doivent les appliquer de manière égale à tous les citoyens, sans chercher à favoriser ou à nuire à des personnes en particulier ou à des groupes de personnes. Les rapports qu'entretiennent les fonctionnaires avec les parlementaires doivent être empreints de cet égalitarisme : ne pas divulguer certaines informations, ne pas donner de l'information ou un traitement privilégié à un groupe ou à une cause dont ils épousent personnellement les objectifs, ou sous la pression indue de politiciens ou afin de nourrir la période de questions des députés (voir Inwood, 1999 : 125-126).

Le traitement équitable

Il est cependant des cas où l'application stricte et rigoureuse des règles légales aurait pour conséquences de créer des effets non conformes à la législation ou à ses buts. Dans ces cas, les fonctionnaires sont requis de tenter de trouver un fondement légal pour traiter le dossier ou la demande de façon « satisfaisante », de sorte que la législation trouve alors sa pleine application. Donc, l'équité ne signifie ni traitement rigoureusement uniforme ni traitement rigoureusement conforme à la lettre de certains articles de la loi s'il y a d'autres dispositions législatives disponibles ; elle implique plutôt de tenter d'atteindre les buts de la loi et d'éviter de créer des situations contraires aux buts de celle-ci. Ainsi, plusieurs interventions de députés à titre d'intercesseurs tendent à convaincre des fonctionnaires que la spécificité d'un cas exige que lui soit donné un traitement équitable pour que les droits de ce citoyen se trouvent respectés. Le traitement en « équité » ne manque jamais d'ouvrir la porte aux craintes de décisions arbitraires illégales ou partiales de la bureaucratie.

La régularité procédurale

Ce principe engage les fonctionnaires à appliquer les procédures de travail ou de traitement des dossiers de citoyens, contribuables, employés ou contractants suivant la règle, c'est-à-dire selon la procédure prévue et que cette personne aurait raisonnablement attendue si elle avait été au courant de l'existence (formelle ou non) d'une telle procédure. Les interventions des députés et des agents de la Chambre, telle la Commission de la fonction publique auprès de l'administration, servent souvent à s'enquérir de l'existence de telles procédures et à vérifier la régularité de leur application dans le cas de tel citoyen qui s'est adressé à son député ou de tel employé qui s'est plaint à la Commission ; celle-ci dispose, outre son devoir de rapporter au Parlement, d'importants pouvoirs d'invalidation de procédures irrégulières (ex. : concours pour dotation) comme préalables au redressement de situation.

LE STATUT D'EMPLOYÉ PUBLIC

Le statut de fonctionnaire ou d'employé public implique, selon les juridictions et les degrés d'éloignement du contrôle des organismes centraux, un certain nombre de devoirs et obligations propres au statut même d'employé public. Ces devoirs et obligations se trouvent décrits dans des textes (lois, règlements, directives) ou encore dans des conventions qui ont tissé la culture organisationnelle des secteurs publics au Canada. Codifiés ou pas, ils font partie des principes et des valeurs des employés publics. L'Institut d'administration publique du Canada (IAPC), sous l'impulsion de Ken Kernaghan, a adopté de tels énoncés de valeurs et codes d'éthique (IPAC, 1975) et un groupe de travail de hauts fonctionnaires fédéraux sous la direction du regretté John

Tait a rédigé un rapport sur leur importance en 1997 (Tait, 1997 : 8).

La neutralité politique

Les fonctionnaires ont le statut de serviteurs de l'État, au service du gouvernement du jour. Ceci ne les met pas au service des formations politiques ou des personnages politiques formant le gouvernement. Une distinction s'établit entre les tâches politiques de l'autorité ministérielle, pour lesquelles le ministre compte sur un personnel politique appelé cabinet, bureau ou secrétariat (voir en bibliographie les études très poussées de Micheline Plasse), et ses tâches d'autorité, ultime responsable de la bonne marche d'une administration et des lois dont l'application lui est confiée (Dwivedi et Gow, 1999 : 71). Les fonctionnaires doivent, de manière apolitique, mener les études et faire les recommandations au ministre qui prend ultimement les décisions.

Cependant le droit reconnaît de plus en plus les droits qu'ont les fonctionnaires en tant que citoyens et contribuables. Sous certaines réserves destinées à maintenir la confiance que le public et le ministre doivent avoir dans la volonté et la capacité du fonctionnaire de mener à bien ses fonctions, ils jouissent maintenant de droits politiques qui leur ont été niés jusqu'à tout récemment ; ces droits semblent d'ailleurs plus restreints dans l'administration fédérale du Canada que dans celles des provinces (voir les arrêts Lavigne, Osborne, Fraser et Re, Ontario Public Sector Employees Union). S'ils peuvent maintenant militer, contribuer financièrement et se porter candidats aux élections, la loi fédérale les répute avoir démissionné du fait de leur élection comme député. Dans certains cas, ils doivent solliciter et obtenir la permission de l'employeur avant de se porter candidat ou d'agir comme représentant officiel d'un candidat. La Cour suprême de l'Ontario a même énoncé que la neutralité politique de la fonction publique au Canada reposait sur rien de moins qu'une convention constitutionnelle (arrêt Osborne).

Dans le cadre de leur travail, leurs rapports avec les citoyens et contribuables doivent être exempts de toute discrimination ou distinction en fonction de leurs opinions politiques et celles de leurs vis-à-vis.

La discrétion et la confidentialité

Les fonctionnaires ne doivent révéler aucune information dont ils ont pris connaissance dans l'exercice de leur fonction, à moins d'y avoir été autorisés ou que cette information ne soit du domaine public. Le serment d'office les y engage de même que certaines lois particulières touchant les renseignements confidentiels et les renseignements personnels ou nominatifs. Cette obligation couvre à la fois le domaine privé du fonctionnaire (dans sa vie personnelle ou à l'occasion de son éventuel engagement social, commercial ou politique : par exemple, ne pas révéler que M. X est sous enquête, que telle entreprise a eu des difficultés contractuelles avec tel ministère, ou que tel programme de subventions se trouve en voie d'abolition) et l'exercice de ses fonctions (ne pas révéler à un citoyen ce qui est frappé du secret administratif) (Dwivedi et Gow, 1999 : 73).

La réserve

Le fonctionnaire ne peut dans le cadre de ses fonctions émettre des opinions de nature politique ou d'appréciation sur des politiques à moins d'y avoir été convié par l'autorité. Ceci affecte notamment la nature de sa prestation lorsqu'il comparaît aux comités parlementaires ou lorsqu'il discute avec les députés ou les groupes qui l'appellent.

Comme citoyen et contribuable, le fonctionnaire peut émettre publiquement des opinions sur les politiques gouvernementales sous certaines réserves que la Cour a établies (voir arrêt Fraser) ; il ne peut d'aucune manière commenter un domaine d'activité relevant de son ministère ou organisme ; les autres domaines d'activité qui relèvent de son ministre pourraient-ils être commentés s'ils se situaient suffisamment loin du ministère qui l'emploie ? Si la Cour n'a pas tranché cette question, elle a statué qu'il doit faire preuve de sagesse dans sa façon de manifester certaines opinions même dans les domaines éloignés de son emploi : le choix des termes, le ton, la fréquence des interventions ne doivent pas laisser le public croire qu'il s'agit d'une campagne orchestrée pour discréditer un ministre ou un gouvernement ; le public doit demeurer confiant que ce fonctionnaire, dans l'exercice de ses tâches, ne commet pas d'insubordination et applique les lois comme il est en droit de s'y attendre. Le fonctionnaire a le devoir de protéger cette apparence aux yeux du public.

L'anonymat

La loi confère les pouvoirs de décision au gouvernement ou au ministre, lesquels sont responsables devant la Chambre. Les décisions sont prises au nom du ministre et les études, analyses et recommandations sont faites au bénéfice du ministre, qui demeure le décideur officiel. Le modèle de Westminster ne permet pas l'identification devant le public de l'auteur de telles décisions, études et recommandations. Le ministre reste tout à fait libre de suivre les recommandations, d'utiliser les études et de prendre ses décisions. Le fonctionnaire n'a pas à faire campagne pour « ses » projets.

Au surplus, l'anonymat garantit au fonctionnaire l'indépendance et la liberté de préparer ses dossiers selon les règles de l'art à l'abri de toute tentative de corruption, de toute pression indue, de toutes menaces pour le présent et l'avenir sur lui-même, ses proches, leurs biens et la carrière du fonctionnaire.

À quelques occasions, les interventions des parlementaires par leurs questions et demandes de documents peuvent mettre à mal ce principe. Aussi, le fonctionnaire répond-il toujours au nom du ministre en vertu des autorisations qui lui furent données, et tente-t-il d'éviter d'avoir à répondre à certaines questions.

L'indépendance

Les fonctionnaires doivent être en mesure de remplir leurs fonctions sans crainte de subir des sanctions ou des menaces sur leur carrière, leurs droits, ou leur traitement du fait des études qu'ils mènent, des décisions qu'ils prennent, des actes qu'ils posent et des recommandations qu'ils formulent. L'indépendance contribue aux conditions pour que la loi soit appliquée de manière régulière et pour que le travail soit effectué de manière professionnelle et désintéressée. Politiciens,

groupes de pression, directeurs ne peuvent utiliser ces ressources pour infléchir la conduite d'un fonctionnaire.

Aussi des garanties statutaires et fonctionnelles leur sont accordées, telles la permanence (sécurité d'emploi, ou contrat à long terme), la garantie de pension, la garantie de rang ou de classement, la garantie de niveau salarial, la garantie de mécanisme d'avancement salarial, la protection contre les poursuites judiciaires en responsabilité, etc.; il ne faut pas conclure pour autant que les fonctionnaires sont à l'abri du congédiement pour juste cause ou incompétence ou que, à l'occasion d'un manque de travail, ils ne puissent être mis à pied dans l'administration fédérale et celle de toutes les provinces sauf le Québec. Ces garanties ne sont pas absolues, elles ne font qu'évincer l'arbitraire de ces décisions qui pourrait servir à faire chanter un fonctionnaire.

Qu'il aide le ministre dans ses réponses aux contrôleurs, dans ses études préparatoires, ses opinions, qu'il comparaisse devant les comités ou reçoive des députés, le fonctionnaire indépendant guidera sa conduite en fonction du respect de la loi.

Le professionnalisme

Le professionnalisme implique d'exercer son métier selon les règles de l'art qui s'appliquent, sur la base d'une capacité vérifiée, avec compétence et de manière indépendante des attentes d'orientation du donneur d'ordre (sur la règle du mérite, voir Dwivedi et Gow, 1999: 627). Ken Kernaghan (1984: 584) y réfère en parlant de la capacité de « to speak thruth to power », c'est-à-dire de dire les faits avec exactitude et de produire des opinions franches au pouvoir sans désir de complaisance ni crainte de décevoir.

Les maîtres politiques les plus sages comprennent qu'ils ont à moyen et long terme plus besoin de vérité et d'exactitude que d'une opinion complaisante destinée à les rassurer et à paver la voie à des projets périlleux qui leur tiennent à cœur. Pour ce faire, il faut des fonctionnaires dont la sécurité d'emploi est garantie, qui ont la préparation professionnelle nécessaire, c'est-à-dire qui viennent de la carrière, qui mettent à jour leur compétence et que l'on met à l'aise pour qu'ils fassent bénéficier de leurs compétences, expriment sincèrement et sans crainte leur opinion et répondent complètement aux questions qui sont posées.

La loyauté

Le devoir de loyauté oblige le fonctionnaire, par ses comportements, à mériter la confiance du gouvernement, du ministre et de ses supérieurs. La loyauté se définit plus souvent négativement que positivement ; par exemple, il ne doit pas laisser fuir des informations ou des bribes d'informations pour mettre ses chefs dans l'embarras ou affaiblir la position de négociation du ministère, il ne doit pas blâmer ses patrons auprès de tiers afin de diffuser une image d'incompétence ou de comportements erratiques à la direction, il ne doit pas émettre des recommandations tronquées ou piégées ou encore réaliser de telles études dont l'effet serait d'amener malicieusement les dirigeants à choisir une option qui ne serait pas la meilleure de son point de vue.

Tous ces impératifs colorent le comportement du fonctionnaire lorsqu'il formule des opinions au ministre, répond à des questions en comités parlementaires, ou converse avec des députés, des groupes de pression ou des citoyens.

L'impartialité

Le ministre et le gouvernement ont droit à un avis exhaustif et de qualité sur les sujets soumis aux fonctionnaires et le public canadien, par l'entremise de son Parlement, a droit à ce que ses dirigeants jouissent d'un tel avis. Le fonctionnaire ne peut, en raison de son idéologie, ses préjugés, ses opinions personnelles, ses préférences, ses pratiques sociales, favoriser une cause ou un groupe ou encore nuire à un groupe ou une cause, sans que la loi ne l'y autorise valablement.

Le fait pour un fonctionnaire de fournir des avis biaisés, incomplets ou intellectuellement malhonnêtes afin de favoriser une cause ou un groupe ou encore de répondre de manière tendancieuse aux questions des comités parlementaires, de conférer des avantages ou des privilèges dans l'application de la loi sans autorisation légalement valable (ex. : dans le cadre d'un programme particulier) constituerait un manquement au devoir d'impartialité.

L'absence de conflit d'intérêts

Les fonctionnaires, comme citoyens, peuvent avoir des intérêts d'affaires, des allégeances politiques, des pratiques sociales ou religieuses, etc. Comme employés de l'État, ils participent pourtant à des décisions concernant ces sujets.

Pour préserver plusieurs des principes susmentionnés tels le professionnalisme, l'égalité de tous, l'indépendance, l'impartialité, etc., il est une règle que certains assimilent à un principe alors que d'autres en font un instrument permettant d'observer les principes précédents : les règles guidant la conduite pour éviter les conflits d'intérêts. On y pourvoit par des lois, par règlements ou directives, qui mettent en place des systèmes d'information, de consultation (commissaire à l'éthique), d'alerte (*whistle blowing*) et de sanctions.

Les conflits d'intérêts peuvent exister à divers degrés et amènent généralement un fonctionnaire à utiliser les ressources de son poste (budget, autorité, pouvoir, relations, influence, information) pour se favoriser soi-même, sa famille, ses amis ou ses relations politiques, sociales ou d'affaires. Ils peuvent se manifester durant l'exercice des fonctions, vers la fin de celles-ci face à l'éventuel employeur et après celles-ci alors que l'on utilise les ressources de l'ancien poste pour faire avancer les affaires de notre nouvel employeur (curieusement appelé syndrome des portes tournantes). Des lignes de conduite ont été émises pour chaque type de cas, par exemple, au-delà d'une certaine valeur, les cadeaux officiels doivent être remis au Trésor national, l'obligation de dénoncer son intérêt, de s'abstenir de participer à certaines discussions et décisions et de s'abstenir de transiger avec son ancien employeur pendant une année après la sortie de fonctions.

On le voit, les devoirs et obligations des fonctionnaires paraissent nombreux et contraignants pour protéger l'intégrité de l'État, l'application régulière de la loi, donc la légitimité de l'État aux yeux des citoyens. Il est de nombreuses zones grises où les fonctionnaires se trouvent coincés entre deux devoirs difficilement compatibles (exemple : servir les citoyens et fournir des informations leur donnant un avantage indu ou encore réduire des coûts mais risquer de paraître en conflit d'intérêts) ; c'est là que la culture organi-

sationnelle permet d'interpréter les situations pour mieux trouver des solutions satisfaisantes aux deux familles d'obligations qui contraignent le serviteur de l'État : respect de l'autorité démocratique et d'obéissance à l'autorité hiérarchique.

PERSPECTIVES

Parlementaires et fonctionnaires jouent donc des rôles à la fois distincts, voisins et complémentaires. De fait, chacun a besoin de l'autre pour remplir certains de ses rôles ; pour intercéder et contrôler, les parlementaires s'adressent notamment aux fonctionnaires, lesquels en revanchent reçoivent leur légitimité, leurs pouvoirs et leur budget du Parlement. La collaboration revêt, suivant les circonstances, divers degrés d'enthousiasme allant de l'obligation de répondre à la dissimulation de faits (Langford, 1984 : 519), événement dont la fréquence s'apprécie difficilement.

Ces dernières années, des développements comme la comparution parlementaire ont rendu plus délicate la position des fonctionnaires. Le système politique semble appelé à évoluer et d'autres changements prochains contribueront à redéfinir les règles du jeu sur l'échiquier des rapports complexes entre administration et politique.

Alors que des voix de plus en plus nombreuses décrient le déficit démocratique et en attribuent une part de la responsabilité aux rapports entre Parlement et exécutif, d'autres comme Savoie décrient la centralisation de l'autorité de l'exécutif.

Plusieurs défis se posent au Parlement d'aujourd'hui et mettront en cause la nature de leurs rapports avec les fonctionnaires : comment mieux contrôler la réglementation issue de la législation (législation déléguée)? Comment comprendre et utiliser vraiment les rapports de performance des ministères centrés sur les résultats? Comment accroître l'efficacité des comités parlementaires dans leur contrôle de l'administration? Comment adapter les analyses à la présentation pluriannuelle des engagements financiers? Comment redéfinir la responsabilité ministérielle et fonctionner de manière moins partisane pour libérer les fonctionnaires de certaines limites qui restreignent leurs témoignages?

D'autre part, la multiplication d'organismes et d'agences à statuts de plus en plus particuliers et hybrides, qui témoigne d'un réel effort pragmatique de s'adapter de manière efficiente à des situations concrètes de gestion, crée cependant des défis croissants pour le maintien d'un réel contrôle parlementaire, de l'imputabilité, de la transparence et de la légitimité; l'avènement des Aéroports de Montréal, de Navcan, de l'Agence d'inspection des aliments ou de l'Agence du revenu, pour ne citer que quelques exemples, témoigne bien de la créativité de l'ingénierie organisationnelle tant sont variés les systèmes de propriété, de composition du conseil d'administration, de rattachements des personnels, d'affectations budgétaires, de rapports à l'autorité gouvernementale, aux organismes centraux, au Parlement et à ses agents; il faudra mieux concilier, d'une part, les nécessités commandées par la gestion efficiente et, d'autre part, les impératifs de la démocratie et l'objectif de la gestion de tous les aspects du bien public à long terme.

Enfin, il faudra concilier les pratiques de la *nouvelle gestion publique* (moins de règles, moins d'écrits, plus de décisions à la pièce) avec la grille classique de contrôle et de surveillance qu'appliquent les parlementaires (rapports, justifications préalables, respect de règles rigides, etc.).

SITES WEB

Alliance de la fonction publique	http://www.psac.com
Association professionnelle des cadres de la fonction publique du Canada	
	http://www.apex.gc.ca/about_f.html
Centre canadien de gestion	http://www.ccmd-ccg.gc.ca
Centre d'information en direct intergouvernemental	http://www.intergov.gc.ca/indexf.html
Commission de la fonction publique du Canada	http://www.psc-cfp.gc.ca
Les institutions du gouvernement canadien	http://www.gc.ca/depts/major/depind_f.html
Le Programme des Services de dépôt de l'information gouvernementale et parlementaire sur Internet	
	http://dsp-psd.pwgsc.gc.ca/dsp-psd/index-f.html
Institut d'administration publique du Canada	http://www.ipaciapc.ca
Secrétariat du Conseil du Trésor	http://www.tbs-sct.gc.ca

LECTURES SUGGÉRÉES

Administration publique du Canada (1984), hiver, vol. 27, n° 4, numéro spécial sur « le haut fonctionnaire et la responsabilité », p. 509-676, suite au 17ᵉ colloque national de l'IAPC, tenu à Victoria en avril 1984.

André BERNARD (1996), *La politique au Canada et au Québec*, Sainte-Foy, Presses de l'Université du Québec, 616 p.

Alain G. GAGNON (1994), *Canadian Politics*, Peterborough, Broadview press, 608 p.

Susan PHILIPS (1994), *Competing, Connecting and Complementing*, Carleton, Carleton University, 33 p.

G. PURVES et J. STILBORN (1996), *Le Député fédéral, ses fonctions*, Ottawa, Service de recherche, Bibliothèque du Parlement, 13 p.

G. TARDI (1992), *The Legal Framework of Government : A Canadian Guide*, Aurora, Canadian Law Book, 272 p.

O. P. DWIVEDI et James Iain GOW (1999), *From Bureaucracy to Public Management. The Administrative Culture of the Government of Canada*, Toronto, Broadview Press.

BIBLIOGRAPHIE

AUCOIN, Peter (1995), *The New Public Management, Canada in comparative perspective*, Montréal, IRPP, 274 p.

BERNARD, André (1997), *La politique au Québec et au Canada*, 2ᵉ édition, Sainte-Foy, Presses de l'Université du Québec.

BOURGAULT, Jacques, Maurice DEMERS et Cynthia WILLIAMS (1997), *Administration publique et management public : expériences canadiennes*, Québec, Publications du Québec.

BOURGAULT, Jacques (1997), « La gestion de la performance de la haute fonction publique », dans Guay, Marie-Michèle (dir.), *Performance et secteur public, réalités, enjeux et paradoxes*, Sainte-Foy, Presses de l'Université du Québec, p. 193-213.

BOURGAULT, Jacques (1997), « Modernisation de l'administration fédérale canadienne : 1980-1995 », dans Corkery, J., *Les politiques de modernisation administrative : constats et projets*, Bruxelles, IISA, p. 102-128.

BUREAU DU CONSEIL PRIVÉ (1990), *Notes sur les responsabilités des fonctionnaires à l'égard des comités parlementaires*, Ottawa, 3 p.

CENTRE CANADIEN DE GESTION (1991), *Information pour la période de questions*, février, 4 p. À partir d'une étude de Ron Quiney.

CHAMBRE DES COMMUNES (1985), *Rapport du comité spécial sur la réforme de la Chambre des communes* (Comité Mc Grath du nom de son président, James A. Mc Grath), juin.

CHARIH, Mohamed *et al.* (1997), *Nouveau management public et administration publique au Canada*, Toronto, IPAC, 328 p.

CHARLOT, Claire (1985), « Hauts fonctionnaires et fuites en Grande-Bretagne : l'affaire Ponting », *Revue française de science politique*, vol. 35, n° 6, décembre, p. 1064-1079.

CLARK, Ian (1994), « Restraint, Renewal and Treasury Board Secretariat », *Administration publique du Canada*, vol. 37, n° 2, p. 209-248.

DWIVEDI, O. P. et James Iain GOW (1999), *From Bureaucracy to Public Management*, Toronto, Broadview Press, 191 p.

FRANKS, C.E.S (1997), « Not anonymous : Ministerial responsability in the British accounting Officers », *Administration publique du Canada*, vol. 40, n° 4, hiver, p. 626-652.

GÉLINAS, André (1969), *Les Parlementaires et l'administration*, Sainte-Foy, Les Presses de l'Université Laval.

GOUVERNEMENT DU CANADA (1997), *Rapport sur le rendement*, Ottawa, Conseil du trésor, mars.

GOUVERNEMENT DU CANADA (1997), *Rendre compte des résultats*, Ottawa, Conseil du trésor, 112 p.

GOUVERNEMENT DU CANADA (1998), *Une gestion axée sur les résultats 1998*, Ottawa, Conseil du trésor, 178 p.

HODGSON, J. S. (1976), « The Impact of Minority Government on the Senior Civil Servant », *Administration publique du Canada*, vol. 19, n° 2, p. 227-237.

IANNO, Tony (1999), *Speaking notes*, colloque de l'IAPC, 31 mai, 4 p.

INSTITUT D'ADMINISTRATION PUBLIQUE DU CANADA (1975), *Déclaration de principes concernant les employés du secteur public*, Toronto, mise à jour 1994, 5 p.

INWOOD, Gregory (1999), *Understanding Canadian Public Administration : An Introduction to Theory and Practice*, Scarborough, Prentice Hall, 419 p.

JAUVIN, Nicole (1997), « Gouvernement, ministres, macro-organigramme et réseaux », dans Bourgault, J. *et al.*, *Administration publique et management public, expériences canadiennes*, Québec, Publications du Québec.

KERNAGHAN, Ken et John LANGFORD (1990), *The Responsible Public Servant*, Toronto et Halifax, IPAC et IRPP.

KERNAGHAN, Ken et David SIEGEL (1991), 2ᵉ éd., *Public Administration in Canada*, Nelson, Scarborough, 660 p.

KERNAGHAN, Ken (1984), « The conscience of the bureaucrat : accomplice or constraint ? », *Administration publique du Canada*, vol. 27, n° 4, p. 576-591.

LANGFORD, John (1984), « Responsibility in the Senior Civil Service : Marching to Several Drummers », *Administration publique du Canada*, vol. 27, n° 4, p. 513-521.

LECOMTE Patrick et Bernard DENNI (1990), *Sociologie du politique*, Grenoble, Presses universitaires de Grenoble.

PLASSE, Micheline (1992), « Les cabinets ministériels fédéraux : effectif, recrutement et profil des chefs », *Politique*, 21, p. 97-124.

PLASSE, Micheline (1992), « Les chefs de cabinets ministériels du gouvernement fédéral canadien : rôle et relation avec la haute fonction publique », *Administration publique du Canada*, vol. 35, n° 3, p. 317-338.

PLASSE, Micheline (1994), *Les chefs de cabinet des ministres du gouvernement fédéral en 1990 : profils, recrutement, fonctions et relations avec la haute fonction publique*, Ottawa, Centre canadien de gestion.

SAVOIE, Donald J. (1994), *Thatcher, Reagan, Mulroney, in search of new democracy*, Toronto, University of Toronto Press, 414 p.

SAVOIE, Donald J. (1999), *Governing from the Centre*, Toronto, University of Toronto Press, 440 p.

SUTHERLAND, Sharon L. (1991), « The Al-Mashat Affair : administrative accountability in parliamentary institutions », *Administration publique du Canada*, vol. 34, n° 4, p. 573-603.

SUTHERLAND, Sharon L. (1995), « Responsible Government and Ministerial Responsibility : "Every Reform is it's Own Problem" », *Canadian Journal of Political Science*, vol. 28, n° 3, sept., p. 409-507.

TAIT, John (1997), *De solides assises. Rapport du groupe de travail sur les valeurs et l'éthique dans la fonction publique. Résumé*, Ottawa, Centre canadien de gestion, 24 p.

WEBER, Max (1971), *Économie et société*, tome I, Paris, Plon, 650 p.

ARRÊTS

(À partir de notes du professeur Karim Benyakief, faculté de droit, Université de Montréal)

Re Fraser and Attorney General of Nova Scotia (1986) 24 C.R.R. 193.

Lavigne c. O.P.S.E.U. (1989) 67 O.R. (2ᵈ) 536.

Osborne c. La Reine (1988) 52 D.L.R. (4ᵗʰ) 241.

Re Ontario Public Service Employees Union and Attorney General of Ontario (1988) 65 O.R. (2ⁿᵈ) 689.

CHAPITRE 11

Le pouvoir judiciaire

GUY TREMBLAY
UNIVERSITÉ LAVAL

- PRÉSENTER LA NATURE DE LA FONCTION JUDICIAIRE, L'ORGANISATION HIÉRARCHIQUE DES TRIBUNAUX AU CANADA, AINSI QUE LE MODE DE NOMINATION DES JUGES ;

- EXPLIQUER LA PORTÉE CONTEMPORAINE DU PRINCIPE DE L'INDÉPENDANCE JUDICIAIRE ;

- DISCUTER DU RÔLE POLITIQUE JOUÉ PAR LES TRIBUNAUX ;

- RELEVER LES DÉCISIONS JUDICIAIRES CÉLÈBRES DE L'HISTOIRE DU CANADA.

Dans un État comme le Canada et dans les pays occidentaux d'une manière générale, l'identification classique de trois pouvoirs distincts conserve son utilité. En effet, le pouvoir exécutif (ou gouvernemental) a été assujetti au droit d'une manière effective aux XVIIe et XVIIIe siècles. Cet assujettissement constitue la principale facette du principe de légalité, que le préambule de la Charte canadienne des droits appelle « primauté du droit » ou *rule of law*. Comme ce sont les tribunaux qui disent le droit, le pouvoir exécutif ou gouvernemental doit se soumettre au pouvoir judiciaire.

Les cours de justice et les juges, pour leur part, doivent accepter le principe de la souveraineté parlementaire que le Royaume-Uni nous a légué. En d'autres termes, le pouvoir législatif prévaut sur le pouvoir judiciaire. C'est cette situation qui explique, par exemple, qu'une loi provinciale ou fédérale peut changer le droit jurisprudentiel ordinaire. Contrairement au Royaume-Uni, cependant, le Canada est doté d'une constitution formelle à laquelle le législateur doit se conformer. Lorsqu'il interprète et applique cette constitution, le pouvoir judiciaire se trouve à dominer les Parlements eux-mêmes.

La division classique des trois pouvoirs étatiques ne permet pas seulement de les hiérarchiser aux fins du système juridique. Elle sert aussi à confier à chacun une mission particulière, que les théoriciens exposent à propos des « fonctions de l'État ». À cet égard, des auteurs ont remis en question la distinction traditionnelle. Gérard Bergeron (1968), par exemple, parle plutôt de quatre fonctions (gouvernementale, législative, administrative, judiciaire). Il reste que le judiciaire n'est jamais considéré comme un pouvoir « politique » au même titre que le législateur et le gouvernement. De fait, le rôle des cours de justice dans un État de droit est assez singulier. Certaines caractéristiques de base le font ressortir, et c'est ce que nous exposerons dans un premier temps.

Par la suite, nous ferons une présentation de la hiérarchie judiciaire canadienne, ainsi que du mode de nomination des juges. Aussi, une des exigences que pose l'exercice du pouvoir judiciaire mérite un développement particulier : c'est celle qui consiste à mettre les tribunaux à l'abri des pressions de toutes sortes, à garantir leur indépendance. Il reste que les tribunaux ont toujours joué un certain rôle politique, dont nous soulignerons les manifestations principales. Avec l'édiction en 1982 de la Charte canadienne des droits et libertés, cette dimension de la fonction judiciaire a pris un essor considérable.

LA NATURE PARTICULIÈRE DE L'INTERVENTION JUDICIAIRE

Les juges et les cours de justice ne prennent pas l'initiative de s'occuper d'un problème donné. Ils attendent d'en être saisis par un justiciable. Peuvent ester en justice les personnes physiques, les personnes morales (comme les compagnies) et les groupements habilités par la loi.

De plus, c'est un litige proprement dit qu'on peut soumettre au tribunal. Cette caractéristique explique la portée relativement restreinte de la plupart des décisions de justice : la cour ne peut régler que le conflit effectivement soumis, et non les problèmes connexes ou l'ensemble de la problématique sociale sous-jacente ; elle ne peut non plus accorder ce qui n'a pas été demandé. Souvent, le litige disparaît parce qu'il y a règlement hors cour – et le tribunal se trouve dessaisi.

Par ailleurs, les procès se déroulent suivant des règles de procédure précises. Ces dernières ne peuvent se dispenser d'un certain formalisme, en raison du modèle contradictoire du processus judiciaire. Ce modèle, que les anglophones appellent *adversary system*, s'oppose à un processus inquisitoire.

Dans un processus inquisitoire, le juge est appelé à prendre des initiatives dans la recherche de la vérité. Il décide lui-même des mesures à adopter, des témoins à convoquer, des questions à poser, etc. Une commission d'enquête fonctionne largement selon ce principe.

Par contre, dans le système d'adversaires, ou modèle contradictoire, qui existe dans les cours de justice, on présume qu'en laissant les parties au litige se combattre la vérité sortira d'elle-même. Pendant le combat, le juge doit se contenter d'être un arbitre. Il ne peut par exemple intervenir dans la stratégie d'une partie sans risquer de l'avantager ou de la désavantager.

Les gouvernements de tout niveau, les organismes publics, les entreprises commerciales privées, les groupes et les riches n'ont habituellement pas de difficulté à revendiquer leurs droits devant les tribunaux. L'accès à la justice pour la personne ordinaire peut, par contre, s'avérer problématique : cette dernière devra assumer les honoraires de son avocat ou avocate, sans la garantie d'avoir gain de cause. Pour corriger la situation, diverses mesures ont été adoptées au Canada et aux États-Unis, comme l'établissement d'une procédure souple et peu coûteuse de recouvrement des petites créances, l'aide juridique et le recours collectif. Après l'entrée en vigueur de la Charte canadienne de 1982, le gouvernement fédéral a établi un programme de contestation judiciaire pour financer les recours portant sur les droits à l'égalité et sur les droits linguistiques.

La relative passivité prétorienne qui résulte des principes que nous venons de mentionner distingue fortement le judiciaire des deux autres pouvoirs de l'État. Au surplus, les tribunaux ne peuvent appliquer eux-mêmes leurs jugements. Comme l'ont souligné dans les *Federalist Papers* les penseurs de la Constitution américaine de 1787, le pouvoir judiciaire est le plus faible des trois, parce qu'il dispose ni de l'épée ni de la bourse. On dit souvent aussi qu'il s'agit de la branche de l'État « la moins dangereuse ».

Tout de même, l'acte décisionnel qui clôt un recours en justice possède une force exécutoire redoutable. Un jugement final (qui n'est plus susceptible d'appel) possède en effet l'« autorité de la chose jugée », c'est-à-dire qu'il jouit d'une valeur incontestable. Cette autorité ne vaut toutefois qu'à l'égard des parties au litige. À l'égard de la population en général, le même jugement ne constitue qu'un « précédent », qui pourra influencer dans une mesure plus ou moins grande les litiges semblables dans le futur.

TABLEAU 11.1
Les sources du droit appliquées par les tribunaux au Canada

A) Sources hiérarchisées		
	1.	La constitution (y compris la jurisprudence constitutionnelle)
	2.	Les lois fédérales et les lois provinciales
	3.	La jurisprudence ordinaire (y compris la *common law*)
	4.	Les règlements et les autres décisions des gouvernements et administrations
B) Sources subsidiaires	–	La coutume
	–	La doctrine
	–	Les conventions constitutionnelles

L'exercice du pouvoir judiciaire dans une société comme la nôtre restera toujours fort particulier. En définitive, l'intervention d'un tribunal est aléatoire et ponctuelle. Des problèmes cruciaux peuvent subsister pendant des décennies avant d'être soumis à la justice. (Le Manitoba a légiféré en anglais pendant près d'un siècle avant qu'on n'apprenne de la Cour suprême qu'il devait le faire dans les deux langues officielles.) Et une fois rendue la décision judiciaire, le tribunal n'a pas les moyens d'en superviser l'application par-delà les parties au litige. Comparée à la présence assidue des pouvoirs politiques dans la vie de la société, l'intervention des tribunaux paraît plutôt sporadique.

Un dernier paramètre qui circonscrit l'exercice du pouvoir judiciaire mérite d'être souligné. Il s'agit du fait que les juges appliquent le droit strict, c'est-à-dire les normes générées ou avalisées par l'État, les sources formelles du droit. Les principes et les règles en fonction desquels les juges se gouvernent sont donc largement prédéterminés. La discrétion judiciaire, la marge de manœuvre résiduelle, qui subsistera toujours, se trouve en quelque sorte harnachée. Les pouvoirs gouvernemental et législatif dans l'État évoluent dans des horizons beaucoup moins bornés.

Très largement dominant, le processus voulant que les tribunaux tranchent des litiges selon un mode contradictoire connaît tout de même des exceptions. Ainsi, le législateur peut confier aux cours de justice le soin de disposer de matières non contentieuses ou non litigieuses, comme la vérification des testaments. Mais l'exception qui nous intéresse plus particulièrement est la procédure de renvoi, par laquelle le gouvernement pose des questions à la cour de dernière instance de sa juridiction. Avant d'élaborer sur cette portion davantage politique de la jurisprudence, il convient de présenter l'organisation des tribunaux qui a cours au Canada.

L'ORGANISATION DES TRIBUNAUX

Le Canada, à la différence des États-Unis, ne possède pas deux hiérarchies judiciaires parallèles correspondant aux deux ordres fédératifs de gouvernement. Nos voisins du Sud, en effet, disposent de tribunaux fédéraux pour l'application des lois fédérales, de la constitution américaine et du *Bill of Rights* qu'elle contient : 87 cours de district agissent en première instance, une cour d'appel agit dans chacun des dix « circuits » ainsi que pour le District de Columbia, et la Cour suprême des États-Unis les chapeaute. Il existe par ailleurs, dans chaque État, des tribunaux pour l'application des lois de cet État, subordonnés à la Cour d'appel de l'État en question. On ne peut contester devant les cours fédérales la décision de la Cour d'appel d'un État, sauf dans le cas où une question constitutionnelle a été soulevée.

Au Canada, les Pères de la Confédération ont voulu que les tribunaux provinciaux appliquent les lois tant fédérales que provinciales. La loi de 1867 a donc prescrit que les juges des principaux tribunaux provinciaux seront choisis par le gouvernement fédéral. En définitive, il appartient aux provinces de créer et d'organiser les cours de justice, ainsi que de préciser l'étendue de leur juridiction – et il appartient au fédéral de nommer et de rémunérer les juges des plus importantes de ces cours.

Les cours relevant du provincial appliquent non seulement le droit provincial, mais tout le droit criminel fédéral, qu'il résulte du Code criminel même ou de textes comme la *Loi sur les stupéfiants* ou la *Loi sur les jeunes contrevenants*. Les litiges civils découlant de la législation fédérale sur le divorce ou sur la faillite, par exemple, relèvent aussi des tribunaux provinciaux.

L'organisation judiciaire intégrée dont s'est doté le Canada souffre toutefois d'exceptions. L'article 101 de la *Loi constitutionnelle de 1867* permet au Parlement fédéral de créer des cours pour la meilleure administration des « lois du Canada[1] ». Cette dernière expression a été interprétée restrictivement, comme ne visant que du droit spécifiquement fédéral. Aujourd'hui, la Cour fédérale (qui a une section de première instance et une section d'appel) et la Cour canadienne de l'impôt sont chargées de l'application de diverses lois fédérales dans des domaines spécialisés.

L'article 101 de la *Loi constitutionnelle de 1867* permet aussi au Parlement fédéral d'établir une « cour générale d'appel pour le Canada ». C'est à ce titre que dès 1875 fut créée la Cour suprême du Canada. Cette cour est devenue le tribunal de dernier ressort au Canada en 1949, lorsque furent abolis les appels au Comité judiciaire du Conseil privé de Londres. Le statut de « cour générale d'appel » couronne l'intégration du système judiciaire canadien.

Normalement, un procès est susceptible de passer par trois niveaux de l'organisation judiciaire : la première instance, l'appel et le dernier ressort.

C'est en première instance que les parties présentent leur preuve. Le soin qu'elles y mettent conditionne souvent l'issue d'un procès. Les niveaux supérieurs ne jugent qu'en fonction du dossier constitué en première instance. Il existe une cour d'appel dans chaque province. La décision de première instance, normalement, est rendue par un juge seul et la décision en appel par un banc de trois juges.

---

1. « Le parlement du Canada pourra, nonobstant toute disposition contraire énoncée dans la présente loi, lorsque l'occasion le requerra, adopter des mesures à l'effet de créer, maintenir et organiser une cour générale d'appel pour le Canada, et établir des tribunaux additionnels pour la meilleure administration des lois du Canada. »

TABLEAU 11.2

L'organisation judiciaire au Canada

Dernier ressort	Cour suprême du Canada			
Appel	Cour d'appel du Nouveau-Brunswick	Cour d'appel de l'Ontario	Cour d'appel du Québec	(Cour d'appel de chaque autre province et Cour d'appel) fédérale
		Cour divisionnaire de l'Ontario		
Première instance	Cour du Banc de la Reine du Nouveau-Brunswick	Cour supérieure de justice de l'Ontario	Cour supérieure du Québec	(Cours de première instance dans chaque autre province et Cour fédérale, section de première instance)
	Cour provinciale du Nouveau-Brunswick	Cour de justice de l'Ontario	Cour du Québec :	
	Cour des petites créances	Cour des petites créances	– chambre civile (et petites créances) – chambre criminelle et pénale – chambre de la jeunesse	
	Juges de paix	Juges de paix	Juges de paix Cours municipales	

Quant au tribunal de dernier ressort au Canada, la Cour suprême, il est plus une cour de supervision du droit qu'une cour d'appel. C'est que, sauf rares exceptions, le justiciable doit demander à la Cour suprême la permission d'appeler avant de pouvoir s'y rendre. Parmi les diverses causes pour lesquelles on lui demande la permission d'appeler, la Cour suprême va choisir celles dans lesquelles elle juge utile de se prononcer, compte tenu de l'état du droit et de l'intérêt public. Une demande de permission d'appeler à la Cour suprême est soumise à un banc de trois juges, qui en dispose sans donner de motifs. Les affaires criminelles, constitutionnelles et de droits fondamentaux recueillent une large part des autorisations de pourvoi. Une cause pour laquelle la permission d'appeler fut accordée sera soumise à un banc de cinq juges ou plus. La Cour suprême est composée de neuf juges, dont trois proviennent du Québec. Ces juges sont nommés par le gouvernement fédéral. Depuis l'époque du juge en chef Laskin, une bonne proportion des affaires dont dispose la Cour suprême ont été entendues par un banc composé des neuf juges.

Comme nous l'avons souligné, la constitution confie aussi au gouvernement fédéral le soin de nommer les juges des principales cours provinciales, c'est-à-dire « les juges des cours supérieures, de district et de comté dans chaque province » (article 96 de la *Loi constitutionnelle de 1867*). Cette disposition ne vise plus que les cours supérieures, auxquelles les cours de district et de comté ont été fusionnées. Une cour supérieure se distingue des autres cours sur deux points cruciaux. D'abord, elle possède une juridiction de principe ; pour être compétente relativement à un litige donné, elle n'a pas besoin qu'une loi le précise. En second lieu, une cour supérieure a un pouvoir de contrôle à l'égard des décisions des cours inférieures et des tribunaux administratifs ; lorsque ces cours et tribunaux commettent un excès de juridiction, il est donc possible de faire casser leur décision. Il existe une cour supérieure de première instance dans chaque province et la cour d'appel de chaque province est elle-même une cour supérieure.

L'intégration de l'organisation judiciaire est garantie par la constitution du Canada. Ni les législatures provinciales ni le Parlement central ne peuvent miner l'essentiel de la compétence des cours supérieures provinciales, en tentant d'accroître la juridiction des tribunaux provinciaux inférieurs ou des cours fédérales. Et la juridiction générale de la Cour suprême est elle aussi enchâssée.

LE MODE DE NOMINATION DES JUGES

Les juges au Canada sont nommés à leur poste par le gouvernement (fédéral ou provincial, selon le cas). Longtemps, les états de service du candidat ou de la candidate au profit du parti politique au pouvoir ont joué un rôle non négligeable. Si la proportion des nominations de per-

sonnages politiques a décru par rapport au début du XXe siècle (Bouthillier, 1977), le patronage et le favoritisme politique continuent d'influer sur le choix des juges au Canada (Baar, 1986 ; Russell et Ziegler, 1991). Toutefois, les qualifications et les qualités personnelles des candidats et candidates ont gagné en importance. Concomitamment, le pouvoir discrétionnaire absolu détenu par les gouvernements à l'égard de la nomination des juges a été quelque peu encadré.

Pour ce qui est des juges des cours supérieures provinciales et des juges des cours fédérales, la seule exigence explicite consiste à être membre du Barreau d'une province depuis au moins dix ans ou être déjà juge. Le ministre fédéral de la Justice, depuis Pierre Elliott Trudeau en 1967, a consulté le milieu juridique avant de procéder aux nominations. À compter de 1988, un comité indépendant de sélection judiciaire a été établi pour chaque province. Ces comités évaluent les aptitudes des personnes qui ont manifesté leur intérêt pour la magistrature ou qui furent proposées par d'autres. Comme les comités ne travaillent pas en fonction de dégager une courte liste des meilleurs candidats et candidates, leurs recommandations sont assez nombreuses pour laisser un vaste choix au ministre de la Justice. En fait, l'institution de tels comités est peu susceptible d'empêcher les liens politiques de continuer à jouer un rôle dans la nomination des juges.

Diverses provinces, dont l'Ontario, ont établi des mécanismes de consultation en vue de la nomination des juges des cours provinciales inférieures. La Colombie-Britannique avait été la pionnière en 1969. Pour sa part, le Québec a adopté en 1978 une procédure par voie de concours. Les avis de vacance à combler dans les postes de juge de la Cour du Québec sont publiés. Les membres du Barreau intéressés peuvent poser leur candidature. Un comité de sélection indépendant évalue les candidatures en fonction de critères connus d'avance (connaissances juridiques, jugement, perspicacité, pondération, esprit de décision, conception de la fonction de juge, état de santé). Le comité produit un rapport au ministre de la Justice, lequel conserve toutefois son pouvoir décisionnel.

Le premier ministre du Canada garde la main haute sur le choix des juges de la Cour suprême. Le ministre de la Justice procède seulement à des consultations confidentielles, notamment auprès de l'Association du Barreau canadien. Ici, le maintien d'une discrétion absolue au profit du gouvernement fédéral pose problème. La Cour suprême, en effet, agit comme arbitre ultime des conflits de compétence dans le fédéralisme canadien entre les provinces et le pouvoir central. Qu'une des deux parties à ces conflits nomme seule tous les juges chargés de les résoudre paraît anormal. Les personnes choisies ont beau être d'une compétence et d'une qualité exemplaires, le respect que mérite l'institution judiciaire ultime s'en trouve inutilement ombragé. La nécessité d'un mode de nomination plus ouvert s'est accrue depuis 1982, parce que la Charte canadienne des droits amène la Cour suprême à se prononcer sur tous les aspects de la vie canadienne (Ziegel, 1999).

Aux États-Unis, les juges de la Cour suprême sont désignés par le président, mais leur nomination doit être ratifiée par le Sénat, qui est une véritable chambre fédérale. Ce procédé est souvent critiqué au Canada parce qu'il implique que le candidat ou la candidate à la magistrature réponde aux questions du Sénat lors d'auditions publiques. Presque inévitablement, ces échanges

prennent une coloration politique. Cela n'est pas un inconvénient, à notre point de vue, puisque le choix initial du président est lui-même inspiré par des considérations politiques. Et si les questions portent sur des sujets dont la Cour est susceptible d'être saisie, le candidat ou la candidate n'a pas à y répondre.

Peu après sa démission de la Cour suprême du Canada en janvier 2000, l'ex-juge en chef Antonio Lamer a indiqué qu'il s'opposait à l'adoption d'un mécanisme à l'américaine, parce que des juges y « sont parfois l'objet de règlements de comptes politiques dans lesquels ils n'ont souvent rien à voir ». Par contre, lorsqu'il a annoncé son retrait de la Cour suprême à l'été 1997, le juge Gérard La Forest a souhaité qu'on adopte ici le mode de nomination américain. Peu auparavant, un mécanisme analogue avait été suggéré dans un rapport préparé pour le Conseil canadien de la magistrature, pour le cas où le gouvernement choisirait le candidat ou la candidate à la Cour suprême en dehors de la courte liste établie par un comité spécial (Friedland, 1995). Depuis la Charte de Victoria en 1970, le gouvernement fédéral s'est montré ouvert à une réforme. Il a appuyé divers projets, qui n'ont toutefois pas abouti. Ainsi, dans l'Accord du lac Meech (1987-1990) et dans l'Accord de Charlottetown (1992), le gouvernement fédéral devait choisir les juges de la Cour suprême parmi les personnes proposées par les provinces. Depuis lors, les perspectives de révision constitutionnelle semblent bloquées.

D'autres voies d'accès à la magistrature existent dans les pays occidentaux, mais elles sont peu susceptibles d'inspirer les Canadiens (Deschênes, 1978). Dans les États américains, une méfiance envers le gouvernement a fait croire que les choix du peuple seront toujours meilleurs et l'élection des juges s'est généralisée au siècle dernier. Mais la justice dans ce contexte a eu tendance à suivre la faveur populaire. Depuis, les modalités et les pratiques ont évolué, de sorte que l'élection des juges est souvent une formalité. Cependant, dans les cas où les candidats et candidates doivent encore faire une vraie campagne, il leur faut recueillir des appuis et des fonds. L'indépendance et l'impartialité judiciaires en pareil contexte deviennent problématiques et la constitutionnalité d'un mode électif de désignation des juges au Canada serait douteuse.

Par ailleurs, en France, la magistrature est en règle générale une carrière que l'on choisit au départ. Les magistrats de la juridiction administrative sont issus de l'École nationale d'administration ; les autres juges, ainsi que les éventuels poursuivants (le Parquet), sont formés à l'École nationale de la magistrature. Les membres du Barreau en France n'ont pas la possibilité d'accéder à la magistrature. La carrière du juge français est marquée de plusieurs échelons à gravir. Depuis 1993, le pouvoir politique ne peut plus accorder de promotion à un juge sans l'avis favorable du Conseil supérieur de la magistrature. Il reste que la carrière judiciaire à la française heurte de front la tradition qui existe au Canada. Dans le monde britannique, en effet, l'accès à la magistrature couronne la carrière d'un avocat ou d'une avocate d'expérience ; et, une fois nommés, tous les juges d'une même cour reçoivent le même traitement, n'ont rien à craindre ni rien à espérer. Plus globalement, le modèle français rebute parce qu'il s'inscrit dans un système où les Révolutionnaires, puis Napoléon, ont voulu « éradiquer tout pouvoir judiciaire s'exprimant comme puissance publique » et où l'assujettissement ef-

fectif de la gent politique à la justice reste délicate à réaliser (Haenel et Frison-Roche, 1998).

LES RENVOIS

La procédure de renvoi permet au gouvernement fédéral de poser une question directement à la Cour suprême du Canada. Un gouvernement provincial peut aussi poser une question à la Cour d'appel de la province, ce qui permettra l'appel de plein droit à la Cour suprême.

En utilisant le renvoi, le gouvernement fédéral n'a pas à attendre qu'un problème ait passé par la première instance et l'appel avant d'être soumis à la Cour suprême. De plus, dans un procès véritable, la cour ne se prononce normalement que dans la mesure nécessaire pour solutionner la dispute. Le renvoi, par contre, peut amener les juges à se prononcer sur des questions plus théoriques ou globales, qui ne font pas l'objet de litiges nés et actuels. Plutôt que des parties à un litige, ce sont des intervenants qui font valoir leur point de vue, selon un processus qui demeure fondamentalement contradictoire.

Lorsqu'elle répond à une question à l'intérieur d'un renvoi, la Cour suprême du Canada n'émet formellement qu'un « avis », une opinion, par opposition à un jugement exécutoire. En pratique, cependant, un tel avis est traité par les juristes de la même façon que les motifs d'un arrêt : l'avis fera jurisprudence et on peut s'attendre à ce que la Cour se sente liée par lui de la même manière qu'elle s'estime liée par ses jugements.

La procédure de renvoi a beaucoup servi à des fins politiques. En fait, elle a presque toujours été utilisée pour poser des questions de nature constitutionnelle. De 1967 à 1986, quinze pour cent des décisions constitutionnelles de la Cour suprême ont résulté de renvois (Strayer, 1988). Lorsqu'un gouvernement se débarrasse d'une « patate chaude » en la refilant aux tribunaux, ceux-ci ne sont pas nécessairement impliqués dans les dimensions politiques du problème. Cependant, en étant maître du libellé de la question et du moment de la poser, le gouvernement dispose d'une arme stratégique qui lui permet, d'une certaine façon, de mettre le pouvoir judiciaire à son service. À l'occasion du Renvoi sur la sécession du Québec amorcé en 1996 et décidé en août 1998, un expert international a trouvé les questions tendancieuses et a invité la Cour suprême à ne pas se prêter à cette tentative de « manipulation politicienne[2] ». Dans cette affaire, la Cour a réaffirmé la validité de la procédure de renvoi, précisant qu'elle est compatible avec son statut de « cour générale d'appel ».

En Australie, la Haute Cour n'accepte pas d'émettre des avis consultatifs, parce qu'il ne s'agit pas à ses yeux d'une fonction judiciaire. De même, dès le XVIIIe siècle, la Cour suprême des États-Unis a refusé d'émettre des avis consultatifs au président (Holland, 1990). La Cour trouvait qu'une tâche de cette nature ne peut se concilier avec la séparation des pouvoirs établie par la Constitution américaine. Il faut dire que cette constitution restreint la compétence du pouvoir

judiciaire fédéral aux *cases* ou *controversies*, c'est-à-dire aux litiges concrets. Les avis consultatifs sont possibles, par contre, dans certains États américains.

En fait, les juges sont naturellement jaloux de leur indépendance et il n'est pas garanti qu'un gouvernement obtiendra d'eux la réponse qu'il désire. D'abord, la Cour suprême n'acceptera pas de répondre à une question qui revêt un « caractère purement politique ». De plus, si la question est justiciable, la Cour se réserve le droit de l'interpréter. Elle pourra se lancer dans des développements qui dépassent la portée de la question, ou elle pourra y répondre en partie seulement. La Cour s'abstiendra si les questions sont trop imprécises ou si elle n'a pas reçu suffisamment d'information pour répondre correctement. Dans le Renvoi sur la sécession du Québec[3], la Cour suprême a débordé de la première question qui lui était posée : elle a bien dit que la Constitution du Canada ne permet pas la sécession unilatérale du Québec, mais elle a ajouté qu'une volonté démocratique claire de faire sécession donnerait lieu à un projet légitime et entraînerait l'obligation de négocier chez tous les participants à la Confédération. Cela dit, la Cour a pris soin de préciser qu'elle n'aurait « aucun rôle de surveillance à jouer sur les aspects politiques des négociations constitutionnelles », comme il ne lui reviendrait pas de faire l'« évaluation d'ordre politique » qui consiste à savoir s'il existe une majorité claire en faveur de la sécession en réponse à une question claire.

Jusqu'au milieu du siècle, les avis émis par la Cour suprême à l'occasion d'un renvoi pouvaient

---

2. Page 52 de l'avis juridique du professeur Alain Pellet, président de la Commission du droit international des Nations Unies, reproduit dans le dossier que l'*amicus curiae* a déposé à la Cour. C'est parce que le gouvernement du Québec a refusé d'être représenté à l'occasion de ce renvoi que la Cour suprême a jugé bon de nommer un « ami de la Cour » pour faire valoir un point de vue différent de celui du gouvernement du Canada.

---

3. *Renvoi relatif à la sécession du Québec*, (1998) 2 R.C.S. 217.

faire l'objet d'un appel au tribunal impérial, le Comité judiciaire du Conseil privé de Londres. Cette possibilité fut la bienvenue après que la Cour suprême eut décidé en 1928 que les femmes ne pouvaient être nommées au Sénat. La question du renvoi demandait si le mot « personnes » à l'article 24 de la loi de 1867 comprend les personnes de sexe féminin[4] et, en appel, le Conseil privé répondit que oui. À cette occasion, le Conseil privé a émis un principe d'interprétation constitutionnelle fondamental : il a écrit que l'Acte de l'Amérique du Nord britannique a planté au Canada un arbre vivant, capable de croître et de se développer à l'intérieur de ses limites naturelles[5]. Cette règle de l'interprétation évolutive, qui permet d'adapter les textes anciens aux nouveaux contextes, fut invoquée d'innombrables fois par la suite et a conservé aujourd'hui sa pleine valeur.

À la même époque, comme le confirme la Déclaration Balfour de 1926, le Canada devenait un État souverain. Et le gouvernement fédéral, à l'occasion de renvois, en se basant notamment sur ses obligations résultant de traités internationaux, a réussi à se faire reconnaître par le Conseil privé une compétence exclusive à l'égard de l'aéronautique et des radiocommunications[6]. Mais, peu après, le Conseil privé a

émis ce qui est peut-être l'opinion la plus célèbre qu'il a rendue à l'occasion d'un renvoi, l'Avis sur les conventions du travail de 1937. Il y fut décidé que la compétence pour donner effet en droit interne aux engagements internationaux contractés par le fédéral dans des domaines relevant des provinces appartient aux législatures provinciales et non au Parlement central. Le Conseil privé compara le Canada à un navire qui, maintenant qu'il vogue dans des eaux internationales, conserve les « compartiments étanches » faisant partie de sa structure première[7]. Cette décision a immédiatement suscité de l'antagonisme au Canada anglais (Bonenfant, 1977). La même année, le Conseil privé avait invalidé d'autres mesures du « New Deal » du premier ministre Bennett, dont la loi sur l'assurance chômage[8]. Dès 1939, le projet de loi visant à abolir les appels à Londres fut déposé au Parlement fédéral ; ce projet fut jugé constitutionnel par la Cour suprême, puis par le Conseil privé, à l'occasion d'un autre renvoi, et l'abolition prit effet en 1949.

Parmi les renvois décidés en dernier ressort par la Cour suprême du Canada, l'Avis sur la Loi anti-inflation (1976) a joué un rôle crucial parce qu'il a contenu un certain temps l'expansion du pouvoir central. La loi fédérale anti-inflation, qui envahissait plusieurs domaines relevant des provinces, fut jugée valide à titre de mesure d'urgence, donc temporaire. Mais une majorité de la Cour, par la voix du juge Beetz, a circonscrit judicieusement le pouvoir fédéral d'intervenir à titre permament sous couvert de « la paix, l'ordre

---

4. « Le gouverneur général mandera de temps à autre au Sénat, au nom de la Reine et par instrument sous le grand sceau du Canada, des personnes ayant les qualifications voulues ; et, sujettes aux dispositions de la présente loi, les personnes ainsi mandées deviendront et seront membres du Sénat et sénateurs. »
5. *Edwards c. Attorney-General for Canada*, (1930) A.C. 124, 136.
6. *Avis sur l'aéronautique*, (1932) A.C. 54 ; *Avis sur les radiocommunications*, (1932) A.C. 304.

7. *Avis sur les conventions du travail*, (1937) A.C. 326.
8. *Renvoi relatif à l'assurance chômage*, [1937] A.C. 355. En 1940, une modification de la constitution est venue transférer l'assurance chômage au fédéral.

et le bon gouvernement du Canada » (introduction de l'article 91 de la *Loi constitutionnelle de 1867*). Selon cette opinion, la compétence générale du fédéral ne peut porter que sur des matières nouvelles et circonscrites ayant des dimensions nationales (comme l'aéronautique et la capitale nationale) et non sur des agrégats de matières tant provinciales que fédérales (comme l'inflation et l'environnement[9]).

C'est à l'occasion du rapatriement de la constitution que le rôle politique du judiciaire a trouvé son point culminant. Alors que le gouvernement Trudeau n'avait l'appui que de deux provinces, trois cours d'appel furent saisies de questions portant sur la constitutionnalité du rapatriement envisagé, en droit strict et en vertu des conventions constitutionnelles. En appel des trois avis, la Cour suprême statua en septembre 1981 qu'en droit strict le gouvernement fédéral pouvait procéder, mais qu'en vertu des conventions constitutionnelles il devait obtenir un « degré appréciable de consentement provincial[10] ». Le gouvernement fédéral convoqua alors la conférence constitutionnelle de novembre 1981 où il obtint l'appui de neuf provinces à son projet. La pression politique résultant de l'avis de la Cour suprême lors de ce premier renvoi sur le rapatriement explique l'acceptation par le fédéral de la formule d'amendement que prônaient les provinces et de la clause dérogatoire contenue dans la Charte canadienne des droits. Le second renvoi sur le rapatriement fut entrepris par le Québec à la suite de son isolement lors de la conférence en question. Après la Cour d'appel, la Cour suprême a statué en 1982 que le Québec ne disposait pas d'un droit de veto en vertu des conventions constitutionnelles[11].

Il est possible que l'avis qu'a rendu la Cour suprême à propos de la sécession du Québec (1998) ait, sur le cours des événements politiques, un effet aussi marqué que celui du premier renvoi sur le rapatriement. L'obligation de négocier, que la Cour a déduite de la Constitution, est venue modifier les règles du jeu et elle peut inciter les protagonistes à réévaluer leur stratégie.

L'INDÉPENDANCE DES TRIBUNAUX

L'Acte de l'Amérique du Nord britannique, aujourd'hui appelé *Loi constitutionnelle de 1867*, a établi fort peu de protections explicites des tribunaux à l'encontre des interventions législatives et gouvernementales. Seules quelques dispositions garantissent l'autorité des cours supérieures, ainsi que l'inamovibilité et la sécurité financière de leurs juges. Des protections nouvelles se sont ajoutées en 1982, en vertu de la charte canadienne des droits et libertés. Mais, là aussi, seule une fraction des tribunaux judiciaires sont couverts. Par exemple, l'article 11 de la charte garantit qu'un « inculpé » sera jugé par un « tribunal indépendant », mais ce droit ne vise que la justice pénale – et le législateur pourrait y déroger en recourant à la « clause nonobstant » de l'article 33.

9. *Avis sur la Loi anti-inflation*, (1976) 2 R.C.S. 373. Depuis *R. c. Crown Zellerbach Canada Ltd.*, [1988] 1 R.C.S. 401, la Cour suprême se montre sur ce point plus centralisatrice.

10. *Renvoi : résolution pour modifier la Constitution*, (1981) 1 R.C.S. 753, 905.

11. *Re : opposition à une résolution pour modifier la Constitution*, (1982) 2 R.C.S. 793.

La Cour suprême du Canada a remédié à cette protection parcellaire grâce à une interprétation innovatrice de la constitution. Selon la Cour, certaines caractéristiques du régime constitutionnel canadien exigent que l'indépendance de toutes les cours de justice soit garantie. Et cette protection générale est ancrée dans le préambule de la loi de 1867, qui a doté le Canada d'«une constitution reposant sur les mêmes principes que celle du Royaume-Uni».

L'indépendance judiciaire a une dimension individuelle, c'est-à-dire qu'elle bénéficie à chaque juge en particulier, et une dimension institutionnelle, concernant la cour dans son ensemble[12]. Les tribunaux peuvent ainsi agir dans des conditions qui permettent de rendre la justice avec toute l'impartialité et la sérénité requises. Par exemple, les juges jouissent d'une immunité à l'égard des poursuites civiles résultant de l'exercice de leurs fonctions et ils ont des moyens de se défendre, dont l'outrage au tribunal. Mais l'indépendance judiciaire vise aussi, et plus particulièrement, à mettre les tribunaux à l'abri des ingérences du pouvoir exécutif et du pouvoir législatif. Les cours de justice n'ont pas à posséder toutes les mêmes caractéristiques, mais, selon la Cour suprême, il faut qu'un tribunal puisse être raisonnablement perçu, par une personne bien informée, comme étant indépendant. À cet égard, trois volets de l'indépendance judiciaire intéressent particulièrement le rapport entre les fonctions de l'État.

Un premier volet concerne l'inamovibilité des juges. Ceux-ci, une fois nommés, peuvent rester en fonction jusqu'au terme de leur mandat ou jusqu'à l'âge de la retraite, qui est de 75 ans en principe. Les mécanismes de destitution d'un juge pour cause de mauvaise conduite sont complexes. De nos jours, ils impliquent toujours le Conseil de la magistrature provincial ou fédéral, selon le cas. En définitive, ce sont les juges eux-mêmes qui décident des normes de comportement appropriées à leurs fonctions et de leur sanction dans des cas particuliers. La lourdeur de la procédure de destitution a permis à des juges qui se sont trouvés dans l'eau chaude de démissionner avant son aboutissement. C'est ce qu'a fait en 1999 le juge Robert Flahiff de la Cour supérieure du Québec, après avoir été reconnu coupable de blanchiment d'argent. Pour sa part, la juge Jocelyne Moreau-Bérubé de la Cour provinciale du Nouveau-Brunswick fut destituée en avril 1999 pour avoir tenu des propos malveillants à l'endroit des Acadiens : le Conseil de la magistrature de la province a trouvé que ces commentaires avaient miné la confiance du public envers la juge et il a imposé une sanction que n'avait pas proposée son comité d'enquête. L'affaire est présentement devant les tribunaux.

Un autre volet de l'indépendance judiciaire concerne la sécurité financière des juges. La rémunération des juges ne doit pas dépendre de l'appréciation que font de leurs décisions les gouvernants et législateurs. Dans une de ses interventions les plus activistes, la Cour suprême du Canada a rendu obligatoire un mécanisme qui existait déjà au niveau fédéral et dans certaines provinces, l'institution d'une commission indépendante chargée d'examiner la rémunération des juges. Un gouvernement qui ne donnerait pas

---

12. Les diverses facettes de l'indépendance judiciaire sont exposées dans Henri Brun et Guy Tremblay, *Droit constitutionnel*, 3ᵉ éd., Cowansville, Les Éditions Yvon Blais inc., 1997, aux pages 781 à 797.

suite aux recommandations de la commission s'exposerait à devoir se justifier devant les tribunaux[13]. Cette problématique se pose présentement à l'égard de la rémunération des juges de la Cour du Québec.

Enfin, un troisième volet porte sur l'indépendance administrative des cours de justice. Certes, ce sont les choix budgétaires des gouvernements en place qui conditionnent largement l'état des ressources humaines et matérielles mises à la disposition des tribunaux. Et ce sont les ministères de la Justice qui supervisent l'administration de la justice au Canada. Toutefois, la liaison avec les cours de justice se fait par l'intermédiaire d'une structure adaptée. Et les décisions qui sont liées à l'acte même de juger doivent être prises par la magistrature seule. C'est le cas de l'assignation des juges aux causes qui doivent être entendues et de la fixation des dates d'audition. Le juge en chef d'une cour en dirige l'administration.

En contrepartie de la protection dont il jouit à l'égard des pouvoirs politiques, le juge s'investit d'un devoir de réserve. Il cherche à ne pas s'impliquer dans les débats qui prêtent à la controverse. Cela maintient la politique à l'écart et raffermit la crédibilité de la magistrature dans l'esprit du justiciable.

De ce point de vue, on peut se demander si les juges devraient accepter les mandats spéciaux que leur propose le gouvernement. Le plus souvent, ils se voient confier la présidence d'une commission d'enquête délicate, le public ayant confiance en leur intégrité. Une difficulté ici provient du fait que le juge entre dans un processus où il dépend du gouvernement : celui-ci décide

---

13. *Renvoi relatif à la rémunération des juges de la Cour provinciale de l'Île-du-Prince-Édouard*, (1997) 3 R.C.S. 3.

ENCADRÉ 11.1
Les juges en chef de la Cour suprême

L'honorable Sir William Buell Richards (Ontario), 1875-1879.

L'honorable Sir William Johnston Ritchie (Nouveau-Brunswick), 1879-1892.

Le très honorable Sir Samuel Henry Strong (Ontario), 1892-1902.

Le très honorable Sir Henri Elzéar Taschereau (Québec), 1902-1906.

Le très honorable Sir Charles Fitzpatrick (Québec), 1906-1918.

Le très honorable Sir Louis Henry Davies (Île-du-Prince-Édouard), 1918-1924.

Le très honorable Francis Alexander Anglin (Ontario), 1924-1933.

Le très honorable Sir Lyman Poore Duff (Colombie-Britannique), 1933-1944.

Le très honorable Thibodeau Rinfret (Québec), 1944-1954.

L'honorable Patrick Kerwin (Ontario), 1954-1963.

Le très honorable Robert Taschereau (Québec), 1963-1967.

Le très honorable J.R. Cartwright (Ontario), 1967-1970.

Le très honorable Joseph Honoré Gérald Fauteux (Québec), 1970-1973.

Le très honorable Bora Laskin (Ontario), 1973-1984.

Le très honorable Brian Dickson (Manitoba), 1984-1990.

Le très honorable Antonio Lamer (Québec), 1990-2000.

La très honorable Beverley McLachlin (Colombie-Britannique), 2000-

de la nature, de l'étendue et de la durée du mandat, ainsi que des ressources pour le réaliser. Le juge Gilles Létourneau de la Cour fédérale s'est plaint du fait que le gouvernement ait mis fin en 1997 à l'enquête qu'il menait sur la conduite des militaires canadiens en Somalie. Par ailleurs, le rapport d'une enquête est beaucoup plus susceptible de soulever la controverse qu'un jugement ordinaire. Aux États-Unis, le rapport Warren, produit par le juge en chef de la Cour suprême relativement à l'assassinat du président Kennedy, est encore remis en question trente ans plus tard. En acceptant de présider une commission d'enquête, un juge risque de se prêter dans une certaine mesure à la manipulation politique ou d'entretenir une confusion des rôles dans l'esprit du public. Il reste qu'au sens strict l'exécution du mandat ne peut porter atteinte à l'indépendance judiciaire, justement parce que le juge exerce alors une fonction extra-judiciaire, ayant renoncé pour un temps à son rôle de magistrat.

Sur un plan plus pratique, l'indépendance judiciaire impose aux personnages politiques de garder leurs distances par rapport aux juges et aux affaires pendantes devant eux. Toute intervention auprès de la magistrature ou du système judiciaire à propos d'une affaire en cours est susceptible de faire scandale. Jean Charest a dû démissionner du cabinet fédéral en janvier 1990 après avoir téléphoné à un juge de la Cour supérieure du Québec (qui a refusé de lui parler) pour tenter de clarifier le sens d'une lettre qui avait été déposée en preuve dans une cause civile. Des incidents analogues s'étaient produits sous les gouvernements précédents.

Dans le système politique canadien, il existe donc une authentique « séparation des pouvoirs », mais cette séparation ne vise que la situation du pouvoir judiciaire par rapport aux pouvoirs législatif et exécutif. Pour leur part, ces deux derniers pouvoirs ne sont pas ici aussi indépendants l'un de l'autre qu'ils le sont aux États-Unis. C'est pourquoi l'expression « séparation des pouvoirs » désigne plus particulièrement le système américain.

LE RÔLE POLITIQUE DES TRIBUNAUX

Au Canada comme dans plusieurs autres pays, l'action des tribunaux tend à instaurer et à préserver un État de droit, un ordonnancement où priment des règles généralement perçues comme légitimes. La légitimité du droit tient pour une large part au caractère démocratique du processus qui le génère et qui le fait évoluer. Elle tient aussi au fait que le droit contrôle l'exercice de la contrainte tout autant qu'il l'exprime : les personnages les plus puissants dans l'État sont assujettis au droit de la même façon que le public en général. Enfin, l'application du droit par des tribunaux qui sont indépendants et impartiaux renforce cette légitimité. Régir la vie en société et réaliser la « domestication du pouvoir », par l'exercice normal des attributions judiciaires, constitue en soi une mission fondamentalement politique.

Dans les pays de tradition britannique, les tribunaux jouent un rôle plus marqué dans l'édification de l'ordre juridique. Ce sont eux, en effet, qui créent les règles de base du système. La *common law* est justement ce droit jurisprudentiel. Elle résulte du respect des précédents qui se dégagent des décisions déjà rendues. Une règle de *common law* continuera de prévaloir tant qu'elle ne sera pas changée par un tribunal supérieur ou par le législateur. Ce système où le droit prétorien occupe la place centrale a cours partout au Canada. Au Québec, la *common law* s'applique en matières fédérales et en droit public ; en droit privé provincial, par contre, le droit commun est au Québec d'origine législative, consigné dans le Code civil.

Même là où les tribunaux ne font qu'« interpréter » les normes posées par le législateur, ils disposent d'une marge de manœuvre considérable. Les approches interprétatives légitimes sont suffisamment nombreuses et concurrentes pour leur permettre d'atteindre régulièrement le résultat désiré.

Depuis l'établissement de la Confédération canadienne en 1867, les tribunaux ont joué un rôle politique additionnel, qu'ils n'ont jamais été appelés à jouer dans la métropole britannique. Il leur est revenu en effet de donner suite aux paramètres fédératifs consignés dans la *Loi constitutionnelle de 1867*. Les juges se sont vus confier le soin de contrôler la constitutionnalité des lois fédérales et provinciales, de déclarer invalides celles qui régissaient des matières que le pacte fédératif avait réservées à l'autre ordre de gouvernement. Pendant plus d'un siècle, le partage des compétences entre le fédéral et les provinces constituait la seule base à partir de laquelle les tribunaux pouvaient invalider des lois. La jurisprudence à cet égard n'en a pas moins été considérable. La relative centralisation (ou la relative décentralisation) du fédéralisme canadien, à chacune des grandes périodes de son histoire, a résulté pour une bonne part de la conception que se sont faite les tribunaux des intentions des Pères de la Confédération. Comme on a pu le voir précédemment, la jurisprudence du Conseil privé

a instauré au Canada un fédéralisme décentralisé et, depuis le milieu du siècle, à titre de tribunal de dernier ressort, la Cour suprême a tendance à favoriser la centralisation.

Avec l'édiction de la Charte canadienne des droits et libertés en 1982, le rôle politique des tribunaux a pris une expansion considérable. Contrairement aux chartes antérieures, qui étaient de simples lois, la charte canadienne manifeste clairement son statut supra-législatif, constitutionnel. Elle précise à l'article 32 qu'elle s'applique aux gouvernements et aux Parlements fédéral et provinciaux. Elle donne donc aux tribunaux de nouveaux outils pour contrôler la constitutionnalité des actions gouvernementales ainsi que celle des lois mêmes. Certes, la « clause nonobstant » à l'article 33 peut permettre au législateur d'avoir le dernier mot : en déclarant expressément s'appliquer malgré certains droits de la Charte[14], une loi fédérale ou provinciale peut prévaloir pour une période de cinq ans renouvelable. Durant les trois années qui ont suivi l'entrée en vigueur de la charte canadienne en 1982, le gouvernement péquiste du Québec a utilisé systématiquement ce pouvoir de dérogation pour protester contre le rapatriement de la constitution réalisé sans son consentement. Mis à part cet épisode, le recours à la dérogation expresse au Canada s'est avéré rarissime : les élus se résignent mal à révéler en termes explicites qu'ils désirent qu'une loi s'applique malgré qu'elle viole un droit fondamental

---

14. L'article 33 permet de déroger aux articles 2 et 7 à 15, c'est-à-dire aux libertés fondamentales, aux garanties juridiques et aux droits à l'égalité. Il ne permet pas de déroger aux droits démocratiques, à la liberté de circulation et d'établissement, aux droits concernant les langues officielles du Canada, ni aux droits à l'instruction dans la langue de la minorité.

et, s'ils s'y résignaient, la population pourrait ne pas l'apprécier. Pour imposer l'affichage unilingue français à l'extérieur des commerces, le Québec a dérogé à la charte canadienne de 1988 à 1993, ce qui selon certains a causé l'échec de l'Accord du lac Meech.

Paradoxalement, la présence d'une clause dérogatoire dans la charte canadienne a nourri l'activisme judiciaire. Sachant que le législateur, s'il y tenait vraiment, pourrait avoir le dernier mot, les tribunaux ont eu moins de scrupules à déclarer des lois inconstitutionnelles. La Cour suprême, en particulier, n'a pas fait preuve de retenue et elle a rendu des décisions spectaculaires au nom de la charte canadienne. La conférence constitutionnelle qui a proposé en février 1998 l'abolition de la monarchie en Australie a refusé de recommander l'insertion d'une charte des droits dans la constitution de ce pays, afin d'éviter le « gouvernement des juges » qu'elle percevait au Canada.

L'ampleur de la discrétion judiciaire en matière de charte transparaît sur deux plans cruciaux. Premièrement, la plupart des droits garantis par la charte canadienne sont libellés dans des termes fort généraux. Il revient aux tribunaux de donner à ces termes une signification concrète. Dans l'exécution de ce travail, les tribunaux jouissent d'une marge de manœuvre d'autant plus considérable que la charte est fort difficile à modifier. La généralité de ses termes est destinée à se perpétuer sur une longue période. Pour la Cour suprême, décréter ce qu'un droit particulier recouvre revient à faire de véritables choix de société. On peut donner un exemple à partir de la liberté « d'expression » garantie par l'article 2 b). Au départ, la Cour suprême avait la possibilité de statuer que cette liberté visait à protéger

primordialement l'expression politique et l'expression artistique. Cependant, la Cour a vite pris le parti de l'interprétation large, libérale, généreuse des droits de la charte et elle a décidé que même l'expression commerciale était protégée. Ce choix a permis de rendre invalide l'affichage commercial unilingue alors imposé au Québec par la Charte de la langue française[15]. Mais il a par la suite donné lieu à d'autres attaques dont il est difficile de percevoir la pertinence du point de vue des droits fondamentaux. Ainsi, la prohibition québécoise de faire de la publicité destinée aux enfants, édictée en vue de la protection des consommateurs, n'a été sauvée que de justesse dans une décision de 1989[16]. Et la prohibition fédérale de la publicité du tabac fut jugée inconstitutionnelle en 1995[17].

Sur un second plan, l'article 1 de la charte canadienne permet que le législateur restreigne un droit « dans des limites qui soient raisonnables et dont la justification puisse se démontrer dans le cadre d'une société libre et démocratique ». Contrairement à la générosité de l'interprétation de principe des droits eux-mêmes, la Cour suprême a donné une interprétation restrictive à cette autorisation de limiter les droits. Concevant les limites comme devant être exceptionnelles, elle a statué que le législateur devait poursuivre un objectif important et qu'il devait s'en tenir à des moyens proportionnés ; l'un des éléments inclus dans ce dernier critère axé sur les moyens prescrit qu'une limite à un droit de la

---

15. *Ford c. Québec (Procureur général)*, (1988) 2 R.C.S. 712.

16. *Irwin Toy Ltd. c. Québec (Procureur général)*, (1989) 1 R.C.S. 927.

17. *R.J.R.-MacDonald Inc. c. Canada (Procureur général)*, (1995) 3 R.C.S. 199.

charte, pour être valable, doit porter « le moins possible » atteinte à ce droit[18]. Dans diverses causes, les exigences posées par la Cour ont équivalu à ne permettre que des limites « nécessaires » (plutôt que « raisonnables ») dans la poursuite d'un objectif législatif important. On peut penser, par exemple, que prohiber la publication d'un nouveau sondage la fin de semaine qui précède immédiatement le jour de l'élection est une limite à la liberté d'expression qui est tout à fait acceptable dans une société libre et démocratique – mais le tribunal suprême en a jugé autrement en 1998[19]. Par contre, dans un autre courant jurisprudentiel, on retrouve des décisions qui laissent au législateur une marge d'appréciation dans le choix des limites raisonnables à imposer aux droits de la charte. Souvent, le sort d'une loi dépend de l'attitude qu'adopte la Cour à cet égard : la Cour insiste-t-elle pour déterminer elle-même si une limite est raisonnable ou accepte-t-elle de laisser au législateur une mesure de discrétion pour le déterminer ?

La dialectique qui est ainsi soulevée met en cause l'essence de la fonction judiciaire. Elle pose la question de la mesure où le pouvoir judiciaire doit exercer un rôle politique et celle de savoir si, à partir d'un certain point, l'exercice d'un tel rôle cesse d'être légitime[20]. Plusieurs mettent en doute l'opportunité même d'enchâsser des droits ou la sagesse de l'usage que les tribunaux peuvent en faire. Les publications qui se penchent sur la « judiciarisation du politique » au Canada et sur la « politisation du judiciaire » sont innombrables[21]. Elles ont pu bénéficier de la longue expérience américaine en la matière.

La souveraineté populaire constitue l'assise moderne de la légitimité du pouvoir. En démocratie, peut-on croire, on ne devrait pas permettre que les juges se substituent aux élus. Pourtant, depuis Tocqueville, le spectre de la « tyrannie de la majorité » représente une solide justification du contrôle judiciaire de la constitutionnalité des lois : une charte des droits que la constitution met à l'abri des législateurs et des gouvernants permet de protéger les personnes qui font partie des minorités ou des groupes vulnérables, à l'encontre des débordements possibles du système majoritaire.

Sur un autre plan, on peut constater que le forum judiciaire, avec son processus contradictoire, ses contraintes de preuve et de procédure et son aboutissement exécutoire, se prête mal à faire les choix de société. Au surplus, comme les convictions morales et politiques des juges interviennent nécessairement dans l'exercice de leur pouvoir discrétionnaire, leur rôle sous une

---

18. *R. c. Oakes*, [1986] 1 R.C.S. 103.
19. *Thomson Newspapers Co. c. Canada (Procureur général)*, (1998) 1 R.C.S. 877.
20. Voir Jacques Gosselin, *La légitimité du contrôle judiciaire sous le régime de la Charte*, Cowansville, Les Éditions Yvon Blais inc., 1991 ; Andrée Lajoie, *Jugements de valeurs : le discours judiciaire et le droit*, Paris, Presses universitaires de France, 1997.
21. Par exemple, Ronald I. Cheffins et Patricia A. Johnson, *The Revised Canadian Constitution : Politics as Law*, Toronto, McGraw-Hill Ryerson, 1986 ; Patrick Monahan, *Politics and the Constitution : The Charter, Federalism and the Supreme Court of Canada*, Agincourt, Carswell, 1987 ; F.L. Morton, *Law, Politics and the Judicial Process in Canada*, 2e éd., Calgary, University of Calgary Press, 1992 ; Rainer Knopff et F.L. Morton, *Charter Politics*, Scarborough, Nelson Canada, 1992 ; Michael Mandel, *La Charte des droits et la judiciarisation du politique au Canada*, Montréal, Boréal, 1996.

charte peut devenir trop politique et donner lieu à l'arbitraire. Divers auteurs prétendent aussi que les droits fondamentaux, définis par l'élite juridique, sont destinés à servir les intérêts des groupes dominants, au détriment de la justice sociale et de la démocratie[22].

Par ailleurs, on remarque que seuls les droits individuels se protègent efficacement par l'enchâssement constitutionnel. La sanction judiciaire peut, en effet, imposer l'abstention de l'État, en invalidant les atteintes gouvernementales et législatives aux « droits-libertés ». Mais, pour leur part, les droits collectifs et, en particulier, les droits économiques, sociaux et culturels sont des « droits-créances », qui ont besoin de l'intervention active des pouvoirs politiques ; s'ils sont négligés, les tribunaux ne peuvent rien pour eux. De fait, la charte constitutionnelle et les autres chartes des droits au Canada n'accordent pas de protection justiciable au droit au travail, à l'éducation, à la santé, etc.

Dans la plupart des pays européens, le contrôle judiciaire de la constitutionnalité des lois ne peut être exercé que par une cour spécialisée, selon des modalités appropriées à l'importance de cette responsabilité. Au Canada, par contre, tout tribunal peut appliquer la charte à l'encontre d'une loi. Il revient donc aux juges de se contenir eux-mêmes. La légitimité du pouvoir d'invalidation des lois que détiennent les juges ne serait probablement pas remise en cause si ces derniers se contentaient de contrer, lorsqu'elle se manifeste, la « tyrannie de la majorité » face aux minorités. En réalité cependant, du moins au Canada, les lois qui briment les minorités sont moins nombreuses que celles que les tribunaux déclarent invalides.

De même, la retenue judiciaire est nécessaire à l'équilibrage des droits individuels et des droits collectifs. Incapables de mettre en œuvre des mesures de développement économique et social, les tribunaux doivent du moins prendre garde d'enrayer inutilement celles qu'adoptent les pouvoirs politiques. En agissant comme les partenaires des législatures plutôt que comme leurs rivales, les cours de justice peuvent protéger à la fois les libertés qui requièrent l'abstention de l'État et les droits qui requièrent de lui une action positive (Lederman, 1985). Pour ce faire, elles doivent se comporter en arbitres qui laissent les élus jouer eux-mêmes la partie.

Après deux siècles d'application du *Bill of Rights* aux États-Unis, le choix entre la retenue et l'activisme judiciaire fait toujours l'objet de débats dans la doctrine juridique, politique et philosophique. Les deux principaux courants qui s'affrontent ont été appelés par certains *interpretivism* et *noninterpretivism* : dans le premier cas, les juges se contentent d'interpréter la constitution à l'intérieur du cadre qu'elle établit et, dans le second cas, ils se permettent d'aller au-delà, de créer de

22. Voir Michael Mandel, *ibid.* ; Allan C. Hutchinson et Andrew Petter, « Private Rights / Public Wrongs : The Liberal Lie of the Charter » (1988), *University of Toronto Law Journal*, vol. 38, n° 3, p. 278 ; Andrew Petter et Allan C. Hutchinson, « Rights in Conflict : The Dilemma of Charter Legitimacy » (1989), *University of British Columbia Law Review*, vol. 23, n° 3, p. 531 ; Allan C. Hutchinson, *Waiting for Coraf : A Critique of Law and Rights*, Toronto, University of Toronto Press, 1995 ; Terence G. Ison, « The Sovereignty of the Judiciary » (1986), *Cahiers de droit*, vol. 27, n° 3, p. 503 ; Robert Vandycke, « L'activisme judiciaire et les droits de la personne : émergence d'un nouveau savoir-pouvoir ? » (1989), *Cahiers de droit*, vol. 30, n° 4, p. 927.

leur propre initiative de nouvelles exigences constitutionnelles, en fonction de leur perception des besoins résultant de l'évolution de la société. L'expérience américaine enseigne qu'un autre facteur influe sur l'activisme relatif au niveau de la Cour suprême. Il s'agit de la conception variable qu'ont ses juges du respect qu'ils doivent accorder aux décisions déjà rendues par la Cour, de leur conception de la rigidité plus ou moins grande de la règle du précédent.

Le mouvement de balancier entre l'activisme judiciaire et la retenue judiciaire, qu'on décèle dans l'histoire américaine, semble destiné à se perpétuer. Le même équilibre à long terme devrait s'installer au Canada, mais au début du XXIe siècle, c'est l'activisme qui domine ici. Et ce comportement, qu'a inspiré la Charte canadienne des droits, se manifeste maintenant dans les autres portions de la Constitution. La jurisprudence de la Cour suprême, en particulier, déborde régulièrement du texte constitutionnel pour en extirper des « impératifs structurels » ou des « principes sous-jacents », « implicites ». Fort difficile à amender par des voies directes, la Constitution canadienne évolue ainsi par l'action des juges. Mais elle n'en devient pas nécessairement plus souple : tout ce que les tribunaux décident de mettre dedans devient hors de portée des pouvoirs politiques ordinaires.

CONCLUSION

Deux temps forts ont marqué le développement du pouvoir judiciaire canadien au cours du XXe siècle.

D'abord, l'abolition en 1949 des appels au Conseil privé de Londres a permis de canadianiser

peu à peu la conception de l'ordonnancement du pays. La vision londonienne des pouvoirs fédéraux et provinciaux comme étant des compartiments étanches, bien qu'elle ait été fondée sur le texte de 1867, qui confia des compétences mutuellement « exclusives », avait le désavantage aux yeux de plusieurs d'empêcher le gouvernement central d'adopter les politiques adaptées aux besoins du pays. Surtout depuis les décennies 1980 et 1990, la jurisprudence de la Cour suprême a réduit l'étanchéité et conçu comme normaux les chevauchements ou la concurrence des pouvoirs fédéraux et provinciaux dans certains secteurs. Cela a permis de laisser au gouvernement fédéral les coudées franches, sans trop affecter directement les compétences provinciales.

Ensuite, l'épisode du rapatriement de la constitution a lui-même donné lieu à deux innovations jurisprudentielles fondamentales. D'une part, en 1981 et en 1982, la Cour suprême a accepté de se prononcer sur la légalité et sur la légitimité d'un rapatriement qui n'aurait pas l'aval d'un nombre substantiel de provinces, puis du Québec. Dans le premier de ces deux renvois, l'opinion que la Cour a émise à propos d'une convention constitutionnelle qu'elle admettait ne pas pouvoir appliquer a eu des répercussions politiques considérables, débouchant sur l'entente de novembre 1981. La créativité dont la Cour a fait preuve à cette occasion et l'influence qu'elle a exercée sur le cours des événements l'ont vraisemblablement confortée dans sa propension à extraire de la constitution des principes structurels implicites. Pratiquement personne au Canada n'a pu prévoir la réponse qu'elle a donnée en 1998 à la question principale du Renvoi sur la sécession du Québec.

D'autre part, l'enchâssement constitutionnel de la Charte canadienne des droits et libertés en

1982 a eu pour effet d'élargir considérablement le rôle des tribunaux au Canada. Ceux-ci ont désormais le mandat de donner un contenu aux termes généraux, difficilement modifiables, de la charte et de déclarer invalides les mesures gouvernementales et législatives qui les enfreignent. Sur ce plan également, le pouvoir judiciaire s'est beaucoup rapproché de la politique.

Les défis auxquels fait face la justice au Canada pour les prochaines années sont nombreux. Une réforme qui accroîtrait rapidement la crédibilité du pouvoir judiciaire au Canada consisterait à améliorer le mode de désignation des juges du tribunal suprême. Il n'est pas nécessaire d'attendre qu'un amendement constitutionnel formel soit édicté. Le gouvernement du Canada pourrait de sa propre initiative adopter un mécanisme de sélection ou un mécanisme de ratification mettant à contribution les institutions fédératives ou parlementaires du pays.

Il reste que le défi le plus important consiste à rendre la justice plus accessible. Même dans l'ordre de choses qui fait sa spécialité, le règlement ordonné des conflits dans la société, le judiciaire est soumis à une concurrence grandissante. Le coût élevé du recours aux tribunaux, en temps, en argent et souvent sur le plan humain, en décourage plusieurs. Ces dernières années, les modes non contentieux de solution des conflits ont connu une expansion notable. La conciliation, la médiation et l'arbitrage permettent de plus en plus souvent de régler des litiges sur une base consensuelle, sans recourir au droit strict. Ces médecines douces tendent toutefois à être récupérées par les professions juridiques, qui devront ne pas en dénaturer l'esprit. L'État lui-même confie de plus en plus aux cours de justice le soin d'offrir des mécanismes de règlement amiable des conflits. Leur arrimage avec les mécanismes traditionnels s'avère délicat à réaliser.

SITES WEB

Bureau du commissaire à la magistrature fédérale	http://www.fja.gc.ca/fr/index.html
Conseil canadien de la magistrature	http://www.cjc-ccm.gc.ca
Cour suprême du Canada	http://www.scc-csc.gc.ca
Service du Recueil des arrêts de la Cour fédérale du Canada	http://www.fja.gc.ca/fr/cf/index.html
Le système des tribunaux au Canada	http://canada.justice.gc.ca/fr/min/pub/trib/index.html
Le système juridique canadien	http://www.infocan.gc.ca/facts/juri_f.html
Lois du Canada	http://canada.justice.gc.ca/Loireg/index_fr.html
Les arrêts de la Cour suprême	http://www.droit.umontreal.ca/doc/csc-scc/fr/index.html
Les jugements de la Cour suprême	http://collection.nlc-bnc.ca/100/201/301/jugement/index.html
Ministère de la Justice du Canada	http://canada.justice.gc.ca

LECTURES SUGGÉRÉES

ASSOCIATION QUÉBÉCOISE DE DROIT COMPARÉ (1994), « Le processus de nomination des juges », *Revue générale de droit*, vol. 25, n° 2, p. 269-319.

Henri BRUN et Guy TREMBLAY (1997), *Droit constitutionnel*, 3ᵉ éd., chap. X : « Le statut juridique des tribunaux : la séparation des pouvoirs » et chap. XII « La notion de droit de la personne ; les fondements juridiques des droits », section 1, Cowansville, Les Éditions Yvon Blais inc.

Jacques GOSSELIN (1991), *La légitimité du contrôle judiciaire sous le régime de la Charte*, Cowansville, Les Éditions Yvon Blais inc.

Rainer KNOPFF et F.L. MORTON (1992), *Charter Politics*, Scarborough, Nelson Canada.

Peter H. RUSSELL (1987), *The Judiciary in Canada : The Third Branch of Government*, Toronto, McGraw-Hill Ryerson Ltd.

Robert VANDYCKE (1989), « L'activisme judiciaire et les droits de la personne : émergence d'un nouveau savoir-pouvoir ? », *Cahiers de droit*, vol. 30, n° 4, p. 927.

Jacob S. ZIEGEL (1999), « Sélection au mérite et démocratisation des nominations à la Cour suprême du Canada », *Choix*, vol. 5, n° 2 (juin).

BIBLIOGRAPHIE

BAAR, Carl (1986), « Judicial Appointments and the Quality of Adjudication : the American Experience in a Canadian Perspective », *Revue juridique Thémis*, vol. 20, n° 1, p. 1.

BERGERON, Gérard (1968), *Fonctionnement de l'État*, Paris, Librairie Dalloz.

BONENFANT, Jean-Charles (1977), « L'étanchéité de l'A.A.N.B. est-elle menacée ? », *Cahiers de droit*, vol. 18, n° 2, p. 383.

BOUTHILLIER, Guy (1977), « Profil du juge de la Cour supérieure du Québec », *Revue du Barreau canadien*, vol. 55, n° 3, p. 436.

DESCHÊNES, Jules (1978), « Le choix des juges », *Revue du Barreau*, vol. 38, n° 5, p. 545.

FRIEDLAND, Martin L. (1995), *Une place à part : l'indépendance et la responsabilité de la magistrature au Canada*, rapport préparé pour le Conseil canadien de la magistrature, Ottawa.

HAENEL, Hubert et Marie-Anne FRISON-ROCHE (1998), *Le juge et le politique*, Paris, Presses universitaires de France.

HOLLAND, Kenneth M. (1990), « Judicial Activism and Judicial Independence : Implications of the Charter of Rights and Freedoms for the Reference Procedure and Judicial Service on Commissions of Inquiry », *Revue canadienne Droit et Société*, vol. 5, p. 95.

LEDERMAN, W.R. (1985), « Democratic Parliaments, Independant Courts, and the Canadian Charter of Rights and Freedoms », *Queen's Law Journal*, vol. 11, n° 1, p. 1.

RUSSELL, Peter H. et Jacob S. ZIEGLER (1991), « Federal Judicial Appointments : An Appraisal of the First Mulroney Government's Appointments and the New Judicial Advisory Committies », *University of Toronto Law Journal*, vol. 41, n° 1, p. 4.

STRAYER, Barry (1988), *The Canadian Constitution and the Courts*, 3ᵉ éd., Toronto, Butterworths.

CHAPITRE 12

États-Unis et Canada: un regard comparé des régimes politiques

GUY-ANTOINE LAFLEUR
UNIVERSITÉ LAVAL

Aux États-Unis, la constitution instaura, dès 1789, un régime présidentiel inspiré du principe de la séparation des pouvoirs à la fois entre l'exécutif (le président), le législatif (le Congrès) et le judiciaire. Cet arrangement institutionnel repose sur le principe du poids et contrepoids qui plaça chacune des branches du pouvoir en situation d'interdépendance puisque chacune d'elles dispose d'une parcelle du pouvoir face aux deux autres, dynamique qu'illustre la figure 12.1. C'est là une différence importante avec le régime parlementaire qu'allait adopter le Canada quelques décennies plus tard, un régime basé plutôt sur la confusion des pouvoirs entre le législatif et l'exécutif.

Même si la présidence américaine jouit d'une certaine indépendance face au Congrès (composé du Sénat et de la Chambre des représentants), il n'en demeure pas moins que ce dernier possède d'énormes pouvoirs face à la présidence, dans la mesure où il peut renverser le veto présidentiel, que la Chambre des représentants a seule le pouvoir d'initiative en matière financière même si la présidence assume elle aussi un rôle très important à ce niveau et que le Sénat a le pouvoir d'approuver les nominations du président et de ratifier les traités négociés par ce dernier. Comme on peut d'ores et déjà le constater, le Sénat américain est très différent du Sénat canadien tant par son statut, les pouvoirs dont il dispose que par les fonctions qu'il assume en propre comme nous le verrons ultérieurement.

Même si le Congrès ne peut renverser le pouvoir exécutif puisque ce dernier n'est nullement responsable devant lui, il n'en demeure pas moins qu'en vertu de l'article II, section 4 de la Constitution américaine, le Congrès a le pouvoir de destituer « le président, le vice-président et tous les fonctionnaires civils des États-Unis... en cas de mise en accusation et condamnation pour trahison, corruption ou autres crimes et délits majeurs ». C'est ce chemin qu'a emprunté le Congrès pour tenter de destituer le président Clinton dans ce que la mémoire retient comme l'affaire Lewinsky.

LA PRÉSIDENCE

Accession à la présidence

Comme le précise l'article II, section 1 de la constitution, nul ne peut être élu président des États-Unis s'il n'est citoyen américain de naissance, s'il n'a 35 ans révolus et ne réside sur le territoire des États-Unis depuis quatorze ans. De plus, depuis l'adoption du vingt-deuxième amendement en 1951, « nul ne peut être élu à la présidence plus de deux fois ». La fonction présidentielle est donc élective, au contraire du premier ministre canadien qui est élu à titre de député et qui contrôle l'exécutif à titre de leader du parti qui – règle générale – a fait élire le plus grand

FIGURE 12.1
Poids et contrepoids

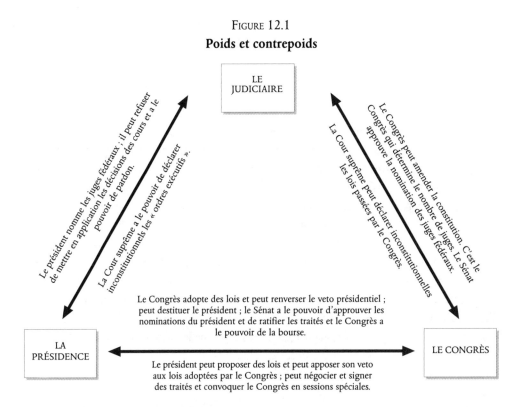

LE JUDICIAIRE

Le président nomme les juges fédéraux ; il peut refuser de mettre en application les décisions des cours et a le pouvoir de pardon.

La Cour suprême a le pouvoir de déclarer inconstitutionnels les « ordres exécutifs ».

Le Congrès peut amender la constitution. C'est le Congrès qui détermine le nombre de juges. Le Sénat approuve la nomination des juges fédéraux.

La Cour suprême peut déclarer inconstitutionnelles les lois passées par le Congrès.

Le Congrès adopte des lois et peut renverser le veto présidentiel ; peut destituer le président ; le Sénat a le pouvoir d'approuver les nominations du président et de ratifier les traités et le Congrès a le pouvoir de la bourse.

LA PRÉSIDENCE

LE CONGRÈS

Le président peut proposer des lois et peut apposer son veto aux lois adoptées par le Congrès ; peut négocier et signer des traités et convoquer le Congrès en sessions spéciales.

nombre de députés. L'élection à la présidence suit un processus à la fois précis et complexe. Précis d'abord puisque le président des États-Unis est élu pour un mandat de quatre ans et qu'il ne peut, comme en régime parlementaire canadien, demander la dissolution de la Chambre afin d'appeler des élections. De plus, et bien qu'élu démocratiquement par l'ensemble de la population le premier mardi suivant le premier lundi du mois de novembre de l'année électorale en question (par exemple, le 7 novembre 2000), il n'est formellement élu par le Collège électoral composé de 538 membres[1] que le lundi qui suit le second

mercredi du mois de décembre et est assermenté le 20 janvier à midi (vingtième amendement de la constitution). Pour être formellement élu président des États-Unis, le candidat doit obtenir la majorité absolue des voix au sein du Collège électoral, soit 270 votes en sa faveur.

C'est également un processus complexe parce qu'avant d'en arriver là chaque candidat tente d'obtenir l'investiture de son parti à travers toute une série d'élections primaires et de caucus qui se tiennent au niveau de chacun des États entre

_____

1. Au sein du Collège électoral, chaque État a droit à un nombre de grands électeurs équivalant au nombre d'élus qu'il y a à la Chambre des représentants

et au Sénat, plus trois grands électeurs pour le District of Columbia. Par exemple, l'État de New York a 33 grands électeurs, la Floride en a 25, la Californie 54, et le Kansas 6.

les mois de février et juin de l'année électorale[2]. Au cours de ces élections primaires et de ces caucus, chaque candidat essaie d'obtenir le maximum de délégués, hommes ou femmes, qui l'appuieront lors de la Convention nationale que chacun des partis tient au cours de l'été précédant la campagne présidentielle, elle-même débutant au début du mois de septembre pour se terminer au début du mois de novembre. Au Canada, le candidat ou la candidate qui veut devenir le leader d'un parti politique doit aussi obtenir l'appui d'une majorité absolue de délégués à l'occasion d'un congrès à la direction du parti (quoique cette formule commence à être remise en question, surtout au niveau provincial).

Au cours de ces élections primaires et de ces caucus, les membres en règle du parti (primaires fermées et caucus), les sympatisants et même les électrices et les électeurs indépendants (primaires ouvertes) expriment par vote leur préférence pour tel ou tel candidat à l'investiture et chacun des candidats se voit attribuer, à la suite de ces élections, un nombre déterminé de délégués[3].

Outre ces candidats ayant reçu l'investiture formelle du Parti républicain et du Parti démocrate, d'autres candidates ou candidats indépendants ou représentant divers tiers partis peuvent aussi tenter de se faire élire à la présidence, mais ces derniers ont très peu de chance de réussir à cause de la force du bipartisme américain et de la pratique qui veut que le candidat qui a remporté la pluralité des voix dans un État se voie attribuer l'ensemble des grands électeurs de cet État en raison de la règle du *winner takes all*.

La vice-présidence

C'est habituellement lors des conventions nationales de chacun des grands partis que les candidats présidentiels font connaître leur colistier ou colistière[4]. Celui-ci ou celle-ci fait automatiquement partie du *ticket* ou tandem présidentiel et, lors de l'élection, les électeurs et les électrices expriment leur préférence par un seul vote à la fois pour la présidence et la vice-présidence. Le vice-président est donc élu en même temps que le président des États-Unis et, tout comme ce dernier, il est élu pour un mandat de quatre ans.

En vertu du vingt-cinquième amendement (1967) de la constitution, c'est lui qui devient

---

2. Il revient à chaque État de déterminer les règles électorales particulières à ce niveau, d'où l'existence de différents types de primaires (ouvertes, fermées, etc.) et de caucus.

3. Ce sont les partis qui déterminent le nombre de délégués auquel chaque État a droit lors de leur propre Convention nationale. Par exemple, lors des conventions nationales qui sont tenues au cours de l'été 2000, la convention nationale du Parti républicain comptait 2 066 délégués, alors que celle du Parti démocrate en comptait 4 338. L'ensemble de ces délégués fut réparti entre les États et les territoires présents à la Convention nationale de chaque parti en fonction de règles propres à chacun d'entre eux. Par exemple, l'État de Georgie avait droit à 54 délégués à la Convention républicaine et à 77 délé-

gués à la Convention démocrate alors que l'État du Maine n'avait droit qu'à 14 et 23 respectivement et que la Californie pouvait compter sur la présence de 162 délégués à la Convention républicaine et 367 délégués à la Convention démocrate (*The New York Times*, March 5, 2000, p. 22).

4. Au moment où ces lignes sont écrites, une seule femme a été choisie comme colistière ; il s'agit de Géraldine Ferraro qui, en 1984, a été choisie par le candidat démocrate Walter Mondale.

président « En cas de destitution, de décès ou de démission du président » (section 1) [...] et président par intérim (section 3) en cas d'incapacité temporaire de la part du président d'assumer ses fonctions. Il est aussi président du Sénat (article I, section 3)[5] bien que cette fonction soit plutôt assumée par un « président pro-tempore » la majeure partie du temps[6]. Les autres fonctions ou responsabilités du vice-président dépendent essentiellement du président. Il peut, par exemple, et à la demande de ce dernier, représenter les États-Unis à l'étranger et assiste aussi aux réunions du Cabinet.

Même si le vice-président joue un rôle plutôt effacé, il n'en demeure pas moins que la fonction vice-présidentielle peut servir de tremplin pour la présidence, comme ce fut le cas pour John Adams (1796-1800), Thomas Jefferson (1800-1808), Martin Van Buren (1836-1840), et plus récemment George Bush qui fut élu président en 1988 après avoir servi comme vice-président sous Ronald Reagan pendant huit ans (1980-1988). Enfin, on sait qu'au cours de la campagne présidentielle de l'an 2000 le vice-président Albert Gore Jr a été le candidat du Parti démocrate à la présidence après avoir été vice-président sous Bill Clinton de 1992 à l'an 2000.

La fonction de vice-premier ministre au Canada ne peut être sérieusement comparée à celle de vice-président américain. Rôle de création récente, le vice-premier ministre ou la vice-première ministre n'a pas de pouvoirs réels dans le jeu du parlementarisme canadien ; il s'agit d'abord d'un rôle symbolique. Ainsi, lorsqu'il est absent, le vice-premier ministre peut remplacer le premier ministre aux réunions du Cabinet ; il peut le représenter à certaines rencontres publiques. Mais il est certain que le vice-premier ministre n'est pas la personne désignée pour remplacer le premier ministre en cas de décès, ni même la voie de service pour devenir premier ministre.

Pouvoirs et fonctions de la présidence

L'article II de la Constitution américaine esquisse les pouvoirs explicites et les principales fonctions qui sont attribués à la présidence. L'attribution de ces pouvoirs et fonctions fait en sorte que le président est à la fois chef d'État et de la diplomatie américaine, chef de gouvernement, commandant en chef des Forces armées et législateur en chef[7]. Au Canada, ces fonctions et pouvoirs sont assumés soit par le gouverneur général (représentant de la reine du Canada) à titre de chef de l'État, soit par le premier ministre à titre de chef du gouvernement.

Chef d'État et de la diplomatie

C'est en tant que chef d'État que le président assume les fonctions de représentation de même que les pouvoirs qui s'apparente à n'importe quel chef d'État. C'est à ce titre qu'il préside aux cérémonies nationales et qu'il accueille les chefs d'États étrangers, les gouverneurs, les ambassadeurs, etc. C'est à travers cette fonction que le

---

5. En tant que président du Sénat, il n'a pas le droit de vote mais a un vote prépondérant en cas d'égalité.

6. La fonction de « président pro-tempore » est habituellement assumée par le sénateur ayant le plus d'ancienneté au sein du parti majoritaire au Sénat.

7. Cette section s'inspire largement de G.-A. Lafleur, « La Présidence » dans Orban et Fortman, 1994 : 250-275.

président américain assume les rôles symboliques attribués au gouverneur général du Canada.

C'est aussi à ce titre qu'il a « le pouvoir d'accorder des sursis et des grâces pour offenses contre les États-Unis » ; ce pouvoir est exercé par les gouverneurs pour les offenses criminelles relevant du droit des États. En somme, comme le disait William Howard Taft, en tant que chef d'État, le président symbolise la « dignité et la majesté » du peuple américain (Bardes, Shelly et Schmidt, 1998-1999 : 395).

En tant que chef de la diplomatie, la constitution reconnaît au président le pouvoir de nommer les ambassadeurs et « sur l'avis et avec le consentement du Sénat, de conclure des traités sous réserve de l'approbation des deux tiers des sénateurs présents ». En tant que chef de la diplomatie, il est le seul responsable de l'Union auprès des États étrangers et a aussi le pouvoir de reconnaître – ou de refuser de reconnaître – les gouvernements étrangers[8].

---

8. La reconnaissance par les États-Unis de l'Union soviétique, par exemple, n'eut lieu qu'en 1933, soit quinze ans après la révolution russe de 1917 ; et il aura fallu attendre 1978, soit quarante ans après la victoire des communistes en Chine, pour que le président Carter accorde à la République populaire de Chine une reconnaissance officielle. C'est toujours en invoquant ce même pouvoir que le 7 avril 1979 le président Carter coupa toutes relations diplomatiques avec le gouvernement de Khomeyni en Iran. Enfin après de longues négociations, le président Bill Clinton annonça officiellement le 11 juillet 1995 que les États-Unis reconnaissaient officiellement le gouvernement de la République du Viêt-nam et établit avec cette dernière des relations diplomatiques. Jusqu'à aujourd'hui, par contre, aucun président américain n'a reconnu le gouvernement de Fidel Castro à Cuba.

En ce qui a trait aux traités internationaux, le président a l'obligation de les faire ratifier par le Sénat, qui a le pouvoir de refuser. En 1920, par exemple, le Sénat refusa de ratifier le traité de Versailles et n'accepta de ratifier le traité du canal de Panama signé par le président Carter, en 1977, qu'après un débat qui dura 38 jours. Il n'est peut-être pas inutile de rappeler que le Sénat américain refusa d'entériner l'accord intervenu, en 1980, entre les États-Unis et l'Union soviétique au sujet de la limitation des armes stratégiques (SALT Agreement). Le président peut passer outre à une telle obligation en négociant des « accords exécutifs » (executive agreements) qui permettent à la présidence de signer avec un autre gouvernement une entente sans avoir à demander au Sénat une ratification. La formulation de ces « accords » relève généralement du département d'État, mais leur mise en application est de la responsabilité de la présidence. Il y eut beaucoup plus d'ententes exécutives conclues par les États-Unis (approximativement 9 000) que de traités (approximativement 1 300 ; Bardes *et al.*, 1998-1999 : 402).

Chef de gouvernement

À l'article II, section 2 de la Constitution américaine, il est spécifié que le président :

pourra exiger l'opinion, par écrit, du principal fonctionnaire de chacun des départements exécutifs sur tout sujet relatif aux devoirs de sa charge [...] proposera au Sénat et, sur l'avis et avec le consentement de ce dernier, nommera les autres ministres publics [...].

À ceci il convient d'ajouter que la section 3 précise explicitement qu'il ressort des pouvoirs de la présidence de veiller « à ce que les lois soient fidèlement exécutées et [de nommer] tous les fonctionnaires des États-Unis ». En tant que chef de gouvernement, le président américain a donc la responsabilité de voir à ce que les lois passées par le Congrès soient appliquées, et il en est de même en ce qui a trait aux jugements rendus par les cours fédérales et aux traités signés par les États-Unis d'Amérique.

Pour l'assister dans l'exercice de ces fonctions en tant que responsable du pouvoir exécutif, il forme un Cabinet dont les membres sont nommés par lui mais avec l'approbation du Sénat (approbation que n'a pas à obtenir le premier ministre canadien). Les membres du Cabinet ne sont responsables que devant le président, même si pour diverses raisons un secrétaire refuse rarement de se rendre à une convocation du Sénat ou de la Chambre des représentants. Les ministres sont aussi personnellement responsables devant le premier ministre et, en plus, ils sont collectivement responsables de leurs décisions et de leurs actes devant la Chambre des communes.

Autre différence avec le parlementarisme canadien : les secrétaires de départements américains ne sont pas choisis au sein de la législature, mais bien parmi l'élite américaine ; en d'autres mots, les secrétaires ne sont pas des élus du peuple. En outre, le Cabinet américain peut comprendre plus de membres que l'ensemble des secrétaires des divers départements, puisque le président peut, à sa discrétion, élever au titre de ministre son principal conseiller en matière de sécurité nationale ou encore l'ambassadeur américain aux Nations Unies. De plus, puisque ni la constitution ni la loi statutaire n'impose au président l'obligation de consulter son cabinet, il peut donc s'en servir à son entière discrétion. Plus

souvent qu'autrement, les secrétaires sont consultés à titre individuel et peuvent être révoqués par le président (pouvoir de révocation qu'il partage avec le premier ministre en régime parlementaire canadien). Le Cabinet, quant à lui, n'est pas responsable devant le Congrès et ne peut donc être renversé collectivement par la Chambre des représentants, au contraire du Canada où le Cabinet peut être renversé par la Chambre des communes, en vertu du principe de la responsabilité ministérielle collective.

Commandant en chef des Forces armées

L'étude des pouvoirs du président, à ce chapitre, demande que l'on précise, dans un premier temps, qu'en vertu de la section 8 de l'article premier de la constitution, c'est le Congrès qui détient officiellement le pouvoir de

> déclarer la guerre [...] de lever et d'entretenir des armées [...] de créer et d'entretenir une marine de guerre, [...] d'établir des règlements pour le gouvernement et la réglementation des forces de terre et de mer [...] et de pourvoir à la mobilisation de la milice [...].

C'est aussi le Congrès qui a la responsabilité de voter le budget militaire et de ratifier la nomination des hauts fonctionnaires de la Défense, de même que celle des principaux responsables militaires.

C'est le président, par contre, qui en tant que commandant en chef des armées, peut en tout temps mobiliser les forces fédérales de même que la « milice des divers États » ; c'est aussi lui qui coordonne l'ensemble des activités militaires et qui décide de l'importance du budget militaire qui doit être présenté au Congrès, de même que de la fabrication et de l'utilisation de différents types d'armes.

Même si l'on peut dire que la majeure partie des actions militaires entreprises par les présidents tout au long de l'histoire américaine ont reçu l'approbation à la fois de la population et du Congrès, il n'en demeure pas moins que la guerre du Viêt-nam aura convaincu plus d'un Américain, et surtout le Congrès, de la nécessité de limiter les pouvoirs présidentiels à ce chapitre. C'est ainsi qu'en 1973 le Congrès américain adopta la *Loi des pouvoirs de guerre* (*War Powers Act*) en renversant le veto que lui avait apposé le président Nixon. Cette loi exige que le président consulte le Congrès avant de déployer les Forces armées. De plus, et en l'absence de déclaration de guerre, une fois les Forces armées mobilisées, le président doit faire rapport au Congrès dans les 48 heures. En l'absence d'une déclaration de guerre par le Congrès dans les soixante jours de la soumission du rapport présidentiel, le président se doit de retirer les Forces armées « unless the Congress [...] has enacted a specific authorization for such use of United States armed forces [or] has extended by law such 60-day period » (Burns *et al.*, 2000 : 363).

Malgré cette loi des pouvoirs de guerre, les pouvoirs du président en tant que commandant en chef des Forces armées sont plus importants aujourd'hui qu'ils ne l'étaient dans le passé et ceci est attribuable au rôle de plus en plus imposant que sont appelés à jouer les États-Unis dans les conflits militaires régionaux, plus particulièrement au sein de forces multinationales de l'OTAN ou à la suite des résolutions adoptées par l'ONU.

Législateur en chef

En vertu de l'article II, section 3 de la Constitution américaine, le président a la responsabilité d'informer « [...] le Congrès, de temps à autre, de la situation de l'Union et recommander à son attention telles mesures qu'il estimera nécessaires et expédiantes ». C'est par le « Message sur l'état de l'Union » (State of the Union Address) prononcé annuellement au cours du mois de janvier devant les deux Chambres du Congrès réunies, de même que par sa proposition de budget que le président est le plus en mesure d'influencer le programme législatif du Congrès. Par ces messages, il informe le pouvoir législatif de ce qu'il souhaiterait voir adopter sans qu'il puisse de lui-même proposer directement quelque législation que ce soit.

Ceci est une énorme différence par rapport à ce qui existe en régime parlementaire, tel celui du Canada puisque, d'une part, le Discours du trône, même s'il est rédigé par le premier ministre aidé de ses conseillers et les membres de son Cabinet, est présenté par le gouverneur général et que, d'autre part, le premier ministre et les membres de son Cabinet siègent à la Chambre des communes et sont donc à même de présenter eux-mêmes des projets de loi.

N'étant pas au Congrès – et surtout en l'absence de discipline de parti comme à la Chambre des communes et, dans une certaine mesure, au Sénat canadien –, le président américain doit parfois recourir à l'opinion publique pour exercer des pressions sur certains membres du Congrès afin de promouvoir son programme législatif.

Une autre façon d'exercer son pouvoir de législateur est sans contredit le pouvoir d'apposer son veto à toute loi passée par le Congrès. Puisque la constitution exige que chaque projet de loi passé à la fois par la Chambre des représentants et le Sénat soit soumis au président avant qu'il ne devienne loi, le président se doit donc d'agir sur chaque projet de loi. À ce stade, le président a quatre possibilités :

i. il signe le projet, ce dernier devient loi ;

ii. il ne signe pas le projet mais ne le renvoie pas au Congrès après une période de dix jours (dimanche non compris) où le Congrès est en session, le projet devient loi, même en l'absence de signature ;

iii. il peut y apposer son veto et renvoyer le projet de loi au Congrès avec ses objections. Le Congrès peut ou bien modifier le projet de loi en tenant compte des objections du président, ou bien renverser le veto présidentiel avec un vote des deux tiers du Sénat et de la Chambre des représentants. Par son droit de veto, le président peut donc exprimer clairement sa désapprobation face à l'action législative du Congrès. Ce pouvoir sur le plan législatif est d'autant plus grand qu'il lui suffit d'obtenir un vote d'un tiers plus une voix dans l'une des deux Chambres pour que son veto soit maintenu ;

iv. si le président refuse de signer le projet et que le Congrès ajourne au cours de la période des dix jours ouvrables suivant la transmission dudit projet de loi à la présidence, le projet ne devient pas loi et est tout simplement enterré. C'est le « veto de poche » (*pocket veto*) dont dispose la présidence. Si le Congrès désire reconsidérer ce projet de loi, il se doit de le réintroduire lors d'une autre session.

Dans le passé, le droit de veto présidentiel a été employé de façon plus ou moins fréquente, bien que certains présidents n'ont pas hésité à se servir abondamment de ce pouvoir. Comme l'illustre le tableau 12.1, de Franklin D. Roosevelt (1932-1945) à Bill Clinton (1992-2000) il y eut au total 1406 veto dont à peine 105 ont été renversés par le Congrès[9].

TABLEAU 12.1
Veto présidentiels, 1933-1999

President	Veto
Franklin D. Roosevelt	635
Harry S. Truman	250
Dwight D. Eisenhower	181
John F. Kennedy	21
Lyndon B. Johnson	30
Richard M. Nixon	43
Gerald R. Ford	66
Jimmy Carter	31
Ronald Reagan	78
George Bush	46
Bill Clinton	25

Source : Office of the Secretary, U.S. Senate Library 1999.

La haute fréquence des veto de Franklin D. Roosevelt (président démocrate) s'explique sans doute par la détermination de ce dernier à instaurer toute une série de réformes sur le plan tant économique que social connu sous le nom de « New Deal » et qui impliquait un accroissement substantiel du rôle de l'État, de même que par l'incapacité du Congrès, lui aussi à majorité démocrate durant toute cette période, à acquérir une majorité suffisante pour renverser les veto présidentiels.

---

9. Le total des veto comprend à la fois les veto réguliers et les « veto de poche ».

La relative fluctuation des veto présidentiels par la suite est aussi à interpréter à la lumière de l'hypothèse des relations plus ou moins harmonieuses entre le Congrès et la présidence et de la capacité qu'à le Congrès d'obtenir une majorité des deux tiers des voix dans les deux Chambres pour renverser le veto.

À titre d'exemples, mentionnons qu'à peine 9 des 635 veto de Roosevelt ont été renversés par le Congrès alors que 12 des 66 veto du président Gerald Ford (1974-1976), président républicain, ont été renversés par le Congrès à majorité démocrate.

Ce droit de veto n'est en aucun cas comparable au droit de réserve ou de désaveu que possède le gouverneur général au Canada puisque ces pouvoirs de réserve et de désaveu n'existent pas dans la Constitution américaine et que seul le judiciaire – entendre ici la Cour suprême des États-Unis – a le pouvoir de rendre nulle une loi passée par le Congrès ou par une législature d'État.

Enfin, il nous paraît important de souligner que ce droit de veto que possède la présidence face au Congrès ne nous permet pas non plus de prétendre que le président américain a plus de pouvoir que n'en possède le premier ministre face au pouvoir législatif. Bien au contraire. En raison de la confusion des pouvoirs entre l'exécutif et le législatif qui existe en régime parlementaire canadien et surtout en raison de la très forte discipline de parti qui existe à la Chambre des Communes, un premier ministre a beaucoup plus de pouvoir à ce niveau qu'un président américain.

Les institutions de la présidence

La présidence américaine moderne s'est acquis au cours des dernières décennies un personnel qui lui est directement rattaché. Un phénomène similaire a pu être observé au Canada, alors que se sont développés le Bureau du premier ministre et le Bureau du Conseil privé, des agences centrales destinées à appuyer le travail du premier ministre et du Cabinet. Le Bureau exécutif du président fut formellement institué par le président Franklin D. Roosevelt à la suite de l'adoption par le Congrès du « Reorganization Act » en 1939. Aujourd'hui le Bureau exécutif du président comprend, outre le Bureau de la Maison-Blanche, neuf Bureaux ou Conseils qui tous ont pour mission première de conseiller le président dans l'exercice de ses fonctions.

Le Bureau de la Maison-Blanche

Centre nerveux de la présidence, le Bureau de la Maison-Blanche comprend aujourd'hui quelque 400 personnes (Burns *et al.*, 2000 : 368) qui, sous l'autorité du chef de Cabinet, assument différentes fonctions en matière de communications, d'affaires publiques, de sécurité nationale et de politiques étrangères, de même que de relations avec le Congrès. On dit de ces conseillers qu'ils ne sont que les yeux et les oreilles du président et que leur véritable influence est souvent exagérée. Pourtant, l'histoire récente nous enseigne que certains de ces conseillers ont eu beaucoup plus d'influence auprès de certains présidents que plusieurs responsables de départements[10].

---

10. Pensons par exemple à toute l'influence exercée par H.R. Haldman auprès de Richard Nixon, John Sununu auprès de George Bush ou encore Leon Panetta auprès de Bill Clinton au cours d'une partie de son premier mandat.

Le Bureau exécutif du président

Au cours des années plusieurs bureaux ou conseils ont été créés dans le but de fournir au président divers avis. Mentionnons, entre autres, le Conseil économique (1946), le Conseil national de sécurité (1947), le Bureau du représentant aux négociations commerciales (1963), le Conseil de la qualité de l'environnement (1969), le Bureau de la gestion et du budget (1970), le Bureau de la science et de la technologie (1976), le Bureau de l'administration (1977), le Bureau de la politique nationale en matière de contrôle de la drogue (1988), le Bureau de la Maison-Blanche pour Une Amérique (White House Office of One America) dans le but de promouvoir la réconciliation raciale (1999) («State of the Union Address», 27 janvier 2000, p. 14).

Ces bureaux et conseils ne sont pas d'égale importance. Des plus influents, retenons le Conseil économique, qui a pour mission de conseiller le président et de l'aider à préparer son rapport économique annuel dont le Congrès prendra connaissance, le Bureau de la gestion et du budget, dont la responsabilité est de préparer le budget fédéral que le président soumet annuellement au Congrès pour son approbation, le Conseil national de sécurité, qui a une importance stratégique tant sur le plan de la sécurité que sur celui de la diplomatie. Ce conseil est présidé par le conseiller du président en matière de sécurité nationale et a son propre personnel que l'on qualifie parfois de «Little State Department in the White House» (Ceasar, O'Toole, Bessette et Thurow, 1984: 350).

LE CONGRÈS

En raison du principe de la séparation des pouvoirs, c'est le Congrès qui, aux États-Unis, incarne le pouvoir législatif. Composé à la fois de la Chambre des représentants et du Sénat, et en vertu des compétences que lui attribue l'article premier section 8 de la Constitution américaine, le Congrès, en tandem avec la Présidence, exerce le pouvoir politique, conformément au principe de poids et contrepoids *checks and balances*. De ce point de vue, le régime présidentiel américain diffère substantiellement du parlementarisme canadien où les pouvoirs exécutif et législatif sont confondus non seulement parce que ce premier est issu de ce second, mais aussi parce que la discipline de parti garantit au gouvernement la majorité législative dont il a besoin pour faire adopter ses projets de loi. Au Canada, les candidats et les candidates qui veulent briguer les suffrages sous la bannière d'un parti doivent recevoir l'approbation du leader de ce parti et, une fois qu'ils sont élus, on s'attend à ce qu'ils votent selon la ligne du parti. Aux États-Unis, les partis politiques exercent très peu de contrôle sur le choix des candidats ou candidates au Congrès et les membres de ce dernier, même s'ils votent la majeure partie du temps selon les choix politiques de leur parti respectif, n'ont dans les faits aucune obligation de le faire. Les membres du Congrès jouissent donc, face à leur parti, d'un degré d'indépendance nettement supérieur à celui d'un député siégeant à la Chambre des communes.

TABLEAU 12.2

Différences entre la Chambre et le Sénat

Chambre	Sénat
Membres élus à partir de districts électoraux	Membres élus par la population des États
Mandats de deux ans	Mandats de six ans
435 membres	100 membres
Règles plus formelles	Règles plus souples
Débats limités	Débats plus libres
Moins prestigieux	Plus prestigieux
Moins d'attention médiatique	Plus d'attention médiatique
Initie les projets de loi d'ordre financier	A le pouvoir d'aviser et de donner son consentement aux nominations présidentiels et aux traités

Cela étant dit, et même si le président américain n'est pas responsable devant la Chambre des représentants comme le premier ministre l'est face à la Chambre des communes en régime parlementaire, en absence de discipline de parti, il a l'obligation de former différentes coalitions s'il veut réaliser son menu législatif, ce à quoi n'est pas tenu le premier ministre, surtout s'il forme un gouvernement majoritaire.

Par exemple, le président Bush (1988-1992) a pu profiter d'une coalition bipartisane pour l'adoption d'une résolution l'autorisant à employer les Forces armées lors de la guerre du golfe Persique et le président Clinton a reçu un appui massif des républicains lors de l'adoption de l'Accord de libre-échange nord-américain alors qu'un nombre important des membres de son propre parti s'y opposaient. Par contre, en 1993-1994, Clinton n'a pas réussi à obtenir l'appui du Congrès pour son programme de réforme des soins de santé, malgré un Congrès à majorité démocrate, et ne réussit à faire adopter son programme fiscal qui prévoyait une réduction d'impôts pour la classe moyenne mais une augmentation des impôts pour les mieux nantis que par une très faible majorité à la Chambre des représentants (218 en faveur et 216 contre) – tous les républicains ont voté contre, de même que 40 représentants démocrates – et par une seule voix de majorité au Sénat, celle du vice-président Al Gore, agissant en tant que président du Sénat et ayant à ce titre un vote prépondérant (Burns *et al.*, 2000 : 485).

Élections des membres du Congrès

Pour être élu à la Chambre des représentants, un candidat ou une candidate doit avoir vingt-cinq ans révolu et être citoyen ou citoyenne des États-Unis depuis sept ans ; et nul ne peut-être élu sénateur ou sénatrice avant l'âge de trente ans et sans être citoyen des États-Unis depuis neuf ans.

Comme l'illustre le tableau 12.2, l'ensemble des membres de la Chambre des représentants (435) sont élus pour un mandat fixe de deux ans et chaque État a droit à la Chambre à un nombre de représentants proportionnel à sa population.

Les membres du Sénat quant à eux (100) – soit deux sénateurs par État peu importe leur population – sont élus pour un mandat de six ans et le tiers du Sénat est rééligible tous les deux ans[11]. Contrairement à la présidence, il n'y a pas de limite de mandats imposés ni aux membres de la Chambre des représentants ni aux sénateurs.

Le mode d'accession et la composition des deux Chambres du Congrès américain diffèrent donc sensiblement de ce qui existe au Canada. Les membres de la Chambre des communes ne sont pas élus pour un mandat fixe de deux années, mais bien pour un mandat dont la longueur ne doit pas dépasser cinq ans. Au Canada, les sénateurs sont nommés par le gouverneur général sur recommandation du premier ministre et non élus par la population. Pourtant, le Congrès américain et le Parlement canadien se rejoignent à certains égards, notamment pour ce qui est de la représentation à la Chambre des représentants et à la Chambre des communes qui repose sur l'importance de la population et, dans un régime comme dans l'autre, seules ces deux Chambres ont le pouvoir d'initiative en matière financière et, dans les deux cas, le Sénat ne peut prendre une telle initiative.

Il y a donc beaucoup plus de représentants que de sénateurs et ceci affecte le mode de fonctionnement de la Chambre, qui est plus strict que celui du Sénat. Cette rigidité procédurale se manifeste surtout dans les règles régissant les débats des deux Chambres. À la Chambre des représentants, c'est la Commission des règles,

« Rules Committee », qui détermine l'ordre de passage des projets de loi, propose une certaine limite de temps aux débats et peut même aller aussi loin que d'interdire que certains amendements soient apportés aux projets de lois[12]. Au Sénat par contre, les règles sont plus souples et s'élaborent surtout à partir du principe du consentement unanime entre le leader de la majorité et celui de la minorité. Il n'y a pas en tant que tel de limites imposées aux débats, d'où la possibilité d'obstruction systématique « filibuster » que l'on ne retrouve pas à la Chambre des représentants. Cette tactique permet à un sénateur de parler aussi longtemps qu'il le veut sur un projet de loi, mais le Sénat peut y mettre un terme en adoptant une motion de clôture à une majorité des trois cinquièmes, soit 60 sénateurs.

Les partis et le leadership au Congrès

Tout comme en régime parlementaire canadien, le leadership formel du Congrès émane des partis politiques. Les postes officiels tant à la Chambre des représentants qu'au Sénat reviennent au parti majoritaire dans l'une ou l'autre Chambre et il en est de même pour ce qui est de la présidence des commissions permanentes relevant de chacune des Chambres. La représentation au sein de ces commissions est par contre proportionnelle à la force respective des partis à la Chambre et au Sénat.

La Chambre des représentants est présidée par un orateur, appelé « Speaker of the House ». Bien qu'il s'agisse d'une position techniquement non

---

11. Jusqu'en 1913 les sénateurs étaient élus par les législatures d'État. Ce n'est que suite à l'adoption du Dix-septième amendement que ces derniers sont élus par l'ensemble de la population de leur État respectif.

12. Cette interdiction s'applique généralement aux projets de loi concernant plus particulièrement les revenus et les dépenses. J.M. Burns *et al.*, (*op. cit.*), p. 334.

partisane, dans les faits, cette fonction a presque toujours été le leader du parti majoritaire à la Chambre. Élu par l'ensemble des représentants, on peut dire que dans le cas de cette élection la discipline de parti détermine l'issue du vote puisque le parti minoritaire présente aussi à ce moment son propre candidat. Il revient à l'orateur de la Chambre de nommer les membres des commissions conjointes et de la Commission de conciliation, de déterminer l'ordre de passage des projets de loi, d'interpréter les règlements de la Chambre et de transmettre les projets de loi aux commissions appropriées. L'orateur ne vote qu'en cas d'égalité des voix.

Il est aidé dans l'exercice de ses fonctions par le leader de la majorité, qui est choisi par le parti majoritaire à la Chambre. Ce dernier intervient dans l'ordre des débats et s'assure que le programme législatif du parti puisse passer à travers toute la procédure législative. Quant au leader de la minorité, élu lui aussi par son parti, il intervient également dans l'ordre des débats, de concert avec l'orateur de la Chambre et le leader de la majorité, bien qu'il n'ait aucun pouvoir formel à cet effet. Il peut parler au nom du président lorsque le parti minoritaire contrôle la Maison-Blanche.

Les leaders de la majorité et de la minorité sont assistés dans l'exercice de leur fonction par des *whips* qui ont pour principales responsabilités de transmettre l'information aux membres de la Chambre et de s'assurer que ces derniers soient présents lors du vote sur les projets de loi importants. Ils agissent en tant qu'agent de liaison entre les leaders des partis en Chambre et les élus et, en l'absence de discipline de parti, ont la responsabilité de tenter tout de même de faire respecter la ligne de parti par leurs membres.

Outre le fait qu'en vertu de la constitution le vice-président soit formellement président du Sénat et qu'en son absence cette fonction soit assumée par un « président pro-tempore », le vrai leadership au Sénat est assumé par le Majority Floor Leader et le Minority Floor Leader et leurs *whips* respectifs. Ils sont les premiers à avoir droit de parole, ce sont eux qui contrôlent l'horaire des débats, jouent un rôle important au niveau de la nomination des sénateurs sur les commissions et agissent même en tant qu'agent de liaison entre la présidence et le Sénat lorsque la présidence est du même parti.

Pouvoirs et fonctions

Les pouvoirs du Congrès

L'article premier, section 8 de la constitution attribue toute une liste de pouvoirs au Congrès, dont les principaux sont de lever et de percevoir des impôts, de déclarer la guerre, de faire des emprunts sur le crédit des États-Unis, de réglementer le commerce avec les nations étrangères et entre les divers États, de battre monnaie, de lever et d'entretenir des armées de même qu'une marine de guerre, de constituer des tribunaux inférieurs à la Cour suprême, « et de faire toutes les lois qui seront nécessaires et convenables pour mettre à exécution les pouvoirs ci-dessus mentionnés et tous autres pouvoirs conférés par la présente constitution au Gouvernement des États-Unis [...] » (clause du pouvoir implicite) (Frank, 1994 : 222).

Il est important de préciser que c'est la Chambre des représentants qui a le pouvoir d'initiative en matière financière mais qu'en vertu de l'article II, section 2 de la constitution seul le Sénat a le pouvoir de ratifier les traités internationaux conclus par la présidence et d'approuver les propositions de nominations de cette dernière.

En ce qui concerne la procédure de destitution ou, si l'on veut, d'*impeachment*, il revient à la Chambre des représentants de faire enquête et de formuler les divers chefs d'accusation qui, selon elle, sont passibles de destitution, mais seul le Sénat a l'autorité de rendre un jugement en ce sens. Comme on a pu l'observer lors de la procédure d'*impeachment* intentée contre le président Clinton lors de l'affaire Lewinsky, pour juger des chefs d'accusation formulés par la Chambre des représentants, le Sénat américain s'est transformé à ce moment-là en grand jury et a été présidé par le juge en chef de la Cour suprême comme le prévoit la constitution. Au Canada, ni la Chambre des communes ni le Sénat n'a le pouvoir de destituer le premier ministre. En théorie, un tel pouvoir revient au gouverneur général, mais aucun ne l'a jamais exercé au niveau fédéral.

Les fonctions

Outre le fait que le Congrès a la responsabilité de s'assurer que l'ensemble des lois qu'il adopte soient correctement mises en application par le pouvoir exécutif et qu'il possède aussi le pouvoir d'enquête face à toute agence gouvernementale de même que face à l'ensemble de la bureaucratie fédérale, ses deux principales fonctions sont sans doute celles de représentation et de législation.

La fonction de représentation

En ce qui a trait à la représentation, le Congrès américain est loin d'être un microcosme de la population américaine. Sur le plan de la représentativité, il est largement dominé par l'élément masculin de race blanche et de statut socio-économique élevé. La représentation des femmes au sein du Congrès, bien qu'elle ait progressée au cours des dernières années, est encore largement inférieure à leur poids démographique (tableau 12.3).

TABLEAU 12.3
**Caractéristiques du 106ᵉ Congrès,
1999-2001***

	Chambre (435)	Sénat (100)
Républicains	223	55
Démocrates	211	45
Indépendant	1	0
Sexe : Hommes	377	91
Femmes	58	9
Minorités ethniques	63	3

* Sources : *Congressionsal Quaterly Weekly*, 9 janvier 1999 : 62-63.

Après l'élection de 1998, cinquante-huit femmes furent élues à la Chambre des représentants (soit une représentation de femmes de 13,3 %) et neuf au Sénat (soit 9 % de femmes). Quand on sait que, selon les données du recensement de 1990, elles comptent pour 51,9 % de la population américaine, elles restent encore manifestement sous-représentées au Congrès. La situation est un peu plus enviable pour les Canadiennes, alors qu'elles occupent 19,9 % des sièges à la Chambre des communes et 30,5 % au Sénat. Quant à la représentation des Américains d'origine africaine, elle est aussi inférieure à leur poids démographique : 12 % de la population, contre 9 % à la Chambre des représentants ; à peine 4 % des membres de la Chambre sont d'origine hispanophone alors que cette minorité compte pour 9 % de la population totale aux États-Unis. L'ensemble des autochtones ne comptent qu'un seul représentant à la Chambre (Dye, 1999 : 341).

Les commissions du Congrès américain

Commissions permanentes
– 20 à la Chambre des représentants ;
– 20 au Sénat ;
– Composées de 30 à 40 membres à la Chambre et de 15 à 20 membres au Sénat ;
– Représentation proportionnelle à la force des partis dans les Chambres respectives ;
– Responsables de l'étude des projets de loi touchant toute une série de domaines comme l'agriculture, le budget, les dépenses, la défense, la justice, les affaires extérieures, le commerce, l'éducation, l'environnement, etc.
– En 2000, la Chambre des représentants comptait environ 90 sous-commissions et le Sénat, 70 relevant toutes d'une commission particulière.

Commission ad hoc « Select Committee »
– Formée pour étudier un problème particulier comme par exemple la nutrition ou le vieillissement de la population ;
– Ces commissions sont formées pour une période déterminée et sont dissoutes après la remise de leur rapport à la Chambre qui les a instituées.

Commissions conjointes
– Formées des membres à la fois de la Chambre des représentants et du Sénat ;
– Elles peuvent être permanentes ou temporaires ;
– Dans le passé se sont penchées sur des problèmes concernant l'économie, la taxation et la Librairie du Congrès.

Commission de conciliation
– Type particulier de commission conjointe formée essentiellement dans le but d'aplanir les différences entre la Chambre et le Sénat lorsqu'un même projet de loi a été adopté avec des variantes par les deux Chambres.

Commission des règles
– Commission de la Chambre des représentants seulement. Le Sénat n'a pas une telle commission ;
– Présidée par l'orateur de la Chambre ;
– Détermine l'ordre de passage des projets de loi ;
– Peut refuser qu'un projet de loi revienne en Chambre après étude en commission ;
– Détermine aussi la longueur des débats et si la Chambre peut ou non apporter des amendements audit projet de loi.

En 2000, la Chambre des communes du Canada comptait cinq parlementaires d'origine inuite, amérindienne ou métisse.

La fonction législative

Le cheminement d'un projet de loi au Congrès suit un processus complexe jonché d'obstacles. De plus, on estime qu'il y aurait plus de 8 000 projets de loi qui seraient introduits à chaque Congrès (2 ans) mais qu'à peine 10 % d'entre eux seraient adoptées (Dye, 1999 : 353)[13]. Une des raisons qui explique ce faible pourcentage est sans aucun doute l'importance du rôle joué par les différentes commissions du Congrès et dont l'encadré 12.1 fait un bref survol.

---

13. D'autres auteurs estiment par contre que c'est plutôt près de 10 000 projets de lois qui sont soumis au Congrès durant cette même période de deux ans. (Lyons, Scheb II, et Richardson, 1995 : 359).

FIGURE 12.2

Les principales étapes du processus législatif*

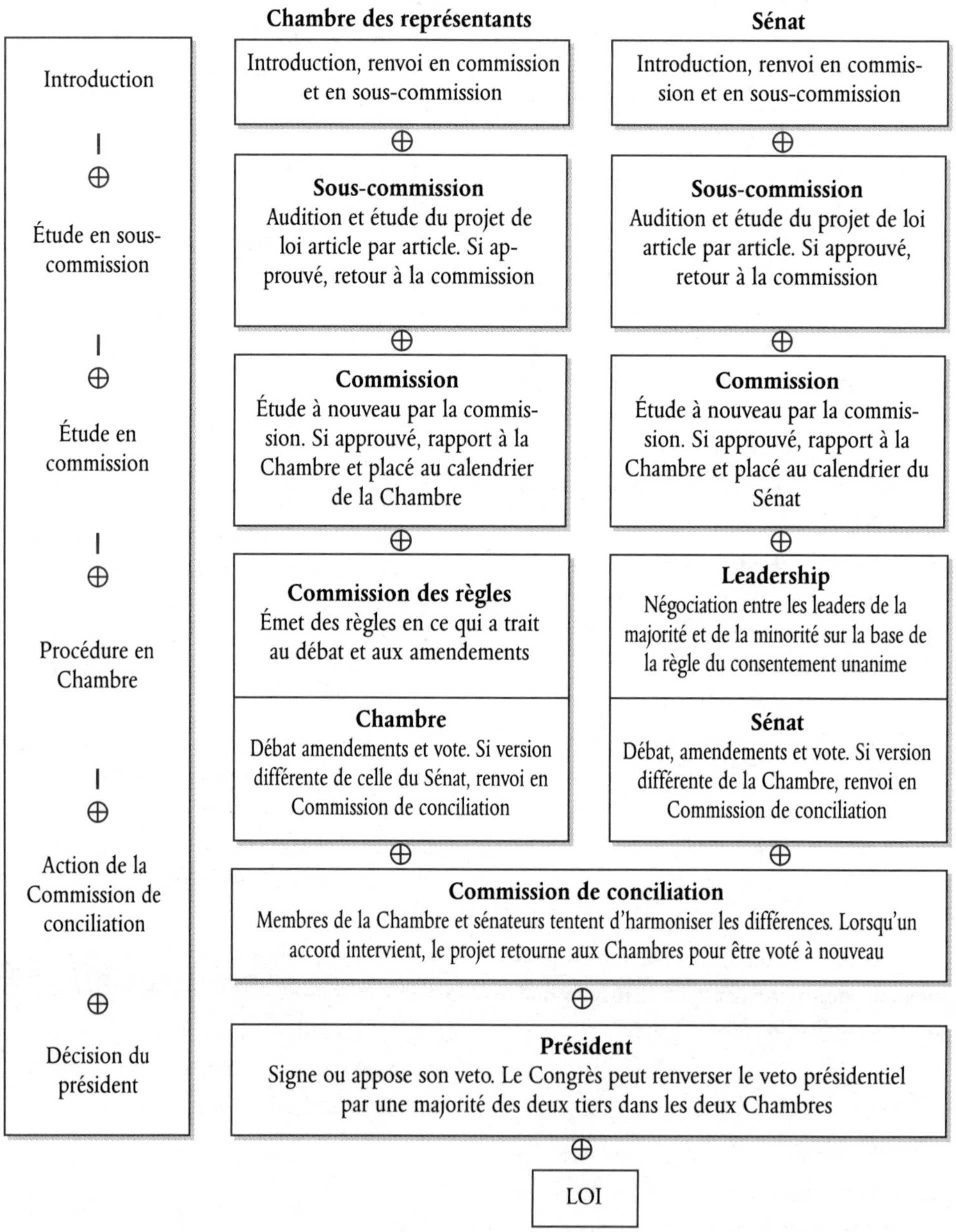

Chambre des représentants	Sénat

<table>
<tr><td>Introduction</td><td>Introduction, renvoi en commission et en sous-commission</td><td>Introduction, renvoi en commission et en sous-commission</td></tr>
</table>

Introduction

|

Étude en sous-commission

|

Étude en commission

|

Procédure en Chambre

|

Action de la Commission de conciliation

Décision du président

Sous-commission
Audition et étude du projet de loi article par article. Si approuvé, retour à la commission

Sous-commission
Audition et étude du projet de loi article par article. Si approuvé, retour à la commission

Commission
Étude à nouveau par la commission. Si approuvé, rapport à la Chambre et placé au calendrier de la Chambre

Commission
Étude à nouveau par la commission. Si approuvé, rapport à la Chambre et placé au calendrier du Sénat

Commission des règles
Émet des règles en ce qui a trait au débat et aux amendements

Chambre
Débat amendements et vote. Si version différente de celle du Sénat, renvoi en Commission de conciliation

Leadership
Négociation entre les leaders de la majorité et de la minorité sur la base de la règle du consentement unanime

Sénat
Débat, amendements et vote. Si version différente de la Chambre, renvoi en Commission de conciliation

Commission de conciliation
Membres de la Chambre et sénateurs tentent d'harmoniser les différences. Lorsqu'un accord intervient, le projet retourne aux Chambres pour être voté à nouveau

Président
Signe ou appose son veto. Le Congrès peut renverser le veto présidentiel par une majorité des deux tiers dans les deux Chambres

LOI

* Tableau inspiré de Dye (*op. cit.*), p. 360.

Ces commissions et plus particulièrement les commissions permanentes sont nettement plus puissantes que les comités de la Chambre des communes ou du Sénat, ce qui est encore plus évident dans le cas du Sénat américain en raison même des pouvoirs particuliers qui lui sont accordés par la constitution et de sa légitimité démocratique.

Comme l'illustre la figure 12.2, chaque projet de loi, incluant ceux qui émanent du pouvoir exécutif, doit être introduit à la fois à la Chambre et au Sénat par un membre de chacune de ces Chambres. Contrairement au régime parlementaire canadien, ni le président ni les membres de son cabinet n'ont le droit de saisir eux-mêmes les Chambres d'un projet de loi. Contrairement aussi au parlementarisme canadien et sauf pour les projets de loi d'ordre financier qui doivent d'abord être déposés, étudiés et adoptés par la Chambre des représentants avant d'être transmis au Sénat, un projet de loi est présenté en premier ou bien à la Chambre des communes ou bien au Sénat puis, lorsque la première Chambre l'a adopté, il est présenté à l'autre Chambre pour suivre les mêmes étapes. Une fois introduit dans l'une et l'autre Chambre, le projet de loi est immédiatement acheminé vers la commission permanente appropriée relevant de chacune des Chambres, puis généralement en sous-commission. Plus de 90 % du travail des législateurs se fait en commissions ou en sous-commissions. Au Canada, un projet de loi passe d'abord l'étape de la deuxième lecture avant d'être acheminé en comités parlementaires, bien que depuis peu il puisse aller en comités avant la deuxième lecture en Chambre. Les membres de la Chambre des représentants siégeant au sein des commissions

disposent d'un personnel d'environ 2 000 personnes et ceux du Sénat de 1 200 personnes (Lyons *et al.*, 1995 : 358).

L'étude du projet de loi en sous-commission débute habituellement par l'audition de différents témoignages (*hearings*). Comme au Canada, ces séances sont publiques et divers groupes, associations ou individus peuvent être appelés à faire connaître leur position respective face au projet de loi sous étude. Sur les projets de loi importants, les parrains du projet de loi tant à la Chambre qu'au Sénat sont habituellement appelés à témoigner.

Lorsque cette étape d'audition des témoignages est terminée, les membres de la sous-commission se réunissent à huis clos pour l'étude article par article du projet de loi et procèdent, s'ils le jugent à propos, à la réécriture du projet de loi en y introduisant toute une série d'amendements. Une fois cette étape du *mark-up* terminée, la sous-commission vote sur ledit projet de loi et, si une majorité des membres votent en sa faveur, le projet de loi est retourné à la commission dont elle relève. À ce stade la commission a trois choix : (1) elle peut suivre les recommandations de sa sous-commission, (2) elle peut refuser d'acheminer le projet de loi à la Chambre, ou (3) elle peut elle-même tenir des auditions ou apporter des amendements audit projet de loi avant de transmettre son rapport à Chambre des représentants ou au Sénat. Tout comme en régime parlementaire canadien, ni la Chambre des représentants ni le Sénat ne sont tenus de suivre les recommandations de leurs commissions respectives.

---

14. Les chiffres présentés dans ce paragraphe ont été tirés de Dye 1999 : 404-405.

Pour être étudié en séance plénière à la Chambre des représentants, le projet de loi doit d'abord passer par la Commission des règles alors qu'au Sénat c'est sur base du consentement unanime entre le leader de la majorité et le leader de la minorité que l'ordre de passage des projets de loi est déterminé. À cette étape, le projet de loi peut encore être amendé et, à la suite des débats, les deux Chambres votent indépendamment l'une de l'autre sur le projet de loi.

Si la Chambre des représentants et le Sénat adoptent un même projet de loi mais avec des variantes – comme par exemple différents articles ou différents amendements –, le projet de loi est acheminé à la Commission de conciliation. Cette dernière, composée de membres du Sénat et de la Chambre des représentants, tente de trouver un compromis entre les deux versions et, lorsqu'elle y parvient, elle retourne le projet de loi ainsi harmonisé à la fois à la Chambre des représentants et au Sénat pour son adoption finale. En régime parlementaire canadien, il n'y a pas une telle commission et l'harmonisation des différences sur le plan législatif entre le Sénat et la Chambre des communes s'effectue à travers un processus que l'on appelle la « navette » et qui veut qu'un projet de joi passe d'une Chambre à l'autre jusqu'à ce qu'il soit identique.

Ce n'est qu'après tout ce long processus que le projet de loi est soumis au président pour son approbation. On sait qu'à cette étape diverses options s'offrent à lui, dont celui d'y apposer son veto.

Ce processus très complexe du cheminement d'un projet de loi illustre, si besoin en était, la toute-puissance des commissions du Congrès qui peuvent à chacune des étapes de ce processus faire en sorte que la très grande majorité des projets ne parviennent jamais à franchir toutes les étapes devant leur permettre de retourner devant la Chambre ou le Sénat. Cette toute-puissance des commissions du Congrès distingue nettement les États-Unis et le Canada, puisque les comités parlementaires canadiens n'ont en rien cette fonction de sélection des projets de loi. De plus, la nature même de ce processus permet aussi de mieux comprendre que l'adoption d'une loi par le Congrès américain et son approbation par la présidence sont d'abord et avant tout le résultat d'une volonté d'en arriver à un compromis entre les intervenants de la société civile de même qu'entre les branches habilitées à exercer le pouvoir. Au contraire, au Canada un gouvernement qui a la majorité à la Chambre et au Sénat peut largement imposer ses volontés, même sur les questions les plus controversées, la *Loi donnant effet à l'exigence de clarté formulée par la Cour suprême du Canada dans son avis sur le renvoi sur la sécession du Québec* en étant un exemple récent.

Dans cette optique, il nous paraît essentiel de souligner qu'un des facteurs les plus distinctifs qui affecte la fonction présidentielle sur le plan législatif est la capacité que possède la présidence d'obtenir ou de conserver l'appui de son parti au Congrès[14]. John F. Kennedy et Lyndon B. Johnson par exemple ont pu profiter de l'appui d'un Congrès à majorité démocrate et on estime que leur taux de succès sur le plan législatif a été de 80 %. Jimmy Carter quant à lui, même s'il ne fut pas considéré comme un président jouissant d'une grande popularité, réussit tout de même à obtenir l'appui du Congrès pour son menu législatif dans 78,4 % des cas. À l'inverse, le président républicain Ronald Reagan, même s'il connut un important succès (72,3 %) au cours de son premier mandat alors que la Chambre des représentants était à majorité démocrate et le Sénat à majorité républicaine, n'eut qu'un succès législatif très mitigé (51,7 %) lorsque les démocrates prirent le contrôle des deux Chambres après les élections présidentielles de 1984. Durant la présidence de George Bush (1988-1992), la majorité démocrate au Congrès eut pour conséquence de limiter l'influence de la présidence sur le plan législatif, avec 51,8 % seulement de succès ; et la présidence de Bill Clinton fut aussi marquée par cette tendance, dans la mesure où son succès sur le plan législatif fut beaucoup plus élevé au cours des deux premières années de son premier mandat (1993-1994) alors que les démocrates contrôlaient le Congrès (87,0 %) ; ce succès tomba de façon draconienne par la suite à 48,0 % lorsque les républicains obtinrent la majorité du Congrès à partir de 1995. À la lumière de ces données, force nous est de constater qu'au cours des deux dernières décennies les différences partisanes entre la présidence et le Congrès ont contribué à illustrer de façon convaincante l'importance et la force du principe du poids et contrepoids qui, tout en mettant ces deux institutions en relation de forte opposition à l'occasion, aura tout de même permis d'atteindre un nouvel équilibre entre ces deux branches du pouvoir, sans pour autant affecter de façon trop marquée la prise de décision et en forçant chacune d'elles à chercher des solutions de compromis plutôt qu'à imposer d'autorité leur volonté à l'autre, comme c'est trop souvent le cas en régime parlementaire de type britannique.

CONCLUSION

L'accession au pouvoir en régime présidentiel américain diffère substantiellement de celle qui existe en régime parlementaire. Ces différences sont marquées surtout dans l'élection à la présidence et au Sénat. Dans l'un et dans l'autre cas, les règles de la démocratie veulent que ce soient les électeurs et les électrices qui choisissent leurs dirigeants et ce mode de sélection accorde à ces élus une légitimité que ni le premier ministre et encore moins les sénateurs canadiens peuvent prétendre avoir. Pour ce qui est du gouverneur général, alors là… on repassera !

L'exercice du pouvoir basé à la fois sur le principe de la séparation des pouvoirs et sur celui du poids et contrepoids permet aussi de saisir des différences notables entre les deux régimes. L'absence de discipline de parti qui prévaut au Congrès américain a pour conséquence de permettre aux élus de jouir d'une plus grande indépendance face à leur parti, de même que dans leurs rapports avec la présidence. De plus, la répartition des pouvoirs entre ces deux branches du pouvoir place ces dernières en situation d'interdépendance et ceci a pour conséquence de forcer le président à mettre en œuvre diverses coalitions s'il veut réaliser son menu législatif et d'obliger les membres du Congrès à coopérer avec la présidence pour éviter l'impasse sur le plan politique.

Par rapport au régime parlementaire canadien, c'est surtout au niveau du Sénat que les différences sont les plus marquées. Le pouvoir de contrôle qu'exerce le Sénat américain face aux nominations de la présidence, de même que l'autorité qu'il possède pour la ratification des traités donnent à cette Chambre une autorité substantiellement supérieure à celle que peut avoir le Sénat canadien.

Enfin, on ne peut passer sous silence la toute-puissance des commissions du Congrès. Bien qu'elles soient redevables devant leur Chambre respective, il n'en demeure pas moins qu'on peut dire qu'elles ont jusqu'à un certain point le droit de vie ou de mort sur les projets de loi. Le pouvoir de ces commissions a pour conséquence de rendre le processus législatif plus complexe mais aussi beaucoup plus incertain qu'en régime parlementaire de type britannique. Toutefois, le prix à payer pour cette incertitude n'est rien comparativement à la valorisation accrue du rôle et des responsabilités des élus qui, en régime démocratique, laisse actuellement grandement à désirer.

SITES WEB

Bibliothèque du Congrès	http://www.loc.gov
Chambre des représentants	http://www.house.gov
CNN	http://cnn.com/ALLPOLITICS/
Comité national du Parti républicain	http://www.rnc.org
Comité national du Parti démocrate	http://www.democrats.org
Comités de la Chambre des représentants (Les)	http://www.house.gov/house/CommitteeWWW.html
Comités du Sénat (Les)	http://www.senate.gov/committees/index.cfm
Constitution des États-Unis (français)	http://usinfo.state.gov/usa/aboutusa/constfr.htm
Déclaration d'indépendance des États-Unis (français)	http://usinfo.state.gov/usa/aboutusa/decfr.htm
Federal Election Commission	http://www.fec.gov
Maison blanche	http://www.whitehouse.gov/
Pouvoir judiciaire	http://www.vote-smart.org/judiciary
Ressources Internet du pouvoir exécutif des États-Unis	http://www.vote-smart.org/executive
Sénat des États-Unis	http://www.senate.gov

LECTURES SUGGÉRÉES

Barbara BARDES, A. SHELLEY, C. MACK et Stefeen W. SCHMIDT (1998-1999), *American Government and Politics Today : The Essentials*, Belmont, CA, West/Wadsworth.

James MacGregor BURNS, J.W. PELTASON, Thomas E. CRONIN et David B. MAGLEBY (2000), *Government by the People*, Upper Saddle River, N.J., Prentice Hall.

Thomas R. DYE, (1999), *Politics In America*, Upper Saddle River, N.J., Prentice Hall.

Ronald G. LANDES (1998), *The Canadian Polity : A Comparative Perspective*, Scarborouth, Prentice Hall Allyn and Bacon Canada.

Karen O'CONNOR et Larry SABATO (2000), *American Government Continuity and Change*, New York, Longman.

Edmond ORBAN et Michel FORTMAN (dir.) (1994), *Le Système politique américain*, Montréal, Les Presses de l'Université de Montréal.

BIBLIOGRAPHIE

BARDES, B.A., M.C. SHELLY II et S.W. SCHMIDT (1998-1999), *American Government and Politics Today : The Essentials*, Belmont, CA, Wadsworth Publishing Co.

BURNS, J.M, J.W. PELTASON, T.E. CRONIN et D.B. MAGLEBY (2000), *Government by the People*, Eighteen Edition, Upper Saddle River, N.J., Prentice Hall.

CEASER, J.W., J.M. O'TOOLE, J.M. BESSETTE et G. THUROW (1984), *American Government*, New York, McGraw-Hill.

DYE, Thomas R. (1999), *Politics In America*, (3ᵉ éd.), Upper Saddle River, N.J., Prentice Hall.

FRANK, J.A. (1994), « Le Congrès », dans Orban, E. et M. Fortman, *Le Système politique américain*, 2ᵉ édition, Montréal, Les Presses de l'Université de Montréal, chap. 9, p. 221-249.

LAFLEUR, G.-A. (1994), « La Présidence », dans Orban, E. et M. Fortman, *Le Système politique américain*, 2ᵉ édition, Montréal, Les Presses de l'Université de Montréal, chap. 10, p. 250-275.

LYONS, W., J.M. SCHEB II et L.E. RICHARDSON, Jr (1995), *American Government, Politics and Political Culture*, Minneapolis-St-Paul, West Publishing Co.

« State of the Union Address », 27 janvier 2000, p. 15.

The New York Times, March 5, 2000, p. 52.

Loi constitutionnelle de 1867

30 & 31 Victoria, ch. 3 (R.-U.)

(Codifiée avec modifications)

Loi concernant l'Union et le gouvernement du Canada, de la Nouvelle-Écosse et du Nouveau-Brunswick, ainsi que les objets qui s'y rattachent.

[29 mars 1867]

Considérant que les provinces du Canada, de la Nouvelle-Écosse et du Nouveau-Brunswick ont exprimé le désir de contracter une Union Fédérale pour ne former qu'une seule et même Puissance (Dominion) sous la couronne du Royaume-Uni de la Grande-Bretagne et d'Irlande, avec une constitution reposant sur les mêmes principes que celle du Royaume-Uni :

Considérant de plus qu'une telle union aurait l'effet de développer la prospérité des provinces et de favoriser les intérêts de l'Empire Britannique :

Considérant de plus qu'il est opportun, concurremment avec l'établissement de l'union par autorité du parlement, non seulement de décréter la constitution du pouvoir législatif de la Puissance, mais aussi de définir la nature de son gouvernement exécutif :

Considérant de plus qu'il est nécessaire de pourvoir à l'admission éventuelle d'autres parties de l'Amérique du Nord britannique dans l'union : (1)

I. PRÉLIMINAIRES

Titre abrégé

1. Titre abrégé : Loi constitutionnelle de 1867. (2)
[Abrogé]
2. Abrogé. (3)

II. UNION

Établissement de l'union

3. Il sera loisible à la Reine, de l'avis du Très-Honorable Conseil Privé de Sa Majesté, de déclarer par proclamation qu'à compter du jour y désigné, mais pas plus tard que six mois après la passation de la présente loi, les provinces du Canada, de la Nouvelle-Écosse et du Nouveau-Brunswick ne formeront qu'une seule et même Puissance sous le nom de Canada ; et dès ce jour, ces trois provinces ne formeront, en conséquence, qu'une seule et même Puissance sous ce nom. (4)

Interprétation des dispositions subséquentes de la loi

4. À moins que le contraire n'y apparaisse explicitement ou implicitement, le nom de Canada signifiera le Canada tel que constitué sous la présente loi. (5)

Quatre provinces

5. Le Canada sera divisé en quatre provinces, dénommées : Ontario, Québec, Nouvelle-Écosse et Nouveau-Brunswick. (6)

Province d'Ontario et Québec

6. Les parties de la province du Canada (telle qu'existant à la passation de la présente loi) qui constituaient autrefois les provinces respectives du Haut et du Bas-Canada, seront censées séparées et formeront deux provinces distinctes. La partie qui constituait autrefois la province du Haut-Canada formera la province d'Ontario ; et la partie qui constituait la province du Bas-Canada formera la province de Québec.

Provinces de la Nouvelle-Écosse et du Nouveau-Brunswick
Recensement décennal

7. Les provinces de la Nouvelle-Écosse et du Nouveau-Brunswick auront les mêmes délimitations qui leur étaient assignées à l'époque de la passation de la présente loi.

8. Dans le recensement général de la population du Canada qui, en vertu de la présente loi, devra se faire en mil huit cent soixante et onze, et tous les dix ans ensuite, il sera fait une énumération distincte des populations respectives des quatre provinces.

III. POUVOIR EXÉCUTIF

La Reine est investie du pouvoir exécutif

9. À la Reine continueront d'être et sont par la présente attribués le gouvernement et le pouvoir exécutifs du Canada.

Application des dispositions relatives au gouverneur-général

10. Les dispositions de la présente loi relatives au gouverneur général s'étendent et s'appliquent au gouverneur général du Canada, ou à tout autre Chef Exécutif ou Administrateur pour le temps d'alors, administrant le gouvernement du Canada au nom de la Reine, quel que soit le titre sous lequel il puisse être désigné.

Constitution du conseil privé

11. Il y aura, pour aider et aviser, dans l'administration du gouvernement du Canada, un conseil dénommé le Conseil Privé de la Reine pour le Canada ; les personnes qui formeront partie de ce conseil seront, de temps à autre, choisies et mandées par le Gouverneur-Général et assermentées comme Conseillers Privés ; les membres de ce conseil pourront, de temps à autre, être révoqués par le gouverneur-général.

Pouvoirs conférés au gouverneur-général, en conseil ou seul

12. Tous les pouvoirs, attributions et fonctions qui, par une loi du parlement de la Grande-Bretagne, ou du parlement du Royaume-Uni de la Grande-Bretagne et d'Irlande, ou de la législature du Haut-Canada, du Bas-Canada, du Canada, de la Nouvelle-Écosse ou du Nouveau-Brunswick, lors de l'union, sont conférés aux gouverneurs ou lieutenants-gouverneurs respectifs de ces provinces ou peuvent être par eux exercés, de l'avis ou de l'avis et du consentement des conseils exécutifs de ces provinces, ou avec la coopération de ces conseils, ou d'aucun nombre de membres de ces conseils, ou par ces gouverneurs ou lieutenants-gouverneurs individuellement, seront, en tant qu'ils continueront d'exister et qu'ils pourront être exercés, après l'union, relativement au gouvernement du Canada, conférés au gouverneur-général et pourront être par lui exercés, de l'avis ou de l'avis et du consentement ou avec la coopération du Conseil Privé de la Reine pour le Canada ou d'aucun de ses membres, ou par le gouverneur-général individuellement, selon le cas ; mais ils pourront, néanmoins (sauf ceux existant en vertu de lois de la Grande-Bretagne ou du parlement du Royaume-Uni de la Grande-Bretagne et d'Irlande), être révoqués ou modifiés par le parlement du Canada. (7)

Application des dispositions relatives au gouverneur-général en conseil

13. Les dispositions de la présente loi relatives au gouverneur-général en conseil seront interprétées de manière à s'appliquer au gouverneur-général agissant de l'avis du Conseil Privé de la Reine pour le Canada.

Le gouverneur-général autorisé à s'adjoindre des députés

14. Il sera loisible à la Reine, si Sa Majesté le juge à propos, d'autoriser le gouverneur-général à nommer, de temps à autre, une ou plusieurs personnes, conjointement ou séparément, pour agir comme son ou ses députés dans aucune partie ou parties du Canada, pour, en cette capacité, exercer, durant le plaisir du gouverneur-général, les pouvoirs, attributions et fonctions du gouverneur-général, que le gouverneur-général jugera à propos ou nécessaire de lui ou leur assigner, sujet aux restrictions ou instructions formulées ou communiquées par la Reine ; mais la nomination de tel député ou députés ne pourra empêcher le gouverneur-général lui-même d'exercer les pouvoirs, attributions ou fonctions qui lui sont conférées.

Commandement des armées

15. À la Reine continuera d'être et est par la présente attribué le commandement en chef des milices de terre et de mer et de toutes les forces militaires et navales en Canada.

Siège du gouvernement du Canada

16. Jusqu'à ce qu'il plaise à la Reine d'en ordonner autrement, Ottawa sera le siège du gouvernement du Canada.

IV. POUVOIR LÉGISLATIF

Constitution du parlement du Canada

17. Il y aura, pour le Canada, un parlement qui sera composé de la Reine, d'une chambre haute appelée le Sénat, et de la Chambre des Communes.

Privilèges, etc., des chambres

18. Les privilèges, immunités et pouvoirs que posséderont et exerceront le Sénat et la Chambre des Communes et les membres de ces corps respectifs, seront ceux prescrits de temps à autre par loi du Parlement du Canada ; mais de manière à ce qu'aucune loi du Parlement du Canada définissant tels privilèges, immunités et pouvoirs ne donnera aucuns privilèges, immunités ou pouvoirs excédant ceux qui, lors de la passation de la présente loi, sont possédés et exercés par la Chambre des Communes du Parlement du Royaume-Uni de la Grande-Bretagne et d'Irlande et par les membres de cette Chambre. (8)

Première session du parlement

19. Le parlement du Canada sera convoqué dans un délai de pas plus de six mois après l'union. (9) [Abrogé]

20. Abrogé. (10)

Le Sénat

Nombre de sénateurs

21. Sujet aux dispositions de la présente loi, le Sénat se composera de cent cinq membres, qui seront appelés sénateurs. (11)

Représentation des provinces au Sénat

22. En ce qui concerne la composition du Sénat, le Canada sera censé comprendre quatre divisions :

1. Ontario ;

2. Québec ;

3. les provinces Maritimes – la Nouvelle-Écosse et le Nouveau-Brunswick ainsi que l'Île-du-Prince-Édouard ;

4. les provinces de l'Ouest : le Manitoba, la Colombie-Britannique, la Saskatchewan et l'Alberta ;

les quatre divisions doivent (subordonnément aux révisions de la présente loi) être également représentées dans le Sénat, ainsi qu'il suit : Ontario par vingt-quatre sénateurs ; Québec par vingt-quatre sénateurs ; les Provinces maritimes et l'Île-du-Prince-Édouard par vingt-quatre sénateurs, dont dix représentent la Nouvelle-Écosse, dix le Nouveau-Brunswick, et quatre l'Île-du-Prince-Édouard ; les Provinces de l'Ouest par vingt-quatre sénateurs, dont six représentent le Manitoba, six la Colombie-Britannique, six la Saskatchewan et six l'Alberta ; la province de Terre-Neuve aura droit d'être représentée au Sénat par six sénateurs ; le territoire du Yukon et les territoires du Nord-Ouest ont le droit d'être représentés au Sénat par un sénateur chacun.

En ce qui concerne la province de Québec, chacun des vingt-quatre sénateurs la représentant, sera nommé pour l'un des vingt-quatre collèges électoraux du Bas-Canada énumérés dans la cédule A, annexée au chapitre premier des statuts refondus du Canada. (12)

Qualités exigées des sénateurs

23. Les qualifications d'un sénateur seront comme suit :

1. Il devra être âgé de trente ans révolus ;

2. Il devra être sujet-né de la Reine, ou sujet de la Reine naturalisé par loi du parlement de la Grande-Bretagne, ou du parlement du Royaume-Uni de la Grande-Bretagne et d'Irlande, ou de la législature de l'une des provinces du Haut-Canada, du Bas-Canada, du Canada, de la Nouvelle-Écosse, ou du Nouveau-Brunswick, avant l'union, ou du parlement du Canada, après l'union ;

3. Il devra posséder, pour son propre usage et bénéfice, comme propriétaire en droit ou en équité, des terres ou tenements tenus en franc et commun socage, – ou être en bonne saisine ou possession, pour son propre usage et bénéfice, de terres ou tenements tenus en franc-alleu ou en roture dans la province pour laquelle il est nommé, de la valeur de quatre mille piastres en sus de toutes rentes, dettes, charges, hypothèques et redevances qui peuvent être attachées, dues et payables sur ces immeubles ou auxquelles ils peuvent être affectés ;

4. Ses propriétés mobilières et immobilières devront valoir, somme toute, quatre mille piastres, en sus de toutes ses dettes et obligations ;

5. Il devra être domicilié dans la province pour laquelle il est nommé ;

6. En ce qui concerne la province de Québec, il devra être domicilié ou posséder sa qualification foncière dans le collège électoral dont la représentation lui est assignée. (13)

Nomination des sénateurs

24. Le gouverneur-général mandera de temps à autre au Sénat, au nom de la Reine et par instrument sous le grand sceau du Canada, des personnes ayant les qualifications voulues ; et, sujettes aux dispositions de la présente loi, les personnes ainsi mandées deviendront et seront membres du Sénat et sénateurs. [Abrogé]

25. Abrogé. (14)

Nombre de sénateurs augmenté en certains cas

26. Si en aucun temps, sur la recommandation du gouverneur-général, la Reine juge à propos d'ordonner que quatre ou huit membres soient ajoutés au Sénat, le gouverneur-général pourra, par mandat adressé à quatre ou huit personnes (selon le cas) ayant les qualifications voulues, représentant également les quatre divisions du Canada, les ajouter au Sénat. (15)

Réduction du Sénat au nombre régulier

27. Dans le cas où le nombre des sénateurs serait ainsi en aucun temps augmenté, le gouverneur-général ne mandera aucune personne au Sénat, sauf sur pareil ordre de la Reine donné à la suite de la même recommandation, tant que la représentation de chacune des quatre divisions du Canada ne sera pas revenue au nombre fixe de vingt-quatre sénateurs. (16)

Maximum du nombre des sénateurs

28. Le nombre des sénateurs ne devra en aucun temps excéder cent treize. (17)

Sénateurs nommés à vie

29. (1) Sous réserve du paragraphe (2), un sénateur occupe sa place au Sénat sa vie durant, sauf les dispositions de la présente loi.

Retraite à l'âge de soixante-quinze ans

(2) Un sénateur qui est nommé au Sénat après l'entrée en vigueur du présent paragraphe occupe sa place au Sénat, sous réserve de la présente loi, jusqu'à ce qu'il atteigne l'âge de soixante-quinze ans. (18)

Les sénateurs peuvent se démettre de leurs fonctions

30. Un sénateur pourra, par écrit revêtu de son seing et adressé au gouverneur-général, se démettre de ses fonctions au Sénat, après quoi son siège deviendra vacant.

Cas dans lesquels les sièges des sénateurs deviendront vacants

31. Le siège d'un sénateur deviendra vacant dans chacun des cas suivants :

1. Si, durant deux sessions consécutives du parlement, il manque d'assister aux séances du Sénat ;

2. S'il prête un serment, ou souscrit une déclaration ou reconnaissance d'allégeance, obéissance ou attachement à une puissance étrangère, ou s'il accomplit un acte qui le rend sujet ou citoyen, ou lui confère les droits et les privilèges d'un sujet ou citoyen d'une puissance étrangère ;

3. S'il est déclaré en état de banqueroute ou de faillite, ou s'il a recours au bénéfice d'aucune loi concernant les faillis, ou s'il se rend coupable de concussion ;

4. S'il est atteint de trahison ou convaincu de félonie, ou d'aucun crime infamant ;

5. S'il cesse de posséder la qualification reposant sur la propriété ou le domicile ; mais un sénateur ne sera pas réputé avoir perdu la qualification reposant sur le domicile par le seul fait de sa résidence au siège du gouvernement du Canada pendant qu'il occupe sous ce gouvernement une charge qui y exige sa présence.

Nomination en cas de vacance

32. Quand un siège deviendra vacant au Sénat par démission, décès ou toute autre cause, le gouverneur-général remplira la vacance en adressant un mandat à quelque personne capable et ayant les qualifications voulues.

Questions quant aux qualifications et vacances, etc.

33. S'il s'élève quelque question au sujet des qualifications d'un sénateur ou d'une vacance dans le Sénat, cette question sera entendue et décidée par le Sénat.

Orateur du Sénat

34. Le gouverneur-général pourra, de temps à autre, par instrument sous le grand sceau du Canada, nommer un sénateur comme orateur du Sénat, et le révoquer et en nommer un autre à sa place. (19)

Quorum du Sénat

35. Jusqu'à ce que le parlement du Canada en ordonne autrement, la présence d'au moins quinze sénateurs, y compris l'orateur, sera nécessaire pour constituer une assemblée du Sénat dans l'exercice de ses fonctions.

Votation dans le Sénat

36. Les questions soulevées dans le Sénat seront décidées à la majorité des voix, et dans tous les cas, l'orateur aura voix délibérative ; quand les voix seront également partagées, la décision sera considérée comme rendue dans la négative.

La Chambre des Communes

Constitution de la Chambre des Communes

37. La Chambre des Communes sera, sujette aux dispositions de la présente loi, composée de deux cent quatre-vingt-quinze membres, dont quatre-vingt-dix-neuf représenteront Ontario, soixante-quinze Québec, onze la Nouvelle-Écosse, dix le Nouveau-Brunswick, quatorze le Manitoba, trente-deux la Colombie-Britannique, quatre l'Île-du-Prince-Édouard, vingt-six l'Alberta, quatorze la Saskatchewan, sept Terre-Neuve, un le territoire du Yukon et deux les territoires du Nord-Ouest. (20)

Convocation de la Chambre des Communes

38. Le gouverneur-général convoquera, de temps à autre, la Chambre des Communes au nom de la Reine, par instrument sous le grand sceau du Canada.

Exclusion des sénateurs de la Chambre des Communes

39. Un sénateur ne pourra ni être élu, ni siéger, ni voter comme membre de la Chambre des Communes.

Districts électoraux des quatre provinces

40. Jusqu'à ce que le parlement du Canada en ordonne autrement, les provinces d'Ontario, de Québec, de la Nouvelle-Écosse et du Nouveau-Brunswick seront, en ce qui concerne l'élection des membres de la Chambre des Communes, divisées en districts électoraux comme suit :

1. ONTARIO

La province d'Ontario sera partagée en comtés, divisions de comtés (Ridings), cités, parties de cités et villes tels qu'énumérés dans la première annexe de la présente loi ; chacune de ces divisions formera un district électoral, et chaque district désigné dans cette annexe aura droit d'élire un membre.

2. QUÉBEC

La province de Québec sera partagée en soixante-cinq districts électoraux, comprenant les soixante-cinq divisions électorales en lesquelles le Bas-Canada est actuellement divisé en vertu du chapitre deuxième des Statuts Refondus du Canada, du chapitre soixante-quinze des Statuts Refondus pour le Bas-Canada, et de l'acte de la province du Canada de la vingt-troisième année du règne de Sa Majesté la Reine, chapitre premier, ou de toute autre loi les amendant et en force à l'époque de l'union, de telle manière que chaque division électorale constitue, pour les fins de la présente loi, un district électoral ayant droit d'élire un membre.

3. NOUVELLE-ÉCOSSE

Chacun des dix-huit comtés de la Nouvelle-Écosse formera un district électoral. Le comté d'Halifax aura droit d'élire deux membres, et chacun des autres comtés, un membre.

4. NOUVEAU-BRUNSWICK

Chacun des quatorze comtés dont se compose le Nouveau-Brunswick, y compris la cité et le comté de St. Jean, formera un district électoral. La cité de St. Jean constituera également un district électoral par elle-même. Chacun de ces quinze districts électoraux aura droit d'élire un membre. (21)

Continuation des lois actuelles d'élection

41. Jusqu'à ce que le parlement du Canada en ordonne autrement, toutes les lois en force dans les diverses provinces, à l'époque de l'union, concernant les questions suivantes ou aucune d'elles, savoir : l'éligibilité ou l'inéligibilité des candidats ou des membres de la chambre d'assemblée ou assemblée législative dans les diverses provinces, les votants aux élections de ces membres, les serments exigés des votants, les officiers-rapporteurs, leurs

pouvoirs et leurs devoirs, le mode de procéder aux élections, le temps que celles-ci peuvent durer, la décision des élections contestées et les procédures y incidentes, les vacations des sièges en parlement et l'exécution de nouveaux brefs dans les cas de vacations occasionnées par d'autres causes que la dissolution, s'appliqueront respectivement aux élections des membres envoyés à la Chambre des Communes par ces diverses provinces.

Mais, jusqu'à ce que le parlement du Canada en ordonne autrement, à chaque élection d'un membre de la Chambre des Communes pour le district d'Algoma, outre les personnes ayant droit de vote en vertu de la loi de la province du Canada, tout sujet anglais du sexe masculin, âgé de vingt-et-un ans ou plus et tenant feu et lieu, aura droit de vote. (22) [Abrogé]

42. Abrogé. (23) [Abrogé]

43. Abrogé. (24)

Orateur de la Chambre des Communes

44. La Chambre des Communes, à sa première réunion après une élection générale, procédera, avec toute la diligence possible, à l'élection de l'un de ses membres comme orateur.

Quand la charge d'orateur deviendra vacante

45. Survenant une vacance dans la charge d'orateur, par décès, démission ou autre cause, la Chambre des Communes procédera, avec toute la diligence possible, à l'élection d'un autre de ses membres comme orateur.

L'orateur exerce la présidence Pourvu au cas de l'absence de l'orateurs

46. L'orateur présidera à toutes les séances de la Chambre des Communes.

47. Jusqu'à ce que le parlement du Canada en ordonne autrement, si l'orateur, pour une raison quelconque, quitte le fauteuil de la Chambre des Communes pendant quarante-huit heures consécutives, la chambre pourra élire un autre de ses membres pour agir comme orateur ; le membre ainsi élu aura et exercera, durant l'absence de l'orateur, tous les pouvoirs, privilèges et attributions de ce dernier. (25)

Quorum de la Chambre des Communes

48. La présence d'au moins vingt membres de la Chambre des Communes sera nécessaire pour constituer une assemblée de la chambre dans l'exercice de ses pouvoirs ; à cette fin, l'orateur sera compté comme un membre.

Votation dans la Chambre des Communes

49. Les questions soulevées dans la Chambre des Communes seront décidées à la majorité des voix, sauf celle de l'orateur, mais lorsque les voix seront également partagées, et en ce cas seulement, l'orateur pourra voter.

Durée de la Chambre des Communes

50. La durée de la Chambre des Communes ne sera que de cinq ans, à compter du jour du rapport des brefs d'élection, à moins qu'elle ne soit plus tôt dissoute par le gouverneur-général. (26)

Révisions électorales

51. (1) À l'entrée en vigueur du présent paragraphe et, par la suite, à l'issue de chaque recensement décennal, il est procédé à la révision du nombre des députés et de la représentation des provinces à la Chambre des communes selon les pouvoirs conférés et les modalités de temps ou autres fixées en tant que de besoin par le Parlement du Canada, compte tenu des règles suivantes :

Règles

1. Il est attribué à chaque province le nombre de députés résultant de la division du chiffre de sa population par le quotient du chiffre total de la population des provinces et de deux cent soixante-dix-neuf, les résultats dont la partie décimale dépasse 0,50 étant arrondis à l'unité supérieure.

2. Le nombre total des députés d'une province demeure inchangé par rapport à la représentation qu'elle avait à la date d'entrée en vigueur du présent paragraphe si l'application de la règle 1 lui attribue un nombre inférieur à cette représentation. (27)

Yukon, Territoires du Nord-Ouest et Nunavut

(2) Le territoire du Yukon, les territoires du Nord-Ouest et le Nunavut, dans les limites et selon la description qu'en donnent respectivement l'annexe du chapitre Y-2 des Lois révisées du Canada (1985), l'article 2 du chapitre N-27 des Lois révisées du Canada (1985), dans sa version modifiée par l'article 77 du chapitre 28 des Lois du Canada de 1993, ainsi que l'article 3 du chapitre 28 des Lois du Canada de 1993, ont droit à un député chacun. (28)

Constitution de la Chambre des Communes

51A. Nonobstant quoi que ce soit en la présente loi, une province doit toujours avoir droit à un nombre de membres dans la Chambre des Communes non inférieur au nombre de sénateurs représentant cette province. (29)

Augmentation du nombre des membres de la Chambre des Communes

52. Le nombre des membres de la Chambre des Communes pourra de temps à autre être augmenté par le parlement du Canada, pourvu que la proportion établie par la présente loi dans la représentation des provinces reste intacte.

Législation financière ; Sanction royale

Bills pour lever des crédits et des impôts
Recommandation des crédits

53. Tout bill ayant pour but l'appropriation d'une portion quelconque du revenu public, ou la création de taxes ou d'impôts, devra originer dans la Chambre des Communes.

54. Il ne sera pas loisible à la Chambre des Communes d'adopter aucune résolution, adresse ou bill pour l'appropriation d'une partie quelconque du revenu public, ou d'aucune taxe ou impôt, à un objet qui n'aura pas, au préalable, été recommandé à la chambre par un message du gouverneur-général durant la session pendant laquelle telle résolution, adresse ou bill est proposé.

Sanction royale aux bills, etc.

55. Lorsqu'un bill voté par les chambres du parlement sera présenté au gouverneur-général pour la sanction de la Reine, le gouverneur-général devra déclarer à sa discrétion, mais sujet aux dispositions de la présente loi et aux instructions de Sa Majesté, ou qu'il le sanctionne au nom de la Reine, ou qu'il refuse cette sanction, ou qu'il réserve le bill pour la signification du bon plaisir de la Reine.

Désaveu, par ordonnance rendue en conseil, des lois sanctionnées par le gouverneur-général

56. Lorsque le gouverneur-général aura donné sa sanction à un bill au nom de la Reine, il devra, à la première occasion favorable, transmettre une copie authentique de la loi à l'un des principaux secrétaires d'État de Sa Majesté ; si la Reine en conseil, dans les deux ans après que le secrétaire d'État l'aura reçu, juge à propos de la désavouer, ce désaveu, – accompagné d'un certificat du secrétaire d'État, constatant le jour où il aura reçu la loi – étant signifié par le gouverneur-général, par discours ou message, à chacune des chambres du parlement, ou par proclamation, annulera la loi à compter du jour de telle signification.

Signification du bon plaisir de la Reine quant aux bills réservés

57. Un bill réservé à la signification du bon plaisir de la Reine n'aura ni force ni effet avant et à moins que dans les deux ans à compter du jour où il aura été présenté au gouverneur-général pour recevoir la sanction de la Reine, ce dernier ne signifie, par discours ou message, à chacune des deux chambres du parlement, ou par proclamation, qu'il a reçu la sanction de la Reine en conseil.

Ces discours, messages ou proclamations, seront consignés dans les journaux de chaque chambre, et un double dûment certifié en sera délivré à l'officier qu'il appartient pour qu'il le dépose parmi les archives du Canada.

V. CONSTITUTIONS PROVINCIALES

Pouvoir Exécutif

Lieutenants-gouverneurs des provinces
Durée des fonctions des lieutenants-gouverneurs

58. Il y aura, pour chaque province, un officier appelé lieutenant-gouverneur, lequel sera nommé par le gouverneur-général en conseil par instrument sous le grand sceau du Canada.

59. Le lieutenant-gouverneur restera en charge durant le bon plaisir du gouverneur-général ; mais tout lieutenant-gouverneur nommé après le commencement de la première session du parlement du Canada, ne pourra être révoqué dans le cours des cinq ans qui suivront sa nomination, à moins qu'il n'y ait cause ; et cette cause devra lui être communiquée par écrit dans le cours d'un mois après qu'aura été rendu l'ordre décrétant sa révocation, et l'être aussi par message au Sénat et à la Chambre des Communes dans le cours d'une semaine après cette révocation si le parlement est alors en session, sinon, dans le délai d'une semaine après le commencement de la session suivante du parlement.

Salaires des lieutenants-gouverneurs

60. Les salaires des lieutenants-gouverneurs seront fixés et payés par le parlement du Canada. (30)

Serments, etc., du lieutenant-gouverneur

61. Chaque lieutenant-gouverneur, avant d'entrer dans l'exercice de ses fonctions, prêtera et souscrira devant le gouverneur-général ou quelque personne à ce par lui autorisée, les serments d'allégeance et d'office prêtés par le gouverneur-général.

Application des dispositions relatives au lieutenant-gouverneur

62. Les dispositions de la présente loi relatives au lieutenant-gouverneur s'étendent et s'appliquent au lieutenant-gouverneur de chaque province ou à tout autre chef exécutif ou administrateur pour le temps d'alors administrant le gouvernement de la province, quel que soit le titre sous lequel il est désigné.

Conseils exécutifs d'Ontario et Québec

63. Le conseil exécutif d'Ontario et de Québec se composera des personnes que le lieutenant-gouverneur jugera, de temps à autre, à propos de nommer, et en premier lieu, des officiers suivants, savoir : le procureur-général, le secrétaire et registraire de la province, le trésorier de la province, le commissaire des terres de la couronne, et le commissaire d'agriculture et des travaux publics, et – dans la province de Québec – l'orateur du conseil législatif, et le solliciteur général. (31)

Gouvernement exécutif de la Nouvelle-Écosse et du Nouveau-Brunswick

64. La constitution de l'autorité exécutive dans chacune des provinces du Nouveau-Brunswick et de la Nouvelle-Écosse continuera, sujette aux dispositions de la présente loi, d'être celle en existence lors de l'union, jusqu'à ce qu'elle soit modifiée sous l'autorité de la présente loi. (32)

Pouvoirs conférés au lieutenant-gouverneur d'Ontario ou Québec, en conseil ou seul

65. Tous les pouvoirs, attributions et fonctions qui – par une loi du parlement de la Grande-Bretagne, ou du parlement du Royaume-Uni de la Grande-Bretagne et d'Irlande, ou de la législature du Haut-Canada, du Bas-Canada ou du Canada, avant ou lors de l'union – étaient conférés aux gouverneurs ou lieutenants-gouverneurs respectifs de ces provinces ou pouvaient être par eux exercés, de l'avis, ou de l'avis et du consentement des conseils exécutifs respectifs de ces provinces, ou avec la coopération de ces conseils ou d'aucun nombre de membres de ces conseils, ou par ces gouverneurs ou lieutenants-gouverneurs individuellement, seront en – tant qu'ils pourront être exercés après l'union, relativement au gouvernement d'Ontario et Québec respectivement – conférés au lieutenant-gouverneur d'Ontario et Québec, respectivement, et pourront être par lui exercés, de l'avis ou de l'avis et du consentement ou avec la coopération des conseils exécutifs respectifs ou d'aucun de leurs membres, ou par le lieutenant-gouverneur individuellement, selon le cas ; mais ils pourront, néanmoins (sauf ceux existant en vertu de lois de la Grande-Bretagne et d'Irlande), être révoqués ou modifiés par les législatures respectives d'Ontario et Québec. (33)

Application des dispositions relatives aux lieutenants-gouverneurs en conseil

66. Les dispositions de la présente loi relatives au lieutenant-gouverneur en conseil seront interprétées comme s'appliquant au lieutenant-gouverneur de la province agissant de l'avis de son conseil exécutif.

Administration en l'absence, etc., du lieutenant-gouverneur

67. Le gouverneur-général en conseil pourra, au besoin, nommer un administrateur qui remplira les fonctions de lieutenant-gouverneur durant l'absence, la maladie ou autre incapacité de ce dernier.

Sièges des gouvernements provinciaux

68. Jusqu'à ce que le gouvernement exécutif d'une province en ordonne autrement, relativement à telle province, les sièges du gouvernement des provinces seront comme suit, savoir : pour Ontario, la cité de Toronto ; pour Québec, la cité de Québec ; pour la Nouvelle-Écosse, la cité d'Halifax ; et pour le Nouveau-Brunswick, la cité de Frédericton.

Pouvoir législatif

1. ONTARIO

Législature d'Ontario

69. Il y aura, pour Ontario, une législature composée du lieutenant-gouverneur et d'une seule chambre appelée l'assemblée législative d'Ontario.

Districts électoraux

70. L'assemblée législative d'Ontario sera composée de quatre-vingt-deux membres qui devront représenter les quatre-vingt-deux districts électoraux énumérés dans la première annexe de la présente loi. (34)

2. QUÉBEC

Législature de Québec

71. Il y aura, pour Québec, une législature composée du lieutenant-gouverneur et de deux chambres appelées le conseil législatif de Québec et l'assemblée législative de Québec. (35)

Constitution du conseil législatif

72. Le conseil législatif de Québec se composera de vingt-quatre membres, qui seront nommés par le lieutenant-gouverneur au nom de la Reine, par instrument sous le grand sceau de Québec, et devront, chacun, représenter l'un des vingt-quatre collèges électoraux du Bas-Canada mentionnés à la présente loi ; ils seront nommés à vie, à moins que la législature de Québec n'en ordonne autrement sous l'autorité de la présente loi.

Qualités exigées des conseillers législatifs

73. Les qualifications des conseillers législatifs de Québec seront les mêmes que celles des sénateurs pour Québec.

Cas dans lesquels les sièges des conseillers législatifs deviennent vacants

74. La charge de conseiller législatif de Québec deviendra vacante dans les cas, mutatis mutandis, où celle de sénateur peut le devenir.

Vacances

75. Survenant une vacance dans le conseil législatif de Québec, par démission, décès ou autre cause, le lieutenant-gouverneur, au nom de la Reine, nommera, par instrument sous le grand sceau de Québec, une personne capable et ayant les qualifications voulues pour la remplir.

Questions quant aux vacances, etc.

76. S'il s'élève quelque question au sujet des qualifications d'un conseiller législatif de Québec ou d'une vacance dans le conseil législatif de Québec, elle sera entendue et décidée par le conseil législatif.

Orateur du conseil législatif

77. Le lieutenant-gouverneur pourra, de temps à autre, par instrument sous le grand sceau de Québec, nommer un membre du conseil législatif de Québec comme orateur de ce corps, et également le révoquer et en nommer un autre à sa place.

Quorum du conseil législatif

78. Jusqu'à ce que la législature de Québec en ordonne autrement, la présence d'au moins dix membres du conseil législatif, y compris l'orateur, sera nécessaire pour constituer une assemblée du conseil dans l'exercice de ses fonctions.

Votation dans le conseil législatif de Québec

79. Les questions soulevées dans le conseil législatif de Québec seront décidées à la majorité des voix, et, dans tous les cas, l'orateur aura voix délibérative ; quand les voix seront également partagées, la décision sera considérée comme rendue dans la négative.

Constitution de l'assemblée législative de Québec

80. L'assemblée législative de Québec se composera de soixante-cinq membres, qui seront élus pour représenter les soixante-cinq divisions ou districts électoraux du Bas-Canada, mentionnés à la présente loi, sauf toute modification que pourra y apporter la législature de Québec ; mais il ne pourra être présenté au lieutenant-gouverneur de Québec, pour qu'il le sanctionne, aucun bill à l'effet de modifier les délimitations des divisions ou districts électoraux énumérés dans la deuxième annexe de la présente loi, à moins qu'il n'ait été passé à ses deuxième et troisième lectures dans l'assemblée législative avec le concours de la majorité des membres représentant toutes ces divisions ou districts électoraux ; et la sanction ne sera donnée à aucun bill de cette nature à moins qu'une adresse n'ait été présentée au lieutenant-gouverneur par l'assemblée législative déclarant que tel bill a été ainsi passé. (36)

3. ONTARIO ET QUÉBEC [ABROGÉ]

81. Abrogé. (37)

Convocation des assemblées législatives

82. Le lieutenant-gouverneur d'Ontario et de Québec devra, de temps à autre, au nom de la Reine, par instrument sous le grand sceau de la province, convoquer l'assemblée législative de la province.

Restriction quant à l'élection des personnes ayant des emplois

83. Jusqu'à ce que la législature d'Ontario ou de Québec en ordonne autrement, quiconque acceptera ou occupera dans la province d'Ontario ou dans celle de Québec, une charge, commission ou emploi, d'une nature permanente ou temporaire, à la nomination du lieutenant-gouverneur, auquel sera attaché un salaire annuel ou quelque honoraire, allocation, émolument ou profit d'un genre ou montant quelconque payé par la province, ne sera pas

éligible comme membre de l'assemblée législative de cette province, ni ne devra y siéger ou voter en cette qualité ; mais rien de contenu au présent article ne rendra inéligible aucune personne qui sera membre du conseil exécutif de chaque province respective ou qui remplira quelqu'une des charges suivantes, savoir : celles de procureur-général, secrétaire et régistraire de la province, trésorier de la province, commissaire des terres de la couronne, et commissaire d'agriculture et des travaux publics, et, dans la province de Québec, celle de solliciteur général, ni ne la rendra inhabile à siéger ou à voter dans la chambre pour laquelle elle est élue, pourvu qu'elle soit élue pendant qu'elle occupera cette charge. (38)

Continuation des lois actuelles d'élection

84. Jusqu'à ce que les législatures respectives de Québec et Ontario en ordonnent autrement, toutes les lois en force dans ces provinces respectives, à l'époque de l'union, concernant les questions suivantes ou aucune d'elles, savoir : l'éligibilité ou l'inéligibilité des candidats ou des membres de l'assemblée du Canada, les qualifications et l'absence des qualifications requises des votants, les serments exigés des votants, les officiers-rapporteurs, leurs pouvoirs et leurs devoirs, le mode de procéder aux élections, le temps que celles-ci peuvent durer, la décision des élections contestées et les procédures y incidentes, les vacations des sièges en parlement, et l'émission et l'exécution de nouveaux brefs dans les cas de vacations occasionnées par d'autres causes que la dissolution, s'appliqueront respectivement aux élections des membres élus pour les assemblées législatives d'Ontario et Québec respectivement.

Mais, jusqu'à ce que la législature d'Ontario en ordonne autrement, à chaque élection d'un membre de l'assemblée législative d'Ontario pour le district d'Algoma, outre les personnes ayant droit de vote en vertu de la loi de la province du Canada, tout sujet anglais du sexe masculin âgé de vingt-et-un ans ou plus, et tenant feu et lieu, aura droit de vote. (39)

Durée des assemblées législatives

85. La durée de l'assemblée législative d'Ontario et de l'assemblée législative de Québec ne sera que de quatre ans, à compter du jour du rapport des brefs d'élection, à moins qu'elle ne soit plus tôt dissoute par le lieutenant-gouverneur de la province. (40)

Session annuelle de la législature

86. Il y aura une session de la législature d'Ontario et de celle de Québec, une fois au moins chaque année, de manière qu'il ne s'écoule pas un intervalle de douze mois entre la dernière séance d'une session de la législature dans chaque province, et sa première séance dans la session suivante. (41)

Orateur, quorum, etc.

87. Les dispositions suivantes de la présente loi, concernant la Chambre des Communes du Canada, s'étendront et s'appliqueront aux assemblées législatives d'Ontario et de Québec, savoir : les dispositions relatives à l'élection d'un orateur en première instance et lorsqu'il surviendra des vacances, aux devoirs de l'orateur, à l'absence de ce dernier, au quorum et au mode de votation, tout comme si ces dispositions étaient ici décrétées et expressément rendues applicables à chaque assemblée législative.

4. NOUVELLE-ÉCOSSE ET NOUVEAU-BRUNSWICK

Constitution des législatures de la Nouvelle-Écosse et du Nouveau-Brunswick

88. La constitution de la législature de chacune des provinces de la Nouvelle-Écosse et du Nouveau-Brunswick continuera, sujette aux dispositions de la présente loi, d'être celle en existence à l'époque de l'union, jusqu'à ce qu'elle soit modifiée sous l'autorité de la présente loi. (42)

5. ONTARIO, QUÉBEC ET NOUVELLE-ÉCOSSE [ABROGÉ]

89. Abrogé. (43)

6. LES QUATRE PROVINCES

Application aux législatures des dispositions relatives aux crédits, etc.

90. Les dispositions suivantes de la présente loi, concernant le parlement du Canada, savoir : les dispositions relatives aux bills d'appropriation et d'impôts, à la recommandation de votes de deniers, à la sanction des bills, au désaveu des lois, et à la signification du bon plaisir quant aux bills réservés, – s'étendront et s'appliqueront aux législatures des différentes provinces, tout comme si elles étaient ici décrétées et rendues expressément applicables aux provinces respectives et à leurs législatures, en substituant toutefois le lieutenant-gouverneur de la province au gouverneur-général, le gouverneur-général à la Reine et au secrétaire d'État, un an à deux ans, et la province au Canada.

VI. DISTRIBUTION DES POUVOIRS LÉGISLATIFS

Pouvoirs du parlement

Autorité législative du parlement du Canada

91. Il sera loisible à la Reine, de l'avis et du consentement du Sénat et de la Chambre des Communes, de faire des lois pour la paix, l'ordre et le bon gouvernement du Canada, relativement à toutes les matières ne tombant pas dans les catégories de sujets par la présente loi exclusivement assignés aux législatures des provinces ; mais, pour plus de garantie, sans toutefois restreindre la généralité des termes ci-haut employés dans le présent article, il est par la présente déclaré que (nonobstant toute disposition contraire énoncée dans la présente loi) l'autorité législative exclusive du parlement du Canada s'étend à toutes les matières tombant dans les catégories de sujets ci-dessous énumérés, savoir :

1. Abrogé. (44)

1A. La dette et la propriété publiques. (45)

2. La réglementation du trafic et du commerce.

2A. L'assurance-chômage. (46)

3. Le prélèvement de deniers par tous modes ou systèmes de taxation.

4. L'emprunt de deniers sur le crédit public.

5. Le service postal.

6. Le recensement et les statistiques.

7. La milice, le service militaire et le service naval, et la défense du pays.

8. La fixation et le paiement des salaires et honoraires des officiers civils et autres du gouvernement du Canada.

9. Les amarques, les bouées, les phares et l'île de Sable.

10. La navigation et les bâtiments ou navires (shipping).

11. La quarantaine et l'établissement et maintien des hôpitaux de marine.

12. Les pêcheries des côtes de la mer et de l'intérieur.

13. Les passages d'eau (ferries) entre une province et tout pays britannique ou étranger, ou entre deux provinces.

14. Le cours monétaire et le monnayage.

15. Les banques, l'incorporation des banques et l'émission du papier-monnaie.

16. Les caisses d'épargne.

17. Les poids et mesures.

18. Les lettres de change et les billets promissoires.

19. L'intérêt de l'argent.

20. Les offres légales.

21. La banqueroute et la faillite.

22. Les brevets d'invention et de découverte.

23. Les droits d'auteur.

24. Les Indiens et les terres réservées pour les Indiens.

25. La naturalisation et les aubains.

26. Le mariage et le divorce.

27. La loi criminelle, sauf la constitution des tribunaux de juridiction criminelle, mais y compris la procédure en matière criminelle.

28. L'établissement, le maintien, et l'administration des pénitenciers.

29. Les catégories de sujets expressément exceptés dans l'énumération des catégories de sujets exclusivement assignés par la présente loi aux législatures des provinces.

Et aucune des matières énoncées dans les catégories de sujets énumérés dans le présent article ne sera réputée tomber dans la catégorie des matières d'une nature locale ou privée comprises dans l'énumération des catégories de sujets exclusivement assignés par la présente loi aux législatures des provinces. (47)

Pouvoirs exclusifs des législatures provinciales

Sujets soumis au contrôle exclusif de la législation provinciale

92. Dans chaque province la législature pourra exclusivement faire des lois relatives aux matières tombant dans les catégories de sujets ci-dessous énumérés, savoir :

1. Abrogé. (48)

2. La taxation directe dans les limites de la province, dans le but de prélever un revenu pour des objets provinciaux ;

3. Les emprunts de deniers sur le seul crédit de la province ;

4. La création et la tenure des charges provinciales, et la nomination et le paiement des officiers provinciaux ;

5. L'administration et la vente des terres publiques appartenant à la province, et des bois et forêts qui s'y trouvent ;

6. L'établissement, l'entretien et l'administration des prisons publiques et des maisons de réforme dans la province ;

7. L'établissement, l'entretien et l'administration des hôpitaux, asiles, institutions et hospices de charité dans la province, autres que les hôpitaux de marine ;

8. Les institutions municipales dans la province ;

9. Les licences de boutiques, de cabarets, d'auberges, d'encanteurs et autres licences, dans le but de prélever un revenu pour des objets provinciaux, locaux, ou municipaux ;

10. Les travaux et entreprises d'une nature locale, autres que ceux énumérés dans les catégories suivantes :

a. Lignes de bateaux à vapeur ou autres bâtiments, chemins de fer, canaux, télégraphes et autres travaux et entreprises reliant la province à une autre ou à d'autres provinces, ou s'étendant au-delà des limites de la province ;

b. Lignes de bateaux à vapeur entre la province et tout pays dépendant de l'empire britannique ou tout pays étranger ;

c. Les travaux qui, bien qu'entièrement situés dans la province, seront avant ou après leur exécution déclarés par le parlement du Canada être pour l'avantage général du Canada, ou pour l'avantage de deux ou d'un plus grand nombre des provinces ;

11. L'incorporation des compagnies pour des objets provinciaux ;

12. La célébration du mariage dans la province ;

13. La propriété et les droits civils dans la province ;

14. L'administration de la justice dans la province, y compris la création, le maintien et l'organisation de tribunaux de justice pour la province, ayant juridiction civile et criminelle, y compris la procédure en matières civiles dans ces tribunaux ;

15. L'infliction de punitions par voie d'amende, pénalité, ou emprisonnement, dans le but de faire exécuter toute loi de la province décrétée au sujet des matières tombant dans aucune des catégories de sujets énumérés dans le présent article ;

16. Généralement toutes les matières d'une nature purement locale ou privée dans la province.

Ressources naturelles non renouvelables, ressources forestières et énergie électrique

Compétence provinciale

92A. (1) La législature de chaque province a compétence exclusive pour légiférer dans les domaines suivants :

a) prospection des ressources naturelles non renouvelables de la province ;

b) exploitation, conservation et gestion des ressources naturelles non renouvelables et des ressources forestières de la province, y compris leur rythme de production primaire ;

c) aménagement, conservation et gestion des emplacements et des installations de la province destinés à la production d'énergie électrique.

Exportation hors des provinces

(2) La législature de chaque province a compétence pour légiférer en ce qui concerne l'exportation, hors de la province, à destination d'une autre partie du Canada, de la production primaire tirée des ressources naturelles non renouvelables et des ressources forestières de la province, ainsi que de la production d'énergie électrique de la province, sous réserve de ne pas adopter de lois autorisant ou prévoyant des disparités de prix ou des disparités dans les exportations destinées à une autre partie du Canada.

Pouvoir du Parlement

(3) Le paragraphe (2) ne porte pas atteinte au pouvoir du Parlement de légiférer dans les domaines visés à ce paragraphe, les dispositions d'une loi du Parlement adoptée dans ces domaines l'emportant sur les dispositions incompatibles d'une loi provinciale.

Taxation des ressources

(4) La législature de chaque province a compétence pour prélever des sommes d'argent par tout mode ou système de taxation :

a) des ressources naturelles non renouvelables et des ressources forestières de la province, ainsi que de la production primaire qui en est tirée ;

b) des emplacements et des installations de la province destinés à la production d'énergie électrique, ainsi que de cette production même.

Cette compétence peut s'exercer indépendamment du fait que la production en cause soit ou non, en totalité ou en partie, exportée hors de la province, mais les lois adoptées dans ces domaines ne peuvent autoriser ou prévoir une taxation qui établisse une distinction entre la production exportée à destination d'une autre partie du Canada et la production non exportée hors de la province.

«Production primaire»

(5) L'expression «production primaire» a le sens qui lui est donné dans la sixième annexe.

Pouvoirs ou droits existants

(6) Les paragraphes (1) à (5) ne portent pas atteinte aux pouvoirs ou droits détenus par la législature ou le gouvernement d'une province lors de l'entrée en vigueur du présent article. (49)

Éducation

Législation au sujet de l'éducation

93. Dans chaque province, la législature pourra exclusivement décréter des lois relatives à l'éducation, sujettes et conformes aux dispositions suivantes :

(1) Rien dans ces lois ne devra préjudicier à aucun droit ou privilège conféré, lors de l'union, par la loi à aucune classe particulière de personnes dans la province, relativement aux écoles séparées (denominational) ;

(2) Tous les pouvoirs, privilèges et devoirs conférés et imposés par la loi dans le Haut-Canada, lors de l'union, aux écoles séparées et aux syndics d'écoles des sujets catholiques romains de Sa Majesté, seront et sont par la présente étendus aux écoles dissidentes des sujets protestants et catholiques romains de la Reine dans la province de Québec ;

(3) Dans toute province où un système d'écoles séparées ou dissidentes existera par la loi, lors de l'union, ou sera subséquemment établi par la législature de la province – il pourra être interjeté appel au gouverneur-général en conseil de toute loi ou décision d'aucune autorité provinciale affectant aucun des droits ou privilèges de la minorité protestante ou catholique romaine des sujets de Sa Majesté relativement à l'éducation ;

(4) Dans le cas où il ne serait pas décrété telle loi provinciale que, de temps à autre, le gouverneur-général en conseil jugera nécessaire pour donner suite et exécution aux dispositions du présent article, – ou dans le cas où quelque décision du gouverneur-général en conseil, sur appel interjeté en vertu du présent article, ne serait pas mise à exécution par l'autorité provinciale compétente – alors et en tout tel cas, et en tant seulement que les circonstances de chaque cas l'exigeront, le parlement du Canada pourra décréter des lois propres à y remédier pour donner suite et exécution aux dispositions du présent article, ainsi qu'à toute décision rendue par le gouverneur-général en conseil sous l'autorité de ce même article. (50)

Québec

93A. Les paragraphes (1) à (4) de l'article 93 ne s'appliquent pas au Québec. (50.1)

Uniformité des lois dans Ontario, la Nouvelle-Écosse et le Nouveau-Brunswick

Uniformité des lois dans trois provinces

94. Nonobstant toute disposition contraire énoncée dans la présente loi, le parlement du Canada pourra adopter des mesures à l'effet de pourvoir à l'uniformité de toutes les lois ou de parties des lois relatives à la propriété et aux droits civils dans Ontario, la Nouvelle-Écosse et le Nouveau-Brunswick, et de la procédure dans tous les tribunaux ou aucun des tribunaux de ces trois provinces ; et depuis et après la passation de toute loi à cet effet, le pouvoir du parlement du Canada de décréter des lois relatives aux sujets énoncés dans telles lois, sera illimité, nonobstant toute chose au contraire dans la présente loi ; mais toute loi du parlement du Canada pourvoyant à cette uniformité n'aura d'effet dans une province qu'après avoir été adoptée et décrétée par la législature de cette province.

Pensions de vieillesse

Législation concernant les pensions de vieillesse et les prestations additionnelles

94A. Le Parlement du Canada peut légiférer sur les pensions de vieillesse et prestations additionnelles, y compris des prestations aux survivants et aux invalides sans égard à leur âge, mais aucune loi ainsi édictée ne doit porter atteinte à l'application de quelque loi présente ou future d'une législature provinciale en ces matières. (51)

Agriculture et Immigration

Pouvoir concurrent de décréter des lois au sujet de l'agriculture, etc.

95. Dans chaque province, la législature pourra faire des lois relatives à l'agriculture et à l'immigration dans cette province ; et il est par la présente déclaré que le parlement du Canada pourra de temps à autre faire des lois relatives à l'agriculture et à l'immigration dans toutes les provinces ou aucune d'elles en particulier ; et toute loi de la législature d'une province relative à l'agriculture ou à l'immigration n'y aura d'effet qu'aussi longtemps et que tant qu'elle ne sera incompatible avec aucune des lois du parlement du Canada.

VII. JUDICATURE

Nomination des juges

96. Le gouverneur-général nommera les juges des cours supérieures, de district et de comté dans chaque province, sauf ceux des cours de vérification dans la Nouvelle-Écosse et le Nouveau-Brunswick.

Choix des juges dans Ontario, etc.

97. Jusqu'à ce que les lois relatives à la propriété et aux droits civils dans Ontario, la Nouvelle-Écosse et le Nouveau-Brunswick, et à la procédure dans les cours de ces provinces, soient rendues uniformes, les juges des cours de ces provinces qui seront nommés par le gouverneur-général devront être choisis parmi les membres des barreaux respectifs de ces provinces.

Choix des juges dans Québec

98. Les juges des cours de Québec seront choisis parmi les membres du barreau de cette province.

Durée des fonctions des juges

99. (1) Sous réserve du paragraphe (2) du présent article, les juges des cours supérieures resteront en fonction durant bonne conduite, mais ils pourront être révoqués par le gouverneur général sur une adresse du Sénat et de la Chambre des Communes.

Cessation des fonctions à l'âge de 75 ans

(2) Un juge d'une cour supérieure, nommé avant ou après l'entrée en vigueur du présent article, cessera d'occuper sa charge lorsqu'il aura atteint l'âge de soixante-quinze ans, ou à l'entrée en vigueur du présent article si, à cette époque, il a déjà atteint ledit âge. (52)

Salaires, etc. des juges

100. Les salaires, allocations et pensions des juges des cours supérieures, de district et de comté (sauf les cours de vérification dans la Nouvelle-Écosse et le Nouveau-Brunswick) et des cours de l'Amirauté, lorsque les juges de ces dernières sont alors salariés, seront fixés et payés par le parlement du Canada. (53)

Cour générale d'appel, etc.

101. Le parlement du Canada pourra, nonobstant toute disposition contraire énoncée dans la présente loi, lorsque l'occasion le requerra, adopter des mesures à l'effet de créer, maintenir et organiser une cour générale d'appel pour le Canada, et établir des tribunaux additionnels pour la meilleure administration des lois du Canada. (54)

VIII. REVENUS ; DETTES ; ACTIFS ; TAXE

Création d'un fonds consolidé de revenu

102. Tous les droits et revenus que les législatures respectives du Canada, de la Nouvelle-Écosse et du Nouveau-Brunswick, avant et à l'époque de l'union, avaient le pouvoir d'approprier, sauf ceux réservés par la présente loi aux législatures respectives des provinces, ou qui seront perçus par elles conformément aux pouvoirs spéciaux qui leur sont conférés par la présente loi, formeront un fonds consolidé de revenu pour être approprié au service public du Canada de la manière et soumis aux charges prévues par la présente loi.

Frais de perception, etc.

103. Le fonds consolidé de revenu du Canada sera permanemment grevé des frais, charges et dépenses encourus pour le percevoir, administrer et recouvrer, lesquels constitueront la première charge sur ce fonds et pourront être soumis à telles révision et audition qui seront ordonnées par le gouverneur-général en conseil jusqu'à ce que le parlement y pourvoie autrement.

Intérêt des dettes publiques provinciales

104. L'intérêt annuel des dettes publiques des différentes provinces du Canada, de la Nouvelle-Écosse et du Nouveau-Brunswick, lors de l'union, constituera la seconde charge sur le fonds consolidé de revenu du Canada.

Traitement du gouverneur-général

105. Jusqu'à modification par le parlement du Canada, le salaire du gouverneur-général sera de dix mille louis, cours sterling du Royaume-Uni de la Grande-Bretagne et d'Irlande ; cette somme sera acquittée sur le fonds consolidé de revenu du Canada et constituera la troisième charge sur ce fonds. (55)

Emploi du fonds consolidé

106. Sujet aux différents paiements dont est grevé par la présente loi le fonds consolidé de revenu du Canada, ce fonds sera approprié par le parlement du Canada au service public.

Transfert des valeurs, etc.

107. Tous les fonds, argent en caisse, balances entre les mains des banquiers et valeurs appartenant à chaque province à l'époque de l'union, sauf les exceptions énoncées à la présente loi, deviendront la propriété du Canada et seront déduits du montant des dettes respectives des provinces lors de l'union.

Transfert des propriétés énumérées dans l'annexe

108. Les travaux et propriétés publics de chaque province, énumérés dans la troisième annexe de la présente loi, appartiendront au Canada.

Propriété des terres, mines, etc.

109. Toutes les terres, mines, minéraux et réserves royales appartenant aux différentes provinces du Canada, de la Nouvelle-Écosse et du Nouveau-Brunswick lors de l'union, et toutes les sommes d'argent alors dues ou payables pour ces terres, mines, minéraux et réserves royales, appartiendront aux différentes provinces d'Ontario, Québec, la Nouvelle-Écosse et le Nouveau-Brunswick, dans lesquelles ils sont sis et situés, ou exigibles, restant toujours soumis aux charges dont ils sont grevés, ainsi qu'à tous intérêts autres que ceux que peut y avoir la province. (56)

Actif et dettes provinciales

110. La totalité de l'actif inhérent aux portions de la dette publique assumées par chaque province, appartiendra à cette province.

Responsabilité des dettes provinciales

111. Le Canada sera responsable des dettes et obligations de chaque province existantes lors de l'union.

Responsabilité des dettes d'Ontario et Québec

112. Les provinces d'Ontario et Québec seront conjointement responsables envers le Canada de l'excédent (s'il en est) de la dette de la province du Canada, si, lors de l'union, elle dépasse soixante-deux millions cinq cent mille piastres, et tenues au paiement de l'intérêt de cet excédent au taux de cinq pour cent par année.

113. L'actif énuméré dans la quatrième annexe de la présente loi, appartenant, lors de l'union, à la province du Canada, sera la propriété d'Ontario et Québec conjointement.

114. La Nouvelle-Écosse sera responsable envers le Canada de l'excédent (s'il en est) de sa dette publique si, lors de l'union, elle dépasse huit millions de piastres, et tenue au paiement de l'intérêt de cet excédent au taux de cinq pour cent par année. (57)

115. Le Nouveau-Brunswick sera responsable envers le Canada de l'excédent (s'il en est) de sa dette publique, si lors de l'union, elle dépasse sept millions de piastres, et tenu au paiement de l'intérêt de cet excédent au taux de cinq pour cent par année.

116. Dans le cas où, lors de l'union, les dettes publiques de la Nouvelle-Écosse et du Nouveau-Brunswick seraient respectivement moindres que huit millions et sept millions de piastres, ces provinces auront droit de recevoir, chacune, du gouvernement du Canada, en paiements semi-annuels et d'avance, l'intérêt au taux de cinq pour cent par année sur la différence qui existera entre le chiffre réel de leurs dettes respectives et le montant ainsi arrêté.

117. Les diverses provinces conserveront respectivement toutes leurs propriétés publiques dont il n'est pas autrement disposé dans la présente loi, sujettes au droit du Canada de prendre les terres ou les propriétés publiques dont il aura besoin pour les fortifications ou la défense du pays. [Abrogé]

118. Abrogé. (58)

119. Le Nouveau-Brunswick recevra du Canada, en paiements semi-annuels et d'avance, durant une période de dix ans à compter de l'union, une subvention supplémentaire de soixante-trois mille piastres par année ; mais tant que la dette publique de cette province restera au dessous de sept millions de piastres, il sera déduit sur cette somme de soixante-trois mille piastres, un montant égal à l'intérêt à cinq pour cent par année sur telle différence. (59)

120. Tous les paiements prescrits par la présente loi, ou destinés à éteindre les obligations contractées en vertu d'une loi des provinces du Canada, de la Nouvelle-Écosse et du Nouveau-Brunswick respectivement et assumés par le Canada, seront faits, jusqu'à ce que le parlement du Canada l'ordonne autrement, en la forme et manière que le gouverneur-général en conseil pourra prescrire de temps à autre.

121. Tous articles du crû, de la provenance ou manufacture d'aucune des provinces seront, à dater de l'union, admis en franchise dans chacune des autres provinces.

122. Les lois de douane et d'accise de chaque province demeureront en force, sujettes aux dispositions de la présente loi, jusqu'à ce qu'elles soient modifiées par le parlement du Canada. (60)

123. Dans le cas où des droits de douane seraient, à l'époque de l'union, imposables sur des articles, denrées ou marchandises, dans deux provinces, ces articles, denrées ou marchandises pourront, après l'union, être importés de l'une de ces deux provinces dans l'autre, sur preuve du paiement des droits de douane dont ils sont frappés dans la province d'où ils sont exportés, et sur paiement de tout surplus de droits de douane (s'il en est) dont ils peuvent être frappés dans la province où ils sont importés. (61)

124. Rien dans la présente loi ne préjudiciera au privilège garanti au Nouveau-Brunswick de prélever sur les bois de construction les droits établis par le chapitre quinze du titre trois des statuts revisés du Nouveau-Brunswick, ou par toute loi l'amendant avant ou après l'union, mais n'augmentant pas le chiffre de ces droits ; et les bois de construction des provinces autres que le Nouveau-Brunswick ne seront pas passibles de ces droits. (62)

125. Nulle terre ou propriété appartenant au Canada ou à aucune province en particulier ne sera sujette à la taxation.

126. Les droits et revenus que les législatures respectives du Canada, de la Nouvelle-Écosse et du Nouveau-Brunswick avaient, avant l'union, le pouvoir d'approprier, et qui sont, par la présente loi, réservés aux gouvernements ou législatures des provinces respectives, et

tous les droits et revenus perçus par elles conformément aux pouvoirs spéciaux qui leur sont conférés par la présente loi, formeront dans chaque province un fonds consolidé de revenu qui sera approprié au service public de la province.

IX. DISPOSITIONS DIVERSES

Dispositions Générales [Abrogé]

Serment d'allégeance, etc.

127. Abrogé. (63)

128. Les membres du Sénat ou de la Chambre des Communes du Canada devront, avant d'entrer dans l'exercice de leurs fonctions, prêter et souscrire, devant le gouverneur-général ou quelque personne à ce par lui autorisée, et pareillement, les membres du conseil législatif ou de l'assemblée législative d'une province devront, avant d'entrer dans l'exercice de leurs fonctions, prêter et souscrire, devant le lieutenant-gouverneur de la province ou quelque personne à ce par lui autorisée, le serment d'allégeance énoncé dans la cinquième annexe de la présente loi ; et les membres du Sénat du Canada et du conseil législatif de Québec devront aussi, avant d'entrer dans l'exercice de leurs fonctions, prêter et souscrire, devant le gouverneur-général ou quelque personne à ce par lui autorisée, la déclaration des qualifications énoncée dans la même annexe.

Les lois, tribunaux et fonctionnaires actuels continueront d'exister, etc.

129. Sauf toute disposition contraire prescrite par la présente loi, toutes les lois en force en Canada, dans la Nouvelle-Écosse ou le Nouveau-Brunswick, lors de l'union, tous les tribunaux de juridiction civile et criminelle, toutes les commissions, pouvoirs et autorités ayant force légale, et tous les officiers judiciaires, administratifs et ministériels, en existence dans ces provinces à l'époque de l'union, continueront d'exister dans les provinces d'Ontario, de Québec, de la Nouvelle-Écosse et du Nouveau-Brunswick respectivement, comme si l'union n'avait pas eu lieu ; mais ils pourront, néanmoins (sauf les cas prévus par des lois du parlement de la Grande-Bretagne ou du parlement du Royaume-Uni de la Grande-Bretagne et d'Irlande), être révoqués, abolis ou modifiés par le parlement du Canada, ou par la législature de la province respective, conformément à l'autorité du parlement ou de cette législature en vertu de la présente loi. (64)

Fonctionnaires transférés au service du Canada

130. Jusqu'à ce que le parlement du Canada en ordonne autrement, tous les officiers des diverses provinces ayant à remplir des devoirs relatifs à des matières autres que celles tombant dans les catégories de sujets assignés exclusivement par la présente loi aux législatures des provinces, seront officiers du Canada et continueront à remplir les devoirs de leurs charges respectives sous les mêmes obligations et pénalités que si l'union n'avait pas eu lieu. (65)

Nomination des nouveaux officiers

131. Jusqu'à ce que le parlement du Canada en ordonne autrement, le gouverneur-général en conseil pourra de temps à autre nommer les officiers qu'il croira nécessaires ou utiles à l'exécution efficace de la présente loi.

Obligations naissant des traités

132. Le parlement et le gouvernement du Canada auront tous les pouvoirs nécessaires pour remplir envers les pays étrangers, comme portion de l'empire Britannique, les obligations du Canada ou d'aucune de ses provinces, naissant de traités conclus entre l'empire et ces pays étrangers.

Usage facultatif et obligatoire des langues française et anglaise

133. Dans les chambres du parlement du Canada et les chambres de la législature de Québec, l'usage de la langue française ou de la langue anglaise, dans les débats, sera facultatif ; mais dans la rédaction des archives, procès-verbaux et journaux respectifs de ces chambres, l'usage de ces deux langues sera obligatoire ; et dans toute plaidoirie ou pièce de procédure par-devant les tribunaux ou émanant des tribunaux du Canada qui seront établis sous l'autorité de la présente loi, et par-devant tous les tribunaux ou émanant des tribunaux de Québec, il pourra être fait également usage, à faculté, de l'une ou de l'autre de ces langues.

Les lois du parlement du Canada et de la législature de Québec devront être imprimées et publiées dans ces deux langues. (66)

Ontario et Québec

Nomination des fonctionnaires exécutifs pour Ontario et Québec

134. Jusqu'à ce que la législature d'Ontario ou de Québec en ordonne autrement, les lieutenants-gouverneurs d'Ontario et de Québec pourront, chacun, nommer sous le grand sceau de la province, les fonctionnaires suivants qui resteront en charge durant bon plaisir, savoir : le procureur-général, le secrétaire et régistraire de la province, le trésorier de la province, le commissaire des terres de la couronne, et le commissaire d'agriculture et des travaux publics, et, en ce qui concerne Québec, le solliciteur-général ; ils pourront aussi, par ordonnance du lieutenant-gouverneur en conseil, prescrire de temps à autre les attributions de ces fonctionnaires et des divers départements placés sous leur contrôle ou dont ils relèvent, et des officiers et employés y attachés ; et ils pourront également nommer d'autres fonctionnaires qui resteront en charge durant bon plaisir, et prescrire, de temps à autre, leurs attributions et celles des divers départements placés sous leur contrôle ou dont ils relèvent, et des officiers et employés y attachés. (67)

Pouvoirs, devoirs, etc., des fonctionnaires exécutifs

135. Jusqu'à ce que la législature d'Ontario ou de Québec en ordonne autrement, tous les droits, pouvoirs, devoirs, fonctions, obligations ou attributions conférés ou imposés aux procureur-général, solliciteur-général, secrétaire et régistraire de la province du Canada, ministre des finances, commissaire des terres de la couronne, commissaire des travaux publics, et ministre de l'agriculture et receveur-général, lors de la passation de la présente loi, par toute loi, statut ou ordonnance du Haut-Canada, du Bas-Canada ou du Canada, n'étant pas d'ailleurs incompatibles avec la présente loi, seront conférés ou imposés à tout fonctionnaire qui sera nommé par le lieutenant-gouverneur pour l'exécution de ces fonctions ou d'aucune d'elles ; le commissaire d'agriculture et des travaux publics remplira les devoirs et les fonctions de ministre d'agriculture prescrits, lors de la passation de la présente loi, par la loi de la province du Canada, ainsi que ceux de commissaire des travaux publics. (68)

Grands sceaux

136. Jusqu'à modification par le lieutenant-gouverneur en conseil, les grands sceaux d'Ontario et de Québec respectivement seront les mêmes ou d'après le même modèle que ceux usités dans les provinces du Haut et du Bas-Canada respectivement avant leur union comme province du Canada.

Interprétation des lois temporaires

137. Les mots «et de là jusqu'à la fin de la prochaine session de la législature», ou autres mots de la même teneur, employés dans une loi temporaire de la province du Canada non-expirée avant l'union, seront censés signifier la prochaine session du parlement du Canada, si l'objet de la loi tombe dans la catégorie des pouvoirs attribués à ce parlement et définis dans la présente constitution, si non, aux prochaines sessions des législatures d'Ontario et de Québec respectivement, si l'objet de la loi tombe dans la catégorie des pouvoirs attribués à ces législatures et définis dans la présente loi.

Citations erronées

138. Depuis et après l'époque de l'union, l'insertion des mots «Haut-Canada» au lieu «d'Ontario», ou «Bas-Canada» au lieu de «Québec», dans tout acte, bref, procédure, plaidoirie, document, matière ou chose, n'aura pas l'effet de l'invalider.

Proclamations ne devant prendre effet qu'après l'union

139. Toute proclamation sous le grand sceau de la province du Canada, lancée antérieurement à l'époque de l'union, pour avoir effet à une date postérieure à l'union, qu'elle ait trait à cette province ou au Haut-Canada ou au Bas-Canada, et les diverses matières et choses y énoncées auront et continueront d'y avoir la même force et le même effet que si l'union n'avait pas eu lieu. (69)

Proclamations lancées après l'union

140. Toute proclamation dont l'émission sous le grand sceau de la province du Canada est autorisée par quelque loi de la législature de la province du Canada, qu'elle ait trait à cette province ou au Haut-Canada ou au Bas-Canada, et qui n'aura pas été lancée avant l'époque de l'union, pourra l'être par le lieutenant-gouverneur d'Ontario ou de Québec (selon le cas),

sous le grand sceau de la province ; et, à compter de l'émission de cette proclamation, les diverses matières et choses y énoncées auront et continueront d'avoir la même force et le même effet dans Ontario ou Québec que si l'union n'avait pas eu lieu. (70)

Pénitencier

141. Le pénitencier de la province du Canada, jusqu'à ce que le parlement du Canada en ordonne autrement, sera et continuera d'être le pénitencier d'Ontario et de Québec. (71)

Dettes renvoyées à l'arbitrage

142. Le partage et la répartition des dettes, crédits, obligations, propriétés et de l'actif du Haut et du Bas-Canada seront renvoyés à la décision de trois arbitres, dont l'un sera choisi par le gouvernement d'Ontario, l'un par le gouvernement de Québec, et l'autre par le gouvernement du Canada ; le choix des arbitres n'aura lieu qu'après que le parlement du Canada et les législatures d'Ontario et de Québec auront été réunis ; l'arbitre choisi par le gouvernement du Canada ne devra être domicilié ni dans Ontario ni dans Québec. (72)

Partage des archives

143. Le gouverneur-général en conseil pourra de temps à autre ordonner que les archives, livres et documents de la province du Canada qu'il jugera à propos de désigner, soient remis et transférés à Ontario ou à Québec, et ils deviendront dès lors la propriété de cette province ; toute copie ou extrait de ces documents, dûment certifiée par l'officier ayant la garde des originaux, sera reçue comme preuve. (73)

Établissement de townships dans Québec

144. Le lieutenant-gouverneur de Québec pourra, de temps à autre, par proclamation sous le grand sceau de la province devant venir en force au jour y mentionné, établir des townships dans les parties de la province de Québec dans lesquelles il n'en a pas encore été établi, et en fixer les tenants et aboutissants.

X. CHEMIN DE FER INTERCOLONIAL [ABROGÉ]

145. Abrogé. (74)

XI. ADMISSION DES AUTRES COLONIES

Pouvoir d'admettre Terreneuve, etc.

146. Il sera loisible à la Reine, de l'avis du très-honorable Conseil Privé de Sa Majesté, sur la présentation d'adresses de la part des chambres du Parlement du Canada, et des chambres des législatures respectives des colonies ou provinces de Terreneuve, de l'Île du Prince Édouard et de la Colombie Britannique, d'admettre ces colonies ou provinces, ou aucune d'elles dans l'union, et, sur la présentation d'adresses de la part des chambres du parlement du Canada, d'admettre la Terre de Rupert et le Territoire du Nord-Ouest, ou l'une ou l'autre de ces possessions, dans l'union, aux termes et conditions, dans chaque cas, qui seront exprimés dans les adresses et que la Reine jugera convenable d'approuver, conformément à la présente ; les dispositions de tous ordres en conseil rendus à cet égard, auront le même effet que si elles avaient été décrétées par le parlement du Royaume-Uni de la Grande-Bretagne et d'Irlande. (75)

Représentation de Terreneuve et l'Île du Prince-Édouard au Sénat

147. Dans le cas de l'admission de Terreneuve et de l'Île du Prince Édouard, ou de l'une ou de l'autre de ces colonies, chacune aura droit d'être représentée par quatre membres dans le Sénat du Canada ; et (nonobstant toute disposition contraire énoncée dans la présente loi) dans le cas de l'admission de Terreneuve, le nombre normal des sénateurs sera de soixante-seize et son maximum de quatre-vingt-deux ; mais lorsque l'Île du Prince Édouard sera admise, elle sera censée comprise dans la troisième des trois divisions en lesquelles le Canada est, relativement à la composition du Sénat, partagé par la présente loi ; et, en conséquence, après l'admission de l'Île du Prince Édouard, que Terreneuve soit admise ou non, la représentation de la Nouvelle-Écosse et du Nouveau-Brunswick dans le Sénat, au fur et à mesure que des sièges deviendront vacants, sera réduite de douze à dix membres respectivement ; la représentation de chacune de ces provinces ne sera jamais augmentée au delà de dix membres, sauf sous l'autorité des dispositions de la présente loi relatives à la nomination de trois ou six sénateurs supplémentaires en conséquence d'un ordre de la Reine. (76)

Note : Afin d'alléger le texte, seule l'annexe suivante a été reproduite :

CINQUIÈME ANNEXE

Serment d'allégeance

Je, A.B., jure que je serai fidèle et porterai vraie allégeance à Sa Majesté la Reine Victoria.

N.B. – Le nom du Roi ou de la Reine du Royaume-Uni de la Grande-Bretagne et d'Irlande, alors régnant, devra être inséré, au besoin, en termes appropriés.

Déclaration des qualifications exigées

Je, A.B., déclare et atteste que j'ai les qualifications exigées par la loi pour être nommé membre du Sénat du Canada (ou selon le cas), et que je possède en droit ou en équité comme propriétaire, pour mon propre usage et bénéfice, des terres et tenements en franc et commun socage [ou que je suis en bonne saisine ou possession, pour mon propre usage et bénéfice, de terres et tenements en franc-alleu ou en roture (selon le cas),] dans la province de la Nouvelle-Écosse (ou selon le cas), de la valeur de quatre mille piastres, en sus de toutes rentes, dettes charges, hypothèques et redevances qui peuvent être attachées, dues et payables sur ces immeubles ou auxquelles ils peuvent être affectés, et que je n'ai pas collusoirement ou spécieusement obtenu le titre ou la possession de ces immeubles, en tout ou en partie, dans le but de devenir membre du Sénat du Canada, (ou selon le cas,) et que mes biens mobiliers et immobiliers valent, somme toute, quatre mille piastres en sus de mes dettes et obligations.

{Notes : Certains articles suivants sont maintenant périmés et d'autres articles ont fait l'objet de nouvelle législation : 40, 41, 47, 50, 63, 70, 80, 83 à 85, 105, 109, 114, 119, 122 à 124, 129, 130, 134, 135, 139 à 143, 146 et 147.}

Loi constitutionnelle de 1982

Édictée comme l'annexe B de la Loi de 1982 sur le Canada, 1982, ch. 11 (R.-U.), entrée en vigueur le 17 avril 1982.

PARTIE I

Charte canadienne des droits et libertés

Attendu que le Canada est fondé sur des principes qui reconnaissent la suprématie de Dieu et la primauté du droit :

Garantie des droits et libertés

Droits et libertés au Canada

1. La Charte canadienne des droits et libertés garantit les droits et libertés qui y sont énoncés. Ils ne peuvent être restreints que par une règle de droit, dans des limites qui soient raisonnables et dont la justification puisse se démontrer dans le cadre d'une société libre et démocratique.

Libertés fondamentales

Libertés fondamentales

2. Chacun a les libertés fondamentales suivantes :
a) liberté de conscience et de religion ;
b) liberté de pensée, de croyance, d'opinion et d'expression, y compris la liberté de la presse et des autres moyens de communication ;
c) liberté de réunion pacifique ;
d) liberté d'association.

Droits démocratiques

Droits démocratiques des citoyens

3. Tout citoyen canadien a le droit de vote et est éligible aux élections législatives fédérales ou provinciales.

Mandat maximal des assemblées

4. (1) Le mandat maximal de la Chambre des communes et des assemblées législatives est de cinq ans à compter de la date fixée pour le retour des brefs relatifs aux élections générales correspondantes.

Prolongations spéciales

(2) Le mandat de la Chambre des communes ou celui d'une assemblée législative peut être prolongé respectivement par le Parlement ou par la législature en question au-delà de cinq ans en cas de guerre, d'invasion ou d'insurrection, réelles ou appréhendées, pourvu que cette prolongation ne fasse pas l'objet d'une opposition exprimée par les voix de plus du tiers des députés de la Chambre des communes ou de l'assemblée législative.

Séance annuelle

5. Le Parlement et les législatures tiennent une séance au moins une fois tous les douze mois.

Liberté de circulation et d'établissement

Liberté de circulation
Liberté d'établissement

6. (1) Tout citoyen canadien a le droit de demeurer au Canada, d'y entrer ou d'en sortir.
(2) Tout citoyen canadien et toute personne ayant le statut de résident permanent au Canada ont le droit :
a) de se déplacer dans tout le pays et d'établir leur résidence dans toute province ;

Restriction

b) de gagner leur vie dans toute province.

(3) Les droits mentionnés au paragraphe (2) sont subordonnés :

a) aux lois et usages d'application générale en vigueur dans une province donnée, s'ils n'établissent entre les personnes aucune distinction fondée principalement sur la province de résidence antérieure ou actuelle ;

b) aux lois prévoyant de justes conditions de résidence en vue de l'obtention des services sociaux publics.

Programmes de promotion sociale

(4) Les paragraphes (2) et (3) n'ont pas pour objet d'interdire les lois, programmes ou activités destinés à améliorer, dans une province, la situation d'individus défavorisés socialement ou économiquement, si le taux d'emploi dans la province est inférieur à la moyenne nationale.

Garanties juridiques

Vie, liberté et sécurité

7. Chacun a droit à la vie, à la liberté et à la sécurité de sa personne ; il ne peut être porté atteinte à ce droit qu'en conformité avec les principes de justice fondamentale.

Fouilles, perquisitions ou saisies

8. Chacun a droit à la protection contre les fouilles, les perquisitions ou les saisies abusives.

Détention ou emprisonnement
Arrestation ou détention

9. Chacun a droit à la protection contre la détention ou l'emprisonnement arbitraires.

10. Chacun a le droit, en cas d'arrestation ou de détention :

a) d'être informé dans les plus brefs délais des motifs de son arrestation ou de sa détention ;

b) d'avoir recours sans délai à l'assistance d'un avocat et d'être informé de ce droit ;

c) de faire contrôler, par habeas corpus, la légalité de sa détention et d'obtenir, le cas échéant, sa libération.

Affaires criminelles et pénales

11. Tout inculpé a le droit :

a) d'être informé sans délai anormal de l'infraction précise qu'on lui reproche ;

b) d'être jugé dans un délai raisonnable ;

c) de ne pas être contraint de témoigner contre lui-même dans toute poursuite intentée contre lui pour l'infraction qu'on lui reproche ;

d) d'être présumé innocent tant qu'il n'est pas déclaré coupable, conformément à la loi, par un tribunal indépendant et impartial à l'issue d'un procès public et équitable ;

e) de ne pas être privé sans juste cause d'une mise en liberté assortie d'un cautionnement raisonnable ;

f) sauf s'il s'agit d'une infraction relevant de la justice militaire, de bénéficier d'un procès avec jury lorsque la peine maximale prévue pour l'infraction dont il est accusé est un emprisonnement de cinq ans ou une peine plus grave ;

g) de ne pas être déclaré coupable en raison d'une action ou d'une omission qui, au moment où elle est survenue, ne constituait pas une infraction d'après le droit interne du Canada ou le droit international et n'avait pas de caractère criminel d'après les principes généraux de droit reconnus par l'ensemble des nations ;

h) d'une part de ne pas être jugé de nouveau pour une infraction dont il a été définitivement acquitté, d'autre part de ne pas être jugé ni puni de nouveau pour une infraction dont il a été définitivement déclaré coupable et puni ;

i) de bénéficier de la peine la moins sévère, lorsque la peine qui sanctionne l'infraction dont il est déclaré coupable est modifiée entre le moment de la perpétration de l'infraction et celui de la sentence.

Cruauté

12. Chacun a droit à la protection contre tous traitements ou peines cruels et inusités.

Témoignage incriminant

13. Chacun a droit à ce qu'aucun témoignage incriminant qu'il donne ne soit utilisé pour l'incriminer dans d'autres procédures, sauf lors de poursuites pour parjure ou pour témoignages contradictoires.

Interprète

14. La partie ou le témoin qui ne peuvent suivre les procédures, soit parce qu'ils ne comprennent pas ou ne parlent pas la langue employée, soit parce qu'ils sont atteints de surdité, ont droit à l'assistance d'un interprète.

Droits à l'égalité

Égalité devant la loi, égalité de bénéfice et protection égale de la loi

15. (1) La loi ne fait acception de personne et s'applique également à tous, et tous ont droit à la même protection et au même bénéfice de la loi, indépendamment de toute discrimination, notamment des discriminations fondées sur la race, l'origine nationale ou ethnique, la couleur, la religion, le sexe, l'âge ou les déficiences mentales ou physiques.

Programmes de promotion sociale

(2) Le paragraphe (1) n'a pas pour effet d'interdire les lois, programmes ou activités destinés à améliorer la situation d'individus ou de groupes défavorisés, notamment du fait de leur race, de leur origine nationale ou ethnique, de leur couleur, de leur religion, de leur sexe, de leur âge ou de leurs déficiences mentales ou physiques.

Langues officielles du Canada

Langues officielles du Canada

16. (1) Le français et l'anglais sont les langues officielles du Canada ; ils ont un statut et des droits et privilèges égaux quant à leur usage dans les institutions du Parlement et du gouvernement du Canada.

Langues officielles du Nouveau-Brunswick

(2) Le français et l'anglais sont les langues officielles du Nouveau-Brunswick ; ils ont un statut et des droits et privilèges égaux quant à leur usage dans les institutions de la Législature et du gouvernement du Nouveau-Brunswick.

Progression vers l'égalité

(3) La présente charte ne limite pas le pouvoir du Parlement et des législatures de favoriser la progression vers l'égalité de statut ou d'usage du français et de l'anglais.

Communautés linguistiques française et anglaise du Nouveau-Brunswick

16.1. (1) La communauté linguistique française et la communauté linguistique anglaise du Nouveau-Brunswick ont un statut et des droits et privilèges égaux, notamment le droit à des institutions d'enseignement distinctes et aux institutions culturelles distinctes nécessaires à leur protection et à leur promotion.

Rôle de la législature et du gouvernement du Nouveau-Brunswick
Travaux du Parlement

(2) Le rôle de la législature et du gouvernement du Nouveau-Brunswick de protéger et de promouvoir le statut, les droits et les privilèges visés au paragraph (1) est confirmé.

17. (1) Chacun a le droit d'employer le français ou l'anglais dans les débats et travaux du Parlement.

Travaux de la Législature du Nouveau-Brunswick
Documents parlementaires

(2) Chacun a le droit d'employer le français ou l'anglais dans les débats et travaux de la Législature du Nouveau-Brunswick.

18. (1) Les lois, les archives, les comptes rendus et les procès-verbaux du Parlement sont imprimés et publiés en français et en anglais, les deux versions des lois ayant également force de loi et celles des autres documents ayant même valeur.

Documents de la Législature du Nouveau-Brunswick

(2) Les lois, les archives, les comptes rendus et les procès-verbaux de la Législature du Nouveau-Brunswick sont imprimés et publiés en français et en anglais, les deux versions des lois ayant également force de loi et celles des autres documents ayant même valeur.

Procédures devant les tribunaux établis par le Parlement

19. (1) Chacun a le droit d'employer le français ou l'anglais dans toutes les affaires dont sont saisis les tribunaux établis par le Parlement et dans tous les actes de procédure qui en découlent.

Procédures devant les tribunaux du Nouveau-Brunswick

(2) Chacun a le droit d'employer le français ou l'anglais dans toutes les affaires dont sont saisis les tribunaux du Nouveau-Brunswick et dans tous les actes de procédure qui en découlent.

Communications entre les administrés et les institutions fédérales

20. (1) Le public a, au Canada, droit à l'emploi du français ou de l'anglais pour communiquer avec le siège ou l'administration centrale des institutions du Parlement ou du gouvernement du Canada ou pour en recevoir les services ; il a le même droit à l'égard de tout autre bureau de ces institutions là où, selon le cas :

a) l'emploi du français ou de l'anglais fait l'objet d'une demande importante ;

b) l'emploi du français et de l'anglais se justifie par la vocation du bureau.

Communications entre les administrés et les institutions du Nouveau-Brunswick

(2) Le public a, au Nouveau-Brunswick, droit à l'emploi du français ou de l'anglais pour communiquer avec tout bureau des institutions de la législature ou du gouvernement ou pour en recevoir les services.

Maintien en vigueur de certaines dispositions

21. Les articles 16 à 20 n'ont pas pour effet, en ce qui a trait à la langue française ou anglaise ou à ces deux langues, de porter atteinte aux droits, privilèges ou obligations qui existent ou sont maintenus aux termes d'une autre disposition de la Constitution du Canada.

Droits préservés

22. Les articles 16 à 20 n'ont pas pour effet de porter atteinte aux droits et privilèges, antérieurs ou postérieurs à l'entrée en vigueur de la présente charte et découlant de la loi ou de la coutume, des langues autres que le français ou l'anglais.

Droits à l'instruction dans la langue de la minorité

Langue d'instruction

23. (1) Les citoyens canadiens :

a) dont la première langue apprise et encore comprise est celle de la minorité francophone ou anglophone de la province où ils résident,

b) qui ont reçu leur instruction, au niveau primaire, en français ou en anglais au Canada et qui résident dans une province où la langue dans laquelle ils ont reçu cette instruction est celle de la minorité francophone ou anglophone de la province, ont, dans l'un ou l'autre cas, le droit d'y faire instruire leurs enfants, aux niveaux primaire et secondaire, dans cette langue.

Continuité d'emploi de la langue d'instruction

(2) Les citoyens canadiens dont un enfant a reçu ou reçoit son instruction, au niveau primaire ou secondaire, en français ou en anglais au Canada ont le droit de faire instruire tous leurs enfants, aux niveaux primaire et secondaire, dans la langue de cette instruction.

Justification par le nombre

(3) Le droit reconnu aux citoyens canadiens par les paragraphes (1) et (2) de faire instruire leurs enfants, aux niveaux primaire et secondaire, dans la langue de la minorité francophone ou anglophone d'une province :

a) s'exerce partout dans la province où le nombre des enfants des citoyens qui ont ce droit est suffisant pour justifier à leur endroit la prestation, sur les fonds publics, de l'instruction dans la langue de la minorité ;

b) comprend, lorsque le nombre de ces enfants le justifie, le droit de les faire instruire dans des établissements d'enseignement de la minorité linguistique financés sur les fonds publics.

Recours

Recours en cas d'atteinte aux droits et libertés

24. (1) Toute personne, victime de violation ou de négation des droits ou libertés qui lui sont garantis par la présente charte, peut s'adresser à un tribunal compétent pour obtenir la réparation que le tribunal estime convenable et juste eu égard aux circonstances.

Irrecevabilité d'éléments de preuve qui risqueraient de déconsidérer l'administration de la justice

(2) Lorsque, dans une instance visée au paragraphe (1), le tribunal a conclu que des éléments de preuve ont été obtenus dans des conditions qui portent atteinte aux droits ou libertés garantis par la présente charte, ces éléments de preuve sont écartés s'il est établi, eu égard aux circonstances, que leur utilisation est susceptible de déconsidérer l'administration de la justice.

Dispositions générales

Maintien des droits et libertés
des autochtones

25. Le fait que la présente charte garantit certains droits et libertés ne porte pas atteinte aux droits ou libertés – ancestraux, issus de traités ou autres – des peuples autochtones du Canada, notamment :

a) aux droits ou libertés reconnus par la proclamation royale du 7 octobre 1763 ;

b) aux droits ou libertés existants issus d'accords sur des revendications territoriales ou ceux susceptibles d'être ainsi acquis.

Maintien des autres droits et libertés

26. Le fait que la présente charte garantit certains droits et libertés ne constitue pas une négation des autres droits ou libertés qui existent au Canada.

Maintien du patrimoine culturel

27. Toute interprétation de la présente charte doit concorder avec l'objectif de promouvoir le maintien et la valorisation du patrimoine multiculturel des Canadiens.

Égalité de garantie des droits
pour les deux sexes

28. Indépendamment des autres dispositions de la présente charte, les droits et libertés qui y sont mentionnés sont garantis également aux personnes des deux sexes.

Maintien des droits relatifs à
certaines écoles

29. Les dispositions de la présente charte ne portent pas atteinte aux droits ou privilèges garantis en vertu de la Constitution du Canada concernant les écoles séparées et autres écoles confessionnelles.

Application aux territoires

30. Dans la présente charte, les dispositions qui visent les provinces, leur législature ou leur assemblée législative visent également le territoire du Yukon, les territoires du Nord-Ouest ou leurs autorités législatives compétentes.

Non-élargissement des compétences législatives

31. La présente charte n'élargit pas les compétences législatives de quelque organisme ou autorité que ce soit.

Application de la charte

Application de la charte

32. (1) La présente charte s'applique :

a) au Parlement et au gouvernement du Canada, pour tous les domaines relevant du Parlement, y compris ceux qui concernent le territoire du Yukon et les territoires du Nord-Ouest ;

b) à la législature et au gouvernement de chaque province, pour tous les domaines relevant de cette législature.

Restriction

(2) Par dérogation au paragraphe (1), l'article 15 n'a d'effet que trois ans après l'entrée en vigueur du présent article.

Dérogation par déclaration expresse

33. (1) Le Parlement ou la législature d'une province peut adopter une loi où il est expressément déclaré que celle-ci ou une de ses dispositions a effet indépendamment d'une disposition donnée de l'article 2 ou des articles 7 à 15 de la présente charte.

Effet de la dérogation

(2) La loi ou la disposition qui fait l'objet d'une déclaration conforme au présent article et en vigueur a l'effet qu'elle aurait sauf la disposition en cause de la charte.

Durée de validité

(3) La déclaration visée au paragraphe (1) cesse d'avoir effet à la date qui y est précisée ou, au plus tard, cinq ans après son entrée en vigueur.

Nouvelle adoption

(4) Le Parlement ou une législature peut adopter de nouveau une déclaration visée au paragraphe (1).

Durée de validité

(5) Le paragraphe (3) s'applique à toute déclaration adoptée sous le régime du paragraphe (4).

Titre

Titre

34. Titre de la présente partie : Charte canadienne des droits et libertés.

PARTIE II

DROITS DES PEUPLES AUTOCHTONES DU CANADA

Confirmation des droits existants des peuples autochtones

Définition de « peuples autochtones du Canada »

Accords sur des revendications territoriales

Égalité de garantie des droits pour les deux sexes

Engagement relatif à la participation à une conférence constitutionnelle

35. (1) Les droits existants – ancestraux ou issus de traités – des peuples autochtones du Canada sont reconnus et confirmés.

(2) Dans la présente loi, « peuples autochtones du Canada » s'entend notamment des Indiens, des Inuit et des Métis du Canada.

(3) Il est entendu que sont compris parmi les droits issus de traités, dont il est fait mention au paragraphe (1), les droits existants issus d'accords sur des revendications territoriales ou ceux susceptibles d'être ainsi acquis.

(4) Indépendamment de toute autre disposition de la présente loi, les droits – ancestraux ou issus de traités – visés au paragraphe (1) sont garantis également aux personnes des deux sexes. (94)

35.1 Les gouvernements fédéral et provinciaux sont liés par l'engagement de principe selon lequel le premier ministre du Canada, avant toute modification de la catégorie 24 de l'article 91 de la « Loi constitutionnelle de 1867 », de l'article 25 de la présente loi ou de la présente partie :

a) convoquera une conférence constitutionnelle réunissant les premiers ministres provinciaux et lui-même et comportant à son ordre du jour la question du projet de modification ;

b) invitera les représentants des peuples autochtones du Canada à participer aux travaux relatifs à cette question. (95)

PARTIE III

PÉRÉQUATION ET INÉGALITÉS RÉGIONALES

Engagements relatifs à l'égalité des chances

36. (1) Sous réserve des compétences législatives du Parlement et des législatures et de leur droit de les exercer, le Parlement et les législatures, ainsi que les gouvernements fédéral et provinciaux, s'engagent à :

a) promouvoir l'égalité des chances de tous les Canadiens dans la recherche de leur bien-être ;

b) favoriser le développement économique pour réduire l'inégalité des chances ;

c) fournir à tous les Canadiens, à un niveau de qualité acceptable, les services publics essentiels.

Engagement relatif aux services publics

(2) Le Parlement et le gouvernement du Canada prennent l'engagement de principe de faire des paiements de péréquation propres à donner aux gouvernements provinciaux des revenus suffisants pour les mettre en mesure d'assurer les services publics à un niveau de qualité et de fiscalité sensiblement comparables. (96)

PARTIE IV

CONFÉRENCE CONSTITUTIONNELLE

[Abrogé]
37. Abrogé. (97)

PARTIE IV.1

CONFÉRENCES CONSTITUTIONNELLES

[Abrogé]
37.1 Abrogé. (98)

PARTIE V

PROCÉDURE DE MODIFICATION DE LA CONSTITUTION DU CANADA (99)

Procédure normale de modification

38. (1) La Constitution du Canada peut être modifiée par proclamation du gouverneur général sous le grand sceau du Canada, autorisée à la fois :

a) par des résolutions du Sénat et de la Chambre des communes ;

b) par des résolutions des assemblées législatives d'au moins deux tiers des provinces dont la population confondue représente, selon le recensement général le plus récent à l'époque, au moins cinquante pour cent de la population de toutes les provinces.

Majorité simple

(2) Une modification faite conformément au paragraphe (1) mais dérogatoire à la compétence législative, aux droits de propriété ou à tous autres droits ou privilèges d'une législature ou d'un gouvernement provincial exige une résolution adoptée à la majorité des sénateurs, des députés fédéraux et des députés de chacune des assemblées législatives du nombre requis de provinces.

Désaccord

(3) La modification visée au paragraphe (2) est sans effet dans une province dont l'assemblée législative a, avant la prise de la proclamation, exprimé son désaccord par une résolution adoptée à la majorité des députés, sauf si cette assemblée, par résolution également adoptée à la majorité, revient sur son désaccord et autorise la modification.

Levée du désaccord

(4) La résolution de désaccord visée au paragraphe (3) peut être révoquée à tout moment, indépendamment de la date de la proclamation à laquelle elle se rapporte.

Restriction

39. (1) La proclamation visée au paragraphe 38(1) ne peut être prise dans l'année suivant l'adoption de la résolution à l'origine de la procédure de modification que si l'assemblée législative de chaque province a préalablement adopté une résolution d'agrément ou de désaccord.

Idem

(2) La proclamation visée au paragraphe 38(1) ne peut être prise que dans les trois ans suivant l'adoption de la résolution à l'origine de la procédure de modification.

Compensation

40. Le Canada fournit une juste compensation aux provinces auxquelles ne s'applique pas une modification faite conformément au paragraphe 38(1) et relative, en matière d'éducation ou dans d'autres domaines culturels, à un transfert de compétences législatives provinciales au Parlement.

Consentement unanime

41. Toute modification de la Constitution du Canada portant sur les questions suivantes se fait par proclamation du gouverneur général sous le grand sceau du Canada, autorisée par des résolutions du Sénat, de la Chambre des communes et de l'assemblée législative de chaque province :

a) la charge de Reine, celle de gouverneur général et celle de lieutenant-gouverneur ;

b) le droit d'une province d'avoir à la Chambre des communes un nombre de députés au moins égal à celui des sénateurs par lesquels elle est habilitée à être représentée lors de l'entrée en vigueur de la présente partie ;

c) sous réserve de l'article 43, l'usage du français ou de l'anglais ;

d) la composition de la Cour suprême du Canada ;

e) la modification de la présente partie.

Procédure normale de modification

42. (1) Toute modification de la Constitution du Canada portant sur les questions suivantes se fait conformément au paragraphe 38(1) :

a) le principe de la représentation proportionnelle des provinces à la Chambre des communes prévu par la Constitution du Canada ;

b) les pouvoirs du Sénat et le mode de sélection des sénateurs ;

c) le nombre des sénateurs par lesquels une province est habilitée à être représentée et les conditions de résidence qu'ils doivent remplir ;

d) sous réserve de l'alinéa 41d), la Cour suprême du Canada ;

e) le rattachement aux provinces existantes de tout ou partie des territoires ;

f) par dérogation à toute autre loi ou usage, la création de provinces.

Exception

(2) Les paragraphes 38(2) à (4) ne s'appliquent pas aux questions mentionnées au paragraphe (1).

Modification à l'égard de certaines provinces

43. Les dispositions de la Constitution du Canada applicables à certaines provinces seulement ne peuvent être modifiées que par proclamation du gouverneur général sous le grand sceau du Canada, autorisée par des résolutions du Sénat, de la Chambre des communes et de l'assemblée législative de chaque province concernée. Le présent article s'applique notamment :

a) aux changements du tracé des frontières interprovinciales ;

b) aux modifications des dispositions relatives à l'usage du français ou de l'anglais dans une province.

Modification par le Parlement

44. Sous réserve des articles 41 et 42, le Parlement a compétence exclusive pour modifier les dispositions de la Constitution du Canada relatives au pouvoir exécutif fédéral, au Sénat ou à la Chambre des communes.

Modification par les législatures

45. Sous réserve de l'article 41, une législature a compétence exclusive pour modifier la constitution de sa province.

Initiative des procédures

46. (1) L'initiative des procédures de modification visées aux articles 38, 41, 42 et 43 appartient au Sénat, à la Chambre des communes ou à une assemblée législative.

Possibilité de révocation

(2) Une résolution d'agrément adoptée dans le cadre de la présente partie peut être révoquée à tout moment avant la date de la proclamation qu'elle autorise.

Modification sans résolution du Sénat

47. (1) Dans les cas visés à l'article 38, 41, 42 ou 43, il peut être passé outre au défaut d'autorisation du Sénat si celui-ci n'a pas adopté de résolution dans un délai de cent quatre-vingts jours suivant l'adoption de celle de la Chambre des communes et si cette dernière, après l'expiration du délai, adopte une nouvelle résolution dans le même sens.

Computation du délai

(2) Dans la computation du délai visé au paragraphe (1), ne sont pas comptées les périodes pendant lesquelles le Parlement est prorogé ou dissous.

Demande de proclamation

48. Le Conseil privé de la Reine pour le Canada demande au gouverneur général de prendre, conformément à la présente partie, une proclamation dès l'adoption des résolutions prévues par cette partie pour une modification par proclamation.

Conférence constitutionnelle

49. Dans les quinze ans suivant l'entrée en vigueur de la présente partie, le premier ministre du Canada convoque une conférence constitutionnelle réunissant les premiers ministres provinciaux et lui-même, en vue du réexamen des dispositions de cette partie.

PARTIE VI

MODIFICATION DE LA LOI CONSTITUTIONNELLE DE 1867

50. (100)

51. (101)

PARTIE VII

DISPOSITIONS GÉNÉRALES

Primauté de la Constitution du Canada
Constitution du Canada

52. (1) La Constitution du Canada est la loi suprême du Canada ; elle rend inopérantes les dispositions incompatibles de toute autre règle de droit.

(2) La Constitution du Canada comprend :

a) la Loi de 1982 sur le Canada, y compris la présente loi ;

b) les textes législatifs et les décrets figurant à l'annexe ;

c) les modifications des textes législatifs et des décrets mentionnés aux alinéas a) ou b).

(3) La Constitution du Canada ne peut être modifiée que conformément aux pouvoirs conférés par elle.

Abrogation et nouveaux titres

53. (1) Les textes législatifs et les décrets énumérés à la colonne I de l'annexe sont abrogés ou modifiés dans la mesure indiquée à la colonne II. Sauf abrogation, ils restent en vigueur en tant que lois du Canada sous les titres mentionnés à la colonne III.

Modifications corrélatives

(2) Tout texte législatif ou réglementaire, sauf la Loi de 1982 sur le Canada, qui fait mention d'un texte législatif ou décret figurant à l'annexe par le titre indiqué à la colonne I est modifié par substitution à ce titre du titre correspondant mentionné à la colonne III ; tout Acte de l'Amérique du Nord britannique non mentionné à l'annexe peut être cité sous le titre de Loi constitutionnelle suivi de l'indication de l'année de son adoption et éventuellement de son numéro.

Abrogation et modifications qui en découlent

54. La partie IV est abrogée un an après l'entrée en vigueur de la présente partie et le gouverneur général peut, par proclamation sous le grand sceau du Canada, abroger le présent article et apporter en conséquence de cette double abrogation les aménagements qui s'imposent à la présente loi. (102)

[Abrogé]

54.1 Abrogé. (103)

Version française de certains textes constitutionnels

55. Le ministre de la Justice du Canada est chargé de rédiger, dans les meilleurs délais, la version française des parties de la Constitution du Canada qui figurent à l'annexe ; toute partie suffisamment importante est, dès qu'elle est prête, déposée pour adoption par proclamation du gouverneur général sous le grand sceau du Canada, conformément à la procédure applicable à l'époque à la modification des dispositions constitutionnelles qu'elle contient.

Versions française et anglaise de certains textes constitutionnels

56. Les versions française et anglaise des parties de la Constitution du Canada adoptées dans ces deux langues ont également force de loi. En outre, ont également force de loi, dès l'adoption, dans le cadre de l'article 55, d'une partie de la version française de la Constitution, cette partie et la version anglaise correspondante.

Versions française et anglaise de la présente loi
Entrée en vigueur

57. Les versions française et anglaise de la présente loi ont également force de loi.

58. Sous réserve de l'article 59, la présente loi entre en vigueur à la date fixée par proclamation de la Reine ou du gouverneur général sous le grand sceau du Canada. (104)

Entrée en vigueur de l'alinéa 23(1)a) pour le Québec
Autorisation du Québec

59. (1) L'alinéa 23(1)a) entre en vigueur pour le Québec à la date fixée par proclamation de la Reine ou du gouverneur général sous le grand sceau du Canada.

(2) La proclamation visée au paragraphe (1) ne peut être prise qu'après autorisation de l'assemblée législative ou du gouvernement du Québec. (105)

Abrogation du présent article

(3) Le présent article peut être abrogé à la date d'entrée en vigueur de l'alinéa 23(1)a) pour le Québec, et la présente loi faire l'objet, dès cette abrogation, des modifications et changements de numérotation qui en découlent, par proclamation de la Reine ou du gouverneur général sous le grand sceau du Canada.

Titres

          60. Titre abrégé de la présente loi : Loi constitutionnelle de 1982 ; titre commun des lois constitutionnelles de 1867 à 1975 (n° 2) et de la présente loi : Lois constitutionnelles de 1867 à 1982.

Mentions

          61. Toute mention des « Lois constitutionnelles de 1867 à 1982 » est réputée constituer également une mention de la « Proclamation de 1983 modifiant la Constitution ». (106)

{Note : Ajouté par la **Proclamation de 1983 modifiant la Constitution**.}

ANNEXE 3

Chronologie 1492-2000

RÉGIME FRANÇAIS

1492 • Arrivée de Christophe Colomb en Amérique.

1497 • Jean Cabot découvre le littoral oriental de l'Amérique du Nord.

1534 • Arrivée de Jacques Cartier à Gaspé où il prend officiellement possession du territoire au nom du roi de France.

1583 • Humphrey Gilbert prend possession de l'île de Terre-Neuve au nom de la reine Élisabeth Iʳᵉ.

1603 • Arrivée de Samuel de Champlain à Québec. Il fonde la première colonie française en Amérique.

1605 • Fondation de Port-Royal (Annapolis, N.-É.).

1608 • Fondation de la ville de Québec par Samuel de Champlain.

1617 • Arrivée à Québec d'une première famille de colons : Louis Hébert, Marie Rollet et leurs trois enfants.

1621 • Promulgation des premières lois.

• On commence à tenir des registres d'état civil à Québec.

1623 • Premier établissement anglais en Nouvelle-Écosse.

1627 • La Nouvelle-France et l'Acadie sont concédées à la Compagnie des Cent Associés.

1628 • Prise de Port-Royal par David Kirke (Angleterre).

1629 • Prise de Québec; Champlain doit céder la ville à David Kirke.

1632 • Le traité de Saint-Germain-en-Laye permet la restitution du Canada et de l'Acadie à la France.

1634 • Fondation de la ville de Trois-Rivières.

1642 • Fondation de Ville-Marie (Montréal) par Maisonneuve.

1648 • Création du conseil de la Nouvelle-France.

1654 • Prise de l'Acadie par une expédition venue de Nouvelle-Angleterre. L'année suivante, l'Acadie sera rendue à la France par le traité de Westminster.

1663 • Dissolution de la Compagnie des Cent Associés, qui remet à Louis XIV la propriété et la gestion de la Nouvelle-France.

• La Nouvelle-France devient colonie royale. Création du Conseil souverain de la Nouvelle-France (qui deviendra le Conseil supérieur en 1703), lequel implique un gouvernement civil en Nouvelle-France.

1665 • Jean Talon est nommé intendant.

1666 • Premier recensement officiel en Nouvelle-France : 3 215 personnes.

1670 • Fondation de la Compagnie de la Baie d'Hudson, qui obtient le droit de faire le commerce des fourrures dans la Terre de Rupert.

1673 • Fondation de Cataracoui (Kingston).

1685 • Première émission de monnaie de cartes.

Sources: *Canada, Bureau fédéral de la statistique* (1951, 1954, 1955, 1956, 1957-1958, 1959, 1960), Myers (1991), *Canadian Facts and Dates* (1991 à 2000), *Canada, Statistique Canada* (1983).

1709 • Invasion du Canada par les Anglais.

1713 • En vertu du traité d'Utrecht, le roi de France cède à l'Angleterre l'île de Terre-Neuve, l'Acadie toute entière et les territoires de la baie d'Hudson.

• Fondation de Louisbourg par les Français.

1720 • Nomination du gouverneur et du conseil de la Nouvelle-Écosse.

1745 • Prise de Louisbourg par les Anglais; la forteresse sera rendue à la France en 1748.

1749 • Fondation de la ville d'Halifax.

1752 • Parution à Halifax du premier journal, *La Gazette*.

1755 • Suite à leur refus de prêter serment d'allégeance à l'Angleterre, la déportation des Acadiens débute.

1758 • L'Angleterre s'empare définitivement de la forteresse de Louisbourg.

• Première séance de la législature de la Nouvelle-Écosse.

1759 • Défaite des Français lors de la bataille des plaines d'Abraham, et ensuite reddition de la ville de Québec.

1760 • Reddition de la ville de Montréal.

• Le gouverneur général Amherst annonce les points saillants de la nouvelle administration. Le pays est placé sous régime militaire et divisé en trois grandes régions.

RÉGIME ANGLAIS

1763 • En vertu du traité de Paris, le Canada devient une colonie britannique.

• La Proclamation royale assure l'administration, par un gouvernement civil, des territoires conquis. Le nom «Province de Québec» remplace «Canada» et une vaste région voit le jour à l'ouest.

• La loi britannique remplace la Coutume de Paris et l'anglais s'impose comme seule langue officielle.

• Cap Breton et l'île Saint-Jean sont annexés à la Nouvelle-Écosse.

• Refusant de prêter le serment du Test, les catholiques sont exclus de toute charge politique officielle.

• Par la Proclamation royale, le roi George III reconnaît que les peuples autochtones détiennent la possession légale et originelle de leur terre. La Proclamation, considérée comme la *Magna Carta* des peuples autochtones, a été enchâssée dans la *Loi constitutionnelle de 1982*.

1764 • Établissement du gouvernement civil.

1768 • Fondation de la ville de Charlottetown.

1769 • L'île Saint-Jean devient une province distincte de la Nouvelle-Écosse, avec ses propres institutions politiques. La première assemblée sera convoquée en 1773. Et ce n'est qu'en 1798 que l'on parlera de l'Île-du-Prince-Édouard.

1774 • L'Acte de Québec est adopté par le Parlement britannique (et mis en vigueur en 1775). Cet acte constitue une première tentative du gouvernement londonien pour établir un gouvernement colonial. Les frontières retournent pratiquement à ce qu'elles étaient avant 1763. Un conseil législatif est constitué et on cherche à préserver les droits des Canadiens français : outre que deux droits cohabitent – soit le droit civil français et le droit criminel anglais (procès par jury) –, le libre exercice de la religion catholique est permis et une nouvelle formule de serment remplace le serment du Test.

1775 • À Québec, le Conseil législatif tient sa première session.

1780 • Arrivée des loyalistes au Canada (dans les Maritimes, en Ontario et au sud du Québec).

1784 • Division de la Nouvelle-Écosse en deux, donnant lieu à la création du Nouveau-Brunswick. Celui-ci a un conseil nommé et une assemblée élue.

- L'île du Cap-Breton se sépare aussi de la Nouvelle-Écosse pour devenir une colonie distincte, avec son propre conseil.

1786 • À Saint John, Nouveau-Brunswick, réunion de la première assemblée élue en 1785.

- L'île-du-Prince-Édouard (ou île Saint-Jean) se sépare de nouveau de la Nouvelle-Écosse pour devenir une province.

1791 • L'Acte constitutionnel est adopté par le Parlement britannique. Il divise la province de Québec en deux provinces distinctes : le Haut-Canada (avec Newark comme capitale) et le Bas-Canada (Québec en devient la capitale). Dans cette dernière province continue de s'appliquer le droit civil français, alors qu'au Haut-Canada prévaut le droit commun anglais. Cet acte établit le principe du gouvernement représentatif au pays.

1792 • Le premier Parlement du Haut-Canada se réunit à Newark (Niagara), alors que la législature du Bas-Canada ouvre sa première session à Québec, au palais épiscopal. Une première décision des membres veut que les travaux de la Chambre se fassent dans les deux langues.

- Premier découpage électoral au Bas-Canada (50 circonscriptions) et au Haut-Canada (16 districts électoraux).

1796 • Toronto (York) devient la nouvelle capitale du Haut-Canada, remplaçant Newark.

1806 • Un journal entièrement rédigé en français, *Le Canadien*, paraît pour la première fois.

1809 • Le Labrador, rendu au Canada en 1774 par l'Acte de Québec, est annexé de nouveau à Terre-Neuve.

1820 • L'île du Cap-Breton relève à nouveau de la Nouvelle-Écosse.

1826 • Fondation de la ville d'Ottawa (Bytown).

1832 • Le gouvernement représentatif est accordé à Terre-Neuve. L'année suivante, l'Assemblée se rencontre pour une première fois.

1834 • L'Assemblée du Bas-Canada adopte les 92 *Résolutions,* où sont énoncés les griefs de la population.

- Fondation de la *Société Saint-Jean-Baptiste.*

1836 • Inauguration du premier chemin de fer canadien (de La Prairie à Saint-Jean, Québec).

1837-1838 Rapport des commissaires du Canada ; émeutes dans le Bas-Canada et le Haut-Canada.

- Suspension de la constitution du Bas-Canada et création du Conseil spécial.

1839 • Le rapport Durham est déposé au Parlement britannique.

1840 • L'Acte d'Union est adopté par le Parlement britannique, il a pour effet d'unir les deux Canada par suite des recommandations du rapport Durham. L'anglais devient la seule langue officielle.

1841 • Kingston devient la capitale de la Province du Canada, constituée de l'union du Bas-Canada et du Haut-Canada. Le Parlement tient une première séance sous le régime de l'Union.

1843 • Fondation de la ville de Victoria.

1844 • La capitale canadienne passe de Kingston à Montréal.

1846 • Inauguration de la première ligne télégraphique.

1848 • Établissement du gouvernement responsable au Canada.

1849 • Sanction de la loi des pertes causées par la rébellion.

- Émeutes à Montréal, au cours desquelles le parlement du Canada est incendié. L'Assemblée se réunira alternativement à Toronto et à Québec.

1851 • L'administration des postes passe sous la responsabilité du gouvernement colonial du Canada.

- Émission de timbres-poste.

- Québec devient la capitale.
- Établissement du gouvernement responsable à l'Île-du-Prince-Édouard.

1855 • Établissement du gouvernement responsable à Terre-Neuve.
- Le siège du gouvernement est transféré à Toronto.

1856 • Le Conseil législatif du Canada devient électif.
- Première séance de la législature de l'Île-de-Vancouver.
- Québec devient le siège du gouvernement.

1857 • La reine Victoria désigne la ville d'Ottawa comme capitale du Canada.

1858 • Adoption du système décimal pour la monnaie.

1859 • Émission de monnaie d'argent canadienne.

1860 • Pose de la première pierre de l'édifice du Parlement à Ottawa.

1864 • Conférences constitutionnelles de Charlottetown et de Québec. Un projet de confédération de l'Amérique du Nord britannique est présenté par John A. Macdonald et George-Étienne Cartier.

1865 • La législature canadienne adopte une adresse priant la reine d'unir les provinces de l'Amérique du Nord britannique.

1866 • Des délégués du Canada-Uni, du Nouveau-Brunswick et de la Nouvelle Écosse se rencontrent à Londres pour élaborer l'Acte de l'Amérique du Nord britannique.
- Première séance des Chambres canadiennes à Ottawa.

LA FÉDÉRATION CANADIENNE

1867 • L'Acte de l'Amérique du Nord britannique reçoit la sanction royale et est mis en vigueur le 1er juillet.
- Le Canada résulte de l'union de quatre provinces : le Bas-Canada, le Haut-Canada, la Nouvelle-Écosse et le Nouveau-Brunswick.
- Élection fédérale : conservateur : 101, libéral : 80. John A. Macdonald devient lepremier ministre canadien.
- Réunion du premier Parlement fédéral.

1868 • Le Canada acquiert les Territoires du Nord-Ouest.

1869 • Échec des premières discussions en vue d'unir Terre-Neuve au Canada.
- Rébellion de la Rivière-Rouge sous Riel.

1870 • Loi constituant la province du Manitoba, qui entre dans la Confédération.
- Les Territoires du Nord-Ouest entrent dans la Confédération.
- Répression de la rébellion de Rivière-Rouge.

1871 • Premier recensement au Canada : 3 689 257 personnes.
- Loi établissant un régime monétaire au Canada.
- La Colombie-Britannique entre dans la Confédération.

1872 • Élection fédérale : conservateur : 103, libéral : 97. PM : John A. Macdonald.
- Le Parlement fédéral adopte une charte générale du chemin de fer Pacifique-Canadien et autorise la construction d'une ligne transcontinentale par une société privée.

1873 • Loi constituant la Gendarmerie à cheval du Nord-Ouest qui deviendra la Gendarmerie royale du Canada en 1920.
- L'Île-du-Prince-Édouard entre dans la Confédération.

1874 • Élection fédérale : conservateur : 133, libéral : 73. PM : Alexander Mackenzie.
     • Sanction de la Loi des élections fédérales.
1875 • Établissement de la Cour suprême du Canada, qui tiendra sa première séance l'année suivante.
1878 • Élection fédérale : conservateur : 137, libéral : 69. PM : John A. Macdonald.
1879 • Politique nationale de Macdonald.
1882 • Élection fédérale : conservateur : 139, libéral : 71. PM : John A. Macdonald.
     • Regina est désignée comme siège du gouvernement des Territoires du Nord-Ouest.
1883 • Le jugement Hodge V. The Queen favorise le pouvoir des provinces, en orientant le système fédéral vers une décentralisation.
1885 • Seconde rébellion de Riel qui sera exécuté plus tard dans l'année.
     • Sanction de la Loi du cens électoral.
1887 • Élection fédérale : conservateur : 123, libéral : 92. PM : John A. Macdonald.
     • Première conférence coloniale à Londres.
1891 • Élection fédérale : conservateur : 123, libéral : 92. PM : John Abbott.
1894 • Deuxième conférence coloniale à Ottawa.
1896 • Élection fédérale : libéral : 117, conservateur : 89, indépendant : 7. PM : Wilfrid Laurier. Il est le premier ministre francophone.
1897 • Troisième conférence coloniale à Londres.
1898 • Le district du Yukon devient territoire distinct et entre dans la Confédération.
1899 • L'opinion publique canadienne est divisée face à la participation du Canada à la guerre des Boers. Le premier ministre Laurier n'envoie que des volontaires.
1900 • Élection fédérale : libéral : 128, conservateur : 78, autre : 8. PM : Wilfrid Laurier.
1901 • Premier signal transatlantique sans fil reçu par Marconi à St. John's (Terre-Neuve).
1902 • Quatrième conférence coloniale à Londres.
1904 • Élections fédérales : libéral : 139, conservateur : 75. PM : Wilfrid Laurier.
     • Fondation de la ville d'Edmonton.
1905 • Élection provinciale (Ontario) : victoire du Parti conservateur. PM : James Pliny Whitney.
     • Création des provinces de la Saskatchewan et de l'Alberta, qui entrent dans la Confédération.
     • Fondation de la ville de Peterborough (Ontario).
1907 • Cinquième conférence coloniale à Londres.
     • Établissement de la Cour suprême de l'Alberta.
     • Établissement de la Cour suprême de la Saskatchewan.
1908 • Élection fédérale : libéral : 133, conservateur : 85, indépendant : 3. PM : Wilfrid Laurier.
1909 • Établissement de la Cour suprême de l'Ontario.
     • Création du ministère des Affaires extérieures.
1910 • Fondation de la ville de Prince Rupert (Colombie-Britannique).
     • Établissement de la Marine royale canadienne.
     • Fondation du quotidien *Le Devoir*.
1911 • Élection fédérale : conservateur : 133, libéral : 86, indépendant : 2. PM : Robert Borden.
     • Le territoire de l'Ungava devient territoire québécois.
     • Conférence impériale à Londres.

1912 • Constitution de la Commission royale des dominions.

• Les frontières du Québec, de l'Ontario et du Manitoba sont étendues.

1913 • L'usage du français est interdit dans les écoles ontariennes après la première année.

1914 • Le Canada entre dans la Première Guerre mondiale.

• Premières manifestations suffragettes à Winnipeg, dirigées par Nellie Letitia McClung.

1916 • Les femmes du Manitoba et de la Saskatchewan obtiennent le droit de vote au provincial.

• Le parlement fédéral est lourdement endommagé par un incendie.

• Établissement du Conseil national de recherches du Canada, en vue de promouvoir la recherche scientifique.

1917 • Élection fédérale : unioniste : 153, libéral : 82. PM : Robert Borden.

• Les femmes de la Colombie-Britannique et de l'Ontario obtiennent le droit de vote au provincial.

• Nomination d'une première femme juge, Helen Emma MacGill, à la Cour de la jeunesse de Vancouver.

• Élection d'une première femme à une législature provinciale, Louise McKinney, en Alberta.

1917- • Les Canadiennes obtiennent le droit de vote aux élections fédérales. Le droit d'éligibilité leur sera re-
1918 connu deux années plus tard.

1919 • Élection provinciale (Ontario) : victoire du *United Farmers* (gouvernement de coalition). PM : Ernest Charles Drury.

• Constitution des Chemins de fer nationaux du Canada.

• Inauguration du pont de Québec.

1920 • Amendement de la Loi sur les Indiens en vue de reconnaître le droit de vote aux Amérindiens.

• Imposition d'une taxe de vente fédérale de 1 %.

1921 • Élection fédérale : libéral : 117, progressiste : 64, conservateur : 50, travailliste : 3, indépendant : 1. PM :
Mackenzie King.

• Élection provinciale (Alberta) : victoire du United Farmers. PM : Herbert Greenfield.

• Élection d'une première députée à la Chambre des communes, Agnes Campbell McPhail.

• Le Canada adopte ses armoiries.

• Fondation de la Confédération des travailleurs catholiques du Canada.

1922 • Élection provinciale (Manitoba) : victoire du United Farmers. PM : John Bracken.

1923 • Élection provinciale (Ontario) : victoire du Parti conservateur. PM : George Howard Ferguson.

• Élection provinciale (Île-du-Prince-Édouard) : victoire du Parti conservateur. PM : James David Stewart.

• Signature du Traité sur le flétan, premier traité signé indépendamment par le Canada.

1924 • Fondation de l'Union catholique des cultivateurs.

• Établissement de l'Aviation royale canadienne.

1925 • Élection fédérale : conservateur : 116, libéral : 101, progressiste : 24, travailliste : 2, indépendant : 2.
PM : Mackenzie King.

• Élection provinciale (Saskatchewan) : victoire du Parti libéral. PM : Charles Avery Dunning.

• Élection provinciale (Nouvelle-Écosse) : victoire du Parti conservateur. PM : Edgar Nelson Rhodes.

• Élection provinciale (Nouveau-Brunswick) : victoire du Parti conservateur. PM : John B.M. Baxter.

1926 • Élection fédérale : libéral : 116, conservateur : 91, progressiste : 13, United Farmers of Alberta : 11,
libéral-progressiste : 9, travailliste : 3, indépendant : 2. PM : Mackenzie King.

• Conférence impériale à Londres où est adopté le Rapport Balfour.

• Première nomination diplomatique, celle de Charles Vincent Massey.

1927 • Le Labrador est reconnu territoire terre-neuvien par le Conseil privé de Londres.
   • Adoption par la Chambre des communes d'un programme de pension de vieillesse. Il s'agit d'un premier engagement du Canada dans la voie de l'État-providence.

1928 • Élection provinciale (Colombie-Britannique) : victoire du Parti conservateur. PM : Simon Fraser Tolmie.
   • Élection provinciale (Terre-Neuve) : victoire du Parti libéral. PM : Richard A. Squires.
   • Le conseil législatif est aboli en Nouvelle-Écosse. Le Québec demeure la seule province à conserver deux chambres.
   • La Cour suprême du Canada statue que les femmes ne sont pas des «personnes qualifiées» au sens de la loi pour devenir éligibles à une nomination au Sénat.
   • Entrée en vigueur du programme de pension de vieillesse au Manitoba.

1929 • Élection provinciale (Saskatchewan) : victoire du Parti conservateur. PM : J. T. M. Anderson.
   • En vertu d'une décision du Comité judiciaire du Conseil privé impérial de Londres, les femmes deviennent éligibles à siéger au Sénat canadien.
   • Transfert par le gouvernement fédéral des ressources naturelles au Manitoba et à l'Alberta.

1930 • Élection fédérale : conservateur : 137, libéral : 88, United Farmers : 10, libéral-progressiste : 3, progressiste : 2, travailliste : 2, travailliste-indépendant : 1, indépendant : 2. PM : R B. Bennett.
   • Élection provinciale (Alberta) : victoire du United Farmers. PM : John Edward Brownlee.
   • Transfert par le gouvernement fédéral des ressources naturelles à la Colombie-Britannique et à la Saskatchewan.
   • Nomination d'une première sénatrice, Cairine Reay Wilson.
   • Adoption aux Communes de la Loi sur l'assurance chômage.

1931 • Élection provinciale (Île-du-Prince-Édouard) : victoire du Parti conservateur. PM : James David Stewart.
   • En vertu du Statut de Westminster, le Canada accède à sa souveraineté; le Parlement anglais ne légiférera plus pour le Canada (à moins d'une demande en ce sens).

1932 • Formation de la Fédération du Commonwealth coopératif (C.C.F.), ancêtre du Nouveau Parti démocratique.
   • Mise sur pied de la Commission canadienne de radiodiffusion. Elle doit assurer l'établissement d'un réseau radiophonique public diffusant en français et en anglais et superviser toutes stations privées et publiques au Canada.

1933 • Élection provinciale (Nouvelle-Écosse) : victoire du Parti libéral. PM : Angus Lewis Macdonald.
   • Élection provinciale (Colombie-Britannique) : victoire du Parti libéral. PM : Thomas Dufferin Pattullo.

1934 • Élection provinciale (Saskatchewan) : victoire du Parti libéral. PM : James Garfield Gardiner.
   • Élection provinciale (Ontario) : victoire du Parti libéral. PM : Mitchell Frederick Hepburn.
   • Suspension de la Constitution de Terre-Neuve; une commission de gouvernement entre en fonction en février.

1935 • Élection fédérale : libéral : 171, conservateur : 39, Crédit social : 17, Fédération du Commonwealth coopératif : 7, libéral-indépendants : 5, libéral-progressiste : 2, conservateur-indépendant : 1, Reconstruction :1, indépendant : 1, United Farmers of Ontario-travailliste : 1. PM : Mackenzie King.
   • Élection provinciale (Nouveau-Brunswick) : victoire du Parti libéral. PM : A. Allison Dysart.
   • Élection provinciale (Île-du-Prince-Édouard) : victoire du Parti conservateur. PM : William J. P. MacMillan.

- Élection provinciale (Alberta) : victoire du Crédit social. PM : William Aberhart.
- La Banque du Canada commence ses opérations.

1936
- Élection provinciale (Québec) : victoire de l'Union nationale. PM : Maurice Duplessis.
- Élection d'une première conseillère municipale à Halifax, Mary Teresa Sullivan.
- Création de la Société Radio-Canada.
- Fondation du *Globe and Mail*.

1937
- Commission royale sur les relations fédérales-provinciales (commission Rowell-Sirois).
- Le gouvernement du Québec adopte la Loi du cadenas. Cette loi sera annulée par la Cour suprême du Canada en 1957.

1938
- Jugement unanime de la Cour suprême en faveur du gouvernement fédéral sur tous les points soulevés par l'Alberta.

1939
- Élection provinciale (Québec) : victoire du Parti libéral. PM : Joseph-Adélard Godbout.

LE CANADA ENTRE DANS LA DEUXIÈME GUERRE MONDIALE.

- Création de l'Office national du film.

1940
- Élection fédérale : libéral : 178, conservateur : 39, Crédit social : 10, Fédération du Commonwealth coopératif : 8, libéral-progressiste : 3, libéral-indépendant : 3, Union : 2, conservateur-indépendant : 1, indépendant : 1. PM : Mackenzie King.
- Le Parlement fédéral adopte une législation pour établir un programme national d'assurance- chômage, qui entrera en vigueur l'année suivante.
- Les Québécoises sont les dernières femmes du Canada à obtenir le droit de vote et d'éligibilité aux élections provinciales.

1941
- Élection provinciale (Colombie-Britannique) : Gouvernement de coalition libéral-conservateur. PM : John Hart.

1942
- Débarquement de Dieppe, dominé par les forces canadiennes.

1943
- Élection provinciale (Ontario) : victoire du Parti conservateur. PM : George Alexander Drew.
- Première Conférence de Québec, à laquelle assistent Churchill et Roosevelt.

1944
- Élection provinciale (Saskatchewan) : victoire du C.C.F. PM : Thomas C. Douglas. Il s'agit du premier gouvernement socialiste au Canada.
- Élection provinciale (Québec) : victoire de l'Union nationale. PM : Maurice Duplessis.
- Deuxième Conférence de Québec, à laquelle assistent Churchill et Roosevelt.

1945
- Élection fédérale : libéral : 125, progressiste-conservateur : 67, Fédération du Commonwealth coopéra- tif : 28, Crédit social : 13, indépendant : 5, libéral-indépendant : 2, Bloc populaire : 2, conservateur- indépendant : 1, Fédération du Commonwealth coopératif-indépendant : 1, Ouvrier-progressiste : 1. PM : Mackenzie King.
- Début du programme des allocations familiales.

1946
- Tenue de la première assemblée générale de l'ONU. Le Canada est représenté à la Commission de l'éner- gie atomique, au Conseil économique et social et à la Cour internationale de justice.
- Adoption de la Loi sur la citoyenneté canadienne. Elle établit une citoyenneté canadienne distincte et dominante sur la citoyenneté britannique.
- Introduction d'un premier programme social en matière de santé en Saskatchewan.

- Élection d'une convention nationale à Terre-Neuve; on y discute notamment des bases de l'union fédérale de Terre-Neuve au Canada.

1947 • Élection du Canada au Conseil de sécurité de l'ONU.

1948 • Démission de Mackenzie King comme premier ministre. Il est remplacé par Louis St-Laurent.

- Les Canadiennes et Canadiens d'origine japonaise obtiennent le droit de vote au fédéral.

- Le Québec adopte le fleurdelisé pour son drapeau.

- Un référendum tenu à Terre-Neuve favorise l'union avec le Canada.

1949 • Élection fédérale : libéral : 190, progressiste-conservateur : 41, Fédération du Commonwealth coopératif : 13, Crédit social : 10, indépendant : 5, libéral-indépendant : 3. PM : Louis St-Laurent.

- Élection provinciale (Terre-Neuve) : victoire du Parti libéral. PM : Joseph Roberts Smallwood.

- Terre-Neuve devient la 10ᵉ province canadienne. Joseph Roberts Smallwood est premier ministre.

- Le Canada signe le traité de l'Atlantique Nord.

- Abolition du droit d'appel au Conseil privé de Londres. La Cour suprême devient la cour de dernière instance au Canada.

- Le Parlement britannique amende l'Acte de l'Amérique du Nord britannique, afin de conférer au Canada le pouvoir d'amender sa propre constitution en certaines matières.

- Nomination d'une première femme à la présidence d'une législature dans le Commonwealth Colombie-Britannique, Nancy Hodges.

- Commission royale sur l'avancement des arts, des lettres et des sciences au Canada (commission Massey).

1950 • Conférence fédérale-provinciale, où l'on discute des modifications à la constitution.

- Début de la construction du pipeline interprovincial, devant transporter le pétrole d'Edmonton à la tête du lac Supérieur.

- Importante grève nationale des chemins de fer.

1951 • La Loi des Territoires du Nord-Ouest est modifiée pour instituer un conseil partiellement élu. Une première élection et la première session du Conseil se tiendront plus tard dans l'année.

- Le Parlement fédéral approuve la constitution en corporation de la Trans-Canada Pipelines, qui doit transporter le gaz naturel de l'Alberta à Montréal.

- Une Loi du Parlement fédéral établit l'administration de la Voie maritime du Saint-Laurent.

1952 • Élection provinciale (Colombie-Britannique) : victoire du Crédit social (gouvernement minoritaire). PM : William Andrew Cecil Bennett.

- Élection provinciale (Nouveau-Brunswick) : victoire du Parti conservateur. PM : Hugh John Flemming.

- Vincent Massey devient le premier Canadien de naissance à être nommé gouverneur général du Canada.

- Entrée en vigueur de la Loi sur la sécurité de vieillesse et de la Loi sur l'assistance vieillesse.

- Un incendie endommage la bibliothèque du Parlement à Ottawa.

- CBFT (Montréal) devient la première station de télévision à diffuser au Canada.

- CBLT (Toronto) suivra de peu.

- Création d'Énergie atomique du Canada.

- On annonce l'établissement d'une bibliothèque nationale du Canada à Ottawa.

1953 • Élection fédérale : libéral : 170, progressiste-conservateur : 51, Fédération du Commonwealth coopératif : 23, Crédit social : 15, indépendant : 3, libéral-indépendant : 2, libéral-travailleur : 1. PM : Louis St-Laurent.

- Parachèvement du pipeline à pétrole Trans-Mountain allant d'Edmonton à Vancouver.
- Sanction royale de la loi créant le ministère du Nord canadien et des Ressources nationales.

1954 - Le Québec adopte un impôt provincial sur le revenu.
- Mise en service du premier métro canadien, à Toronto.
- L'île du Cap-Breton est reliée à la terre ferme de la Nouvelle-Écosse par la chaussée de Canso.

1955 - Télédiffusion pour la première fois des cérémonies d'ouverture du Parlement à Ottawa.
- On annonce un plan pour la construction de la première usine canadienne d'énergie atomique.
- Conférence fédérale-provinciale, au cours de laquelle on discute d'assistance en cas de chômage, puis de questions financières.
- Pose du premier câble téléphonique transatlantique.
- La Cour suprême rejette la contestation de la légalité du Code fédéral du travail.

1956 - Élection provinciale (Nouvelle-Écosse) : victoire du Parti conservateur. PM : Robert Lome Stanfield.
- Affaire du gazoduc transcanadien , au cours de laquelle pour la première fois un gouvernement la guillotine à toutes les étapes du débat en Chambre.
- Fin de la grève de la General Motors.
- Conférence fédérale-provinciale sur la fiscalité.
- Formation du Congrès du travail du Canada.
- Création du Conseil des arts du Canada, destiné à promouvoir les arts, les humanités et les sciences sociales.
- Dans l'histoire parlementaire canadienne, une première femme propose l'Adresse en réponse au discours du Trône, Madame Ann Shipley.

1957 - Élection fédérale : progressiste-conservateur : 112, libéral : 105, Fédération du Commonwealth coopératif : 25, Crédit social : 19, indépendant : 2, libéral-indépendant : 1, libéral-travailleur : 1. PM : John Diefenbaker.
- Nomination d'une première femme ministre dans un cabinet fédéral, Ellen Louks Fairclough.
- Pour la première fois au Canada le monarque régnant préside à l'ouverture officielle du parlement canadien.
- Commission royale sur l'union de Terre-Neuve au Canada.
- Commission royale sur les ressources énergétiques du Canada.
- Commission royale sur les écarts de prix des produits agricoles et de la pêche.
- La Saskatchewan devient la première province à terminer son tronçon de la transcanadienne.
- Lester B. Pearson devient le premier Canadien à obtenir le prix Nobel de la paix.

1958 - Élection fédérale : progressiste-conservateur : 208, libéral : 48, Fédération du Commonwealth coopératif : 8, libéral-travailleur : 1. PM : John Diefenbaker.
- Élection provinciale (Manitoba) : victoire du Parti progressiste-conservateur. PM : Dufferin Roblin.
- Entrée en vigueur du régime d'hospitalisation fédéral-provincial en Colombie-Britannique, en Alberta en Saskatchewan, au Manitoba et à Terre-Neuve.
- Nomination d'une première femme ambassadrice, Blanche Margaret Meagher, en Israël.
- Nomination d'un premier Amérindien au Sénat, James Gladstone.

1959 - Élection provinciale (Île-du-Prince-Édouard) : victoire du Parti conservateur. PM : Walter R. Shawl.

- Entrée en vigueur du régime d'hospitalisation fédéral-provincial en Ontario, en Nouvelle-Écosse, au Nouveau-Brunswick et à l'Île-du-Prince-Edouard.
- Inauguration de la Voie maritime du Saint-Laurent.
- Conférence fédérale-provinciale, où la demande des provinces d'augmenter les paiements en vertu du partage fiscal est rejetée par le gouvernement fédéral.

1960
- Élection provinciale (Québec) : victoire du Parti libéral. PM : Jean Lesage. Début de la Révolution tranquille au Québec.
- Élection provinciale (Nouveau-Brunswick) : victoire du Parti libéral. PM : Louis J. Robichaud.
- Adoption de la Déclaration canadienne des droits (en tant que loi ordinaire du Parlement).
- L'âge de la retraite des juges à la Cour suprême est fixé à 75 ans.
- Ouverture de la nouvelle Galerie nationale à Ottawa.
- Entrée en vigueur du régime d'hospitalisation fédéral-provincial au Québec.
- Élection à Montréal du Parti civique de Jean Drapeau. Il restera en poste jusqu'en 1986.
- Conférence fédérale-provinciale, où sont jetées les bases d'autres entretiens au sujet de la modification de la constitution et de questions fiscales.
- Commission royale sur l'administration fédérale.

1961
- Conférence constitutionnelle entre le fédéral et les provinces en vue de s'entendre sur une formule d'amendement de la constitution.
- Élection d'un premier leader national au Nouveau Parti démocratique du Canada, Tommy Douglas.
- Formation de trois organisations séparatistes au Québec : l'Alliance laurentienne, l'Action socialiste pour l'indépendance du Québec et le Rassemblement pour l'indépendance nationale.
- Commission royale d'enquête sur les finances.

1962
- Élection fédérale : progressiste-conservateur : 116, libéral : 99, Crédit social : 30, Nouveau Parti démocratique : 19, libéral-travailleur : 1. PM : John Diefenbaker.
- Élection provinciale (Québec) : victoire du Parti libéral. PM : Jean Lesage.
- Élection provinciale (Terre-Neuve) : victoire du Parti libéral. PM : Joseph R Smallwood.
- Élection provinciale (Île-du-Prince-Édouard) : victoire du Parti progressiste-conservateur, PM : Walter R. Shawl.
- Élection provinciale (Manitoba) : victoire du Parti progressiste-conservateur. PM : Duff Roblin.
- Commission royale sur la fiscalité.
- Commission royale d'enquête chargée d'étudier la structure des taxes du Canada.
- Commission royale d'enquête chargée d'étudier le régime canadien de pilotage des navires.
- Entrée en vigueur du régime d'assurance médicale en Saskatchewan.
- Nomination d'une première femme ministre dans un cabinet provincial au Québec, Marie-Claire Kirkland-Casgrain.
- Début des travaux du métro de Montréal.
- Achèvement de la route transcanadienne.

1963
- Élection fédérale : libéral : 128, progressiste-conservateur : 95, Crédit social : 24, Nouveau Parti démocratique : 17, libéral-travailleur : 1. PM : Leaster B. Pearson.
- Élection provinciale (Nouveau-Brunswick) : victoire du Parti libéral. PM : Louis J. Robichaud.
- Élection provinciale (Alberta) : victoire du Parti créditiste. PM : Ernest C. Manning.

- Élection provinciale (Ontario) : victoire du Parti progressiste-conservateur. PM : John P. Robarts.
- Élection provinciale (Colombie-Britannique) : victoire du Parti créditiste. PM : W. A. C. Bennett.
- Élection provinciale (Nouvelle-Écosse) : victoire du Parti progressiste-conservateur. PM : R. L. Stanfield.
- Nationalisation du réseau hydroélectrique au Québec. Création d'Hydro-Québec.
- Commission royale sur le bilinguisme et le biculturalisme.
- Cérémonie de la première pelletée de terre pour l'édifice commémoratif de la Confédération à Charlotte-town.
- Création du Conseil économique du Canada.
- Premières manifestations du Front de libération du Québec (FLQ).
- Dépôt du rapport de la Commission royale sur l'éducation (rapport Dorion) qui propose une restructuration en profondeur du système d'enseignement québécois.
- Entrée en vigueur du programme d'assurance maladie facultative du gouvernement de l'Alberta.
- Conférence fédérale-provinciale où le gouvernement fédéral concède aux provinces le droit à certains de ses revenus.

1964
- Élection provinciale (Saskatchewan) : victoire du Parti libéral. PM : W. Ross Thatcher.
- Premières émissions des numéros d'assurance sociale.
- Abaissement de l'âge minimal pour voter au Québec, de 21 à 18 ans.
- Présentation aux Communes du projet de loi sur le Régime de pensions du Canada.
- Conférence fédérale-provinciale, où sont discutés le régime de pensions du Canada, la péréquation de l'impôt et les programmes de frais partagés.
- Québec annonce qu'il établira son propre régime de pensions.
- Adoption à Québec du bill 60 sur l'éducation.
- Conférence constitutionnelle fédérale-provinciale où l'on arrive à une décision sur une formule de modification de la constitution du Canada, ainsi que sur la préparation d'une étude portant sur le financement des gouvernements fédéral, provinciaux et municipaux.
- Adoption par la Chambre d'une résolution donnant un nouveau drapeau au Canada. Il sera hissé pour la première fois l'année suivante.
- La Saskatchewan se choisit un drapeau.

1965
- Élection fédérale : libéral : 131, progressiste-conservateur : 97, Nouveau Parti démocratique : 21, Ralliement créditiste : 9, Crédit social : 5, indépendant : 1, progressiste-conservateur indépendant : 1. PM : Leaster B. Pearson.
- Proclamation d'une loi prévoyant l'établissement de commissions de délimitation des circonscriptions électorales.
- Proclamation du drapeau du Nouveau-Brunswick.
- Sanction de la Loi sur le Régime de pensions du Canada.
- Proclamation du drapeau de l'Ontario.
- L'âge de la retraite au Sénat est fixé à 75 ans.
- Conférence fédérale-provinciale où sont représentés pour la première fois le Yukon et les Territoires du Nord-Ouest. On y parle de l'assurance santé nationale, d'économie et des droits miniers sous-marins.
- Approbation royale du drapeau du Manitoba.

1966 • Élection provinciale (Île-du-Prince-Édouard) : victoire du Parti libéral. PM : Alexander Bradshaw Campbell.
   • Élection provinciale (Québec) : victoire de l'Union nationale. PM : Daniel Johnson.
   • Élection provinciale (Manitoba) : victoire du Parti progressiste-conservateur. PM : Duff Roblin.
   • Élection provinciale (Terre-Neuve) : victoire du Parti libéral. PM : Joseph Roberts Smallwood.
   • Élection provinciale (Colombie-Britannique) : victoire du Crédit social. PM : W. A. C. Bennett.
   • Conférence fédérale-provinciale sur la formation de la main-d'œuvre.
   • Suspension de la formule d'amendement Fulton-Favreau, en raison de l'opposition du Québec.
   • Le Conseil des Territoires du Nord-Ouest appuie en principe le projet de la constitution des Territoires en une province.
   • À la suite du désaccord des provinces, l'entrée en vigueur du régime fédéral d'assurance santé et de frais médicaux est remise au 1er juillet 1968.
   • La taxe de vente de l'Ontario augmente à 5 %.
   • Sanction royale du programme facultatif de soins médicaux de l'Ontario.
   • Nomination d'un premier Amérindien à la magistrature, Edwin Godfrey Newman.
   • Manifestations à Ottawa contre la guerre du Viêt-nam.
   • Dans un vote libre, la Chambre des communes rejette l'abolition de la peine de mort dans le cas des personnes reconnues coupables de meurtre.
   • Ouverture au public du métro de Montréal.
   • Commission royale sur la sécurité d'État au Canada.

1967 • Élection provinciale (Alberta) : victoire du Parti créditiste. PM : Ernest C. Manning.
   • Élection provinciale (Nouvelle-Écosse) : victoire du Parti progressiste-conservateur. PM : Robert L. Stanfield.
   • Élection provinciale (Saskatchewan) : victoire du Parti libéral. PM : W. Ross Thatcher.
   • Élection provinciale (Ontario) : victoire du Parti progressiste-conservateur. PM : John P. Robarts.
   • Élection provinciale (Nouveau-Brunswick) : victoire du Parti libéral. PM : Louis J. Robichaud.
   • Yellowknife devient la capitale des Territoires du Nord-Ouest.
   • Fêtes du centenaire du Canada.
   • Inauguration officielle de l'Expo 67 à Montréal.
   • Création de l'Ordre du Canada.
   • Inauguration à Ottawa de l'édifice de la Bibliothèque et des Archives nationales du Canada.
   • Québec démarre son programme des allocations familiales.
   • Nomination en Alberta d'un premier *ombudsman* au Canada, George Brinton McClellan.
   • Conférence sur la Confédération de demain.
   • Visite du général de Gaulle qui lance son « Vive le Québec libre ».
   • La peine de mort est suspendue pour une période de 5 années (sauf pour le meurtre de policiers ou de gardiens de prison).
   • Création de la Commission royale sur la situation de la femme au Canada (commission Bird).
   • La taxe de vente du Québec augmente à 8 %.
   • En vertu de la nouvelle Loi sur les banques, la Banque Toronto-Dominion procède à l'émission des premières obligations au Canada.
   • Importante manifestation à Ottawa des producteurs de lait du Québec et de l'Ontario.

1968 • Élection fédérale : libéral : 154, progressiste-conservateur : 72, Nouveau Parti démocratique : 22, Ralliement créditiste : 14, libéral-travailleur : 1, indépendant : 1. PM : Pierre E. Trudeau.

• Premier débat télévisé des chefs politiques au fédéral.

• Conférence constitutionnelle fédérale-provinciale au cours de laquelle les droits de la langue française
sont officiellement reconnus par les provinces.

• Annonce de la création de Radio-Québec.

• Modification au Code criminel pour permettre l'avortement thérapeutique sous certaines conditions.

• Le Mouvement souveraineté-association et le Ralliement national s'unissent pour donner naissance au
Parti québécois, avec René Lévesque comme président.

• Le Conseil législatif est aboli au Québec. Le nom de l'Assemblée législative est modifié pour « Assemblée
nationale du Québec ».

• Une Mohawk, Mary Two-Axe Early, entame une lutte contre la discrimination faite aux femmes en vertu
de la *Loi sur les Indiens*. Lorsqu'une Indienne épousait un non-Indien, elle perdait son statut d'Indienne,
ainsi que les droits et privilèges s'y rattachant, l'inverse n'étant pas vrai pour les hommes qui, au demeu-
rant, étendaient leur statut d'Indien à leur conjointe non autochtone. La lutte pour mettre fin à cette
discrimination se poursuivra jusqu'en 1985, alors qu'un amendement à la *Loi sur les Indiens* permettra à
tous les Indiens (femmes et hommes) ayant perdu leur statut de le recouvrer.

1969 • Élection provinciale (Manitoba) : victoire du Nouveau Parti démocratique. PM : Edward Richard Schreyer.

• Libéralisation des lois en matière d'avortement, d'homosexualité et de loterie.

• Adoption de la Loi sur les langues officielles, qui reconnaît le français et l'anglais comme langues officielles dans l'administration fédérale.

• Nomination au Québec d'une première femme à une cour supérieure, Réjane Laberge-Colas.

• Abaissement de l'âge minimal pour voter au Manitoba, de 21 à 18 ans.

• Le gouvernement du Canada propose l'élimination de la *Loi sur les Indiens*, la suppression du statut particulier et l'élimination des traités. Les agents du ministère des Affaires indiennes se retirent des réserves. De
plus, les organisations autochtones ont maintenant droit au financement du gouvernement fédéral.

1970 • Élection provinciale (Québec) : victoire du Parti libéral. PM : Robert Bourassa.

• Élection provinciale (Nouvelle-Écosse) : victoire du Parti libéral. PM : Gerald A. Regan.

• Élection provinciale (Nouveau-Brunswick) : victoire du Parti progressiste-conservateur. PM : Richard
Bennett Hatfield.

• Affaire Cross-Laporte : le FLQ enlève un diplomate britannique et un ministre du gouvernement québécois.

• Application de la Loi sur les mesures de guerre.

• Abaissement du droit de vote de 21 à 18 ans aux élections fédérales.

• Politique anti-inflationniste du gouvernement Trudeau.

• Adoption au Québec de la Loi sur l'assurance maladie.

1971 • Élection provinciale (Ontario) : victoire du Parti progressiste-conservateur. PM : W.E. Davis.

• Élection provinciale (Saskatchewan) : victoire du Nouveau Parti démocratique. PM : Allan Emrys Blakeney.

• Élection provinciale (Alberta) : victoire du Parti progressiste-conservateur. PM : Edgar Peter Lougheed.

• Élection provinciale (Terre-Neuve) : victoire du Parti progressiste-conservateur. PM : Frank Duff Moores.

• Conférence de Victoria. Rejet de la Charte constitutionnelle de Victoria par le Québec.

• Annonce du projet hydroélectrique de la Baie-James.

1972 • Élection fédérale : libéral : 109, progressiste-conservateur : 107, Nouveau Parti démocratique : 31, Crédit social : 15, indépendant : 2. PM : Pierre E. Trudeau.
- Élection provinciale (Terre-Neuve) : victoire du Parti progressiste-conservateur. PM : Frank Duff Moores.
- Élection provinciale (Colombie-Britannique) : victoire du Nouveau Parti démocratique. PM : David Barrett.
- Le Canada devient un observateur permanent à l'Organisation des États américains.
- Une première femme devient présidente du Sénat.
- L'Alberta adopte sa propre Charte des droits.

1973 • Élection provinciale (Québec) : victoire du Parti libéral. PM : Robert Bourassa.
- La Commission québécoise sur la langue française (rapport Gendron) recommande que le français soit la langue officielle au Québec et que le français et l'anglais soient les langues officielles au Canada.
- La Chambre des communes passe une résolution afin que la fonction publique fédérale devienne bilingue en 1978.
- La Chambre des communes maintient la suspension de la peine de mort pour un autre 5 ans.
- Acquittement du Dr Henry Morgentaler pour avoir pratiqué des avortements illégaux. Début d'une longue bataille judiciaire, qui atteindra son point culminant en 1988, alors qu'une décision de la Cour suprême aura pour effet de décriminaliser l'avortement.
- Dans le jugement Calder, six des sept juges de la Cour suprême reconnaissent l'existence, dans le droit canadien, du titre ancestral basé sur l'occupation des terres. Les juges reconnaissent que les droits territoriaux des autochtones existent non seulement en vertu de la Proclamation royale de 1763, mais en vertu également d'un titre indien issu de l'occupation ancestrale de ces terres.

1974 • Élection fédérale : libéral : 141, progressiste-conservateur : 95, Nouveau Parti démocratique : 16, Crédit social : 11, indépendant : 1. PM : Pierre E. Trudeau.
- Nomination d'une première femme lieutenant-gouverneur (en Ontario), Pauline McGibbon.
- Nomination d'un premier Amérindien au poste de lieutenant-gouverneur (en Alberta), celle de Ralph Steinhauer.
- Le Nouveau-Brunswick devient la première province à rédiger ses lois dans les deux langues officielles.
- Le français devient la langue officielle de la province de Québec.
- Les Cris, les Inuits et les gouvernements du Québec et du Canada signent ce qui est maintenant considéré comme un premier traité moderne, soit la Convention de la Baie-James et du Nord qui permettra le développement hydroélectrique du Québec.

1975 • Élection provinciale (Ontario) : victoire du Parti progressiste-conservateur. PM : W. E. Davis.
- Élection provinciale (Colombie-Britannique) : victoire du Crédit social. PM : William Richards Bennett.
- Augmentation du nombre des sièges au Sénat à 104, les Territoires du Nord-Ouest et le Yukon accédant ainsi à une représentation à la Chambre haute.
- Le castor devient le symbole officiel du Canada.
- La Loi sur l'administration du pétrole est approuvée par les Communes, donnant au gouvernement fédéral le pouvoir de fixer le prix de l'huile et du gaz naturel, et ce, sans l'accord des provinces productrices de ces sources d'énergie.
- Annonce par le premier ministre Trudeau d'un programme de contrôle des prix et des salaires en vue de combattre l'inflation.
- Les caméras de télévision sont admises pour la première fois à la Chambre des communes.

1976 • Élection provinciale (Québec) : victoire du Parti québécois. PM : René Lévesque.
 • La peine de mort est abolie.
 • Conférence fédérale-provinciale, où les provinces obtiennent de nouveaux pouvoirs de taxation.
 • Les Jeux olympiques se tiennent à Montréal.
1977 • Présentation de la Charte de la langue française à l'Assemblée nationale du Québec. Augmentation du nombre des circonscriptions électorales fédérales, passant à 282.
 • Adoption de la loi 101 au Québec.
 • Annonce de la création de Via Rail Canada comme société d'État.
 • Willy Adams devient le premier Inuit à siéger au Parlement comme sénateur pour les Territoires du Nord-Ouest.
1978 • Élection provinciale (Nouvelle-Écosse) : victoire du Parti progressiste-conservateur. PM : John MacLellan Buchanan.
 • Élection territoriale (Yukon) : victoire du Parti progressiste-conservateur. C'est la première élection territoriale impliquant des partis politiques.
 • Présentation aux Communes du document A Time for Action.
1979 • Élection fédérale : PC : 136 sièges, PLC : 114 sièges, NPD : 26, Crédit social : 6. PM : Joe Clark.
 • Élection provinciale (Île-du-Prince-Édouard) : victoire du Parti progressiste-conservateur. PM : John Angus MacLean.
 • Le gouvernement minoritaire de Joe Clark est défait sur un vote portant sur le budget. Des élections sont annoncées pour le mois de février 1980.
1980 • Élection fédérale : PLC : 147, PC : 103 sièges, NPD : 32. PM : Pierre E. Trudeau.
 • Référendum sur un projet de souveraineté politique et d'association économique du Québec avec le Canada. La question posée était : « Le gouvernement du Québec a fait connaître sa proposition d'en arriver, avec le reste du Canada, à une nouvelle entente fondée sur le principe de l'égalité des peuples. Cette entente permettrait au Québec d'acquérir le pouvoir exclusif de faire ses lois, de percevoir ses impôts et d'établir ses relations extérieures, ce qui est la souveraineté – et, en même temps, de maintenir avec le Canada une association économique comportant l'utilisation de la même monnaie. Aucun changement de statut politique résultant de ces négociations ne sera réalisé sans l'accord de la population lors d'un autre référendum. En conséquence, accordez-vous au gouvernement du Québec le mandat de négocier l'entente proposée entre le Québec et le Canada ? Oui/Non ».
 • Début des discussions constitutionnelles à Ottawa.
 • Pierre Trudeau annonce son intention de rapatrier la constitution et de l'amender en y ajoutant une charte des droits. Début du débat en Chambre.
 • Est adopté le « Ô Canada » comme hymne national.
1981 • Élection provinciale (Québec) : victoire du Parti québécois. PM : René Lévesque.
 • Élection provinciale (Manitoba) : victoire du Nouveau Parti démocratique. PM : Howard Russell Pawley.
 • La Cour suprême du Canada statue que le projet du gouvernement fédéral de rapatrier unilatéralement la constitution canadienne est légal, mais contraire à la convention constitutionnelle.
 • Création de la Société canadienne des postes, comme société d'État.
 • Pearl McGonigal devient la première femme lieutenant-gouverneure au Manitoba et la seconde au Canada.

- Conclusion d'une entente constitutionnelle en vue du rapatriement de la constitution entre le gouvernement fédéral et les provinces, sauf le Québec.
- Adoption par les Communes, puis par le Sénat, d'une résolution en vue du rapatriement de la Constitution.

1982
- Élection provinciale (Terre-Neuve) : victoire du Parti progressiste-conservateur. PM : Brian Peckford.
- Élection provinciale (Saskatchewan) : victoire du Parti progressiste-conservateur. PM : Grant Devine.
- Élection provinciale (Île-du-Prince-Édouard) : victoire du Parti progressiste-conservateur. PM : James Lee.
- Élection provinciale (Nouveau-Brunswick) : victoire du Parti progressiste-conservateur. PM : Richard Hatfield.
- Élection provinciale (Alberta) : victoire du Parti progressiste-conservateur. PM : Peter Lougheed.
- Adoption de la Loi constitutionnelle de 1982 et rapatriement unilatéral de la Constitution canadienne.
- Elle comporte une Charte des droits et libertés.
- Nomination d'une première femme juge à la Cour suprême du Canada, Bertha Wilson.
- Commission royale sur l'union économique et les perspectives de développement du Canada.
- La Cour suprême rejette les affirmations du Québec selon lesquelles cette province disposerait d'un droit de veto sur les amendements constitutionnels.

1983
- Élection provinciale (Colombie-Britannique) : victoire du crédit social. PM : Bill Bennett.
- Nomination d'une première femme au poste de gouverneur général du Canada, Jeanne Sauvé.

1984
- Élection fédérale : PC : 211 sièges, PLC : 40, NPD : 30 et 1 indépendant. PM : Brian Mulroney.
- Élection provinciale (Nouvelle-Écosse) : victoire du Parti progressiste-conservateur. PM : John Buchanan.
- Un projet de loi est présenté pour créer l'Agence du service canadien du renseignement de sécurité.
- Premier débat télévisé des chefs politiques au fédéral à se tenir en français.
- Dans son discours du Trône, le gouvernement fédéral annonce son intention d'arriver à une entente constitutionnelle avec le Québec.

1985
- Élection provinciale (Québec) : victoire du Parti libéral. PM : Robert Bourassa.
- Élection provinciale (Terre-Neuve) : victoire du Parti progressiste-conservateur. PM : Brian Peckford.
- Élection provinciale (Ontario) : victoire du Parti libéral. PM : David Peterson.
- Élection territoriale (Yukon) : victoire du Nouveau Parti démocratique. PM : Tony Penikett.
- La Cour supérieure du Québec rejette une composante majeure de la loi 101 du Québec, soit l'interdiction d'utiliser une langue autre que le français dans l'affichage commercial.
- L'interdiction de la discrimination sur la base du sexe, de l'âge, de la couleur, de la religion, de la race, de l'origine ethnique ou nationale et d'un handicap mental ou physique est inscrite dans la charte.
- La Cour suprême du Canada déclare que les lois manitobaines unilingues anglophones sont et ont toujours été invalides.
- Le Parti québécois annonce que tous les membres en règle pourront participer au choix de leur chef.
- Lincoln Alexander devient le premier lieutenant-gouverneur (Ontario) de race noire au Canada.

1986
- Élection provinciale (Manitoba) : victoire du Nouveau Parti démocratique. PM : Howard Pawley.
- Élection provinciale (Île-du-Prince-Édouard) : victoire du Parti libéral. PM : Joe Ghiz.
- Élection provinciale (Alberta) : victoire du Parti progressiste-conservateur. PM : Don Getty.
- Élection provinciale (Saskatchewan) : victoire du Parti progressiste-conservateur. PM : Grant Devine.

- Élection provinciale (Colombie-Britannique) : victoire du Crédit social. PM : Bill Vander Zalm.
- Les Communes adoptent de nouvelles règles qui augmentent grandement les pouvoirs des comités.
- John Fraser devient le premier président de la Chambre des communes élu par vote secret.
- Jean Doré met fin à près de 26 ans de règne du maire Jean Drapeau à la tête de la ville de Montréal.

1987
- Élection provinciale (Ontario) : victoire du Parti libéral. PM : David Peterson.
- Élection provinciale (Nouveau-Brunswick) : victoire du Parti libéral. PM : Frank McKenna.
- Conférence constitutionnelle du lac Meech. L'entente reconnaît le principe de la «société distincte» pour le Québec. L'Accord du lac Meech ne sera pas ratifié par les législatures de Terre-Neuve et du Manitoba à l'intérieur de la période de ratification de trois ans, soit avant juin 1990.

1988
- Élection fédérale : PC : 169 sièges, PLC : 83, NPD : 43. PM : Brian Mulroney.
- Élection provinciale (Manitoba) : victoire du Parti progressiste-conservateur. PM : Gary Filmon.
- Élection provinciale (Nouvelle-Écosse) : victoire du Parti progressiste-conservateur. PM : John Buchanan.
- Signature du traité de libre-échange avec les États-Unis.
- Le jugement Morgentaler décriminalise l'avortement, sans pour autant reconnaître aux femmes le droit à l'avortement sur demande.
- L'Accord du lac Meech est adopté aux Communes. Le Sénat fera de même plus tard dans l'année.
- Le premier ministre du Manitoba, Gary Filmon, retire de son agenda législatif l'Accord du lac Meech, voulant avoir la certitude que les droits de la langue anglaise au Québec seront protégés.
- Le Québec recourt à la clause nonobstant afin que le français demeure la seule langue autorisée dans l'affichage commercial.

1989
- Élection territoriale (Yukon) : victoire du Nouveau Parti démocratique. PM : Tony Penikett.
- Élection provinciale (Alberta) : victoire du Parti progressiste-conservateur. PM : Don Ghetty.
- Élection provinciale (Terre-Neuve) : victoire du Parti libéral. PM : Clyde Wells.
- Élection provinciale (Île-du-Prince-Édouard) : victoire du Parti libéral. PM : Joe Ghiz.
- Élection provinciale (Québec) : victoire du Parti libéral. PM : Robert Bourassa.
- Le gouvernement de l'Alberta dépose un projet de loi destiné à tenir une première élection pour les membres du Sénat. Ce projet de loi permettrait à la population albertaine de voter pour élire leurs sénatrices et sénateurs. Cette première élection sénatoriale à se tenir au Canada sera remportée par Stan Waters, que le premier ministre Mulroney acceptera de nommer au Sénat en 1990.
- Nomination de Ray Hnatyshyn pour succéder à Jeanne Sauvé au poste de gouverneur général.
- Clyde Wells confirme qu'il va présenter un projet de loi à la législature de Terre-Neuve en vue d'annuler l'appui de cette province à l'Accord du Lac Meech.
- Conférence des premiers ministres à Ottawa, alors que Clyde Wells (Terre-Neuve), Gary Filmon (Manitoba) et Frank McKenna (Nouveau-Brunswick) expriment leur opposition à l'Accord.
- Audrey McLaughlin devient la première femme chef d'un parti politique fédéral d'importance.

1990
- Élection provinciale (Ontario) : victoire du Nouveau Parti démocratique. PM : Bob Rae.
- Élection provinciale (Manitoba) : victoire du Parti progressiste-conservateur. PM : Gary Filmon.
- Le gouvernement fédéral présente un projet de loi destiné à imposer une taxe sur les produits et services.
- Ce projet sera adopté par les Communes plus tard dans l'armée et suscitera beaucoup d'opposition au Sénat. II entrera en vigueur le 1er janvier 1991.

- Un premier député néo-démocrate est élu au Québec, à une élection fédérale partielle dans Chambly.
- Le premier ministre du Québec, Robert Bourassa, refuse de s'engager dans de nouvelles négociations constitutionnelles tant que ne sera pas ratifié l'Accord du lac Meech.
- La législature de Terre-Neuve annule l'appui de cette province à l'Accord du Lac Meech.
- Le Nouveau-Brunswick donne son accord à l'entente du lac Meech. Formation d'un nouveau Parti politique fédéral, le Bloc québécois.
- Crise amérindienne au Québec.
- S'appuyant sur une disposition de la constitution encore jamais invoquée, le premier, ministre Mulroney nomme huit nouveaux membres au Sénat, en vue de faire adopter le projet de loi concernant la taxe sur les produits et services.
- Création de la Commission sur l'avenir politique et constitutionnel du Québec (commission Bélanger-Campeau). Au fédéral, création du Forum des citoyens sur l'avenir du Canada.
- Dans l'arrêt Sparrow, la Cour suprême du Canada conclut que les lois provinciales ne peuvent restreindre un droit ancestral indien, même en invoquant l'intérêt public. Les droits des autochtones de pêcher ont une priorité absolue sur les droits de pêcher des autres personnes.

1991
- Élection provinciale (Nouveau-Brunswick) : victoire du Parti libéral. PM : Frank McKenna.
- Élection provinciale (Colombie-Britannique) : victoire du Nouveau Parti démocratique. PM : Mike Harcourt.
- Élection provinciale (Saskatchewan) : victoire du Nouveau Parti démocratique. PM : Roy Romanow.
- Rapport de la commission Bélanger-Campeau.
- Rapport final de la commission Spicer.
- Le Parti réformiste s'étend à l'est du Manitoba.
- Le gouvernement du Québec présente un projet de loi en vue de la tenue d'un référendum sur la souveraineté du Québec. Ce projet sera adopté par l'Assemblée nationale plus tard dans l'année.
- Création de la Commission royale d'enquête sur les peuples autochtones.
- Rapport de la Commission royale sur la réforme électorale et le financement des partis politiques.

1992
- Dépôt aux Communes du Rapport de la commission Beaudoin-Dobbie sur l'unité canadienne.
- Présentation aux Communes d'un projet de loi en vue d'un référendum sur la réforme constitutionnelle. Ce projet sera accepté plus tard dans l'année.
- Référendum sur l'Accord de Charlottetown, qui sera défait dans une majorité des provinces.
- Signature par le Canada de l'entente de libre-échange nord-américain.

1993
- Élection fédérale : PLC : 177 sièges, PC : 2, Nouveau Parti démocratique : 9, Bloc québécois : 54, Parti réformiste : 52 et un indépendant. PM : Jean Chrétien.
- Élection provinciale (Île-du-Prince-Édouard) : victoire du Parti libéral. PM : Catherine Callbeck.
- Élection provinciale (Terre-Neuve) : victoire du Parti libéral. PM : Clyde Wells.
- Élection provinciale (Nouvelle-Écosse) : victoire du Parti libéral. PM : John Savage.
- Élection provinciale (Alberta) : victoire du Parti conservateur. PM : Ralph Klein.
- Amendement constitutionnel reconnaissant l'égalité des communautés francophones et anglophones au Nouveau-Brunswick.
- Présentation aux Communes d'un projet de loi sur le traité de libre-échange nord-américain. Il sera adopté par la Chambre plus tard dans l'année et entrera en vigueur le 1er janvier 1994.

- Présentation aux Communes d'un projet de loi visant la réforme électorale.
- Kim Campbell est la première femme à devenir première ministre du Canada.
- Rapport de la Commission royale concernant les nouvelles technologies de reproduction.

1994
- Élection provinciale (Québec) : victoire du Parti québécois. PM : Jacques Parizeau.
- Le gouvernement du Québec présente un projet de loi en vue de déclarer l'indépendance du Québec. Le premier ministre du Canada déclare illégale et inconstitutionnelle la séparation du Québec.

1995
- Élection provinciale (Manitoba) : victoire du Parti conservateur. PM : Gary Filmon.
- Élection provinciale (Ontario) : victoire du Parti conservateur. PM : Mike Harris.
- Élection provinciale (Saskatchewan) : victoire du Parti néo-démocrate. PM : Roy Romanow.
- Élection provinciale (Nouveau-Brunswick) : victoire du Parti libéral. PM : Frank McKenna.
- Au Québec, début des travaux des commissions de consultation régionales sur l'avenir du Québec.
- Au Québec, signature d'une entente entre les leaders du Parti québécois, du Bloc québécois et de l'Action démocratique du Québec. Cette entente prévoit qu'après avoir obtenu l'accord de la population par référendum, l'Assemblée nationale du Québec aura la capacité de déclarer la souveraineté et le gouvernement du Québec sera tenu d'offrir au reste du Canada une proposition de traité sur un nouveau partenariat économique et politique. La proposition se lisait comme suit : « Acceptez-vous que le Québec devienne souverain, après avoir offert formellement au Canada un nouveau partenariat économique et politique, dans le cadre du projet de loi sur l'avenir du Québec et de l'entente signée le 12 juin 1995 ? » Le 30 octobre, une faible majorité de Québécoises et de Québécois (50,6 %) rejette par référendum cette proposition visant à faire du Québec un pays indépendant.
- Le premier ministre du Québec, Jacques Parizeau, démissionne à la suite de l'échec du référendum québécois sur la souveraineté.
- Présentation à la Chambre des communes de la Loi concernant les modifications constitutionnelles (C-110) dont deux des objectifs sont, *primo*, de reconnaître au Québec, comme à l'Ontario, aux provinces de l'Atlantique et aux provinces de l'Ouest, un droit de veto en matière constitutionnelle et, *secundo*, de reconnaître, par le moyen d'une résolution, que le Québec forme une société distincte au sein du Canada sur la base de sa culture unique, de sa tradition juridique de *Common Law* et sa majorité d'expression française.

1996
- Élection provinciale (Terre-Neuve) : victoire du Parti libéral. PM : Brian Tobin.
- Élection provinciale (Colombie-Britannique) : victoire du Nouveau Parti démocratique. PM : Glenn Clark.
- Élection (Yukon) : victoire du Nouveau Parti démocratique. PM : Piers McDonald.
- Élection provinciale (Île-du-Prince-Édouard) : victoire du Parti progressiste-conservateur. PM : Pat Binns.
- Guy Bertrand dépose une demande à la Cour supérieure du Québec pour obtenir une injonction permanente interdisant la tenue d'autres référendums sur l'indépendance du Québec.
- Le ministre fédéral des Pêches, Brian Tobin, quitte la politique fédérale pour devenir premier ministre de Terre-Neuve.
- Un jugement déclare inconstitutionnel, parce qu'allant à l'encontre de la Charte canadienne des droits et libertés, d'interdire le droit de vote aux personnes purgeant une peine de prison de deux années et plus.
- Lucien Bouchard quitte la direction du Bloc québécois pour remplacer Jacques Parizeau comme premier ministre du Québec.

- Le Sénat adopte la Loi concernant les modifications constitutionnelles.
- Signature d'un traité historique entre les indiens Nishgas de la Colombie-Britannique et les gouvernement fédéral et de la province.
- Le gouvernement fédéral demande à la Cour suprême de clarifier les règles sous lesquelles le Québec peut se séparer du Canada si les souverainistes remportaient un référendum à cet effet. Le plus haut tribunal rendra sa décision à l'été 1998, dans le Renvoi relatif à la sécession du Québec.
- Le 26ᵉ lieutenant-gouverneur du Québec, Jean-Louis Roux, démissionne de son poste après avoir admis sa participation à des activités antisémites en 1942. Il est remplacé par Lise Thibault, première femme au Québec à occuper ce poste, qui entrera officiellement en fonction en janvier 1997.
- Dans les jugements Adams et Côté, la Cour suprême du Canada reconnaît que les Autochtones peuvent se livrer à des activités traditionnelles de chasse et de pêche de subsistance, sur les territoires ancestraux où se pratiquaient jadis ces activités, sans obtenir d'autorisation à cet effet et même s'ils ne sont pas propriétaires de ces terrains.

1997
- Élection fédérale : Parti libéral du Canada : 155 sièges, Parti progressiste-conservateur : 20, Nouveau Parti démocratique : 21, Bloc québécois : 44, Parti réformiste : 60 et un indépendant. PM : Jean Chrétien.
- Élection provinciale (Alberta) : victoire du Parti conservateur. PM : Ralph Klein.
- Dans son plaidoyer devant la Cour suprême du Canada, le gouvernement fédéral argue que, si le Québec devait se séparer du Canada, il devrait suivre une procédure conforme à la Constitution canadienne et non accéder à l'indépendance de façon unilatérale au lendemain d'un « Oui ».
- Ouverture du Pont de la Confédération reliant l'Ile-du-Prince-Édouard au reste du Canada (via le Nouveau Brunswick).
- André Joli-Cœur est nommé « Ami de la cour » par la Cour suprême, dans la cause où le gouvernement fédéral sollicite l'avis du plus haut tribunal quant aux règles selon lesquelles le Québec peut se séparer du Canada.
- Dans ce qu'il est maintenant convenu d'appeler la « Déclaration de Calgary », les premiers ministres des provinces canadiennes-anglaises reconnaissent le caractère unique du Québec (soit sa langue, sa culture et son droit civil) au sein du Canada et le rôle du gouvernement du Québec et de l'Assemblée nationale du Québec de protéger et de développer cette spécificité. Les premiers ministres conviennent aussi de l'égalité de tous les Canadiens et de toutes les Canadiennes, de l'égalité des provinces, de l'impératif de protéger les Autochtones et le multiculturalisme canadien. Ils déclarent enfin que toute modification constitutionnelle qui accorderait plus de pouvoirs à une province devrait aussi les accorder à toutes les autres provinces. La Déclaration de Calgary est reçue froidement par le Québec, qui y voit un recul par rapport aux accords de Meech et Charlottetown. Le premier ministre Bouchard déclare que Québec n'acceptera rien de moins que le Québec soit reconnu comme peuple ou comme nation capable de décider de son avenir. La Déclaration sera adoptée par toutes les législatures provinciales, sauf l'Assemblée nationale du Québec, au cours de l'année 1998.
- La Cour suprême du Canada juge inconstitutionnelles les dispositions de la loi référendaire québécoise visant à limiter les dépenses des tiers, et ce, parce qu'elles entravent la liberté d'expression.
- Le chef des Premières Nations, Phil Fontaine, déclare que les Autochtones vont soutenir la Déclaration de Calgary, mais qu'ils réclament aussi une reconnaissance plutôt que d'être assimilés au multiculturalisme.

- La Chambre des communes amende l'article 93 de la constitution, afin de permettre que soient remplacées les commissions scolaires confessionnelles au Québec (à Montréal et Québec) par des commissions scolaires linguistiques. Un amendement similaire sera adopté plus tard dans l'année pour Terre-Neuve.
- Entente sur l'Union sociale entre le gouvernement fédéral et les neuf provinces anglophones. Le Québec y voit une invasion des champs de compétence des provinces par le fédéral ; il réclame un droit de retrait avec pleine compensation financière de tout nouveau programme fédéral en matière sociale.

1998
- Élection provinciale (Nouvelle Écosse) : Gouvernement libéral minoritaire (Parti libéral : 19, Nouveau Parti démocratique : 19, Parti conservateur : 14). PM : Russell MacLellan.
- Élection provinciale (Québec) : victoire du Parti québécois. PM : Lucien Bouchard.
- Une tempête de verglas s'abat sur le sud du Québec, l'est de l'Ontario et une partie des Maritimes.
- Enclenchement de manifestations souverainistes contre la procédure engagée par le gouvernement fédéral de solliciter l'avis de la Cour suprême quant aux règles suivant lesquelles le Québec peut se séparer du Canada. Selon le premier ministre Bouchard, seuls les Québécois et les Québécoises peuvent décider de leur avenir, non les tribunaux.
- Pour la première fois en 131 années d'existence, le Sénat suspend, sans solde, le sénateur libéral Andrew Thompson, pour absentéisme chronique. Le Sénateur démissionnera de son poste.
- En réponse à l'avocat fédéraliste Guy Bertrand qui questionnait le droit d'un Québec souverain de collecter des taxes, un tribunal supérieur du Québec dispose que la sécession du Québec étant une situation purement hypothétique, il s'agit d'une cause qu'elle n'a pas à entendre.
- Jean Charest, leader du Parti conservateur du Canada, quitte la politique fédérale pour prendre la direction du Parti libéral du Québec.
- Au contraire de Brian Mulroney qui avait nommé à la Chambre haute Stan Waters, le premier sénateur de l'histoire canadienne à se faire élire par la population albertaine, le premier ministre Chrétien fait fi du processus électoral enclenché par les autorités albertaines en vue de désigner deux sénateurs potentiels et nomme Douglas Roche.
- La Cour suprême juge inconstitutionnelles, parce qu'allant à l'encontre de la liberté d'expression, les dispositions de la loi électorale du Canada interdisant la publication de résultats de sondages 72 heures avant la tenue d'un scrutin fédéral.
- Le dollar canadien tombe à son niveau le plus bas de son histoire depuis qu'il a remplacé la livre sterling en 1858, en passant sous le seuil des 68 cents face à la devise américaine.
- Le Tribunal des droits de la personne rend une décision favorable aux fonctionnaires fédéraux ayant subi une discrimination salariale parce que ces personnes occupent un emploi à prédominance féminine. Le président du Conseil du trésor en appellera de cette décision, qui sera toutefois confirmée par la Cour fédérale du Canada en 1999. Le gouvernement Chrétien acceptera alors de dédommager ses employées et employés passés et présents ayant subi une telle discrimination.
- Dans la cause soumise par le gouvernement du Canada quant aux règles selon lesquelles le Québec peut se séparer du Canada, la Cour suprême conclut unanimement que le Québec ne peut se séparer légalement sans négocier avec le reste du Canada. Elle précise toutefois que si, suite à une question claire, une majorité claire de Québécois et de Québécoises choisissait de quitter le Canada, alors le reste du pays serait dans l'obligation de négocier avec le Québec. La Cour laisse toutefois à la classe politique le soin de définir ce qu'est une majorité claire à une question claire.

- Joe Clark, ancien premier ministre conservateur en 1979-1980, devient de nouveau chef du Parti progressiste-conservateur du Canada.

1999
- Élection provinciale (Terre-Neuve) : victoire du Parti libéral. PM : Brian Tobin.
- Élection provinciale (Nouveau-Brunswick) : victoire du Parti conservateur. PM : Bernard Lord.
- Élection provinciale (Ontario) : victoire du Parti conservateur. PM : Mike Harris.
- Élection provinciale (Saskatchewan) : victoire du Nouveau Parti démocratique. PM : Row Romanow.
- Élection provinciale (Nouvelle-Écosse) : victoire du Parti conservateur. PM : John F. Hamm. L'Opposition officielle de la nouvelle législature n'est pas constituée d'un mais de deux partis, le Nouveau Parti démocratique et le Parti libéral ayant obtenu le même nombre de sièges.
- Un accord-cadre sur l'union sociale est conclu entre le gouvernement fédéral et les gouvernements provinciaux, à l'exclusion du Québec qui refuse de le signer.
- Le 1er avril, le Nunavut devient le troisième territoire canadien. La législature du nouveau territoire accueillera 19 députés.
- La Cour suprême rend une décision à l'effet qu'un traité datant de 1760 donnait aux Autochtones des Maritimes le droit de pêcher à leur guise et sans permission.
- Adrienne Clarkson, d'origine chinoise, est assermentée comme 26e gouverneure générale du Canada, devenant ainsi la première personne issue des minorités culturelles à occuper ce poste.
- Un jugement rendu par la Cour du Québec invalide certaines dispositions de la Charte de la langue française portant sur l'affichage commercial.
- La juge Beverly McLachlin devient la première femme à accéder au poste de juge en chef de la Cour suprême.
- Pour donner suite à l'avis de la Cour suprême sur le Renvoi relatif à la sécession du Québec, le gouvernement fédéral dépose le projet de loi C-20, *Loi donnant effet à l'exigence de clarté formulée par la Cour suprême du Canada dans son avis sur le renvoi sur la sécession du Québec.* Le gouvernement du Québec réplique avec le projet de loi 99, *Loi sur l'exercice des droits fondamentaux et des prérogatives du peuple québécois et de l'État du Québec.*

2000
- Élection provinciale (Yukon) : victoire du Parti libéral. PM : Pat Duncan.
- Élection provinciale (Île-du-Prince-Édouard) : victoire du Parti conservateur. PM : Pat Binns.
- Le Reform Party met fin à son existence pour être remplacé par l'Alliance réformatrice conservatrice canadienne, une union des forces de la droite sur la scène politique fédérale. Stockwell Day en devient le premier leader.
- Le Parlement du Canada adopte le projet de loi C-9 qui reconnaît aux Nishgas, une nation autochtone de la Colombie-Britannique, un territoire situé dans le nord-ouest de la province ainsi qu'un gouvernement doté de certains pouvoirs en matière de santé, d'éducation, de justice et de culture.
- Adoption du projet de loi C-20 par la Chambre des communes et le Sénat.

Glossaire

Abstention : non-participation à un vote ou refus de se prononcer en faveur ou contre une motion. Les abstentions des députés ne sont pas consignées aux *Journaux*, mais celles des sénateurs le sont.

Accord (entente) de Charlottetown : accord conclu à Charlottetown, en août 1992, entre les premiers ministres fédéral et provinciaux et les représentants des autochtones et des territoires en vue de modifier profondément la constitution canadienne. Soumis à un référendum à travers le pays en octobre 1992, cet accord a été refusé par la population. De ce fait, les gouvernements n'y ont pas donné suite.

Accord (entente) du Lac Meech : accord conclu au Lac Meech, en avril 1987, entre les premiers ministres fédéral et provinciaux en vue de satisfaire les cinq réclamations formulées par le Québec concernant des modifications à la constitution canadienne. En vertu de la formule d'amendement, cet accord devait être entériné par les dix assemblées législatives provinciales et le Parlement canadien. Au terme du délai de ratification en juin 1990, deux provinces n'avaient pas donné leur accord de telle sorte qu'on n'a pu modifier la constitution comme le souhaitait le Québec.

Accord (entente) du Lac Meech : Accord conclu au Lac Meech, en avril 1987, entre les premiers ministres fédéral et provinciaux en vue de satisfaire les cinq réclamations formulées par le Québec concernant des modifications à la constitution canadienne. En vertu de la formule d'amendement, cet accord devait être entériné par les dix assemblées législatives provinciales et le Parlement canadien. Au terme du délai de ratification en juin 1990, deux provinces n'avaient pas donné leur accord de telle sorte qu'on n'a pu modifier la constitution comme le souhaitait le Québec.

Acte de l'Amérique du Nord britannique : loi du Parlement britannique adoptée en 1867 donnant naissance au Canada. Cette loi établit le partage des compétences entre le fédéral et les provinces, et définit les pouvoirs législatifs, exécutifs et judiciaires du niveau fédéral et des quatre provinces initiales. Depuis le rapatriement de 1982, cette loi est connue sous le nom de *Loi constitutionnelle de 1867*.

Administrateur du gouvernement : le juge en chef du Canada, exerçant les pouvoirs du gouverneur général en cas d'absence ou d'incapacité de ce dernier.

Administration publique : ensemble des institutions, des personnes, des activités et des connaissances qui touchent à la préparation et à la mise en application des décisions des autorités politiques à tous les niveaux d'un État.

Adresse en réponse au discours du Trône : message du Sénat ou des Communes exprimant leurs remerciements au gouverneur général (ou à la reine) pour le discours du Trône.

Affaires courantes ordinaires : partie de la séance réservée quotidiennement à l'information des députés et comprenant le dépôt de documents, les déclarations de ministres, la présentation de rapports et de pétitions et le dépôt de projets de loi.

Affaires émanant des députés : motions et projets de loi parrainés par des députés d'arrière-ban et auxquels on consacre quotidiennement une période d'une heure.

Affaires émanant du gouvernement : motions ou projets de loi présentés par un ministre ou par un secrétaire parlementaire, au nom du gouvernement.

Agenda building : expression élaborée par Gladys Engel Lang et Kurt Lang en réaction au phénomène jugé trop simple de l'*agenda setting*. Phénomène selon lequel les questions d'ordre politique ne nécessiteraient pas toutes le même niveau d'attention de la part des médias pour devenir des priorités. Les questions dont les citoyens et les citoyennes ont une connaissance concrète nécessiteraient une faible couverture médiatique pour devenir des priorités alors que celles qui sont éloignées des préoccupations quotidiennes ne deviendraient des priorités qu'après une couverture intense.

Agenda setting : expression créée en 1972 par Maxwell McCombs et Donald Shaw. Phénomène selon lequel les médias établiraient les priorités politiques de la population par le seul fait qu'ils portent attention à certains faits et événements ; les médias feraient ressortir les sujets politiquement importants, ceux sur lesquels les citoyens et les citoyennes devraient se faire une opinion. Par extension, l'*agenda setting* sous-tendrait que les médias influencent les priorités gouvernementales en déterminant les questions dont le gouvernement doit s'occuper et celles qu'il peut raisonnablement ignorer, puisqu'il s'agit de celles dont la population se préoccupe et de celles qu'elle ignore.

Ajournement de la Chambre : suspension des séances de la Chambre pour une période fixe ou indéterminée au cours d'une session. L'ajournement peut durer quelques minutes ou plusieurs mois.

Ajournement du débat : renvoi du débat à une séance ultérieure, souvent utilisé comme tactique dilatoire pour retarder la prise en considération d'une question.

Allocution du lieutenant-gouverneur : bref discours prononcé par le lieutenant-gouverneur à l'ouverture d'une session de l'Assemblée nationale du Québec.

Amendement motivé : procédure visant à s'objecter à l'adoption de la motion de deuxième ou de troisième lecture d'un projet de loi et exposant les motifs du désaccord. Rédigé selon des critères rigoureux, son adoption équivaut au rejet du projet de loi.

Amendement : modification proposée à une motion, à un projet de loi ou à un rapport afin d'en améliorer le texte ou d'offrir une solution de rechange.

Analyse culturaliste ou incubation culturelle : analyse visant à cerner les effets à long terme de la télévision, grâce à un dispositif méthodologique comprenant des analyses de contenu des messages télévisuels, l'examen des différences entre ces messages et la réalité et l'usage des sondages.

Appareil idéologique d'État : expression élaborée par le philosophe Louis Althusser. Institutions (médias, écoles, syndicats, partis politiques, églises, etc.) servant à reproduire les conditions sociales et culturelles du système capitaliste, facilitant ainsi le maintien de son fonctionnement économique (infrastructure).

Assemblée générale des membres : appelée aussi congrès national, c'est la réunion, sur une base annuelle ou bisannuelle, des membres d'un parti politique, représentés par des délégués qu'ils ont choisis, en vue d'élire leurs dirigeants et dirigeantes et de discuter des orientations générales du parti.

Atteinte au privilège : acte ou omission qui entrave les travaux d'une Chambre du Parlement ou qui empêche les sénateurs ou les députés de s'acquitter de leurs fonctions.

Attribution de temps : désignation d'une période de temps déterminée, proposée par le gouvernement, pour les délibérations portant sur une ou plusieurs étapes d'un projet de loi d'intérêt public.

Avis de motion : notification, orale ou écrite, de l'intention de présenter une motion à une séance ultérieure.

Bicaméralisme : système parlementaire comprenant deux chambres législatives, par exemple, le Sénat et la Chambre des communes.

Bill of Rights : loi du Parlement britannique adoptée en 1688, dont l'article 9 confirmait le principe de la liberté d'expression au Parlement.

Bref d'élection : document officiel émis par le Directeur général des élections afin de déclencher une élection dans une ou dans l'ensemble des circonscriptions électorales.

Budget : énoncé des politiques financières, économiques et sociales du gouvernement, présenté habituellement une fois l'an.

Budget des dépenses principal : ensemble de documents présentant une répartition des plans des dépenses prévues par le gouvernement pour l'exercice à venir.

Budget des dépenses supplémentaire : budget visant à obtenir des crédits supplémentaires pour faire face à des imprévus ou à une augmentation des dépenses gouvernementales. Le gouvernement peut présenter plusieurs budgets de dépenses supplémentaires au cours d'une année, si nécessaire.

Bulletin de vote : morceau de papier, répondant à des normes strictes, utilisé pour voter.

Bureau (de la Chambre) : table où siège le greffier de la Chambre et les autres greffiers et qui est située devant le fauteuil du président. Des ouvrages sur la procédure parlementaire y sont disponibles pour consultation. C'est également sur le Bureau que le sergent d'armes dépose la Masse, lorsque la Chambre siège.

Bureau (ou cabinet) du premier ministre : ensemble de conseillers politiques fournissant au premier ministre des avis et conseils de nature partisane. Ils sont chargés d'écrire ses discours, de répondre à sa correspondance, d'organiser ses rendez-vous et ses déplacements.

Bureau de régie interne : organisme chargé des questions financières et administratives intéressant la Chambre des communes et composé de neuf députés provenant des deux côtés de la Chambre. Constitué par une loi, le Bureau est présidé par le président de la Chambre.

Bureau du Conseil privé : organe administratif du Cabinet formé de fonctionnaires et dirigé par le greffier du Conseil privé. Il coordonne les activités du Cabinet, prépare les documents nécessaires à ses réunions et lui fournit des avis non partisans.

Bureaucratie : expression se rapportant, dans le langage populaire, à une catégorie d'employés, ceux de l'État, ou encore à la domination des fonctionnaires sur le processus politique aux dépens des processus démocratiques, ou enfin à des comportements par lesquels des employés privilégient leurs intérêts et leur confort aux dépens de ceux pour qui le service fut créé. Le terme fut rendu célèbre par le sociologue Max Weber qui l'a présenté comme le modèle rationnel-légal de domination sociale, le plus légitime (acceptable), lorsqu'il respecte un certain nombre de conditions.

Cabinet fantôme : groupe de députés de l'Opposition désignés pour agir comme porte-parole de leur parti dans les secteurs administratifs correspondant à chaque portefeuille ministériel.

Cabinet ministériel : expression désignant les collaborateurs politiques directs d'un ministre.

Cabinet restreint (en anglais : *Inner Cabinet*) : expression informellement utilisée pour désigner le comité des priorités et politiques du Cabinet. Ce comité réunissait généralement les ministres les plus influents. Il n'existe plus depuis 1993.

Cabinet : organe composé du premier ministre et des autres ministres (mais excluant les secrétaires d'État) qui forment le gouvernement et exercent *de facto* le pouvoir exécutif. Il est composé en majorité de députés et compte aussi un (ou exceptionnellement plusieurs) sénateur nommé par le gouverneur général sur la recommandation du premier ministre. Techniquement parlant, le Cabinet est un comité du Conseil privé. Le Cabinet est responsable de la direction et du contrôle de l'appareil administratif du gouvernement.

Calendrier parlementaire : tableau indiquant, selon le Règlement de la Chambre, les périodes de séances et d'ajournements prévues pour une année.

Campagne électorale : période précédant une élection générale ou complémentaire, pendant laquelle les candidats et les partis politiques sont admis à faire valoir leurs arguments en vue de recueillir le suffrage des électeurs.

Caucus : réunion de tous les députés et sénateurs d'un même parti politique, tenue habituellement les mercredis matins, durant les périodes où la Chambre siège. Désigne aussi le groupe parlementaire, lui-même composé de tous les députés et sénateurs d'un même parti.

Chambre des communes : Chambre basse du Parlement du Canada, composée de 301 députés élus au suffrage universel.

Chambre des lords : Chambre haute du Parlement britannique, comprenant des lords temporels et des lords spirituels et dont certains titres sont héréditaires. Le nombre de membres n'est pas limité et leur mandat est à vie. La Chambre des lords constitue la cour d'appel de dernière instance pour le Royaume-Uni et est présidée par le lord chancelier, qui est membre du Cabinet (ministre de la Justice).

Chambre des représentants : Chambre populaire du Congrès américain, composée de 435 membres élus pour un mandat de deux ans. Chaque État y compte au moins un représentant ou plusieurs, selon sa population.

Charte canadienne des droits et libertés : partie 1 de la Loi constitutionnelle de 1982, qui enchâsse les droits et libertés des citoyens.

Chef de l'État : la reine, représentée au Canada par le gouverneur général et dans les provinces par un lieutenant-gouverneur.

Chef de l'Opposition : chef du parti qui, après le parti ministériel, compte le plus grand nombre de membres à la Chambre des communes.

Chef de parti : personne choisie par les membres de son parti politique pour diriger le parti sur la scène parlementaire et en périodes électorales.

Circonscription électorale : division territoriale représentée par un député élu à la Chambre des communes par la population locale.

Clause Canada : clause qui, en vertu de l'article 23 de la Charte canadienne des droits et libertés, reconnaît aux citoyens canadiens qui ont reçu leur instruction en anglais au niveau primaire au Canada, le droit d'inscrire leurs enfants à l'école anglaise, aux niveaux primaire et secondaire, lorsqu'ils viennent au Québec. Cette clause vaut également pour l'instruction en français dans les autres provinces.

Clause de dérogation (clause *nonobstant*) : clause inscrite dans la Charte des droits et libertés de 1982 (art. 33) permettant aux législateurs de déroger à certains droits protégés par la Charte, plus précisément aux libertés fondamentales, aux garanties juridiques et aux droits à l'égalité. Une telle dérogation n'est valide que pour cinq ans, mais elle peut être renouvelée.

Clause Québec : clause qui, en vertu de la loi 101, reconnaît aux citoyens canadiens qui ont reçu leur instruction en anglais au niveau primaire au Québec, le droit d'inscrire leurs enfants à l'école anglaise aux niveaux primaire et secondaire au Québec. Cette clause a été invalidée par la Cour suprême : c'est la clause Canada qui s'applique.

Clôture : procédure permettant de mettre fin à un débat en empêchant de l'ajourner de nouveau et en exigeant un vote à la fin de la séance en cours. On peut appliquer la clôture à toute question à l'étude et à n'importe quelle étape du processus d'adoption d'un projet de loi.

Collège électoral : organisme composé d'électeurs s'engageant à l'avance à appuyer un candidat déterminé à la présidence (et un à la vice-présidence) des États-Unis. Il existe un collège électoral dans chacun des 50 États américains.

Comité (parlementaire) : organisme émanant d'une Chambre du Parlement et composé de députés ou de sénateurs (ou encore des deux) désignés pour étudier toute question déférée par la Chambre, y compris les projets de loi. Les types de comités sont : permanents, législatifs, spéciaux, mixtes et pléniers.

Comité du Cabinet : organe composé d'un nombre restreint de ministres, chargé d'examiner un dossier relevant de sa compétence, le Cabinet conservant toutefois le pouvoir de renverser la décision prise par un de ses comités.

Comité exécutif (d'un parti politique) : appelé aussi bureau de direction, c'est un organisme restreint qui s'occupe des dossiers courants, de l'administration et des questions budgétaires d'un parti politique. Il fait rapport aux instances supérieures (conseil général et assemblée générale).

Comité judiciaire du Conseil privé : institution britannique constituée d'un groupe de conseillers du souverain et servant de tribunal d'appel de dernière instance pour les pays du Commonwealth. En 1933, le gouvernement canadien a supprimé les appels en matière criminelle provenant du Canada et en 1949 il a aboli tous les appels.

Comité mixte : comité composé de sénateurs et de députés en proportion de leur nombre dans chaque Chambre. Un comité mixte peut être permanent ou spécial.

Comités électoraux : expression utilisée par Maurice Duverger dans son ouvrage classique sur *Les partis politiques* pour décrire un groupe restreint de personnes chargées d'encadrer les électeurs, par suite de l'extension du suffrage populaire, en faisant connaître les candidats et en canalisant les suffrages dans leur direction.

Commissaire à la protection de la vie privée : nommé par le Parlement à titre inamovible pour 7 ans, il enquête, fait rapport et conseille en matière de protection des droits des citoyens conférés par la Loi sur les renseignements personnels et la loi sur l'Accès à l'information (assisté d'un commissaire adjoint nommé par le Conseil des ministres pour 5 ans).

Commissaire aux langues officielles : nommé à titre inamovible pour 7 ans par une motion à laquelle doivent concourir les deux chambres, il surveille l'application de la Loi sur les langues officielles, mène des enquêtes et fait rapport annuellement au Parlement.

Commission de délimitation des circonscriptions électorales : commission formée de trois membres et créée par la loi, dans chaque province et dans les Territoires du Nord-Ouest, afin d'établir les limites des circonscriptions électorales.

Commission de la fonction publique : organisme dirigé par un Président et deux commissaires, nommés par le Conseil des ministres à titre inamovible pour 10 ans, voit à nommer ou à faire nommer les employés suivant la Loi, à constituer des programmes de perfectionnement et à conseiller le Conseil des ministres sur l'application de la Loi. Elle produit un rapport annuel au Parlement.

Commission du Congrès : organisme constitué de membres du Congrès des États-Unis (sénateurs ou représentants) dont le mandat consiste à étudier les propositions législatives, les résolutions ou autres sujets relevant de leur juridiction. La nomination des membres des commissions est déterminée prioritairement par la règle de l'ancienneté et les partis y sont représentés en proportion de leur nombre à la Chambre. Les commissions du Congrès ont des pouvoirs nettement plus importants que leur équivalent dans la plupart des Parlements.

Commission ou comité (d'un parti politique) : groupe constitué d'un nombre restreint de membres d'un parti et chargé de s'occuper d'un sujet particulier (organisation, plate-forme électorale, constitution du parti, gestion financière, communication et publicité, jeunes, femmes, autochtones, etc.).

Common Law : Droit commun jurisprudentiel prévalant dans les pays anglo-saxons. Par extension, les systèmes juridiques de ces pays.

Commonwealth britannique : organisation internationale réunissant les anciennes colonies britanniques.

Comptes publics : rapport détaillé des transactions financières du gouvernement, préparé annuellement par le receveur général du Canada et faisant l'objet d'une vérification par le vérificateur général, qui dépose son rapport à la Chambre pour étude par le Comité permanent des comptes publics, comité qui est traditionnellement présidé par un député de l'Opposition.

Concentration des pouvoirs : se rapporte à l'idée selon laquelle en système parlementaire les pouvoirs législatif et exécutif ne sont pas constitutionnellement séparés l'un de l'autre.

Conférence libre : réunion de représentants du Sénat et de la Chambre des communes visant à résoudre, par voie de négociation, un désaccord prolongé entre les deux Chambres, à la suite de l'adoption ou du rejet de certains amendements à un projet de loi.

Congrès américain : législature nationale des États-Unis, composée du Sénat (100 membres) et de la Chambre des représentants (435 membres).

Congrès national : assemblée générale annuelle ou bisannuelle des membres d'un parti politique, représentés par des délégués qu'ils ont choisis en vue d'élire leurs dirigeants et de discuter des orientations générales du parti.

Conseil des ministres (en anglais : *Ministry***)** : ensemble composé des membres du Cabinet (le premier ministre et ses ministres) ainsi que des secrétaires d'État. L'expression plus ancienne de « ministère » a été utilisée par le passé pour désigner l'ensemble formé par le Cabinet et les ministres qui n'étaient pas membres du Cabinet, comme le solliciteur général ou le contrôleur du revenu intérieur.

Conseil du Trésor : organisme du gouvernement créé par décret lors de la Confédération, puis confirmé par une loi de 1869, pour exercer une surveillance générale sur les prévisions budgétaires présentées au Parlement. Aujourd'hui, important comité du Conseil privé, il est composé de six membres du Conseil privé, dont un président, le ministre des Finances et quatre autres ministres. Son mandat s'applique à la gestion financière et notamment aux prévisions budgétaires du gouvernement, à l'organisation de l'administration publique fédérale, de même qu'à l'examen des plans et des programmes des dépenses des ministères.

Conseil général ou exécutif national : structure intermédiaire d'un parti politique, composée d'un nombre assez élevé de membres (de 100 à 200 membres) et chargée de diriger les activités du parti entre les congrès nationaux.

L'appellation exécutif national peut porter à confusion avec l'appellation comité exécutif.

Conseil privé : institution créée par la loi constitutionnelle et comprenant tous les conseillers de la Couronne, nommés par le gouverneur général sur la recommandation du premier ministre. Tous les membres du Cabinet et les secrétaires d'État doivent être assermentés au Conseil privé avant de détenir une fonction au sein du gouvernement. Le Conseil privé, dont les membres sont nommés à vie, regroupe aussi les anciens ministres et certaines personnalités nommées à titre honorifique. Cette expression désigne également un secteur de la fonction publique fonctionnant comme secrétariat du Cabinet.

Consentement royal : consentement accordé par le gouverneur général et présenté à la Chambre par un ministre, avant la deuxième lecture d'un projet de loi qui affecte les prérogatives, les revenus héréditaires, la propriété personnelle ou les intérêts de la reine. Il est essentiel à l'adoption dudit projet de loi.

Constitution : ensemble des règles écrites ou coutumières qui déterminent la structure de l'État, attribuent des pouvoirs aux différentes instances et en règlent l'exercice.

Convention (constitutionnelle) : règle de droit découlant de précédents répétés et jouissant de l'acceptation universelle des dirigeants politiques. La convention détermine le mode principal d'exercice de certains pouvoirs légaux, mais n'est pas sanctionnée par les tribunaux.

Convocation du Parlement : ouverture d'une nouvelle législature à la suite d'élections générales, en vertu d'une proclamation du gouverneur général sur la recommandation du premier ministre.

Courant conservateur : de nos jours, au Canada, ce courant s'est montré favorable au développement du secteur privé, au libre-échange sur le plan économique et à une meilleure reconnaissance de la diversité du pays. Certaines de ces idées sont en révision au sein du Parti progressiste-conservateur en fonction de l'éventuel succès de l'Alliance canadienne et de son conservatisme social.

Courant libéral : de nos jours, au Canada, ce courant se caractérise par l'idée de l'intervention de l'État en matières socio-économiques, d'une plus grande centralisation politique au niveau fédéral et du renforcement de l'unité nationale. Certaines de ces idées ont été remises en cause à la suite de la progression des idées néo-libérales et de la crise budgétaire de l'État. Maintenant que le déficit est éliminé, certains préconisent un retour aux idées défendues traditionnellement par le parti et aux interventions de l'État, tout en préconisant une réduction des impôts pour les particuliers.

Courant socialiste : de nos jours, au Canada, ce courant est nettement de tendance sociale-démocrate en ce sens qu'il accepte le système capitaliste et l'idée de propriété privée, tout en recherchant une meilleure égalité économique entre les individus et une plus grande justice sociale (par le développement de programmes sociaux). Ces idées sont actuellement remises en question avec la montée du néo-libéralisme économique et du conservatisme social.

Couronne : au sens large, l'État dans son ensemble. Au sens plus restreint, le souverain et ses représentants aux niveaux fédéral et provincial.

Crédit : poste inscrit au budget des dépenses correspondant à la somme requise par le gouvernement pour un programme ou un service donné et approuvé par le Parlement.

Crédits provisoires : crédits que le Parlement accorde chaque année au gouvernement pour couvrir ses dépenses pour la période du 1er avril au 23 juin, soit les trois mois précédant l'adoption du budget des dépenses.

Cultivation Analysis : expression provenant des travaux de George Gerbner (en français, « analyse culturaliste » ou « incubation culturelle ») ; analyse qui vise à cerner les effets à long terme de la télévision grâce à un dispositif méthodologique comprenant des analyses de contenu des messages télévisuels, l'examen des différences entre ces messages et la réalité et l'usage des sondages.

Débat d'urgence : débat sur une motion d'ajournement consacré à la discussion d'une affaire déterminée et importante dont l'étude s'impose d'urgence. Le critère d'urgence s'applique à la tenue du débat et non pas à la question soulevée.

Débats de la Chambre (voir *Hansard*) : publication parlementaire donnant le compte rendu intégral des délibérations de la Chambre.

Décret : décision émise par le gouverneur en conseil en vertu de l'autorité que lui confèrent les lois et les prérogatives de la Couronne. Les décrets peuvent porter sur des questions administratives concernant le gouvernement, des nominations, etc.

Délibérations : travaux de l'une ou de l'autre Chambre ou de leurs comités, dont les décisions constituent la partie la plus importante des délibérations.

Démocratie : forme d'organisation politique dans laquelle la souveraineté appartient à l'ensemble des citoyens et citoyennes qui peuvent l'exercer directement, sans intermédiaires (démocratie directe) ou qui peuvent élire des représentants et représentantes chargés d'agir et de prendre des décisions en leur nom (démocratie représentative).

Démocratie parlementaire : système politique dans lequel l'exécutif obtient son pouvoir de gouverner du législatif ; le gouvernement doit avoir l'approbation du Parlement (c'est-à-dire d'une majorité à la Chambre des communes) pour légitimer ses politiques et ses activités, notamment ses dépenses des fonds publics.

Député : personne élue dans une circonscription électorale et dont l'un des rôles est de représenter la population de ladite circonscription à la Chambre des communes (ou à la législature provinciale, le cas échéant).

Député d'arrière-ban : député qui n'est ni ministre ni secrétaire d'État. Cette désignation comprend parfois les secrétaires parlementaires et les porte-parole de l'opposition. On dit aussi simple député.

Désignation d'un député par son nom : procédure disciplinaire utilisée par le président pour maintenir l'ordre à la Chambre et entraînant l'exclusion du député de la Chambre pour le reste de la séance.

Deuxième lecture : étape du processus législatif comportant la discussion du principe ou de l'objet d'un projet de loi avant son adoption ou son rejet. La discussion détaillée des articles n'est pas admise à cette étape.

Dichotomie administrative/politique : idée issue des théories américaines d'administration publique selon laquelle il est possible de séparer rationnellement les actions administratives et politiques dans le processus d'élaboration des politiques publiques.

Directeur général des élections : haut fonctionnaire du Parlement, nommé par résolution de la Chambre des communes et responsable de l'administration des élections fédérales et de la vérification des dépenses électorales.

Discipline de parti : position commune imposée aux membres d'un parti relative aux politiques et à la façon de voter. Le contrôle de la discipline de parti est exercé par le *whip*.

Discours d'ouverture : discours prononcé par le premier ministre du Québec à l'ouverture d'une session de l'Assemblée nationale et exposant le programme législatif de son gouvernement.

Discours du Trône : discours prononcé au Sénat devant les membres des deux Chambres, par le gouverneur général, à l'ouverture d'une session du Parlement et donnant un aperçu du programme législatif du gouvernement pour la session.

Dissolution : acte consistant à mettre fin à une législature, à l'expiration du mandat maximal de cinq ans ou à la suite d'une proclamation du gouverneur général. La dissolution est suivie d'élections générales.

Droit de retrait (*opting-out*) : capacité pour une province canadienne de se soustraire à un amendement constitutionnel qui touche les compétences législatives, les droits de propriété ou les autres droits et privilèges d'une législature ou d'un gouvernement provincial. L'amendement est alors sans effet dans la province qui a exprimé son désaccord.

Élections : procédure en vertu de laquelle les Canadiennes et les Canadiens qui satisfont à certains critères établis votent en se rendant aux bureaux de scrutin en vue d'élire un député pour leur propre circonscription.

Encodage/décodage : théorie élaborée par Stuart Hall selon laquelle les gens réagissent différemment aux messages médiatiques, la structure de signification de l'encodage, c'est-à-dire de la production des messages, n'étant pas toujours la même que celle du décodage, c'est-à-dire de la réception des messages. Si plusieurs lectures des messages s'avèrent possibles, la lecture préférentielle correspond à la structure de légitimation du système en place et agit à l'intérieur du code culturel dominant.

Étape du rapport : prise en considération par la Chambre d'un projet de loi dont un comité lui a fait rapport ; tous les députés peuvent alors proposer des amendements aux articles du projet de loi.

État : organisation politique qui, disposant du monopole de la contrainte physique légitime, exerce un contrôle ou a une pleine juridiction sur la population d'un territoire donné.

État-providence : expression utilisée au cours du 20e siècle et, plus particulièrement, depuis la Seconde Guerre mondiale, pour désigner un État dispensateur de biens et services par la mise sur pied d'un vaste programme d'assurances sociales.

Étranger : toute personne qui n'est ni un député ni un fonctionnaire de la Chambre des communes, y compris les sénateurs, les diplomates, les fonctionnaires des ministères, les journalistes et le public. Ils sont admis dans les tribunes, mais peuvent en être expulsés, en cas de désordre, par un ordre du président ou de la Chambre.

Étude article par article : étude détaillée d'un projet de loi par un comité, au cours de laquelle chaque article est pris en considération séparément et peut faire l'objet d'amendements.

Exécutif : pouvoir de l'État détenu nominalement par la reine, mais exercé *de facto* par le Conseil des ministres, consistant à mettre en œuvre les lois adoptées par le pouvoir législatif.

Exécutif élu : le Conseil des ministres.

Exécutif nommé : ensemble des fonctionnaires nommés à la fonction publique sur la base de leurs compétences techniques et de leur mérite et travaillant dans les ministères et organismes du gouvernement.

Exposé budgétaire : discours prononcé à la Chambre par le ministère des Finances, comportant les dépenses, les revenus et les politiques financières, économiques et sociales du gouvernement pour le prochain exercice.

Fédéralisme asymétrique : dans une fédération, reconnaissance de certains pouvoirs à des provinces et non à d'autres, ce qui se traduit par un statut différent entre les provinces. Ce statut différent peut être inscrit dans la constitution ou résulter d'ententes administratives ou d'accords financiers particuliers avec le gouvernement central.

Fédéralisme centralisateur : forme de fédéralisme qui accorde des pouvoirs étendus au gouvernement central au détriment de ceux accordés aux entités fédérées (provinces, cantons, etc.), brisant ainsi l'équilibre qui devrait exister entre les deux.

Fédéralisme dualiste : forme de fédéralisme qui reconnaît deux ordres de gouvernement (central et provincial), pleinement souverains dans leurs domaines de compétence et non subordonnés l'un à l'autre.

Fédéralisme exécutif : pratique ayant pour effet d'institutionnaliser les conférences fédérales-provinciales au cours desquelles les décisions d'importance sont prises par les ministres et les fonctionnaires, ne laissant aux parlementaires que le rôle de débattre, pour la forme, lesdites décisions.

Fédération (ou État fédéral) : état dont la souveraineté est partagée entre plusieurs centres politiques dont chacun possède une autorité constitutionnelle propre dans des sphères d'activités déterminées par la constitution.

Feuilleton : ordre du jour officiel de chaque séance de la Chambre, comprenant les questions qui peuvent être abordées au cours de la journée. On y publie en annexe les avis des projets de loi et des motions que les ministres et les députés désirent soumettre à la Chambre.

Filibuster ou obstruction systématique : utilisation coordonnée de tactiques dilatoires visant à prolonger un débat, afin de retarder ou d'empêcher la prise d'une décision par la Chambre.

Fonction publique : désigne l'ensemble des employés civils de l'État qui sont rémunérés à même les fonds votés par le Parlement.

Fonctionnaire : dans son sens générique, ce terme réfère à tous les employés gouvernementaux et para-gouvernementaux qui n'appartiennent pas à la filière politique comme les ministres et membres des cabinets ministériels. Juridiquement, ce terme a la portée beaucoup plus restreinte que certaines lois lui donnent en fonction de l'organisme où travaille le fonctionnaire et de son lien d'emploi. La Loi le définit comme une personne employée dans la fonction publique et dont la nomination relève exclusivement de la Commission. Plusieurs lois peuvent tracer des périmètres différents au concept de fonctionnaire, ceci en fonction des objectifs particuliers poursuivis par le législateur à cette occasion.

Fonctionnaire : voir **Exécutif nommé** et **Fonction publique.**

Formule d'amendement : formule qui établit les règles de modification (à la majorité ou à l'unanimité) à la constitution d'un État. Ce n'est qu'en 1982 que le Canada s'est doté d'une formule d'amendement.

Gazette du Canada : publication officielle périodique du gouvernement comprenant les décrets, les proclamations, les règlements et les lois adoptées par le Parlement.

Gentilhomme huissier de la verge noire : haut fonctionnaire du Sénat responsable de la sécurité et qui informe les députés de leur convocation au Sénat par le gouverneur général ou son représentant.

Gerrymander ou Gerrymandering : remaniement arbitraire de la carte électorale en vue de procurer un avantage à des candidats ou à un parti.

Gouvernement : au sens général, l'État dans son ensemble. Dans un sens plus restreint mais non officiel, ce terme désigne le Cabinet. Voir aussi **Exécutif.**

Gouvernement des juges : Expression utilisée au Canada surtout depuis le rapatriement de 1982. Cette expression signifie que les tribunaux, en particulier la Cour suprême, déclarent certaines lois adoptées par les parlements fédéral et provinciaux non conformes à la constitution, plus particulièrement à la Charte des droits, et établissent alors les nouveaux critères à respecter par les législateurs. Les juges se substituent ainsi aux gouvernements en place, de là l'expression gouvernement des juges.

Gouvernement majoritaire : gouvernement constitué par un parti politique détenant plus de la moitié des sièges à la Chambre des communes.

Gouvernement minoritaire : gouvernement constitué par un parti politique détenant moins de la moitié des sièges à la Chambre des communes, mais qui détient un plus grand nombre de sièges que tout autre parti et qui doit avoir la confiance d'un tiers parti ou d'une pluralité de partis pour se maintenir au pouvoir.

Gouvernement parlementaire : gouvernement exerçant le pouvoir politique avec l'appui d'une majorité des membres de la Chambre élective du Parlement.

Gouvernement responsable : gouvernement dans lequel les ministres du Cabinet doivent jouir de la confiance de la Chambre des communes pour se maintenir au pouvoir. Si la Chambre lui retire cette confiance, il doit démissionner ou demander le déclenchement d'élections générales, conformément à la convention constitutionnelle.

Gouverneur en conseil : le gouverneur général ou un lieutenant-gouverneur agissant sur la recommandation et suivant le consentement des membres du Conseil privé qui forment le Cabinet.

Gouverneur en conseil (nominations du...) : le gouverneur général qui exerce au Canada les pouvoirs de Sa Majesté, se fait conseiller par le Cabinet pour prendre la plupart des décisions importantes qu'on lui attribue, voilà pourquoi, en tout respect de la démocratie, il agit « en conseil ». Les nominations de sous-ministres, délégués, associés, de présidents et membres des conseils d'administration d'organismes publics et de certains ambassadeurs et consuls font partie de ces décisions. Au sein du cabinet du premier ministre un conseiller aux nominations prépare ces décisions ; le premier ministre et le Cabinet reçoivent aussi à ces sujets les avis primordiaux du secrétaire et greffier du Bureau du conseil privé, lequel compte sur un secrétariat du personnel supérieur pour gérer l'ensemble des aspects des dossiers de ces types de personnels. Les nominations sont faites par le cabinet à l'initiative exclusive du premier ministre, sauf pour les membres d'organismes alors que le ministre responsable présente les propositions.

Gouverneur général : officier désigné par la reine, sur recommandation du premier ministre, pour exercer au Canada les pouvoirs et attributions dont la reine est investie à l'égard du Canada.

Greffier de la Chambre : conseiller principal du président et des députés en matière de procédure parlementaire et d'administration de la Chambre. Il est aussi secrétaire du Bureau de régie interne et responsable de la direction du personnel de la Chambre.

Greffier des Parlements : titre attribué au greffier du Sénat en sa qualité de dépositaire de l'original de toutes les lois adoptées par le Parlement.

Greffier du Sénat : conseiller principal du président du Sénat et des sénateurs en matière de procédure parlementaire et d'administration. Il est aussi responsable de la direction du personnel du Sénat.

Greffiers au Bureau : conseillers en procédure siégeant à la Chambre lors des séances et chargé de compiler les votes et de dresser le procès-verbal.

Groupe d'intérêt (ou groupe de pression) : groupe de personnes ou organisation dont l'objectif est d'exercer une influence sur les décisions gouvernementales afin de les rendre conformes aux préférences du groupe. Ces termes comprennent les décisions présumées être tant dans l'intérêt public (par exemple, le contrôle de la pollution) que dans l'intérêt du groupe (par exemple, la protection tarifaire).

Groupes parlementaires : Expression utilisée par Maurice Duverger dans son ouvrage classique sur *Les partis politiques* pour décrire un groupe de députés réunis, dans une assemblée élue, sur la base soit d'un voisinage géographique, soit d'un intérêt commun, soit le plus souvent d'une communauté d'idées ou de doctrines politiques.

De nos jours, un groupe parlementaire est constitué de l'ensemble des députés et députées d'un même parti politique.

Guillotine : expression familière désignant une disposition du Règlement qui oblige la Chambre à trancher une question à une date fixe ou à la fin d'une période déterminée.

Hansard : compte rendu intégral des délibérations de la Chambre, aussi appelé *Journal des débats*, publié après

chaque jour de séance en français et en anglais. Il existe aussi une version audiovisuelle.

Haut fonctionnaire : employé de la fonction publique occupant un poste de commande et d'autorité situé aux échelons supérieurs de la hiérarchie administrative.

Hégémonie : terme élaboré par Antonio Gramsci. Processus par lequel un groupe social dominant économiquement transforme cette domination en leadership culturel, social et politique et en autorité politique dans la société civile et l'État ; l'hégémonie ne constitue pas une domination statique, mais au contraire un état en perpétuelle mouvance.

Idéal-type : concept désignant une construction théorique qui consiste à exagérer certains traits d'un phénomène afin d'en faciliter leur découverte empirique dans la réalité.

Immunité parlementaire : ensemble des droits, privilèges et pouvoirs détenus par la Chambre collectivement et par les parlementaires individuellement et qui sont essentiels à l'accomplissement de leurs fonctions. On les appelle aussi « privilèges parlementaires ».

Imputabilité administrative directe : principe élaboré par la commission Lambert (1976) et le Bureau du vérificateur général visant à rendre les hauts fonctionnaires responsables de l'administration de leur ministère directement devant la Chambre des communes, séparément de la responsabilité politique des ministres.

Imputabilité financière : principe selon lequel toute somme d'argent mise à la disposition du gouvernement doit être approuvée par l'assemblée élective. De même, par ce principe, tout engagement financier du gouvernement ne peut être pris et n'est valide que s'il existe, pour l'exécution de cet engagement, des crédits suffisants approuvés par le Parlement.

Imputabilité : principe selon lequel le Parlement jouit d'un pouvoir de surveillance sur tout acte du gouvernement, de ses ministres et de ses organismes.

Indemnité de session : rémunération annuelle accordée aux parlementaires aux termes de la *Loi sur le parlement du Canada*.

Instruments statutaires : voir **Règlements**.

Internet : réseau de réseaux interconnectés à l'échelle planétaire qui préfigure « l'autoroute de l'information », c'est-à-dire un système de transmission de l'information à haut débit permettant de nombreuses applications : la messagerie, les discussions en ligne, la transmission de données, le commerce et les transactions électroniques, le télétravail, l'éducation à distance, la télémédecine, les visioconférences, les jeux interactifs, etc.

Interpellation : procédure ayant cours à l'Assemblée nationale du Québec et permettant à un député de demander la convocation d'une commission parlementaire afin d'interroger un ministre sur une question de sa compétence. Il s'agit essentiellement d'une question avec débat.

Investiture : acte par lequel un parti politique désigne ses candidats pour une élection, généralement lors d'un congrès tenu à cet effet.

Journal des débats : voir *Hansard*.

Journaux : minutes ou compte rendu officiel sommaire des décisions, votes et autres travaux de la Chambre publiés par cette dernière.

Jours désignés : 20 jours réservés à l'examen des subsides, au cours de l'année et permettant aux partis de l'opposition de choisir les questions à débattre à la Chambre des communes. On dit aussi « jours des subsides » ou « journées de l'opposition ».

Jurisconsulte : conseiller juridique spécialement nommé par l'Assemblée nationale du Québec pour donner des avis aux députés sur les conflits d'intérêts et les incompatibilités de fonctions. Il existe un poste semblable dans certaines autres assemblées législatives.

Jurisprudence : l'ensemble des décisions des tribunaux ou un ensemble de décisions sur un sujet particulier ou provenant d'une cour en particulier (la jurisprudence en droit du travail, la jurisprudence de la Cour suprême, etc.).

Leader parlementaire : député ou sénateur responsable de la gestion des affaires parlementaires de son parti à la Chambre. Le parti au pouvoir est habituellement représenté par un ministre (leader du gouvernement à la Chambre), qui négocie les ententes avec les leaders parlementaires des autres partis.

Lecture d'un projet de loi : étape de l'adoption d'un projet de loi. Entre autres étapes, tout projet de loi doit subir trois lectures dans chaque chambre du Parlement.

Législation déléguée : il s'agit de règlements adoptés en général par décret du Conseil des ministres, sinon par arrêté du ministre ou par décision du Conseil d'administration d'un organisme. Dans tous ces cas, la Loi a dû doter ce décideur de pouvoirs spécifiques pour préciser la législation selon les besoins issus de l'évolution des conditions d'application de la loi (relatifs à la technologie, aux découvertes, aux normes, à l'évolution du milieu).

Législature : période de temps maximale de cinq ans, selon la constitution, au cours de laquelle le Parlement et les Assemblées législatives provinciales peuvent exercer leurs pouvoirs.

Lieutenant-gouverneur : représentant de la Couronne dans une province, nommé par le gouverneur général en conseil.

Livre blanc : document que le gouvernement soumet au Parlement pour exposer les mesures administratives ou législatives qu'il entend prendre dans un domaine d'intérêt public.

Livre bleu : document exposant de façon détaillée les postes du budget des dépenses globales du gouvernement pour un exercice financier déterminé.

Lobby : groupe de pression ou organisation qui essaie d'influencer les opinions et les décisions des législateurs relativement à un sujet qui les préoccupe.

Lobbyist : personne ou groupe qui représente les intérêts d'un *lobby* et qui vise à influencer les législateurs dans un domaine particulier. On dit aussi « démarcheur ».

Loi de crédits : loi octroyant au gouvernement les sommes requises pour les dépenses publiques au cours d'une année.

Management public : le management est une discipline originant de l'évolution des sciences administratives. Il valorise la considération de stratégies d'intervention en fonction d'une lecture d'environnement et de résultats à atteindre en vue d'une performance attendue. Il fait appel à diverses disciplines comme la sociologie, la recherche opérationnelle, la psychologie, la comptabilité, etc... Le management public veut appliquer cette approche à l'administration publique en l'adaptant compte tenu des finalités d'intérêt public, du contexte politique, de l'environnement des pressions publiques, des contraintes particulières et du cadre juridique spécifique au secteur public.

Masse : symbole de l'autorité de la Chambre, placée sur le Bureau par le sergent d'armes (aux Communes) ou par le gentilhomme huissier (au Sénat), lorsque le président occupe le fauteuil.

Ministère d'exécution (*line* ou vertical) : ministère qui prépare et gère les programmes et les services publics touchant différents secteurs de la population en général.

Ministère de coordination (*staff* ou horizontal) : ministère qui planifie et coordonne les activités gouvernementales dans le but d'assurer la cohérence de l'action étatique. Ces services s'adressent surtout aux membres du Cabinet et aux fonctionnaires des ministères d'exécution.

Ministère : unité administrative créée par une loi ou par un décret et placée sous la direction et le contrôle d'un ministre.

Ministre d'État : cette expression désignait de 1970 à 1993 des membres du Cabinet chargés soit d'assister un autre ministre, soit de diriger un département d'État créé par décret (par exemple le ministre d'État chargé des affaires urbaines) ou encore un ministre sans portefeuille. Les ministres d'État siégeaient au Cabinet et touchaient le même traitement qu'un ministre titulaire.

Ministre : chef politique d'un département ministériel et membre du Cabinet.

Mise aux voix : vote de la Chambre sur une motion dont elle est saisie. Cette procédure met fin au débat.

Modèle oligarchique : le modèle oligarchique, identifié à Robert Michels qui a étudié surtout le parti social-démocrate allemand du début du siècle, postule la concentration du pouvoir au sein d'un parti et la domination de ce parti par un groupe restreint de dirigeants, pratiquement inamovibles.

Modèle stratarchique : à l'opposé du précédent, ce modèle, élaboré pour décrire la situation des partis politiques américains, postule que le pouvoir n'y est pas concentré au sommet, mais plutôt partagé entre les divers groupes qui constituent le parti.

Monarchie constitutionnelle : régime politique dont le chef de l'État est un monarque investi du pouvoir exécutif, conformément à des règles juridiques généralement stipulées dans la constitution.

Monarchie : régime politique fondé sur la transmission du pouvoir par voie héréditaire.

Motion de censure : motion soumise à la Chambre des communes et visant à blâmer le gouvernement ou à lui retirer sa confiance. Son adoption entraîne la démission du gouvernement ou une demande de dissolution du Parlement au gouverneur général et l'émission de brefs d'élection.

Motion : proposition émanant d'un ministre, d'un député ou d'un sénateur, dont la Chambre ou un comité sont saisis et sur laquelle ils peuvent être appelés à se prononcer au moyen d'un vote.

Neutralité partisane : convention selon laquelle les fonctionnaires à l'emploi des ministères du gouvernement ne devraient pas s'adonner à des activités politiques susceptibles d'atténuer leur impartialité à l'égard des politiques du gouvernement.

Opinion publique : deux catégories de définitions existent. Le sens commun renvoie à ce qu'on croit que la population pense, c'est-à-dire l'agrégation des opinion individuelles. Mais les opinions étant de natures et d'intensités différentes – certaines s'appuyant sur le hasard ou le besoin de plaire à l'interviewer –, cette agrégation a une valeur fort aléatoire. L'opinion publique constitue plutôt une référence dont se servent les acteurs sociaux (personnages politiques, groupes sociaux, élite économique, intellectuels, etc.) qui cherchent à légitimer leurs projets ; c'est le plus efficace des instruments de persuasion, car faire croire que la population appuie un projet est le plus sûr moyen d'acquérir des appuis supplémentaires.

Opposition officielle : parti s'opposant à l'équipe au pouvoir et détenant le deuxième rang pour ce qui est du nombre de sièges à la Chambre des communes. Avec les tiers partis, ils forment collectivement l'opposition.

Ordre du jour : ensemble des questions pouvant être prises en considération pendant une séance de la Chambre ou d'un comité.

Ordre émanant du gouvernement : mesure d'initiative gouvernementale inscrite au *feuilleton de la Chambre*.

Organisation de comté : elle réunit l'ensemble des membres officiels d'un parti politique dans un comté ou circonscription électorale.

Organisme de service spécial (OSS) : entité administrative rattachée hiérarchiquement à un ministère à laquelle ont été consenties des souplesses de gestion en retour d'une productivité accrue.

Outrage au Parlement : tout acte ou toute omission allant à l'encontre de l'autorité ou de la dignité du Parlement, y compris la désobéissance à ses ordres ou la diffamation à son endroit ou à l'endroit des parlementaires.

Pair ou pairesse : membre de la Chambre des lords britannique.

Paire : deux députés qui s'opposent sur une question et qui ont convenu de s'abstenir de voter sur cette question. Leurs noms sont inscrits au registre des députés « pairés » tenu par le greffier.

Parachutage : lors d'une élection, mise en candidature d'une personne qui ne réside pas dans la circonscription où elle se présente.

Parlement : composante législative de l'État formée de la Couronne, de la Chambre des communes et du Sénat.

Parlementarisme : régime politique dans lequel le gouvernement ou l'exécutif est responsable devant le Parlement. En réalité, de nos jours, le législatif est étroitement subordonné à l'exécutif, le Parlement étant alors le lieu où l'on reconnaît la majorité qui appuie l'exécutif ou le gouvernement en place.

Partage des compétences : dans une fédération, le champ complet des activités gouvernementales doit être partagé, du moins en principe, entre les deux ordres de gouvernement.

Parti politique : organisation dont les membres souscrivent à certaines valeurs et politiques communes et qui cherche à faire élire des candidats et candidates en vue de prendre le pouvoir et de mettre en œuvre ces politiques.

Péréquation : système de transfert de fonds inconditionnel permettant aux provinces moins riches de fournir des services comparables à ceux des provinces plus riches, sans accroître outre mesure le fardeau fiscal de leurs résidents.

Période des questions : période réservée quotidiennement afin que les députés puissent poser des questions aux membres du Cabinet. Une période de questions existe aussi au Sénat.

Politique spectacle : confusion des genres entre la politique et les loisirs de toutes sortes, comme le sport, le théâtre et les jeux.

Pouvoir de dépenser : pouvoir qu'a le gouvernement canadien de faire des versements à des particuliers, à des groupes ou à des gouvernements dans des domaines pour lesquels il n'a pas nécessairement la compétence législative (par exemple, dans le secteur de la santé).

Pouvoir de désaveu : pouvoir qu'a le gouverneur en conseil à Ottawa (en réalité, le cabinet fédéral) d'annuler ou de désavouer, dans un délai d'un an, une loi dûment adoptée par une législature provinciale et sanctionnée par le lieutenant-gouverneur de cette province.

Pouvoir de réserve : pouvoir qu'a le lieutenant-gouverneur d'une province de réserver la sanction d'un projet de loi dûment adopté par une législature provinciale au gouverneur général agissant selon l'avis reçu du cabinet fédéral.

Pouvoir déclaratoire : pouvoir qu'a le parlement canadien de déclarer unilatéralement que des travaux, bien que situés dans une province, sont à l'avantage de tout le Canada ou de deux ou plusieurs provinces et tombent ainsi sous la juridiction fédérale (par exemple, l'exploitation de l'uranium).

Pouvoirs concurrents : pouvoirs qui, selon la constitution canadienne, relèvent des deux législateurs (fédéral et provincial), mais avec prépondérance soit de la législation fédérale, soit de la législation provinciale, selon le cas.

Pouvoirs résiduaires ou résiduels : l'ensemble des pouvoirs, accordés au parlement canadien, qui ne peuvent être rangés dans une catégorie de sujets déjà énumérés soit par oubli des constituants, soit parce qu'il s'agit de sujets nouveaux, ou qui, dans certains cas, découlent de pouvoirs déjà attribués à un ordre de gouvernement.

Premier ministre : chef du gouvernement et, généralement, chef du parti qui détient le plus grand nombre de sièges à la Chambre des communes. Nommé à son poste par le gouverneur général, le premier ministre choisit les membres du Cabinet, les secrétaires parlementaires, les sous-ministres et de nombreux autres membres de la haute fonction publique.

Première lecture : formalité constituant la première étape du processus législatif, après la présentation d'un projet de loi à la Chambre. La motion de première lecture comporte l'ordre d'impression du projet de loi et est adoptée sans débat ni amendement, ni mise aux voix.

Prérogative royale : ensemble des droits, privilèges et pouvoirs discrétionnaires exercés par la Couronne dans une monarchie constitutionnelle.

Président : personne qui préside les sessions de la Chambre des communes et du Sénat et qui voit à ce que les députés se conforment aux règlements parlementaires.

Prévisions budgétaires : plans de dépenses des ministères comportant le budget des dépenses principal, qui est déposé chaque année, et les budgets supplémentaires, déposés au besoin.

Primauté du droit : principe selon lequel personne ne peut se soustraire à la loi : nul n'est donc au-dessus de la loi, mais en retour, chacun est protégé par la loi.

Privilège parlementaire : voir **Immunité.**

Procédure parlementaire : règles selon lesquelles les Chambres conduisent leurs travaux. Elles sont fondées sur les lois, sur le règlement de chaque Chambre, sur les ouvrages faisant autorité et sur la tradition.

Proclamation : avis ou ordre officiel émis par la Couronne.

Projet de loi d'initiative parlementaire : Projet de loi parrainé par un député ou un sénateur qui n'est pas membre du Cabinet.

Projet de loi d'intérêt privé : projet de loi concernant des intérêts particuliers et visant généralement à soustraire une personne ou un groupe de personnes à l'application d'une loi.

Projet de loi d'intérêt public : projet de loi concernant l'ensemble de la population, parrainé par un ministre, un simple député ou un sénateur.

Projet de loi émanant du gouvernement : projet de loi déposé aux Communes ou au Sénat par un ministre et portant sur une question d'intérêt public.

Prorogation : acte par lequel la Couronne met fin à une session du Parlement, ce qui entraîne automatiquement l'abandon de tout projet de loi ou de motion alors à l'étude dans les deux Chambres du Parlement et met un terme à toutes leurs activités et à celles de leurs comités.

Quasi-fédéralisme : expression utilisée par le professeur britannique K.C. Wheare pour signifier que la constitution canadienne ne respecte pas le principe fédéral d'indépendance ou de non-subordination des provinces à l'égard des autorités centrales.

Question préalable : motion susceptible de débat, ayant pour effet de provoquer un vote sur la question alors à l'étude et empêchant la proposition d'amendements à ladite question. Si la question préalable est adoptée, la motion principale est immédiatement mise aux voix ; si elle est rejetée, la motion est remplacée.

Questions orales : activité quotidienne de la Chambre des communes au cours de laquelle les députés peuvent adresser des questions orales aux ministres et aux présidents des comités. Une procédure semblable permet aux sénateurs de poser des questions orales au leader du gouvernement au Sénat ou au président d'un comité.

Quorum : nombre minimal de parlementaires, y compris le président, dont la présence est requise pour qu'une Chambre ou ses comités puissent exercer leurs pouvoirs.

Quotient électoral : nombre moyen d'électeurs par circonscription électorale dans une province ou un territoire, déterminé par le Directeur général des élections.

Rapatrier : terme qui signifie transférer des autorités législatives britanniques aux autorités législatives canadiennes le pouvoir d'amender la constitution du Canada.

Rapport ministériel sur le rendement : document périodique émis par les ministres à l'intention du Parlement à l'automne pour rendre compte de l'état d'avancement de la réalisation des programmes pour lesquels des crédits furent votés.

Rapport sur les plans et priorités : document périodique émis par les ministres à l'intention du Parlement au printemps pour accompagner la présentation de la demande des crédits qu'il doit justifier.

Recommandation royale : message du gouverneur général exigé pour tout crédit, toute résolution, toute adresse ou tout projet de loi comportant une dépense des fonds publics. La recommandation royale ne peut être obtenue que par le gouvernement.

Régime présidentiel : régime politique fondé sur une séparation nette entre les pouvoirs législatif, exécutif et judiciaire. Le président (chef de l'État) est élu au suffrage universel, n'est pas responsable devant les Chambres législatives et il ne peut pas les dissoudre.

Règlement de la Chambre (ou du Sénat) : code de procédure interne édictant les règles permanentes propres à chaque Chambre, règles qu'elles ont adoptées afin de régir leurs travaux.

Règlements : voir **Législation déléguée.**

Remaniement ministériel : opération par laquelle le premier ministre procède à des réaffectations au sein de son équipe ministérielle, fait entrer de nouveaux venus et le cas échéant prend acte du départ de certains collègues.

Renvoi : procédure par laquelle le gouvernement pose une question au tribunal de dernière instance.

Renvoi à six mois : amendement-type exprimant une opposition globale à l'adoption d'une motion de deuxième ou de troisième lecture d'un projet de loi.

Renvoi de l'objet à un comité : amendement à la motion de deuxième lecture d'un projet de loi exprimant le refus de la Chambre d'adopter le principe d'un projet de loi, mais visant à charger un comité d'en étudier l'objet, c'est-à-dire la philosophie sous-jacente du projet de loi.

Résolution : motion adoptée par la Chambre déclarant ses opinions ou les buts qu'elle poursuit, mais n'entraînant pas nécessairement une intervention.

Responsabilité individuelle (des ministres) : doctrine selon laquelle chaque ministre doit répondre devant la Chambre des communes de la gestion de son ministère et des organismes dont il a la supervision.

Responsabilité ministérielle : convention constitutionnelle selon laquelle les ministres sont collectivement et individuellement responsables envers la Chambre des communes des actions du gouvernement.

Sanction royale : cérémonie au cours de laquelle un représentant de la Couronne appose sa signature sur la copie officielle d'un projet de loi adopté par les deux chambres du Parlement. À moins qu'une autre date n'y soit mentionnée, le projet devient alors une loi du Parlement.

Secrétaire d'État : membre du Conseil privé, mais non du Cabinet, chargé de certains programmes ou de certains dossiers et aidant un autre ministre dans l'accomplissement de ses fonctions ministérielles.

Secrétaire parlementaire : député nommé par le premier ministre afin d'assister un ministre dans ses activités officielles, pour une période d'un an.

Sénat américain : chambre haute du Congrès des États-Unis composée de 100 sénateurs, chaque État étant représenté par deux sénateurs élus pour un mandat de six ans au suffrage universel. Le Sénat est renouvelable par tiers tous les deux ans et est présidé par le vice-président des États-Unis.

Sénat du Canada : chambre haute du Parlement canadien composée normalement de 105 membres nommés par le gouverneur général sur la recommandation du premier ministre.

Séparation des pouvoirs : système politique selon lequel les fonctions des institutions publiques sont divisées entre le pouvoir législatif qui fait les lois, le pouvoir exécutif qui les fait appliquer et le pouvoir judiciaire qui les interprète et les fait respecter.

Sergent d'armes : haut fonctionnaire de la Chambre des communes chargé de la sécurité et de l'entretien des édifices parlementaires. À l'ouverture de la séance et lors de cérémonies officielles, il porte la masse et accompagne le président.

Serment d'allégeance : serment de fidélité envers la souveraine que doit prêter tout sénateur et tout député, fédéral ou provincial, avant de prendre son siège à la Chambre, conformément à la cinquième annexe de la *Loi constitutionnelle de 1867*.

Session : période qui divise une législature et qui comprend normalement plusieurs séances. Une session débute par un discours du Trône et se termine par une prorogation.

Solidarité ministérielle : principe en vertu duquel tous les ministres s'engagent à appuyer les décisions du Cabinet, faute de quoi ils doivent démissionner.

Sous ministre : employé public nommé à titre amovible par le Gouverneur en conseil sur avis du premier ministre comme administrateur général d'un ministère. Cette personne aide le « ministre à bien s'acquitter de ses fonctions de chef de ministère » (Conseil privé, 1987, p. 11). Elle avise le ministre et le gouvernement. Elle a des pouvoirs établis par la loi explicitement ou implicitement, de même que par la coutume et les conventions. Elle contribue à l'élaboration des politiques, voit à l'application de lois sectorielles, voit à la gestion du ministère et participe à la gestion corporative du gouvernement.

Sous ministre adjoint : employé public nommé sous la surveillance de la Commission de la fonction publique pour diriger certaines fonctions ou certains secteurs du ministère sous la supervision d'un sous ministre, délégué, ou associé.

Sous ministre associé : employé public nommé comme un sous ministre et qui exerce certaines fonctions du sous ministre sous la supervision de celui-ci. Dernièrement, la fonction tend à disparaître au profit de celle du sous ministre délégué.

Sous ministre délégué : employé public nommé comme un sous ministre et qui jouit des pouvoirs du sous-ministre sous la supervision de celui-ci pour gérer un segment d'un vaste ministère.

Souveraineté du Parlement : principe, associé avant tout au régime parlementaire britannique, selon lequel il appartient au Parlement d'adopter les lois qui vont s'appliquer à la population d'un pays et de les modifier au besoin, ces lois ne pouvant être soumises à un contrôle par les tribunaux. Cependant, dans la plupart des pays, un tribunal ou un organe spécial est chargé de vérifier la constitutionnalité des lois, ce qui restreint la portée de la souveraineté du Parlement.

Statut de Westminster : loi du Parlement britannique, adoptée en 1931, qui abolit la suprématie législative du Parlement britannique (à l'exception des Actes de l'Amérique du Nord britannique) et vient consacrer la souveraineté externe du Canada ou sa pleine compétence en matière de relations internationales. Cette loi s'applique également aux autres « dominions » de l'époque (par exemple, l'Australie).

Subjudice : convention selon laquelle les députés évitent de traiter de certains sujets en instance devant les tribunaux. Cette convention ne s'applique pas aux projets de loi.

Subpoena : ordonnance assignant un témoin à comparaître devant un comité parlementaire pour répondre à certaines questions ou pour produire des documents, sous peine de sanctions imposées par la Chambre.

Subsides : fonds attribués au gouvernement, à la suite d'un processus selon lequel le Parlement approuve les prévisions annuelles de dépenses soumises par le gouvernement. Les travaux des subsides comprennent l'examen des budgets principal et supplémentaire, des crédits provisoires et les motions d'opposition proposées lors des jours désignés.

Suffrage universel : droit de vote reconnu à tout citoyen, sous réserve de certaines conditions minimales tenant à la nationalité, l'âge, etc.

Test de Jennings : test élaboré par le constitutionnaliste Ivor Jennings selon lequel une convention, pour être reconnue, doit respecter trois conditions : il faut un certain nombre de précédents, des acteurs politiques qui se considèrent liés par ces précédents, et une raison d'être à cette règle de conduite ou convention.

Théorie de l'urgence nationale : développée par les tribunaux, cette théorie postule que le parlement canadien peut assumer en temps de crise ou dans des circonstances exceptionnelles (une urgence nationale) une compétence législative sur des activités ou des compétences normalement accordées aux législatures provinciales.

Théorie de la dimension nationale : théorie élaborée par les tribunaux selon laquelle certains sujets, bien que de nature locale ou provinciale, peuvent prendre une telle ampleur et une telle portée (une dimension nationale) qu'ils requièrent alors une intervention du parlement canadien.

Théorie de la prépondérance : théorie qui stipule que, en l'absence d'une attribution expresse à l'un ou l'autre niveau de gouvernement (par exemple, en agriculture et en immigration, la prépondérance est accordée au niveau fédéral), la législation fédérale l'emporte sur la législation provinciale dans la mesure où les deux législations sont incompatibles.

Tribunal administratif : organisme faisant partie de la branche exécutive (et non pas judiciaire) de l'État, ayant pour mandat principal de trancher les différends entre l'administration et les particuliers et qui est soumis au contrôle des cours de justice.

Tribune de la presse (ou des journalistes) : groupe de journalistes et membres accrédités des médias habilités à suivre les travaux parlementaires ; désigne aussi la salle des dépêches de l'édifice central du Parlement et la tribune de la Chambre réservée à ces journalistes.

Troisième lecture : dernière étape de la prise en considération d'un projet de loi par une Chambre, comportant son adoption ou son rejet global à la fin du processus.

Ultramontanisme : doctrine favorable au pouvoir absolu du pape, à la primauté de l'Église catholique romaine (par opposition à une certaine indépendance des Églises nationales à l'égard de la papauté) et qui préconise, dans sa version la plus extrême, la soumission de l'État à l'Église catholique.

Unicaméral : désigne un système parlementaire dans lequel le pouvoir législatif est exercé par une seule Chambre.

Unité de commande : principe selon lequel toute la responsabilité pour le contrôle et la direction des actes commis au nom d'une organisation réside entre les mains d'une seule personne se situant au sommet de la pyramide hiérarchique.

Unité de l'exécutif élu et nommé : convention selon laquelle les fonctionnaires à l'emploi des ministères n'ont pas de personnalité constitutionnelle autre que celle de leur ministre.

Vérificateur général : nommé par le Conseil des ministre à titre inamovible pour 10 ans, il dirige un bureau de vérification faisant rapport au Parlement sur le respect des décisions budgétaires, la présentation des rapports financiers, l'optimisation des dépenses et l'inclusion de considérations de protection environnementale dans toutes les actions du gouvernement.

Voies et moyens : motion visant à annoncer l'imposition d'une nouvelle taxe, à maintenir une taxe qui arrive à expiration, à augmenter le taux ou à étendre l'incidence d'une taxe a certains contribuables non visés par une taxe existante. Après son adoption, la motion donne lieu à la présentation d'un projet de loi fondé sur ses dispositions.

Vote de blâme : pour conserver le pouvoir, le gouvernement doit disposer de l'appui d'une majorité des députés. S'il est défait sur une question importante, comme le budget, il doit démissionner. C'est ce qui s'appelle le « vote de blâme ».

Vote libre : vote qui n'est pas soumis à la discipline de parti et qui porte habituellement sur une question d'ordre moral.

Vote par appel nominal : mise aux voix dont les noms des députés ou des sénateurs ayant voté en faveur ou contre une motion sont inscrits au procès-verbal. Au Sénat, on inscrit également les noms des sénateurs qui se sont abstenus de voter, alors qu'à la Chambre des communes on inscrit les noms des députés « pairés ».

Vote prépondérant : vote exprimé par le président de la Chambre des communes, uniquement lorsqu'il y a égalité des voix ; il ne vote pas en d'autres circonstances. Par contre, le président du Sénat peut voter sur toute motion dont le Sénat est saisi, mais il ne peut émettre un vote prépondérant. En cas d'égalité des voix, la question est considérée rejetée par le Sénat.

Whip : député chargé d'informer les membres de son parti sur les travaux de la Chambre et d'assurer la cohésion et l'assiduité au sein de son groupe parlementaire, particulièrement lorsqu'une mise aux voix est prévue, soit à la Chambre, soit en comité. Le *whip* remplit aussi diverses fonctions administratives. On trouve également un *whip* dans chaque parti représenté au Sénat.

AGMV
MARQUIS
Québec, Canada
2000